HUSTON SMITH

EINE WAHRHEIT – VIELE WEGE

DIE GROSSEN RELIGIONEN DER WELT

Huston Smith

Eine Wahrheit – viele Wege

Die grossen Religionen der Welt

Verlag Hermann Bauer
Freiburg im Breisgau

Die Deutsche Bibliothek – CIP-Einheitsaufnahme

Smith, Huston:
Eine Wahrheit – viele Wege : die grossen Religionen
der Welt / Huston Smith. [Dt. von Roland Irmer.
Bearb. von Ditte König und Giovanni Bandini]. –
Freiburg im Breisgau : Bauer, 1993
   Einheitssacht.: The world's religions ⟨dt.⟩
   ISBN 3-7626-0465-7
NE: König, Ditte [Bearb.]

Die amerikanische Originalausgabe erschien 1991 bei
Harper Collins Publishers, New York, unter dem Titel
The World's Religions.
© 1991 by Huston Smith

Deutsch von Roland Irmer.

1993
ISBN 3-7626-0465-7
© für die Deutsche Ausgabe 1993 by
Verlag Hermann Bauer KG, Freiburg im Breisgau
Alle Rechte der deutschen Ausgabe vorbehalten
Einband: Werbegrafik Seliger & Krafft, Freiburg im Breisgau
Satz: CSF ComputerSatz, Freiburg im Breisgau
Druck und Bindung: Franz Spiegel Buch GmbH, Ulm
Printed in Germany

Für Alice Longden Smith und Wesley Moreland Smith,
die einundvierzig Jahre als Missionare in China wirkten

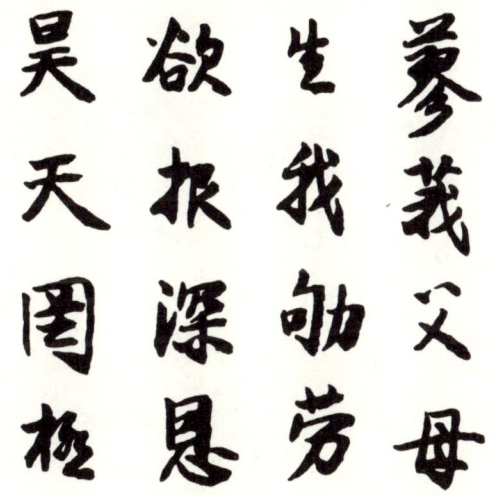

Wenn ich das heilige *liao wo** betrachte,
so wenden sich meine Gedanken jenen zu,
die mich zeugten, die mich aufzogen
und nun müde sind.
Ich möchte ihnen all das Gute vergelten,
das sie mir getan haben,
doch es ist wie mit dem Himmel:
Wir reichen nicht heran.

* Eine Grasart, die Elternschaft symbolisiert.

».. . das Leben der Religion als Ganzes ist die wichtigste Funktion der Menschheit.« *William James*

»Das Wesen der Erziehung ist, religiös zu sein.« *Alfred North Whitehead*

»Wir brauchen den Mut, aber auch die Neigung, uns bei den ›Weisheitslehren der Menschheit‹ umzusehen und von ihnen zu lernen.« *E. F. Schumacher*

»Im Jahre 1970 schrieb ich über eine ›post-traditionelle Welt‹. Heute glaube ich, daß nur die lebendigen Traditionen eine Welt überhaupt möglich machen.« *Robert N. Bellah*

INHALT

Danksagung 13
Vorwort zur zweiten Auflage 15

I. Ausgangspunkt 17

II. Hinduismus 31
    Was die Menschen wollen 32
    Was die Menschen wirklich wollen 40
    Das Jenseits im Innern 43
    Vier Wege zum Ziel 48
    Der Weg zu Gott durch Erkenntnis 51
    Der Weg zu Gott durch Liebe 55
    Der Weg zu Gott durch Arbeit 60
    Der Weg zu Gott durch psychophysische Übungen 66
    Die Lebensphasen 77
    Die Stellungen im Leben 82
    Du, vor dem alle Welten zurückweichen 88
    Reifung im Universum 92
    Die Welt – Begrüßung und Abschied 98
    Viele Wege zum selben Gipfel 104
    Anhang über den Sikhismus 107

III. Buddhismus 115
    Der Mann, der erwachte 115
    Der schweigende Weise 122
    Der Heilige als Rebell 126
    Die Vier Edlen Wahrheiten 134
    Der Achtfache Pfad 140
        1. Rechte Einsicht 142
        2. Rechte Gesinnung 143
        3. Rechte Rede 143
        4. Rechte Tat 144

5. Rechter Lebenserwerb 145
6. Rechte Anstrengung 146
7. Rechte Achtsamkeit 147
8. Rechte Sammlung 149
Grundbegriffe des Buddhismus 150
Großes und Kleines Fahrzeug 159
Das Geheimnis der Blüte 168
Der diamantene Donnerkeil 182
Das Bild von der Überfahrt 188
Die Verschmelzung von Buddhismus und Hinduismus
in Indien 192

IV. Konfuzianismus 199
Der erste Lehrer 199
Das Grundproblem des Konfuzius 205
Rivalisierende Antworten 210
Die Antwort des Konfuzius 215
Der Inhalt der bewußten Tradition 221
1. Jen 221
2. Chun tzu 222
3. Li 223
4. Te 227
5. Wen 229
Das konfuzianische Projekt 230
Ethisches System oder Religion? 233
Die Wirkung auf China 238

V. Taoismus 249
Der alte Meister 249
Die drei Bedeutungen des Tao 251
Drei Auffassungen der Kraft und die daraus folgenden
Formen des Taoismus 252
Effektiver Einsatz der Kraft: philosophischer Taoismus . . 253
Gesteigerte Kraft. Taoistische Hygiene und Yoga 254
Stellvertretende Kraft: religiöser Taoismus 259
Die Vermischung der Kräfte 261
Kreative Ruhe 262
Weitere taoistische Werte 266
Schlußbemerkung 274

VI. Islam 277
　Der Hintergrund 278
　Das Siegel der Propheten 279
　Die Auswanderung, die zum Sieg führte 285
　Das ewige Wunder 288
　Theologische Grundvorstellungen 293
　Die Fünf Säulen 302
　Soziallehre 307
　　1. Wirtschaft 309
　　2. Die Stellung der Frau 311
　　3. Beziehungen zwischen den Rassen 314
　　4. Die Frage der Gewaltanwendung 315
　Sufismus 318
　Quo vadis, Islam? 328

VII. Judaismus 333
　Der Sinn in Gott 334
　Der Sinn in der Schöpfung 338
　Sinn in der menschlichen Existenz 342
　Der Sinn in der Geschichte 345
　Der Sinn in der Moral 349
　Der Sinn in der Gerechtigkeit 352
　Der Sinn im Leiden 357
　Der Sinn im Messianismus 360
　Die Heiligung des Lebens 364
　Die Offenbarung 369
　Das Auserwählte Volk 373
　Israel 376

VIII. Christentum 385
　Der historische Jesus 385
　　»Der Herr hat mich mit seinem Geist erfüllt.« 387
　　»Durch den Geist Gottes treibe ich die bösen
　　Geister aus.« 388
　　»Dein Reich komme, auf der Erde.« 389
　Der Christus des Glaubens 392
　　»Überall tat er Gutes.« 392
　　»So wie dieser Mensch hat noch keiner gesprochen.« . 393
　　»Wir haben seine Herrlichkeit gesehen.« 397

Das Ende und der Anfang 399
Die Frohe Botschaft 400
Der Mystische Leib Christi 407
Kirche und Verstand 410
Der römische Katholizismus 419
    Die Kirche als Lehrautorität 420
    Die Kirche als Vermittlerin der Sakramente 422
Die orthodoxen Ostkirchen 425
Protestantismus 430
    Der Glaube 431
    Das protestantische Prinzip 433

IX. Urreligionen 439
    Die australische Erfahrung 440
    Oralität, Raum und Zeit 442
        Oralität 442
        Ort versus Raum 445
        Ewige Zeit 447
    Die Urwelt 450
    Das symbolische Denken 454
    Schlußbetrachtung 457

X. Schlußüberlegungen 461
    Das Verhältnis der Religionen zueinander 461
    Die Weisheitstraditionen 463
    Zuhören 467

DANKSAGUNG

Wenn es diesem Buch gelungen ist, seinem Thema formal und inhaltlich gerecht zu werden, so ist das nicht zuletzt dem Umstand zu verdanken, daß ich so gute und hilfsbereite Freunde hatte.

So wie schon bei der ersten Auflage Studenten der Washington University von Saint Louis, so sorgten auch jetzt wieder Studenten (am Massachusetts Institute of Technology und an der Syracuse University, an der Hamline University, der San Diego State University und der University of California in Berkeley) für das anregende Klima, in welchem die Gedanken reifen konnten. Das Kapitel über den Hinduismus ist gegenüber der Erstaufgabe am wenigsten verändert worden. Aus ihm spricht nach wie vor die Autorität des damaligen spirituellen Leiters der Vedanta-Gesellschaft von Saint Louis, Swami Satprakashananda. Prof. K. R. Sundarajan und Prof. Frank Podgorski haben die leicht veränderte Fassung für die zweite Auflage durchgesehen. Dr. Gurudharm Singh Tulsa hat den Anhang über den Sikhismus überprüft. In die anderen Kapitel habe ich Verbesserungsvorschläge von folgenden wissenschaftlichen Beratern aufgenommen:

Buddhismus: Prof. Massao Abe und Dr. Edwin Bernbaum.

Konfuzianismus: Prof. Tu Wei-ming.

Taoismus: Prof. Ray Jordan und Prof. Whalen Lai sowie Steven Taner.

Islam: Prof. Seyyed Hossein Nasr und Prof. Daniel Peterson sowie Alan Godlas und Barbara von Schlegell.

Judentum: Prof. Irving Gefter und Prof. Rabbi Aryeh Wineman.

Christentum: Prof. Marcus Borg, P. Owen Carroll und P. Leonidas Contas sowie Fr. David Steindl-Rast.

Die Naturreligionen: Häuptling Oren Lyons vom Volk der Onondaga und die Professoren Robert Bellah, Joseph Brown, Sam Gill, Charles Long und Jill Raitt.

Stephen Mitchell hat das gesamte Buch mit den Augen des Dichters durchgesehen und den Stil spürbar verbessert. Scott Whittaker hat unschätzbare Hilfe bei der Überprüfung der bibliographischen Angaben geleistet. John Loudan war ein vorbildlicher Lektor.

Ihnen allen bin ich unendlich dankbar; was ich indessen aus ihren Vorschlägen gemacht habe, daran sind sie gänzlich unschuldig.

Alles, was ich über wesentliche Hilfe bei der Erstausgabe dieses Buches gesagt habe, gilt in besonderem, ja noch stärkerem Maße auch für diese zweite Auflage. Wenn ein Autor seiner Frau seinen Dank abstattet, so denken wir gewöhnlich an die geduldige Lebensgefährtin, die ehrfürchtig auf Zehenspitzen ihre Haushaltspflichten erfüllt und womöglich eine ungreifbare Aura hilfreicher Bewunderung verströmt. All dies trifft auch im vorliegenden Fall zu; und doch ist dieses Bild unvollständig; denn hier hat sich die Partnerin zusätzlich aufs ernsthafteste mit jedem Satz auseinandergesetzt, hat eifrig gekürzt, mit Geschick und Phantasie geändert und (bei der vorliegenden zweiten Auflage) Wesentliches zu dem Abschnitt über den Theravada-Buddhismus beigesteuert. Das sind die Tugenden, auf Grund deren es von der tüchtigen Hausfrau heißt: »Ihr Mann ist bekannt in den Toren, wenn er sitzt bei den Ältesten des Landes.«[1]

---

1 Die Sprüche Salomos 31, 23.

VORWORT ZUR ZWEITEN AUFLAGE

Das Thema dieses Buches – einer stark überarbeiteten Neuauflage von *The Religions of Man* – sind die Religionen der Welt. Nun kann mit Gewißheit kein Buch »alle« Religionen der Menschheit umfassen, und so werden hier nur die nach Alter, historischer Bedeutung und Zahl ihrer gegenwärtigen Anhänger wichtigsten ausführlicher behandelt; den kleineren Stammesreligionen ist insgesamt ein Kapitel gewidmet.

›Neu‹ sind in dieser Neuauflage zuerst einmal eine kurze Bemerkung über den Sikhismus sowie die Abschnitte über den tibetischen Buddhismus und den Sufismus (die mystische Richtung des Islams). Das Kapitel über den Konfuzianismus wurde um einen Abschnitt über »Das Konfuzianische Projekt« erweitert, das Material zum Taoismus wurde weitgehend überarbeitet, das Kapitel über das Judentum enthält jetzt auch einen Abschnitt über den Messianismus, und die Gestalt des historischen Jesus wird eingehender behandelt.

Ich habe darüber hinaus ein kurzes Schlußkapitel über die mündlichen Überlieferungen hinzugefügt. Damit soll einerseits die Tatsache gewürdigt werden, daß die in diesem Buch behandelten historischen Religionen erst verhältnismäßig spät entstanden sind und daß jede Religion während der weitaus längsten Periode der Menschheitsgeschichte »Stammesreligion« und damit praktisch zeitlos war. Zweitens erlaubt uns ein Blick auf die mündlichen Traditionen, unsere eigene Vergangenheit besser einzuschätzen. In den letzten Jahrzehnten haben sich zwei machtvolle Wesenheiten beinahe gewaltsam Eingang in unser aller Bewußtsein verschafft: die Frau und die Erde – zwei Entitäten oder Prinzipien, die in den historischen Religionen (mit Ausnahme des Taoismus) allzugern ›unter den Teppich gekehrt werden‹, in den Stammesreligionen dagegen bis auf den heutigen Tag lebendig und einflußreich geblieben sind.

Das Ziel des Buchs ist das gleiche, das wir uns für die Fernsehserie gesteckt hatten, aus welcher dieses Buch hervorging: interessierte Laien so weit in den Geist der großen, noch heute lebendigen Religionen der

Welt einzuführen, daß sie erkennen, ja »fühlen« können, warum und in welcher Weise diese für das Leben derer, die ihnen folgen, Grundlage und Richtschnur sind.

Huston Smith
Berkeley, Kalifornien, Mai 1991

Erstes Kapitel

I. AUSGANGSPUNKT

Obwohl die Menschen, von denen ich spreche, für mich heute bloße Erinnerung sind, möchte ich an den Beginn dieser zweiten Auflage die vier Abschnitte stellen, mit denen auch die erste begonnen hat.

Ich schreibe diese Eingangsworte an einem Tag, der in weiten Kreisen des Christentums als Welt-Tag der Eucharistie begangen wird. In dem Gottesdienst, den ich heute morgen besucht habe, wurde über das Christentum als weltweites Phänomen gepredigt. Überall, ob in einer Lehmhütte in Afrika oder in der kanadischen Tundra, knien Christen heute nieder, um die Gaben der Heiligen Eucharistie zu empfangen. Es ist eine eindrucksvolle Vorstellung.

Und doch wanderte, während ein Teil meiner Aufmerksamkeit der Predigt lauschte, der andere Teil zu der größeren Gemeinschaft der Gottsucher. Ich dachte an die jemenitischen Juden, denen ich vor einem halben Jahr in ihrer Synagoge in Jerusalem zugesehen hatte: dunkelhäutige Männer, die ohne Schuhe mit überkreuzten Beinen auf dem Boden saßen, eingehüllt in Gebetstücher, wie sie schon ihre Vorfahren in der Wüste trugen. Auch heute sind sie da, mindestens zehn an der Zahl, morgens wie abends, rezitieren – vor und zurück schwingend wie Kamelreiter – die Thora und folgen damit einer Gewohnheit, die sie unbewußt aus den Zeiten ererbt haben, als es ihren Vätern verboten war, das Wüstenpferd zu reiten und sie auf den Gedanken kamen, als Ersatz wenigstens diese Bewegung auszuführen. Yalcin, der muslimische Architekt, der mir die Blaue Moschee in Istanbul zeigte, hat jetzt sein vierwöchiges Fasten zum Ramadan beendet, mit dem er begann, als ich damals bei ihm war; aber auch er betet heute fünfmal, und dabei wirft er sich fünfmal in Richtung Mekka zu Boden. Swami Ramakrishna wird heute in seinem winzigen, am Ufer des Ganges gelegenen Haus am Fuße des Himalaya nicht sprechen. Er setzt das andächtige Schweigen fort, das er bis auf drei Tage im Jahr seit fünf Jahren einhält. Um diese Zeit ist U Nu wahrscheinlich mit den Delegationen, Krisen und Kabinettssitzungen beschäftigt, die das tägliche Brot eines Premierministers sind; aber von vier bis sechs, bevor die Ereignisse des

Alltags über ihn hereinbrachen, war auch er in der Stille des an sein
Haus in Rangoon angrenzenden buddhistischen Heiligtums allein mit
der Ewigkeit. Dai Jo und Lai San, zwei Zen-Mönche in Kyoto, waren
ihm sogar um eine Stunde voraus. Sie sind seit drei Uhr wach, und bis
elf Uhr abends werden sie die meiste Zeit damit zubringen, unbeweg-
lich im Lotussitz zu verharren und sich mit intensiver Versunkenheit
darum bemühen, die im Innern ihres Wesens ruhende Buddha-Natur
zu ergründen.

Was sind das für eine eigenartige Gemeinschaft, diese Gottsucher in
den verschiedenen Ländern, die ihre Stimme auf vielfältigste Weise
zum Gott allen Lebens erheben! Wie mag sich das von oben anhören?
Wie Geschrei aus dem Tollhaus? Oder mischen sich die einzelnen
Weisen harmonisch zu einem Gesang von fremdartiger, entrückter
Schönheit? Gibt eine bestimmte Glaubensrichtung den Ton an? Betei-
ligen sich die einzelnen Stimmen gleichmäßig an Kontrapunkt und
Antiphon? Bilden sie zusammen einen volltönenden Chor?

All das können wir nicht wissen. Wir können uns nur bemühen,
sorgfältig und mit voller Aufmerksamkeit jeder einzelnen Stimme zu
lauschen, wie sie sich an die göttliche Sphäre wendet.

Mit diesem Lauschen ist der Zweck dieses Buches definiert. Man mag
fragen, ob dieser Zweck nicht zu weit gefaßt ist. Die Religionen, mit
denen wir uns beschäftigen wollen, umspannen den Globus. Ihre Geschichte reicht Tausende von Jahren zurück in die Vergangenheit, und
sie motivieren heute mehr Menschen als je zuvor. Ist es überhaupt
sinnvoll möglich, ihnen allen im Rahmen eines einzigen Buches zu
lauschen?

Die Frage ist deshalb zu bejahen, weil wir bestimmten Themen
unsere besondere Aufmerksamkeit widmen werden. Diese sollten von
Anfang an aufgelistet werden, weil sich sonst aus dem, was hier dargestellt wird, falsche Vorstellungen ergeben könnten.

1. Dies ist kein Lehrbuch zur Geschichte der Religionen. Deshalb
kommen im folgenden auch so wenige Namen und Daten vor und wird
so wenig über soziale Einflüsse berichtet. Es gibt gute Bücher zu solchen Themen[1]. Ich hätte auch dieses Buch mit trockenen Fakten füllen
können, aber damit hätte es zusätzlich zu seiner eigenen Aufgabe auch
noch die anderer Bücher übernommen. Historische Fakten bleiben hier
auf das Mindestmaß beschränkt, das notwendig ist, damit die *Ideen*, um
die es hier geht, richtig in Raum und Zeit eingeordnet werden können.
Ich habe mich sehr bemüht, die Gelehrsamkeit unsichtbar im Hinter-

grund zu halten; sie hat nur die Aufgabe, ein sicheres Fundament zu liefern, ohne jedoch das Baugerüst sichtbar werden zu lassen, das nur den Blick auf die zu untersuchenden Strukturen verstellen würde.

2. Doch auch auf der Inhaltsebene versucht das Buch nicht, die untersuchten Religionen vollständig darzustellen, denn sie alle enthalten Differenzierungen in einer solchen Fülle, daß sie sich nicht alle in einem einzigen Kapitel skizzieren lassen. Man denke nur an das Christentum. Die orthodoxen Christen der Ostkirchen zelebrieren ihren Gottesdienst in reich geschmückten Kathedralen, während für die Quäker schon ein Kirchturm ein Sakrileg ist. Es gibt christliche Mystiker, aber manche Christen lehnen die Mystik ab. Zu den Christen zählen die Zeugen Jehovas, aber auch die Unitarier. Wie sollte es möglich sein, in einem einigermaßen überschaubaren Kapitel zu sagen, was das Christentum für alle Christen bedeutet?

Die Antwort ist klar: Es ist eben nicht möglich – eine Auswahl ist unumgänglich. Als Autor steht man nicht vor der Frage, ob man unter gewissen Gesichtspunkten wählen soll; es geht vielmehr darum, *wieviele* und *welche* dargestellt werden sollen. In diesem Buch wird die erste Frage in ökonomischer Weise beantwortet; ich bemühe mich, mehreren Perspektiven einigermaßen gerecht zu werden, statt den Versuch zu machen, sie alle aufzuführen. Im Falle des Islam hatte das zur Folge, daß ich den Unterschied zwischen Sunniten und Schiiten sowie den zwischen Traditionalisten und Modernisten ignorieren mußte, während ich verschiedene Haltungen gegenüber dem Sufismus berücksichtigt habe. Beim Buddhismus habe ich die Traditionen des Hinayana, Mahayana und Vajrayana behandelt, aber die Hauptschulen innerhalb des Mahayana übergangen. Bei den Unterabteilungen habe ich mich immer auf höchstens drei beschränkt, um zu vermeiden, daß man den Wald vor lauter Bäumen nicht mehr sieht. Betrachten Sie die Sache einmal so: wenn Sie einem intelligenten und interessierten, aber sehr beschäftigten Thailänder erklären müßten, was Christentum ist, wie viele Konfessionen würden Sie erwähnen? Es wäre sicher schwierig, den Unterschied zwischen römisch-katholischen, griechisch-orthodoxen und protestantischen Christen zu ignorieren, aber Sie könnten sicher gut ohne die Unterscheidung zwischen Baptisten und Presbyterianern auskommen.

Bei der Frage, *welche* Weltsichten vorgestellt werden sollten, habe ich mich von der Überlegung leiten lassen, was für den Leser, den ich im Auge habe, von Bedeutung ist. Hier waren drei Gesichtspunkte maßge-

bend. Zunächst einmal ist da die schiere Menge. Es gibt ein paar
Religionen, mit denen jedermann schon deshalb vertraut sein sollte,
weil hunderte Millionen Menschen ihr Leben nach ihnen ausrichten.
Der zweite Faktor ist die Bedeutung der jeweiligen Glaubensrichtung
für den modernen Menschen. Da der Nutzen, den der Leser letztlich
aus einem Buch wie diesem zieht, möglicherweise darin besteht, daß es
ihm helfen kann, sein eigenes Leben in Ordnung zu bringen, habe ich
dem den Vorrang gegeben, wovon wir bei aller Vorsicht überzeugt sein
dürfen, daß es die modernen Ausdrucksformen dieser Religionen darstellt. Der dritte Gesichtspunkt ist derjenige der Universalität. In jeder
Religion mischen sich universelle Prinzipien mit lokalen Besonderheiten. Wenn man das Universelle herausgreift und klarmacht, so spricht
es die Seiten unseres Wesens an, die wir mit allen Menschen gemeinsam
haben. Das ›Lokale‹, ein reiches Gewebe aus Riten und Legenden, ist
für den Außenstehenden weniger leicht zugänglich. Einer der Irrtümer
des Rationalismus besteht in der Annahme, die universellen Prinzipien
der Religion seien wichtiger als die Riten und Rituale, aus denen sie
gespeist werden; das ist, als wollte man behaupten, die Äste und Zweige
eines Baumes seien wichtiger als die Wurzeln, aus denen sie wachsen.
Aber für dieses Buch sind Prinzipien wichtiger als konkrete Zusammenhänge, und wäre es nur deshalb, weil sie das sind, womit der Autor sich
sein Leben lang beschäftigt hat.

Ich habe Bücher gelesen, die die konkreten Lebenszusammenhänge
lebendig werden lassen: Heather Woods *Third Class Ticket* für Indien,
Lin Yu-tangs *My Country and My People* für China und Shalom Rabino-
witz' *The Old Country* für das osteuropäische Judentum. Vielleicht
schreibt eines Tages irgend jemand ein Buch, in dem die Verwurzelung
der großen Religionen in ihren sozialen Zusammenhängen dargestellt
wird. Aber dieses Buch werde ich lesen und nicht schreiben. Ich kenne
meine Grenzen und beschränke mich auf Gebiete, aus denen sich Ideen
gewinnen lassen.

3. Dieses Buch ist keine ausgewogene Darstellung seines Themas.
Das ist eine wichtige Vorwarnung. Ich erschrecke bei der Vorstellung,
der Leser könnte nach der Lektüre des Kapitels über den Hinduismus
unvermittelt in jene Abart des Hinduismus hineinstolpern, die Nehru
als »eine den Menschen versklavende Religion« bezeichnet hat – mit
dem Kali-Tempel in Kalkutta, dem Fluch des Kastensystems, den zwei
Millionen Kühen, deren Verehrung oft zur Plage wird, und den *Fakiren*,
die ihren Körper den Wanzen zum Opfer darbringen. Oder was wäre,

wenn der Leser sich plötzlich in Bali befände, wo Theater ›Vishnu-Hollywood‹ heißen und die Buchläden nicht schlecht mit *Klassik-Comics* verdienen, in denen Hindugötter und -göttinnen mit kosmischen Strahlenkanonen ganze Armeen häßlicher Dämonen niedermachen? Ich kenne diese Widersprüche. Ich bin mir auch schmerzlich bewußt, wie sehr das, was ich über den Taoismus schreibe, der Form des Taoismus widerspricht, die ich als Junge in China erlebt habe: seinem fast völligen Versinken in Wahrsagerei, Nekromantie (Geister- und Totenbeschwörung) und Aberglauben. Es ist wie der Gegensatz zwischen dem *Schweigenden Christus* und dem Großinquisitor, oder zwischen der Stille von Bethlehem und dem Lärm in den Kaufhäusern, die »Stille Nacht« schmettern, um das Weihnachtsgeschäft anzukurbeln. Das wahre Antlitz der Religion ist nicht rosig, sondern oft höchst ordinär. Weisheit und Nächstenliebe treten nur sporadisch auf, und was bleibt, ist oft zutiefst fragwürdig. Eine ausgewogene Darstellung der Religion müßte berichten, wie Menschen geopfert und zu Sündenböcken gestempelt werden, müßte von Fanatismus und Verfolgung, von christlichen Kreuzzügen und den Heiligen Kriegen des Islam erzählen. Sie dürfte auch die Hexenjagden in Massachusetts, die *Affenprozesse* in Tennessee und die Schlangenverehrung in den Ozark-Bergen nicht verschweigen. Die Reihe ließe sich endlos fortsetzen.

Warum werden diese Dinge dann auf den folgenden Seiten ausgespart? Meine Antwort ist so einfach, daß sie naiv erscheinen mag. Dies ist ein Buch über Werte. Die Menschen haben im Lauf ihrer Geschichte vermutlich ebensoviel schlechte Musik komponiert wie gute; dennoch erwarten wir nicht, daß beiden in einem Kurs über Musikästhetik die gleiche Aufmerksamkeit zuteil wird. Zeit ist kostbar, und so dürfen wir annehmen, daß nur die beste Musik besprochen wird. Ich habe es bei der Religion nicht viel anders gehalten. In einem kürzlich erschienenen juristischen Buch bekannte der Autor, daß er sich zu seinen Rechtsfragen regelrecht liebevoll äußerte. Wenn ein Autor über einen so trokkenen Gegenstand wie Jura ins Schwärmen geraten kann, sollte es nicht allzusehr überraschen, wenn ein anderer in die Religion – im besten Sinne verstanden - verliebt ist. Andere wird vielleicht eher die Frage interessieren, ob die Religion als Ganzes ein Segen oder ein Fluch war. Darum ist es mir bei diesem Buch nicht gegangen.

Nachdem ich also klargestellt habe, worum es mir geht – nämlich um das Beste in den Religionen der Welt –, möchte ich auch sagen, *was* dieses Beste für mich ist, zunächst aber, was es *nicht* ist. Lincoln Steffens erzählt die Geschichte eines Mannes, der auf einen Berg stieg, sich auf die Zehenspitzen stellte und die Wahrheit zu fassen bekam. Satan, dem schwante, daß dieser Emporkömmling ihm Unannehmlichkeiten bereiten würde, hatte ihm einen seiner Unterteufel hinterhergeschickt. Als aber der Dämon voller Sorge von dem Erfolg des Mannes berichtete – daß er die Wahrheit zu fassen bekommen hatte –, blieb Satan gelassen. »Keine Bange«, gähnte er. »Ich werde dafür sorgen, daß er sie institutionalisiert.«

Diese Geschichte kann uns helfen, in der Religion das Beste vom Fragwürdigen zu trennen. Die zentralen theologischen und metaphysischen Wahrheiten der Religionen der Welt, so lautet die These dieses Buches, beruhen auf *Inspiration.* Anders steht es dagegen mit *Institutionen* – und das gilt insbesondere für religiöse Institutionen. Die Substanzen der Institutionen sind – da sie aus Menschen mit all ihren angeborenen Schwächen bestehen – nicht nur die Tugenden der Menschen, sondern in gleichem Maße auch ihre Untugenden. Wenn die Untugenden – beispielsweise Gruppendenken gegenüber Außenstehenden – durch die reine Masse verschlimmert werden, können die Folgen so schrecklich sein, daß man – wie ein Witzbold gemeint hat – daraus den Schluß ziehen könnte, der größte Fehler, den die Religion je begangen habe, sei gewesen, sich mit Menschen einzulassen. In Wirklichkeit trifft das jedoch nicht zu, denn wenn die Religion sich von den Menschen ferngehalten hätte, wäre von ihr keine Spur in der Geschichte zurückgeblieben. Vor die Wahl gestellt, ob sie sich als eine Ansammlung abstrakter Wahrheiten vornehm im Hintergrund halten oder durch Institutionalisierung dieser Einsichten eine geschichtliche Tradition begründen sollte, hat die Religion sich für die klügere Taktik entschieden.

Dieses Buch respektiert diese Wahl, ohne doch ihrer Geschichte zu folgen – ich habe schon gesagt, daß es kein Buch über Religionsgeschichte ist. Es folgt der einfacheren Methode, gewissermaßen den Rahm von dieser Geschichte abzuschöpfen, indem es jene Wahrheiten aufgreift, die in den religiösen Institutionen bewahrt werden und aus denen diese Institutionen ihrerseits ihre Kraft beziehen. Wenn man die Religionen auf diese Wahrheiten hin untersucht, zeigt sich eine andere, reinere Seite. Dann verwandeln sie sich in die Weisheitstraditionen der Welt. (»Wo ist das Wissen, das in der Information verlorengeht? Wo ist die Weisheit, die im Wissen verlorengeht?« – T.S. Eliot.) Sie nehmen sich aus wie Datenbanken, in denen die erlesene Weisheit der Menschheit gespeichert ist. Da dieses Buch sich auf diese Weisheitsdepots konzentriert, hätte es auch ebensogut »Die großen Weisheitstraditionen der Welt« heißen können.

4. Und schließlich ist dies kein Buch über vergleichende Religionswissenschaft in dem Sinne, daß hier versucht würde, den Wert der Religionen gegeneinander abzuwägen. Vergleiche sind meistens mißlich, am mißlichsten jedoch die zwischen Religionen. Daher wird hier nicht von der Annahme ausgegangen, eine Religion sei den anderen überlegen oder – was in diesem Zusammenhang auf das gleiche hinausliefe – sie sei es nicht. »Niemand unter denen, die heute leben«, stellt Arnold Toynbee fest, »weiß genug, um mit Gewißheit sagen zu können, ob eine Religion bedeutender gewesen ist als alle anderen.« Ich habe versucht, von jedem Glauben das Beste durchscheinen zu lassen, indem ich ihn so darstelle, wie er meiner Ansicht nach von seinen glaubwürdigsten Anhängern aufgefaßt wird. Wenn der Leser Vergleiche anstellen will, so mag er das tun.

Ich habe nun erklärt, was dieses Buch *nicht* ist. Damit habe ich aber auch schon beinahe gesagt, was es *ist*. Aber ich will es ganz deutlich machen.

1. Es ist ein Buch, das sich bemüht, die ganze Welt zu erfassen. In einer Weise muß das natürlich mißlingen. Man mag die Arme noch so weit ausstrecken, sie sind immer zu kurz, und irgendwo muß man ja auch die Füße hinstellen. Zunächst springt ins Auge, daß das Buch ursprünglich auf Englisch geschrieben ist, wodurch es von vornherein in einer Weise festgelegt ist. Dann kommen die Querverweise, die den Sinn haben, den Weg in fremdes Gelände zu ebnen. Ich bringe Sprichwörter aus China, Geschichten aus Indien, Paradoxa aus Japan; aber die meisten Illustrationen sind doch westlichen Ursprungs: ein Shakespeare-Zitat, ein Bibelvers, ein Hinweis aus der Psychoanalyse – Eliot und Toynbee wurden bereits zitiert. Aber auch wenn man vom Sprachstil absieht, ist das Buch insofern von unverbesserlich westlichem Zuschnitt, als es sich an die zeitgenössische westliche Denkweise richtet. Und da dies auch die Denkweise des Autors ist, blieb ihm keine Wahl; man muß diese Tatsache einfach hinnehmen in dem Bewußtsein, daß das Buch anders aussehen würde, wäre es von einem Zen-Buddhisten, einem muslimischen Sufi oder einem polnischen Juden geschrieben.

Man könnte also sagen, daß dieses Buch einen sicheren Heimathafen hat, mit weit geöffneten Toren – einen Stützpunkt, von dem aus man sich auf die Reise begibt und zu dem man wieder zurückkehrt, um bald

im Studium und in der Phantasie, wenn schon nicht tatsächlich, erneut
aufzubrechen. Wenn es möglich ist, nach der Welt Heimweh zu haben,
selbst nach Orten, die man nie gesehen hat und die man vermutlich
nie besuchen wird, so ist dieses Buch aus solchem Heimweh heraus
geboren.

Wir leben in einem phantastischen Jahrhundert. Ich denke dabei gar
nicht an die unglaublichen Entdeckungen der Wissenschaft und an die
Gratwanderung zwischen Erfüllung und Untergang, in die sie uns
hineingetrieben haben. Ich meine die neue Situation, die zwischen den
Völkern entstanden ist. Länder auf der anderen Seite des Globus sind
zu unseren Nachbarn geworden, China liegt auf der anderen Straßen-
seite, der Nahe Osten neben unserer Hintertür. Junge Leute mit Ruck-
säcken dringen überallhin vor, und wer zu Hause bleibt, sieht sich mit
einer endlosen Parade von Büchern, Dokumentarfilmen und Besuchern
aus dem Ausland konfrontiert. Wir hören, daß sich Ost und West
begegnen, aber das ist eine Untertreibung. Sie werden aufeinander
geworfen, ja regelrecht geschleudert, mit der Gewalt von Atomen, der
Geschwindigkeit von Düsenjets und der Ungeduld ruheloser Geister,
die begierig sind, die Lebensart anderer Menschen kennenzulernen.
Wenn die Historiker später einmal auf unser Jahrhundert zurückblik-
ken, dann springt ihnen vielleicht als bemerkenswertester Zug nicht so
sehr die Weltraumfahrt oder die Freisetzung der Kernenergie ins Auge
als vielmehr die Tatsache, daß die Menschen der Welt einander zum
ersten Mal ernst genommen haben.

Die Umstellungen, die in dieser neuen Situation von uns allen verlangt werden – von uns, die wir plötzlich aus Stadt und Land auf die
Bühne der Welt hinauskatapultiert wurden –, sind atemberaubend. Vor
fünfundzwanzig Jahrhunderten konnte nur ein außergewöhnlicher
Mensch wie Diogenes ausrufen: »Ich bin kein Athener und kein Grie-
che, sondern ein Bürger der Welt.« Heute müssen wir alle darum
kämpfen, uns diese Worte zu eigen zu machen. Wir sind an dem Punkt
in der Geschichte angelangt, wo jeder, der sich nur als Japaner oder
Amerikaner, nur als Mensch des Ostens oder des Westens versteht, nur
ein halber Mensch ist. Die andere Hälfte, die mit dem Puls der gesamten Menschheit schlägt, muß erst noch geboren werden.

Um mit Nietzsche zu sprechen: Wir sind alle aufgerufen, Kosmische
Tänzer zu werden, die nicht plump an einem Fleck kleben, sondern in
leichtfüßigem Sprung von einer Stellung in die andere wechseln. Als
Weltbürger wird der Kosmische Tänzer ein echtes Kind seiner Ur-

sprungskultur sein, während er gleichzeitig mit allem verwandt ist. Die Wurzeln des Tänzers werden tief in Familie und Gemeinschaft hinabreichen, aber in der Tiefe werden sie auf das Grundwasser stoßen, das die eine Menschheit tränkt. Denn ist nicht auch der Tänzer ein Mensch? Wenn er sehen könnte, was andere interessiert hat, wäre es nicht auch für ihn von Bedeutung? Das ist eine erregende Aussicht. Die Anleihen, zu denen es bei zunehmender Durchlässigkeit der Grenzen kommen muß, werden manchmal zu künstlichen Zwittern führen, aber insgesamt wird die Menschheit bereichert und gekräftigt aus dem Prozeß hervorgehen.

Die Gründe, die uns zu einer weltweiten Verständigung nötigen, sind vielfältig. Ich wurde einmal in einem Bomber zu einem Luftwaffenstützpunkt geflogen, um vor Offizieren einen Vortrag über den Glauben fremder Völker zu halten. Warum? Offenbar weil diese Offiziere eines Tages in die Lage kommen könnten, als Verbündete oder als Gegner mit diesen Völkern in Berührung zu kommen. Das ist ein möglicher Grund, sich mit ihnen zu beschäftigen. Es ist vielleicht nur ein aufgezwungener Grund, aber es gibt hoffentlich auch andere. Selbst wenn wir versuchen, einen Krieg durch Diplomatie zu vermeiden, ist unser Ziel nur vorläufig, weil es zweckgebunden ist. Der eigentliche Grund für die Verständigung mit anderen ist ein innerer – in den Genuß des größeren Blickwinkels zu kommen, der sich dadurch vor unseren Augen auftut.

Ich spreche natürlich im übertragenen Sinn von Ansichten und Blikken, aber ein Vergleich aus dem visuellen Bereich ist vollkommen zutreffend. Die dritte Dimension des Raumes ist nur mit beiden Augen wahrzunehmen. Solange nicht die Ansichten aus verschiedenen Blickwinkeln konvergieren, wirkt die Welt so flach wie eine Postkarte. Daß wir zwei Augen haben, hat seinen praktischen Nutzen: es bewahrt uns davor, an Stühle zu stoßen und erlaubt uns, die Geschwindigkeit herannahender Autos abzuschätzen. Aber der eigentliche Nutzen liegt darin, daß unser Blick für die Welt selbst geschärft wird – für das Panorama, das sich vor unseren Augen entfaltet, und die Horizonte, die sich vor unseren Füßen auftun. Es ist das gleiche wie mit dem »Auge der Seele«, von dem Plato sprach. »Was wissen die von England, die England kennen nur?«[2]

Ich habe schon davon gesprochen, daß die Fähigkeit, die Welt mit den Augen der anderen zu betrachten, erhebliche Vorteile mit sich bringt. Sie erlaubt es Firmen, Geschäfte mit China zu machen, und

Diplomaten, seltener ins Fettnäpfchen zu treten. Aber der größte Gewinn ist einer, der sich jeder Etikettierung entzieht. Zu ahnen, was dem Japaner das Zugehörigkeitsgefühl bedeutet; mit einer burmesischen Großmutter zu spüren, was im Leben bleibt und was vergeht; zu verstehen, wie es möglich ist, daß die Hindus ihre Persönlichkeit als Maske ansehen, die das Unendliche in ihrem Innern überdeckt; das Paradoxon eines Zen-Mönchs zu enträtseln, der zwar versichert, alles sei heilig, dennoch aber gewisse Handlungen vermeidet – wenn solche Dinge in den Gesichtskreis rücken, werden dem flüchtigen Blick des Geistes neue Dimensionen erschlossen. Eine neue Welt eröffnet sich dem Leben. Das einzige, was ohne Einschränkung gut ist, ist nicht (wie Kant behauptete) der gute Wille, denn in beschränkten Verhältnissen kann sich ein guter Wille in sein Gegenteil verkehren. Das einzige, was wirklich uneingeschränkt gut ist, ist ein erweiterter Blick, ein umfassenderes Verständnis für die eigentliche Natur der Dinge.

Diese Gedanken über ein weltweites Verständnis bringen uns direkt zu den Religionen der Welt, denn der sicherste Weg zum Herzen eines Volkes führt über seinen Glauben, vorausgesetzt, dieser ist lebendig geblieben. Und mit dieser Unterscheidung – zwischen lebendigen und toten Religionen – kommen wir zu der zweiten konstruktiven Absicht dieses Buches.

2. Es ist ein Buch, das die Religion ernst nimmt. Es ist kein Reiseführer. Hier soll nicht die Sensationslust der Neugierigen befriedigt werden. Wir haben nicht die Absicht, die Religionen der Völker zu durchstöbern, um genüßlich jene Erscheinungen ans Licht zu zerren, die geeignet sind zu schockieren; man findet hier keine Asketen auf Nagelbetten, keine Kreuzigungen bei den Penitentes in Mexiko, keine Türme des Schweigens der Parsi, auf denen die Toten den Geiern zum Fraß ausgesetzt werden, keine erotischen Skulpturen und keine Exkurse über tantrischen Sex. Die großen Religionen haben auch solche Erscheinungen zu bieten, aber wir würden ihnen einen sehr schlechten Dienst erweisen, wenn wir uns dabei aufhielten.

Wer die Religion bagatellisieren will, kann dies auf subtilere Weise tun. Zum Beispiel, indem er ihre Bedeutung anerkennt – aber nur für die anderen, für die Menschen der Vergangenheit, für die Angehörigen anderer Kulturen, für Leute, deren Ego einer Stütze bedarf. Aber auch so wollen wir nicht vorgehen. Wir werden immer in der dritten Person sprechen. Wir werden von Hindus, Buddhisten, Konfuzianisten, Moslems sprechen – immer wird es »sie« und »ihnen« heißen. Aber hinter dieser äußeren Form geht es uns im tiefsten Innern immer um uns selbst. Wenn ich mich immer wieder mit den großen Weisheitslehren der Welt beschäftige, so deshalb, weil ich nach Hilfe bei Problemen suche, mit denen ich allein nicht zurechtkomme. In Anbetracht der Tatsache, daß sich die Menschen im Grunde alle ähnlich sind – mehr als irgend etwas sonst sind wir alle Menschen –, nehme ich an, daß diese Probleme auch die Leser dieses Buches angehen.

Schließlich wollen wir uns auch vor der subtilsten Art hüten, die Religion von oben herab zu behandeln; sie besteht darin, sie nicht um ihrer selbst willen zu respektieren, sondern wegen ihrer praktischen Nutzanwendungen – ihrer Beiträge zur Kunst, oder zum Seelenfrieden, oder zum Zusammenhalt von Gruppen. Die Religion, von der dieses Buch handelt, ist nach William James' prägnanter Formulierung kein langweiliger Brauch, sondern ein akutes Fieber. Diese Religion ist voller Leben. Und wenn die Religion zum Leben erwacht, wird sie aufregend. Sie übernimmt das Kommando. Alles andere wird – sofern nicht gänzlich zum Schweigen gebracht – in seiner Bedeutung herabgemindert und muß sich mit einer sekundären Rolle begnügen.

Lebendige Religion stellt das Individuum vor die bedeutungsvollste Entscheidung, die das Leben uns abfordern kann. Sie ruft die Seele auf, sich auf das größtmögliche Abenteuer einzulassen, eine Reise, die über die Dschungel, die Gipfel und Wüsten des menschlichen Geistes führen soll. Es ist ein Aufruf, sich der Realität zu stellen, das Selbst zu meistern. Wer den Mut hat, den geheimen Ruf zu hören und ihm zu folgen, lernt schnell die Gefahren und Klippen seiner einsamen Reise kennen.

> Wie die scharfe Schneide eines Rasiermessers ist der Weg, schwer zu gehen und nicht leicht zu überwinden.[3]

Richter Holmes pflegte zu sagen, die Wissenschaft befriedige unbedeutende Bedürfnisse durch bedeutende Entdeckungen, und er fügte hinzu, die Religion – so gering ihre Erfolge auch sein mögen – beschäftige sich zumindest mit den Dingen, auf die es am meisten ankommt. Wenn es daher einem einsamen Geist gelingt, sich auf diesem Gebiet bedeutende Bereiche zu erobern, so wird aus ihm etwas Größeres als ein König oder eine Königin. Er wird zu einem Welterlöser. Seine Wirkung dauert über Jahrtausende fort, und die verworrene Geschichte der Menschheit spürt über Jahrhunderte seinen Segen. »Wer sind die Ein-

zelmenschen, die für die größten Wohltäter der lebenden Menschheit
gelten dürfen?« fragte Toynbee. »Ich würde nennen: Konfuzius und
Lao-tse; Buddha; die Propheten von Israel und Juda; Zarathustra, Jesus
und Mohammed; schließlich Sokrates.«[4]

Seine Antwort kann kaum überraschen, denn echte Religion ist die
Öffnung, durch die die unerschöpflichen Energien am ungehindertsten
in das menschliche Leben einströmen. Was sonst kommt ihrer Fähigkeit gleich, die tiefsten schöpferischen Zentren des Lebens zu inspirieren? In einer sich durch Mythos und Ritus Ausdruck verschaffenden
Bewegung liefert sie die Symbole, die die Geschichte vorantreiben, bis
ihre Kraft endlich erschöpft ist und das Leben erneut auf Erlösung
wartet. Dieses immer wiederkehrende Muster nötigt sogar die Spötter,
wie George Bernard Shaw, zu dem Schluß, daß die Religion die einzige
echte Antriebskraft in der Welt ist. (Alfred North Whitehead ließ
außerdem noch die Wissenschaft gelten, womit die Anzahl auf zwei
gestiegen wäre.)[5] Die Religion als eine kraftspendende Macht ist es
denn auch, die uns in den folgenden Kapiteln beschäftigen wird.

3. Und schließlich ist dieses Buch um ernsthafte Kommunikation
bemüht. Ich betrachte es als ein Werk der Übersetzung, das nicht nur in
die Welt der Hindus, der Buddhisten und Muslime einzudringen versucht, sondern auch bestrebt ist, Brücken von diesen Welten zur Welt
des Lesers zu schlagen. Das Studium der Religion kann so trocken und
akademisch sein wie jedes andere Studium auch; aber ich habe mich
bemüht, nie zu vergessen, welche Bedeutung dieses Material für die
Probleme hat, mit denen die Menschen heute zu kämpfen haben.
»Wenn Sie – auf lange Sicht – nicht jedermann sagen können, was Sie
gemacht haben«, schrieb ein großer Wissenschaftler, der sich auch
hervorragend darauf verstand, seine Gedanken zu vermitteln, »dann ist
Ihre Arbeit wertlos gewesen.«[6]

Dieses Interesse an der Kommunikation führt uns zurück zu der
schon einmal gestreiften Frage, welche Haltung dieses Buch zur histo-
risch-wissenschaftlichen Betrachtungsweise einnimmt.

Soweit ich sehe, widerspricht nichts von dem, was hier vorgestellt
wird, den bekannten historischen Fakten. Aber wenn man von der
Vermeidung direkter Ungenauigkeiten absieht, wird die Sache doch
etwas komplizierter. Ich habe sehr viel weggelassen und immer dort
vereinfacht, wo historische Details nur das Tempo verzögert und das
Wesentliche verstellt hätten. Gelegentlich habe ich Schlußfolgerungen
gezogen, die sich logisch zu ergeben schienen, und ich habe Beispiele

verwendet, die offenbar zum Thema passen, aber nicht aus den Texten selbst stammen. Dieser freie Umgang mit dem Material mag bei dem einen oder anderen Leser den Eindruck erwecken, daß ich mit den Fakten reichlich großzügig umgegangen bin, aber historische Genauigkeit ist nicht mein Hauptanliegen. Bei der Religion geht es nicht in erster Linie um Fakten; es geht um Sinnzusammenhänge. Ein Vergleich aus der Biochemie mag das verdeutlichen. »Obwohl wir die Struktur der Protein-Moleküle bis hin zur genauen Lage ihrer Atome im dreidimensionalen Raum kennen, haben wir nicht die geringste Ahnung von den Regeln, nach denen sie sich zu ihrer natürlichen Form organisieren.«[7] Den Atomen des Biochemikers entsprechen im religiösen Bereich die Fakten, wie sie von Geschichte, Soziologie, Anthropologie und Quellenforschung über die Religion zusammengestellt werden. Selbst wenn diese so präzise wären wie das Wissen des Biochemikers über die Protein-Moleküle – für sich allein genommen wären sie ebenso leblos. Ich habe versucht, in diesen Kapiteln – wenn nicht direkt, so doch zumindest indirekt – die »Regeln« anzuwenden, die die religiösen Fakten »zu ihrer natürlichen Form« »organisieren«. Ich habe versucht, sie zu religiösem Leben zu erwecken.

Wir schicken uns an, eine Reise in Raum und Zeit und Ewigkeit anzutreten. Oft werden die Orte entlegen, die Zeiten längst vergangen, die Themen gänzlich von Raum und Zeit abgehoben sein. Wir werden Wörter verwenden müssen, die aus fremden Sprachen stammen – Sanskrit, Chinesisch und Arabisch. Wir werden versuchen, Bewußtseinszustände zu beschreiben, die sich mit Worten nur andeuten lassen. Wir werden mit Hilfe der Logik versuchen, Einsichten zu erhaschen, die unserer Bemühungen spotten. Und letztlich werden wir scheitern; da unsere eigene Geistesart eine andere ist, werden wir andere Religionen als unsere eigene nie ganz begreifen können. Aber wenn wir diese Religionen ernst nehmen, werden wir uns unseres Scheiterns nicht zu schämen brauchen. Dafür bedarf es es lediglich zweier Voraussetzungen: Erstens müssen wir ihre Anhänger als Männer und Frauen betrachten, die im wesentlichen vor den gleichen Problemen stehen wie wir. Und zweitens müssen wir uns von allen Vorurteilen freimachen, die uns daran hindern könnten, auf neue Einsichten gefaßt und für sie empfänglich zu sein. Wenn wir unsere Vorurteile über diese Religionen ablegen und jede von ihnen als eine Sache verstehen, die von Menschen aus dem Bedürfnis heraus geschaffen wurde, etwas zu sehen, was ihrem Leben Stütze und Sinn geben könnte; und wenn wir dann versuchen, unvoreingenommen selbst zu sehen, was sie gesehen haben – wenn wir das tun, dann kann der Schleier, der uns von ihnen trennt, durchsichtig werden.

Ein großer Anatom pflegte seine erste Vorlesung vor den Studienanfängern in Medizin mit Worten zu beenden, die auch auf unser Vorhaben zutreffen. »In diesem Kursus«, so sagte er, »werden wir es mit Fleisch und Knochen und Zellen und Sehnen zu tun haben, und es wird Momente geben, wo alles furchtbar kaltblütig aussehen wird. Aber Sie dürfen nie vergessen: es lebt!«

1 Ein Standardwerk ist z. B. John B. Noss, *Man's Religion* (New York: Macmillan, 1984).
2 Rudyard Kipling, *The English Flag.*
3 *Die Katha-Upanishad,* (Bern, München, Wien: O. W. Barth, 1989), I, iii, 14, S. 94.
4 Arnold Toynbee, *Kultur am Scheidewege* (Berlin: Ullstein, 1958), S. 114.
5 A. N. Whitehead, *Wissenschaft und die moderne Welt* Übersetzt von Hans G. Holl (Frankfurt: Suhrkamp, 1984), S. 210 ff.
6 Erwin Schrödinger, *Science and Humanism* (Cambridge: Cambridge University Press, 1952), S. 9.
7 R. C. Lewontin, in *The New York Review of Books* (27. April 1989), S. 18.

Zweites Kapitel

II. HINDUISMUS

Wenn ich gefragt würde, unter welchem Himmel der menschliche Geist . . . am tiefsten über die größten Probleme des Lebens nachgedacht und für einige von ihnen Lösungen gefunden hat, die sehr wohl die Aufmerksamkeit auch jener verdienen, die Plato und Kant studiert haben – ich würde auf Indien deuten. Und wenn ich mich fragte, von welcher Literatur wir, die wir fast ausschließlich mit den Gedanken der Griechen und Römer und denen einer semitischen Rasse, der Juden, aufgewachsen sind, das Korrektiv nehmen können, das wir am nötigsten brauchen, um unser inneres Leben zu einem vollkommeneren, umfassenderen, universelleren, kurz zu einem im eigentlichen Sinne menschlicheren Leben zu machen . . . wieder würde ich auf Indien deuten. Max Müller

Das Ereignis, das sich am 16. Juli 1945 in der tiefen Einsamkeit einer Wüste in New Mexico abspielte, könnte sich als das wichtigste Geschehnis des gesamten zwanzigsten Jahrhunderts erweisen. Es war der krönende Abschluß einer Kettenreaktion wissenschaftlicher Entdekkungen, die an der University of Chicago ihren Anfang nahm und auf dem »Gelände Y« in Los Alamos kulminierte. Die erste Atombombe war, wie man so schön sagt, erfolgreich gezündet worden.

Den größten Anteil an dieser Leistung hatte der Leiter des Projekts von Los Alamos, Robert Oppenheimer. Einem Augenzeugen, der an diesem Morgen Gelegenheit hatte, ihn aus der Nähe zu beobachten, verdanken wir folgenden Bericht: »Als die letzten Sekunden vergingen, wuchs seine Anspannung. Er atmete kaum noch. Er hielt sich an einem Pfosten fest, um sich zu stützen . . . Als der Ansager ›Jetzt!‹ rief und dieser ungeheure Lichtblitz kam, gefolgt . . . von dem dumpf-grollenden Dröhnen der Explosion, entspannte sich sein Gesicht und zeigte ungeheure Erleichterung.«

Soviel aus der Sicht des Betrachters. Aber was Oppenheimer selbst in jenen Momenten durch den Kopf ging, das war, wie er sich später erinnerte, ein Vers aus der *Bhagavad-Gita*, in dem Gott sagt:

Ich bin der Tod, der alles raubt, Erschütterer der Welten.[1]

Diese Episode paßt mit ihrer tiefen Symbolik gut an den Anfang dieses
Kapitels und mag zusammen mit dem Leben Mahatma Gandhis die
Bühne bereiten für den Glauben, den wir jetzt erkunden wollen. In
einer Zeit, in der Gewalt und Friede einander in schicksalhafterer
Weise gegenüberstanden als je zuvor, wurde in der Mitte unseres Jahrhunderts der Name Gandhis zu einem Gegengewicht zu den Namen
von Stalin und Hitler. Die Leistung, durch die dieser Mann – der nicht
einmal hundert Pfund wog und dessen Habseligkeiten im Augenblick
seines Todes kaum zwei Dollar wert waren – in den Augen der Welt
bekannt geworden ist, war der friedliche Rückzug der Briten aus Indien;
weniger bekannt ist die Tatsache, daß es ihm gelang, bei seinem eigenen
Volk eine Schranke durchlässiger zu machen, die schrecklicher ist als
die Rassenschranke in den USA. Er gab den Unberührbaren einen
neuen Namen. Er nannte sie die *Harijan*, »das Volk Gottes«, und erhob
sie zum Status von Menschen. Indem er das tat, schuf er die Strategie
der Gewaltlosigkeit und inspirierte damit auch Martin Luther King zu
der ähnlichen Bürgerrechtsbewegung in den Vereinigten Staaten.
     Gandhis eigene Strategie und Inspiration führen uns direkt zum
Thema dieses Kapitels, denn in seiner *Autobiographie* schrieb er: »Alle
Kraft, die ich zur Arbeit in der Politik habe, stammt aus meinen Experimenten auf dem Gebiet des Geistes.« Auf diesem Gebiet des Geistes, so
fuhr er fort, »ist Wahrheit das wichtigste Prinzip, und die *Bhagavad-
Gita* ist das Buch *par excellence*, wenn man die Wahrheit erkennen will.«

Was die Menschen wollen

Wollten wir den Hinduismus als Ganzes nehmen – seine riesige Literatur, seine komplizierten Rituale, seine wuchernden Volksbräuche, seine
opulente Kunst – und versuchten wir ihn in einer einzigen Aussage
zusammenzufassen, so würde diese lauten: Du kannst bekommen, was
du willst.
     Das klingt vielversprechend, aber damit fällt das Problem auf uns
zurück. Denn was wollen wir eigentlich? Eine einfache Antwort darauf
zu geben ist nicht schwer, eine gute ist jedoch nicht so leicht zu finden.
Indien lebt seit langer Zeit mit dieser Frage und wartet immer noch auf
die Antwort. Die Menschen, so sagt Indien, wollen vier Dinge.

Als erstes wollen sie Lust. Das ist ganz natürlich. Wir alle werden mit eingebauten Lust-Schmerz-Rezeptoren geboren. Wenn wir diese miß-achteten und unsere Hände auf der heißen Herdplatte liegen ließen oder aus dem Fenster im zweiten Stock sprängen, würden wir nicht lange leben. Was läge also näher, als der Stimme des Vergnügens zu folgen und ihr unser Leben anzuvertrauen?

Da Indien gemeinhin als asketisch, weltfremd und lebensfeindlich gilt, könnte man erwarten, daß es dem Hedonismus gegenüber eine ablehnende Haltung einnimmt. Aber das ist nicht der Fall. Gewiß, Indien hat die Lust nicht zu seinem höchsten Gut erkoren, aber das bedeutet nicht, daß es den Genuß ablehnt. Jenen, die nach Lust streben, sagt Indien im Prinzip: Strebt ruhig danach, dagegen ist nichts einzu-wenden; dies ist eines der vier legitimen Lebensziele. Die Welt ist übervoll von Schönheit und bietet den Sinnen verschwenderische Reize. Darüber hinaus gibt es andere Welten über dieser, wo die Lust auf jeder Stufe millionenfach gesteigert wird, und auch diese Welten werden wir kosten dürfen, wenn die Zeit dafür reif ist. Wie alles andere erfordert der Hedonismus gesunden Menschenverstand. Nicht jedem Impuls folgt man ungestraft. Kleine, unmittelbar vor uns liegende Ziele müssen um langfristiger Gewinne willen geopfert werden, und Impulse, die andere verletzen würden, müssen unterdrückt werden, um Feind-schaft und Schuldgefühle zu vermeiden. Nur die Dummen lügen, steh-len oder betrügen um des unmittelbaren Vorteils willen oder erliegen der Sucht. Aber solange die Grundregeln moralischen Verhaltens nicht verletzt werden, darfst du dich soviel vergnügen, wie du willst. Nicht nur wird die Lust als solche in den hinduistischen Texten nicht ver-dammt, sie enthalten sogar Vorschläge, wie sie sich steigern läßt. Für den einfachen Menschen, dem es fast ausschließlich um sein Vergnügen geht, ist der Hinduismus nicht viel mehr als eine Lebensweise, die zu Gesundheit und Wohlstand führt; am anderen Ende des Spektrums dagegen hat er für die Gebildeten eine sinnliche Ästhetik von schok-kierender Deutlichkeit entwickelt. Wenn Sie auf ›Lust‹ aus sind, so unterdrücken Sie diesen Wunsch nicht. Streben Sie mit Verstand danach.

So spricht Indien und wartet. Es wartet auf die Zeit – sie wird für jeden einmal kommen, wenn auch nicht für jeden in diesem Leben –, wo einem klar wird, daß Vergnügen nicht alles ist, was man will. Der Grund, weshalb wir schließlich alle einmal diese Entdeckung machen, ist nicht, daß Lust als solche etwas Schlechtes wäre, sondern daß sie zu trivial ist, um unser ganzes Wesen zu befriedigen. Sinnesfreuden sind im wesentlichen etwas Privates, und für beständige Begeisterung ist das menschliche Ich nicht umfassend genug. Sören Kierkegaard versuchte eine Zeitlang, ein – wie er es nannte – ästhetisches Leben zu führen, bei dem das Leitprinzip Genuß war, mußte aber schließlich das radikale Scheitern eines solchen Lebens eingestehen, das er in der *Krankheit zum Tode* beschrieben hat. »In dem bodenlosen Ozean der Lust«, schrieb er in seinem *Tagebuch*, »habe ich vergeblich nach einem Ort gesucht, wo ich Anker werfen konnte. Ich habe die schier unwiderstehliche Gewalt gespürt, mit der eine Lust die andere nach sich zieht, die Langeweile, die Qual, die darauf folgen.« Selbst mancher Playboy – ein Typus, der selten mit Tiefe gesegnet ist – ist schon zu dem Schluß gelangt, den einer von ihnen kürzlich so formuliert hat: »Der Glanz von gestern erscheint mir heute als bloßer Flitterkram.« Früher oder später will jeder mehr erleben als ein Kaleidoskop vergänglicher Freuden, wie reizvoll sie auch sein mögen.

Wenn diese Zeit gekommen ist, verlagern sich die Interessen des Menschen gewöhnlich auf das zweite Hauptziel im Leben, den Erfolg in der Welt[2] mit seinen drei Ausprägungen des Reichtums, des Ruhmes und der Macht. Auch das ist ein ehrenwertes Ziel, das weder Spott noch Mißbilligung verdient. Außerdem gewährt es eine dauerhaftere Befriedigung, denn (anders als die Lust) ist Erfolg eine soziale Leistung und erstreckt sich somit auch auf das Leben der anderen. Daher kann es für sich eine Bedeutung und Tragweite in Anspruch nehmen, die der Lust fehlen.

Einem modernen westlichen Publikum gegenüber bedarf dieser Punkt keiner Rechtfertigung. Das anglo-amerikanische Temperament ist nicht besonders sinnlich. Ausländische Besucher haben nicht den Eindruck, daß die englischsprechenden Völker das Leben besonders genießen oder sehr darauf aus wären, es zu genießen – sie sind viel zu beschäftigt. Da wir im Westen nicht in die Sinnesfreuden, sondern in den Erfolg verliebt sind, bedarf die Tatsache, daß die Befriedigung durch Leistung größer ist als die Befriedigung der Sinne, viel weniger der Rechtfertigung als die Tatsache, daß auch der Erfolg seine Grenzen hat und daß die Frage »Was ist er wert?« nicht gleichbedeutend ist mit der Frage »Wie reich ist er?«

Indien erkennt durchaus an, daß das Streben nach Macht, Stellung und Besitz tiefe Wurzeln hat. Auch sollten diese nicht *per se* geringgeschätzt werden. Ein gewisses Mindestmaß an weltlichem Erfolg ist unabdingbar, wenn man eine Familie ernähren und seinen bürgerlichen Pflichten nachkommen will. Was an weltlichen Errungenschaften über dieses Mindestmaß hinausgeht, verleiht Würde und Selbstachtung. Letztlich haben jedoch auch diese Segnungen ihre Grenzen. Denn sie alle enthalten ganz bestimmte Beschränkungen:

1. Da Reichtum, Ruhm und Macht ihrem Wesen nach exklusiv sind, führen sie zum Wettbewerb und sind daher mit Risiken verbunden. Anders als geistige und spirituelle Werte nehmen sie nicht zu, wenn man sie mit anderen Menschen teilt; jedes Abgeben führt unweigerlich zur Schmälerung des eigenen Anteils. Wenn ich eine Mark besitze, ist es nicht Ihre Mark; wenn ich auf einem Stuhl sitze, können nicht gleichzeitig Sie darauf sitzen. Ähnlich ist es mit Ruhm und Macht. Die Vorstellung von einem Volk, in dem jeder berühmt ist, ist ein Widerspruch in sich; und wenn die Macht gleichmäßig verteilt würde, wäre niemand mehr mächtig in dem Sinn, in dem wir das Wort gewöhnlich verwenden. Da diese Güter also auf dem Prinzip des Wettbewerbs beruhen, ist leicht einzusehen, daß sie mit Risiken verbunden sind. Da immer andere Leute nach den gleichen Gütern streben, kann man nie wissen, wann der Erfolg die Seiten wechseln wird.

2. Das Streben nach Erfolg ist unersättlich. Diese Aussage muß genauer präzisiert werden, denn es gibt ja durchaus Menschen, die mit dem, was sie an Geld, Ruhm oder Macht erlangen, zufrieden sind. Erst wenn sie diese Dinge zu ihrem Hauptanliegen machen, wird die Gier unstillbar. Denn das ist nicht eigentlich das, was sie wirklich wollen, und von dem, was sie nicht wirklich wollen, können die Menschen nie genug bekommen. Die Hindus sagen: »Das Streben nach Reichtümern durch Geld stillen zu wollen, das ist so, als wollte man ein Feuer löschen, indem man Butter hineinschüttet.«

Auch dem Westen ist diese Erkenntnis nichts Neues. »Die Armut besteht nicht darin, daß wir weniger besitzen, sondern darin, daß wir gieriger werden«, sagt Plato, und der Theologe Gregor von Nazianz pflichtet ihm bei: »Du magst aus aller Welt dir alle Güter raffen, du bleibst doch immer arm, weil große Lücken klaffen.« »Erfolg ist ein Ziel ohne Sättigungspunkt«, schrieb kürzlich ein Psychologe; und Soziologen, die eine Stadt des Mittleren Westens untersuchten, stellten fest, daß »sowohl die Geschäftsleute als auch die Arbeiter sich bei dem Versuch, immer schneller Geld zu verdienen, um mit dem noch schnelleren Anstieg ihrer subjektiven Wünsche Schritt zu halten, abrackerten, als ginge es ums liebe Leben.« Das Gleichnis von dem Eseltreiber, der sein Tier durch eine vor dessen Augen baumelnde Möhre, die mit einem Stock am Zaumzeug befestigt war, zum Laufen brachte, hat der Westen aus Indien entlehnt.

3. Das dritte Problem beim weltlichen Erfolg entspricht dem des Hedonismus. Auch er sucht den Sinn zentral im Ich, das sich aber als zu klein erweist, um dauernden Überschwang zu gewähren. Weder Vermögen noch gesellschaftliche Stellung können darüber hinwegtäuschen, daß einem vieles andere fehlt. Letztlich erhofft sich jeder doch mehr vom Leben als ein Landhaus, einen Sportwagen und schicke Urlaubsreisen.

4. Und schließlich kann weltlicher Erfolg uns auch deshalb nicht restlos befriedigen, weil seine Errungenschaften nicht von Dauer sind. Reichtum, Ruhm und Macht überdauern nicht den körperlichen Tod – »Du kannst sie doch nicht mitnehmen«, sagen wir häufig. Und da wir das nicht können, werden diese Dinge uns nie restlos befriedigen, denn als Wesen, die die Fähigkeit haben, sich eine Vorstellung von der Ewigkeit zu machen, müssen wir im Gegensatz dazu instinktiv die kurze Gewalt über die Zeit verwünschen, die der weltliche Erfolg uns einbringt.

Bevor wir uns den beiden anderen Dingen zuwenden, die die Menschen nach hinduistischer Ansicht wollen, sollten wir noch einmal diejenigen zusammenfassen, die wir bisher betrachtet haben. Die Hindus ordnen die Lust und den Erfolg dem Pfad des Begehrens zu. Sie benutzen diesen Ausdruck, weil das persönliche Begehren des Individuums bisher beim Abstecken des Lebensweges immer an vorderster Stelle gestanden hat. Weitere Ziele liegen vor uns, aber das ist kein Grund, die vorläufigen abzuqualifizieren. Es ist schließlich nichts gewonnen, wenn wir unsere Wünsche pauschal unterdrücken oder ihre Existenz bestreiten. Solange Lust und Erfolg das sind, was wir zu wünschen meinen, sollten wir auch danach streben und uns dabei nur die Einschränkungen auferlegen, die Klugheit und Fairneß gebieten.

Das Leitprinzip ist, sich vom Begehren erst abzuwenden, wenn das Begehren sich von uns abwendet, denn der Hinduismus betrachtet die Gegenstände auf dem Pfad des Begehrens als eine Art Spielsachen. Wenn wir uns fragen, ob denn an Spielsachen etwas Unrechtes sei, so müssen wir sagen: Im Gegenteil, Kinder ohne Spielzeug sind eine traurige Vorstellung. Aber noch trauriger ist der Gedanke, daß es dem Erwachsenen nicht gelingen könnte, sich für Bedeutenderes zu interessieren als für Puppen und elektrische Eisenbahnen. Und aus dem glei-

chen Grunde werden Menschen, die in ihrer Entwicklung nicht stehen-
bleiben, eines Tages die Freude am Erfolg und den Sinnesgenüssen
überwinden und deren Reizen weitgehend indifferent gegenüberstehen.

Aber welche größeren Attraktionen hat das Leben dann noch zu
bieten? Zwei, sagen die Hindus. Im Gegensatz zum Pfad des Begehrens
bilden sie den Pfad der Entsagung.

Das Wort Entsagung hat einen negativen Beigeschmack, und seine
häufige Verwendung hat mit dazu beigetragen, daß Indien in den Verdacht geraten ist, ein lebensfeindlicher Spielverderber zu sein. Aber die
Entsagung hat zwei Gesichter. Sie kann aus Desillusionierung und
Verzweiflung entspringen, aus dem Gefühl, daß es sich nicht lohnt,
seine Fühler auszustrecken; aber ebensogut kann sie aus der Vermutung
resultieren, daß im Leben mehr steckt als wir hier und jetzt erfahren. In
diese Kategorie einzuordnen sind die Menschen, die zur Natur zurückkehren wollen, die auf den Überfluß verzichten, um sich von sozialen
Zwängen und dem Diktat der Sachen zu befreien. Aber das ist erst der
Anfang. Wenn Entsagung zwangsläufig bedeutet, daß ein bedeutungs-
loses Jetzt für ein verheißungsvolleres Noch-nicht geopfert werden
muß, dann ist die religiöse Entsagung derjenigen von Sportlern vergleichbar, die auf manche Genüsse verzichten, um sich nicht von ihrem
alles verschlingenden Ziel ablenken zu lassen. In dieser zweiten Spielart
ist Entsagung das gerade Gegenteil von Desillusionierung: Sie zeigt an,
daß die Lebenskraft besonders aktiv ist.

Wir dürfen nie vergessen, daß im Hinduismus der Pfad der Entsagung auf den Pfad des Begehrens folgt. Wenn die Menschen wahre
Befriedigung erlangen könnten, indem sie ihren Impulsen folgen, käme
ihnen sicherlich niemals der Gedanke an Entsagung. Doch denken
nicht nur jene daran, die auf dem ersten Pfad gescheitert sind – wie zum
Beispiel der enttäuschte Liebhaber, der vor Verzweiflung ins Kloster
geht. Wir stimmen den Spöttern zu, daß Entsagung für solche Menschen eine Art Rettungsanker ist – der Versuch, aus einer persönlichen
Niederlage noch das Beste zu machen. Was uns zwingt, die hinduistische Hypothese ernst zu nehmen, ist das Zeugnis jener, die konsequent
auf dem Pfad des Begehrens wandeln und dennoch feststellen, daß
dieser ihre Wünsche nicht restlos befriedigt. Diese Menschen – also
nicht die Entsagenden, sondern diejenigen, die nichts kennen, wofür zu
entsagen sich lohnen würde – sind die wahren Pessimisten dieser Welt,
denn um zu leben, muß der Mensch an das glauben, um dessentwillen

er lebt. Solange sie die Vergeblichkeit von Lust und Erfolg nicht erkennen, halten sie diese vielleicht für ein lohnendes Lebensziel. Aber wenn sie – wie Tolstoi in seinen *Bekenntnissen* schreibt – nicht mehr an das Endliche glauben können, müssen sie an die Unendlichkeit glauben oder sterben.

Lassen Sie es mich deutlich aussprechen: Der Hinduismus sagt nicht, daß jeder in seinem oder ihrem gegenwärtigen Leben den Pfad des Begehrens als unzulänglich empfinden wird. Denn vor dem Hintergrund einer unermeßlichen Zeitskala differenziert der Hinduismus zwischen chronologischem und psychologischem Alter – eine Unterscheidung, die auch dem Westen nicht fremd ist. Zwei Menschen, beide vierundsechzig, mögen chronologisch gesehen gleich alt sein, psychologisch betrachtet kann der eine aber noch ein Kind, der andere ein Erwachsener sein. Die Hindus fassen diese Unterscheidung so weit, daß sie viele Lebensspannen einschließt (wir kommen auf diesen Punkt noch zurück, wenn wir den Gedanken der Reinkarnation behandeln). Folglich finden wir Männer und Frauen, die sich mit dem gleichen Eifer, den Neunjährige beim Räuber-und-Gendarm-Spielen an den Tag legen, dem Spiel des Begehrens hingeben; und obwohl sie kaum etwas anderes kennen, werden sie einmal sterben mit dem Gefühl, ein ausgefülltes Leben gelebt zu haben, und werden zu dem Schluß kommen, das Leben sei gut. Aber ebenso wird es andere geben, die das Spiel mit dem gleichen Geschick spielen, aber den zu erringenden Siegespreis schal finden. Wie erklärt sich dieser Unterschied? Die Begeisterten, so sagen die Hindus, bleiben im Überschwang des Neuen befangen, während die anderen, die das Spiel wieder und wieder gespielt haben, danach streben, andere Welten zu erobern.

Wir können beschreiben, was ein Mensch gewöhnlich erlebt, der die zweite Art von Erfahrung durchmacht. Er wird immer noch stark von den sichtbaren Annehmlichkeiten der Welt angezogen. Er stürzt sich kopfüber ins Vergnügen, mehrt seinen Besitz und sucht seine Stellung zu verbessern. Aber weder die Verfolgung seiner Ziele noch der Erfolg bringt ihm Erfüllung. Manches von dem, was er will, bekommt er nicht, und darüber ist er unglücklich. Manches bekommt er und hält es eine Weile fest, doch dann wird es ihm plötzlich entrissen, und wieder ist er unglücklich. Manches behält er zwar, aber er stellt (wie viele Jugendliche zu Weihnachten) fest, daß es ihm nicht die Freude bringt, die er sich davon versprochen hatte. Viele Erfahrungen, die beim ersten Mal aufregend waren, verlieren beim hundertsten ihren Reiz. Und immer scheint jede Errungenschaft die Flammen neuer Begehrlichkeiten anzufachen, keine bringt volle Befriedigung; und alle, so wird ihm schließlich klar, vergehen mit der Zeit. Endlich bemächtigt sich seiner der Verdacht, daß er in einer Tretmühle gefangen ist und immer schneller laufen muß, um Annehmlichkeiten zu erringen, die ihm immer weniger bedeuten.

Wenn ihm diese Erkenntnis dämmert und er sich ausrufen hört: »Eitel, eitel, alles ist eitel!«, dann kommt ihm vielleicht der Gedanke, daß das Problem von der Kleinheit des Egos herrührt, in dessen Dienst er sich verzehrt hat. Wie, wenn er das Zentrum seines Interesses verlagerte? Könnte sein Leben nicht aus seiner Trivialität befreit werden, wenn er Teil eines größeren, bedeutungsvolleren Ganzen würde?

Diese Frage kündigt die Geburtsstunde der Religion an. Denn obwohl man die Vergötzung der eigenen Person als eine verwässerte Art von Religion bezeichnen kann, beginnt die wahre Religion erst mit der Suche nach Sinn und Werten jenseits der Ichbezogenheit. Sie entsagt dem Absolutheitsanspruch des Ego.

Aber wem dient diese Entsagung? Diese Frage führt zu den zwei Wegweisern, die den Pfad der Entsagung kennzeichnen. Auf dem ersten steht als das, was sich zunächst anbietet, wenn man über sich selbst hinausdenkt, »die Gemeinschaft«. Indem sie gleichzeitig unser Leben und das der anderen trägt, hat die Gemeinschaft eine Bedeutung, die immer die des Einzellebens übersteigt. So laßt uns in Zukunft unsere Loyalität auf die Gemeinschaft übertragen und ihren Ansprüchen Priorität vor unseren eigenen einräumen.

Diese Verlagerung markiert den ersten großen Schritt im religiösen Leben. Sie führt zur Religion der Pflicht, nach Lust und Erfolg dem dritten großen Lebensziel im hinduistischen Weltbild. Sie übt eine ungeheure Macht über den reifen Menschen aus. Unermeßlich ist die Zahl derer, die in ihrem Leben das Geben an die Stelle des Nehmens, das Dienen an die Stelle des Siegens gesetzt haben. Ihr erstes Ziel ist nicht mehr, zu triumphieren, sondern ihr Bestes zu geben, um der ihnen gestellten Aufgabe – was es auch sei – gerecht zu werden.

Der Hinduismus hält viele Verhaltensmaßregeln für jene bereit, die sich vor den Karren des Dienstes an der Gemeinschaft spannen lassen wollen. Er differenziert die Pflichten je nach Alter, Temperament und sozialer Stellung. Diese werden weiter unten erörtert. Hier mag es genügen zu wiederholen, was schon in bezug auf Lust und Erfolg gesagt wurde: Auch die Pflicht hat ansehnlichen Lohn zu bieten, doch läßt

auch sie den menschlichen Geist am Ende unbefriedigt zurück. Den
Lohn, den sie gewährt, kann nur ein reifer Mensch schätzen – für diesen
ist er jedoch beträchtlich. Getreue Pflichterfüllung führt dazu, daß
unsere Mitmenschen uns mit Dankbarkeit und Respekt begegnen. Aber
noch wichtiger ist die Selbstachtung, die sich einstellt, wenn wir unserer
Aufgabe gerecht werden. Im Endeffekt erweisen sich aber sogar diese
Tröstungen als unzureichend. Denn selbst wenn die Zeit die Gemeinschaft hat Geschichte werden lassen, ist die Geschichte allein etwas
Endliches und daher im Grunde tragisch. Sie ist tragisch, nicht weil sie
einmal enden wird – auch die Geschichte muß schließlich sterben –,
sondern weil sie sich der Vollendung entzieht. Hoffnung und Geschichte sind immer durch Lichtjahre voneinander getrennt. Das höchste menschliche Gut muß woanders liegen.

Was die Menschen wirklich wollen

»Es kommt eine Zeit«, schreibt Aldous Huxley, »da fragt man selbst bei
Shakespeare, selbst bei Beethoven: Ist das alles?«

Man kann sich kaum einen Satz vorstellen, in dem die Haltung des
Hinduismus der Welt gegenüber genauer beschrieben würde. Die Gaben der Welt sind nicht schlecht. Alles in allem sind sie sogar gut.
Manche sind so gut, daß sie uns über viele Leben hinweg in ihrem Bann
halten. Schließlich aber wird jedem Menschen mit Simone Weil klar,
daß »es hienieden kein Gut gibt, daß alles, was hienieden als ein Gut
erscheint, endlich ist, daß es begrenzt ist, daß es sich erschöpft und,
wenn es einmal erschöpft ist, die nackte Notwendigkeit enthüllt«.[3]
Wenn dieser Punkt erreicht ist, stellt man plötzlich selbst an das Beste,
was diese Welt zu bieten hat, die Frage: »Ist das alles?«

Auf diesen Moment hat der Hinduismus gewartet. Solange die Menschen sich mit der Aussicht auf Lust, Erfolg oder Pflichterfüllung
begnügen, wird der weise Hindu sie kaum mit mehr behelligen als mit
dem einen oder anderen Hinweis, wie sie effektiver vorgehen können.
Kritisch wird es erst dann, wenn diese Dinge ihren ursprünglichen Reiz
verlieren und man plötzlich feststellt, daß man sich vom Leben noch
mehr erhofft. Ob das Leben noch mehr zu bieten hat oder nicht, das ist
wahrscheinlich der Punkt, über den die Meinungen am weitesten aus-
einandergehen.

Die Antwort der Hindus läßt keinen Raum für Zweifel. Das Leben hat noch andere Möglichkeiten in petto. Um diese näher zu erläutern, müssen wir uns noch einmal der Frage zuwenden, was die Menschen wirklich wollen. Nach hinduistischer Auffassung haben wir diese Frage bisher zu oberflächlich beantwortet. Lust, Erfolg und Pflicht sind nie eigentlich Ziele des Menschen. Sie sind bestenfalls Mittel, von denen wir annehmen, daß sie uns in die Richtung dessen führen, was wir wirklich wollen. Was wir wirklich wollen, liegt auf einer tieferen Ebene.

Als erstes wollen wir *Sein*. Jeder will lieber sein als nicht sein; im Normalfall will niemand sterben. Ein Kriegsberichterstatter im Zweiten Weltkrieg hat einmal die Atmosphäre in einem Raum beschrieben, in dem sich fünfunddreißig Männer aufhielten, denen ein Bombereinsatz bevorstand, von dem gewöhnlich nur jeder vierte zurückkehrte. Was er bei diesen Menschen empfand, so schrieb der Reporter, war nicht so sehr Angst als vielmehr »eine starke Abneigung, die Zukunft aufzugeben.« Die Hindus würden sagen: dieses Gefühl teilen wir alle. Keiner von uns ist besonders begeistert von der Vorstellung einer Zukunft, an der er keinen Anteil hat.

Als zweites wollen wir *Wissen*. Ob es die Wissenschaftler sind, die den Geheimnissen der Natur auf den Grund gehen, eine typische Familie, die sich die Abendnachrichten anschaut, oder Nachbarn, die den neuesten Klatsch austauschen, immer sind wir von unersättlicher Neugier. Versuche haben gezeigt, daß sogar Affen, wenn es darum geht herauszubekommen, was sich hinter einer Klapptür verbirgt, bereit sind, länger und schwerer zu arbeiten als für Nahrung oder Sex.

Das dritte, wonach die Menschen streben, ist *Freude*, also das Gegenteil von Frustration, Sinnlosigkeit und Langeweile.

Das ist es, was die Menschen wirklich wollen. Und wir sollten dem, um die hinduistische Antwort zu vervollständigen, noch hinzufügen, daß sie diese Dinge für alle Zeiten wollen. Ein charakteristisches Merkmal der menschlichen Natur ist ihre Fähigkeit, sich etwas vorzustellen, was keine Grenzen hat: die Unendlichkeit. Diese Fähigkeit wirkt sich auf alle Bereiche des menschlichen Lebens aus, wie das de Chirico in seinem Bild »Sehnsucht nach der Unendlichkeit« so treffend wiedergegeben hat. Welches Gut man auch herausgreift, immer können wir uns noch mehr davon vorstellen – und indem wir uns dieses Mehr vorstellen, verlangt uns auch danach. Die Medizin hat unsere Lebenserwartung verdoppelt, aber hat das doppelt so lange Leben dazu geführt, daß die Menschen eher bereit sind zu sterben? Um die ganze Wahrheit zu sagen: müssen wir also feststellen, daß das, was die Menschen eigentlich

wollen, unendliches Sein, unendliche Erkenntnis und unendliche Seligkeit ist? Sie müssen sich vielleicht mit weniger zufriedengeben, aber das
ist es, was sie wirklich wollen. Um diese Wünsche in einem Wort
zusammenzufassen – was die Menschen wirklich wollen, ist Befreiung
(*moksha*) – Erlösung von der Endlichkeit, die uns von dem unendlichen
Sein, dem unendlichen Bewußtsein und der unendlichen Seligkeit, die
unser innigster Wunsch sind, fernhält.

Lust, Erfolg, verantwortungsvolle Pflichterfüllung und Befreiung –
wir sind am Ende unserer Betrachtung der Dinge angelangt, die die
Menschen zu wollen glauben und die sie wirklich wollen. Damit kehren
wir zu der überraschenden Schlußfolgerung zurück, mit der unser Überblick über den Hinduismus begonnen hat. Was der Mensch sich am meisten wünscht, das kann er auch bekommen. Unendliches Sein, unendliche Bewußtheit und unendliche Seligkeit sind ihm erreichbar. Aber das
ist noch nicht das Verblüffendste. Nicht nur, so sagt der Hinduismus,
sind diese Güter dem Menschen erreichbar. Er besitzt sie schon.

Was ist der Mensch? Ein Körper? Gewiß, aber ist er nicht noch
mehr? Eine Persönlichkeit, zu der der Verstand, das Gedächtnis und die
sich aus einer einzigartigen Lebensbahn voller persönlicher Erfahrungen ergebenden Neigungen gehören? Das auch, aber ist er nicht noch
mehr? Manche verneinen das, aber der Hinduismus ist anderer Ansicht.
Dem menschlichen Wesen zugrunde liegt, dieses beseelend, ein Reser-
voir des Seins, das niemals stirbt, das unerschöpflich ist und dessen
Bewußtsein und Seligkeit unbegrenzt sind. Dieses unendliche Zentrum
jedes Lebens, dieses verborgene Selbst oder *Atman*, ist nichts Geringeres als *Brahman*, das Göttliche. Körper, Persönlichkeit und *Atman-
Brahman* – erst wenn alle diese drei berücksichtigt sind, ist das menschliche Wesen vollständig erfaßt.

Aber wenn das wahr ist und wir wirklich unserem Wesen nach unendlich sind, warum zeigt sich das nicht auch äußerlich? Warum entsprechen dem nicht auch unsere Handlungsweisen? »Ich fühle mich heute
nicht besonders unendlich«, mag man zuweilen denken. »Und mein
Nachbar – ich habe nicht gemerkt, daß der sich besonders gottähnlich
verhalten würde.« Wie läßt sich die hinduistische Hypothese angesichts
dessen aufrechterhalten, was jeden Morgen in der Zeitung steht?

Die Antwort, so sagen die Hindus, liegt in der Tiefe, in der das Ewige
unter der schier undurchdringlichen Masse von Ablenkungen, falschen
Vermutungen und eigennützigen Instinkten begraben liegt, die unser
oberflächlich sichtbares Ich konstituieren. Eine Lampe kann so von

Staub und Schmutz bedeckt sein, daß ihr Licht vollständig verdunkelt wird. Das Problem, vor welches das Leben den Menschen stellt, besteht darin, seine Persönlichkeit von der Schlacke zu reinigen, bis sein unendliches Zentrum ungehindert durchscheinen kann.

Das Jenseits im Innern

»Das Ziel des Lebens«, pflegte Richter Holmes zu sagen, »besteht darin, sich möglichst weit von der Unvollkommenheit zu entfernen.« Der Hinduismus sagt, sein Zweck sei, die Unvollkommenheit überhaupt hinter sich zu lassen.

Wenn wir versuchen wollten, einen Katalog der verschiedenen Unvollkommenheiten aufzustellen, die unser Leben bestimmen, so würden wir nie damit zu Ende kommen. Wir sind zu schwach und zu phantasielos, um unsere Träume zu verwirklichen; wir ermüden, werden krank und sind töricht. Wir scheitern und lassen uns entmutigen; wir werden alt und sterben. Derartige Listen ließen sich endlos fortsetzen; aber dazu besteht keine Notwendigkeit, denn alle spezifischen Beschränkungen lassen sich auf drei Grundfaktoren zurückführen. Was bei uns begrenzt ist, sind Freude, Erkenntnis und Sein, die drei Dinge also, die wir Menschen wirklich wollen.

Ist es möglich, die Einengungen zu überwinden, die uns von diesen Dingen trennen? Gibt es einen gangbaren Weg, sich zu einer Lebensqualität aufzuschwingen, die weniger Beschränkungen unterliegt und daher erst eigentlich den Namen Leben verdient?

Wenden wir uns zunächst den Beschränkungen unserer Freude zu, von denen es drei Arten gibt: körperlicher Schmerz, Frustration durch Nichterfüllung unserer Wünsche und allgemeiner Lebensüberdruß.

Von diesen dreien macht der körperliche Schmerz am wenigsten Schwierigkeiten. Da die Intensität des Schmerzes zum Teil auf die mit ihm einhergehende Angst zurückzuführen ist, läßt sich der Schmerz in dem Maße verringern, wie die Angst überwunden wird. Schmerz wird, wenn er einen sinnvollen Zweck erfüllt, durchaus akzeptiert, wie zum Beispiel ein Patient es begrüßt, wenn das Leben und mit ihm das Gefühl – und sei es auch schmerzhaft – in einen erfrorenen Arm zurückkehrt. Zudem kann Schmerz durch ein verlockendes Ziel ›übertönt‹ werden, wie etwa bei einem Fußballspiel. Sinnlose Schmerzen lassen sich in extremen Fällen oft durch Medikamente betäuben oder indem man seine Sinnesempfindungen unter Kontrolle hält. Ramakrishna, der größte Hindu-Heilige des neunzehnten Jahrhunderts, starb an Rachenkrebs. Als ein Arzt, der ihn in den letzten Phasen der Krankheit untersuchte, einmal das sich zersetzende Gewebe berührte, zuckte Ramakrishna vor Schmerz zusammen. »Warten Sie einen Moment«, sagte er; und dann: »Nur weiter«, worauf der Arzt ungehindert mit der Untersuchung fortfahren konnte. Der Patient hatte sich so stark konzentriert, daß die Nervenimpulse kaum noch durchdringen konnten. Auf die eine oder andere Weise scheint man zu einem Punkt gelangen zu können, an dem körperlicher Schmerz kein großes Problem mehr darstellt.

Schlimmer ist der seelische Schmerz, der aus der Nichterfüllung bestimmter Wünsche resultiert. Wir wollen ein Turnier gewinnen – und verlieren. Wir wollen Profit machen, aber das Geschäft geht schief. An unserer Stelle wird ein Kollege befördert. Wir wären gerne eingeladen worden, aber man hat uns übergangen. Das Leben ist so voll von Enttäuschungen, daß wir fast zwangsläufig auf den Gedanken kommen müssen, sie seien ein unabdingbarer Bestandteil des menschlichen Wesens. Bei genauerer Betrachtung erweist sich hingegen, daß es etwas gibt, was alle Enttäuschungen gemeinsam haben. Jede Enttäuschung vereitelt eine Erwartung des individuellen Egos. Wenn das Ego keine Erwartungen hätte, gäbe es auch nichts, was enttäuscht werden könnte.

Das klingt vielleicht, als wollten wir die Krankheit heilen, indem wir den Patienten umbringen. Aber die Sache läßt sich auch positiv ausdrücken. Was wäre, wenn wir unsere persönlichen Interessen so erweiterten, daß wir die Menschheit wie mit den Augen Gottes ansähen? Wenn wir alles *sub specie aeternitatis* betrachteten, wären wir uns selbst gegenüber objektiver; in dem gewaltigen menschlichen Drama von Ja und Nein, Positiv und Negativ, Geben und Nehmen würden wir das Versagen als dem Gelingen gleichwertig akzeptieren. Wenn wir persönlich versagten, wäre das nicht schlimmer, als wenn wir in einem Sommertheater die Rolle des Verlierers zu spielen hätten. Wie könnte man die eigene Niederlage als enttäuschend erleben, wenn man die Freude des Siegers wie die eigene empfände; wie könnte es einen treffen, daß man bei der Beförderung übergangen wurde, wenn man die Freude des Kollegen mitfühlte? Statt laut »unmöglich« zu schreien, sollten wir es vielleicht mit der Feststellung bewenden lassen, wie sehr sich ein solches Lebensgefühl wohl von dem unterscheiden müßte, das wir gewöhnt sind – und aus den Berichten der größten spirituellen Genies wissen wir, daß sie es geschafft haben, die Welt ungefähr auf diese Weise

zu betrachten. »Was ihr getan habt einem unter diesen meinen geringsten Brüdern, das habt ihr mir getan« – hat Jesus seine Worte nicht
ernst gemeint, als er das sagte? Wir lesen, daß Ramakrishna einmal

> vor Schmerz aufschrie, als er sah, wie zwei Bootsleute sich heftig
> stritten. Er identifizierte sich immer mehr mit dem Kummer der
> ganzen Welt, so unrein und mörderisch er auch sein mochte, bis sein
> Herz voller Narben war. Aber er wußte, daß er Gott lieben mußte –
> in allen menschlichen Formen und Zuständen, wie feindlich und
> kriegerisch sie auch immer sein mochten und wie sehr auch immer
> ihre unterschiedliche Denkweise ihr Leben bestimmen und sie ent-
> zweien mochte.[4]

Loslösung von dem endlichen Selbst oder Bindung an die Gesamtheit
der Dinge – wir können dasselbe Phänomen positiv oder negativ ausdrücken. Sobald es sich ereignet, wird das Leben gleichzeitig auch über
die Möglichkeit der Frustration und über die Langeweile – den dritten
Feind der Freude – hinausgehoben, denn das kosmische Drama ist zu
aufregend, als daß angesichts solch lebhafter Identifikation noch Langeweile möglich wäre.

Die zweite große Beschränkung des menschlichen Lebens ist die
Unwissenheit. Die Hindus behaupten, daß auch sie beseitigt werden
kann. Die Upanishaden sagen, »daß ich, wenn ich *das* weiß, alles weiß.«
Vermutlich ist mit »alles« hier nicht im Wortsinne Allwissenheit gemeint. Eher bezieht es sich auf eine Einsicht, die das Prinzip aller Dinge
offenbart. Wo diese umfassende Einsicht gegeben ist, wäre die Frage
nach Details ebenso irrelevant, wie wenn man bei einem großen Gemälde nach der Anzahl der Atome fragen wollte, aus denen es sich
zusammensetzt. Wer sorgt sich noch um Einzelheiten, wenn er das
Prinzip begriffen hat?

Aber ist transzendentes Wissen selbst in diesem engeren Sinn möglich? Die Mystiker sind offenbar dieser Ansicht. Die Psychologen stimmen ihnen nicht völlig zu, aber auch sie sind davon überzeugt, daß der
Verstand viel umfassender ist, als er von außen ahnen läßt. Sie vergleichen den Verstand mit einem Eisberg, von dem das meiste unsichtbar
bleibt. Was enthält der riesige, unter der Oberfläche befindliche Ballast
des Verstandes? Einige meinen, er enthalte jede Erinnerung und jede
Erfahrung, der er einmal begegnet ist, und die tiefe Schicht des Verstandes, die niemals schläft, vergesse nichts. Andere, wie C. G. Jung, sind

der Ansicht, er enthalte auch gattungsspezifische Erinnerungen, die die Erfahrung der gesamten menschlichen Rasse zusammenfassen. Die Psychoanalyse hat ein paar vereinzelte Lichtstrahlen auf diese dunklen Bereiche des Verstandes gerichtet. Wer wüßte jedoch zu sagen, wie weit sich diese Dunkelheit zerstreuen läßt?

Ehe wir uns der dritten Beschränkung des Lebens, seinem begrenzten Sein, zuwenden, sollten wir zunächst der Frage nachgehen, wie die Grenzen des Selbst zu bestimmen sind. Gewiß nicht nach dem physikalischen Raum, den unser Körper einnimmt oder nach der Wassermenge, die wir in der Badewanne verdrängen. Sinnvoller ist es schon, unser Sein nach dem Umfang unseres Geistes einzuschätzen, nach dem Spektrum der Wirklichkeitsbereiche, mit dem er sich eins weiß. Die Wirklichkeit eines Mannes etwa, der sich mit seiner Familie identifiziert und seine Freude in der ihren findet, wäre auf diesen Bereich beschränkt; eine Frau, die sich mit der ganzen menschlichen Gattung identifizieren kann, wäre um soviel größer. Demnach wären Menschen, die sich mit dem Sein als Ganzem identifizieren könnten, unbeschränkt. Dies allerdings scheint ein Ding der Unmöglichkeit zu sein, denn auch sie müßten schließlich sterben. Der Gegenstand ihres Interesses würde fortbestehen, aber sie selbst wären nicht mehr da.

Wir müssen daher die Frage des Seins nicht nur »räumlich« angehen, sondern auch vom Gesichtspunkt der Zeit aus. Unsere tägliche Erfahrung bietet uns dafür einen Ansatzpunkt. Streng genommen ist jeder Augenblick unseres Lebens ein Sterben: Das Ich dieses Augenblicks stirbt unwiderruflich. Aber obwohl mein Leben in diesem Sinne aus nichts als einer Folge von Begräbnissen besteht, bestimmt dieses ständige Sterben nicht die Vorstellung, die ich mir von mir selbst mache, denn ich setze mich nicht mit den einzelnen Momenten meines Lebens gleich. Ich dauere durch sie hindurch fort – ich erlebe sie zwar, bin aber mit keinem von ihnen in seiner Einmaligkeit identisch. Der Hinduismus geht noch einen Schritt weiter. Er postuliert ein größeres Selbst, das aufeinanderfolgende Leben durchlebt, so wie ein einzelnes Leben aufeinanderfolgende Momente.

Kinder sind todunglücklich über ein Mißgeschick, das uns bedeutungslos erscheint. Sie identifizieren sich vollkommen mit jedem Ereignis und sind unfähig, es vor dem Hintergrund eines ganzen, vielfältigen Lebenszusammenhangs zu sehen. Das Kind muß viele Erfahrungen im Leben machen, bevor es imstande ist, seine Selbstidentifizierung von dem individuellen Augenblick abzuziehen und so langsam erwachsen zu werden. Wenn wir uns mit Kindern vergleichen, erscheinen wir als reif, aber Heiligen gegenüber sind wir selbst nur Kinder. Wie Dreijährige, denen ihre Eistüte hingefallen ist, sind wir unfähig, unser gesamtes Selbst zu überblicken, sind mit unserer Aufmerksamkeit ganz auf unsere gegenwärtige Lebensspanne fixiert. Wenn wir ganz reif werden könnten, würden wir diese Lebensspanne in einem größeren Rahmen sehen, in einem Rahmen, der wirklich ewig ist.

Das ist der springende Punkt bei der hinduistischen Sicht der *Conditio humana*. Die Psychologie hat uns mit der Tatsache vertraut gemacht, daß in uns mehr steckt, als wir vermuten. Wie das europäische Weltbild des achtzehnten Jahrhunderts, so hat auch unser Geist sein schwarzes Afrika, sein unerforschtes Borneo und sein Amazonasbecken. Das meiste davon harrt noch der Erforschung. Nach hinduistischer Ansicht erstrecken sich die verborgenen Kontinente des Geistes ins Unendliche. Da gibt es nichts, das unbekannt bliebe, denn sie sind unendlich an Sein, unendlich an Bewußtheit, unendlich an Freude, denn es gibt nichts, das ihnen fremd wäre und ihre Seligkeit stören könnte.

Die Literatur der Hindus ist voller Metaphern und Gleichnisse, die den Sinn haben, uns für die Schatzkammern empfänglich zu machen, die in der Tiefe unseres Wesens verborgen liegen. Wir sind wie Könige, die das Gedächtnis verloren haben und ohne zu wissen, wer sie in Wirklichkeit sind, in Lumpen durch ihr Königreich irren. Oder wie ein Löwenjunges, das von seiner Mutter getrennt wurde und nun von Schafen aufgezogen wird, so daß es sich ebenfalls für ein Schaf hält und anfängt zu grasen und zu blöken. Wir sind wie ein Geliebter, der im Traum die ganze Welt verzweifelt nach seiner Geliebten absucht, ohne zu bemerken, daß sie die ganze Zeit neben ihm liegt.

So wie man einem Blindgeborenen einen Sonnenaufgang nicht beschreiben kann, so läßt sich auch nicht mit Worten ausdrücken, was die Verwirklichung unseres vollen Wesens bedeutet; man muß es selbst erleben. Allerdings können wir den Biographien derer, die diese Erfahrung gemacht haben, Hinweise entnehmen. Diese Menschen sind weiser; sie haben mehr Kraft und mehr Freude. Sie wirken freier, nicht in dem Sinn, daß sie herumlaufen und die Naturgesetze außer Kraft setzen würden (wenn ihnen auch oft außergewöhnliche Fähigkeiten nachgesagt werden), sondern in dem Sinn, daß sie die natürliche Ordnung nicht als einengend empfinden. Sie wirken heiter, ja strahlend. Wo sie gehen und stehen verbreiten sie Frieden. Sie verströmen Liebe an alle, denen sie begegnen. Der Umgang mit ihnen kräftigt und reinigt.

Vier Wege zum Ziel

Wir alle leben »am Rande des unendlichen Meeres der Lebenskraft. Wir tragen sie alle in uns: die höchste Kraft – die Fülle der Weisheit«, unauslöschliche Freude. Nichts kann ihr widerstehen. Sie ist unzerstörbar. Aber sie ist in der Tiefe verborgen, und das ist der Grund, weshalb das Leben schwierig ist. Das Unendliche ist »drunten im finstersten, tiefsten Gewölbe unseres Wesens, in der vergessenen Brunnenstube, der tiefen Zisterne. Wie wäre es, wenn man sie wieder entdeckte und daraus unaufhörlich schöpfen könnte?«[5]

Von dieser Frage ist Indien bis zur Besessenheit ergriffen worden. Der Inder hat nach religiöser Wahrheit gesucht, nicht bloß um seinen allgemeinen Wissensschatz zu vergrößern; er brauchte sie als Wegweiser zu höheren Seinszuständen. Der religiöse Mensch war hier einer, der seine Natur zu verwandeln, sie an ein übermenschliches Vorbild anzugleichen suchte, durch welches das Unendliche ungehinderter durchscheinen konnte. Die Dringlichkeit dieser Suche kommt in einer Metapher zum Ausdruck, die in hinduistischen Texten in vielerlei Gestalt zu finden ist. So wie ein Mann, der auf dem Kopf eine Ladung Holz trägt, die Feuer gefangen hat, zu einem Teich laufen würde, um die Flammen zu löschen, so eilt der Wahrheitssucher, den die Flammen des Lebens – Geburt, Tod, selbst-täuschende Sinnlosigkeit – versengen, schleunigst zu einem Lehrer, der mit den Dingen, auf die es am meisten ankommt, vertraut ist.

Die konkreten Anweisungen des Hinduismus zur Verwirklichung des menschlichen Potentials gehören in den Bereich des *Yoga*. Bei diesem Wort dachte man früher an wild aussehende Männer im Lendenschurz, die die unmöglichsten Verrenkungen machten und über okkulte Kräfte verfügten. Seit der Westen den Begriff übernommen hat, denken wir eher an gelenkige Frauen, die sich allerlei Übungen hingeben, um sich geschmeidig und fit zu halten. Beide Vorstellungen haben etwas mit dem echten Yoga zu tun, aber sie beziehen sich nur auf seinen körperlichen Aspekt. Das Wort *Yoga* stammt aus der gleichen Wurzel wie das deutsche Wort *Joch*, und dieses hat eine doppelte Bedeutung: verbinden (anjochen) und einer disziplinierten Schulung unterwerfen (unter das Joch bringen, oder »nehmt mein Joch auf euch«). Beide Bedeutungen sind auch in dem Sanskritwort enthalten. Das Wort *Yoga* ließe sich daher als eine Schulungsmethode verstehen, die zur Integration oder Einung führt. Aber was soll integriert werden?

Manche Menschen sind hauptsächlich an ihrem Körper interessiert. Wir brauchen nicht zu betonen, daß es etwas Entsprechendes auch in Indien gibt – also Menschen, die ihren Körper zum Hauptgegenstand ihrer Aufmerksamkeit und ihrer Bemühungen machen. Für solche Menschen hat Indien in jahrhundertelangem Experimentieren die erstaunlichste Schule der Körperkultur geschaffen, die die Welt je gesehen hat.[6]

Nicht daß Indien stärker am Körper interessiert gewesen wäre als der Westen; sein Interesse hat nur einfach eine andere Wendung genommen. Während der Westen an Kraft und Schönheit interessiert war, strebte Indien nach Präzision und Kontrolle, und zwar im Idealfall nach vollständiger Kontrolle über alle Körperfunktionen. Wie viele seiner unglaublichen Behauptungen auf diesem Gebiet wissenschaftlich erhärtet werden können, bleibt abzuwarten.[7] Hier mag die Feststellung genügen, daß seine ausführlichen Anweisungen zu diesem Thema eine eigene Form des *Yoga*, den *Hatha-Yoga* gebildet haben. Dieser wurde ursprünglich als Vorstufe zum spirituellen *Yoga* ausgeübt, hat aber diese Verbindung weitgehend eingebüßt und braucht uns daher hier nicht weiter zu beschäftigen. Wir können uns das Urteil der hinduistischen Weisen zu diesem Thema zu eigen machen. Man kann mit seinem Körper unglaubliche Dinge vollbringen, wenn man bereit ist, dieser Aufgabe sein Leben zu widmen, aber diese Dinge haben herzlich wenig mit Erleuchtung zu tun. Wenn die Beschäftigung mit ihnen dem Wunsch entspringt, mit seinen Fähigkeiten zu prunken, können sie das spirituelle Wachstum geradezu behindern.

Uns interessieren die Formen des *Yoga*, die das Ziel haben, den menschlichen Geist mit dem in seinen tiefsten Winkeln verborgenen Gott zu vereinen. »Und da alle geistigen [im Gegensatz zu körperlichen] Übungen Indiens diesem praktischen Ziel gewidmet sind – nicht aber einem bloß phantastischen Betrachten oder Diskutieren erhabener und tiefsinniger Ideen –, können sie gewiß als eines der realistischsten, sachlichsten, auf die Praxis gerichteten Denk- und Erziehungssysteme angesehen werden, die der menschliche Geist je errichtet hat. Wie man zum Brahman [Ausdruck für das Göttliche im Sanskrit] gelangt und mit ihm in Berührung bleibt; wie man mit dem Brahman gleich wird und aus ihm heraus lebt; wie man noch auf Erden göttlich, noch auf der irdischen Ebene verwandelt und diamantenhart wiedergeboren werden kann – das ist die suchende Frage, die den Menschengeist in Indien zu allen Zeiten begeistert und vergöttlicht hat.«[8]

Vier Wege haben die Hindus gebahnt, die zu diesem Ziel hinführen. Das mag zunächst überraschen. Wenn es nur ein Ziel gibt, müßte da nicht auch ein Weg genügen? Das wäre höchstens der Fall, wenn wir alle vom gleichen Punkt ausgingen, obwohl selbst dann verschiedene Fortbewegungsarten – Gehen, Fahren, Fliegen – verschiedene Routen nahelegen könnten. Aber in Wahrheit nähern sich die Menschen dem Ziel aus verschiedenen Richtungen, so daß das gemeinsame Ziel zwangsläufig über mehr als einen Zugang erreichbar sein muß.

Von wo man ausgeht, hängt davon ab, was für ein Mensch man ist. Das haben auch die westlichen Seelenführer gewußt. Einer der bekanntesten, Vater Surin, kritisierte zum Beispiel »die Seelenführer, die sich einen Plan in den Kopf setzen, den sie dann auf alle Seelen anwenden, die zu ihnen kommen, und dem sie sie alle gleichermaßen anzupassen trachten wie einer, der alle die gleichen Kleider anziehen lassen möchte.« Auf ebendiese Gefahr macht auch der Heilige Johannes vom Kreuz aufmerksam, wenn er in der *Lebendigen Liebesflamme* schreibt, Ziel der Seelenhirten »dürfe nicht sein, die Seelen auf einem Weg zu führen, der ihnen selbst genehm sei, sondern sich des Weges zu versichern, auf den Gott selbst sie verweist.« Das Besondere am Hinduismus ist die Sorgfalt, mit der er sich bemüht hat, herauszufinden, welche grundlegenden spirituellen Persönlichkeitstypen es gibt und auf welche Übungen diese am ehesten ansprechen. Das hat zu der die gesamte Religion durchziehenden Erkenntnis geführt, daß es mehrere Wege zu Gott gibt und daß jeder von ihnen seine eigene Art zu reisen verlangt.

Es gibt nach hinduistischer Auffassung vier grundlegende Persönlichkeitstypen. (C. G. Jung fußt mit seiner Typologie auf dem indischen Vorbild, das er in gewissen Punkten verändert hat.) Manche Menschen sind im wesentlichen vom Denken bestimmt. Andere sind hauptsächlich emotional. Wieder andere sind vom Handeln geprägt. Und schließlich gibt es jene, die zum Experimentieren neigen. Für jeden dieser Persönlichkeitstypen schreibt der Hinduismus eine besondere Form des *Yoga* vor, die sich die besonderen Stärken des jeweiligen Typs zunutze macht. Die Typen sind jedoch nicht streng gegeneinander abgegrenzt, denn jeder Mensch hat bis zu einem gewissen Grade an allen vier Begabungen Anteil, so wie beim Kartenspielen jedes Blatt meist alle vier Farben enthält. Aber es ist klar, daß man die stärkste Farbe zum Trumpf macht.

Alle vier Pfade beginnen mit moralischen Vorarbeiten. Da das Ziel des *Yoga* darin besteht, das oberflächlich sichtbare Ich für die ihm zugrundeliegende Göttlichkeit durchlässig zu machen, muß dieses zunächst von seinen groben Unreinheiten befreit werden. Religion ist immer mehr als Moral, aber wenn die moralische Grundlage fehlt, ist sie nicht lebensfähig. Egoistische Handlungen verfestigen das begrenzte Ich, statt es aufzulösen; ungute Gefühle stören den Bewußtseinsstrom. Der erste Schritt eines jeden *Yoga* enthält daher immer auch die Übung bestimmter Gewohnheiten, wie des Nicht-Verletzens, der Wahrhaftigkeit, des Nicht-Stehlens, der Selbstkontrolle, Reinlichkeit, Zufriedenheit, Selbstdisziplin und des unbedingten Willens, sein Ziel zu erreichen.

Wenn wir uns dieser gemeinsamen Vorübungen bewußt sind, können wir uns den für jeden *Yoga* charakteristischen Anweisungen zuwenden.

Der Weg zu Gott durch Erkenntnis

Jnana Yoga, der Pfad zur Einheit mit der Gottheit durch Erkenntnis, ist für jene Gottsucher gedacht, die stark zur Reflexion neigen. Diese Erkenntnis – die *Gnosis* und *Sophia* der Griechen – hat nichts mit sachlicher Information zu tun. Es geht hier nicht um enzyklopädisches Wissen. Hier ist eher eine transformierende intuitive Einsicht gemeint, die den Erkennenden schließlich in das verwandelt, was er erkennt. Für solche Menschen ist das Denken wichtig. Sie leben viel im Kopf, denn für sie sind Ideen fast zum Greifen lebendig; sie spüren sie, als würden sie tanzen und singen. Und wenn solche Denker als Philosophen karikiert werden, die mit dem Kopf in den Wolken herumlaufen, dann deswegen, weil sie spüren, wie über diesen Wolken die Sonne Platos scheint. Für diese Menschen haben Gedanken Folgen; ihr Leben wird vom Verstand gespeist. Wenn Sokrates behauptete, »das Gute kennen heißt das Gute tun«, so mag das nur wenige Menschen überzeugen, aber es kann sein, daß er damit einfach eine Beobachtung mitteilte, die auf ihn selbst zutraf.

Für Menschen, die so dem Denken ergeben sind, hat der Hinduismus eine Reihe von Methoden entwickelt, mit deren Hilfe sie davon überzeugt werden sollen, daß sie mehr besitzen als ihr begrenztes Ich. Das Grundprinzip ist ganz einfach. Sobald die Anhänger des *Jnana Yoga* dies einmal verstanden haben, verlagert sich das Bewußtsein ihrer selbst auf eine tiefere Ebene.

Der Schlüssel zu diesem Vorhaben ist Unterscheidungsvermögen, die Fähigkeit, zwischen dem oberflächlich sichtbaren Ich, das den Vordergrund der Aufmerksamkeit beansprucht, und dem größeren Selbst, das nicht im Blickfeld ist, zu differenzieren. Die Schulung dieser Fähigkeit läuft in drei Phasen ab, deren erste das Lernen ist. Indem der Suchende auf die Weisen hört und sich mit Schriften und Abhandlungen nach Art von Thomas von Aquins *Summa Theologica* beschäftigt, wird er mit dem Gedanken vertraut gemacht, daß er im Zentrum ihres Wesens mit dem Sein als solchem identisch ist.

Der zweite Schritt ist das Denken. Durch fortgesetztes intensives Nachdenken muß das, was im ersten Schritt noch als bloße Hypothese eingeführt wurde, mit Leben erfüllt werden. Der *Atman* (der Gott im Innern) muß aufhören, ein bloßer Begriff zu sein. Er muß verwirklicht werden. Für dieses Unterfangen werden eine Reihe von Denkrichtungen vorgeschlagen. Man empfiehlt dem Schüler zum Beispiel, unsere alltägliche Sprache unter die Lupe zu nehmen und über ihre Implikationen nachzusinnen. Das Wort »mein« impliziert immer eine Abgrenzung zwischen dem Besitzer und dem besessenen Gegenstand; wenn ich von meinem Buch oder meiner Jacke spreche, dann will ich damit nicht sagen, daß ich diese Dinge bin. Aber ich spreche auch von meinem Körper, meinem Verstand oder meiner Persönlichkeit und bringe damit zum Ausdruck, daß ich mich auch von ihnen in gewisser Weise verschieden fühle. Was ist dieses »Ich«, das meinen Körper und Geist besitzt, aber nicht mit ihnen gleichbedeutend ist?

Außerdem sagt mir die Wissenschaft, daß es in meinem Körper nichts gibt, was vor vier Jahren schon dagewesen wäre, und mein Verstand und meine Persönlichkeit sind ähnlichen Veränderungen unterworfen. Und doch bin ich trotz all dieser vielfältigen Umwandlungen in einer Weise dieselbe Person geblieben, die Person, die mal dies, mal das geglaubt hat; die früher einmal jung war und jetzt alt ist. Was ist dieses Etwas in meiner Natur, dauerhafter als Körper und Verstand, das all diese Veränderungen überdauert hat? Ernsthaftes Nachsinnen über diese Frage kann dazu führen, daß sich das Selbst aus seinen unwesentlicheren Identifikationen löst.

Unser Wort »Persönlichkeit« kommt vom lateinischen *persona*, das ursprünglich die Maske bezeichnete, die ein Schauspieler trug, um eine Bühnenrolle zu spielen, die Maske, durch die hindurch (*per*) er seinen Text sprach. Die Maske signalisierte die Rolle, während der Schauspieler dahinter verborgen und anonym blieb, unberührt von den Gefühlen, die er darstellte. Das, so sagen die Hindus, ist perfekt; denn unsere

Persönlichkeit ist nichts anderes als eine Rolle – die Rolle nämlich, die wir in dieser größten aller Tragikomödien spielen, in diesem Drama des Lebens selbst, in dem wir zugleich Koautor und Schauspieler sind. So wie eine gute Aktrice in jeder ihrer Rollen ihr Bestes gibt, so sollten auch wir unseren Part mit völliger Hingabe spielen. Die Täuschung besteht lediglich darin, daß wir unsere augenblickliche Rolle mit dem verwechseln, was wir eigentlich sind. Von dem Zauber unseres Textes gefangen, vergessen wir die Rollen, die wir früher gespielt haben und sind unfähig, die zukünftigen vorherzusehen. Es ist Aufgabe des *Yogi*, diese falsche Identifikation zu korrigieren. Er muß seine Aufmerksamkeit nach innen wenden und die unzähligen Schichten seiner Persönlichkeit durchdringen, bis er schließlich den anonymen, selig teilnahmslosen Schauspieler erreicht, der darunter wartet.

Ein weiteres Bild kann helfen, den Unterschied zwischen dem kleinen Ich und dem wirklichen Selbst zu verdeutlichen. Ein Mann spielt Schach. Das Schachbrett symbolisiert seine Welt. Es gibt Figuren, die gezogen werden müssen, Läufer, die gewonnen oder verloren werden, ein Ziel, das es zu erreichen gilt. Das Spiel kann gewonnen oder verloren werden, nicht aber der Spieler selbst. Wenn er ernsthaft gearbeitet hat, hat er sein Spiel, ja sogar seine Fähigkeiten verbessert, und zwar völlig unabhängig davon, ob er gewonnen oder verloren hat. Der Spieler steht zu seiner Gesamtpersönlichkeit in der gleichen Beziehung wie das endliche Ich eines bestimmten Lebenszyklus zu dem ihm zugrunde liegenden *Atman*.

Führen wir die Metaphern fort. Eine der schönsten findet sich in den Upanishaden sowie (durch einen merkwürdigen Zufall) auch bei Plato. Ein Mann sitzt heiter und regungslos in seinem Wagen. Er hat die Verantwortung für die Reise an den Wagenlenker übergeben und kann sich daher zurücklehnen und sich ganz der vorüberziehenden Landschaft widmen. In diesem Bild liegt eine Metapher für das Leben. Der Körper ist der Wagen. Die Straße, über die er fährt, das sind die Sinnesobjekte. Die Pferde, die den Wagen über die Straße ziehen, sind die Sinne selbst. Die Zügel stehen für den Verstand, der die Sinne kontrolliert, wenn sie sich diszipliniert verhalten. Die Entscheidungsfähigkeit des Verstandes ist der Wagenlenker, und der Herr des Wagens, der die volle Gewalt in Händen hat, aber nie auch nur einen Finger zu rühren braucht, ist das Allwissende Selbst.

Wenn der Yogi geschickt und sorgfältig ist, werden solche Reflexionen schließlich ein lebendiges Gefühl für das unendliche Selbst, das dem vergänglichen, begrenzten Ich zugrunde liegt, hervorrufen. Die beiden werden sich in der Vorstellung immer stärker differenzieren und sich voneinander scheiden wie Wasser und Öl, wo sie sich früher wie Wasser und Milch vermischt haben. Nun ist er bereit für den dritten Schritt auf dem Pfad der Erkenntnis, der darin besteht, seine Eigenidentifikation auf den bleibenden Teil seiner selbst zu verlagern. Er erreicht dieses Ziel am ehesten, indem er sich selbst als Geist denkt, und zwar nicht nur zu bestimmten Zeiten der Meditation, die er zu diesem Zweck einhält, sondern darüber hinaus so oft wie möglich auch, während er seinen Alltagspflichten nachgeht. Das ist allerdings keine leichte Übung. Es ist dazu notwendig, daß er einen Keil zwischen sein hautgebundenes Ego und seinen *Atman* treibt, und dabei ist es hilfreich, wenn er an ersteres in der dritten Person denkt. Er denkt nicht »Ich gehe die Straße entlang«, sondern »Da geht Eckhart über die Königsallee«, und er sucht diese Feststellung noch zu verstärken, indem er sich bemüht, sich von ferne zu sehen. Er ist weder aktiv noch passiv. Seine Haltung dem Geschehen gegenüber ist: »Ich bin der Zeuge.« Er beobachtet seine belanglose Geschichte mit der gleichen Distanziertheit, mit der er den Wind in seinem Haar spürt. So wie eine Lampe, die einen Raum erhellt, von dem, was in dem Raum passiert, unberührt bleibt, ebenso verfolgt der Yogi die Geschehnisse in seinem Haus aus Protoplasma. »Die Sonne selbst ist, trotz all ihrer Wärme, wunderbar distanziert«, hat irgend jemand einmal an eine Gefängnismauer gekritzelt. Man läßt den Ereignissen des Lebens einfach ihren Lauf. Wenn er im Behandlungsstuhl beim Zahnarzt sitzt, stellt Eckhart fest: »Armer Eckhart. Es ist bald vorbei.« Aber er muß fair sein und die gleiche Haltung auch einnehmen, wenn das Glück bei ihm einkehrt und er nichts lieber täte, als sich in dem Lob zu aalen, das man ihm spendet.

Wenn man von sich selbst in der dritten Person denkt, dann geschieht zweierlei. Einmal wird ein Keil zwischen die Eigenidentifikation und das oberflächlich sichtbare Ich getrieben, und gleichzeitig wird diese Eigenidentifikation auf eine tiefere Ebene gezwungen, bis man schließlich durch eine Erkenntnis, die mit dem Sein identisch ist, ganz zu dem wird, was man im Innern immer schon war. »Das bist du, über welches hinaus es keinen anderen Seher, Hörer, Denker oder Handelnden gibt.«[9]

Der Weg zu Gott durch Liebe

Der *Yoga* der Erkenntnis gilt als der kürzeste Weg zur Gott-Verwirklichung. Es ist aber auch der steilste. Er verlangt nach einer außergewöhnlichen Verbindung von Rationalität und Spiritualität und eignet sich daher nur für wenige Auserwählte.

Im großen und ganzen ist weniger der Verstand als das Gefühl die Triebkraft des Lebens; und von den vielen Gefühlen, die sich im Herzen des Menchen tummeln, ist das stärkste die Liebe. Selbst der Haß läßt sich noch als Reaktion auf eine Abwehr dieses Impulses deuten. Überdies neigen die Menschen dazu, dem Objekt ihrer Liebe so ähnlich zu werden, daß sein Name auf ihrem Gesicht geschrieben steht. Das Ziel des *Bhakti-Yoga* ist es, die Liebe, die auf dem Grunde jedes Herzens liegt, auf Gott zu richten. »Wie die Wasser des Ganges unaufhörlich dem Meer zuströmen«, heißt es im *Bhagavata-Purana*, »so strömt der Geist des *Bhakta*, sobald er von meinen Eigenschaften hört, ständig zu mir, der Höchsten Person, die in jedem Herzen wohnt.«

Im Gegensatz zum Weg der Erkenntnis hat der *Bhakti-Yoga* – unter den vier Wegen der beliebteste – zahllose Anhänger. Wenn auch seine Ursprünge bis ins Altertum zurückreichen, war einer seiner bekanntesten Vertreter Tulsidas, ein mystischer Dichter des sechzehnten Jahrhunderts. Als er jung verheiratet war, liebte er seine Frau überschwänglich, so daß er es nicht ertragen konnte, auch nur einen Tag von ihr getrennt zu sein. Eines Tages besuchte sie ihre Eltern. Noch ehe ein halber Tag verstrichen war, war Tulsidas zur Stelle, worauf seine Frau ausrief: »Mit welcher Leidenschaft bist du mir ergeben! Könntest du deine Zuneigung doch auf Gott übertragen, du würdest im Nu zu Ihm gelangen.« »Das würde ich«, dachte Tulsidas. Er versuchte es, und es gelang.

Alle Grundprinzipien des *Bhakti-Yoga* finden auch im Christentum reichen Ausdruck. Man kann sogar sagen, daß vom hinduistischen Standpunkt aus gesehen das Christentum eine breite, hell erleuchtete *Bhakti*-Straße zu Gott ist, wobei andere Wege nicht vernachlässigt werden, aber weniger deutlich ausgeprägt sind. Auf diesem Weg ist das Gottesbild ein anderes als beim *Jnana-Yoga*. Dort war die Leitvorstellung die eines den Wellen unseres begrenzten Ichs zugrunde liegenden unendlichen Meers des Seins. Dieses Meer war ein Sinnbild für das alles durchdringende Selbst, das sowohl in uns als auch um uns herum ist und mit dem uns zu identifizieren wir uns bemühen sollten. So verstanden ist Gott unpersönlich oder transpersonal, denn die Persönlichkeit scheint als eine bestimmte Größe begrenzt zu sein, während die Gottheit im *Jnana-Yoga* unendlich ist. Für den *Bhakta*, dem Gefühle wirklicher sind als Gedanken, entspricht Gott keiner dieser Vorstellungen.

Erstens wird der *Bhakta*, da gesunde Liebe nach außen gerichtet ist, jeden Gedanken daran, der Gott, den er liebt, könnte mit ihm selbst, ja sogar mit seinem tiefsten Selbst identisch sein, zurückweisen und auf Gottes Anderssein bestehen. Ein klassischer indischer geistlicher Lyriker hat das so ausgedrückt: »Ich will Zucker schmecken; ich will kein Zucker sein.«

> Kann sich Wasser selber saufen?
> Können Bäume die Früchte schmecken, die sie tragen?
> Wer Gott anbetet, muß fern von Ihm stehen,
> Nur so wird er die Freude Seiner Liebe spüren;
> Denn wenn er sagt, Gott und er seien eins,
> So schwindet diese Liebe augenblicklich dahin.
> Bete nicht mehr um äußerste Einheit mit Gott:
> Wo wäre die Schönheit, wenn Stein und Fassung eines wären?
> Die Hitze und der Schatten sind zwei,
> Wo wäre sonst der Trost, den der Schatten spendet?
> Mutter und Kind sind zwei,
> Wo wäre sonst die Liebe?
> Wenn sie sich nach der Trennung wiedersehen,
> Welche Freude empfinden sie da, Mutter und Kind!
> Wo wäre Freude, wenn die zwei nur eines wären?
> So betet nicht mehr um äußerste Einheit mit Gott.[10]

Zweitens hat der *Bhakta*, da er ja von Gottes Andersartigkeit überzeugt ist, zwangsläufig ein anderes Ziel als der *Jnani*. Der *Bhakta* wird nicht danach streben, sich mit Gott zu identifizieren, sondern Gott mit jeder Faser seines Wesens zu lieben. Die Worte von Bede Frost lassen sich, auch wenn sie einer anderen Tradition entstammen, direkt auf diesen Aspekt des Hinduismus anwenden: »Die Einung ist kein pantheistisches Aufgehen des Menschen in dem Einen, sondern hat im wesentlichen personalen Charakter. Ja mehr noch: Da sie vor allem anderen eine Einung der Liebe ist, ist die Erkenntnis, die sie voraussetzt, die der Freundschaft im höchsten Sinn dieses Wortes.«[11] Schließlich ist in einem solchen Zusammenhang die Persönlichkeit Gottes alles andere als eine Beschränkung – sie ist unabdingbar. Es mag sein, daß die Philosophen es vermögen, das reine, unendliche und aller Eigenschaften ledige Sein zu lieben, aber sie sind die Ausnahme. In der Regel ist der Gegenstand menschlicher Liebe eine Person, die bestimmte Eigenschaften besitzt.

In diesem *Yoga* haben wir nichts weiter zu tun, als Gott herzlich zu lieben – nicht nur nach seiner Liebe zu verlangen, sondern Ihn wirklich zu lieben; ausschließlich Gott zu lieben (wobei auch andere Gegenstände geliebt werden können, insofern sie zu Gott in Beziehung stehen); und Gott aus keinem weiteren Grund zu lieben (nicht einmal aus dem Wunsch nach Befreiung oder um von ihm wiedergeliebt zu werden) als allein um der Liebe willen. Insofern uns das gelingt, erleben wir Freude, denn die Erfahrung, die in rückhaltloser, aufrichtiger Liebe liegt, ist mit nichts zu vergleichen. Außerdem schwächt sich mit jeder Verstärkung unserer Zuneigung zu Gott die Macht ab, die die Welt über uns hat. Es mag sein, ja es ist gewiß, daß Heilige die Welt mehr lieben als weltlich gesinnte Menschen; aber sie lieben sie auf ganz andere Art, da sie in ihr die Herrlichkeit des von ihnen verehrten Gottes gespiegelt sehen.

Wie kann solche Liebe hervorgebracht werden? Das ist offenbar keine leichte Aufgabe. Die Dinge dieser Welt verlangen so unaufhörlich nach unserer Aufmerksamkeit, daß man sich nur wundern kann, wie ein Wesen, das man weder hört noch sieht, je eine Konkurrenz für sie darstellen kann.

Das ist die Chance für die Mythen des Hinduismus, seine großartigen Symbole, seine zahllosen Gottesbilder, seine Rituale, die unaufhörlich, Tag und Nacht, kreisen wie nie ruhende Gebetsmühlen. Wären diese alle Selbstzweck, so könnten sie natürlich den Platz für sich beanspruchen, der Gott gebührt, aber das ist nicht ihr Sinn. Sie sind nichts als Mittler, denen die Aufgabe zukommt, das Herz der Menschen mit dem vertraut zu machen, was sie repräsentieren, aber selbst nicht sind. Es ist töricht, die Bilder des Hinduismus mit Götzenbildern und ihre Vielfalt mit Polytheismus zu verwechseln. Es sind Startbahnen, von denen der sinnestrunkene menschliche Geist aufbrechen kann zu seinem »Flug des einen zu dem Einen«. Selbst Dorfpriester beginnen ihre Tempelzeremonie oft mit der folgenden geliebten Anrufung:

O Gott, vergib mir drei Sünden, die auf meiner menschlichen Beschränktheit beruhen:

Du bist überall, aber ich bete Dich hier an;
Du bist ohne Form, aber ich bete Dich in diesen Formen an;
Du bist über alles Lob erhaben, doch ich bringe Dir diese
Gebete und Grüße dar.
Herr, vergib mir drei Sünden, die auf meiner menschlichen
Beschränktheit beruhen.

Ein Symbol von der Art eines vielarmigen Götterbildes, das Gottes
erschreckende Wandelbarkeit und seine übermenschliche Macht sinn-
fällig macht, ersetzt eine ganze Theologie. Mythen loten Tiefen aus, in
die der Verstand nur indirekt Einblick nehmen kann. Gleichnisse und
Legenden stellen Ideale so dar, daß der Zuhörer sich danach sehnt, sie
zu verwirklichen – eine nachdrückliche Bestätigung für Irwin Edmans
Behauptung: »Die Menschen werden durch den Mythos, nicht durch
Befehle, durch Fabeln, nicht durch Logik bewegt.« Der Wert dieser
Dinge liegt darin, daß sie die Macht haben, unseren Geist von den
Zerstreuungen der Welt abzuziehen und auf den Gedanken an Gott
und die Liebe Gottes hinzulenken. Wenn wir das Lob Gottes singen,
wenn wir mit voller Hingabe zu Gott beten, wenn wir uns in Gottes
Größe und Herrlichkeit versenken, wenn wir in den Schriften über
Gott lesen, wenn wir das ganze Universum als Gottes Werk betrachten,
richten wir unsere Zuneigung ständig auf Gott hin aus. »Wer mir allein
in Andacht dient, an mich nur denkt zu aller Zeit«, sagt Krishna in der
Bhagavad-Gita, »den rette ich aus diesem Meer des Wechsels von Geburt und Tod.«[12]

Der Weg des *Bhakta* hat drei Komponenten, die besondere Erwähnung verdienen: *Japa*, die Vielgestaltigkeit der Liebe und die Verehrung
des einmal gewählten Ideals.

Japa ist die Übung der Wiederholung des Namens Gottes. Dies hat
eine christliche Parallele in einem der Klassiker russischer Spiritualität,
den *Aufrichtigen Erzählungen eines russischen Pilgers*.[13] Das ist die Geschichte eines namentlich nicht genannten Bauern, dessen ganzes Bemühen darauf gerichtet ist, die Aufforderung der Bibel zu erfüllen
»Betet ohne Unterlaß!«[14] Auf der Suche nach einem Menschen, der
ihm erklären kann, wie das möglich sein soll, durchstreift er – sich von
trockenem Brot aus seinem Rucksack ernährend, von mildtätigen Leuten zur Nacht aufgenommen – Rußland und Sibirien, sucht Rat bei
vielen Autoritäten, wird aber stets enttäuscht, bis er schließlich einem
alten Mann begegnet, der ihn lehrt, »ständig und ohne Unterbrechung

den göttlichen Namen Jesu anzurufen, mit den Lippen, im Geiste, im Herzen, bei jeder Handlung, zu allen Zeiten, an allen Orten, selbst im Schlaf.« Der Lehrer des Pilgers unterweist ihn so lange, bis er in der Lage ist, den Namen Jesu mehr als zwölftausendmal am Tag ohne Anstrengung zu wiederholen. Dieser dauernde mündliche Gottesdienst geht unmerklich in ein echtes Flehen des Herzens über. Das Gebet wird zu einer anhaltenden, wärmespendenden Präsenz im Innern, die ihm überströmende Freude spendet. »Bewege bei allem, was du tust, ständig den Namen des Herrn in dir« lautet eine hinduistische Formulierung des gleichen Gedankens. Unmerklich, aber unauslöschlich sickern diese Worte beim Waschen und Weben, beim Blumenpflanzen und Einkaufen als winzige Tropfen des Strebens hinab ins Unbewußte und laden es auf mit dem Geist Gottes.

Die Vielgestaltigkeit der Liebe macht sich die Tatsache, daß die Liebe, je nach der Beziehung, um die es geht, verschiedene Schattierungen annimmt, für religiöse Zwecke zunutze. Die Liebe der Eltern zu ihrem Kind hat beschützenden Charakter, während die Liebe des Kindes zu seinen Eltern Abhängigkeit mit einschließt. Freundesliebe unterscheidet sich von der ehelichen Liebe zwischen Mann und Frau. Wieder anders ist die Liebe eines Dieners, der seinem Herrn ergeben ist. Der Hinduismus ist der Ansicht, daß alle diese Arten von Liebe ihren Teil dazu beitragen, die Liebe zu Gott zu stärken, und hält den *Bhakta* an, sich in allen zu üben. Im Christentum geschieht praktisch das gleiche. Hier nimmt das Bild Gottes, der meist als wohlwollender Beschützer gesehen wird, symbolisch die Form eines Herrn oder Vaters an, aber andere Arten von Liebe fehlen keineswegs. »Der beste Freund ist in dem Himmel« ist der Titel eines Hamburger Chorals, während Jesus in einem in Amerika beliebten Kirchenlied als »mein Herr und mein Freund« besungen wird. Als Bräutigam erscheint Gott im Hohenlied und in christlichen mystischen Schriften, wo die Vermählung der Seele mit Christus eine gängige Metapher ist. Gott als das eigene Kind zu betrachten, erscheint uns zunächst etwas ungewohnt; doch beruht der Zauber des Weihnachtsfests zum Teil genau darauf, daß dies die einzige Gelegenheit im ganzen Jahr ist, wo Gott als Kind in die Herzen einzieht und damit die dem Elterninstinkt eigene Zärtlichkeit auslöst.

Endlich kommen wir noch zu der Verehrung Gottes in Form des selbstgewählten Ideals. Die Hindus haben Gott in unzähligen Formen dargestellt. Das ist nach ihrer Ansicht völlig gerechtfertigt, weil jede dieser Formen nur ein Symbol ist, das über sich hinausweist; und da

keines die wirkliche Natur Gottes ausschöpft, ist die ganze Formenviel-
falt notwendig, um das Bild der Gestalten und Ausprägungen Gottes zu
vervollständigen. Doch obwohl die verschiedenen Darstellungen alle
ein und denselben Gott repräsentieren, sollte jeder Gläubige sich einer
von ihnen sein Leben lang besonders verpflichtet fühlen. Nur so kann
er ihre Bedeutung ganz erfassen und vollen Zugang zu der ihr eigenen
Kraft gewinnen. Die Darstellung, für die sich der Gläubige entscheidet,
ist seine *Ishta-Devata*, die von ihm gewählte Form des Göttlichen. Der
Bhakta braucht andere Gottesvorstellungen nicht zu meiden, aber diese
eine wird nie von ihrem bevorzugten Platz im Herzen ihres Jüngers
verdrängt werden. Für die meisten Menschen ist die ideale Form eine
der Inkarnationen Gottes, denn die Liebe zu Gott in menschlicher
Gestalt ist am leichtesten zu verwirklichen, weil unser Herz auf die
Liebe zu anderen Menschen seit jeher eingestimmt ist. Viele Hindus
erkennen Christus als Gott-Menschen an, glauben aber, daß es außer
ihm noch andere gegeben hat wie Rama, Krishna und Buddha. Immer
wenn die Stabilität der Welt ernsthaft bedroht ist, steigt Gott herab, um
das Gleichgewicht wiederherzustellen:

> Stets wenn Verbrechen sich erhebt
> Und Frömmigkeit zu wanken droht,
> Erschaffe ich mich selbst erneut
> Durch meines Willens Machtgebot.
> Ich schütze den, der tugendhaft,
> Vernichte aller Bösen Brut,
> In jedem Weltenalter neu
> Begründe ich, was recht und gut.[15]

Der Weg zu Gott durch Arbeit

Der dritte Weg zu Gott ist für Menschen gedacht, die ihrer Veranla-
gung nach zum tätigen Leben neigen: *Karma Yoga*, der Weg zu Gott
durch Arbeit.

Untersucht man die Anatomie und Physiologie des menschlichen
Körpers, so stellt man eine interessante Tatsache fest. Alle Verdauungs-
und Atmungsorgane haben den Zweck, das Blut mit Nährstoffen zu
versorgen. Der Kreislaufapparat verteilt das angereicherte Blut überall

im Körper und hält so Knochen, Gelenke und Muskeln instand. Die Knochen liefern ein Gerüst, ohne das die Muskeln nicht arbeiten könnten, während die Gelenke für die zur Bewegung erforderliche Flexibilität sorgen. Das Gehirn stellt sich die auszuführenden Bewegungen vor, und das spinale Nervensystem setzt sie um. Das vegetative Nervensystem hält mit Unterstützung der endokrinen Drüsen die Harmonie der inneren Organe aufrecht, die die Muskeln brauchen, um die Bewegungen ausführen zu können. Mit einem Wort, alle Teile des Körpers, mit Ausnahme des Fortpflanzungsapparats, wirken aktiv zusammen. »Die menschliche Maschine«, schreibt ein Arzt, »scheint geradezu zur Handlung geschaffen zu sein.«[16]

Das Leben des Menschen besteht hauptsächlich aus Arbeit. Der springende Punkt dabei ist nicht so sehr, daß alle Menschen bis auf wenige Ausnahmen arbeiten müssen, um überleben zu können. Letztlich ist der Drang zu arbeiten eher psychologisch als ökonomisch motiviert. Die meisten Menschen werden gereizt, wenn sie – etwa durch Arbeitslosigkeit – zur Untätigkeit verurteilt sind; werden sie gar in den Ruhestand gezwungen, beginnen sie regelrecht zu verfallen. Das gilt nicht nur für jene, die sich notgedrungen ausschließlich um den Haushalt kümmern, sondern auch für große Wissenschaftler wie Madame Curie. Solchen Menschen sagt der Hinduismus: Um Gott zu verwirklichen, braucht ihr nicht ins Kloster zu gehen. In der Welt der Alltagsgeschäfte könnt ihr Gott so gut finden wie irgendwo sonst.[17] Stürzt euch mit allem, was ihr habt, in die Arbeit; aber geht klug dabei ans Werk, strebt nur nach dem höchsten Lohn und gebt euch nicht mit wenigem zufrieden. Lernt das Geheimnis der Arbeit und vollführt sie so, daß jede Bewegung euch Gott näherbringt, während ihr nach außen hin andere Dinge erledigt, so wie eine Armbanduhr, die sich von selbst aufzieht, während sie gleichzeitig andere Funktionen erfüllt.

Wie das geschehen kann, hängt von der Beschaffenheit der übrigen Komponenten im Wesen des Arbeitenden ab. Durch seine Wahl des Weges der Arbeit hat der *Karma Yogi* schon eine Neigung zur Tätigkeit bewiesen, aber die Frage ist, ob er in zweiter Hinsicht vorwiegend zum Gefühlsmäßigen oder zum Gedanklichen neigt. Davon hängt ab, ob der *Yogi* an die Arbeit intellektuell oder im Geist der Liebe herangeht. In der Sprache der vier *Yogas* kann man sagen, daß *Karma Yoga* auf beide Arten geübt werden kann: als *Jnana* (Erkenntnis) oder *Bhakti Yoga* (aufopfernder Dienst).

Es geht im Leben darum, die Enge des begrenzten Ichs zu transzendieren. Das kann entweder dadurch geschehen, daß wir uns mit dem transpersonalen Absoluten identifizieren, das im Kern unseres Wesens verborgen liegt, oder indem wir unser Interesse und unsere Zuneigung auf einen persönlichen Gott hin verlagern, der als von uns verschieden erlebt wird. Das erste ist der Weg des *Jnana*, das zweite der des *Bhakti*. Bei beiden Methoden kann Arbeit dazu dienen, sich selbst zu transzendieren, denn nach hinduistischer Lehre wirkt jede Handlung, mit der wir auf die Außenwelt einwirken, auf den Täter zurück. Wenn ich einen Baum fälle, der mir die Sicht versperrt, erschüttere ich den Baum; aber jeder Axthieb hinterläßt auch in mir Spuren, vertieft er doch in mir die Entschlossenheit, mich in der Welt durchzusetzen. Alles, was ich für mein persönliches Wohlbefinden tue, fügt meinem Ego eine weitere Schicht hinzu, und dieses sondert mich um so stärker von Gott ab, je dicker es wird. Umgekehrt werde ich durch jede Handlung, die ich ausführe, ohne dabei an mich zu denken, weniger egozentrisch, bis mich schließlich keine Schranke mehr vom Göttlichen trennt.

Dem Gefühlsmenschen gelingt es am besten, seine Arbeit selbstlos auszuführen, indem er seine glühende und liebevolle Natur ins Spiel bringt und seine Arbeit Gott zuliebe tut statt sich selbst zuliebe. »Wer all sein Handeln stellt aufs Brahm und zähmt der Leidenschaften Wut, der bleibt von Sünde unbefleckt wie Lotusblätter von der Flut.«[18] Ein solcher Mensch ist nach wie vor tätig, arbeitet nunmehr aber aus einem anderen Motiv: aus Hingabe. Er führt seine Handlungen nicht mehr um des persönlichen Lohnes willen aus. Nicht genug, daß sie nur als Dienst an Gott geschehen; er versteht sie jetzt so, daß sie durch den Willen Gottes angeregt und durch seine Energie, die sich dazu des Gläubigen bedient, verwirklicht werden. »Du bist der Täter, ich das Instrument.« Eine Handlung, die in diesem Geiste geschieht, schwächt das Ego, statt es zu stärken. Jede Aufgabe wird zu einem heiligen Ritual, das als lebendiges Opfer für die Herrlichkeit Gottes mit Liebe ausgeführt wird. »Was auch immer du tust, was du auch ißt, was du auch als Opfer darbringst, was du auch gibst, welche asketischen Übungen du auch machst, oh Sohn der Kunti, tu alles als Darbringung an Mich. So wirst du frei sein von den Fesseln der Handlungen, die gute und schlechte Folgen nach sich ziehen«, sagt die *Bhagavad-Gita*. »Sie haben kein Verlangen nach den Früchten ihrer Handlungen«, pflichtet das *Bhagavata Purana* bei. »Diese Menschen würden nicht einmal den Zustand der Einung mit mir akzeptieren; sie würden immer meinen Dienst vorziehen.«

Eine junge, neuvermählte, verliebte Frau arbeitet nicht nur für sich. Während sie arbeitet, ist der Gedanke an den geliebten Mann untergründig immer in ihrem Geiste lebendig und gibt ihren Mühen Sinn und Ziel. So ist es auch bei einem ergebenen Diener. Er beansprucht nichts für sich. Er tut seinen Dienst zur Zufriedenheit seines Herrn, ohne darauf zu achten, was es ihn persönlich kostet. Und ebenso liegt für den Gläubigen in der Erfüllung des Willens Gottes Befriedigung und Freude. In der Hingabe an den Herrn aller Dinge bleibt er von den Wechselfällen des Lebens unberührt. Ein solcher Mensch läßt sich von Enttäuschungen nicht kleinkriegen, denn das Motiv seiner Handlungen ist nicht der Sieg; ihm genügt es, wenn er auf der richtigen Seite steht. Er weiß: Geschichtliche Umschwünge werden nicht von Menschen verursacht, sondern vom Herrn der Geschichte – wenn die Herzen der Menschen dazu bereit sind. Historische Gestalten verlieren ihre ›Mitte‹, wenn sie anfangen, sich um das Ergebnis ihrer Handlungen zu sorgen. »Verrichte ohne Bindung die Arbeit, die du zu tun hast. Gib alle Handlung Mir hin, befreie dich von Sehnsucht und Selbstsucht und kämpfe – von Kummer unbehelligt.«[19]

Hat er erst einmal jeden Anspruch an die Arbeit – einschließlich der Sorge, ob sie ihren Zweck erfüllt – aufgegeben, können die Handlungen des *Karma Yogi* sein Ego nicht mehr aufblähen. Sie hinterlassen in seinem Geist keine Spur, die ihre zukünftigen Folgen mit ihrem Ursprung in Verbindung bringen könnte. So arbeitet der *Yogi* die angesammelten Eindrücke früherer Taten auf, ohne neue auf sich zu laden. Was man auch von dieser *karmischen* Sichtweise halten mag, die darin enthaltene psychologische Wahrheit liegt offen zutage. Ein Mensch, der ganz den anderen zur Verfügung steht, hat selbst kaum eine Existenz. Die Spanier fragen spöttisch: »Möchten Sie unsichtbar werden? Verschwenden sie zwei Jahre lang keinen Gedanken an sich selbst, und niemand wird Sie mehr bemerken.«

Die Arbeit als Weg zu Gott gestaltet sich anders bei Menschen, die eher gedanklich als emotional veranlagt sind. Auch für sie liegt der Schlüssel in selbstlosem Wirken, aber sie gehen anders an diese Aufgabe heran. Philosophen können mit der Vorstellung eines Unendlichen Wesens in der Mitte des eigenen Selbst mehr anfangen als mit der von einem Schöpfergott, der mit Liebe über die Welt wacht, und es ist klar, daß auch ihre Stellung zur Arbeit ihrer Sichtweise angepaßt werden muß.

Der Weg, der zur Erleuchtung führt, ist Arbeit, die ohne Bindung an das empirische Ich ausgeführt wird. Genauer gesagt geht es darum, zwischen dem handelnden, endlichen Ich einerseits und dem ewigen Selbst, das die Handlung beobachtet, eine Grenze zu ziehen. Die Menschen denken bei der Arbeit gewöhnlich an die Konsequenzen, die diese für ihr empirisches Ich hat – an die Bezahlung oder die damit verbundene Anerkennung. Dadurch wird das Ego aufgebläht. Es bekommt eine dickere Schutzschicht, die seine Isolierung noch verstärkt.

Die Alternative ist Arbeit, die ohne Bindung an das empirische Ich, ja fast losgelöst von diesem getan wird. Man arbeitet, indem man sich gleichzeitig mit dem Ewigen identifiziert; aber da die Handlungen vom empirischen Ich getan werden, hat das Wahre Selbst nichts mit ihnen zu tun. »Der, der die Wahrheit kennt, sollte, da er seine Mitte im Selbst hat, immer denken: ›Ich tue überhaupt nichts.‹ Während er schaut, atmet, spricht, losläßt, festhält, die Augen öffnet und schließt, beobachtet er nur Sinne, die sich zwischen Sinnesobjekten bewegen.«[20]

Während die Identifizierung des *Yogi* sich von seinem endlichen zu seinem unendlichen Selbst[21] verlagert, wird er zwangsläufig gleichgültiger gegenüber den Folgen aus seinem begrenzten Handlungen. Er wird immer mehr die Wahrheit des Satzes aus der *Gita* erkennen: »Du hast das Recht auf Arbeit, nicht aber auf deren Früchte.« Sein Wahlspruch ist nun Pflicht um der Pflicht willen.

> Wer seine Pflichten treu erfüllt,
> Nicht nach dem Lohn der Taten fragt,
> Der ist ein wahrer Yogi nur –
> Nicht wer vom Brauch sich losgesagt.[22]

Dazu paßt die Geschichte von dem *Yogi*, der am Ufer des Ganges meditierte und einen Skorpion ins Wasser fallen sah. Er griff hinein und holte ihn heraus, mit dem Erfolg, daß er gestochen wurde. Bald fiel der Skorpion erneut ins Wasser. Wieder holte der *Yogi* ihn heraus. Wieder wurde er gestochen. Das wiederholte sich noch zweimal. Da fragte ein Mann, der zugesehen hatte, den *Yogi:* »Warum rettest du immer wieder den Skorpion, wo doch sein einziger Dank darin besteht, daß er dich sticht?« Der *Yogi* antwortete: »Es liegt in der Natur eines Skorpions zu stechen. Und es liegt in der Natur eines *Yogi*, anderen zu helfen, wo er kann.«

Der *Karma Yogi* wird sich bemühen, alles, was er tut, so zu tun, als sei es das einzige, was es zu tun gibt, und sich anschließend mit der gleichen

Einstellung der nächsten Pflicht widmen. Sich vollständig auf jede einzelne Aufgabe konzentrierend, ist er weder ungeduldig noch aufgeregt, noch versucht, ein halbes Dutzend Dinge auf einmal zu tun oder zu denken. Er legt in die verschiedenen Aufgaben, die er zu bewältigen hat, alle Energie hinein, denn täte er es nicht, hieße das, der Trägheit anheimzufallen, die auch eine Form des Egoismus ist. Aber sobald er die jeweilige Aufgabe einmal erledigt hat, löst er sich sofort vollständig von der Handlung und läßt die Späne fallen, wie sie wollen.

> Wen weder Glück noch Unglück rührt, . . .
> Wer Gleichmut zeigt bei Freud und Leid, . . .
> Wer Lob und Tadel still nimmt hin, . . .
> Der ist mein Freund, so lang er lebt.[23]

Der reife Mensch hat nichts gegen Kritik einzuwenden, denn er identifiziert sich viel mehr mit seinem langfristigen Selbst, dem die Kritik zugute kommt, als mit dem momentanen Ich, das kritisiert wird. So nimmt auch der *Yogi* Verluste, Schmerzen und Schande mit Gleichmut hin, da er weiß, daß auch diese zu seinen Lehrmeistern zählen. Je mehr der *Yogi* in der Ewigkeit zu Hause ist, desto ruhiger bleibt er inmitten größter Aktivität. Wie die Nabe eines sich schnell drehenden Rades stillzustehen scheint, so bleibt auch er selbst bei intensiver Tätigkeit gefühlsmäßig unbewegt. Es ist wie die Ruhe der absoluten Bewegung.

Wenn auch der begriffliche Rahmen, innerhalb dessen die intellektuell und die emotional veranlagten Menschen *Karma Yoga* praktizieren, nicht der gleiche ist, so verfolgen doch beide dasselbe Ziel. Beide machen eine radikale Fastenkur, um das begrenzte Ego auszuhungern, indem sie ihm die Folgen der Handlung vorenthalten, von denen es sich ernährt. »Es bleibt kein Platz für jenen negativen Egoismus, der im allgemeinen als gesunder Eigennutz der Geschöpfe angesehen wird.«[24] Der *Bhakta* strebt nach ›Selbst-Ver-Nicht-ung‹, indem er Herz und Willen dem Ewigen Gefährten übergibt, wodurch sie tausendfach veredelt werden. Der *Jnani* ist ebenso darauf bedacht, das Ego zum Verschwinden zu bringen, da er überzeugt ist, daß in dem Maße, in dem das Wagnis gelingt, ein Kern der Selbstheit in Sicht kommen wird, der sich radikal von seiner oberflächlichen Maske unterscheidet, »ein sublimer Bewohner und Zuschauer, der die Sphären der einstigen bewußt-unbewußten Zusammenhänge transzendiert und überhaupt nicht berührt wird von den Strebungen, die zuvor den Lebenslauf des einzelnen bestimmt hatten. Dieses anonyme ›Diamantwesen‹ ist keineswegs das, was wir als unseren Charakter anzusehen geneigt sind und was wir als Fähigkeiten, Neigungen, Tugenden und Ideale in uns kultivierten. Denn es übersteigt den gewohnten Horizont eines unerhellten oder nur zum Teil erhellten Bewußtseins. Es war in die Körper- und Persönlichkeitshüllen eingewickelt, und die dunklen, trüben, dichten Gunas [Schichten des Oberflächen-Ichs] ließen sein Bild nicht frei. Nur die durchscheinende Substanz des geläuterten Sattva [Ichs, in dem alle privaten Wünsche zerstreut sind] kann es wie durch Glas oder durch ein stilles Quellwasser sichtbar machen. Dann aber, im Augenblick, wo es erkannt wird, bringt sein Offenbarwerden auch die plötzliche Erkenntnis mit sich, daß dies unsere wahre Identität ist. Die Lebensmonade wird wiedererkannt und begrüßt, obgleich sie sich von allem unterscheidet, was uns in dieser irdischen Verbindung von Leib und Seele je begegnet ist, einer Verbindung, die wir, getäuscht von unserer gewöhnlichen Unwissenheit und unserem unterscheidungslosen Bewußtsein (. . .), in grobem Mißverstehen für die wahre, ewige Substanz unseres Wesens hielten.«[25]

Der Weg zu Gott durch psychophysische Übungen

Der *Raja Yoga* ist in Indien wegen der schwindelnden Höhen, in die er führt, als »königlicher *(raj)* Weg zur Wiedervereinigung mit Gott« bekannt. Als Weg zu Gott durch psychophysische Experimente ist er für Menschen gedacht, die wissenschaftlich veranlagt sind.

Der Westen hat der Empirie im Laboratorium seinen gebührenden Platz eingeräumt, während er ihr auf religiösem Gebiet oft mißtraute, weil sie angeblich die persönliche Erfahrung, indem sie sie zum letzten Wahrheitskriterium erhebt, vergötzt. Solche Zweifel hat Indien nie gekannt. Von der These ausgehend, daß man an geistige Dinge ebenso empirisch herangehen kann wie an die äußere Natur, bestärkt es alle, bei denen sowohl die persönliche Neigung als auch die nötige Willenskraft vorhanden ist, darin, die Suche nach Gott mit Laboratoriumsmethoden zu betreiben. Das setzt bei dem Betreffenden nicht nur die starke Vermutung voraus, daß unser wahres Selbst mehr ist, als es uns jetzt scheint, sondern auch den leidenschaftlichen Wunsch, seinen vollen Umfang auszuloten. Für alle, die diese Voraussetzungen mitbringen, empfiehlt der *Raja Yoga* eine Reihe von Schritten, denen mit der gleichen Strenge zu folgen ist wie denen eines physikalischen Experiments. Wenn diese nicht die erwarteten Folgen zeitigen, ist die Hypothese, zumindest für den jeweiligen Experimentator, widerlegt. Es wird allerdings der Anspruch erhoben, daß die Erfahrungen, die sich im Laufe der Zeit einstellen, die in Frage stehende Hypothese bestätigen werden.

Im Unterschied zu den meisten naturwissenschaftlichen Experimenten erstrecken sich die des *Raja Yoga* auf das eigene Selbst, nicht auf die äußere Natur. Selbst wenn man berücksichtigt, daß die Wissenschaft zuweilen zum Selbstversuch greift – wie in der Medizin, wo es die Ethik gebietet, gefährliche Versuche nur an sich selbst durchzuführen –, liegt die Betonung für den Inder doch auf einem anderen Gebiet. Der *Yogi* experimentiert nicht mit seinem Körper (wenn dieser auch, wie wir sehen werden, ganz entschieden mit betroffen ist), sondern mit seinem Geist. Die Experimente bestehen in der Ausführung gewisser vorgeschriebener geistiger Übungen und der Beobachtung ihrer subjektiven Wirkungen.

Dabei brauchen keine Dogmen übernommen zu werden, aber Experimente setzen Hypothesen voraus, die sie bestätigen oder widerlegen sollen. Die dem *Raja Yoga* zugrunde liegende Hypothese ist die hinduistische Lehre vom menschlichen Selbst; und obwohl diese hier schon mehrmals beschrieben worden ist, müssen wir sie als die Basis, von der die einzelnen Schritte des *Raja Yoga* ausgehen, noch einmal neu formulieren.

Die Theorie postuliert, daß das menschliche Selbst eine aus mehreren Schichten bestehende Einheit ist. Wir brauchen uns nicht mit den detaillierten hinduistischen Analysen dieser Schichten abzugeben; es sind technische Abhandlungen, und es ist gut möglich, daß die Wissenschaft einmal zeigen wird, daß sie nicht wörtlich, sondern eher metaphorisch zu verstehen sind. Für unsere Zwecke mag eine zusammenfassende Darstellung der Hypothese genügen, bei der die Zahl der Schichten auf vier reduziert ist. Die erste und auffälligste ist unser Körper. Dann kommt die bewußte Schicht unseres Geistes. Unter diesen beiden liegt eine dritte Region, das Reich des individuellen Unbewußten, das sich durch unsere individuelle Lebensgeschichte gebildet hat. Der größte Teil dessen, was wir in der Vergangenheit erlebt haben, ist für unsere bewußte Erinnerung verloren, aber diese Erfahrungen wirken sich nach wie vor auf unser Leben aus. Bis hierher – also was die ersten drei Schichten des Selbst angeht – geht der Westen mit Indien vollkommen konform. Erst in der Forderung nach einer vierten Komponente weicht die hinduistische Hypothese von der westlichen ab. Den anderen drei zugrunde liegend, vom bewußten Verstand noch weniger bemerkt als sein persönliches Unbewußtes (aber mit ihm doch in gleicher Weise verbunden), steht das Sein-an-sich, unendlich, unangefochten, ewig. »Ich bin kleiner als das kleinste Atom, aber auch größer als das Größte. Ich bin das Ganze, das vielgestaltige, vielfarbige, zauberisch-schöne Weltall. Ich bin der Uralte. Ich bin der Mensch, der Herr. Ich bin das Wesen aus Gold. Ich bin der wahre Zustand göttlicher Glückseligkeit.«[26]

Der Hinduismus ist ebenso wie die Psychoanalyse davon überzeugt, daß, wenn es uns nur gelänge, Teile unseres individuellen Unbewußten – der dritten Schicht unseres Wesens – freizulegen, wir eine erhebliche Erweiterung unseres Potentials erführen und unserem Leben neue, frische Kräfte zugeführt würden. Aber wenn wir etwas entdecken könnten, was nicht nur wir selbst, sondern die Menschheit als Ganzes vergessen hat, etwas, das Hinweise nicht nur auf unsere individuelle Persönlichkeit und Eigenart , sondern auf das ganze Leben und die ganze Existenz enthielte, was wäre dann? Wäre das nicht höchst bedeutungsvoll?

Wir werden offenbar aufgefordert, uns von dem belanglosen Panorama der Welt in die tiefliegenden kausalen Zonen der Psyche zurückzuziehen, wo die eigentlichen Probleme und Lösungen liegen. Darüber hinaus läßt sich die Lösung, die der *Raja Yoga* anbietet, allerdings nicht so sehr als Antwort auf eine fest definierte Fragestellung verstehen. Es ist eher die entschiedene Weigerung, dem eintönig dahinplätschernden Alltag zu gestatten, uns von den unbekannten Ansprüchen eines untergründig wartenden Drängens abzulenken: eine Art Generalstreik gegen die Bedingungen eines Routinedaseins. Dem erfolgreichen *Yogi* gelingt es, das Problem des Lebens auf diese höhere Ebene zu heben und es dort zu lösen. Die Einsichten, die solche Menschen erringen, betreffen nicht so sehr flüchtige persönliche und soziale Nöte, als vielmehr die unversiegbare Quelle, aus der alle Völker und alle Gesellschaften erneuert werden, denn diese beziehen ihre Inspiration aus dem direkten Kontakt mit dieser Urquelle. Dem Körper nach bleibt der *Yogi* ein Individuum. Aber im Geiste wird jeder zu einem nicht festgelegten, universellen, vollkommenen Menschen.

Der *Raja Yoga* will die Richtigkeit dieses viergliedrigen Modells des Menschen dadurch demonstrieren, daß der Fragende zur direkten persönlichen Erfahrung des »Jenseits im Innern« geführt wird. Seine Methode ist die willentliche Introversion, ein von schöpferischen Genies auf allen Gebieten menschlichen Schaffens angewandtes Mittel. Sie wird hier mit letzter konsequenter Logik eingesetzt, mit dem Ziel, die psychische Energie der Person in den tiefsten Grund zu zwingen, um den verlorenen Kontinent des wahren Selbst zu aktivieren. Das ist mit Risiken verbunden. Wenn das Wagnis mißlingt, dann ist im günstigsten Fall eine Menge Zeit verloren, im schlimmsten Fall kann eine Desintegration des Bewußtseins bis zur Psychose erfolgen. Bei richtigem Vorgehen unter einem Führer, dem das Gelände bekannt ist, wird der *Yogi* dagegen in der Lage sein, die Einsichten und Erfahrungen, die ihm zufallen, zu integrieren; er wird mit gesteigerter Selbsterkenntnis und größerer Selbstkontrolle aus der Unternehmung hervorgehen.

Nun, da uns bekannt ist, welche Hypothese der *Raja Yoga* unter Beweis stellen will, können wir uns daran machen, die acht Schritte des Experimentes selbst darzustellen.

1. und 2. Die ersten beiden Schritte betreffen die moralischen Vorarbeiten, mit denen alle vier *Yogas* beginnen. Jeder, der sich hinsetzt, um sich dieser Aufgabe der Selbstentdeckung zu widmen, wird bald feststellen, daß er gegen Ablenkungen zu kämpfen hat. Zu den naheliegendsten gehören körperliche Bedürfnisse und geistige Unruhe. Kaum hat er angefangen, sich ernstlich zu konzentrieren, da merkt der *Yogi* zum Beispiel, daß ihn dringend nach einer Zigarette oder einem Glas Wasser verlangt. Oder er hat plötzlich gegen Emotionen wie Groll, Neid oder Gewissensbisse zu kämpfen. Die ersten beiden Schritte des *Raja Yoga* bemühen sich, die Atmosphäre von diesen Störungen zu reinigen und das Tor vor weiteren Eindringlingen zu versperren. Beim ersten Schritt geht es darum, sich in fünf Enthaltsamkeiten zu üben: Nicht-Verletzen, Wahrhaftigkeit, Nicht-Stehlen, Keuschheit und Begierdelosigkeit. Beim zweiten gilt es, fünf Tugenden zu üben: Reinheit, Zufriedenheit, Selbstkontrolle, Studium der heiligen Schriften und Betrachtung des Göttlichen. Zusammen bilden sie die fünf Fingerübungen des menschlichen Geistes, die den komplizierteren späteren Übungen vorausgehen. Chinesische und japanische Offiziere, die in buddhistischen Klöstern – ohne irgendwelche religiösen Motive, sondern lediglich zur Steigerung ihrer geistigen Klarheit und Vitalität – verschiedene Varianten des *Raja Yoga* zu praktizieren pflegten, stellten fest, daß sogar in ihrem Fall ein Erfolg nur eintrat, wenn sie sich bis zu einem gewissen Grade moralisch verhielten.

3. Obwohl der *Raja Yoga* mit dem Körper arbeitet, geht es ihm letztlich um den Geist. Genauer gesagt, er bedient sich des Körpers, um auf den Geist hinzuarbeiten. Neben der Förderung der Gesundheit im allgemeinen ist sein Hauptziel, den Körper daran zu hindern, den Geist von der Konzentration abzuziehen. Das ist keine leichte Aufgabe, denn ein ungeschulter Körper fängt nach kurzer Zeit an zu jucken oder zu zappeln. Jedes Körpergefühl erheischt Aufmerksamkeit, die von dem angestrebten Ziel ablenkt. Das Ziel dieses dritten Schrittes besteht also darin, solche Ablenkungen auszuschließen und ›Bruder Esel‹, wie der Heilige Franziskus seinen Körper gerne nannte, anzubinden und auf diese Weise unschädlich zu machen. Es gilt, einen körperlichen Zustand zu erreichen, der die Mitte hält zwischen Unwohlsein, das in störender Weise auf sich aufmerksam macht, auf der einen Seite, und einer Entspannung, die so stark ist, daß sie in Schläfrigkeit überzugehen droht, auf der anderen Seite. Die Hindus haben Mittel entdeckt, die der Herstellung dieses Gleichgewichts dienen: die *Asanas*, ein Wort, das gewöhnlich mit *Haltungen* übersetzt wird. Daß einige dieser Haltungen physisch und psychisch nützlich sind, ist heute weitgehend anerkannt. Es zeugt von ausgedehntem Experimentieren auf diesem Gebiet, daß die hinduistischen Texte vierundachtzig solche Haltungen beschreiben; aber nur etwa fünf davon gelten als wichtig für die Meditation.

Unter diesen hat sich der weltbekannte Lotossitz als am wichtigsten erwiesen. Dabei sitzt der *Yogi* – im Idealfall auf einem Tigerfell, das Energie symbolisiert, über das ein Rehfell, Symbol der Ruhe, gebreitet ist, mit gekreuzten Beinen so, daß die Füße mit der Sohle nach oben auf dem gegenüberliegenden Schenkel ruhen. Das Rückgrat ist bis auf seine natürliche Krümmung gerade. Die Hände liegen mit den Flächen nach oben weisend im Schoß ineinander, so daß die Daumen sich leicht berühren. Die Augen sind geschlossen oder blicken entspannt auf den Boden. Wenn man diese Position erst als Erwachsener übt, wird sie als schmerzhaft empfunden, denn sie stellt eine Belastung für die Sehnen dar, an die sie sich erst nach monatelanger Übung gewöhnen. Ist die Haltung aber einmal gemeistert, so wird sie als erstaunlich bequem empfunden; auch scheint sie einen Geisteszustand herbeizuführen, der der Meditation förderlich ist. In Anbetracht der Tatsache, daß man beim Stehen leicht ermüdet, beim Sitzen in einem Stuhl in sich zusammensackt und beim Liegen einschläft, gibt es vielleicht keine andere Lage, in der der Körper eine so lange Zeit am Stück gleichzeitig ruhig und wach bleiben kann.

4. *Yogische* Haltungen schützen den Meditierenden vor Unterbrechungen durch die mehr statischen Körperfunktionen, aber es bleiben körperliche Aktivitäten wie das Atmen. Der *Yogi* muß atmen, aber ungeschultes Atmen kann die Geistesruhe zunichte machen. Anfänger in der Meditation sind erstaunt, wie sehr ungezügeltes Atmen die Aufgabe erschweren kann. Eine Reizung oder Sekretstauung in den Bronchien kann zu Husten oder Räuspern führen. Jedesmal, wenn der Atem zu tief absinkt, bricht ein tiefer Seufzer hervor und zerstört den Zauber. Aber solche harmlosen Unregelmäßigkeiten sind keineswegs die einzigen Störenfriede; wenn man konzentriert schweigt, kann ein »normaler« Atemzug sich wie ein Pistolenschuß auswirken, so daß die Ruhe in ein nervöses Flattern übergeht. Der vierte Schritt des *Raja Yoga* hat daher zum Ziel, solche Störungen durch Atembeherrschung zu verhindern. Es gibt zahlreiche und mannigfaltige Übungen zur Erreichung dieses Ziels. Manche wirken zunächst eigenartig – so, wie wenn man beispielsweise üben soll, durch ein Nasenloch ein- und durch das andere auszuatmen –, aber es gibt Untersuchungen, die die Vermutung nahelegen, daß dadurch ein Ausgleich zwischen den beiden Gehirnhälften erreicht wird. Insgesamt bewirken die Übungen, daß man langsamer und gleichmäßiger atmet und insgesamt weniger Luft benötigt. Eine typische Übung besteht darin, daß man so sanft durch die Nasenlöcher unmittelbar berührende Gänsedaunen atmet, daß von außen nicht zu sehen ist, ob Luft ein- oder ausströmt. Das Anhalten des Atems ist besonders wichtig, denn der Körper ist dann am ruhigsten, wenn er nicht atmet. Wenn der Atemzyklus des *Yogi* zum Beispiel so aussieht, daß auf sechzehn Zählzeiten eingeatmet, auf vierundsechzig der Atem angehalten und auf zweiunddreißig ausgeatmet wird, dann gibt es eine Zeitspanne, während welcher die Lebensfunktionen so reduziert sind, daß der Geist körperlos zu sein scheint. Das sind für die vor uns liegende Aufgabe wertvolle Augenblicke. »An einem windstillen Ort flackert das Licht der Lampe nicht«, sagt die *Bhagavad-Gita.*

Gelassen sitzt der *Yogi* da, den Körper entspannt, regelmäßig atmend, in Betrachtung versunken. Plötzlich knarrt eine Tür, der Mond wirft einen Streifen silbriges Licht auf den Boden vor ihm, eine Mücke sirrt, und schon hat die Welt ihn wieder umfangen.

> Denn rührig, störrisch ist das »Herz«
> Und wogt ohn' Ende hin und her,

> Man kann es, wie den Windeshauch,
> Wohl dauernd bänd'gen nimmermehr.[27]

Die Sinne sind nach außen gerichtet. Als Brücken zur physikalischen Welt leisten sie unschätzbare Dienste, aber der *Yogi* ist auf etwas anderes aus. Er, der interessanterer Beute auf der Spur ist – dem inneren Universum, in dem (Berichten zufolge) die endgültige Antwort auf das Rätsel des Lebens zu finden ist, kann kein Bombardement durch die Sinne brauchen. So faszinierend sie auch auf ihre Art sein mag, die äußere Welt trägt nichts zur Lösung der vor ihm liegenden Aufgabe bei. Denn der *Yogi* ist dem auf der Spur, was der äußeren Welt als ihr Unterbau zugrunde liegt. Hinter ihrer physikalischen Fassade, wo wir das Spiel von Leben und Tod erleben, sucht der *Yogi* ein tieferes Leben, das keinen Tod kennt. Gibt es unter unserem Oberflächenbewußtsein der verschiedenen Objekte der gegenständlichen Welt ein tieferes Gewahrsein, das sich nicht nur dem Grade, sondern auch der Art nach von diesem unterscheidet? Der *Yogi* versucht eine Hypothese zu prüfen: daß die tiefste Wahrheit sich nur dem öffnet, der seine Aufmerksamkeit nach innen lenkt, und bei diesem Experiment können die physikalischen Sinne mit ihrer Aufdringlichkeit nur stören. »Die Sinne sind nach außen gerichtet«, bemerken die Upanishaden. »Die Menschen schauen deshalb auf das, was außen ist und sehen nicht das innere Sein. Nur wenige Weise gibt es, die ihre Augen vor den äußeren Dingen verschließen und die Herrlichkeit des Atman im Innern schauen.« Fünfhundert Jahre später greift die *Bhagavad-Gita* diesen Gedanken wieder auf:

> Wer Freude nur im Innern sucht,
> Wer Frieden innen findet,
> Wer nach innen schaut,
> Nur dieser Yogi kommt zu Brahman
> Und er nur wird Nirvana einst erkennen.

Wenn Gandhi unserem extravertierten Jahrhundert zurief: »Richtet euren Scheinwerfer nach innen!«, dann muß man bedenken, daß diese Forderung auf eine dreitausendjährige Tradition zurückblicken kann.

Der letzte, den Übergang vollziehende Schritt im Prozeß der Abkehr von der äußeren hin zur inneren Welt besteht darin, die Pforten der Wahrnehmung zu schließen, denn nur so kann der Lärm der brodelnden Kesselschmiede der Welt wirkungsvoll ferngehalten werden. Daß das möglich ist, und zwar ohne Verstümmelung des Körpers, ist eine allgemeine Erfahrung. Ein Mann ruft seine Frau, um sie daran zu erinnern, daß sie Bekannte besuchen wollen und es Zeit ist aufzubrechen. Fünf Minuten später behauptet sie, sie habe ihn nicht gehört; er versichert, sie müsse ihn gehört haben, denn er sei im Nebenzimmer gewesen und habe deutlich gesprochen. Wer hat recht? Es ist eine Definitionsfrage. Wenn ›hören‹ bedeutet, daß Schallwellen von ausreichender Amplitude auf ein gesundes Trommelfell auftreffen, dann hat sie ihn gehört; wenn es aber bedeutet, daß sie auch tatsächlich bemerkt wurden, dann hat sie ihn nicht gehört. An solchen Fällen ist gar nichts Geheimnisvolles; die Erklärung liegt einfach in der Konzentration – die Frau saß am Computer und war vollkommen in ihre Arbeit versunken. Dementsprechend ist auch an diesem fünften Schritt des *Raja Yoga* nichts Absonderliches. Er versucht den *Yogi* über den Punkt, den die Frau erreicht hatte, hinauszuführen – erstens, indem die Konzentration aus einem zufälligen Ereignis in eine Kraft verwandelt wird, die sich kontrollieren läßt, und zweitens, indem diese Fähigkeit bis zu einem Punkt gesteigert wird, wo man sogar Trommelschläge im selben Raum überhört. Die Technik ist indessen die gleiche. Die Konzentration auf eine Sache schließt andere Dinge aus.

6. Endlich ist der *Yogi* mit seinem Geist allein. Die fünf Schritte, die wir bisher aufgezählt haben, deuten alle auf dieses Ereignis hin; Stück für Stück sind die Störungen durch Wünsche, Gewissensbisse, den Körper, den Atem und die Sinne ausgeschaltet worden. Aber noch ist die Schlacht nicht gewonnen; der eigentliche Nahkampf beginnt erst. Denn der ärgste Feind des Geistes ist er selbst. Selbst wenn er mit sich allein ist, zeigt er nicht die geringste Neigung, Ruhe zu geben oder zu gehorchen. Erinnerungen, Gedanken an Zukünftiges, Tagträume, vom nichtigsten, unwahrscheinlichsten Bindeglied zusammengehaltene Gedankenketten bedrängen ihn von allen Seiten, so daß der Geist sich kräuselt wie ein See im Wind und von ständig neuen, ihn zerstreuenden Grübeleien gepeitscht wird. Mit sich allein gelassen, steht der Geist niemals still, glatt wie ein Spiegel, kristallklar, die Sonne allen Lebens in vollkommenem Abbild reflektierend. Damit ein solcher Zustand sich auf Dauer einstellt, ist mehr vonnöten als das Eindämmen der zuströmenden Nebenflüsse; das haben die fünf vorhergehenden Schritte schon in eindrucksvoller Weise bewirkt. Aber es gibt noch Quellen am Grunde des Sees, die verstopft, und Phantasien, die gebändigt werden müssen. Es ist klar, daß noch viel zu tun ist.

Oder gehen wir zu einer weniger heiteren Metapher über. Die Bewegungen eines durchschnittlichen Geistes, so sagen die Hindus, sind ungefähr so geordnet wie die eines tollen Affen, der in seinem Käfig herumturnt. Ja, mehr noch: wie die Kapriolen eines betrunkenen tollen Affen. Selbst mit diesem Bild haben wir noch keine wirklich treffende Beschreibung seiner Ruhelosigkeit gegeben. Der Geist ist ein betrunkener, toller Affe, der den Veitstanz hat. Um unserem Thema gerecht zu werden, müssen wir aber sogar noch einen Schritt weitergehen. Der Geist ist wie ein betrunkener, toller Affe, der den Veitstanz hat und eben von einer Wespe gestochen wurde.

Kaum jemand, der einmal ernsthaft versucht hat zu meditieren, wird dieses Bild übertrieben finden. Das Problem bei dem Ratschlag »Kümmer dich nicht um deinen Geist« ist das peinliche Schauspiel, das sich uns bietet, wenn wir versuchen, ihm Folge zu leisten. Ich befehle meiner Hand, sich zu heben, und sie gehorcht. Ich befehle meinem Geist, ruhig zu sein, und er lacht mich aus. Wie lange kann der durchschnittliche Geist an ein und dieselbe Sache denken – nur an *eine* Sache, ohne zuerst ins Denken über das *Denken* und von da aus in eine endlose Kette von Belanglosigkeiten abzugleiten? Etwa dreieinhalb Sekunden, sagen die Psychologen. Wie ein Tischtennisball landet der Geist, wo auch immer sein Herr ihn hinlenkt, nur um sich gleich darauf auf einen hin- und herzuckenden Flug von plötzlichen Sprüngen zu begeben, die sich jeder Kontrolle entziehen.

Wie wäre es, wenn der Geist sich von einem Tischtennisball in einen Lehmklumpen verwandeln ließe, der, an eine Wand geworfen, dort haften bleibt, bis man beschließt, ihn zu entfernen? Würde er nicht an Kraft zunehmen, wenn es gelänge, ihn so zu konzentrieren? Würde seine Kraft nicht verstärkt, wie die Kraft einer Glühbirne, die von einem Ring von Reflektoren umgeben ist? Der normale Geist läßt sich bis zu einem gewissen Grade durch die Dinge der Welt bündeln. Der psychotische Geist ist dazu nicht in der Lage; er gleitet in unkontrollierbare Fantasien ab. Was wäre, wenn es gelänge, einen dritten Geisteszustand zu entwickeln, der so hoch über dem normalen Geist stünde, wie der psychotische unter diesem steht – ein Zustand, in dem der Geist dazu gebracht werden könnte, sich über längere Zeit hinweg auf einen Gegenstand zu konzentrieren, um diesen gründlich auszuloten? Das ist das Ziel der Konzentration, des sechsten Schrittes im *Raja Yoga*. Der Rüssel eines Elefanten, der hin und her schwingt, während das Tier umherstreift und nach Dingen greift, die rechts und links am Wege liegen, wird ganz ruhig, wenn man ihm eine Eisenkugel zu halten gibt. Die Konzentration dient einem ganz ähnlichen Zweck: Durch sie soll der ruhelose Geist dazu befähigt werden, sich unbeirrbar an den Gegenstand, auf den er gerichtet ist, zu halten. »Wenn die fünf Instrumente der Erkenntnis [die Sinne] und das Denken ihre Tätigkeit eingestellt haben und die Intelligenz sich nicht mehr rührt, dann nennt man das den höchsten Zustand.«[28]

Die Methode, die zur Erreichung dieses Ziels empfohlen wird, ist nicht ausgefallen, nur mühevoll. Man beginnt damit, daß man den Geist entspannt, damit die Gedanken, die der Befreiung bedürfen, sich vom Bann des Unbewußten lösen können. Dann wählt man irgend etwas, auf das man sich konzentrieren möchte – die glühende Spitze eines Räucherstäbchens, die Nasenspitze, ein vorgestelltes Meer von endlosem Licht –, und übt die Fähigkeit, den Geist auf diesen Gegenstand gerichtet zu halten, bis sich ein spürbarer Erfolg einstellt.

7. Die letzten beiden Schritte sind Phasen, in denen dieser Prozeß der Konzentration zunehmend an Tiefe gewinnt. Beim vorigen Schritt wurde der Geist an den Punkt geführt, wo er beständig auf seinen Gegenstand zuströmte, aber er verlor nicht das Bewußtsein von sich selbst als einem von dem Objekt, auf das er sich konzentrierte, verschiedenen Gegenstand. Im siebten Schritt, in dem die Konzentration sich zur Meditation vertieft, wird die Einheit zwischen diesen beiden so weit gefestigt, daß das Gefühl der Getrenntheit verschwindet: »Subjekt und Objekt verschmelzen vollkommen, so daß das Selbst-Bewußtsein des individuellen Subjekts ganz verschwunden ist.«[29] In diesem Moment löst sich die Dualität des Wissenden und des Gewußten in einer vollkommenen Einheit auf. Schelling hat das so ausgedrückt: »Das wahrnehmende Selbst verschmilzt in dem von ihm selbst Wahrgenommenen. In diesem Augenblick vernichten wir die Zeit und die Dauer der Zeit; wir sind nicht mehr in der Zeit, sondern die Zeit, oder vielmehr die Ewigkeit selbst, ist in uns.«

8. Nun bleibt nur noch der endgültige, höchste Zustand übrig, für den wir das Sanskritwort *Samadhi* beibehalten sollten. Etymologisch entspricht *sam* dem griechischen Präfix *syn* wie in Synthese, Synopse und Syndrom. Es bedeutet »zusammen mit«. *Samadhi* bezeichnet den Zustand, in dem der menschliche Geist vollkommen in Gott absorbiert ist. Im siebten Schritt – der Meditation – war die Konzentration bis zu dem Punkt vertieft worden, wo das Selbst gänzlich dem Blick entschwand und alle Aufmerksamkeit fest auf den Gegenstand des Erken-

nens gerichtet wurde. Für den *Samadhi* ist besonders bezeichnend, daß
das Objekt keine Gestalt oder Form mehr hat. Denn Formen sind
einengende Grenzen; die Vorstellung einer bestimmten Form schließt
jede andere aus, und was in der letzten Phase des *Raja Yoga* erkannt
werden soll, ist ohne Grenzen. Der Geist denkt weiterhin – wenn das
der richtige Ausdruck ist –, aber nicht an einen Gegenstand. Das heißt
nicht, daß er an nichts denkt, daß er ganz leer wäre. Er hat das paradoxe
Kunststück fertiggebracht, das Unsichtbare zu sehen. Er ist mit dem
ausgefüllt, was »von allen Qualitäten verschieden ist, weder dies noch
das, ohne Form, ohne Namen.«[30]

Seit Lord Kelvins Behauptung, er könne sich nicht vorstellen, daß es
irgend etwas gibt, von dem er nicht ein mechanisches Modell konstruie-
ren könnte, haben wir einen weiten Weg zurückgelegt. Durch die
Seinsweise, in der der Erkennende mit dem Erkannten eins ist, ist der
Erkennende zur Erkenntnis des Seins als Ganzes gelangt und hat sich
für kurze Zeit darin aufgelöst.[31] Das Experiment, das die Wahrheit der
These beweisen sollte, ist gelungen – der *Yogi* hat die Einsicht erlangt:
»Das, wahrlich, Das bist Du.«

Wir haben die vier Formen des *Yoga* als Alternativen vorgestellt, aber
um mit einer Aussage zu schließen, die wir schon zu Anfang gemacht
haben: Der Hinduismus sieht sie nicht als einander ausschließend. Kein
Mensch ist nur intellektuell, emotional, aktiv oder experimentativ veranlagt, und verschiedene Lebenssituationen erfordern verschiedene
Mittel. Die meisten Menschen werden im allgemeinen die Reise auf der
einen Straße befriedigender finden als auf einer anderen und werden
infolgedessen kaum von dieser abweichen. Der Hinduismus ermutigt
die Menschen jedoch dazu, alle vier Straßen zu prüfen und sich ihrer so
zu bedienen, daß sie möglichst gut ihren jeweiligen Bedürfnissen entsprechen. Der wesentliche Unterschied ist der zwischen *Jnana* und
Bhakti, der intellektuellen und der emotionalen Spielart des Yoga. Wir
haben gesehen, daß unsere jeweilige Arbeit jedem dieser beiden Typen
angepaßt werden kann, und ein wenig Meditation kann in keinem Fall
schaden. Im Normalfall wird daher jeder seine Religion entweder eher
unter Betonung der philosophischen Seite oder der Frömmigkeit ausüben, seine Arbeit dem gewählten Typ anpassen und soviel meditieren,
wie er es seinen Verhältnissen entsprechend eben kann. Wir lesen in der
Bhagavad-Gita, daß manche »den *Atman* durch Betrachtung verwirklichen. Andere verwirklichen den *Atman* durch Philosophie. Andere
verwirklichen ihn, indem sie dem Yoga des rechten Handelns folgen.

Andere dienen Gott so, wie sie es von ihren Lehrern gelernt haben. Wenn alle diese getreulich praktizieren, was sie gelernt haben, werden sie der Gewalt des Todes entwachsen.«

Die Lebensphasen

Die Menschen sind verschieden. Kaum eine Beobachtung könnte banaler sein, und doch ist es für den Hinduismus bezeichnend, daß er ihr besondere Beachtung schenkt. In den letzten Abschnitten haben wir gesehen, welchen Wert er darauf legt festzustellen, daß die Unterschiede in der menschlichen Natur nach verschiedenen Wegen zur Erfüllung des Lebens verlangen. Jetzt gilt es festzuhalten, daß diese Auffassung durch einen weiteren Gesichtspunkt zusätzliche Unterstützung erhält. Die Menschen unterscheiden sich nicht nur untereinander – jedes Individuum macht auch verschiedene Phasen durch, deren jede nach einem darauf abgestimmten Verhalten verlangt. So wie jeder Tag vom Morgen über den Mittag und Nachmittag zum Abend fortschreitet, so durchläuft auch jedes Leben vier Phasen, jede mit den für sie kennzeichnenden besonderen Neigungen, die jeweils eine andere Reaktionsweise diktieren. Wenn wir daher fragen: »Wie sollen wir leben?«, so antwortet der Hinduismus: »Das hängt nicht nur davon ab, was für ein Mensch du bist, sondern auch, in welcher Lebensphase du dich gerade befindest.«

Die erste Phase ist die des Schülers. Sie begann gewöhnlich nach dem Initiationsritus, im Alter zwischen acht und zwölf Jahren. Sie dauerte zwölf Jahre, in denen der Schüler gewöhnlich im Haus des Lehrers lebte und als Gegenleistung für die empfangene Unterweisung die Arbeit eines Dieners verrichtete. Seine Hauptaufgabe in dieser Phase bestand darin, zu lernen und allem, was der Lehrer zu bieten hatte, mit offenem Geist zu begegnen. Schon bald würden sich Pflichten in reichlicher Fülle ankündigen; für den Moment war die Zeit aufs herrlichste aufgehoben, und der Schüler mußte sich lediglich für die Zeit rüsten, wo viel von ihm verlangt werden würde. Zu seinem Lernprogramm gehörte auch nüchternes Tatsachenwissen; aber das war bei weitem nicht alles; denn Indien – das verträumte, unpraktische Indien – hat von jeher wenig auf Wissen um des Wissens willen gegeben. Der erfolgreiche Schüler sollte nicht als wandelnde Enzyklopädie, als Handbibliothek, die auf Kommando Informationen ausspuckt, aus der Erziehung hervorgehen. Es galt, Gewohnheiten zu pflegen und den Charakter zu bilden. Die ganze Schulung war eher eine Lehre, in der die Information zu einer Fertigkeit wurde, die in Fleisch und Blut überging. Der freizügig erzogene Schüler sollte am Ende dazu befähigt sein, gewissermaßen als Endprodukt ein gutes und wirksames Leben zu führen, so wie ein Töpferlehrling in der Lage ist, eine gut geformte Schale herzustellen.

Die zweite Phase, die mit der Eheschließung begann, war die des Hausvaters. Hier, gleichsam am Lebensmittag, auf dem Höhepunkt der körperlichen Kraft, richten sich die Interessen und Energien ganz von selbst nach außen. Es gibt drei Gebiete, auf denen sie sich erfolgreich austoben können: die Familie, den Beruf und die Gemeinschaft, der man angehört. Normalerweise wird sich die Aufmerksamkeit gleichmäßig auf diese drei Bereiche verteilen. Jetzt ist die Zeit, die ersten drei menschlichen Bedürfnisse zu befriedigen: die Lust – besonders durch Ehe und Familie; den Erfolg – durch den Beruf; und die Pflicht – durch Teilnahme am bürgerlichen Leben.

Der Hinduismus steht der glücklichen Erfüllung dieser Bedürfnisse positiv gegenüber, aber er versucht sie nicht künstlich anzukurbeln, wenn sie zu verblassen beginnen. Daß die Bindung an sie schließlich nachläßt, ist vollkommen richtig, denn es wäre unnatürlich, wenn das Leben zu einem Zeitpunkt enden würde, wo Handlung und Begehren noch auf ihrem Höhepunkt sind. Die Vorsehung will es anders. Folgen wir dem natürlichen Lauf der Dinge, werden wir bemerken, daß es eine Zeit gibt, wo der Sex und die Freuden der Sinne (Lust), so wie auch die Leistung im Spiel des Lebens (Erfolg) keine neuen, überraschenden Wendungen mehr zu bieten haben, wo selbst die getreue Erfüllung der menschlichen Aufgaben (Pflicht) ihren Reiz verliert, weil sie durch lange Wiederholung schal geworden ist. Ist dieser Punkt erreicht, wird es Zeit, daß der Mensch zur dritten Lebensphase übergeht.

Manche tun das nie. Sie bieten keinen erfreulichen Anblick, denn Tätigkeiten, die, im rechten Moment ausgeübt, angemessen sind, wirken grotesk, wenn sie über ihre Zeit hinaus andauern. Ein fünfundzwanzigjähriger Playboy mag sehr reizvoll sein – der fünfzigjährige möge uns lieber erspart bleiben. Je angestrengter er sich bemüht, seine Pose aufrechtzuerhalten, desto weniger gelingt es ihm. Ähnlich ergeht es Leuten, die es nicht schaffen, eine Schlüsselposition zu räumen, wenn eine jüngere Generation mit mehr Energie und neuen Ideen bereitsteht, ihren Platz einzunehmen.

Gewiß sind solche Leute nicht zu tadeln; denn da sie keinen anderen

Sinn im Leben sehen, bleibt ihnen gar nichts anderes übrig, als sich an das zu klammern, was sie kennen. Die Frage, vor die sie uns stellen, lautet ganz einfach: »Lohnt es sich, alt zu werden?« Je mehr es der Medizin gelingt, die Lebenserwartung zu erhöhen, desto mehr Menschen stehen zwangsläufig vor dieser Frage. Die Dichter haben den Herbstblättern und den Jahren des Lebensabends immer schon freundlich zugenickt, aber kann man ihren schönen Worten trauen? Wenn wir schon auf die Dichter hören wollen, dann sind wir weit eher geneigt, uns statt an den Vers »Wart mit mir aufs Alter doch, denn das Beste kommt erst noch« an jenen anderen zu halten: »Freut euch des Lebens, weil noch das Lämpchen glüht; pflücket die Rose, eh' sie verblüht.«

Aber ob das Leben auch nach der Lebensmitte noch eine Zukunft hat, darüber entscheiden letzten Endes nicht die Dichter; es hängt vielmehr davon ab, was die eigentlichen Werte im Leben sind. Sind es in erster Linie die des Körpers und der Sinne, dann können wir uns ebensogut gleich damit abfinden, daß es im Leben nach der Jugendzeit nur noch bergab geht. Wenn Leistung und Machtausübung die obersten Werte sind, dann ist der mittlere Lebensabschnitt, die Phase des Haushälters, der Höhepunkt. Aber wenn mystische Schau und Selbsterkenntnis im Vergleich zu all dem ebensoviel oder mehr Befriedigung schenken, dann bietet auch das Alter eigene Möglichkeiten, und wir können, wenn der Fluß unseres Lebens erst einmal gemächlicher geworden ist, zu wirklich glücklichen Menschen werden.

Ob die späteren Lebensjahre solche Befriedigung gewähren, hängt davon ab, welche Landschaft enthüllt wird, wenn der Vorhang der Unwissenheit sich hebt. Ist die Realität eine monotone und bedrückende Einöde und das Selbst nicht mehr als raffinierte Kybernetik, dann können mystische Schau und Selbsterkenntnis unmöglich mit dem Rausch der Sinne oder der Befriedigung durch soziale Leistungen konkurrieren. Wir haben jedoch gesehen, daß sie im Hinduismus als weit mehr angesehen werden. »Laß alles zurück und folge Ihm! Genieße seine unaussprechlichen Reichtümer«, sagen die Upanishaden. Keine Freude kommt der der beseligenden Schau gleich, und die Größe des zu entdeckenden Selbst entzieht sich jeder Mitteilung. Daraus folgt, daß der Hinduismus nach den Phasen des Schülers und des Hausvaters eine dritte Phase kennt, in die das Leben dann eintreten sollte.

Dies ist die Phase des Einsiedlers. Sobald ein erstes Enkelkind da ist, hat das Individuum das Recht, sich auf sein Alter zu berufen und sich von den sozialen Verpflichtungen zurückzuziehen, die es bisher freiwillig auf sich genommen hat. Zwanzig bis dreißig Jahre lang hat die Gesellschaft ihr Recht verlangt; nun kommt die Zeit der Erholung, damit das Leben nicht endet, bevor es recht verstanden wurde. Bisher hat die Gesellschaft auf die Ausbildung spezieller Fähigkeiten bestanden, und es war wenig Zeit zu lesen, nachzudenken und ungestört dem Sinn des Lebens nachzuhängen. Alles wurde willig geleistet, denn das Spiel war auf seine Art durchaus befriedigend. Aber muß der menschliche Geist auf immer der Gesellschaft zur Verfügung stehen? Jetzt ist es an der Zeit, selbst die eigene, erwachsene Person zu erziehen, zu entdecken, wer man ist und worin der Sinn des Lebens liegt. Was ist das Geheimnis jenes ›Ich‹, mit dem man all die Jahre so eng zusammengelebt hat, das aber doch ein Fremder bleibt, voller unverständlicher Eigenarten, sinnloser Schrullen und irrationaler Impulse? Warum werden wir für Arbeit und Kampf geboren, jeder mit seinem Teil an Glück und Kummer, wenn wir doch so bald sterben müssen? Eine Generation nach der anderen bäumt sich kurz auf wie eine Welle, bricht sich am Ufer und zerrinnt in der anonymen Bruderschaft des Todes. Im Mysterium des Daseins einen Sinn zu finden, ist die eigentliche, faszinierende Herausforderung des Lebens.

Jene, die dem Ruf des geistigen Abenteuers ganz folgten, waren gewöhnlich als Waldbewohner bekannt, denn sie – Mann und Frau zusammen, wenn die Frau mitkam, sonst der Mann alleine – kehrten der Familie, den Annehmlichkeiten und Zwängen des häuslichen Lebens den Rücken und vergruben sich in der Einsamkeit des Waldes, um sich auf die Suche nach ihrem Selbst zu machen. Endlich waren sie nur noch sich selbst verpflichtet. »Geschäft, Familie, weltliches Leben, das etwa in Schönheit und Hoffnung der Jugend und in Erfolgen der Reifezeit bestand, müssen nun zurückgelassen werden; nur das Ewige bleibt. Und darum soll sich der Geist nicht den Aufgaben und Sorgen des schon zurückliegenden Lebens, das kam und ging wie ein Traum, sondern der Ewigkeit zuwenden.«[32] Wer sich zurückzieht, schaut hinter die Sterne, nicht auf die Dorfstraße. Jetzt ist es Zeit, eine Philosophie zu entwickeln und diese dann auf das praktische Leben zu übertragen; Zeit, über die Sinne hinauszugehen, um die Wirklichkeit zu entdecken, die unserer natürlichen Welt zugrunde liegt, und in ihr zu wohnen.

Die letzte Phase, nach dem Rückzug aus dem aktiven Leben, ist die, in der das Ziel erreicht wird: die Phase des *Sannyasin*, eines Menschen also, der, wie die *Bhagavad-Gita* sagt, »weder liebt noch haßt.«

Nun kann der Pilger getrost in die Welt zurückkehren, denn nachdem die Zucht des Waldlebens ihren Zweck erreicht hat, haben Raum und Zeit ihre Macht über ihn verloren. Wo kann man in der weiten Welt ganz frei sein, wenn nicht überall? Der *Sannyasin* wurde von den Hindus »mit der Wildgans oder dem Wildschwan *(hamsa)* verglichen; auch diese Vögel haben keine feste Wohnstätte, sie ziehen mit den Regenwolken nordwärts zum Himalaya und wandern wieder zurück gen Süden, auf allen Seen, an allen Gewässern heimisch, aber auch in den weiten, unendlichen Himmelsräumen zu Hause.«[33] Nun ist der Marktplatz so gastlich geworden wie die Wälder. Aber wenn der *Sannyasin* auch zurückgekehrt ist, er ist als ein anderer Mensch zurückgekehrt. Er, der entdeckt hat, daß völlige Freiheit von jedweder Beschränkung gleichbedeutend ist mit absoluter Anonymität, hat die Kunst erlernt, die begrenzte Persönlichkeit abzuwerfen, auf daß sie das Ewige nicht verdunkle.

Weit entfernt von dem Wunsch, »jemand zu sein«, strebt der *Sannyasin* das Gegenteil an: nach außen hin ein völliges Nichts zu sein, um innerlich mit allem verbunden sein zu können. Wie könnte man auch den Wunsch haben, wieder zum Individuum zu werden und erneut all die Posen und Masken einer einengenden persönlichen Identität anzunehmen, die Persona, die die Reinheit und das Strahlen des inneren Selbst verschleiert? Die äußere Lebensform, die dieser völligen Freiheit am besten entspricht, ist die des heimatlosen Bettlers. Andere mögen danach streben, im Alter wirtschaftlich gesichert zu sein; der *Sannyasin* gedenkt sich von allen wirtschaftlichen Zwängen endgültig zu befreien. »Ohne einen Ort, um sein Haupt niederzulegen, ohne festen Weg, ohne Ziel, ohne Besitz«,[34] haben die Forderungen des Körpers keine Macht mehr über ihn. Auch soziale Ambitionen finden keinen Boden mehr, in dem sie gedeihen könnten, um sich störend einzumischen. Kein Stolz wohnt mehr in einem Menschen, der mit der Bettelschale in der Hand auch an der Hintertür seines einstigen Dieners anklopft und es gar nicht anders haben will.

Die heiligen *Sannyasins* des Jainismus, einer anderen alten indischen Religion, gingen »in Raum gekleidet«, also splitternackt. Der Buddhismus kleidete seine Wandermönche in ockerfarbene Gewänder, »welch letzteres die traditionelle Tracht des aus der Gesellschaft ausgestoßenen und zum Tode verurteilten Verbrechers war.«[35] Es war gut, jedes Standesbewußtsein mit einem Schlag aufzugeben, denn jede soziale Identität verhindert die Identifizierung mit der unvergänglichen Ganzheit des

Seins. »Ohne Gedanken an die Zukunft und mit Gleichgültigkeit die Gegenwart betrachtend«, sagen die hinduistischen Texte[36], lebt der *Sannyasin* »in Einheit mit dem ewigen Selbst, und nichts anderes schaut er.«[37] »Er kümmert sich nicht mehr darum, ob sein Leib ... zerfällt oder erhalten bleibt, das kümmert ihn nicht mehr, als eine Kuh sich darum kümmert, was aus dem Blumengewinde wird, das jemand ihr um den Hals gehängt hat; denn seine Gemütskräfte haben nun Ruhe gefunden in der göttlichen Kraft *(brahman)*, der Essenz der Glückseligkeit.«[38]

Das Leben in Verblendung ist ein einziges langes Ringen mit Gevatter Tod – ein ungleicher Kampf, in dem es gilt, um jeden Preis das Alter durch künstliche Mittel und durch schlichtes Leugnen der durch die Zeit bewirkten Verfallserscheinungen hinauszuzögern. Wenn das Fieber der Lust abklingt, sucht der Verblendete es mit noch kräftigeren Aphrodisiaka neu zu entfachen. Wenn er schon gezwungen wird loszulassen, dann tut er es mit Groll und Selbstmitleid, denn er kann das Unvermeidliche nicht als natürlich ansehen, und auch nicht als gut. Er hat kein Verständnis für Tagores Einsicht, daß die Wahrheit nur zu jenen als Eroberer kommt, die die Kunst verlernt haben, sie als Freund zu empfangen.

Die Stellungen im Leben

Die Menschen sind verschieden – zum dritten Mal kehren wir zu dieser zentralen hinduistischen Aussage zurück. Wir haben gesehen, welche Bedeutung sie für die Pfade hat, denen die Menschen auf dem Weg zu Gott folgen sollten, und für die Lebensweisen, die in den einzelnen Phasen des Lebens angemessen sind. Jetzt wenden wir uns ihren Auswirkungen auf den Platz zu, den das Individuum in der Gesellschaftsordnung einnehmen sollte.

Damit kommen wir zum hinduistischen Kastensystem. Für keine andere seiner Komponenten ist der Hinduismus bekannter, und für keine wird er von der Außenwelt schärfer verurteilt. In der Kaste liegt Art und Entartung gleichermaßen. Wenn wir dieses Thema vernünftig diskutieren wollen, hängt alles davon ab, daß wir zwischen diesen beiden unterscheiden lernen.

Wie es zu den Kasten kam, gehört zu den Rätseln der Geschichte. Eine zentrale Rolle hat sicher die Tatsache gespielt, daß im Lauf des zweiten Jahrtausends vor Christus eine arische Völkerschaft mit einer anderen Sprache, einer anderen Kultur und einem anderen Aussehen (groß, hellhäutig, mit blauen Augen und glattem Haar) nach Indien vordrang. Aus den Konflikten, die sich aus dem unterschiedlichen Charakter der Völker ergaben, entwickelte sich das Kastensystem, wenn es nicht gar direkt dadurch geschaffen wurde. Es wird vielleicht nie ganz geklärt werden können, inwieweit ethnische Verschiedenheiten, Hautfarbe, Handelszünfte mit ihren jeweiligen Berufsgeheimnissen, hygienische Vorschriften, die Gruppen unterschiedlicher Immunitätssysteme voneinander abgrenzten sowie Befleckung und Reinigung betreffende magisch-religiöse Tabus zu dem sich herausbildenden Verhaltensmuster beigetragen haben. Das Resultat war jedenfalls eine Gesellschaft, die sich in vier Gruppen gliederte : Seher, Verwalter, Hersteller und Mitläufer.

Wir müssen uns von vornherein darüber klar sein, daß es im Laufe der Zeit, aus welchen Gründen auch immer, zu Entartungen gekommen ist. Zunächst einmal bildete sich eine fünfte Gruppe, die der Ausgestoßenen und Unberührbaren, heraus. Jedoch ist auch dieses Phänomen nicht so streng zu bewerten. Indien hat seine niedrigste soziale Schicht nie zu Sklaven herabgewürdigt, wie es in den meisten Kulturen geschehen ist; Ausgestoßene, die im vierten Stadium ihres Lebens die Welt auf der Suche nach Gott verließen, wurden von der sozialen Klassifizierung ausgenommen und genossen besondere Verehrung, selbst von der höchsten Kaste, den *Brahmanen.*[39] Von Buddha über Dayananda bis Gandhi haben viele religiöse Reformer sich bemüht, das Kastensystem von der Vorstellung der Unberührbarkeit zu befreien, die übrigens nach der Verfassung des heutigen Indien als Einrichtung gesetzwidrig ist. Dennoch war den Ausgestoßenen Indiens seit jeher ein übles Los beschieden, und hier liegt die Grundentartung, der das Kastensystem erlegen ist. Eine zweite Perversion lag in der Auffächerung der Kasten in Unterkasten, von denen es heute mehr als dreitausend gibt. Drittens hat die Ächtung der Mischehe und sogar des gemeinsamen Essens zu einer enormen Behinderung des sozialen Verkehrs geführt. Viertens wurden Privilegien in das System aufgenommen, so daß die höheren Kasten auf Kosten der niederen in den Genuß von Vergünstigungen kamen. Und schließlich wurde die Kaste erblich, und man blieb sein Leben lang in der Kaste, in die man einmal hineingeboren worden war.

Bei so vielen negativen Punkten mag es überraschen, daß es auch heute noch Inder gibt, die, obwohl sie die westlichen Alternativen genau kennen, das Kastensystem – wenn auch gewiß nicht in seiner Gesamtheit, insbesondere mit seinen Auswüchsen, aber doch als grundsätzliche Idee, verteidigen.[40] Welche bleibenden Werte könnten denn eigentlich in einem solchen System enthalten sein?

An diesem Punkt scheint es angebracht, uns einzugestehen, daß die Menschen, was ihre Fähigkeit betrifft, der Gemeinschaft zu dienen und ihr eigenes Potential zu entwickeln, sich in vier Gruppen einteilen lassen. Die erste Gruppe heißt in Indien die *Brahmanen* oder Seher. Es sind jene denkerisch veranlagten Menschen, die, weil sie den Dingen auf den Grund gehen wollen und die wichtigsten Werte des Lebens intuitiv in ihrem Wesen erfassen, zur geistigen und geistlichen Führerschaft berufen sind. Sie erfüllen die Aufgaben, die in unserer arbeitsteiligen Gesellschaft auf die Philosophen, die Künstler, die religiösen Führer und die Lehrer verteilt sind; ihr Rohstoff sind die Dinge des Geistes und der Seele. Die zweite Gruppe, die *Kshatriyas*, sind geborene Verwalter[41] und haben die einzigartige Begabung, Menschen und Projekte so zu organisieren, daß die vorhandenen Begabungen am besten ausgenutzt werden. Andere finden ihre Erfüllung im Produzieren; dies sind die Handwerker und Bauern, die sich darauf verstehen, die materiellen Dinge herzustellen, die wir zum Leben benötigen. Man nennt sie *Vaishyas*. Und schließlich gibt es die *Shudras*, die man als Gefolgsleute oder Diener bezeichnen kann. Man könnte sie auch ungelernte Arbeiter nennen. Das sind Menschen, die scheitern würden, wenn sie sich bei der Planung ihrer Laufbahn auf eine lange Ausbildungszeit einließen oder versuchten, sich selbständig zu machen. Ihre Konzentrationsspanne ist relativ kurz, so daß sie nicht so leicht bereit sind, den augenblicklichen Gewinn einem zukünftigen Lohn zuliebe aufzuopfern. Unter Aufsicht sind sie aber zu harter Arbeit und treuem Dienst fähig. Solchen Menschen geht es besser, ja, sie sind glücklicher, wenn sie für andere arbeiten, als wenn sie selbständig sind. Wenn wir mit unseren demokratischen und egalitären Gefühlen nicht gern zugeben wollen, daß es solche Menschen gibt, so antwortet der orthodoxe Hindu: Es geht nicht darum, was euch *gefällt*. Die Frage ist, wie die Menschen wirklich sind.

Bei der Bemühung, die Kasten voneinander getrennt zu halten, ist Indien sehr weit gegangen, und es gibt heute nur noch wenige Hindus, die diesbezüglich mit allem einverstanden sind. Die Vorschriften zur Regulierung der Mischehe, des gemeinsamen Essens und anderer Arten gesellschaftlichen Umgangs haben aus Indien, wie sein erster Premierminister (Nehru) sarkastisch bemerkt hat, »die intoleranteste Nation im sozialen Umgang und die toleranteste im Reich des Geistes« gemacht. Und doch liegt auch in diesen vielgeschmähten Auswüchsen ein gewisser Sinn. Die Tatsache, daß Angehörige verschiedener Kasten durch besonders strenge Vorschriften daran gehindert wurden, aus der gleichen Quelle zu trinken, könnte darauf hindeuten, daß hierbei unterschiedliche Immunreaktionen auf Krankheiten im Spiel waren. Insgesamt aber waren übergeordnete Gesichtspunkte ausschlaggebend. Wenn Menschen ungleicher Kraft nicht auf irgendeine Weise voneinander getrennt werden, sind die Schwächeren gezwungen, auf engem Raum gegen die Stärkeren anzutreten und haben so in keinem Fall eine Chance zu gewinnen. Es gab keine Gleichheit zwischen den Kasten, aber innerhalb jeder Kaste waren die Rechte des Individuums geschützter, als wenn er oder sie gezwungen gewesen wäre, es ganz allein mit der Welt aufzunehmen. Jede Kaste hatte ihre eigene Gesetzgebung, und wenn man in Schwierigkeiten geraten war, konnte man sich darauf verlassen, daß das Gericht sich aus Angehörigen der eigenen Gruppe zusammensetzte. Innerhalb jeder Kaste gab es Gleichheit, Chancen und soziale Absicherung.

Ungleichheiten zwischen den Kasten selbst zielten darauf ab, einen gerechten Ausgleich für geleistete Dienste zu schaffen. Das Wohl der Gemeinschaft verlangt, daß manche Menschen um den Preis erheblicher Selbstaufopferung weit über das übliche Maß hinausgehende Verantwortung auf sich nehmen. Während die meisten jungen Leute sich früh auf eheliche und berufliche Bindungen einlassen, müssen manche auf diese Annehmlichkeiten – manchmal zehn Jahre lang – verzichten, um sich auf anspruchsvolle Aufgaben vorzubereiten. Wenn der Lohnempfänger um fünf Feierabend hat, ist seine Arbeit für diesen Tag erledigt; der Arbeitgeber dagegen nimmt die allgegenwärtige Unsicherheit des Unternehmers mit nach Hause, von Arbeiten, die er daheim zu erledigen hat, ganz zu schweigen. Die Frage ist einerseits, ob die Arbeitgeber bereit wären, die Verantwortung ohne zusätzliche Entschädigung auf sich zu nehmen, und andererseits, ob es in Ordnung wäre, das von ihnen zu verlangen. Indien hat Demokratie nie mit Gleichmacherei verwechselt. Gerechtigkeit wurde definiert als der Zustand, in dem Privilegien sich proportional zur übernommenen Verantwortung verhielten. Nach Gehalt und gesellschaftlicher Macht stand daher die zweite Kaste, die der Verwalter, zurecht an oberster Stelle; in bezug auf Ehre und psychologische Macht dagegen die Kaste der *Brahmanen*, aber nur, weil (dem Ideal gemäß) ihre Verantwortung proportional größer war. In direkter Umkehrung der europäischen Lehre, daß der König niemals etwas Unrechtes tun konnte, kam die orthodoxe Vorstellung der Hindus fast der Auffassung gleich, daß die Shudras, die Angehörigen der niedrigsten Kaste, kein Unrecht tun konnten, weil man sie als Kinder betrachtete, von denen man nicht viel erwarten durfte. Nach der klassischen Rechtsauffassung galt die Regel, daß für das gleiche Vergehen »die Strafe für den *Vaishya* [Produzenten] doppelt so schwer zu sein hatte wie die für den *Shudra*, die für den *Kshatriya* wiederum doppelt so schwer und die für den *Brahmanen* noch einmal zwei- oder gar viermal so schwer.«[42] In Indien war die niedrigste Kaste von vielen Vorschriften und Reinheitsgeboten, an die die höheren Kasten gebunden waren, befreit. Ihre Witwen durften sich wiederverheiraten, und das Verbot von Fleisch und Alkohol wurde weniger streng gehandhabt.

In moderner Ausdrucksweise läuft das Kastenwesen in etwa auf folgendes hinaus: Am untersten Ende der sozialen Leiter ist die Klasse der Routiniers – der Hausangestellten, Fabrikarbeiter und Tagelöhner –, denen es nichts ausmacht, immer wieder die gleichen Arbeiten zu verrichten, die aber aufgrund ihrer mäßigen Selbstdisziplin eine Stechuhr benötigen, um die Tagesarbeit zu bewältigen, und die kaum geneigt sind, um langfristiger Vorteile willen auf unmittelbare Befriedigung zu verzichten. Über ihnen steht die Klasse der Techniker. Den Handwerkern der vorindustriellen Gesellschaft entsprechend sind das in der Industriegesellschaft jene, die sich mit Maschinen auskennen, sie reparieren und instand halten. Als nächstes kommt die Klasse der Manager. Dazu gehören auf dem politischen Sektor Parteifunktionäre und Abgeordnete, auf dem militärischen Offiziere und Stabschefs, auf dem industriellen Unternehmer, Manager, Vorstandsmitglieder und leitende Angestellte.

Wenn die Gesellschaft aber nicht nur komplex, sondern auch gut, wenn sie außer tüchtig auch weise und klug sein soll, dann muß es über den Verwaltern – der Wertschätzung, aber nicht der Bezahlung nach, denn eines der unterscheidenden Merkmale dieser Klasse muß darin liegen, daß sie gegen Reichtum und Macht gleichgültig ist – eine vierte Klasse geben, zu der in unserer spezialisierten Gesellschaft die religiösen Führer, die Lehrer, Schriftsteller und Künstler gehören würden. Solche Menschen werden mit Recht im Wortsinne Seher genannt, denn sie sind die Augen der Gemeinschaft. So wie der Kopf (die Verwalter) auf dem Körper (den Arbeitern und Technikern) ruht, so befinden sich am oberen Ende des Kopfes die Augen. Angehörige dieser Klasse müssen genügend Willenskraft besitzen, um dem Egoismus und den Versuchungen zu widerstehen, welche die Wahrnehmung verzerren. Sie nötigen den anderen Respekt ab, weil diese nicht nur die eigene Unfähigkeit zu solcher Selbstbeherrschung eingestehen müssen, sondern auch die Wahrheit dessen anerkennen, was der Seher ihnen sagt. Es ist, als sähe der Seher klar und deutlich, was anders veranlagte Menschen nur ahnen. Aber solches Sehertum ist eine heikle Sache; es führt nur dann zu sicheren Urteilen, wenn es sorgfältig behütet wird. Der Seher braucht Ruhe, um in Muße nachdenken zu können, und muß daher vor der Verpflichtung bewahrt werden, sich zu stark mit den Anforderungen des täglichen Lebens zu beschäftigen, die den Geist überladen und benebeln, so wie der Navigator vom Dienst in der Kombüse oder am Heizkessel befreit sein muß, wenn er sich an den Sternen orientieren soll, um das Schiff auf Kurs zu halten. Vor allem aber muß diese letzte Kaste vor der weltlichen Macht beschützt werden. Indien hielt Platos Traum vom »Philosophenkönig« für unrealistisch, und es ist wahr, daß die *Brahmanen* immer dann, wenn sie gesellschaftliche Macht übernommen haben, der Korruption verfallen sind. Denn die weltliche Macht setzt den, der sie ausübt, Versuchungen und Zwängen aus, die das Urteilsvermögen bis zu einem gewissen Grade trüben und entstellen. Die Aufgabe des Sehers ist nicht, durchzugreifen, sondern zu beraten, nicht anzutreiben, sondern anzuleiten. Wie eine Kompaßnadel, die sich in einem schützenden Gehäuse befindet, damit sie richtig anzeigen kann, soll der *Brahmane* zunächst selbst herausfinden und dann andere darauf hinweisen, in welcher Richtung Sinn und Zweck des Lebens liegen, soll den Weg zum Fortschritt der Menschheit vorzeichnen.

Die Kaste ist im Zustand des Verfalls ebenso abstoßend wie jeder andere sich zersetzende Leichnam. Wie auch immer sie zu Beginn beschaffen gewesen sein mag, sie kam jedenfalls gerade rechtzeitig, um Platos Einsicht zu ignorieren, daß »goldene Eltern einen silbernen Sohn haben können oder silberne Eltern einen goldenen Sohn, und dann muß ein Rangwechsel kommen; der Sohn reicher Eltern muß absteigen, und das Handwerkerkind muß auf der sozialen Leiter aufsteigen; denn ein Orakel besagt, daß ›der Staat aufhören wird zu existieren, wenn er von einem Mann aus Messing oder Eisen regiert wird.‹« Wie einer der besonnensten neueren Verteidiger der Grundidee der Kaste geschrieben hat, »steht zu vermuten, daß die zukünftige Entwicklung sich hauptsächlich dadurch auszeichnen wird, daß Mischehen sowie die Wahl oder der Wechsel der Arbeit unter bestimmten Bedingungen gestattet wird, wenn auch weiterhin die Heirat innerhalb der Gruppe und die Übernahme des Berufs der Eltern allgemein als wünschenswert erachtet wird.«[43] Insofern das Kastensystem zu einem Konglomerat aus Starrheit, Exklusivität und unverdienten Privilegien verkommen ist, arbeiten die Hindus heute daran, ihr Gemeinwesen von solchen Verfallserscheinungen zu reinigen. Aber es gibt immer noch viele, die der Ansicht sind, daß der Grundgedanke des Kastensystems bezüglich des bislang weltweit ungelösten Problems, wie die Gesellschaft geordnet werden sollte, um ein Höchstmaß an Fairneß und Kreativität zu gewährleisten, weiterhin Aufmerksamkeit verdient.

Bisher haben wir den Hinduismus auf seine praktische Bedeutung hin betrachtet. Ausgehend von der Analyse dessen, was die Menschen wollen, haben wir uns angesehen, welche Lösungen er zur Erfüllung dieser Wünsche vorschlägt und welche Reaktionen auf die verschiedenen Stadien und Phasen des menschlichen Lebens er für angemessen hält. In den verbleibenden Abschnitten dieses Kapitels wollen wir den Schwerpunkt von der Praxis auf die Theorie verlagern und die grundlegenden philosophischen Begriffe darstellen, die das Gerüst der hinduistischen Religion bilden.

Du, vor dem alle Welten zurückweichen

Das erste, was man beim *Ikebana*, der japanischen Kunst des Blumenarrangements, lernen muß, ist das Prinzip des Weglassens. Und das, so betonen die Hindus, ist auch das erste Prinzip, das man begreifen muß, wenn man von Gott spricht. Die Menschen versuchen immer, die Wirklichkeit mit Worten zu fassen, aber am Ende stellen sie fest, daß das Geheimnis sich allem Sagen entzieht und das Schweigen ihre Worte verschluckt. Nicht, daß unser Verstand nicht ausreichen würde. Das Problem liegt tiefer. Der Verstand ist, wenn man ihn im üblichen oberflächlichen Sinne begreift, für unsere Aufgabe nicht das geeignete Instrument. Es wäre im Endeffekt das gleiche, wenn man versuchen wollte, den Ozean mit einem Netz auszuschöpfen oder den Wind mit einem Lasso einzufangen. Das ehrfurchtgebietende Gebet Shankaras, des Thomas von Aquin des Hinduismus, beginnt mit der Anrufung: »Du, vor dem alle Welten zurückweichen.«

Die Entwicklung des menschlichen Verstandes war darauf ausgerichtet, das Überleben in der natürlichen Umgebung zu sichern, und so hat er sich auf den Umgang mit endlichen Gegenständen eingerichtet. Gott hingegen ist endlos und gehört einer völlig anderen Seinsweise an, die der Verstand nicht zu erfassen vermag. Von unserem Verstand zu erwarten, daß er die Unendlichkeit einfängt, wäre ungefähr so, als wollte ein Hund mit der Nase die Relativitätstheorie verstehen. Dieser Vergleich führt allerdings in die Irre, wenn wir ihn so verstehen, als könnten wir den Unergründlichen Gott niemals erkennen. Die *Yogas* sind, wie wir gesehen haben, Wege, um ebendies zu erreichen. Aber das Wissen, zu dem sie führen, übersteigt das Wissen des rationalen Verstandes; es erhebt sich zur tiefen und doch strahlenden Dunkelheit des mystischen Bewußtseins.[44] Die einzige wirklich getreue Beschreibung des Undurchdringlichen, deren der gewöhnliche Verstand fähig ist, ist *neti . . . neti*, »nicht dies . . . nicht dies.« Wenn wir das Universum nach allen Richtungen durchschreiten und von allem, was wir sehen und uns vorstellen können, sagen: »Nicht dies . . . nicht dies«, dann ist das, was am Ende übrigbleibt, Gott.[45]

Und doch kommen wir nicht ohne Worte und Begriffe aus. Sie sind die einzigen Hilfsmittel, über die unser Verstand verfügt, und so ist jedes bewußte Fortschreiten hin zu Gott auf ihre Hilfe angewiesen. Wenn auch Begriffe den Verstand nie ans Ziel bringen können, weisen sie doch in die richtige Richtung.

Wir können einfach mit einem Namen anfangen, an dem wir unsere Gedanken festmachen können. Der Name, den die Hindus der höchsten Wirklichkeit geben, ist *Brahman*, was – eine Ableitung der Verbwurzel *brih* – soviel wie ›Ausdehnung‹, ›Entwicklung‹ oder ›Wachstum‹ bedeutet. Die Hauptattribute, die sich mit diesem Wort verbinden, sind *sat*, *chit* und *ananda*; Gott ist Sein, Bewußtsein und Seligkeit. Höchste Wirklichkeit, Höchstes Bewußtsein und Höchste Seligkeit jenseits aller Möglichkeit der Frustration – das ist die grundlegende hinduistische Sicht Gottes. Doch auch diese Worte können nicht den Anspruch erheben, Gott wirklich zu beschreiben, denn die Bedeutung, die sie für uns haben, unterscheidet sich grundlegend von der Weise, wie sie auf Gott zutreffen. Von der Beschaffenheit reinen Seins, das unendlich ist und absolut nichts ausschließt, haben wir nicht einmal den Hauch einer Vorstellung, und ebenso ist es mit Bewußtheit und reiner Freude. Nach den Worten Spinozas ähnelt die Natur Gottes unseren Worten ungefähr soviel wie der Hundsstern einem Hund ähnelt. Im günstigsten Fall kann man diese Worte als Hinweise verstehen; unser Verstand tut besser daran, sich in die von ihnen gewiesene Richtung als in die entgegengesetzte zu bewegen. Gott liegt jenseits des Seins, wie wir es verstehen, nicht des Nichts; jenseits des Verstandes, wie wir ihn kennen, nicht der unbeseelten Tonerde; jenseits von Ekstase, nicht von Agonie.

Weiter braucht manch ein menschlicher Geist in seiner Vorstellung von Gott nicht zu gehen: unendliches Sein, unendliches Bewußtsein, unendliche Seligkeit – alles übrige ist bestenfalls Kommentar, schlimmstenfalls Einschränkung. Es gibt Weise, die sich in dieser strengen, begrifflich dünnen Atmosphäre des Geistes aufhalten können und sie belebend finden; sie verstehen, was Shankara meint, wenn er sagt, daß »die Sonne scheint, auch wenn es keine Objekte gibt, auf die sie scheint.« Die meisten Menschen hingegen sind durch so hochabstrakte Aussagen nicht zu fesseln. Daß zu ihnen auch C. S. Lewis gehört, beweist, daß sie nicht weniger intelligent sind, nur anders. Professor Lewis erzählt, daß seine Eltern ihn, als er noch ein Kind war, immer wieder ermahnten, sich Gott nicht in irgendeiner Form vorzustellen, denn Formen könnten nur seine Unendlichkeit einengen. Er bemühte sich redlich, ihren Anweisungen zu folgen, aber in seinem Bemühen kam er nicht weiter, als sich den formlosen Gott als ein unendliches Meer von grauem Stärkemehl vorzustellen.

Den Hindus käme diese Anekdote gerade recht als perfektes Beispiel dafür, in welche Lage ein Mann (oder eine Frau) gerät, der auf der Suche nach lebenserhaltendem Sinn immer das Bedürfnis hat, etwas Konkretes, Repräsentatives in der Hand zu haben. Den meisten Menschen gelingt es überhaupt nicht, sich etwas vorzustellen, geschweige denn sich von etwas motivieren zu lassen, was auch nur ein wenig von der unmittelbaren Erfahrung abweicht. Der Hinduismus rät solchen Menschen, sich Gott nicht als reinen Begriff, als höchste Abstraktion, wie ›Sein‹ oder ›Bewußtsein‹, vorzustellen, sondern als den Archetyp der edelsten Wirklichkeit, die ihnen in der natürlichen Welt begegnet. Das bedeutet, daß wir uns Gott als die höchste Person vorstellen (*Ishvara* oder *Bhagavan*), ihn also mit dem Menschen vergleichen, denn der Mensch ist die Krone der Schöpfung. Als wir vom *Bhakti Yoga* sprachen, dem Weg zu Gott durch Liebe und Hingabe, haben wir diese Auffassung Gottes schon kennengelernt. Es ist, wie es Pascal in westlichen Begriffen ausgedrückt hat, der Gott Abrahams, Isaaks und Jakobs, nicht der Gott der Philosophen. Es ist Gott als Vater, in liebender Gnade, allwissend, allmächtig, unser ewiger Mitbürger und verständnisvoller Gefährte.

Gott in dieser konkreten Form heißt *Saguna Brahman*, oder Gott-mit-Eigenschaften im Unterschied zu dem abstrakteren *Nirguna Brahman*, oder Gott-ohne-Eigenschaften der Philosophen. *Nirguna Brahman* ist das Meer ohne das geringste Kräuseln; *Saguna Brahman* ist dasselbe Meer voller Wellen und Wogen. Theologisch gesprochen ist es der Unterschied zwischen einer persönlichen und einer unpersönlichen Gottesvorstellung. Der Hinduismus hat hervorragende Vertreter beider Auffassungen hervorgebracht, insbesondere Shankara für die unpersönliche und Ramanuja für die persönliche; aber am besten werden wir dem Hinduismus als Ganzem gerecht, wenn wir uns einer Schlußfolgerung anschließen, die auch ihre eigenen ausdrücklichen Verfechter hat wie Sri Ramakrishna, daß nämlich beide gleichermaßen recht haben. Auf den ersten Blick mag das wirken wie eine eklatante Verletzung des Satzes vom ausgeschlossenen Dritten. Gott kann entweder persönlich sein oder nicht, so sind wir geneigt zu argumentieren, aber nicht beides zugleich. Aber ist das wirklich wahr? Diese Disjunktion, so würde Indien argumentieren, läßt die grundsätzliche Kluft außer acht, die unseren rationalen Verstand von Gott trennt. Möglicherweise ist Gott nicht dazu imstande, zwei einander widersprechende Dinge zu sein – wir sagen möglicherweise, denn es mag sein, daß die Logik selbst angesichts der hellen Flammenglut göttlicher Lohe dahinschmilzt. Aber unsere Gottesbegriffe besitzen von vornherein so viele Facetten, daß zwei sich widersprechen und doch durchaus beide zutreffen können, jede von einem anderen Standpunkt aus, so wie Welle und Teilchen gleichermaßen zulässige heuristische Mittel zur Beschreibung der Natur des Lichtes sein können.[46] Im allgemeinen hat sich Indien damit begnügt, dem Gläubigen zu empfehlen, sich Gott entweder als persönlich oder unpersönlich vorzustellen, je nachdem, welche Vorstellung für den Betreffenden die erhabenste Bedeutung verkörperte.

Auch Gottes Verhältnis zur Welt variiert, je nachdem, welche Symbolik wir uns zu eigen machen. Stellen wir uns Gott persönlich vor, so wird er sich zur Welt verhalten wie ein Künstler zu dem von ihm geschaffenen Kunstwerk. Gott ist dann der Schöpfer (Brahma), der Erhalter (Vishnu) und der Zerstörer (Shiva), der am Ende alle endlichen Formen wieder in die ursprüngliche Natur hinein auflöst, aus der sie entsprungen sind. Fassen wir Gott dagegen als unpersönlich auf, so steht er über allem Daseinskampf und ist in jeder Hinsicht über das Endliche erhaben. »So wie die Sonne nicht zittert, wenn auch ihr Bild zittert, wenn du eine Tasse mit Wasser schüttelst, in der das Licht der Sonne sich spiegelt; so wird auch der Herr nicht vom Schmerz berührt, wenn auch jener Teil von ihm, den wir die individuelle Seele nennen, den Schmerz spüren mag.«[47] Dennoch wird die Welt von Gott abhängig sein. Sie wird auf irgendeine unergründliche Weise aus der göttlichen Fülle entsprungen sein und von ihrer Macht erhalten werden. »Da Er scheint, scheinen die Sonne, der Mond und die Sterne durch ihn. Durch Sein Licht wird alles erleuchtet. Er ist das Ohr des Ohres, der Geist des Geistes, die Sprache der Sprache, das Leben des Lebens, das Auge des Auges.«[48] Aber Gott wird die Welt nicht durch einen Akt seines Willens geschaffen haben, noch wird er durch die ihr anhaftende Widersprüchlichkeit, Unvollkommenheit und Endlichkeit berührt werden.

Wer sich Gott als Person vorstellt, wird wenig religiösen Trost finden im Gedanken an einen Gott, der so weit von unseren Nöten entfernt ist, daß er nicht einmal unsere Existenz bemerkt. Ist es nicht der Tod der Religion, das menschliche Herz seines letzten Schatzes zu berauben, des Juwels der göttlichen Liebe? Die Antwort ist, daß Gott für jene, die ihn unpersönlich auffassen, eine völlig andere Funktion hat – eine, die gleichermaßen religiös und doch grundverschieden ist. Wenn man gegen eine Strömung ankämpft, ist es beruhigend, einen guten Schwimmer an seiner Seite zu wissen. Ebenso wichtig ist das Bewußtsein, daß es eine sichere und friedliche Küste gibt, die nach unserem mühevollen Kampf mit den Wellen einen ruhigen Hafen für uns bereit hält. Jene, die an einen unpersönlichen Gott glauben, lassen sich so von ihrem Ziel gefangen nehmen, daß sie alles andere vergessen, sogar die Unterstützung hilfreicher Weggenossen.

Reifung im Universum

Nachdem wir nun gesehen haben, daß Gott den zentralen Platz in der hinduistischen Weltsicht einnimmt, können wir zum Menschen zurückkehren, um die hinduistische Vorstellung von dessen Wesen und Schicksal systematisch darzustellen.

Individuelle Seelen, sogenannte *Jivas*, treten auf mysteriöse Weise in die Welt ein; sicher, wie wir annehmen dürfen, durch Gottes Macht, aber wie und aus welchem Grund, das können wir nicht restlos erklären. Wie Blasen, die sich am Boden eines kochenden Teekessels bilden, nehmen sie ihren Weg durch das Wasser (das Universum), bis sie zur unbegrenzten Atmosphäre der Erleuchtung (Befreiung) durchstoßen. Sie treten an als die Seelen der einfachsten Formen des Lebens, aber sie verschwinden nicht mit dem Tod ihres ursprünglichen Körpers. Nach hinduistischer Ansicht hängt der Geist ebensowenig von dem Körper ab, in dem er sich aufhält, wie der Körper von den Kleidern abhängt, die er trägt, oder von dem Haus, in dem er wohnt. Wenn wir aus einem Anzug herauswachsen oder unser Haus uns zu eng wird, tauschen wir sie gegen etwas Geräumigeres ein, worin unser Körper sich freier bewegen kann. Genau das tut auch die Seele.

> Wie die Menschen sich des frischen
> Kleides nach dem alten freuen,
> Also tauscht die Seele immer
> Alte Leiber mit den neuen.[49]

Dieser Prozeß, bei dem ein individueller *Jiva* eine Reihe von Körpern ›durchreist‹, ist als Reinkarnation oder Seelenwanderung bekannt – auf Sanskrit *Samsara*, ein Wort, das den endlosen Kreislauf durch Zyklen von Leben, Tod und Wiedergeburt bezeichnet. Auf der nicht-menschlichen Ebene vollzieht sich der Kreislauf durch eine Reihe von Körpern zunehmender Komplexität, bis schließlich ein menschlicher Körper erreicht wird. Bis zu diesem Punkt läuft das Wachstum der Seele so gut wie automatisch ab. Es ist, als wachse die Seele so stetig und normal wie eine Pflanze und erhalte bei jeder weiteren Inkarnation einen Körper, der, da er komplexer ist als der vorige, den nötigen Raum für seine neuen Fähigkeiten bietet.

Sobald die Seele die Stufe des menschlichen Körpers erreicht hat, kommt dieses automatische Ansteigen wie auf einer Rolltreppe zum Abschluß. Der Eintritt der Seele in diese erhabene Wohnung beweist, daß sie ein Bewußtsein ihrer selbst erlangt hat, und mit diesem neuen Zustand kommen Freiheit, Verantwortung und Mühe.

Der Mechanismus, der diese neuen Errungenschaften zusammenhält, ist das Gesetz des *Karma*. Die wörtliche Bedeutung von *Karma* (wie wir beim *Karma Yoga* gesehen haben) ist ›Arbeit‹, aber als Lehre bedeutet es in etwa ›das moralische Gesetz von Ursache und Wirkung‹. Die Wissenschaft hat dem Westen ein Gespür gegeben für die Bedeutung kausaler Beziehungen in der physikalischen Welt. Wir sind geneigt anzunehmen, daß jedes physikalische Ereignis seine Ursache und daß jede Ursache ihre spezifischen Wirkungen hat. Indien bezieht diesen Begriff der Kausalität auch auf das moralische und spirituelle Leben. Das hat bis zu einem gewissen Grade auch der Westen getan. »Was der Mensch sät, das soll er ernten.« »Säe einen Gedanken, und du wirst eine Handlung ernten. Säe eine Handlung, und du wirst eine Gewohnheit ernten. Säe eine Gewohnheit und du wirst einen Charakter ernten. Säe einen Charakter, und du wirst ein Schicksal ernten« – so etwa hat der Westen dieses Gesetz formuliert. Der Unterschied besteht darin, daß Indien seinen Begriff des moralischen Gesetzes ganz streng faßt und diesem absolute Gültigkeit verleiht; es duldet keine Ausnahme. Der gegenwärtige Zustand jedes inneren Lebens – wie glücklich, verworren oder heiter es ist, wieviel es versteht – all das ist das genaue Produkt dessen, was es in der Vergangenheit gewollt und getan hat. In der gleichen Weise bestimmen seine gegenwärtigen Gedanken und Entscheidungen fortwährend das, was es in der Zukunft erfahren wird. Jede auf die Welt gerichtete Handlung ruft eine gleichwertige entgegengesetzte Wirkung auf den Handelnden selbst hervor. Jeder Gedanke und jede Handlung bedeutet einen unsichtbaren Meißelhieb, der unser Schicksal formt.

Dieser Begriff des *Karma* und das vollkommen moralische Universum, das er impliziert, hat zwei wichtige psychologische Folgen. Erstens verpflichtet er den Hindu, der ihn versteht, zu vollkommener persönlicher Verantwortung. Jedes Individuum ist absolut verantwortlich für seinen oder ihren gegenwärtigen Zustand und wird genau die Zukunft haben, die er oder sie in diesem Augenblick für sich schafft. Die meisten Menschen sind nicht bereit, das zuzugeben. Sie ziehen es vor, wie die Psychologen sagen, zu projizieren – die Quelle ihrer Schwierigkeiten außerhalb ihrer selbst zu lokalisieren. Sie suchen Ausflüchte und Menschen, denen sie die Schuld zuschieben können, so daß sie selbst entlastet sind. Das ist nach Ansicht der Hindus ein Zeichen von Unreife. Jeder bekommt genau das, was er verdient – wir haben uns unsere Suppe eingebrockt und müssen sie auch auslöffeln. Umgekehrt ist in der Vorstellung eines moralischen Universums kein Raum mehr für irgendwelche Zufälle. Die meisten Menschen machen sich keinen Begriff davon, wie sehr sie heimlich auf Zufälle bauen – unglückliche Zufälle sollen begangene Fehler rechtfertigen, glückliche für zukünftige Erfolge sorgen. Wieviele Menschen lassen sich willenlos durchs

Leben treiben und warten ständig auf die große Chance, auf den Augenblick, wo sie sechs Richtige im Lotto haben oder ganz plötzlich berühmt werden! Wer so an das Leben herangeht, sagt der Hinduismus, der unterliegt einer fatalen Fehleinschätzung seiner Lage. Derartige Zufälle haben nichts mit dauerhaftem wirklichem Glück zu tun, und sie geschehen auch keineswegs zufällig. Wir leben in einer Welt, in der es keine Zufälle gibt. Das Wort ist bloß ein Deckmantel für Unwissenheit.

Da *Karma* zwangsläufig bedeutet, daß das Geschehen in der Welt gesetzmäßig abläuft, ist es häufig als Fatalismus mißverstanden worden. Aber wie oft die Hindus auch dieser Interpretation erlegen sein mögen, der Lehre selbst wird sie nicht gerecht. *Karma* impliziert, daß jede Entscheidung ihre spezifischen Folgen hat, aber die Entscheidungen selbst werden letztlich frei getroffen. Um von der anderen Seite an die Sache heranzugehen: die Folgen unserer früheren Entscheidungen bestimmen unser gegenwärtiges Geschick, so wie ein Kartenspieler ein bestimmtes Blatt ausgeteilt bekommt, aber völlige Freiheit hat, dieses Blatt so zu spielen, wie er will. Das bedeutet, daß der Fortschritt einer Seele, die ihren Weg durch zahllose menschliche Körper geht, von ihren Entscheidungen bestimmt wird, die ihrerseits von dem abhängen, was die Seele auf der jeweiligen Etappe ihrer Reise will und welche Wünsche sie sich wirklich zu eigen macht.

Wir brauchen nicht mehr darauf einzugehen, was ihre Wünsche sind und in welcher Reihenfolge sie auftreten, denn hierüber haben wir schon ausführlich gesprochen. Wenn der *Jiva* (die Seele) zum ersten Mal in einen menschlichen Körper eintritt, beschränken sich seine Wünsche darauf, ausgiebig von den Sinnesfreuden zu kosten, die seine neue körperliche Ausstattung ihm gewährt. Mit der Zeit fällt aber selbst die ausgefallenste dieser Freuden der Gewohnheit anheim und wird eintönig, woraufhin der *Jiva* sich sozialen Eroberungen zuwendet, um der Langeweile zu entgehen. Diese Eroberungen – die verschiedenen Spielarten von Reichtum, Ruhm und Macht – können das Individuum lange Zeit fesseln. Es gilt nicht wenig zu erreichen, und wer ans Ziel gelangt, wird reich belohnt. Am Ende wird jedoch all das Jagen nach der Befriedigung persönlichen Ehrgeizes als das erkannt, was es ist: ein Spiel – ein tolles, aufregendes, weltbewegendes Spiel zwar, aber ach, ein Spiel nur.

Solange es unser Interesse zu fesseln vermag, ist es recht befriedigend. Aber wenn der Reiz des Neuen verflogen ist, wenn sich der Sieger wieder einmal mit einer Verbeugung und einer hübschen kleinen Rede für eine Ehrung bedankt hat, die er schon so oft entgegengenommen hat, dann fängt er oder sie an, sich nach etwas anderem zu sehnen, was ihm tiefere Befriedigung verschafft. Pflicht, die vollkommene Hingabe des eigenen Lebens an die Gemeinschaft, kann die Lücke für eine Weile füllen, aber die Ironie und die Wechselfälle der Geschichte sorgen dafür, daß auch dieses Ziel zu einer Art Drehtür wird. Lehnt man sich dagegen, so gibt sie nach, doch mit der Zeit stellt man fest, daß sie sich immer im Kreis dreht. Nach der sozialen Hingabe ist das einzige Gut, das zu befriedigen vermag, eines, das unendlich und ewig ist, eines, dessen Verwirklichung alle Erfahrung, sogar die Erfahrung der Zeit und der scheinbaren Niederlage, in Herrlichkeit verklärt, so wie Gewitterwolken, die ein Tal durchziehen, anders aussehen, wenn man sie von einem sonnenüberfluteten Gipfel aus betrachtet.

Der Aufstieg der Seele durch diese immer höheren Schichten des Wollens vollzieht sich nicht auf einer geraden, im spitzen Winkel nach oben gerichteten Linie. Oft nähert sie sich nur tastend, auf gewundenem Pfad dem, was sie wirklich braucht. Auf lange Sicht weisen die Bindungen jedoch ›nach oben‹ – das begreift schließlich jeder einmal. ›Nach oben‹ meint hier ein allmähliches Loslassen der Bindung an materielle Objekte und Reize, verbunden mit einer fortschreitenden Loslösung von allen selbstsüchtigen Zielen. Wir können uns fast bildlich vorstellen, wie das *Karma* wirkt, während es die Folgen dessen austeilt, wonach die Seele verlangt. Es ist, als würde jeder Wunsch, der die Befriedigung des Ego zum Ziel hat, der das individuelle Selbst umgebenden Mauer ein Steinchen hinzufügen und sie von dem unendlichen Ozean des Seins, das diese umgibt, isolieren; während andererseits jeder Akt der Barmherzigkeit oder der Selbstlosigkeit ein Steinchen aus dem einengenden Wall herauslöst. Für den Grad der Loslösung gibt es indessen keine offiziellen Maßstäbe; er läßt sich nicht objektiv taxieren. Die Tatsache, daß ein Mensch sich ins Kloster zurückzieht, beweist noch nicht, daß er das Ich und seine Sehnsüchte überwunden hat, denn sein Herz kann weiterhin von Wunschvorstellungen überquellen. Andererseits ist es durchaus möglich, daß ein Manager bis über beide Ohren in weltlichen Pflichten steckt; aber wenn er diese erfüllt, ohne sich darin zu verlieren, wenn er in der Welt lebt wie der Schlammfisch im Schlamm – ohne daß der Schlamm an ihm kleben bleibt –, dann wird die Welt für ihn eine Leiter zum Aufstieg.

Zu keinem Zeitpunkt seiner Pilgerschaft ist der menschliche Geist völlig verloren und allein. Vom Start bis zum Ziel ist sein Kern der *Atman*, der Gott im Innern, der nach außen drängt wie der Geist in der Flasche. Unter dem Strudel von flüchtigen Empfindungen, Gefühlen und Täuschungen liegt der aus sich heraus leuchtende, ruhende Pol des transpersonalen Gottes. Wenn er auch so tief in der Seele verborgen ist, daß wir ihn normalerweise überhaupt nicht wahrnehmen, ist er doch die alleinige Ursache menschlicher Existenz und menschlichen Bewußtseins. Wie die Sonne die Welt erleuchtet, auch wenn sie von Wolken verdeckt ist, so ist auch er immer gegenwärtig, »Atman, der heimliche Lenker, der Unsterbliche. Er ist der Seher, den man nicht sieht, der Hörer, den man nicht hört, der Denker, den man nicht denkt, der Erkenner, den man nicht erkennt; es gibt keinen anderen Seher, es gibt keinen anderen Hörer, es gibt keinen anderen Denker, es gibt keinen anderen Erkenner, das ist dein Atman, der heimliche Lenker, der unsterbliche.«[50] Aber Gott ist nicht nur die alles bewegende Kraft hinter jeder Handlung der Seele. Letztlich ist es Gottes strahlende Wärme, die die Eisdecke der Seele schmilzt und sie zu einem reinen Gefäß macht, in das Gott einströmen kann.

Was geschieht dann? Manche sagen, die individuelle Seele identifiziere sich vollkommen mit Gott und verliere jede Spur ihrer früheren Getrenntheit. Andere, die Zucker schmecken, aber nicht Zucker sein wollen, hegen die Hoffnung, daß eine wenn auch noch so kleine Unterscheidung zwischen der Seele und Gott bestehenbleiben möge – eine dünne Linie auf dem Ozean, die aber doch jenen Rest persönlicher Identität gewährleistet, den manche als unabdingbar für die seligmachende Gottesschau erachten.

Christopher Isherwood hat eine indische Fabel zu einer Geschichte verarbeitet, in der dargestellt wird, wie die Seele im Universum heranreift. Ein alter Mann sitzt, von Kindern umringt, auf einer Wiese und erzählt ihnen von dem magischen Kalpataru-Baum, der alle Wünsche erfüllt. »Wer mit dem Baum spricht und ihm einen Wunsch sagt; oder wer unter dem Baum liegt und einen Wunsch denkt oder auch nur träumt – dem wird der Wunsch sogleich erfüllt.« Der alte Mann erzählt, daß er einmal einen solchen Baum bekam und ihn in seinem Garten einpflanzte. »Der Baum da drüben«, sagt er, »ist ein Kalpataru-Baum.«

Da stürmen alle Kinder zu dem Baum hin und überschütten ihn mit ihren Bitten. Die meisten davon erweisen sich als töricht und führen nur zu Magenbeschwerden oder Tränen. Aber der Kalpataru gewährt sie alle ohne Unterschied. Er ist nicht daran interessiert, Ratschläge zu erteilen.

Die Jahre gehen dahin, und der Kalpataru gerät in Vergessenheit. Aus den Kindern sind nun Männer und Frauen geworden, die sich um die Erfüllung neuer Wünsche bemühen. Zuerst möchten sie, daß ihre Wünsche auf der Stelle erfüllt werden, aber später suchen sie nach Wünschen, die nur unter immer größeren Schwierigkeiten zu verwirklichen sind.

Die Geschichte will uns sagen, daß das Universum ein einziger riesiger Wunschbaum ist, dessen Äste in jedes Herz reichen. Das kosmische Geschehen sieht vor, daß früher oder später, in diesem oder einem anderen Leben, jeder unserer Wünsche erfüllt werden muß – natürlich mit den sich daraus ergebenden Konsequenzen. Unter den Kindern damals, so heißt es in der Geschichte weiter, war jedoch eines, das seine Jahre nicht damit zubrachte, von einem Wunsch zum nächsten zu hasten und eine Befriedigung nach der anderen zu suchen. Denn es hatte gleich begriffen, was die wirkliche Natur des Wunschbaumes war. »Für ihn war der Kalpataru nicht der schöne Zauberbaum aus der Geschichte, die sein Onkel erzählte – seine Aufgabe war es nicht, die törichten Wünsche von Kindern zu erfüllen –, er war unaussprechlich furchtbar und groß. Er war sein Vater und seine Mutter. Seine Wurzeln hielten die Welt zusammen, und seine Äste reichten weiter als die Sterne. Vor dem Anbeginn der Zeiten war er – und er würde sein auf ewig.«[51]

Die Welt – Begrüßung und Abschied

Ein Grundriß der Welt, wie der Hinduismus sie sich vorstellt, würde in etwa so aussehen: Es gäbe unzählige Galaxien, und alle würden der unseren ähneln. Im Zentrum befände sich immer eine Erde, von der aus die Menschen sich auf den Weg zurück zu Gott begeben würden. Die Erde würde von einer Anzahl feinerer Welten oben und gröberer unten umschlossen, zu denen die Seelen sich zwischen den Inkarnationen begeben würden, um den gerechten Lohn für ihre Taten entgegenzunehmen.

»So wie die Spinne ihren Faden aus sich selbst hervorbringt und ihn wieder zurückzieht, so wächst das Universum aus dem Unwandelbaren.«[52] In periodischen Abständen wird der Faden zurückgezogen; der

Kosmos fällt in die Nacht Brahmas zusammen, und alles phänomenale Sein wird in einen Zustand reiner Potentialität zurückgeführt. So schwillt die Welt wie ein gigantisches Akkordeon an und sinkt wieder in sich zusammen. Diese Pendelbewegung ist mit dem Plan der Dinge verwoben; das Universum hat keinen Anfang gehabt und wird kein Ende haben. Die schwindelerregenden Zeitvorstellungen der indischen Kosmologie mögen mit der sprichwörtlichen orientalischen Gleichgültigkeit gegen alle Hast zu tun haben. Der Himalaya, so heißt es, besteht aus purem Granit. Einmal alle tausend Jahre fliegt ein Vogel darüber hin und streift die Berggipfel mit einem seidenen Schal, den er im Schnabel trägt. Wenn diese Berührung den ganzen Himalaya abgeschliffen hat, ist ein Tag eines kosmischen Zyklus vergangen.

Wenden wir uns nun von der Position der Welt in Raum und Zeit ab und ihrem moralischen Charakter zu. Als erstes haben wir bereits im vorigen Abschnitt festgestellt: Es ist eine gerechte Welt, in der jeder das bekommt, was er verdient, und wo jeder seine oder ihre Zukunft selbst schafft.

Das zweite, was wir festhalten müssen, ist, daß es eine mittlere Welt ist. Das trifft nicht nur in dem Sinn zu, daß sie in der Mitte zwischen den Himmeln über ihr und den Höllen unter ihr hängt. Sie steht auch insofern in der Mitte, als sie ein Mittelding darstellt und in ihr Gut und Böse, Lust und Schmerz, Wissen und Unwissenheit in etwa zu gleichen Teilen miteinander verwoben sind. Und so wird es auch bleiben. Wer immer von sozialem Fortschritt redet, wer immer davon spricht, er wolle in der Welt einmal gründlich aufräumen und das Himmelreich auf Erden schaffen, der wird nicht nur mit Sicherheit enttäuscht werden; er geht auch von einer falschen Grundeinschätzung des Zwecks der Welt aus, der nicht darin liegt, mit dem Paradies zu wetteifern, sondern ein Trainingsgelände für den menschlichen Geist zu bieten. Die Welt ist die Turnhalle der Seele, ist ihre Schule und ihr Übungsplatz. Was wir tun, ist schon wichtig; aber letztlich ist es nur wichtig, weil es unseren persönlichen Charakter schult. Wir täuschen uns, wenn wir erwarten, wir könnten durch unsere Handlungen die Welt grundsätzlich verändern. Unser Wirken in der Welt ist dem Bowling auf einer ansteigenden Bahn vergleichbar: es ist gut für die Muskeln, aber wir sollten uns nicht einbilden, daß es uns gelingen könnte, die Kugeln auf die Dauer am anderen Ende der Bahn unterzubringen. Schließlich kommen sie alle zurückgerollt, und unsere Kinder müssen sich damit auseinandersetzen, wenn wir selbst nicht mehr leben. Die Welt kann den Charakter bilden und die Menschen darauf vorbereiten, über die Welt hinaus zu blicken – dafür ist sie hervorragend geeignet. Aber sie kann nicht verbessert werden. »Sprach Jesus – gesegnet sei sein Name – diese Welt ist eine Brücke: geh hinüber, aber baue kein Haus darauf.« Es würde ganz dem Geist Indiens entsprechen, wenn dieser Ausspruch, der dem Dichter Kabir zugeschrieben wird, auf seinem Boden entstanden wäre.

Wenn wir nach der Rolle fragen, die die Welt metaphysisch gesehen zu spielen hat, werden wir uns weiterhin an die Unterscheidung halten müssen, die der Hinduismus – wie wir gesehen haben – bei allen wesentlichen Dingen vornimmt: die Unterscheidung zwischen der dualen und der nichtdualen Sichtweise. In der Frage der Lebensführung trennt diese Unterscheidung den *Jnana Yoga* vom *Bhakti Yoga;* in der Gottesfrage führt sie zur personalen oder zur transpersonalen Gottesauffassung; in der Frage der Erlösung unterscheidet sie jene, die die Verschmelzung in Gott erwarten, von jenen, die nach dem Erleben Gottes in der seligen Gottesschau streben. In der Kosmologie verläuft die Linie zwischen jenen, die die Welt vom höchsten Standpunkt aus betrachtet als unwirklich ansehen, und jenen, die sie in jeder Hinsicht für wirklich halten.

Alle philosophischen Schulen des Hinduismus bestreiten, daß die natürliche Welt aus sich heraus existiere. Sie ist in Gott gegründet, und wenn ihr diese göttliche Basis entzogen würde, würde sie augenblicklich in Nichts zusammenfallen. Für den Dualisten ist die natürliche Welt so real wie Gott, wenngleich sie an dessen Erhabenheit natürlich nicht im entferntesten heranreicht. Gott, die individuelle Seele und die Natur sind Wesen verschiedener Art, und keine von ihnen läßt sich auf die anderen zurückführen. Die Nichtdualisten dagegen unterscheiden drei Erscheinungsformen von Bewußtsein, unter denen die Welt sich offenbaren kann. Das erste sind Halluzinationen, wie wenn wir rosa Elefanten sehen oder wenn ein gerader Stock unter Wasser gekrümmt erscheint. Solche Eindrücke werden von weitergehenden Wahrnehmungen, zu denen auch die anderer Menschen gehören, korrigiert. Zweitens gibt es die Welt, wie sie sich den menschlichen Sinnen normalerweise darbietet. Und schließlich ist da die Welt, wie sie den *Yogis* erscheint, die den Zustand des Überbewußtseins erreicht haben. Streng genommen ist das überhaupt keine Welt, denn hier hört jede Eigenschaft, die die Welt der normalen Wahrnehmung charakterisiert, auf zu existieren. Es gibt nur eine Wirklichkeit, wie ein überbordender Ozean, grenzenlos wie der Himmel, unteilbar, absolut. Es ist eine unermeßliche Wasserfläche, unbewegt und uferlos.

Der Nichtdualist betont, daß diese letzte Sichtweise von allen dreien am genauesten zutrifft. Im Vergleich dazu ist die Welt, die uns normalerweise erscheint, *Maya*. Das Wort wird oft mit »Illusion« wiedergegeben, aber das ist irreführend. Dies würde nämlich einerseits bedeuten, daß wir die Welt nicht ernst zu nehmen brauchen. Hiergegen wenden sich jedoch die Hindus mit dem Hinweis darauf, daß wir die Welt, solange sie uns als wirklich erscheint und ihre Forderungen an uns stellt, als solche zu akzeptieren haben. Außerdem hat auch die *Maya* durchaus eine eingeschränkte, vorläufige Realität.

Wenn wir gefragt würden, ob Träume wirklich sind, so müßte unsere Antwort differenziert ausfallen. Sie sind wirklich, insofern wir sie träumen, aber sie sind es nicht, weil das, was sie darstellen, nicht unbedingt einer objektiven Wirklichkeit entspricht. Genaugenommen ist ein Traum ein psychologisches Konstrukt, ein Hirngespinst. Etwas Ähnliches haben die Hindus im Sinn, wenn sie von *Maya* sprechen. Die Welt erscheint so, wie der Verstand sie in seiner normalen Verfassung wahrnimmt; aber wir haben kein Recht zu glauben, die Wirklichkeit, so wie sie an sich ist, sei so, wie wir sie wahrnehmen. Ein kleines Kind, das zum ersten Mal ins Kino geht, wird die beweglichen Bilder für reale Gegenstände halten und nicht bemerken, daß der Löwe, der von der Leinwand herunterbrüllt, nichts weiter ist als eine Projektion aus einer Kabine hinter dem Zuschauerraum. So ist es auch mit uns; die Welt, die wir sehen, ist durch unsere Wahrnehmungsmechanismen bedingt – und insofern eine bloße Projektion. Mit einem anderen Bild könnte man sagen: unsere Sinnesrezeptoren registrieren nur ein schmales Band elektromagnetischer Frequenzen. Mit Hilfe von Mikroskopen und anderen Verstärkern können wir ein paar zusätzliche Wellenlängen entdecken, aber die Wirklichkeit selbst vermögen wir nur zu erkennen, wenn wir die Fähigkeit des Überbewußtseins entwickeln. Erst dann würden unsere Rezeptoren aufhören, das reine Licht des Seins wie ein Prisma in ein Spektrum mannigfaltiger Einzeleindrücke zu zerlegen. Wir würden die Wirklichkeit erkennen als das, was sie tatsächlich ist: eine Einheit, unendlich, unvermischt.

Das Wort *Maya* bedeutet ursprünglich soviel wie ›Magie‹. Indem er behauptet, die Welt sei *Maya*, stellt der nichtdualistische Hinduismus fest, daß sie etwas ›Trickreiches‹ an sich hat. Der ›Trick‹ liegt in der Weise, wie die Materialität und Mannigfaltigkeit der Welt sich so

darstellt, als besitze sie unabhängige Realität – unabhängig von dem
Standpunkt, von dem aus wir sie betrachten –, während die Realität in
Wirklichkeit durch und durch undifferenziertes *Brahman* ist; so wie ein
im Staub liegendes Seil immer ein Seil bleibt, auch wenn wir es fälschlicherweise für eine Schlange halten. Die *Maya* ist auch darin verführerisch, daß sie uns die Welt so attraktiv erscheinen läßt, daß wir, ohne den
Wunsch zu verspüren, unsere Reise fortzusetzen, in ihr gefangengehal-
ten werden.

Aber wieder müssen wir fragen: Wenn die Welt nur ›vorläufige
Wirklichkeit‹ besitzt, wird sie dann ernst genommen? Wird nicht das
Verantwortungsgefühl nachlassen? Der Hinduismus glaubt das nicht.
In einem mit Platos *Staat* vergleichbaren Entwurf der idealen Gesell-
schaft zeichnet das *Tripura Rahasya* das Porträt eines Prinzen, dem diese
Sicht der Welt gelingt und der dadurch von den »Knoten des Herzens«
und der »Identifizierung des Fleisches mit dem Selbst« befreit wird.
Die geschilderten Folgen sind alles andere als gemeinschaftsfeindlich.
Der so befreite Prinz erfüllt seine Pflichten als König wirkungsvoll,
aber leidenschaftslos, »wie ein Schauspieler auf der Bühne.« Seine
Untertanen folgen seiner Lehre und seinem Beispiel und erreichen so
eine relative Freiheit, in der sie nicht mehr von ihren Leidenschaften
beherrscht werden, obwohl diese weiter fortbestehen. Die weltlichen
Geschäfte laufen weiter, aber die Bürger, die von alten Ressentiments
befreit sind, werden weniger von Ängsten und Wünschen geschüttelt.
»In ihrem täglichen Leben, ob sie nun lachten, sich freuten, besorgt
oder wütend waren, verhielten sie sich wie Trunkene, denen ihre eigenen Angelegenheiten gleichgültig waren.« Weshalb die Weisen, die
jene Stadt besuchten, sie »die Stadt der strahlenden Weisheit« nannten.

Wenn wir uns fragen, warum die Wirklichkeit, der eigentlich Einheit
und Vollkommenheit eignen, von uns als vielfältig und zerrissen wahrgenommen wird, warum die Seele, die in Wirklichkeit durchgängig mit
Gott vereint ist, sich vorübergehend als von ihm getrennt sieht, warum
das Seil als Schlange erscheint – wenn wir uns das alles fragen, dann
stehen wir der Frage gegenüber, auf die es keine Antwort gibt – so wie
sich die vergleichbare christliche Frage, warum Gott die Welt erschaffen hat, nicht beantworten läßt. Wir können allenfalls sagen, daß die
Welt *Lila* ist, Gottes Spiel. Kinder nehmen beim Versteckspielen verschiedene Rollen an, die außerhalb des Spiels keine Gültigkeit haben.
Sie bringen sich in Gefahr und in Situationen, aus denen sie sich

befreien müssen. Warum tun sie das, wenn sie sich doch im Handumdrehen befreien könnten, indem sie einfach nicht mehr mitspielen? Die einzige Antwort ist, daß das Spiel seinen Sinn und Lohn in sich selbst trägt. Es ist Spaß an sich, ein spontanes Überschäumen von Kreativität und Erfindergeist. So muß es auf irgendeine geheimnisvolle Weise auch mit der Welt sein. Wie ein Kind, das ganz allein spielt, ist Gott der Kosmische Tänzer, dessen Material ganz aus Kreaturen und Welten besteht. Aus dem unermüdlichen Strom der Energie Gottes fließt der Kosmos als ein nicht enden wollendes, anmutiges Schauspiel.

Wer je Bilder der Göttin Kali gesehen hat, wie sie auf einem am Boden liegenden Körper tanzt, während sie ein Schwert und einen abgeschlagenen Kopf in Händen hält; wer je gehört hat, daß mehr Hindu-Tempel dem Gott Shiva (der sich – als Gott in seiner Eigenschaft als Zerstörer – am liebsten auf dem Leichenverbrennungsplatz aufhält) geweiht sind als Gott in der Form des Schöpfers und Erhalters zusammen – wer von diesen Dingen weiß, der wird nicht zu dem voreiligen Schluß gelangen, die hinduistische Weltsicht sei nur freundlich. Aber er könnte leicht übersehen, daß es das Endliche ist, was Kali und Shiva zerstören, um für das Unendliche Platz zu machen.

> Da du den Verbrennungsplatz liebst,
> Habe ich aus meinem Herzen einen
> Verbrennungsplatz gemacht –
> Auf daß Du, Dunkler, Jäger des Verbrennungsplatzes,
> Deinen ewigen Tanz tanzen mögest.
>
> Bengalisches Lied

Recht betrachtet ist die Welt im Grunde gütig. Sie hat keine dauernde Hölle und droht nicht mit ewiger Verdammnis. Man kann sie ohne Angst lieben; ihre Winde, ihre ständig sich wandelnden Himmel, ihre Ebenen und Wälder, sogar die verführerische Pracht der Orchidee – alles kann man lieben, solange man nicht ohne Ende dabei verweilt. Denn alles ist *Maya, Lila*, der betörende Tanz des kosmischen Zauberers, jenseits dessen das grenzenlose Gut verborgen liegt, das alle am Ende erlangen werden. Es ist kein Zufall, daß die einzige Kunstform, die Indien nicht hervorgebracht hat, die Tragödie ist.

Fassen wir zusammen: Auf die Frage »Was ist das für eine Welt, in der wir leben?« antwortet der Hinduismus:

1. Eine mannigfaltige Welt, zu der auf der horizontalen Ebene unzählige Galaxien gehören, auf der vertikalen unzählige Schichten,
   und auf der zeitlichen unzählige Zyklen.
2. Eine moralische Welt, in der das Gesetz des *Karma* niemals aufgehoben ist.
3. Eine mittlere Welt, die das Paradies als letztes Ziel der Seele
   niemals ersetzen wird.
4. Eine Welt, die *Maya* ist, die mit täuschender Schläue ihre Vielfältigkeit, ihre Materialität und Dualität als letzte Wahrheit hinstellt,
   wo sie doch nur vorläufig sind.
5. Ein Übungsfeld, auf dem die Menschen ihre höchsten Fähigkeiten entwickeln können.
6. Eine Welt, die *Lila* ist, das Spiel des Göttlichen in seinem Kosmischen Tanz – unermüdlich, ohne Ende, unwiderstehlich, und doch
   wohltätig, mit einer aus endloser Vitalität geborenen Anmut.

Viele Wege zum selben Gipfel

Die Tatsache, daß der Hinduismus sein Land jahrhundertelang mit
Jainas, Buddhisten, Moslems, Sikhs und Christen geteilt hat, könnte
eine letzte Vorstellung begreifen helfen, die sich im Hinduismus klarer
ausdrückt als in den anderen großen Religionen: die Überzeugung, daß
die verschiedenen großen Religionen nur unterschiedliche Wege zum
gleichen Ziel sind. Wer für eine Religion in Anspruch nehmen wollte,
sie allein führe zur Erlösung, der könnte ebensogut behaupten, Gott
könne nur in diesem Raum gefunden werden und nicht in jenem, nur in
dieser Form und nicht in einer anderen. Normalerweise folgen die
Menschen dem Weg, der von der Ebene ihrer eigenen Kultur seinen
Ausgang nimmt; wer immer nur um den Berg herumgeht, um andere
auf seinen Weg zu führen, gelangt selbst nicht höher hinauf. In der
Praxis sind die indischen Sekten oft fanatisch intolerant gewesen, aber
im Prinzip waren die meisten offen. Schon früh haben die Veden die
klassische hinduistische Überzeugung verkündet, daß die verschiedenen Religionen nur unterschiedliche Sprachen sind, durch die Gott
zum Herzen der Menschen spricht. »Es gibt nur eine Wahrheit; aber
die Weisen geben ihr verschiedene Namen.«
Man kann den Berg des Lebens von jeder Seite aus besteigen, aber
wenn man am Gipfel anlangt, treffen die Pfade zusammen. Am Fuß des

Berges, in den Vorgebirgen der Theologie, des Rituals und der organisierten Strukturen, unterscheiden sich die Religionen. Unterschiede der Kultur, der Geschichte, der Geographie und des kollektiven Temperaments tragen dazu bei, daß der Ausgangspunkt jeweils ein anderer ist. Aber das ist nur gut so und keineswegs bedauerlich; es macht die Menschenwelt insgesamt reicher. Ist das Leben nicht dadurch interessanter, daß es die verschiedenen Beiträge der Konfuzianisten, Taoisten, Buddhisten, Moslems, Juden und Christen gibt? »Welcher Künstler drückt sich darin aus«, schreibt ein zeitgenössischer Hindu, »daß eine solche Vielfalt Platz hat – wie reich ist die Struktur und wieviel interessanter, als wenn der Allmächtige einen antiseptisch sicheren, exklusiven, orthodoxen Weg bestimmt hätte! Obwohl er die Einheit ist, findet Gott offenbar Erholung in der Vielfalt!«[53] Aber jenseits dieser Unterschiede winkt das gleiche Ziel.

Wie um das zu beweisen suchte einer der hinduistischen Heiligen des neunzehnten Jahrhunderts Gott nacheinander durch die Praktiken mehrerer Weltreligionen. Er suchte Ihn durch die Person Christi, durch die bilderlosen, gottgeleiteten Lehren des Koran und durch eine Anzahl hinduistischer Verkörperungen Gottes. Jedesmal war das Ergebnis dasselbe: Derselbe Gott (so berichtet er) wurde ihm offenbart, einmal fleischgeworden in Christus, einmal durch den Propheten Mohammed sprechend, einmal in der Gestalt Vishnus, des Erhalters, oder Shivas, des Vollenders. Aus diesen Erfahrungen entsprang ein Schatz von Lehren über die prinzipielle Einheit der großen Religionen, in denen sich die vollendetste Stimme artikuliert, die sich im Hinduismus zu diesem Thema geäußert hat. Da der Tonfall hier ebenso wichtig ist wie der Inhalt, kommen wir der hinduistischen Position näher, wenn wir das Kapitel mit Originaläußerungen Ramakrishnas abschließen und nicht den Versuch machen, sie zu umschreiben.[54]

> Gott hat verschiedene Religionen geschaffen, um verschiedenen Strebungen, Zeiten und Ländern gerecht zu werden. Alle Lehren sind nur ebenso viele Wege; aber ein Weg ist keineswegs Gott Selbst. Tatsächlich kann man Gott erreichen, wenn man irgendeinem von diesen Wegen mit voller Herzenshingabe folgt. Man kann einen Kuchen mit Zuckerguß gerade oder seitlich in den Mund schieben. Er schmeckt in jedem Fall süß. So wie ein und derselbe Stoff, Wasser, von verschiedenen Völkern mit verschiedenen Namen belegt wird – eines nennt ihn

water, ein anderes eau, ein drittes aqua und wieder ein anderes pani, so wird die Immerwährende-Intelligente-Seligkeit von manchen als Gott, von manchen als Allah, von manchen als Jehovah und von anderen als Brahman angerufen.

So wie man das Dach eines Hauses mit Hilfe einer Leiter oder eines Bambusrohrs oder einer Treppe oder eines Seils erklimmen kann, so sind auch die Wege und Mittel, sich Gott zu nähern, verschieden, und jede Religion der Welt offenbart einen dieser Wege.

Verneige auch Du Dich und bete an, wo andere knien, denn wo schon so viele den Tribut ihrer Verehrung gezollt haben, da muß der gütige Herr sich manifestieren, denn er ist reines Erbarmen.

Der Erlöser ist der Bote Gottes. Er ist wie der Stellvertreter eines mächtigen Herrschers. So wie der König, wenn in einer fernen Provinz Unruhen ausbrechen, seinen Stellvertreter ausschickt, um diese zu ersticken, so schickt Gott immer, wenn in irgendeiner Gegend der Welt die Religion einen Niedergang erlebt, seinen Erlöser dorthin. Es ist ein und derselbe Erlöser, der, nachdem er in den Ozean des Lebens eingetaucht ist, an einem Ort wieder auftaucht und als Krishna bekannt wird, wieder hinabtaucht und an einem anderen Ort wieder erscheint und als Christus bekannt wird.

Jedermann sollte seiner eigenen Religion folgen. Ein Christ sollte dem Christentum folgen, ein Moslem sollte dem Islam folgen und so weiter. Für die Hindus ist der alte Weg, der Weg der Arischen Weisen, der beste.

Die Menschen zerstückeln ihre Länder mit Hilfe von Grenzen, aber den alles umspannenden Himmel über uns kann niemand zerstückeln. Der unteilbare Himmel umgibt und umschließt alle. So sagen die Unwissenden: »Meine Religion ist die einzige, meine Religion ist die beste.« Aber wenn ein Herz von wahrer Erkenntnis erleuchtet ist, so weiß es, daß über all diesen Kriegen der Sekten und der Sektierer die eine, unteilbare, ewige, allwissende Seligkeit waltet.

So wie eine Mutter, die ihre kranken Kinder pflegt, dem einen Reis und Curry, dem anderen Sago-Pfeilwurz und dem dritten Brot und Butter gibt, so hat der Herr verschiedene Pfade für verschiedene Menschen bereitet, die ihrer jeweiligen Natur angemessen sind.

Es war ein Mann, der verehrte Shiva, haßte aber alle anderen Gottheiten. Eines Tages erschien ihm Shiva und sagte: »Ich werde niemals mit dir zufrieden sein, solange du die anderen Götter haßt.« Aber der Mann war unerbittlich. Nach einigen Tagen erschien ihm Shiva wieder und sagte: »Ich werde niemals mit dir zufrieden sein, solange du haßt.« Der Mann schwieg. Nach einigen Tagen erschien ihm Shiva wieder. Diesmal war eine Seite seines Körpers der Körper Shivas, die andere der Vishnus. Der Mann war halb erfreut und halb verärgert. Er legte seine Gaben auf die Seite, die Shiva verkörperte; der Seite, die Vishnu verkörperte, opferte er dagegen nichts. Da sagte Shiva: »Deine Frömmelei ist unüberwindlich. Durch das Annehmen dieser doppelten Gestalt habe ich versucht, dich zu überzeugen, daß alle Götter und Göttinnen nur verschiedene Aspekte des einen Absoluten Brahman sind.

Anhang über den Sikhismus

Die Hindus betrachten die Sikhs (wörtlich Schüler) gern als etwas unberechenbare Mitglieder ihrer eigenen großen Familie, aber die Sikhs weisen diese Behauptung zurück. Für sie ist ihr Glaube einer eigenständigen göttlichen Inspiration entsprungen, die eine neue Religion ins Leben gerufen hat.

Die Offenbarung wurde Guru Nanak zuteil, wobei das Wort *Guru* im volkstümlich-esoterischen Sinne verstanden wird als »derjenige, der die Unwissenheit oder Dunkelheit (*gu*) zerstreut (*ru*)«. Nanak, der seit seiner Geburt im Jahre 1469 fromm und nachdenklich war, verschwand um 1500 herum auf geheimnisvolle Weise beim Baden in einem Fluß. Als er drei Tage später wieder auftauchte, sagte er: »Wessen Pfad soll ich folgen, da es weder Hindu noch Moslem gibt? Ich werde Gottes Pfad folgen. Gott ist weder Hindu noch Moslem, und der Pfad, dem ich folge, ist Gottes Pfad.« Die Vollmacht für solche Aussagen, erklärte er, leitete sich aus der Tatsache ab, daß er während seiner dreitägigen Abwesenheit an Gottes Hof geführt worden war, wo man ihm einen Becher mit Nektar reichte (*amrit*, nach dem die heilige Stadt des Sikhismus, Amritsar, benannt wurde) und dazu erklärte:

Dies ist der Becher der Anbetung des Namens Gottes. Trink
ihn. Ich bin bei dir. Ich segne dich und richte dich auf. Wer
immer an dich denken wird, soll meine Gunst genießen. Geh,
preise meinen Namen und lehre andere, desgleichen zu tun. Das
soll dein Beruf sein.

Daß Nanak zuerst seinen Pfad sowohl vom Hinduismus als auch vom
Islam abgrenzte, unterstreicht die Tatsache, daß der Sikhismus in einer
hinduistischen Kultur entstand – Nanak wurde als Mitglied der *Kshatriya*-Kaste geboren –, die von Moslems beherrscht wurde. Das Mutter-
land des Sikhismus ist der Pandschab, »das Fünfstromland« in Nord-
westindien, das fest in der Hand moslemischer Invasoren war. Nanak
achtete sein hinduistisches Erbe, erkannte aber auch den Wert des Islam
an. Hier waren zwei Religionen, die jede für sich auf göttlicher Inspiration beruhten und die dennoch, wenn sie aufeinandertrafen, zu Haß
und Blutvergießen führten.

Wenn beide Seiten sich entschlossen hätten, ihre Differenzen auf dem
Verhandlungswege beizulegen, hätte der theologische Kompromiß, den
sie erzielt hätten, kaum vernünftiger aussehen können als das, was sich in
den Grundsätzen des Sikhismus ausdrückt. So entspricht es dem *sana-
tana dharma* (der Ewigen Wahrheit) des Hinduismus, daß die Nanak zuteil gewordene Erleuchtung die Letztgültigkeit eines höchsten, formlosen Gottes postuliert, der jenseits aller menschlichen Vernunft ist. Andererseits entspricht es der islamischen Offenbarung, daß er die Vorstellung des *Avatars* (der göttlichen Inkarnation) ebenso ablehnte wie Kastenunterschiede, Bilder zur Förderung der Andacht und die Heiligkeit
der Veden. Aber obwohl die Offenbarung des Sikhismus in diesen Punkten vom Hinduismus abweicht, tendiert sie, indem sie im Unterschied
zum Islam die Reinkarnation lehrt, wiederum in seine Richtung.

Diese relativ gleichmäßige Übernahme von Elementen aus hinduistischen und moslemischen Lehren hat Außenstehende zu der Vermutung
verleitet, Nanak habe intuitiv, wenn nicht sogar ganz bewußt, einen
Glauben ausgearbeitet, von dem er hoffte, er würde den Konflikt lösen,
den die Religion in seiner Gegend geschaffen hatte. Die Sikhs selbst
anerkennen den versöhnlichen Charakter ihres Glaubens, führen seinen Ursprung aber auf Gott zurück; denn Nanak kann nur in einem
abgeleiteten Sinne ein *Guru* genannt werden. Der einzige Wahre *Guru*
ist Gott. Andere dürfen sich nur *Gurus* nennen in dem Maße, in dem
Gott aus ihnen spricht.

Es gibt zehn offizielle Sikh-*Gurus*, und seit den Zeiten von Guru Nanak hat die Gemeinschaft der Sikhs durch ihr Wirken Gestalt angenommen. Der zehnte, Guru Gobind Singh, erklärte, er sei der Letzte seiner Linie; nach seinem Tod würde der Heilige Text, der Gestalt angenommen hatte, die menschlichen *Gurus* als Leiter der Gemeinschaft der Sikhs ersetzen. Diese unter dem Namen Guru Granth Sahib oder Sammlung Heiliger Weisheit bekannte Schrift wird seitdem von den Sikhs als ihr lebender *Guru* verehrt; sie lebt, insofern der Wille und die Worte Gottes in ihr lebendig sind. Zum größten Teil besteht sie aus Gedichten und Chorälen, die sechs der *Gurus* eingegeben wurden, als sie in der tiefen Stille ihres Herzens über Gott meditierten und aus ihrer Versenkung heraus voller Freude Gottes Lob sangen.

Der Sikhismus ist während eines großen Teils seiner Geschichte schweren Angriffen ausgesetzt gewesen. Zu einer Zeit, als der Glaube in besonders großer Bedrängnis war, rief der zehnte *Guru* jene, die bereit waren, ihr Leben bedingungslos dem Glauben zu widmen, auf, sich zu melden. Den ›geliebten Fünf‹, die sich daraufhin zur Verfügung stellten, ließ er eine besondere Initiation angedeihen und begründete damit den *Khalsa* oder den Reinen Orden, der noch heute besteht. Er steht Männern und Frauen offen, die bereit sind, seine Regeln zu befolgen; wer ihm beitritt, hat sich des Genusses von Alkohol, Fleisch und Tabak zu enthalten, und er muß »die fünf Ks« tragen, die ihren Namen der Tatsache verdanken, daß auf Pandschabi alle fünf mit *k* beginnen. Es sind dies: ungeschnittenes Haar, ein Kamm, ein Schwert oder Dolch, ein Stahlarmband und Unterhosen. Ursprünglich dienten alle fünf neben ihrem Symbolgehalt auch der Selbstverteidigung. Das ungeschnittene Haar (das gewöhnlich unter einem Turban getragen wurde) beschützte zusammen mit dem Kamm den Schädel, paßte aber auch zu der *yogischen* Überzeugung, daß ungeschnittenes Haar die Vitalität bewahrt und sie nach oben leitet; der Kamm seinerseits symbolisierte Reinlichkeit und Ordnungsliebe. Das Stahlarmband diente als kleiner Schutzschild, »fesselte« seinen Träger aber gleichzeitig an Gott, um ihn daran zu erinnern, daß die Hände immer im Dienste Gottes tätig sein sollen. Unterhosen, die den indischen *dhoti* ersetzten, bedeuteten, daß man immer recht gekleidet war, um zu handeln. Der Dolch, der heute weitgehend nur noch symbolische Bedeutung hat, diente ursprünglich der Selbstverteidigung.

Zur gleichen Zeit, als er den *Khalsa* stiftete, dehnte Guru Gobind seinen Zunamen Singh (wörtlich ›Löwe‹ sowie, im übertragenen Sinne,

›beherzt‹, ›mutig wie ein Löwe‹) auf alle männlichen Sikhs aus; den Frauen gab er den Namen Kaur oder Prinzessin. Diese Namen haben für die Sikhs auch heute noch Geltung.

Diese Dinge betreffen religiöse Formen. Das zentrale Anliegen der Sikhs ist religiöse Erlösung durch Einung mit Gott in der Liebe durch die Verwirklichung der Person Gottes, der in den Tiefen ihres eigenen Wesens wohnt. Einung mit Gott ist das letzte Ziel. Außer durch Gott hat das Leben keinen Sinn; menschliches Leid entsteht nur durch die Trennung von Gott. Nanak sagt: »Welch furchtbare Trennung bedeutet es, von Gott getrennt zu sein, und welche selige Einung, mit Ihm vereint zu sein!«

Weltverzicht hat in dieser Religion keinen Platz. Die Sikhs kennen nicht die Tradition der Entsagung, des Zölibats oder des Bettlertums. Sie sind Haushälter, die ihre Familie durch ihre Arbeit ernähren und ein Zehntel ihres Einkommens für wohltätige Zwecke spenden.

Gegenwärtig gibt es auf der ganzen Welt etwa 13 Millionen Sikhs, die meisten davon in Indien. Ihr Hauptquartier ist der berühmte Goldene Tempel in Amritsar.

1   Hier zitiert nach Heinar Kipphardt, *In der Sache J. Robert Oppenheimer* (Köln: Kiepenheuer und Witsch, 1978), S. 301.
2   Das Sanskritwort hierfür ist *artha*, was wörtlich »Ding, Gegenstand, Substanz« bedeutet und daher gewöhnlich mit »Reichtum«, »materieller Besitz« wiedergegeben wird. Ich habe es mit »Erfolg in der Welt« übersetzt, weil es in den hinduistischen Texten eigentlich um dieses umfassendere Thema geht und nicht nur um Reichtum. Diese Wortwahl ist gerechtfertigt, wenn man bedenkt, daß Prestige und Macht gewöhnlich mit materiellem Besitz gekoppelt sind.
3   Simone Weil, *Das Unglück und die Gottesliebe*. Deutsche Übersetzung von Friedhelm Kemp (München: Kösel, 1961), S. 228.
4   D. G. Mukerji, *The Face of Silence*, in der Wiedergabe durch Romain Rolland in *The Life of Ramakrishna* (Mayavati, Almora, Himalayas: Advaita Ashrama, 1954), S. 80.
5   Heinrich Zimmer, *Philosophie und Religion Indiens*, (Frankfurt: Suhrkamp, 1992), S. 84.
6   B. K. S. Iyengars *Licht auf Yoga* (München: O. W. Barth, 1986) ist eine der besten Gesamtdarstellungen dieses Aspekts des Yoga.

7 Ein Beispiel für solche Behauptungen, die der Nachprüfung bedürfen, findet sich in dem Bericht von John Lyons in der Ausgabe des *The Reporter* vom 14. September 1954 über einen *Yogi*, der bei lebendigem Leibe begraben und nach acht Tagen wieder ausgegraben wurde, während westliche Ärzte schätzten, sein Luftvorrat würde nur für zwei Tage reichen. Und in der Ausgabe von *Nature* vom 21. Januar 1982 berichteten Herbert Benson und fünf seiner Kollegen von der Medizinischen Fakultät in Harvard über Experimente an drei tibetanischen *Yogis*, die in der Lage waren, durch Geisteskontrolle die Temperatur in den Fingern und Zehen um zirka 8° Celsius zu erhöhen.

8 Heinrich Zimmer, *Philosophie und Religion Indiens* (Frankfurt: Suhrkamp, 1992), S. 84.

9 Eine Aussage, die sich mit geringfügigen Abweichungen in den Upanishaden immer wieder findet.

10 Lied von Tukaram. Übersetzt aus der englischen Fassung von John S. Hoyland in *An Indian Peasant Mystic*, 1932. Reprint. (Dublin: Prinit Press, 1978).

11 Bede Frost, *The Art of Mental Prayer*, 1950. Reprint. (New York: Pantheon Books, 1969), S. 22.

12 *Bhagavad-Gita, Das Lied der Gottheit*. Aus dem Sanskrit übersetzt von Robert Boxberger, neu bearbeitet und herausgegeben von Helmuth von Glasenapp, (Stuttgart: Reclam, 1972), XII, 6-7, S. 76.

13 *Aufrichtige Erzählungen eines Pilgers* , (Freiburg: Herder, 1981).

14 1. Thess. 5, 17.

15 *Bhagavad-Gita*, VI, 7-8, S. 40.

16 Hubert Benoit, *The Supreme Doctrine*, 1955. Reprint. (New York: Pantheon Books, 1969), S. 22.

17 Das erinnert in gewisser Weise an Luthers Bestreben, die Kluft zwischen Klerus und Laienschaft durch Heiligung des Alltags verringern zu helfen. Er soll den Beamten, den Bauern, den Handwerkern und Dienern eingeschärft haben, kein Stand könne höher sein als der ihre, wenn sie ihn nur mit dem rechten Geist erfüllten. Jeder dieser Stände »kann höher von Rang sein als der eines Bischofs.«

18 *Bhagavad-Gita*, V, 10.

19 *Bhagavad-Gita*.

20 Swami Swarupananda, übers., *Srimad-Bhagavad-Gita* (Mayavati, Himalaya: Advaita Ashrama, 1933), S. 125.

21 Das englische *self* wird sowohl für das begrenzte Ich als auch für das unbegrenzte Selbst gebraucht. Der Übersetzer hat von der im Deutschen gegebenen Differenzierungsmöglichkeit Gebrauch gemacht.

22 *Bhagavad-Gita*, VI, 1.

23 *Bhagavad-Gita*, XII.

24 Heinrich Zimmer, *Philosophie und Religion Indiens* (Frankfurt: Suhrkamp, 1992), S. 274.

25 Heinrich Zimmer, *Philosophie und Religion Indiens* (Frankfurt: Suhrkamp, 1992), S. 275.

26 *Kaivalya Upanishad*, 19-20, zitiert in Heinrich Zimmer *Philosophie und Religion Indiens*, (Frankfurt: Suhrkamp, 1992), S. 400.

27 *Bhagavad-Gita*, VI, 34.

28 *Die Katha-Upanishad*, (München: O. W. Barth, 1989), S. 146.

29 Paul Deussen, *The Philosophy of the Upanishads*, 1908. Reprint. (New York: Dover Publications, 1966).

30 Eine Beschreibung, die sich mit geringen Abwandlungen überall in den Upanishaden findet.

31 Romain Rolland berichtet in seinem Buch *Das Leben des Ramakrishna* (Oberwil: Rolf Kugler Verlag, 1986), S. 72, daß Ramakrishna sich einmal sechs Monate lang in diesem Zustand befunden haben soll.

32 Heinrich Zimmer, *Philosophie und Religion Indiens* (Frankfurt: Suhrkamp, 1992), S. 53.

33 Heinrich Zimmer, *Philosophie und Religion Indiens* (Frankfurt: Suhrkamp, 1992), S. 152.

34 Heinrich Zimmer, *Philosophie und Religion Indiens* (Frankfurt: Suhrkamp, 1992), S. 153.

35 Heinrich Zimmer, *Philosophie und Religion Indiens* (Suhrkamp, Frankfurt 1992), S. 152.

36 Shankara, *Vivekacudamani* 432, zitiert bei Heinrich Zimmer, *Philosophie und Religion Indiens* (Frankfurt: Suhrkamp, 1992), S. 152.

37 Ebenda, 457, zitiert bei Heinrich Zimmer, *Philosophie und Religion Indiens* (Frankfurt: Suhrkamp, 1992), S. 152.

38 Ebenda, 416, zitiert bei Heinrich Zimmer, *Philosophie und Religion Indiens* (Frankfurt: Suhrkamp, 1992), S. 152.

39 Diese Tatsache ist in neueren Darstellungen des Kastenwesens so wenig berücksichtigt worden, daß es angebracht ist, sie durch drei Zitate zu belegen. Ein alter, maßgebender Gesetzgeber schreibt: »Lerne höchstes Wissen und Dienstfertigkeit selbst von Menschen niedrigerer Geburt; und selbst vom *chandala* [Ausgestoßenen] lerne, indem du ihm dienst, den Weg zur Erlösung.« Zitiert in *The Complete Works of Swami Vivekananda* (Mayabati, India: Advaita Ashrama, 1932), Band 3, S. 381. Swami Tyagisanandas Übersetzung des zweiundsiebzigsten Aphorismus aus Naradas *Bhakti-Sutras* (Madras: Sri Ramakrishna Math, 1943) lautet: »In [jenen, die Gott lieben] ist keine Unterscheidung auf Grund von Kaste oder Kultur.« Am überzeugendsten ist Sri Krishnas Aussage im *Mahabharata:* »Die Ergebenen des Herrn sind keine Shudras [die niedrigste Kaste]; Shudras sind jene, die nicht an den Herrn glauben, welches auch ihre Kaste sei. Ein weiser Mann sollte selbst einen Ausgestoßenen nicht geringschätzen, wenn er dem Herrn ergeben ist; wer auf ihn herabsieht, wird in die Hölle fahren.«

40 Eine der besonnensten derartigen Apologien findet sich in »What has India Contributed to Human Welfare?« in Ananda Coomaraswamy, *The Dance of Shiva*, 1957. Reprint. (New York: Dover Publications, 1985). Den vielleicht besten Überblick nebst einer klugen Einschätzung des Kastensystems findet man in Louis Dumont, *Homo Hierarchicus* (Chicago: University of Chicago Press, 1980).

41 Das Sanskritwort *kshatriya* bezeichnete ursprünglich nicht nur den Krieger, sondern auch den Herrscher, weil man von diesem auch erwartete, daß er die Schwachen beschützte und die Bösen bändigte.

42 Ananda Coomaraswamy, *The Dance of Shiva*, S. 12.

43 Ananda Coomaraswamy, *The Dance of Shiva*, S. 25.

44 Vgl. Thomas von Kempen: »Es liegt ein unvergleichlicher Abgrund zwischen den Dingen, die sich die Menschen mit ihrem natürlichen Verstand vorstellen, und denen, die der Erleuchtete in der Kontemplation sieht.«

45 Westliche Parallelen zu dieser *via negativa*, dem Weg zu Gott durch radikale Verneinung, finden sich in den Schriften der meisten westlichen Mystiker und Theologen. Da gibt es das »*Nescio, nescio*« des Heiligen Bernhard und das »Nicht dies! Auch nicht dies! Ich lästere Gott« der Angela von Foligno, als sie sich bemüht, ihre überwältigende Gotteserfahrung in Worte zu fassen. »Nur dann ist Wahrheit in unserem Wissen von Gott«, sagt der Heilige Gregor, »wenn wir dafür empfänglich werden, daß wir gar nichts von Ihm wissen können.« Und Meister Eckhart betont, daß wir Gott lieben müssen »als Nicht-Gott, Nicht-Geist, Nicht-Person, Nicht-Bild, wir müssen ihn einfach lieben, wie Er ist, ein reines, absolutes Eines, getrennt von aller Zweiheit, und in dem wir ewig von Nichtheit zu Nichtheit sinken müssen.«

46 Eine westliche Parallele zur hinduistischen Ansicht zu diesem Punkt findet sich in Simone Weils *Attente de Dieu*, auf Englisch erschienen unter dem Titel *Waiting for God*, Reprint. (New York: Harper & Row, 1973), S. 32: »Ein Fall von einander widersprechenden Aussagen, deren jede wahr ist. Es gibt einen Gott. Es gibt keinen Gott. Wo liegt das Problem? Ich bin ganz sicher, daß es einen Gott gibt in dem gleichen Sinne, in dem ich sicher bin, daß meine Liebe keine Täuschung ist. Ich bin ganz sicher, daß es keinen Gott gibt in dem gleichen Sinne, in dem ich sicher bin, daß es nichts gibt, was dem ähnelt, was ich mir vorstellen kann, wenn ich das Wort ausspreche.«

47 Mit Kürzungen übernommen aus Shankaras Kommentar zur *Brahma Sutra*, II.iii. 46.

48 Sammelzitat aus *Katha Upanishad*, II.ii.15, *Mundaka Upanishad*, II.ii.10 und *Shvetashvatara Upanishad*, V.vi.14.

49 *Bhagavad-Gita*, II:22.

50 *Brihadaranyaka Upanishad*, III.vii.23, in *Upanishaden* (München: Eugen Diederichs Verlag, 1977), S. 68f.

51 Christopher Isherwood, »The Wishing Tree«, in *Vedanta for the Western World* (Hollywood: Vedanta Press, 1945), S. 448–51.

52 *Mundaka Upanishad*, I.i.7.

53 Prema Chaitanya, »What Vedanta Means to Me«, in *Vedanta and the West*, 1948. Reprint. (London: Allen & Unwin, 1961), S. 33.

54 Die Bilanz dieses Kapitels besteht aus Äußerungen von Sri Ramakrishna in der Zusammenstellung von Swami Abhedananda in *The Sayings of Sri Ramakrishna* (New York: The Vedanta Society, 1903) mit geringfügigen redaktionellen Änderungen.

Drittes Kapitel

III. Buddhismus

Der Mann, der erwachte

Der Buddhismus beginnt mit einem Mann. In späteren Jahren, als Indien von seiner Botschaft entflammt war und selbst Könige sich vor ihm verneigten, kamen die Menschen zu ihm, so wie sie später zu Jesus kommen sollten, um zu fragen, was er sei.[1] Wie viele Menschen haben zu dieser Frage Anlaß gegeben – nicht »Wer bist du?« in bezug auf Namen, Herkunft oder Familie, sondern »*Was* bist du? Was für ein Wesen bist du? Welche Spezies vertrittst du?« Gewiß nicht Cäsar; nicht Napoleon, ja nicht einmal Sokrates. Nur zwei: Jesus und Buddha. Als die Menschen Buddha diese Frage stellten, lieferte seine Antwort den Schlüssel zu seiner ganzen Botschaft.

»Bist du ein Gott?« fragten sie. »Nein.« »Ein Engel?« »Nein.« »Ein Heiliger?« »Nein.« »Was bist du dann?« »Ich bin erwacht.«

Aus dieser Antwort ist sein Titel entstanden, denn das ist die Bedeutung des Namens Buddha. Die Sanskritwurzel *budh* bedeutet sowohl ›erwachen‹ als auch ›Einsicht erlangen‹. Buddha bedeutet daher ›der Erleuchtete‹ oder ›der Erwachte‹. Während der Rest der Welt, wohl geborgen im Schoß des Schlafes, den Traum träumte, der als der Wachzustand des menschlichen Lebens gilt, raffte sich einer von ihnen auf. Der Buddhismus beginnt mit einem Mann, der die Betäubung und Benommenheit, das traumartige Schweifen des normalen Bewußtseins abgeschüttelt hat. Er beginnt mit einem Mann, der erwachte.

Sein Leben ist von liebevollen Legenden umwoben. Man erzählt uns, daß die Welten bei seiner Geburt von Licht durchflutet wurden. Die Blinden sehnten sich so danach, seine Pracht zu sehen, daß sie ihr Augenlicht wiedererlangten; die Tauben und die Stummen sprachen voller Begeisterung von den Dingen, die da kommen sollten. Das Krumme wurde gerade; die Lahmen gingen. Die Gefangenen wurden von ihren Ketten befreit, und die Feuer in der Hölle erloschen. Sogar das Gebrüll der Tiere wurde leiser, als Friede die Erde umhüllte. Einzig Mara, der Böse, frohlockte nicht.

Die historischen Fakten seines Lebens sind schnell erzählt: Er wurde um das Jahr 563 vor Christus im jetzigen Nepal nahe der Grenze zu Indien geboren. Sein voller Name war Siddhartha Gautama aus dem Geschlecht der Shakyas. Siddhartha war sein Vorname, Gautama sein Nachname und Shakya der Name des Klans, zu dem seine Familie gehörte. Sein Vater war ein König, aber da es auf dem indischen Subkontinent viele Königreiche gab, wäre es wohl angemessener, ihn sich als Feudalherrn vorzustellen. Am damals üblichen Standard gemessen wuchs er in luxuriösen Verhältnissen auf. »Ich trug Kleider aus Seide, und meine Diener hielten einen weißen Schirm über meinen Kopf. Meine Salben stammten immer aus Benares.« Er scheint von ungewöhnlicher Schönheit gewesen zu sein, denn es gibt viele Hinweise auf »seinen vollendeten sichtbaren Körper.« Mit sechzehn heiratete er eine benachbarte Prinzessin, Yashodhara, die ihm einen Sohn gebar, dem sie den Namen Rahula gaben.

Er war mit anderen Worten ein Mann, der alles zu besitzen schien: Familie – »der ehrwürdige Gautama ist wohlgeboren von beiden Seiten, von reiner Abstammung«; Erscheinung – »gutaussehend, vertrauenerweckend, mit einer wunderschönen Gesichtsfarbe, hellhäutig, anmutig, stattlich anzusehen«; Reichtum – »er hatte Elefanten und Silberschmuck für seine Elefanten.« Er hatte darüber hinaus eine vorbildliche Frau – »majestätisch wie eine Himmelskönigin, immer beständig, Tag und Nacht vergnügt, voller Würde und außerordentlicher Anmut«, die ihm einen schönen Sohn schenkte. Außerdem war er als Thronerbe seines Vaters zu Ruhm und Macht ausersehen.

Trotz alledem wurde er im dritten Jahrzehnt seines Lebens von einer Unzufriedenheit ergriffen, die zu einem vollständigen Bruch mit seinen weltlichen Umständen führen sollte.

Wie es dazu kam, erzählt die »Legende von den Vier Vergänglichen Anblicken«. Es ist die Geschichte eines der berühmtesten Aufrufe zum Auszug ins Ungewisse, die die Weltliteratur zu bieten hat. Als Siddhartha geboren war, so heißt es, ließ sein Vater Wahrsager kommen, die ergründen sollten, was die Zukunft für seinen Erben bereit hielt. Sie alle kamen zu der Ansicht, daß dies ein ungewöhnliches Kind sei. Seine Laufbahn würde jedoch auf ein grundlegendes Dilemma stoßen. Wenn er in der Welt bliebe, würde er Indien vereinigen und zu einem seiner größten Eroberer werden, ein *Chakravartin* oder Weltenherrscher. Wenn er dagegen die Welt aufgab, würde er nicht zum Welteroberer, sondern zum Welterlöser werden. Angesichts dieser Alternative beschloß sein Vater, ihn auf das erstgenannte Geschick hinzulenken. Keine Mühe wurde gescheut, den Prinzen an die Welt zu binden. Drei Paläste und 40 000 Tanzmädchen standen zu seiner Verfügung; es wurde streng darauf geachtet, daß nichts Häßliches die Freuden des Hofes störte. Insbesondere sollte der Prinz von jeder Berührung mit Krankheit, Hinfälligkeit und Tod abgeschirmt werden; wenn er ausritt, mußten Diener vorauseilen, um die Straßen von solchen Anblicken zu säubern. Eines Tages hatte man jedoch einen alten Mann übersehen, oder dieser wurde (wie manche Versionen der Legende berichten) durch ein Wunder von den Göttern inkarniert, damit die notwendige Lehre erteilt werden konnte: ein hinfälliger Mann mit verfaulten Zähnen und grauen Haaren, krumm und gebeugt, auf einen Stab gestützt und zitternd. An diesem Tag erfuhr Siddhartha, daß es das Alter gibt. Obwohl der König die Wachen verstärkte, sah Siddhartha bei seinem nächsten Ausgang einen von Krankheit gepeinigten Körper am Straßenrand liegen, und beim nächsten Mal einen Leichnam. Schließlich, bei einer vierten Gelegenheit, sah er einen Mönch mit kahlgeschorenem Kopf, in ockerfarbener Robe, mit einer Bettlerschale, und an diesem Tag hörte er zum ersten Mal von dem Leben des Rückzugs aus der Welt. Es ist nur eine Legende, aber wie alle Legenden enthält sie eine wichtige Wahrheit. Denn die Lehren des Buddha zeigen deutlich, daß es die unausweichliche Verbindung des Körpers mit Krankheit, Hinfälligkeit und Tod war, die ihn die Hoffnung aufgeben ließ, auf der körperlichen Ebene Erfüllung zu finden. »Das Leben ist dem Alter und dem Tod unterworfen. Wo ist das Reich des Lebens, in dem nicht Alter noch Tod herrscht?«

Nun, da er gesehen hatte, daß Schmerz und Vergänglichkeit des Körpers unvermeidlich waren, verloren die leiblichen Freuden für ihn jeden Reiz. Der Singsang der Tänzerinnen, der Wohlklang der Lauten und Zimbeln, die verschwenderischen Gelage und Umzüge, die kunstvoll gestalteten Festlichkeiten, all das war nur Hohn für seinen grüblerischen Geist. Die im Sonnenschein nickenden Blumen und der schmelzende Schnee des Himalaya schrien laut heraus, wie flüchtig die Dinge der Welt sind. Er beschloß, den Palast, der ihm mit seinen Reizen zur Falle geworden war, zu verlassen und, dem inneren Ruf folgend, die Wahrheit zu suchen. Eines Abends – er stand im neunundzwanzigsten Lebensjahr – entschloß er sich zu dem entscheidenden Schritt, seinem Großen Aufbruch. In den Stunden nach Mitternacht suchte er noch einmal den Ort auf, wo seine Frau und sein Sohn in Schlaf versunken

lagen, bot ihnen beiden ein stummes Lebewohl und befahl dann dem
Torwächter, seinen großen Schimmel zu satteln. Die zwei saßen auf und
ritten los, auf die Wälder zu. Im Morgengrauen erreichten sie den
Waldrand, und nachdem Gautama mit seinem Diener die Kleider ge-
tauscht hatte, kehrte dieser mit dem Pferd nach Hause zurück, um zu
berichten, was geschehen war, während Gautama seinen Kopf kahl-
schor und »in Lumpen gekleidet« auf der Suche nach Erleuchtung im
Dunkel des Waldes verschwand.

Es folgten sechs Jahre, in denen er seine ganze Energie auf die
Erreichung dieses Zieles richtete. »Wie schwer ist es, das Leben eines
einsamen Waldbewohners zu führen, . . . in der Einsamkeit froh zu sein.
Wahrlich, das schweigende Gehölz lastet schwer auf dem Mönch, der
noch nicht die Festigkeit des Geistes erreicht hat!« Diese Worte zeigen
überdeutlich, daß seine Suche nicht leicht gewesen ist. Sie scheint drei
Stadien durchlaufen zu haben, ohne daß sich sagen ließe, wie lange jede
von ihnen gedauert hat oder wie scharf sie voneinander getrennt waren.
Als erstes suchte er zwei der bedeutendsten Hindu-Meister seiner Zeit
auf, um an dem teilzuhaben, was sie aus ihrer ungeheuren Tradition in
ihren Geist aufgenommen hatten. Er lernte viel – besonders über den
Raja Yoga, aber auch über hinduistische Philosophie; ja, er wurde so
gelehrt, daß die Hindus ihn für sich beanspruchen wollten – mit der
Begründung, seine Kritik an der damaligen Religion habe sich im
Rahmen von Reformen bewegt und sei weniger wichtig gewesen als
seine implizite Zustimmung. Mit der Zeit kam er jedoch zu der Überzeugung, daß er nun alles gelernt hatte, was diese *Yogis* ihm beibringen
konnten.

Als nächstes schloß er sich einer Gruppe von Asketen an und bemühte sich aufrichtig, ihrem Weg zu folgen. War es sein Körper, der
ihn gefangenhielt? Er würde seine Macht brechen und seine Einmischung zunichte machen. Wie hart die Übungen auch sein mochten, die
seine Gefährten sich ausdachten, der zukünftige Buddha, der über
ungeheure Willenskraft verfügte, übertraf sie noch an asketischer
Strenge. Er aß so wenig – einmal nahm er, als er fastete, nur sechs
Reiskörner am Tage zu sich –, daß »ich, wenn ich die Haut auf meinem
Bauch zu berühren meinte, in Wirklichkeit mein Rückgrat spürte.« Er
biß die Zähne zusammen und preßte die Zunge an den Gaumen, bis
»der Schweiß aus meinen Achselhöhlen strömte.« Er hielt den Atem an,
bis er das Gefühl hatte, »sein Kopf werde von einem Riemen einge-
schnürt.«[2] Am Ende war er so geschwächt, daß ihm die Sinne schwan-

den; und hätten seine Gefährten ihn nicht mit einer warmen Reissuppe gestärkt, so hätte er leicht sterben können.

Diese Erfahrung lehrte ihn verstehen, daß Askese nicht zum Ziel führt. Er hatte das Experiment so weit geführt, wie es menschenmöglich war und war gescheitert – die Erleuchtung hatte sich nicht erzwingen lassen. Aber auch aus erfolglosen Experimenten können wir lernen, und in diesem Fall hatte das Scheitern der Askese Gautama zum ersten Grundpfeiler seiner Lehre verholfen: dem Prinzip des Mittleren Weges zwischen den Extremen der Askese auf der einen und der Verweichlichung auf der anderen Seite. Es ist der Gedanke des rationierten Lebens, in dem man dem Körper gibt, was er zum optimalen Funktionieren braucht, aber kein bißchen mehr.

Nachdem Gautama der Selbstkasteiung den Rücken gekehrt hatte, widmete er sich im nächsten Stadium seiner Suche nach einer Verbindung von strengem Denken und mystischer Konzentration im Geiste des *Raja Yoga*. Eines Abends – es war in der Nähe von Gaya in Nordostindien, südlich der heutigen Stadt Patna – setzte er sich unter einen Pipalbaum, der heute als Bo- oder Bodhi-Baum (Baum der Erleuchtung) bekannt ist. Der Ort erhielt später den Namen »Unbewegliche Stelle«, denn es wird überliefert, Buddha – der ahnte, daß der Durchbruch nahe war – habe sich an jenem zukunftsträchtigen Abend mit der Absicht niedergelassen, sich erst wieder zu erheben, wenn er die Erleuchtung erlangt hätte.

Das erste, was die Berichte über diese Nacht vermerken, ist eine Szene, die an die Versuchung Jesu am Vorabend seiner Berufung erinnert. Der Böse, der gemerkt hatte, daß der Erfolg seines Widersachers kurz bevorstand, eilte herbei, um seine Konzentration zu stören. Er setzte zunächst in der Gestalt von Kama, dem Gott des Begehrens, zum Angriff an und ließ drei sinnliche Frauen mit ihrem verführerischen Gefolge aufmarschieren. Als der zukünftige Buddha sich unbewegt zeigte, schlüpfte der Versucher in die Gestalt Maras, des Herrn des Todes. Seine mächtigen Horden bedrängten den Suchenden mit Wirbelstürmen, wolkenbruchartigen Regenfällen und Hagelschauern flammender Felsen, aber Gautama hatte sich so sehr seines endlichen Selbstes entleert, daß die Waffen kein Ziel fanden und sich, sobald sie in das Feld seiner Aufmerksamkeit eintraten, in Blütenblätter verwandelten. Als Mara in letzter Verzweiflung Gautama das Recht absprach, so zu handeln wie er handelte, berührte dieser mit einer Fingerspitze der rechten Hand den Boden, worauf die Erde ihre Antwort schickte und

mit tausendfachem Donnern brüllte: »Ich bin dein Zeuge.« Maras
Armee machte sich, in Panik aufgelöst, aus dem Staube, und die Götter
des Himmels stiegen außer sich vor Freude herab, um den Sieger mit
Kränzen und Wohlgerüchen zu ehren.

Während hiernach der Bo-Baum in jener Vollmondnacht im Mai
rote Blüten auf Gautama hinabregnen ließ, wurde seine Meditation mit
jeder durchwachten Stunde tiefer, bis endlich, als der Morgenstern am
transparent gewordenen Himmel des Ostens funkelte, sein Geist die
letzte Luftblase des Universums berührte und sie in Nichts zerschmetterte, nur um sie – o Wunder aller Wunder – mit dem Glanz wahren
Seins wie von Zauberhand wiedererstehen zu sehen. Das Große Erwachen hatte sich ereignet. Gautamas Sein war verwandelt worden, und er
ging daraus hervor als der Buddha. Es war ein Ereignis von kosmischer
Bedeutung. Die ganze Schöpfung erfüllte die Morgenluft mit Frohlok-
ken, und die Erde bebte vor Staunen nach allen Himmelsrichtungen.
Zehntausend Galaxien erschauderten vor Ehrfurcht, während auf allen
Bäumen Lotosblüten sich entfalteten und das ganze Universum in
»einen durch die Luft wirbelnden Blumenstrauß« verwandelte.[3] Die
Wonne dieser ungeheuren Erfahrung hielt Buddha sieben Tage lang an
diesem Platz fest. Am achten Tag versuchte er aufzustehen, aber wieder
brach eine Welle der Seligkeit über ihn herein. Ganze neunundvierzig
Tage verbrachte er in Verzückung, bis endlich sein »glorreicher Blick«
sich auf die Welt richtete.

Mara erwartete ihn mit einer letzten Versuchung. Dieses Mal appellierte er an Gautamas Vernunft, die immer seine besondere Stärke
gewesen war. Mara argumentierte nicht mit der Mühsal, die es bedeutete, wieder in die Welt mit ihrer Belanglosigkeit und ihrem Fanatismus
einzutreten. Er setzte den Stachel tiefer an. Wer würde schon eine so
tiefe Wahrheit verstehen wie die, die dem Buddha zuteil geworden war?
Wie konnte eine Offenbarung, die sich jeder sprachlichen Formulierung entzog, in Worte gekleidet werden? Wie konnten Visionen, die
alle Grenzen sprengten, in Sprache eingefangen werden? Mit einem
Wort: Wie konnte man zeigen, was nur gefunden, lehren, was nur
gelernt werden kann? Warum sich erst vor einem verständnislosen
Publikum zum Narren machen? Warum nicht den Staub der ganzen
heißen Welt abschütteln – den Körper hinter sich lassen und sofort ins
Nirvana eingehen? Der Einwand war so verlockend, daß er fast den Sieg
davongetragen hätte. Endlich antwortete der Buddha: »Manch einer
wird es verstehen«, und Mara war für immer aus seinem Leben verbannt.

Es folgte fast ein halbes Jahrhundert, in dem Buddha, bis sein Haar weiß, sein Schritt unsicher und sein Körper nur noch eine geborstene Trommel war, auf Indiens staubigen Straßen einherwanderte und seine Botschaft verkündete, die das Ego zerschmetterte und das Leben befreite. Er gründete einen Mönchsorden, stellte die erstarrte *brahmanische* Gesellschaft in Frage und nahm dafür den Unmut, die Zweifel und die Ratlosigkeit in Kauf, die seiner Haltung entgegengebracht wurden. Seine tägliche Arbeitsleistung war enorm. Neben der Ausbildung der Mönche und der Leitung der Ordensgeschäfte wirkte er unermüdlich als öffentlicher Prediger und privater Ratgeber; er beriet die Ratlosen, ermutigte die Gläubigen und tröstete die, die in Not waren. »Zu ihm kommen die Menschen aus den entlegensten Gegenden des Landes, aus fernen Ländern, um ihm ihre Fragen zu stellen, und er heißt alle willkommen.« Die Kraft, die es ihm ermöglichte, auf diese Belastungen angemessen zu reagieren und ihnen standzuhalten, entstammte dem Gesetz von Rückzug und Rückkehr, das aller Kreativität zugrunde liegt. Der Buddha lebte sechs Jahre lang zurückgezogen, um dann für die restlichen fünfundvierzig Jahre zurückzukehren. Aber jedes Jahr folgte der gleichen Einteilung: Auf neun Monate in der Welt folgte jeweils während der Regenzeit ein dreimonatiger Aufenthalt in der Stille bei seinen Mönchen. Auch sein Tagesablauf folgte diesem Rhythmus. Er verbrachte lange Stunden in der Öffentlichkeit, aber dreimal täglich zog er sich zurück, um seine Aufmerksamkeit (durch Meditation) wieder auf ihre geheiligte Quelle zu richten.

Nachdem er sein Amt fünfundvierzig Jahre lang mit großer Hingabe ausgeübt hatte, starb der Buddha um 483 v. Chr. im Alter von achtzig Jahren nach dem Genuß einer Mahlzeit aus getrocknetem Eberfleisch im Haus von Cunda, dem Schmied, an der Ruhr. Noch auf dem Totenbett galten seine Gedanken seinen Mitmenschen. Obwohl er sehr litt, dachte er daran, daß Cunda sich vielleicht für seinen Tod verantwortlich fühlte. Seine letzte Bitte war daher, man möge Cunda sagen, von allen Mahlzeiten, die er in seinem langen Leben zu sich genommen habe, nähmen zwei eine besondere Stellung ein, weil sie ihm besondere Segnungen zuteil werden ließen. Die eine war die Mahlzeit, die ihm die Kraft gegeben hatte, unter dem Bo-Baum Erleuchtung zu erlangen, und die andere die, die ihm jetzt das letzte Tor zum *Nirvana* aufschloß. Das ist nur eine der Szenen vom Totenbett, die *Das Buch vom Großen Sterben* uns überliefert hat. Insgesamt zeigen sie uns das Bild eines Mannes, der einen Zustand erreicht hat, in dem »Gedanken und Bewußtsein« ohne den geringsten Widerstand »aufhören zu sein.« Zwei Sätze aus seiner Abschiedsrede klingen durch die Zeiten zu uns herüber: »Alle zusammengesetzten Dinge sind vergänglich. Arbeitet gewissenhaft an eurer eigenen Rettung.«

Der schweigende Weise

Wenn man den Buddhismus verstehen will, ist es äußerst wichtig, eine Vorstellung von der Wirkung zu erhalten, die Buddhas Leben auf jene ausübte, die mit ihm in Berührung kamen.

Wenn man die Berichte von diesem Leben liest, hat man unweigerlich das Gefühl, einer der größten Persönlichkeiten aller Zeiten begegnet zu sein. Die offensichtliche Verehrung, die fast alle, die ihn kannten, für ihn empfunden haben, ist ansteckend, und wie seine Jünger läßt der Leser sich schnell von dem Gefühl einnehmen, daß er es mit so etwas wie der Weisheit in Person zu tun hat.

Das Erstaunlichste an ihm war vielleicht die Tatsache, daß er einen kühlen Kopf mit einem warmem Herzen zu verbinden wußte, eine Mischung, die ihn vor Sentimentalität auf der einen und Gleichgültigkeit auf der anderen Seite bewahrte. Er war zweifellos einer der größten Rationalisten aller Zeiten und ist in dieser Hinsicht am ehesten mit Sokrates vergleichbar. Jedes Problem, das ihm begegnete, wurde automatisch einer kühlen, leidenschaftslosen Analyse unterzogen. Zuerst zerlegte er es in seine Bestandteile, um diese dann, nachdem er ihren Sinn und ihre Bedeutung offenbart hatte, in logischer, architektonischer Reihenfolge wieder zusammenzusetzen. »Daß ich im Streitgespräch, mit wem es auch sei, in Verwirrung oder Bedrängnis geraten könnte – das ist ein Ding der Unmöglichkeit.«

Das Bemerkenswerte daran war aber, daß dieser objektive, kritische Zug seines Wesens sein Gegengewicht fand in einer franziskanischen Freundlichkeit, die so stark war, daß man seine Lehre nach ihr »eine Religion des grenzenlosen Mitleids« genannt hat. Es mag historisch ungewiß sein, ob er wirklich sein Leben aufs Spiel setzte, um eine Ziege zu retten, die sich auf einen abschüssigen Berghang gewagt hatte, aber ein solches Vorgehen hätte sicherlich seinem Charakter entsprochen. Sein Leben war ein ständiges Geschenk an die ausgehungerten Massen. Seine Aufopferungsbereitschaft war sogar für seine Biographen so eindrucksvoll, daß sie sie nur durch das Gewicht erklären konnten, das sie im Lauf seiner Tierinkarnationen angesammelt hatte. Die *Jatakas* (Geburtsgeschichten) berichten, daß er sich für seine Herde opferte, als er ein Hirsch war und sich als Hase ins Feuer warf, um einen verhungernden *Brahmanen* zu retten. Es mag sein, daß wir diese Berichte als spätere Hinzufügungen in den Bereich der Legende verweisen müssen; jedenfalls steht fest, daß in seinem Leben als der Buddha die Quellen der Freundlichkeit reichlich flossen. Er wollte jeden, den er traf, von den Pfeilen des Kummers befreien, und so ließ er jeden an seinem Mitgefühl, seiner Erleuchtung und an dem eigenartigen Zauber seiner Seele teilhaben, die, selbst wenn er kein Wort sprach, seinen Besuchern ans Herz griff und sie verwandelt zurückließ.

In gesellschaftlicher Hinsicht waren Buddhas königliche Herkunft und Erziehung von großem Vorteil. Mit seiner »vornehmen Ausstrahlung« bewegte er sich mit großer Selbstverständlichkeit unter Königen und Potentaten – war er doch einer von ihnen gewesen! Und doch scheint sein kultiviertes Auftreten auch auf einfache Dorfbewohner nicht trennend gewirkt zu haben. Äußerliche Klassen- und Kastenunterschiede bedeuteten ihm offenbar so wenig, daß er sie oft nicht einmal bemerkte. Wie tief ein Mensch auch gefallen sein mochte oder wie sehr er von der Gesellschaft abgelehnt wurde, jedem brachte der Buddha seinen Respekt entgegen, einfach weil er ein Mitmensch war. Auf diese Weise spürte manch ein Ausgestoßener und Verlassener, der hier zum ersten Mal erleben durfte, daß er verstanden und angenommen wurde, wie in ihm Selbstachtung keimte und er in der Gemeinschaft etwas darzustellen begann. »Der ehrwürdige Gautama heißt jeden willkommen, ist freundlich, versöhnlich, frei von Hochmut und für jedermann zu sprechen.«[4]

Dieser Mann war von einer verblüffenden Einfachheit, vor der selbst Könige sich verneigten. Auch als er auf der Höhe seines Ruhmes stand, konnte man ihn mit der Bettelschale in der Hand und der Geduld dessen, der die Zeit als Trugbild erkannt hat, durch Straßen und Gassen wandeln sehen. Wie der Wein und die Olive, jene Urbilder der Anspruchslosigkeit, sich mit dem magersten Boden begnügen, so kannte auch er kaum körperliche Bedürfnisse. Einmal fand man ihn in Alavi bei winterlicher Kälte in Meditation versunken auf ein paar Blättern sitzend, die er auf dem Viehtrieb aufgelesen hatte. »Rauh ist der Boden, den das Vieh mit seinen Hufen berührt; dürr ist das Lager, leicht die gelbe Mönchskutte; scharf der schneidende Winterwind«, räumte er ein. »Und doch lebe ich glücklich in erhabener Einförmigkeit.«

Es ist vielleicht nicht zutreffend, wenn wir Buddha als einen bescheidenen Menschen bezeichnen. Abraham Lincolns Sekretär John Hay sagte, es sei absurd, Lincoln bescheiden zu nennen, denn »kein großer Mensch ist bescheiden.« Der Buddha war sich sicher der Tatsache bewußt, daß er sich auf eine Erkenntnisstufe emporgeschwungen hatte, die weit über der lag, die irgendein anderer Mensch seiner Zeit erreicht hatte. In dieser Hinsicht wußte er um seine Überlegenheit und lebte in dem Selbstbewußtsein, das ihm dieses Wissen verlieh. Aber das ist etwas anderes als Eitelkeit oder humorloser Dünkel. Bei der Schlußversammlung anläßlich einer der jährlichen Einkehrzeiten seines *Sangha* (Orden) blickte der Erhabene rings über die schweigende Versammlung und sagte: »Nun, ihr Schüler, ich fordere euch auf, zu sagen, ob ihr irgendeinen Fehler an mir gefunden habt, sei es in Worten oder in Taten.« Und als einer seiner Lieblingsschüler ausrief: »Solcherart, Herr, ist mein Glaube, daß mich dünkt, einen Größeren oder Weiseren als den Gesegneten habe es nie gegeben, gebe es nicht, noch werde es jemals geben«, da ermahnte ihn der Buddha:

»Gewiß, Sariputta, hast du alle Buddhas der Vergangenheit gekannt.«

»Nein, Herr.«

»Nun, dann kennst du aber die zukünftigen.«

»Nein, Herr.«

»Dann kennst du wenigstens mich und hast meinen Geist gründlich durchdrungen.«

»Nicht einmal das, Herr.«

»Warum, Sariputta, sind dann deine Worte so hochtrabend und kühn?«

Obwohl er sich selbst gegenüber objektiv war, bemühte man sich zu seinen Lebzeiten ständig, aus ihm einen Gott zu machen. Er widersetzte sich kategorisch all diesen Versuchen, indem er betonte, er sei in jeder Hinsicht menschlich. Er bemühte sich nicht, seine Versuchungen und Schwächen zu verbergen – wie schwer es gewesen war, die Erleuchtung zu erlangen, mit wie knapper Not er sich durchgekämpft hatte, wie fehlbar er immer noch war. Er gestand, daß er es nie geschafft hätte, wenn es noch einen weiteren Trieb gegeben hätte, der dem Geschlechtstrieb an Stärke gleichgekommen wäre. Er gab zu, daß die ersten Monate, die er im Wald allein zugebracht hatte, ihn an den Rand des tödlichen Entsetzens gebracht hatten. »Als ich mich dort aufhielt, kam ein Reh vorbei; ein Vogel stieß einen Zweig herab, und der Wind wisperte in allen Blättern; und ich dachte: ›Jetzt sind sie da – diese Angst und dieser Schrecken.‹« Wie Paul Dahlke in seinen *Buddhist Essays* bemerkt: »Wer so von sich spricht, übt jene Anziehungskraft aus, mit der die Wahrheit alle zu sich hinzieht, die in ihren Bereich eintreten.«

Buddhas Führungsqualitäten zeigten sich nicht nur an der Größe, die sein Orden erreichte, sondern ebensosehr in der vollendeten Disziplin seiner Anhänger. Ein König, der eine ihrer Versammlungen besuchte, welche sich lange in eine Vollmondnacht hinein hinzog, rief schließlich aus: »Ihr macht mir doch nichts vor? Wie ist es möglich, daß in so einer großen Versammlung, unter 1250 Brüdern, kein Geräusch zu hören ist, kein Niesen, kein Husten?« Er schaute die Versammlung an, die still dasaß wie ein klarer See, und sagte: »Ich wollte, mein Sohn besäße solche Ruhe.«

Wie andere religiöse Genies – man denke an Jesus, wie er Zacharias in einem Baum entdeckte – war auch Buddha mit übernatürlicher psychologischer Einsicht begabt. Da er die Menschen, die sich ihm näherten, fast auf Anhieb richtig einschätzte, ließ er sich nie von ihren Verstellungskünsten täuschen, sondern ging immer geradewegs auf den Kern ihres Wesens zu. Eines der schönsten Beispiele hierfür ist seine Begegnung mit Sunita, dem Blumensammler, einem Mann, der auf einer so niedrigen sozialen Stufe stand, daß er sich nur dadurch zu ernähren vermochte, daß er weggeworfene Blumensträuße nach Blüten durchsuchte, die er gegen einen Bissen eintauschen konnte. Als der Buddha eines Tages an den Ort kam, wo Sunita den Abfall durchwühlte, fühlte dieser, wie sein Herz sich mit Ehrfurcht und Freude füllte. Da er keinen Platz fand, an dem er sich verbergen konnte – denn er war ein Kastenloser –, blieb er wie angewurzelt stehen und grüßte mit aneinandergelegten Händen. Der Buddha »erkannte, daß Sunitas Herz, das leuchtete wie eine Lampe im Innern eines Kruges, das eines Arhat [Heiligen] war«, näherte sich ihm und sagte: »Sunita, was bedeutet dir dieses elende Leben? Kannst du es ertragen, die Welt zu verlassen?« Sunita, »entzückt wie einer, auf den Ambrosia herabregnet, sagte: ›Wenn einer wie ich einer deiner Mönche werden kann, so möge der Erhabene mir erlauben, mich ihm zu nähern.‹« Er wurde ein berühmtes Mitglied des Ordens.[5]

Das ganze Leben des Buddha war von der Überzeugung durchdrungen, daß er eine kosmische Mission zu erfüllen hatte. Gleich nach seiner Erleuchtung sah er vor seinem inneren Auge »Seelen, deren Augen kaum vom Staub getrübt waren, und Seelen, deren Augen schwer vom

Staub getrübt waren«[6] – die ganze ziellose, verlorene, in ihrer Hilflosigkeit und Orientierungslosigkeit bedürftige Menschheit. Es gab für ihn keine andere Möglichkeit – er mußte seinen Anhängern zustimmen, daß er »in diese Welt hineingeboren worden war zum Guten der Vielen, zum Glück der Vielen, zum Vorteil, zum Guten, zum Glück von Göttern und Menschen, aus Erbarmen für die Welt.«[7] Daß er diese Mission annahm, ohne auf seine eigene Person Rücksicht zu nehmen, das nahm Indiens Herz und Verstand für ihn ein. »Der Mönch Gautama hat das religiöse Leben aufgenommen; er hat die große Sippe seiner Verwandten, hat viel Geld und Gold und Schätze, unter- wie überirdische, dahingegeben. Wahrlich, als noch junger Mann ohne ein graues Haar auf dem Kopfe, in der Schönheit seiner frühen Mannesjahre hat er das Leben des Haushälters zurückgelassen, um sich in die Heimatlosigkeit zu begeben.«[8]

Die Texte sind voll von Lobpreisungen des Buddha, was zum Teil sicher daran liegt, daß keine Beschreibung seinen Schülern je genügte. Nach noch so vielen beredten Worten blieb das Wesen ihres Meisters in Geheimnis gehüllt – da waren unauslotbare Tiefen, die sich mit ihrer Sprache nicht ausdrücken ließen, weil ihre Gedanken sie nicht zu ergründen vermochten. Was sie aber verstehen konnten, das verehrten und liebten sie; aber da war mehr, als sie je auszuschöpfen hoffen konnten. Bis zum Ende blieb er halb Licht, halb Schatten und trotzte jedem Versuch, ihn vollständig zu begreifen. Und so nannten sie ihn Tathagata, »den so Gekommenen«, den »Gewinner der Wahrheit«, den »Vollkommen Erleuchteten«, denn »er allein kennt und sieht dieses Universum von Angesicht zu Angesicht.« »Tief ist der Tathagata, unermeßlich, schwer zu verstehen, geradeso wie der Ozean.«[9]

Der Heilige als Rebell

Wenn wir jetzt von dem Menschen Buddha zu der Religion des Buddhismus übergehen, so müssen wir diese vor dem Hintergrund des Hinduismus sehen, aus dem sie entstanden ist. Anders als der Hinduismus, der durch einen langsamen, kaum merklichen Wachstumsprozeß entstanden ist, erschien die Religion des Buddha als Ganzes gleichsam über Nacht. Großenteils war sie eine Religion der Reaktion gegen die Verirrungen des Hinduismus – ein indischer Protestantismus nicht nur im ursprünglichen Wortsinn, der das Zeugnisgeben (*testis pro*) für eine

Sache betont, sondern auch in der späteren Bedeutung, die mehr den Protest im Auge hat. Der Buddhismus bezog seine wesentliche Substanz aus dem Hinduismus, aber angesichts von dessen Entartungen holte er aus wie eine Peitschenschnur und schlug zurück – mit aller Wucht.

Um die Lehren des Buddha zu verstehen, müssen wir daher den Hinduismus, der zum Teil für seine Entstehung verantwortlich war, in seinen Grundzügen kennen. Und zur Hinführung sind einige Bemerkungen über die Religion im allgemeinen angebracht.

Sechs Aspekte der Religion tauchen mit so großer Regelmäßigkeit auf, daß wir annehmen dürfen, daß sie in der Wesensart des Menschen begründet sind. Einer davon ist die Autorität. Sehen wir einmal von der göttlichen Autorität ab und gehen an die Sache nur vom menschlichen Standpunkt aus heran, dann liegt der Schlüssel in der Spezialisierung. Religion ist nicht weniger kompliziert als Politik oder Medizin. Es ist daher nicht weiter überraschend, daß Begabung und andauernde Beschäftigung damit manche Menschen in den Dingen des Geistes über den Durchschnitt erheben wird; man wird ihren Rat suchen und sich im allgemeinen auch danach richten. Darüber hinaus führt die Tatsache, daß die Kirche eine Institution, eine Organisation entwickelt, zu einem Bedarf an Verwaltungsgremien und an Menschen mit Machtbefugnissen, deren Entscheidungen Gewicht haben.

Ein zweiter allgemeiner Bestandteil der Religion ist der Ritus, der im eigentlichen Sinn die Wiege der Religion war, denn wir hören von den Anthropologen, daß die Menschen ihre Religion im Tanz ausgedrückt haben, bevor sie sie gedanklich faßten. Die Religion ist aus der Freude entstanden und aus ihrem Gegenstück, der Trauer, denn beide verlangen nach kollektivem Ausdruck. Wenn der Verlust uns niederdrückt oder wenn wir jubeln, wollen wir nicht nur mit Menschen zusammen sein, wir wollen auch mit ihnen auf eine Weise interagieren, die aus der Interaktion mehr macht als die Summe ihrer Teile – das hilft uns über die Einsamkeit hinweg. Diese Regung ist nicht auf die menschliche Gattung beschränkt. In Nordthailand singen beim ersten Sonnenstrahl, der auf die Baumwipfel fällt, Gibbonfamilien wie mit einer Stimme absteigende Halbtonskalen und schwingen sich dabei Hand in Hand über die höchsten Äste.

Der Ursprung der Religion mag im Ritus liegen, aber bald werden Erklärungen gebraucht, und so tritt die Spekulation als drittes religiöses Phänomen hinzu. Wo kommen wir her, wo gehen wir hin, warum sind wir hier? Das sind die Fragen, die die Menschen bewegen.

Eine vierte religiöse Konstante ist die Tradition. Beim Menschen ist es nicht so sehr der Instinkt, als vielmehr die Tradition, wodurch das bewahrt wird, was frühere Generationen gelernt haben und was sie der neuen als Muster für zukünftige Handlungen vermachen wollen.

Ein fünftes typisches Merkmal der Religion ist die Gnade, der Glaube – der sich oft angesichts der Tatsachen nur schwer aufrechterhalten läßt –, daß die Wirklichkeit letztlich auf unserer Seite steht. Im Grunde ist das Universum uns wohlgesonnen; wir dürfen uns in ihm zu Hause fühlen. »Die Religion sagt, daß die besten Dinge die ewigeren Dinge sind, die Dinge im Universum, die sozusagen den letzten Stein werfen und das entscheidende Wort sprechen.«[10]

Und schließlich hat die Religion mit Geheimnis zu tun. Der menschliche Verstand kann, da er endlich ist, das Unendliche, zu dem er sich hingezogen fühlt, auch nicht ansatzweise ausloten.

Jedes dieser sechs Elemente – Autorität, Ritus, Spekulation, Tradition, Gnade und Geheimnis – trägt Wichtiges zur Religion bei, aber ebenso kann jedes von ihnen auch ihren reibungslosen Ablauf behindern. Zu Buddhas Zeiten war das bei allen sechs eingetreten. Die Autorität, die anfänglich noch begründet gewesen war, wurde in dem Maße, in dem die *Brahmanen* dazu übergingen, ihre religiösen Geheimnisse für sich zu behalten und sich ihre Dienste teuer bezahlen zu lassen, erblich und ausbeuterisch. Die Riten waren zu mechanischen Mitteln zur Erzielung wunderbarer Ergebnisse verkommen. Die Spekulation hatte ihre Grundlage in der Erfahrung verloren und verrannte sich in sinnlose Haarspaltereien. Aus der Tradition war toter Ballast geworden, unter anderem in ihrem Beharren auf dem Sanskrit – das von den Massen nicht mehr verstanden wurde – als Sprache des religiösen Diskurses. Gottes Gnade wurde so mißdeutet, daß kein Spielraum mehr für die Eigenverantwortlichkeit des Menschen blieb, wenn denn Verantwortung überhaupt noch einen Sinn hatte, wo *Karma*, das ebenso mißverstanden wurde, mit Fatalismus gleichgesetzt wurde. Und schließlich verwechselte man Geheimnis mit Geheimniskrämerei und Mystifikation – einer krankhaften Sucht, sich mit dem Wunderbaren, dem Okkulten und Fantastischen zu beschäftigen.

Diese religiöse Szene – korrupt, degeneriert und bedeutungslos, von Aberglauben durchsetzt und mit abgenutzten Ritualen überfrachtet – betrat der Buddha, entschlossen, den Boden zu bereiten, auf daß die Wahrheit neu Fuß fassen könne. Die Wirkung war erstaunlich, denn was sich jetzt offenbarte, war (anfänglich) eine Religion, die fast gänzlich von all den eben erwähnten Zutaten frei war, von denen wir annehmen würden, daß keine Religion ohne sie Wurzeln fassen kann. Diese Tatsache ist so frappierend, daß es sich lohnt, sich näher damit zu beschäftigen.

1. Buddha predigte eine Religion ohne jede Autorität. Sein Angriff auf die Autorität hatte zwei Ziele. Einerseits wollte er die religiösen Lehren aus dem monopolistischen Würgegriff der *Brahmanen* befreien. Ein großer Teil seiner Reform bestand darin, daß er allgemein zugänglich machte, was bisher ausschließlicher Besitz weniger gewesen war. Er stellte seine eigene Offenheit der Geheimniskrämerei der *Brahmanen* gegenüber und betonte: »Der Buddha kennt keine Knauserei.« Dieser Unterschied war ihm so wichtig, daß er auf dem Totenbett noch einmal darauf zu sprechen kam und den Umstehenden versicherte: »Ich habe nichts zurückgehalten.«[11] Aber während sein erster Angriff auf die Autorität sich gegen eine Institution – die Kaste der *Brahmanen* – richtete, wandte er sich mit dem zweiten an das Individuum. Zu einer Zeit, in der die Menge sich passiv darauf verließ, daß die *Brahmanen* ihnen schon sagen würden, was sie tun sollten, forderte Buddha jeden einzelnen auf, seine eigene religiöse Suche anzutreten. »Begnügt euch nicht mit dem, was man euch berichtet, begnügt euch nicht mit der Tradition, begnügt euch nicht mit einer Aussage, weil ihr sie in Büchern findet oder weil sie eurer Überzeugung entspricht oder weil sie von eurem Lehrer stammt. Ein jeder sei eine Lampe für sich selbst. Jene, die sich – jetzt oder nach meinem Tode – auf sich selbst verlassen und bei niemandem nach Hilfe Ausschau halten als bei sich selbst, das sind die, welche die höchste Höhe erreichen werden.«[12]

2. Buddha predigte eine Religion ohne Ritus. Wiederholt verspottete er den Hokuspokus *brahmanischer* Rituale als abergläubisches Betteln bei machtlosen Göttern. Für ihn war das nichts als Schmuckwerk, das für die harte, anspruchsvolle Arbeit des Ego-Abbaus ohne Bedeutung war. Ja, es war sogar schlimmer als bedeutungslos; er argumentierte, daß »der Glaube an die Wirksamkeit von Ritualen und Zeremonien« eine der Zehn Fesseln sei, die den menschlichen Geist gefangen halten. Hier – wie offenbar auch auf allen anderen Gebieten – war der Buddha konsequent. Wenn er die äußeren Formen des Hinduismus ablehnte, so nicht, um der Versuchung zu verfallen, neue, eigene zu begründen – eine Tatsache, die manche Autoren dazu verleitet hat, in seiner Lehre (ungerechterweise) eher eine rationale Ethik als eine Religion zu sehen.

3. Buddha predigte eine Religion, die jegliche Spekulation vermied. Vieles spricht dafür, daß er einer der größten Metaphysiker der Welt hätte werden können, wenn er es gewollt hätte. Aber er »umging das Dickicht des Theoretisierens.« Sein Schweigen auf diesem Gebiet blieb nicht unbemerkt. »Ob die Welt ewig oder nicht ewig ist, ob die Welt endlich ist oder nicht, ob die Seele dasselbe ist wie der Körper oder ob die Seele ein Ding ist und der Körper ein anderers, ob ein Buddha nach dem Tod weiterlebt oder nicht weiterlebt – diese Dinge«, so bemerkte einer seiner Schüler, »erklärt der Herr mir nicht. Und daß er sie mir nicht erklärt, das gefällt mir nicht, das paßt mir nicht.«[13] Es gab viele, denen es nicht paßte. Und doch hielt er trotz unaufhörlicher Sticheleien sein »edles Schweigen« durch. Der Grund dafür war einfach. In Fragen dieser Art »trägt die Gier nach Meinungen ... nicht zur Erbauung bei.«[14] Sein praktisches Programm war anspruchsvoll, und er war nicht gewillt zuzulassen, daß seine Schüler von dem harten Pfad der Praxis abkamen und sich auf das Gebiet fruchtlosen Spekulierens verirrten.

Sein berühmtes Gleichnis vom Giftpfeil macht deutlich, worum es hier geht.

> Es ist, wie wenn ein Mann von einem dick mit Gift bestrichenen Pfeil verletzt worden wäre, und seine Freunde und Verwandten würden einen Arzt holen, der ihn heilen sollte, und er würde sagen: Ich lasse mir diesen Pfeil erst herausziehen, wenn ich den Mann kenne, der mich verletzt hat und weiß, ob er der Kaste der Krieger oder der Bauern oder der niedersten Kaste angehört. Oder er würde sagen: Ich lasse mir den Pfeil erst herausziehen, wenn ich den Namen der Familie kenne, der der Mann angehört; – oder ob er groß ist oder klein, oder mittelgroß; oder ob seine Haut schwarz ist oder dunkel oder gelblich; oder aus welchem Dorf, welchem Marktflecken, welcher Stadt er kommt; oder wenn ich weiß, ob der Bogen, mit dem ich verletzt wurde, ein Chapa- oder ein Kodanda-Bogen war; oder wenn ich weiß, ob die Bogensehne aus Schwalbenwurz oder aus Bambusfaser oder einer Sehne oder aus Hanf oder vom Milchsaftbaum war; oder wenn ich weiß, ob der Schaft von einer wilden oder einer künstlich gezogenen Pflanze war; oder ob die Pfeilfeder vom Flügel eines Geiers oder eines Reihers oder eines Falken oder eines Pfaus stammte; oder ob er mit der Sehne von einem Ochsen oder einem Büffel oder einem Ruru-Hirsch oder einem

Affen umwickelt war; oder wenn ich weiß, ob es ein gewöhnlicher Pfeil war, oder ein scharfkantiger Pfeil oder ein eiserner
Pfeil oder ein Pfeil aus Kalbszahn. Noch ehe er das alles erführe,
würde der Mann sterben.

Ebenso hängt ein religiöses Leben nicht davon ab, ob man der
Ansicht ist, die Welt sei unvergänglich oder endlich, oder Körper und Seele seien voneinander verschieden, oder der Buddha
lebe nach dem Tode weiter. Ob man diese Ansichten teilt oder
von ihrem Gegenteil überzeugt ist, ändert nichts an der Tatsache, daß es die Wiedergeburt gibt, daß es Alter, Tod und Kummer, Klagen, Leid, Sorge und Verzweiflung gibt . . . Ich habe
mich zu diesen Ansichten nicht geäußert, denn sie führen nicht
zur Leidenschaftslosigkeit, nicht zur Gelassenheit und nicht
zum Nirvana.

Und was habe ich erklärt? Das Leiden habe ich erklärt, die
Ursache für das Leiden, die Vernichtung des Leidens, und den
Pfad, der zur Vernichtung des Leidens führt, das habe ich er-
klärt. Denn das ist nützlich. [15]

4. Buddha predigte eine Religion ohne Tradition. Er stand auf der
Höhe der Vergangenheit, und ihre Gipfel sorgten für eine enorme
Erweiterung seines Gesichtsfeldes, aber er hielt seine Zeitgenossen für
weitgehend unter diesen Gipfeln begraben. Er forderte seine Anhänger
daher auf, sich von der Last der Vergangenheit freizumachen. »Richtet
euch nicht nach dem, was überliefert wurde, noch nach der Autorität
der traditionellen Lehren. Wenn ihr aus euch heraus wißt: ›Diese
Lehren sind nicht gut; diese Lehren führen, wenn wir ihnen folgen und
sie verwirklichen, zu Leiden und Verlust‹ – dann werft sie über Bord.«[16]
Sein wichtigster persönlicher Bruch mit veralteten Überlieferungen
liegt in seinem – der Entscheidung Martin Luthers, die Bibel vom
Lateinischen ins Deutsche zu übertragen, vergleichbaren – Entschluß,
sich vom Sanskrit abzuwenden und in der Sprache des Volkes zu lehren.

5. Buddha predigte eine Religion des intensiven persönlichen Bemü-
hens. Wir haben die Mutlosigkeit und Niedergeschlagenheit erwähnt,
die sich in Indien zur Zeit Buddhas breitgemacht hatten. Viele hatten
sich darauf eingestellt, daß der Kreislauf von Geburt und Wiedergeburt
nie enden würde, und das war so, wie wenn sie sich mit dem Alptraum
einer Verurteilung zu ewiger Zwangsarbeit abgefunden hätten. Wer
sich aber noch an die Hoffnung klammerte, schließlich doch Befreiung

zu erlangen, der hatte sich die Vorstellung der *Brahmanen* zu eigen gemacht, daß dieses Ziel nur in Tausenden von Lebenszyklen zu erreichen war, in denen sie sich allmählich in die Kaste der *Brahmanen* hocharbeiten würden, weil nur aus ihr heraus diese Befreiung möglich sei.

Für den Buddha gab es nichts Schlimmeres als diesen weitverbreiteten Fatalismus. Er lehnte nur eine Aussage ab, nämlich die der »Narren«, die behaupten, es gebe keine Handlung, keine Tat, keine Macht. »Hier ist ein Weg zum Ende des Leidens. So geht ihn!« Außerdem muß jeder und jede einzelne diesen Weg selbst gehen, indem er/sie sich selbst wachrüttelt und die Initative ergreift. »Jene, die, da sie sich nur auf sich selbst verlassen, bei niemandem außer sich selbst nach Hilfe Ausschau halten, die sind es, die die allerhöchste Höhe erreichen werden.«[17] Auf keinen Gott, auf keine Götter konnte man sich verlassen, nicht einmal auf Buddha selbst. Praktisch sagte er seinen Anhängern: Wenn ich nicht mehr da bin, versucht gar nicht erst, zu mir zu beten; denn wenn ich weg bin, dann bin ich wirklich weg. »Buddhas zeigen nur die Richtung. Arbeitet geduldig an eurer Rettung.«[18] Die Vorstellung, nur *Brahmanen* könnten Erleuchtung erlangen, hielt der Buddha für lächerlich. Was auch immer deine Kaste sein möge, so sagte er seinen Anhängern, ihr könnt es noch in diesem Leben schaffen. »Zu mir mögen kommen, die klug sind, ehrlich, unvoreingenommen, freimütig; ich will sie lehren, und wenn sie das üben, was ich ihnen sage, dann werden sie selbst zur Erkenntnis gelangen und werden jene höchste Religion und jenes höchste Ziel erreichen.«

6. Buddha predigte eine Religion ohne Okkultismus. Er lehnte alle Arten von Divination, Wahrsagerei und Zukunftsdeutung als niedere Künste ab, und obwohl er aus eigener Erfahrung wußte, daß der menschliche Geist über Fähigkeiten verfügt, die man heute als paranormal bezeichnet, gestattete er seinen Mönchen nicht, leichtfertig mit diesen Kräften zu spielen. »Daß ein Mann *nicht* mein Jünger ist, werdet ihr daran erkennen, daß er versucht, ein Wunder zu tun.« Denn immer wenn man an das Übernatürliche appellierte und sich auf dieses verließ, dann hatte man damit die Abkürzung, den leichten Weg, die einfache Lösung gesucht, die höchstens geeignet war, die Aufmerksamkeit von der schweren, praktischen Aufgabe abzulösen, sich selbst voranzubringen. »Wenn ich ernsthaft davon abrate, sich auf geheimnisvolle Wunder einzulassen, so deshalb, weil ich darin Gefahren sehe.«

Der Frage, ob Buddhas Religion – die ohne Autorität und Ritus, ohne

Theologie und Tradition, ohne Gnade und ohne den Rückgriff auf übernatürliche Kräfte auskam – auch eine Religion ohne Gott war, soll später erörtert werden. Nach seinem Tod wurde seine Lehre mit all den Ausschmückungen befrachtet, vor denen er sie so sorgfältig zu schützen getrachtet hatte, aber solange er lebte, hielt er sie im Zaum. Infolgedessen haben wir es im ursprünglichen Buddhismus mit einer Religion zu tun, die einmalig und daher historisch unschätzbar ist, denn jede Einsicht in die Formen, die Religion annehmen kann, vertieft unser Verständnis dessen, was Religion eigentlich ihrem Wesen nach ist. Der ursprüngliche Buddhismus läßt sich folgendermaßen charakterisieren:

1. Er war empirisch. Keine andere Religion hat ihre Anhänger je so unmißverständlich aufgefordert, ihre Angaben einer direkten Nachprüfung zu unterziehen. In allen Fragen war die persönliche Erfahrung das letzte Wahrheitskriterium. »Laßt euch nicht vom Denken leiten, nicht vom Folgern und nicht vom Argumentieren.«[19] Ein wahrer Schüler muß »selbst Gewißheit haben.«

2. Er war wissenschaftlich. Er machte die Qualität der gelebten Erfahrung zum letzten Prüfstein und bemühte sich, Ursache-Wirkungs-Beziehungen zu entdecken, die diese Erfahrung beeinflußten. »Wenn jenes vorhanden ist, wird dieses; wenn jenes nicht vorhanden ist, wird dieses nicht.«[20] Es gibt keine Wirkung ohne eigene Ursache.

3. Er war pragmatisch – wenn man will, war der seinige ein transzendentaler Pragmatismus, im Unterschied zu der Art von Pragmatismus, die sich auf praktische Probleme des Alltagslebens konzentriert, aber doch insofern pragmatisch, als er sich mit dem Lösen von Problemen beschäftigte. Buddha hütete sich davor, sich durch spekulative Fragestellungen ablenken zu lassen und konzentrierte seine ganze Aufmerksamkeit auf handfeste Probleme, die nach einer Lösung verlangten. Wenn seine Lehre nicht praktisch zu brauchen war, dann hatte sie keinerlei Wert. Er verglich sie mit einem Floß: Das Floß dient dazu, Menschen beim Übersetzen über den Fluß zu helfen, ist aber von keinem weiteren Nutzen, wenn das andere Ufer erst einmal erreicht ist.

4. Er war therapeutisch. Pasteurs Satz »Ich frage Sie nicht nach Ihrer Meinung oder Ihrem Glauben; aber was ist Ihr Leiden?« hätte auch von Buddha stammen können. »Eines lehre ich«, sagte der Buddha: »Leiden und das Ende des Leidens. Ich verkünde nur das Übel und das Aufhören des Übels.«[21]

5. Er war psychologisch. Das Wort wird hier im Gegensatz zu ›metaphysisch‹ gebraucht. Statt vom Universum auszugehen und von dort

zum Platz des Menschen darin fortzuschreiten, ging der Buddha regelmäßig vom Los des Menschen, seinen Problemen und den Gesetzen ihrer Überwindung aus.

6. Er war egalitär. Mit einer Weitherzigkeit, die zu seiner Zeit ihresgleichen suchte und zu keiner Zeit häufig anzutreffen ist, betonte er, daß Frauen ebenso zur Erleuchtung fähig sind wie Männer. Und er lehnte die dem Kastendenken zugrunde liegende Annahme ab, daß Begabung erblich sei. Er, der als *Kshatriya* (Krieger, Herrscher) geboren und durch die Umstände vorübergehend zum *Brahmanen* geworden war, brach mit dem Kastenwesen und öffnete seinen Orden für alle, ohne Rücksicht auf ihren gesellschaftlichen Rang.

7. Er richtete sich an das Individuum. Buddha war nicht blind gegenüber der sozialen Seite der menschlichen Natur; er gründete nicht nur einen religiösen Orden *(Sangha)* – sondern betonte auch, wie wichtig dieser zur Unterstützung der persönlichen Vorsätze war. Und doch galt sein Aufruf letztlich dem Individuum: jeder sollte sich dadurch der Erleuchtung nähern, daß er sich mit seiner persönlichen Situation und seinen persönlichen Problemen auseinandersetzte.

> Daher, o Ananda, seid euch selbst zur Leuchte. Sucht keine äußere Zuflucht. Haltet fest an der Zuflucht der Wahrheit. Arbeitet gewissenhaft an eurer eigenen Rettung.[22]

Die Vier Edlen Wahrheiten

Als der Buddha sich endlich von dem Bann der Verzückung befreien konnte, der ihn während der neunundvierzig Tage seiner Erleuchtung an den Unbeweglichen Ort gefesselt hatte, erhob er sich und wanderte mehr als hundert Meilen, um nach Indiens heiliger Stadt Benares zu gelangen. Sechs Meilen vor der Stadt, in einem Wildpark in Sarnath, unterbrach er seine Reise, um seine erste Lehrrede zu halten. Er hatte nur wenige Zuhörer – nur fünf Asketen, die sich seinen strengen Kasteiungen angeschlossen hatten und dann, als er sich von diesem Weg abwandte, im Zorn mit ihm gebrochen hatten, jetzt aber zu seinen ersten Jüngern wurden. Er sprach über die Vier Edlen Wahrheiten. Es war seine erste offizielle Rede nach seiner Erleuchtung, und sie enthielt eine Darlegung der wichtigsten Entdeckungen, die ihm als Höhepunkt seiner sechs Jahre während Suche zuteil geworden waren.

Die meisten Menschen würden vermutlich nicht sehr weit kommen, wenn man sie bitten würde, in ein paar Sätzen die vier Aussagen über das Leben zu machen, von denen sie am meisten überzeugt sind. Die Vier Edlen Wahrheiten sind die Antworten des Buddha auf diese Bitte. Zusammen bilden sie die Axiome seines Systems, die Postulate, von denen seine übrige Lehre sich logisch ableitet.

Die Erste Edle Wahrheit ist, daß das Leben *Duhkha* ist, was gewöhnlich mit »Leiden« wiedergegeben wird. Damit ist zwar bei weitem nicht der ganze Bedeutungsumfang des Wortes erfaßt, aber Leiden ist ein wichtiger Teil davon und sollte uns beschäftigen, bevor wir zu anderen Konnotationen übergehen.

Im Gegensatz zu dem, was frühe westliche Interpreten meinten, war Buddhas Philosophie nicht pessimistisch. Man mag den Schauplatz des menschlichen Lebens noch so düster darstellen; ob die Darstellung pessimistisch ist, entscheidet sich erst mit der Antwort auf die Frage, ob es Möglichkeiten der Besserung gibt. Da der Buddha sich dessen gewiß war, fällt seine Sicht unter die Beobachtung Heinrich Zimmers, daß »philosophische Theorie, religiöser Glaube und intuitive Erfahrung ... gemeinsam zu der Leitidee Indiens bei[trugen], daß im Grunde genommen alles gut ist. Ein hochgemuter Optimismus herrscht überall vor ...«[23] Aber der Buddha sah ganz klar, daß das Leben gewöhnlich unbefriedigend und voller Unsicherheit ist.

Er bezweifelte nicht, daß es möglich ist, das Leben zu genießen, und daß das Leben zu genießen erfreulich ist, aber zwei Fragen drängten sich auf. Erstens: Ein wie großer Teil des Lebens ist so erfreulich? Und zweitens: Auf welcher Ebene unseres Wesens findet solche Freude statt? Buddha war der Ansicht, daß das eine oberflächliche Ebene ist, die vielleicht für Tiere genügt, aber tiefe Bereiche der menschlichen Psyche leer und unbefriedigt zurückläßt. Nach dieser Auffassung ist selbst Lust vergoldeter Schmerz. »Die süßesten Freuden auf Erden sind bloß verkappter Schmerz«, sagt William Drummond, und Shelley spricht von »jener Unruhe, die die Menschen Wonne nennen.« Unter dem Strahlen der Neonleuchten liegt Dunkel; im Kern – nicht der Wirklichkeit, aber des nicht-erneuerten menschlichen Lebens – verbirgt sich die »stille Verzweiflung«, die Thoreau im Leben der meisten Menschen entdeckte. Das ist der Grund, weshalb wir Zerstreuung suchen, denn Zerstreuung lenkt uns von dem ab, was unter der Oberfläche liegt. Manchen mag es gelingen, sich über lange Zeit hinweg abzulenken, aber die Dunkelheit bleibt ungelindert.

Sieh! Wie der Wind, so sterblich's Leben ist:
ein Stöhnen, Seufzer, Schluchzen, Sturm und Zwist. [24]

Daß ein solches Urteil über den Normalzustand des Lebens eher auf
einer realistischen als auf einer krankhaften Einschätzung beruht, läßt
sich aus der Tatsache ableiten, daß viele Denker jeglicher Couleur ihm
zustimmen. Die Existentialisten beschreiben das Leben als eine »nutzlose Leidenschaft«, als »absurd«, »überflüssig *(de trop)*«. Der ›wissenschaftliche Humanist‹ Bertrand Russell fand es schwer einzusehen,
warum die Menschen über die Information, daß die Welt sozusagen
ständig abläuft, unglücklich sind, »da ich nicht einsehe, wieso ein uner-
freulicher Vorgang dadurch weniger unerfreulich werden soll, daß er
unendlich lange anhält.« Die Dichtung, immer ein sensibles Barome-
ter, spricht von dem »jämmerlichen Wirrwarr des Lebens« und der
»langsamen Kontraktion der Zeit im hoffnungsvollsten Herzen.« Der
Buddha ist nie weiter gegangen als Robert Penn Warren:

Oh, es ist wirklich. Es ist das einzig Wirkliche.
Schmerz. So laßt uns mannhaft die Wahrheit sagen.
Wir sind geboren zur Freude, daß Freude werde Schmerz.
Wir sind geboren zur Hoffnung, daß Hoffnung werde Schmerz.
Wir sind geboren zur Liebe, daß Liebe werde Schmerz.
Wir sind geboren zum Schmerz, daß Schmerz werde mehr
Schmerz, und daß wir von diesem unausschöpflichen Überfluß
Schmerz geben den andern als Hauptzug unsres Wesens. [25]

Selbst bei Albert Schweitzer, der Indien für pessimistisch hielt, findet
sich fast ein Echo von Buddhas Urteil, wenn er schreibt: »Nur in ganz
seltenen Momenten bin ich wirklich froh gewesen zu leben. Ich konnte
nicht umhin, mit einem Mitgefühl voller Bedauern all den Schmerz,
den ich um mich herum sah, zu empfinden, nicht nur den der Menschen, sondern der ganzen Schöpfung.«

Duhkha spricht also den Schmerz an, der bis zu einem gewissen
Grade alles endliche Sein durchzieht. Die funktionale Seite, auf die das
Wort anspielt, wird klar, wenn wir feststellen, daß es im Pali zur Be-
zeichnung von Rädern mit exzentrischen Achsen oder von aus der
Gelenkpfanne gerutschten Knochen gebraucht wurde. (Ein modernes
Bild dafür wäre etwa ein Einkaufswagen, den wir von der falschen Seite
aus zu lenken versuchen.) Was die Erste Edle Wahrheit uns sagen will,

ist genau dies: das Leben ist (in dem Zustand, in den es sich selbst hineinmanövriert hat) ver-rückt. Irgend etwas ist schiefgegangen. Es ist aus den Fugen geraten. Da sein Angelpunkt nicht stimmt, entsteht übermäßige Reibung (zwischenmenschliche Konflikte), die Bewegung (die Kreativität) wird blockiert, und es tut weh.

Da er einen analytischen Verstand hatte, war der Buddha jedoch nicht damit zufrieden, die Erste Wahrheit in dieser allgemeinen Form zu belassen. Er benannte vielmehr sechs Momente, an denen die Ver-rücktheit des Lebens besonders ins Auge springt. Alle Menschen, ob arm oder reich, durchschnittlich oder hochbegabt, machen folgende Erlebnisse durch:

1. Das Trauma der Geburt. Die Psychoanalytiker messen diesem Punkt heute eine große Bedeutung bei. Freud hat zwar später bestritten, daß das Geburtstrauma die Quelle aller späteren Ängste sei, aber er hat es bis zum Schluß als den Prototyp der Angst betrachtet. Er schreibt: »Wir sagen uns, es ist der Geburtsakt, bei welchem jene Gruppierung von Unlustempfindungen, Abfuhrregungen und Körpersensationen zustande kommt, die das Vorbild für die Wirkung einer Lebensgefahr geworden ist und seither als Angstzustand von uns wiederholt wird.«[26]

2. Die Pathologie der Krankheit.

3. Die mit dem Hinfälligwerden im Alter verbundenen Krankheitserscheinungen. In der Jugend sorgt die schiere körperliche Vitalität im Verein mit dem Reiz des Neuen dafür, daß das Leben fast automatisch als gut empfunden wird. Später stellen sich Ängste ein: die Angst vor finanzieller Abhängigkeit; die Angst, ungeliebt und unerwünscht zu sein; die Angst vor langen Perioden voll Krankheit und Schmerz; die Angst, körperlich abstoßend und von anderen Menschen abhängig zu sein; die Angst davor, sein Leben in irgendeiner wichtigen Beziehung als gescheitert ansehen zu müssen.

4. Die Angst vor dem Tod. Auf Grund jahrelanger klinischer Erfahrung stellte C. G. Jung fest, daß die am tiefsten verwurzelte Angst bei allen von ihm analysierten Patienten über Vierzig die Angst vor dem Tode sei. In eine ähnliche Richtung gehen die Existentialisten, wenn sie darauf hinweisen, wie sehr die Angst vor dem Tod ein gesundes Leben vergällen kann.

5. An das gebunden zu sein, was man nicht liebt. Manchmal gelingt es, sich dem zu entziehen, aber nicht immer. Eine unheilbare Krankheit, ein hartnäckiger Charakterfehler – das alles sind Folter-

qualen, welchen die Menschen lebenslänglich auf Gedeih und Verderb ausgeliefert sind.

6. Von dem getrennt zu sein, was man liebt.

Daß der Schuh an diesen sechs Stellen drückt, wird niemand bestreiten. Die Erste Edle Wahrheit bündelt sie in einer Aussage, indem sie folgert, daß die fünf *Skandhas* (Lebenselemente) schmerzhaft sind. Da diese *Skandhas* den Körper, die Empfindungen, die Gedanken, die Gefühle und das Bewußtsein umfassen – kurz alles, was wir im allgemeinen mit dem Leben in Verbindung bringen –, kommt die Aussage der Behauptung gleich, daß das ganze menschliche Leben (wie es normalerweise gelebt wird) aus Leiden besteht. Irgendwie ist das Leben der Wirklichkeit entfremdet worden, und solange diese Entfremdung nicht überwunden ist, steht sie wahrem Glück im Wege.

Um den Riß heilen zu können, müssen wir zunächst seine Ursache kennen, und die wird in der Zweiten Edlen Wahrheit offenbart. Die Ursache für die Ver-rücktheit des Lebens ist *Tanha*. Auch hier läßt es die Ungenauigkeit der Übersetzungen – sie sind alle in gewisser Weise unehrlich – geraten erscheinen, sich eng an die ursprüngliche Bedeutung des Wortes zu halten. *Tanha* wird gewöhnlich mit ›Begehren‹ wiedergegeben. Das ist auch durchaus richtig, etwa in dem Sinn, den George Bernard Shaw in *Haus Herzenstod* im Auge hat, wenn er Ellie ausrufen läßt: ». . . Jetzt, seit ich wunschlos bin, spüre ich, daß es nichts gibt, wozu ich nicht imstande wäre«, ein Satz, der Captain Shotover zu der einzigen leidenschaftlichen Äußerung im ganzen Stück veranlaßt: »Das ist die einzig wahre Kraft. Das ist Genie. Das ist besser als Rum.«[27] Aber wenn wir versuchen, *Tanha* mit Begehren gleichzusetzen, stoßen wir auf Schwierigkeiten. Zunächst einmal würde die Gleichsetzung dazu führen, daß die Zweite Wahrheit ihren Sinn verlöre, denn das Aufgeben des Begehrens in jeglicher Form wäre in unserem gegenwärtigen Zustand gleichbedeutend mit dem Tode, und der Tod löst nicht das grundlegende Problem des Lebens. Aber die Gleichsetzung wäre darüber hinaus nicht nur sinnlos, sondern auch schlicht falsch, denn es gibt manche Wünsche, die der Buddha ausdrücklich gutgeheißen hat – den Wunsch nach Befreiung zum Beispiel, oder den Wunsch, andere Menschen glücklich zu wissen.

Tanha ist eine bestimmte Art von Begehren, das Begehren nach privater Erfüllung. Wenn wir selbstlos sind, sind wir frei, aber das ist ja gerade die Schwierigkeit – diesen Zustand aufrechtzuerhalten. *Tanha* ist die Kraft, die dem entgegenwirkt und uns dazu bringt, uns von der

Freiheit der Allheit abzuwenden und im Ego Erfüllung zu suchen, das ständig Gifte ausscheidet wie eine verborgene Wunde. *Tanha* – das sind auch »all jene Neigungen, die zur Festschreibung oder Vertiefung unserer Getrenntheit beitragen, der getrennten Existenz des Subjekts des Begehrens; kurz alle Formen der Selbstsucht, deren Wesen in dem Wunsch besteht, das eigene Selbst zu fördern, wenn es sein muß, auf Kosten aller anderen Lebensformen. Da das Leben eine Einheit ist, muß alles, was dazu beiträgt, es in unterschiedliche Bestandteile zu zerlegen, der Einheit, die selbst unbewußt noch gegen das Gesetz wirkt, Leiden zufügen. Es ist unsere Pflicht unseren Mitmenschen gegenüber, sie als Erweiterungen, als zusätzliche Aspekte unserer selbst zu verstehen – Mit-Aspekte ein und derselben Wirklichkeit.«[28]

Diese Forderung ist meilenweit von der Art entfernt, wie die Menschen gewöhnlich zu ihren Nachbarn stehen. Die findet sich eher in Ibsens Beschreibung eines Irrenhauses geschildert, in dem »jeder sich in ein Faß aus Selbst einschließt, das Faß stopft er mit einem Spund aus Selbst zu und läßt es in einem Brunnen aus Selbst reifen.« Wenn man Ihnen ein Gruppenfoto zeigt, nach wessen Gesicht suchen Sie zuerst? Das ist ein kleines, aber verräterisches Symptom für den verzehrenden Krebs, der Leiden schafft. Wo wäre der Mann, der ebensosehr darum besorgt ist, daß niemand Hunger leidet, wie darum, ob seine eigenen Kinder zu essen haben? Wo wäre die Frau, die sich um die Erhöhung des Lebensstandards auf der ganzen Welt ebensosehr sorgt wie um die eigene Gehaltserhöhung? Das ist der Punkt, so sagt Buddha, an dem der Hund begraben liegt; das ist die Ursache unseres Leidens. Anstatt unseren Glauben, unsere Liebe und unser Geschick mit dem Ganzen zu verbinden, binden wir sie stur dem kümmerlichen kleinen Esel unseres getrennten Ich auf den Rücken, der doch früher oder später stolpern und versagen muß. Wir hätscheln unsere persönliche Identität, schließen uns in »unser hautumspanntes Ego« (Alan Watts) ein und suchen Erfüllung, indem wir diese intensivieren und erweitern. Welche Torheit, zu glauben, Gefangenschaft könne zur Befreiung führen! Sind wir unfähig zu erkennen, daß es »das Selbst ist, das uns leiden macht«? Das Selbst ist alles andere als das Tor zu einem erfüllten Leben, es ist ein eingeklemmter Bruch. Je mehr er anschwillt, um so fester bindet er den freifließenden Blutstrom ab, der die Gesundheit erhalten würde, und um so stärker werden die Schmerzen.

Die Dritte Edle Wahrheit folgt logisch aus der Zweiten. Wenn egoistisches Verlangen die Ursache für die Ver-rücktheit des Lebens ist, dann liegt die Heilung in der Überwindung dieses Verlangens. Wenn wir uns von der engen Begrenzung des Eigennutzes befreien und in die Weiten des universellen Lebens eintreten könnten, wären wir von unserer Qual erlöst. Die Vierte Edle Wahrheit zeigt einen Weg, auf dem die Heilung erfolgen kann. Das Überwinden von *Tanha*, der Weg aus unserer Gefangenschaft, erfolgt über den Achtfachen Pfad.

Der Achtfache Pfad

Mit den Vier Edlen Wahrheiten ging der Buddha an das Problem des Lebens im wesentlichen als Arzt heran. Zunächst untersuchte er sorgfältig die Symptome, die zur Sorge Anlaß geben. Wenn alles glatt verliefe, so glatt, daß wir uns unserer selbst so wenig bewußt würden wie wir normalerweise unserer Verdauung bewußt sind, dann gäbe es keinen Grund zur Beunruhigung, und wir brauchten uns um unsere Lebensweise nicht weiter zu kümmern. Aber das ist nicht der Fall. Es ist weniger Kreativität vorhanden, aber dafür mehr Konflikte, mehr Schmerzen als es für unser Empfinden richtig wäre. Diese Symptome faßte der Buddha in der Ersten Edlen Wahrheit durch die Feststellung zusammen, daß das Leben *Duhkha* ist – aus den Fugen geraten. Der nächste Schritt war die Diagnose. Glauben und Ritus außer acht lassend, fragte er ganz praktisch: Was ist die Ursache für diese anormalen Symptome? Wo ist der Infektionsherd? Was ist immer anwesend, wenn Leiden anwesend, und abwesend, wenn Leiden abwesend ist? Die Antwort war in der Zweiten Edlen Wahrheit enthalten: die Ursache für die Ver-rücktheit des Lebens ist *Tanha* oder der Drang nach privater Erfüllung. Und wie stand es mit der Prognose? Die Dritte Edle Wahrheit läßt hoffen: Die Krankheit kann geheilt werden, wenn der egoistische Drang nach gesonderter, individueller Existenz überwunden wird. Damit kommen wir zum Rezept: Wie kann diese Überwindung erreicht werden? Die Vierte Edle Wahrheit gibt die Antwort. Der Weg zur Überwindung der Selbst-Suche ist der Achtfache Pfad.

Der Achtfache Pfad ist also eine Behandlungsmethode. Aber es ist keine äußerliche Behandlung, die der Patient passiv über sich ergehen lassen muß. Es ist keine Behandlung durch Tabletten, Rituale oder Gnade. Es ist vielmehr eine Behandlung durch Übung. Sportliches Training und die Einübung von beruflichen Fertigkeiten sind uns allen vertraut. Aber wir neigen – von besonderen Ausnahmen, wie etwa

Benjamin Franklin, einmal abgesehen – allgemein zu der Annahme, das Leben selbst lasse sich nicht einüben. Hier war der Buddha anderer Ansicht. Er unterschied zwei Arten der Lebensführung: die eine – ein zufälliges, unüberlegtes Drauflosleben, bei dem der Mensch, eigenen Impulsen und äußeren Umständen gleich hilflos ausgeliefert, wie ein Blatt im Winde hin- und hergetrieben wird – nannte er »Umherwandern.« Die zweite, die bewußte Lebensführung, nannte er den Pfad. Er schlug nun eine Reihe von Veränderungen vor, die zum Ziel hatten, das Individuum von Unwissenheit, willenlosen Impulsen und *Tanha* zu befreien. Ein vollständiger Kurs wird abgesteckt: Steile Gefällstrecken und gefährliche Kurven sind besonders markiert, und es gibt auch Rastplätze. Der Achtfache Pfad hat sich nichts Geringeres vorgenommen, als uns dort abzuholen, wo wir stehen und uns durch lange, geduldige und disziplinierte Übung als ganz andere Menschen wieder abzusetzen, als Menschen, die von Gebresten geheilt sind, die uns zum Krüppel gemacht hatten. »Glück kann der Suchende gewinnen«, sagte der Buddha, »wenn er übt.«

Was ist das für eine Übung, von der Buddha spricht? Er teilt sie in acht Schritte ein. Diesen geht jedoch etwas voraus, was er nicht in die Liste aufgenommen, aber anderen Orts so oft erwähnt hat, daß wir annehmen dürfen, daß er es hier als selbstverständlich vorausgesetzt hat. Dieser einleitende Schritt ist der rechte Umgang. Niemand hat klarer als Buddha erkannt, in wie starkem Maße wir soziale Wesen sind, die bei jedem Schritt durch das »begleitende Beispiel« unserer Gefährten beeinflußt werden, deren Haltungen und Werte eine starke Wirkung auf uns ausüben. Als er einmal gefragt wurde, wie man Erleuchtung erlangen könne, begann Buddha: »Ein Erwecker des Glaubens erscheint in der Welt. Ihm schließt man sich an.« Es folgten noch weitere Anweisungen, aber der rechte Umgang ist so grundlegend, daß wir noch näher darauf eingehen wollen.

Wenn ein wilder Elefant gezähmt und abgerichtet werden soll, dann beginnt man am besten damit, daß man ihn mit einem anderen zusammenspannt, der diesen Prozeß hinter sich hat. Durch diesen Kontakt kommt der wilde Elefant zu der Einsicht, daß der Zustand, auf den er hingeführt werden soll, mit seinem Elefantsein nicht völlig unvereinbar ist; daß das, was von ihm erwartet wird, seiner Natur nicht kategorisch widerspricht und einen Zustand ankündigt, der, wenn auch erschreckend andersartig, als Lebensmöglichkeit vorstellbar ist. Das ständige, unmittelbare und ansteckende Beispiel seines Geschirrgenossen ist ihm

der beste Lehrmeister. Nicht anders verhält es sich mit der Einübung
des spirituellen Lebens. Die Verwandlung, die dem Ungeübten bevor-
steht, ist nicht weniger bedeutend und nicht weniger anspruchsvoll.
Ohne einen sichtbaren Beweis für die Möglichkeit des Erfolges und
ohne ständige ›Mut-Transfusionen‹ muß er zwangsläufig verzagen.
Wenn sich Ängste (wie wir heute aus wissenschaftlichen Untersuchungen wissen) ganz konkret von unseren Mitmenschen auf uns übertragen, könnte das nicht ebenso auch für Beharrlichkeit gelten? Robert
Ingersoll hat einmal bemerkt, wenn er Gott wäre, dann hätte er dafür
gesorgt, daß Gesundheit und nicht Krankheit ansteckend ist; worauf ein
indischer Zeitgenosse antwortete: »Wann erkennen wir endlich, daß
Gesundheit wirklich genauso ansteckend *ist* wie Krankheit, Tugend so
ansteckend wie Laster, Fröhlichkeit so ansteckend wie Griesgrämig-
keit?« Nach den Worten Shankaras gehört die Nähe der Heiligen zu
den drei Dingen, für die wir täglich danken sollten; denn so wie die
Bienen nur gemeinsam Honig machen können, können auch die Menschen auf dem Weg nur vorankommen, wenn sie von einem Feld der
Zuversicht und Anteilnahme getragen werden, wie es die Wahrheitsfin-
der ausstrahlen. So denkt auch Buddha. Wir sollten uns den Wahrheits-
findern anschließen, mit ihnen sprechen, ihnen dienen, ihr Verhalten
beobachten und durch Osmose ihren Geist der Liebe und des Erbarmens in uns aufnehmen.

Nachdem der Weg durch diesen ersten, vorbereitenden Schritt geeb-
net ist, können wir zu den acht Schritten des Pfades übergehen.

1.   Rechte Einsicht[29]

Eine Lebensweise umfaßt immer mehr als nur Glaubensüberzeugungen, aber sie kann nie ganz ohne diese auskommen, denn der Mensch ist
nicht nur, wie wir eben festgestellt haben, ein *animal sociale*, sondern
auch ein *animal rationale*. Nicht ausschließlich, gewiß – der Buddha
wäre der erste gewesen, der dies eingeräumt hätte. Aber wir brauchen
im Leben einen Plan, eine Landkarte, auf die wir zurückgreifen können,
um unsere Energien planvoll einzusetzen. Um noch einmal den Elefanten zu bemühen: Wie groß die Gefahr, in der er sich befindet, auch
immer sein mag, er wird keinen Schritt zu seiner Rettung unternehmen,
eher er sich nicht vergewissert hat, daß der Pfad, den er betreten muß,
sein Gewicht aushält. Ohne diese Sicherheit hält er, wenn auch unter
verzweifeltem Angsttrompeten, lieber in einem brennenden Wagen

aus, als einen Sturz zu riskieren. Selbst die lautstärksten Kritiker der Vernunft müssen zugeben, daß ihr zumindest diese Rolle im menschlichen Leben zufällt. Sie mag die Macht haben, uns zu verführen oder auch nicht, das Recht zum Veto hat sie allemal. Solange die Vernunft nicht befriedigt ist, kann niemand mit aller Kraft aufbrechen, wohin auch immer es sei.

Wenn wir uns daher anders als aufs Geratewohl auf den Weg machen wollen, brauchen wir ein Mindestmaß an intellektueller Orientierung. Diese ist in den Vier Edlen Wahrheiten enthalten. Die Welt ist voller Leiden, es entsteht durch das Verlangen nach persönlicher Erfüllung; dieses Verlangen kann gezügelt werden, und der Weg, um es zu zügeln, besteht im Beschreiten des Achtfachen Pfades.

2.   Rechte Gesinnung

Während der erste Schritt uns dazu aufruft, uns intellektuell über das Grundproblem des Lebens klarzuwerden, rät uns der zweite, uns gefühlsmäßig klarzumachen, was wir wirklich wollen. Ist es wirklich die Erleuchtung, oder schwanken unsere Neigungen mal in diese, mal in jene Richtung und verlieren wie ein Drachen durch jede ablenkende Strömung an Stabilität? Wenn wir merklich vorankommen wollen, ist Beharrlichkeit unverzichtbar. Große Menschen sind fast immer einer ganz bestimmten Sache leidenschaftlich ergeben. Jeden Tag tun sie tausend Dinge, aber dahinter steht die eine Sache, die überragende Bedeutung für sie hat. Wer mit solcher Zielstrebigkeit nach Befreiung sucht, der darf erwarten, daß er nicht mehr mit schwankenden Schritten wie über Sanddünen taumelt, sondern mit weitausgreifender Gangart gut vorankommt.

3.   Rechte Rede

In den nächsten drei Schritten ergreifen wir die »Schalter«, die unser Leben steuern, indem wir damit beginnen, auf unsere Sprache zu achten. Unsere erste Aufgabe ist es, uns unserer Sprache und dessen, was sie über unseren Charakter aussagt, bewußt zu werden. Statt uns nun gleich vorzunehmen, immer nur die Wahrheit zu sagen – ein Vorsatz, der sich wahrscheinlich, weil er zu anspruchsvoll ist, anfangs als wirkungslos erweisen wird –, tun wir gut daran, noch weiter zurückzugehen und einmal zu versuchen aufzupassen, wie oft wir im Laufe des

Tages von der Wahrheit abweichen, um uns anschließend darüber klarzuwerden, was die Gründe dafür waren. Ebenso verfahren wir mit liebloser Sprache. Beschließen Sie nicht als erstes, nie mehr ein unfreundliches Wort zu sagen, sondern beobachten Sie, was Sie sagen, um sich über die Gründe für Ihre Unfreundlichkeit klarzuwerden.

Wenn wir diesen ersten Schritt einigermaßen im Griff haben, sind wir soweit, daß wir ein paar Veränderungen ausprobieren können. Der Boden ist nun vorbereitet, denn sobald wir uns einmal bewußt geworden sind, wie wir sprechen, springt ins Auge, daß wir uns ändern müssen. In welche Richtung sollten die Änderungen zielen? Zunächst einmal in Richtung auf größere Wahrhaftigkeit. Der Buddha ging an die Wahrheit eher vom ontologischen als vom moralischen Standpunkt heran; Täuschung war für ihn dumm, nicht böse. Sie ist dumm, weil sie unser Sein reduziert. Denn aus welchem Grund täuschen wir jemanden? Jenseits der Rationalisierungen ist das Motiv fast immer die Angst, vor uns selbst oder vor anderen zu entdecken, was wir wirklich sind. Jedesmal, wenn wir uns auf diesen »Schutzzoll« verlassen, werden die Mauern des uns umschließenden Egos ein wenig dicker. Es wäre unrealistisch anzunehmen, wir könnten unsere Schutzmechanismen mit einem Schlag aufgeben, aber wir können uns ihrer allmählich immer mehr bewußt werden und erkennen, auf welche Weise sie uns einengen.

Zweitens sollte unsere Sprache liebevoller werden. Falsches Zeugnis, eitles Gerede, Klatsch, üble Nachrede und Beschimpfungen müssen vermieden werden, und zwar nicht nur in ihrer offenen Ausprägung, sondern auch da, wo sie in versteckter Form auftreten. Gerade die versteckten Formen – raffinierte Herabsetzungen, »versehentliche« Taktlosigkeiten, spitze Bemerkungen – sind oft noch bösartiger, weil das dahinterstehende Motiv verschleiert ist.

4. Rechte Tat

Auch hier ist in der Ermahnung (wie der Buddha in seinen späteren Lehrreden ausgeführt hat) die Aufforderung enthalten, das eigene Verhalten objektiver zu verstehen, bevor man es zu verbessern sucht. Der Lernende soll über seine Handlungen mit Blick auf die Motive, die dahinterstecken, nachdenken. Wieviel Selbstlosigkeit war eigentlich im Spiel und wieviel Egoismus? Wieder zielt die Veränderung auf selbstloseres und liebevolleres Verhalten ab. Diese allgemeinen Direktiven werden genauer präzisiert in den »Fünf Sittenregeln«, *(Sila)*, der buddhistischen Variante des zweiten – ethischen – Teils der Zehn Gebote:

Nicht töten. Strenge Buddhisten beziehen diese Vorschrift auch auf Tiere und leben vegetarisch.

Nicht stehlen.

Nicht lügen.

Nicht unkeusch sein. Für Mönche und Unverheiratete bedeutet das Enthaltsamkeit. Für Verheiratete bedeutet es Zurückhaltung proportional zu ihrem Interesse an und ihrem Fortschritt auf dem Weg.

Keine berauschenden Getränke trinken. Man erzählt, daß ein alter russischer Zar, der vor der Entscheidung stand, ob er das Christentum, den Islam oder den Buddhismus für sein Volk wählen sollte, die beiden letzteren verwarf, weil beide dieses Gebot enthielten.

5.   Rechter Lebenserwerb

Unsere Arbeit ergreift von dem größten Teil unserer wachen Aufmerksamkeit Besitz.[30] Buddha war der Ansicht, daß Fortschritte im spirituellen Leben unmöglich seien, wenn das meiste, was wir tun, uns in die entgegengesetzte Richtung zieht: »Die Hand des Färbers versinkt in der Farbe, in der sie arbeitet.« Dem stimmt auch das Christentum zu. Martin Luther, der die Arbeit des Henkers ausdrücklich billigte, weil die Gesellschaft nun einmal auf sie angewiesen ist, verurteilte Wucherer und Spekulanten.

Für all jene, denen es mit der Befreiung so ernst ist, daß sie ihr das ganze Leben widmen, macht vollkommenes Handeln den Eintritt in den Mönchsorden und die Unterwerfung unter dessen Regeln erforderlich. Der Laie soll dagegen einen Beruf ergreifen, der das Leben fördert, statt es zu zerstören. Einmal mehr begnügte sich der Buddha nicht mit allgemeinen Vorschriften. Er nannte Roß und Reiter – die Berufe seiner Zeit, die er mit spirituellem Streben für unvereinbar hielt. Bei einigen bedarf es keiner Erörterung: Gifthändler, Sklavenhändler, Prostituierte. Bei anderen käme eine weltweite Anwendung des Verbots einer Revolution gleich: Metzger, Brauer, Waffenhersteller, Steuereintreiber (die damals unlautere Geschäfte machten). Einer der Berufe auf der Liste gibt auch heute noch Anlaß zur Verwunderung: Warum verdammte der Buddha den Beruf des Karawanenhändlers?

Während der Buddha so seinen Zeitgenossen helfen wollte, die Berufe, die dem spirituellen Fortschritt dienten, von denen, die ihm hinderlich waren, zu unterscheiden, äußern manche Buddhisten die Vermutung, daß, würde er heute lehren, er sich weniger mit Einzelheiten beschäftigen würde als mit der Gefahr, daß die Menschen vergessen, daß Arbeit ein Mittel zum Leben und nicht sein Endzweck ist.

6.   Rechte Anstrengung

Buddha maß dem Willen große Bedeutung bei. Das Ziel ist nur unter immensen Anstrengungen zu erreichen; Tugenden müssen entwickelt, Leidenschaften gezügelt und schädliche Gemütszustände ausgemerzt werden, damit Mitgefühl und Interesselosigkeit sich entwickeln können. »»Er hat mich beraubt, er hat mich geschlagen, er hat mich beleidigt« – wer so denkt, für den hört der Haß niemals auf.« Aber solche lähmenden Gefühle, ja überhaupt alle Arten von Fesseln, lassen sich nur abschütteln durch, wie William James es ausgedrückt hat, »das schwere, langsame Wogen des Willens.« »Jene, die dem Pfad folgen«, sagte der Buddha, »täten gut daran, dem Beispiel des Ochsen zu folgen, der sich mit einer schweren Last auf dem Rücken durch tiefen Schlamm vorankämpft. Er ist müde, aber er läßt seinen unverwandten, nach vorne gerichteten Blick erst sinken, wenn er aus dem Schlamm herauskommt, und erst dann gönnt er sich eine Ruhepause. Oh ihr Mönche, denkt daran, daß Leidenschaft und Sünde mehr sind als schmutziger Schlamm und daß ihr dem Elend nur entgehen könnt, wenn ihr ernsthaft und unverwandt an den Pfad denkt.«[31] Ein schwacher Grad des Wollens, ein bloßer Wunsch ohne gleichzeitige Anstrengungen oder Taten zu seiner Verwirklichung reichen nicht aus.

Seinen Aussagen über die vollkommene Anstrengung fügte Buddha später noch einige Gedanken zum rechten Zeitpunkt hinzu. Unerfahrene Bergsteiger, die sich anschicken, zum ersten Mal einen bedeutenden Gipfel zu bezwingen, werden oft ungeduldig, wenn sie sehen, welchen scheinbar absurd gemächlichen Schritt ihr alter Führer anschlägt; aber noch ehe der Tag vorüber ist, stellt sich heraus, daß sein Tempo zum Durchhalten genau richtig war. Der Buddha traute der stetigen Ausdauer mehr als dem schnellen Spurt. Die Sehne reißt, wenn man sie zu fest spannt; ein Flugzeug, das zu steil nach oben steigt, stürzt ab. In China hat der Autor des *Tao-te-ching* den gleichen Zusammenhang in ein anderes Bild gekleidet: »Nicht der kommt am weitesten, der die größten Schritte macht.«

Da der Westen die letzten beiden Schritte des Achtfachen Pfades für das Verständnis des menschlichen Geistes und seiner Wirkungsweise für besonders wichtig hält – es gibt mehrere (übrigens zu einem unverhältnismäßig hohen Prozentsatz von Angehörigen der medizinischen Berufe genutzte) Meditationszentren in den Vereinigten Staaten, die sich ausschließlich der Übung dieser beiden Schritte widmen – wollen wir diese ausführlicher betrachten.

7.   Rechte Achtsamkeit

Kein Lehrer hat dem Verstand mehr Einfluß auf das Leben zugeschrieben als der Buddha. Der populärste buddhistische Text, das *Dhammapada*, beginnt mit den Worten: »Alles, was wir sind, ist das Ergebnis unserer Gedanken.« Und bezüglich der Zukunft versichert er uns, daß »alle Dinge durch Achtsamkeit gemeistert werden können.«[32]

Unter den westlichen Philosophen steht Spinoza dem Buddha in der Einschätzung der Bedeutung des Verstandes am nächsten. Sein Ausspruch – »Eine Sache verstehen heißt, davon befreit zu sein« – ist so etwas wie eine Zusammenfassung seiner ganzen Ethik. Buddha hätte dem zugestimmt. Wenn wir das Leben wirklich verstehen könnten, wenn wir uns selbst wirklich verstehen könnten, würden wir merken, daß beides kein Problem mehr für uns darstellt. Die humanistische Psychologie geht von derselben Annahme aus. Wenn »das Erleben mit voller Achtsamkeit wahrgenommen wird«, schreibt Carl Rogers, »kann man dem menschlichen Verhalten trauen, denn in solchen Momenten wird der menschliche Organismus seiner Zerbrechlichkeit und seines Zartgefühls gegenüber anderen gewahr.« Der Buddha sah den Übeltäter in der Unwissenheit, nicht in der Sünde. Besser gesagt, wenn es richtig ist, daß unser Fehler Sünde ist, so liegt dieser eine fundamentalere Unwissenheit zugrunde – die Unkenntnis unseres wahren Wesens.

Um diese Unwissenheit allmählich zu überwinden, sollen wir uns nach Buddhas Rat einer so gründlichen ständigen Selbstprüfung unterziehen, daß wir schon ob der bloßen Aussicht schier verzagen, aber er hielt sie für notwendig, weil er glaubte, daß Freiheit – die Befreiung aus der unbewußten Existenz des bloßen Roboters – durch Selbstgewahrsein erlangt wird. Um das zu erreichen, verlangte er, daß wir uns gründlich zu verstehen versuchen und alles bis ins einzelne betrachten, »wie es wirklich ist.« Wenn wir die Aufmerksamkeit ständig auf unsere Gedanken und Gefühle gerichtet halten, bemerken wir, daß sie in unser Bewußtsein hinein- und wieder herausfließen und keineswegs feste

Bestandteile unseres Wesens sind. Wir sollten alle Dinge, insbesondere unsere Stimmungen und Gefühle, nicht-reaktiv beobachten und weder die einen verurteilen noch uns an die anderen klammern. Es gibt eine Anzahl weiterer empfohlener Praktiken, wie zum Beispiel: Der Lernende soll immer die geistige Kontrolle über die Sinne und Impulse behalten und sich nicht von ihnen beherrschen lassen. Er soll über erschreckende und ekelerregende Gegenstände meditieren, bis er keine Abneigung mehr gegen sie verspürt. Er soll die ganze Welt mit Gedanken liebevoller Freundlichkeit durchdringen.

Aus der Pseudo-Wachheit, welche das Bewußtsein des Durchschnittsmenschen ausmacht, rüttelt dieser siebente Schritt den Suchenden auf zum stetigen Gewahrsein einer jeden von ihm ausgeübten Tätigkeit und eines jeden in seinem Bewußtseinsstrom auftauchenden Gegenstandes. Der Adept wird sich des Augenblicks bewußt, in dem der Schlaf von ihm Besitz ergreift, und er registriert, ob der Atem in diesem Moment ein- oder ausgeströmt ist. Das verlangt natürlich Übung. Man sollte daher nicht nur bis zu einem gewissen Grade ständig daran arbeiten, sondern darüber hinaus besondere Zeiten einhalten, zu denen man ohne irgendwelche Störungen die Introspektion üben kann. Auch sollte man sich zu diesem Zweck hin und wieder vollständig von der Welt zurückziehen.

Ein westlicher Beobachter hat thailändische Mönche bei der Übung des siebenten Schritts folgendermaßen beschrieben:

> Einer von ihnen verbringt täglich Stunden damit, daß er langsam auf dem Gelände des *wat* herumgeht und sich dabei vollständig auf die kleinsten Einzelheiten jeder mit jedem Schritt verbundenen Handlung konzentriert. Diese Methode wird auf jede einzelne körperliche Verrichtung des täglichen Lebens angewandt, bis das Bewußtsein theoretisch in der Lage ist, die Entstehung eines Gefühls, einer Wahrnehmung oder eines Gedankens bis in die kleinsten Einzelheiten zu verfolgen. Ein fünfzigjähriger Mönch meditiert auf einem kleinen Friedhof neben seinem *wat*, weil er dort ungestört ist. Er setzt sich mit gekreuzten Beinen, aber mit geöffneten Augen, nieder und harrt in dieser Stellung unbeweglich Stunde um Stunde aus – ungeachtet des strömenden Regens um Mitternacht oder der sengenden Sonne am Mittag. Die gewöhnliche Dauer einer solchen Sitzung ist zwei oder drei Stunden.[33]

Durch diese Übung gelangt man zu einer Reihe von Einsichten: (1) Jedes Gefühl, jeder Gedanke und jedes Bild sind von einer Körperempfindung begleitet und umgekehrt. (2) Man bemerkt in dem, was im Bewußtsein aufscheint, hartnäckige Muster und erkennt, wie diese Muster unser Elend *(duhkha)* ausmachen. Bei dem einen ist es ein Festhalten an altem Groll; andere müssen feststellen, daß sie sich ständig in Sehnsüchten und Selbstmitleid verzehren, während wieder andere sich ganz einfach ratlos fühlen. Mit fortschreitender Übung verlieren diese Muster allmählich ihre Kraft. (3) Jeder geistige und körperliche Zustand ist im Fluß; keiner ist fest und dauerhaft. Sogar körperlicher Schmerz ist eine Folge getrennter Empfindungen, die sich plötzlich verändern können. (4) Der Meditierende erlebt, wie wenig er seine Gedanken und körperlichen Empfindungen unter Kontrolle hat und wie wenig er sich für gewöhnlich seiner Reaktionen bewußt ist. (5) Die bedeutendste Wirkung ist das allmähliche Bewußtwerden der Tatsache, daß es niemanden gibt, der *hinter* den geistigen/körperlichen Geschehnissen steht und sie inszeniert. Wenn die Fähigkeit zur mikroskopischen Beobachtung immer mehr verfeinert wird, stellt sich heraus, daß selbst das Bewußtsein als solches nicht kontinuierlich ist. Wie beim Licht einer Glühbirne geschieht das An- und Ausschalten in so schneller Abfolge, daß das Bewußtsein als stetig erscheint, während es in Wirklichkeit nicht stetig ist. Mit diesen Einsichten beginnt der Glaube an ein getrenntes, für sich selbst existierendes Selbst zu schwinden.

8. Rechte Sammlung

Dazu gehören im wesentlichen die Techniken, die wir schon beim *Raja Yoga* des Hinduismus kennengelernt haben, und auch das Ziel ist das gleiche.

Als alter Mann erzählte Buddha seinen Schülern, die erste Ahnung von seiner Befreiung sei ihm gekommen, als er einmal als Junge gedankenverloren im kühlen Schatten eines Apfelbaumes saß und sich mit einem Mal in einem Zustand befand, den er später als die erste Stufe der Versenkung identifizierte. Es war der erste leise Vorgeschmack der Befreiung, und er sagte sich: »Das ist der Weg zur Erlösung.« Die Sehnsucht nach Erneuerung und Vertiefung dieser Erfahrung spielte bei seiner Entscheidung, sein Leben völlig dem Abenteuer des Geistes zu widmen, eine ebenso große Rolle wie die Ernüchterung über die üblichen Tröstungen des weltlichen Lebens. Was sich daraus ergab war, wie wir gesehen haben, nicht nur eine neue Lebensphilosophie. Es war eine Wiedergeburt: die Umwandlung in ein Wesen anderer Art, das die Welt auf neue Weise erlebte. Solange wir uns das nicht klargemacht haben, fehlen uns die Voraussetzungen, um zu ermessen, welchen mächtigen Einfluß der Buddhismus auf die Menschheitsgeschichte ausgeübt hat. Unter jenem Bo-Baum ist etwas mit Buddha geschehen, und seither ist mit jedem Buddhisten etwas geschehen, der bis zum letzten Schritt auf dem Achtfachen Pfad ausgeharrt hat. Der Verstand war wie eine Kamera schlecht eingestellt gewesen, aber jetzt hat die Justierung stattgefunden. Nachdem die drei Gifte »Verblendung, Gier und Haß ausgerottet« sind, erkennen wir, daß die Dinge nicht so sind, wie wir vermutet hatten. Mehr noch, jede Art von Vermutung ist verschwunden und hat der direkten Wahrnehmung Platz gemacht. Nun hat der Geist seinen eigentlichen Zustand erreicht.

Grundbegriffe des Buddhismus

Wie bei anderen geschichtlichen Persönlichkeiten, so ist auch bei Buddha schwer festzustellen, was er genau über das Leben in all seinen Aspekten gedacht hat. Das liegt zum einen daran, daß er – wie die meisten alten Weisheitslehrer – nichts geschrieben hat. Zwischen dem von Buddha gesprochenen Wort und den ersten schriftlichen Aufzeichnungen klafft eine Lücke von fast anderthalb Jahrhunderten, und selbst wenn das Gedächtnis in jener Zeit offenbar unglaublich zuverlässig war, wirft eine so lange Lücke unweigerlich verschiedene Fragen auf. Es liegt zum andern an der Fülle des Materials, das die Texte selbst bieten. Buddha lehrte fünfundvierzig Jahre lang, und der Umfang dessen, was uns in der einen oder anderen Form überliefert ist, ist ungeheuer. Das ist zwar im Endeffekt gewiß ein Segen, aber die schiere Masse an Material ist schwindelerregend; denn obwohl seine Lehre über die Jahre hinweg erstaunlich einheitlich blieb, so war es doch unvermeidlich – da er seine Aussagen auf vielerlei Art machte und sich an viele verschiedene Menschen wandte –, daß daraus Interpretationsprobleme entstanden. Diese bilden die dritte Hürde. Zu der Zeit, als die ersten Texte auftauchten, hatte seine Anhängerschaft sich schon in verschiedene Schulen aufgespalten, von denen manche Buddhas Bruch mit dem brahmanischen Hinduismus bewußt herunterzuspielen suchten, während andere ihn absichtlich verschärften. So kommt es, daß die Gelehrten sich nicht sicher sind, wieviel von dem, was sie da lesen, Buddhas eigene Gedanken wiedergibt und wieviel den Interpolationen der Anhänger zuzuschreiben ist.

Jeder Versuch, die Philosophie Buddhas als Ganzes zu rekonstruieren, wird aber zweifellos am meisten durch die Tatsache behindert, daß Buddha über entscheidende Punkte geschwiegen hat. Wir haben gesehen, daß seine drängendsten Anliegen praktischer und therapeutischer und nicht spekulativer oder theoretischer Natur waren. Er wollte keine Kosmologien erörtern, sondern den Menschen eine neue Lebensweise zugänglich machen. Nicht, daß die Theorie ihn nicht interessiert hätte. Seine Gespräche zeigen, daß er gewisse abstrakte Probleme genauestens analysierte und ein glänzender metaphysischer Kopf war. Seine Abneigung gegen die Philosophie war grundsätzlicher Natur, so wie etwa ein Mensch, der ein besonderes Sendungsbewußtsein hat, jedes Hobby als Zeitverschwendung ablehnt.

Seine Entscheidung ist so einleuchtend, daß es fast ein Verrat ist, einen Abschnitt wie diesen einzuschieben, der sich ganz offen bemüht, gewisse Schlüsselbegriffe der Weltanschauung Buddhas zu identifizieren – und bis zu einem gewissen Grade auch zu definieren. Letztlich kommen wir jedoch um diese Aufgabe nicht herum, und zwar aus einem einfachen Grund: weil wir auch um die Metaphysik nicht herumkommen. Irgendwo im Innern hegen wir alle bestimmte Vorstellungen von den letzten Dingen, und diese Vorstellungen beeinflussen die Art, wie wir über weniger wichtige Fragen denken. Hierin war auch der Buddha keine Ausnahme. Er weigerte sich, von sich aus philosophische Diskussionen zu beginnen, und ließ sich nur selten aus seinem ›edlen Schweigen‹ in ein solches Gespräch hineinziehen. Aber das bedeutet nicht, daß er keine persönlichen Ansichten hatte, und jeder, der ihn verstehen will, muß sich an den Versuch wagen, zu ergründen, wie diese Ansichten aussahen.

Beginnen wir mit *Nirvana*, dem Wort, das der Buddha verwendete, um das Ziel des Lebens, wie er es sah, zu bezeichnen. Etymologisch bedeutet es ›verwehen‹ oder ›verlöschen‹, also nicht transitiv, sondern so wie ein Feuer verlischt, wenn sein Brennstoff verbraucht ist. Wenn das Feuer keine Nahrung mehr findet, geht es aus, und das ist Nirvana. Solche Bilder haben zu der weitverbreiteten Vermutung geführt, daß es bei dem Auslöschen, auf das der Buddhismus abzielt, um restlose, endgültige Vernichtung gehe. Träfe das zu, dann würde dem Buddhismus zu Recht vorgeworfen, er sei lebensfeindlich und pessimistisch. In

Wirklichkeit ist dieser Vorwurf in den letzten fünfzig Jahren von der Forschung entkräftet worden. Nirvana ist die höchste Bestimmung des menschlichen Geistes, und im wörtlichen Sinne geht es dabei wirklich um Auslöschen; aber wir müssen genau präzisieren, was ausgelöscht werden soll: Es sind die Grenzen des endlichen Ich. Daraus folgt nicht, daß das, was übrigbleibt, nichts wäre. Negativ ausgedrückt ist Nirvana der Zustand, in dem das Reisig des persönlichen Begehrens vollständig verzehrt und alles, was das unbegrenzte Leben einengt, abgestorben ist. Positiv ausgedrückt ist es dieses unbegrenzte Leben selbst. Buddha wehrte jede Bitte um eine positive Beschreibung des Unbedingten ab, indem er darauf hinwies, daß es »unfaßbar, unbeschreiblich, unvorstellbar, unaussprechlich« sei ; denn nachdem wir das einzige Bewußtsein, das wir kennen, in all seinen Aspekten ausgeschaltet haben, wie können wir da von dem sprechen, was übrig bleibt?[34] Dieser Punkt ist uns in folgendem Gespräch mit Nagasena, einem der ›Erben‹ Buddhas, überliefert. Als er einmal nach den Eigenschaften des Nirvana gefragt wurde, antwortete er, indem er selbst eine Frage stellte:

»Gibt es so etwas wie den Wind?«

»Ja, verehrter Herr.«

»So zeige mir bitte, o Herr, den Wind in seiner Farbe oder Gestalt oder als dünn oder dick oder lang oder kurz.«

»Aber es ist nicht möglich, verehrter Nagasena, den Wind zu zeigen; denn der Wind läßt sich mit der Hand nicht greifen oder berühren; und doch gibt es Wind.«

»Aber, o Herr, wenn es nicht möglich ist, den Wind zu zeigen, nun, so gibt es auch keinen Wind.«

»Ich, verehrter Nagasena, weiß, daß es Wind gibt; ich bin davon überzeugt, aber ich kann den Wind nicht zeigen.«

»Gerade so, o Herr, gibt es auch das Nirvana; aber es ist nicht möglich, das Nirvana zu zeigen.«[35]

Unsere Unwissenheit besteht letztlich darin, daß wir uns einbilden, unser endgültiges Geschick sei vorstellbar. Das einzige, was wir wissen können, ist, daß es sich um einen jenseitigen Zustand handelt – jenseits der Begrenzungen von Verstand, Gedanken, Gefühlen und Willen, die sämtlich eine Einschränkung bedeuten (von körperlichen Empfindungen ganz zu schweigen). Nur zu einer positiven Charakterisierung ließ der Buddha sich bewegen: »Wonne, ja Wonne, meine Freunde, ist *Nirvana*.«

Ist *Nirvana* Gott? Beantwortet man diese Frage negativ, so führt sie zu widersprüchlichen Schlüssen. Manche folgern, daß der Buddhismus, da er sich nicht ausdrücklich zu einem Gott bekennt, keine Religion sein könne; andere meinen, da der Buddhismus offensichtlich eine Religion ist, Religion setze nicht unbedingt einen Gott voraus. Dieser Streit zwingt uns, einmal kurz der Frage nachzugehen, was mit »Gott« eigentlich gemeint ist.

Die Bedeutung des Wortes ist weder eindeutig noch einfach. Wenn wir verstehen wollen, welchen Stellenwert der Begriff im Buddhismus hat, müssen wir zwischen zwei Bedeutungen unterscheiden.

Einmal meint Gott ein persönliches Wesen, das das Universum mit bewußter Absicht erschaffen hat. Folgt man dieser Definition, so ist *Nirvana* nicht mit Gott gleichzusetzen. Der Buddha sah das *Nirvana* nicht als persönlich an, weil Persönlichkeit Begrenztheit voraussetzt, welche das Nirvana ausschließt. Und wenn er die Schöpfung auch nicht ausdrücklich leugnete, stellte er doch klar, daß das Nirvana für diese nicht verantwortlich sei. Wenn das Fehlen eines persönlichen Schöpfer-Gottes Atheismus ist, dann ist der Buddhismus in der Tat atheistisch.

›Gott‹ hat aber noch eine zweite Bedeutung; um diese von der ersten zu unterscheiden, spricht man hier von der ›Gottheit‹. Dieser Begriff, der in den mystischen Überlieferungen der ganzen Welt auftaucht, schließt die Vorstellung der Persönlichkeit nicht ein. Als der Buddha erklärte: »Es gibt, o Mönche, ein Ungeborenes, ein Nichtgewordenes, das durch nichts bedingt ist. Wenn ... dieses ... nicht sein würde, so wäre auch für dieses Geborene, Gewordene, Geschaffene, aus der Bedingung Erwachsene kein Entrinnen zu finden.«[36], da scheint er sich im Rahmen dieser Überlieferung bewegt zu haben. Edward Conze hat unter dem Eindruck der Ähnlichkeiten zwischen den Begriffen des Nirvana und der Gottheit aus buddhistischen Texten eine Reihe von Attributen zusammengestellt, die auf beide zutreffen. Da heißt es,

> daß das Nirwana ewig sei, beständig, unvergänglich, unbeweglich, weder dem Altern noch dem Tode unterworfen, ungeboren und ungeworden, daß es Macht, Segen und Seligkeit bedeute, ein rechter Zufluchtsort sei, ein Obdach und ein Platz unangreifbarer Sicherheit; die wirkliche Wahrheit und die höchste Wirklichkeit; daß es das Gute sei, das höchste Ziel und die einzige Erfüllung unseres Lebens, ewiger, verborgener und unbegreiflicher Frieden.[37]

Wir können mit Conze folgern: *Nirvana* ist nicht mit Gott gleichzusetzen, wenn man darunter den persönlichen Schöpfer versteht. Der Begriff Gottes als der Gottheit dagegen reicht nah genug an den des
Nirvana heran, um eine Gleichsetzung zu rechtfertigen.[38]

Das Verblüffendste, was Buddha über die Wesenheit des Menschen
gesagt hat, ist, daß er keine Seele hat. Auch diese *Anatta*-Lehre (keine
Seele) hat dazu beigetragen, den Buddhismus als Religion in Verruf zu
bringen. Aber auch hier müssen wir das Wort genauer betrachten. Was
war dieses *Atta* (Pali-Wort für Sanskrit *Atman* oder Seele), dessen Existenz der Buddha bestritt? Es hatte damals die Bedeutung (a) einer
geistigen Substanz angenommen, die entsprechend der dualistischen
Position im Hinduismus (b) ihre getrennte Identität für alle Zeiten
beibehält.

Buddha bestritt beides. Seine Weigerung, eine geistige Substanz
anzuerkennen – die Seele als Homunkulus, eine gespensterähnliche
Erscheinung innerhalb des Körpers, die diesen belebt und überdauert –
scheint der Hauptpunkt gewesen zu sein, der seine Auffassung von der
Wiederverkörperung von den vorherrschenden hinduistischen Deutungen unterschied. Als echter Sohn Indiens zweifelte Buddha nicht
daran, daß der Gedanke der Reinkarnation in irgendeiner Form der
Wirklichkeit entspricht, aber er kritisierte offen die Art, in der seine
brahmanischen Zeitgenossen den Begriff interpretierten. Der Kern-
punkt seiner Kritik läßt sich aus einem Bild entnehmen, mit dem er
seine Meinung über dieses Thema wohl am klarsten dargestellt hat. Er
spricht da von einer Flamme, die von Kerze zu Kerze weitergegeben
wird. Da es schwer ist, sich die Flamme der letzten Kerze als identisch
mit der ursprünglichen Flamme vorzustellen, muß es sich wohl um eine
kausale Beziehung handeln, bei der eine bestimmte Wirkung durch
eine Kettenreaktion übertragen wurde, ohne daß dabei eine Substanz
den Vorgang der Übertragung überdauert hätte.

Fügen wir diesem Bild der Flamme noch Buddhas Ansicht über das
Karma hinzu, so haben wir den Kern dessen vor uns, was er über die
Wiederverkörperung gesagt hat. Seine Position ließe sich in etwa folgendermaßen zusammenfassen: (1) Es gibt eine Kausalkette, durch die
jedes Leben mit den Leben, die bis zu ihm hingeführt haben und mit
denen, die noch folgen werden, verbunden ist. (2) Während dieser
ganzen kausalen Abfolge bleibt der Wille frei. Die den Dingen anhaftende Gesetzmäßigkeit bedingt zwar, daß der gegenwärtige Zustand das
Produkt früherer Handlungen ist, aber innerhalb der Gegenwart wird

der Wille beeinflußt, nicht jedoch gelenkt, so daß es den Menschen freisteht, ihr Schicksal selbst zu gestalten. (3) Die beiden eben genannten Punkte bestätigen die kausale Verkettung des Lebens, aber daraus folgt nicht, daß damit die Übertragung irgendeiner Substanz verbunden wäre. Wir haben nichts weiter vor uns als Gedanken, Eindrücke, Gefühle, Bewußtseinsströme, den gegenwärtigen Moment – nirgendwo ist ein geistiges Substrat auszumachen. Hume und James hatten recht: Wenn es ein dauerhaftes Selbst geben sollte, das immer Subjekt und niemals Objekt ist, dann läßt es sich jedenfalls nie blicken.

Eine Analogie kann uns helfen, Buddhas Ansichten über *Karma* und Reinkarnation besser zu verstehen. (1) Die Wünsche und Abneigungen, die meinen Bewußtseinsinhalt beeinflussen – was ich beachte und nicht beachte –, tauchen nicht zufällig auf; sie haben ihren eigenen Stammbaum. Zusätzlich zu den Einstellungen, die ich aus meiner Kultur übernommen habe, habe ich bestimmte geistige Gewohnheiten ausgebildet. Dazu gehören alle möglichen Sehnsüchte, der Drang, mich voller Stolz oder Neid mit anderen zu vergleichen sowie die Tendenz, mit den Dingen zufrieden oder unzufrieden zu sein. (2) Obwohl gewohnheitsmäßige Reaktionen dazu neigen, sich zu festigen, bin ich nicht an meine persönliche Geschichte gebunden; neue Ideen und Sinnesänderungen sind jederzeit möglich. (3) Weder die Kontinuität noch die Freiheit, die diese zwei Punkte implizieren, machen es erforderlich, Gedanken oder Gefühle als selbständige Einheiten zu betrachten – als Dinge oder geistige Substanzen, die von einem Verstand auf den anderen – oder von einem Moment auf den anderen – übertragen werden. Wenn ich von meinen Eltern ein Gefühl für Gerechtigkeit übernommen habe, heißt das nicht, daß eine Substanz, und sei sie noch so ätherisch und geisterhaft, aus ihrem Kopf in meinen übergesprungen wäre.

Buddha lehnte also die Vorstellung einer geistigen Substanz ab. Aber das war nur ein Aspekt seiner allgemeinen Ablehnung der Vorstellung von Substanz überhaupt. Der Begriff der Substanz hat eine allgemeine und eine spezielle Bedeutung. Allgemein bezieht er sich auf etwas einigermaßen Dauerhaftes, was den oberflächlichen Zustandsänderungen des betreffenden Gegenstandes zugrunde liegt; spezifisch wird dieses zugrundeliegende Etwas als Materie vorgestellt. Der Psychologe in Buddha wehrte sich gegen die letztere Vorstellung, denn für ihn war der Geist grundlegender als die Materie. Der Empiriker in ihm rebellierte seinerseits gegen die Implikationen eines generalisierten Substanzbegriffs. Wenn man buddhistische Literatur liest, kann man auf die Dauer nicht umhin, etwas von ihrem Gefühl für die Vergänglichkeit *(Anicca)* aller endlichen Dinge und von ihrer Einsicht in den ständigen Verfall aller natürlichen Objekte zu begreifen. Das ist es, was buddhistische Beschreibungen der natürlichen Welt so prägnant macht. »Die Wellen folgen einander in ewiger Jagd.« Oder

> Das Leben ist eine Reise.
> Der Tod ist eine Rückkehr zur Erde.
> Das Universum ist wie ein Wirtshaus.
> Die Jahre verwehen wie Staub.

Vergänglichkeit *(Anicca)* wird von Buddha als das erste der *Drei Daseinsmerkmale* genannt – Eigenschaften, die alle in der natürlichen Ordnung vorkommenden Dinge auszeichnen –; die beiden anderen sind Leiden *(Dukkha)* und die Abwesenheit einer dauerhaften Identität oder Seele *(Anatta)*. Nichts in der Natur ist mit dem identisch, was es einen Moment vorher war; hierin stand Buddha der modernen Naturwissenschaft nahe, die entdeckt hat, daß die relativ stabilen Gebilde der Makrowelt aus kaum existierenden Teilchen bestehen. Um die Flüchtigkeit des Lebens zu unterstreichen, nannte der Buddha die Bestandteile des menschlichen Selbst *Skandhas* – Stränge, die so lose miteinander verknüpft sind wie gesponnenes Garn – und den Körper einen »Haufen«, dessen Elemente nicht fester miteinander verbunden sind als die Körner eines Sandhaufens. Aber warum gab sich der Buddha soviel Mühe mit einem Punkt, der doch so ins Auge springt? Weil er glaubte, daß wir uns erst dann nicht mehr an die Dauer zu klammern brauchen, wenn uns der dauernde Wechsel in Fleisch und Blut übergangen ist. Den Anhängern des Buddha ist sein Rat wohlvertraut:

> Es sei das Wahngebilde dieser Welt
> Gleichwie ein Stern von vielen dir,
> Ein Tropfen nur im Strom,
> Ein kurzes Blitzen aus Gewitterwolken,
> Ein flackernd Licht – ein Wahngespinst – ein Traum.[39]

Angesichts dieses Gefühls der radikalen Vergänglichkeit alles Endlichen liegt die Vermutung nahe, der Buddha werde die Frage »Überlebt der Mensch den körperlichen Tod?« mit einem klaren Nein beantworten. In Wirklichkeit war seine Antwort zweideutig. Gewöhnliche Menschen hinterlassen bei ihrem Tod Stränge aus endlichen Wünschen, die nur in weiteren Inkarnationen befriedigt werden können; in diesem Sinne leben mindestens diese Menschen weiter.[40] Aber was ist mit dem *Arhat*, dem Heiligen, der alle diese Wünsche zum Versiegen gebracht hat; lebt auch er weiter? Als ein wandernder Asket ihm diese Frage stellte, sagte Buddha:

»Das Wort wiedergeboren gilt nicht für ihn.«

»Also wird er nicht wiedergeboren?«

»Das Wort nicht-wiedergeboren gilt nicht für ihn.«

»Auf alle meine Fragen, Gautama, hast du negativ geantwortet. Ich bin ratlos und bestürzt.«

»Du sollst auch ratlos und bestürzt sein, Vaccha. Denn diese Lehre ist tief, dunkel, schwer verständlich, selten, ausgezeichnet, jenseits aller Dialektik, subtil, nur dem Weisen verständlich. Daher laß mich dich fragen: Wenn vor dir ein Feuer flackerte, würdest du das wissen?«

»Ja, Gautama.«

»Wenn das Feuer erlöschte, würdest du wissen, daß es erloschen ist?«

»Ja.«

»Wenn du nun gefragt würdest, in welche Richtung das Feuer gegangen ist, ob nach Osten, Westen, Norden oder Süden, könntest du das beantworten?«

»Die Frage ist nicht richtig gestellt, Gautama.« Worauf Buddha die Diskussion mit dem Hinweis beendete, daß der Asket »in genau derselben Weise« seine Frage nicht richtig gestellt habe. »Gefühle, Wahrnehmungen, Kräfte, Bewußtsein – alles, wodurch der *Arhat* bezeichnet werden könnte, ist für ihn vergangen. Tief, ohne Maß, unergründlich, ist der *Arhat*, gerade wie der mächtige Ozean; wiedergeboren gilt nicht für ihn oder nicht-wiedergeboren, und keine Zusammenstellung solcher Begriffe.«[41]

Es erleichtert das Verständnis dieses Gesprächs, wenn man weiß, daß die Inder jener Zeit glaubten, daß verlöschende Flammen nicht aufhören zu sein, sondern in den reinen, unsichtbaren Zustand des Feuers zurückkehren, an dem sie teilhatten, bevor sie sichtbar wurden. Aber die eigentliche Kraft des Dialogs liegt anderswo. Indem er fragte, wohin das Feuer, vorausgesetzt, es sei wirklich ausgegangen, denn gegangen sei, wies der Buddha auf die Tatsache hin, daß manche Fragen in unserer Sprache so ungeschickt gestellt werden, daß schon durch die Formulierung eine Antwort unmöglich gemacht wird. Die Frage nach der Existenz der Seele eines Erleuchteten nach dem Tode ist so ein Fall. Wenn der Buddha gesagt hätte »Ja, sie lebt weiter«, so hätten seine Zuhörer auf das Fortdauern unseres gegenwärtigen Erfahrungshorizonts geschlossen, was nicht Buddhas Absichten entsprach. Hätte er andererseits gesagt: »Die Seele des Erleuchteten hört auf zu existieren«, dann hätten seine Hörer angenommen, daß er sie der völligen Vernichtung anheimstellte, was auch nicht in seiner Absicht lag. Auf der Grundlage dieser Ablehnung extremer Positionen lassen sich nicht viele verläßliche Aussagen machen, aber einige Vermutungen können wir schon äußern. Der menschliche Geist wird am Ende in einen Zustand übergehen, in dem jede Identifizierung mit der historischen Erfahrung des endlichen Selbst aufhört, während die Erfahrung als solche nicht nur bleibt, sondern alles bekannte Ausmaß übersteigt. So wie ein belangloser Traum sich beim Erwachen vollkommen in Nichts auflöst, so wie die Sterne sich beim Erscheinen der Morgensonne respektvoll zurückziehen, so wird das individuelle Gewahrsein vom strahlenden Licht totalen Gewahrseins überstrahlt werden. Manche sagen: »Der Tautropfen gleitet ins leuchtende Meer.« Andere stellen sich eher vor, daß der Tautropfen sich selbst öffnet, um das Meer aufzunehmen.

Wenn wir versuchen, uns ein genaueres Bild vom Zustand des *Nirvana* zu machen, müssen wir auf Buddhas Hilfe verzichten, nicht nur, weil ihm bewußt war, wie sehr der Zustand sich der Beschreibung durch Worte entzieht, sondern auch, weil er sich weigerte, seinen Zuhörern mit Ausblicken auf künftige Reize zu schmeicheln. Aber trotz allem ist es möglich, sich ein Bild von dem Ziel zu machen, auf das sein Pfad logischerweise hinführt. Wir haben gesehen, daß Buddha in der Welt eine gesetzmäßige Ordnung verwirklicht sieht, in der alle Ereignisse von dem durchgängigen Gesetz von Ursache und Wirkung regiert werden. Das Leben des *Arhat* ist durch zunehmende Unabhängigkeit von der kausalen Ordnung der Natur gekennzeichnet. Es verletzt diese Ordnung nicht, aber der Geist des *Arhat* nimmt an Selbständigkeit in dem Maße zu, in dem der Einfluß der Welt abnimmt. In diesem Sinne befreit sich der *Arhat* zunehmend nicht nur von den Leidenschaften und Sorgen der Welt, sondern überhaupt von allem, was in ihr geschieht. Je mehr seine Innerlichkeit zunimmt, desto mehr treten Friede und Freiheit an die Stelle der stürmischen Knechtschaft all jener, deren Leben hilflos den Wechselfällen des Lebens ausgeliefert ist. Solange der Geist noch fest an den Körper gebunden ist, kann er sich noch nicht völlig vom Besonderen, vom Irdischen, vom Wechselvollen lösen. Wir können uns nicht vorstellen, wie jener Zustand aussieht, aber die Bahn, die dorthin führt, zeichnet sich schon ab.

Geistige Freiheit führt zu großzügigeren Lebensdimensionen. Buddhas Schüler spürten, daß sich in ihm unermeßlich mehr von der Wirklichkeit verkörperte – und daß er in einer Weise wirklicher war – als irgendein anderer Mensch, den sie kannten; und sie bezeugten aus eigener Erfahrung, daß auch ihr Leben sich erweiterte, je mehr sie auf seinem Pfad voranschritten. Ihre Welt schien sich auszudehnen, und mit jedem Schritt fühlten sie sich lebendiger als zuvor. Solange sie noch auf ihren Körper beschränkt waren, gab es Grenzen, die sie nicht überschreiten konnten; aber wenn alle Bande gelöst würden, wären dann nicht auch sie vollkommen frei? Wie schon gesagt, wir können uns einen solchen Zustand nicht vorstellen, aber die Logik des Fortschreitens scheint klar. Wenn mehr Freiheit mehr Sein bedeutet, dann müßte totale Freiheit das Sein selbst sein.

> Tausend Fragen bleiben, doch der Buddha schweigt.
> Mögen andere unsere Fragen stellen. Du bist frei.
> Wir fragen und fragen; du lächelst nur und schweigst. [42]

Großes und Kleines Fahrzeug

Bisher haben wir den Buddhismus in der Form kennengelernt, wie er sich in den frühesten Quellen zeigt. Jetzt wollen wir uns der buddhistischen Geschichte und den vorliegenden Berichten über die verschiedenen Spielarten zuwenden, die eine Tradition annehmen kann, die versucht, den Bedürfnissen der Menschenmassen und der verschiedenartigsten Persönlichkeitstypen gerecht zu werden.

Wenn wir die Geschichte des Buddhismus von diesem Gesichtspunkt aus betrachten, fällt zunächst einmal auf, daß er sich gespalten hat. Religionen spalten sich immer. Im Westen spalteten sich die zwölf hebräischen Stämme in Israel und Juda, das Christentum zerfiel in die Römisch-Katholische und die Protestantische Kirche, und die Protestantische Kirche ist völlig zersplittert. So war es auch beim Buddhismus. Der Buddha stirbt, und noch ehe hundert Jahre vergangen sind, ist der Samen des Schisma gesät. Ein möglicher Zugang zu der Frage, warum der Buddhismus sich gespalten hat, könnte darin bestehen, daß man die Ereignisse, Persönlichkeiten und Milieus untersucht, mit denen der Buddhismus in den ersten Jahren seines Bestehens in Berührung gekommen ist. Aber das alles können wir uns sparen, indem wir feststellen: Der Buddhismus hat sich über die Fragen entzweit, über die sich die Menschen schon immer entzweit haben.

Wie viele derartige Fragen gibt es? Wie viele Fragen werden fast jede Gruppe von Menschen entzweien – sei es nun in Indien, New York oder Madrid? Mir fallen nur drei ein.

Da ist zunächst die Frage, ob die Menschen unabhängig oder voneinander abhängig sind. Manche Leute sind sich ihrer Individualität stark bewußt; für sie sind Freiheit und Initiative wichtiger als Bindungen. Daraus ergibt sich als ganz natürliche logische Folge, daß sie glauben, jeder Mensch gehe seinen eigenen Weg durchs Leben, und was ein Mensch erreiche, sei weitgehend seinen eigenen Handlungen zuzuschreiben. »Ich bin in den Slums geboren, mein Vater war Alkoholiker, und alle meine Geschwister sind vor die Hunde gegangen – erzählen Sie mir bloß nichts von Erbanlagen oder Milieueinfluß. Da wo ich stehe, da bin ich ganz allein hingekommen!« Das ist ein möglicher Standpunkt. Auf der anderen Seite des Zaunes stehen jene, für die die gegenseitige Durchdringung der Lebenssphären wichtiger ist. Ihnen scheint die These von der ›Isoliertheit‹ der Menschen auf schwachen Füßen zu stehen; sie sehen sich durch soziale Felder gestützt und geleitet, die nicht weniger stark sind als die der Physik. Natürlich sind die Körper der Menschen voneinander getrennt, aber in einer tieferliegenden Schicht hängen wir zusammen wie Eisberge, die einer Eisscholle angehören. »Erkundige dich nicht danach, für wen die Stunde schlägt – sie schlägt für dich.«

Aber die Menschen stehen nicht nur in Beziehung zu ihren Mitmenschen, sondern auch zum Universum. Ist das Universum insgesamt den in ihm lebenden Geschöpfen gegenüber freundlich und hilfreich? Oder ist es gleichgültig oder gar feindlich? Auch hier gehen die Meinungen auseinander. In der Buchhandlung stehen Bücher mit Titeln wie *Der Mensch steht allein da*, aber gleich daneben heißt es *Der Mensch steht nicht allein da* und *Der Mensch ist nicht allein*. Manche Menschen betrachten die Geschichte als eine durch und durch menschliche Unternehmung, in der die Menschheit sich an den eigenen Haaren aus dem Sumpf zieht, andernfalls findet kein Fortschritt statt. Für andere wird sie »von einer höheren Macht, die auf das Gute aus ist«, angetrieben.

Die dritte strittige Frage ist die: Was ist das Beste am Menschen, der Kopf oder das Herz? Es gab ein beliebtes Gesellschaftsspiel, bei dem es um die Frage ging: »Wenn Sie die Wahl hätten, würden Sie dann lieber geliebt oder respektiert werden?« Das ist im Prinzip derselbe Punkt, nur in etwas anderer Beleuchtung. Die Klassiker geben Gedanken den Vorzug vor Gefühlen; bei den Romantikern ist es umgekehrt. Die ersten streben nach Weisheit; die zweiten entscheiden sich, wenn sie wählen können, für Mitgefühl. Die Unterscheidung hängt vermutlich auch mit William James' Differenzierung zwischen den »Hartköpfigen« und den »Zartköpfigen« zusammen.

Wir haben es hier mit drei Fragen zu tun, über die sich die Menschen vermutlich gestritten haben, seit es Menschen gibt und über die sie auch heute noch streiten. So war es auch bei den ersten Buddhisten. Eine Gruppe nahm Buddhas Abschiedswort »Seid euch selbst zur Leuchte; arbeitet gewissenhaft an eurer eigenen Rettung« zum Wahlspruch. Jeder Fortschritt, den die Angehörigen dieser Gruppe machen, wird die Frucht der Weisheit sein – durch Meditation gewonnene Einsicht in die Ursache des Leidens. Die andere Gruppe war der Ansicht, daß das Mitleid bei der Erleuchtung wichtiger sei, weil sie glaubten, es sei ein Widerspruch in sich, Erleuchtung alleine und nur für sich zu suchen. Für sie ist der soziale Aspekt des Menschen wichtiger als der individuelle, und Liebe ist das Größte in der Welt.

Um diese grundlegenden Unterscheidungen herum bildeten sich weitere Differenzierungen heraus. Die erste Gruppe war der Ansicht, Buddhismus sei ein Ganztagsjob; wer das *Nirvana* zum Hauptziel seines Lebens mache, müsse die Welt aufgeben und Mönch werden. Die zweite Gruppe war weniger anspruchsvoll, was vielleicht daran lag, daß sie nicht alle Hoffnung auf das eigene Bemühen setzte. Sie glaubte, daß ihre Weltanschauung für Laien ebenso bedeutend sei wie für Ordensleute und in ihrer Art in der Welt ebenso funktionieren müsse wie im Kloster. Dieser Unterschied schlug sich in der Bezeichnung der beiden Richtungen nieder. Beide nannten sich *Yana* (wörtlich ›Fahrzeug‹, im Sinne von ›Floß‹ oder ›Fähre‹), denn beide behaupteten, sie könnten Menschen über das Meer des Lebens zu den Gestaden der Erleuchtung bringen. Die zweite Gruppe nahm wegen ihrer Betonung der kosmischen Hilfe (Gnade) und ihrer stärkeren Berücksichtigung der Laien in Anspruch, ›Buddhismus für das Volk‹ und somit das größere der beiden Fahrzeuge zu sein. Sie behielt sich daher den Namen *Mahayana*, das Große Fahrzeug, vor (*maha*: ›groß‹, wie in *Mahatma* ›Große Seele‹) Gandhi. Als dieser Name sich durchsetzte, wurde die andere Gruppe im Gegenzug als *Hinayana* oder Kleines Fahrzeug bekannt.

Die Hinayanisten, die über diese Bezeichnung nicht besonders erbaut waren, zogen es vor, ihre Art des Buddhismus *Theravada* zu nennen, den Weg der Ordensältesten. Damit hatten sie wieder die Oberhand, indem sie für sich in Anspruch nahmen, sie verträten den ursprünglichen Buddhismus, jenen Buddhismus, den Gautama selbst gelehrt hatte. Der Anspruch scheint gerechtfertigt, wenn wir uns auf die ausdrücklichen Lehren des Buddha beschränken, wie sie in den frühesten Texten, dem Pali-Kanon, überliefert sind, denn diese Texte unterstützen im großen und ganzen die Position des Theravada. Aber das hat die Mahayanisten nicht daran gehindert, ihrerseits zu behaupten, sie seien die rechtmäßigen Nachfolger. Denn viel eloquenter und prägnanter als durch die Worte des Pali-Kanon, so sagen sie, habe der Buddha seine Lehre durch sein Leben und sein Vorbild ausgedrückt. Das entscheidende Faktum seines Lebens sei, daß er nach der Erleuchtung nicht im *Nirvana* blieb, sondern zurückkehrte, um sein Leben seinen Mitmenschen zu weihen. Da er aber diese Tatsache nicht besonders hervorhob, übersehen die Theravadins (die sich nach der Ansicht der Mahayanisten zu eng an das ursprünglich von ihm gesprochene Wort klammern) die Bedeutung seines ›Großen Verzichts‹, was wiederum dazu führt, daß sie seine Mission zu eng sehen.[43]

Wir können die beiden Schulen getrost ihrem Streit über die apostolische Nachfolge überlassen; uns geht es nicht darum, die in ihnen enthaltenen Positionen zu beurteilen, sondern sie zu verstehen. Die Unterschiede, die sich bisher gezeigt haben, lassen sich in den folgenden Gegensatzpaaren zusammenfassen, solange wir uns dessen bewußt bleiben, daß es sich nicht um absolute Unterschiede, sondern nur um Nuancen in der Gewichtung handelt.

1. Für den Theravada-Buddhismus liegt der Fortschritt in der Hand des Individuums; er hängt von seinem Verständnis und seinem entschiedenen Willenseinsatz ab. Für das Mahayana ist das Schicksal des Einzelnen an das des Lebens als Ganzes gekoppelt, und beide sind letztlich nicht voneinander geschieden. Zwei Zeilen aus John Whittiers »The Meeting« fassen diese Anschauung zusammen:

> Nicht findet der, der nur nach Eignem strebet.
> Verlorn die Seele, die sich selbst nur lebet.

2. Der Theravada glaubt, daß die Menschheit im Universum auf sich allein gestellt ist. Es gibt keinen Gott, der uns aus der Patsche hilft, und

so bleibt uns nichts anderes übrig, als uns ganz allein auf uns zu verlassen.

> Selber tu ich stets das Böse,
> Selber schaffe ich mir Pein,
> Selber mich vom Üblen löse,
> Selber mache ich mich rein.
> Nur du selber kannst dich retten,
> Hilfe kann und darf nicht sein;
> Selber mußt den Pfad betreten:
> Buddhas weisen dich nur ein.

Für das Mahayana dagegen ist die Gnade wirklich. Wir dürfen getrost sein, denn eine grenzenlose Kraft zieht – oder stößt, wenn man so will – alles auf sein vorherbestimmtes Ziel hin. Mit den Worten eines berühmten Mahayana-Textes: »In jedem Sandkorn wohnt ein Buddha.«

3. Im Theravada-Buddhismus ist das Hauptattribut der Erleuchtung Weisheit *(Bodhi)*, womit tiefe Einsicht in die Natur der Wirklichkeit, die Ursachen für Angst und Leid und die Abwesenheit eines selbständigen Kerns der Selbstheit gemeint ist. Aus der Realisierung dieser Wahrheiten fließen automatisch die *Vier Edlen Tugenden* (oder die ›Göttlichen Verweilungszustände‹, *Brahma-Vihara*): Güte, Mitgefühl, Gleichmut und Freude, Glück und Wohlergehen der anderen. Vom Standpunkt des Mahayana aus kann man sich nicht darauf verlassen, daß sich *Karuna* (Mitgefühl) als automatische Frucht einstellt. Von Anfang an muß das Mitleid Vorrang vor der Weisheit haben. Die Meditation führt zum Erwerb persönlicher Macht, die destruktiv sein kann, wenn der Betreffende sich nicht gleichzeitig bewußt um die Entwicklung mitleidvoller Sorge für andere als Motiv für seine anstrengenden Übungen bemüht hat. »Ein Wächter will ich sein denen, die ohne Schutz sind« lautet eine typische Gebetsformel im Mahayana; »dem Reisenden ein Führer, ein Schiff, ein Brunnen, ein Quell, eine Brücke für den Sucher des anderen Ufers.« Shantideva, ein Dichter-Heiliger, den man den Thomas von Kempen des Buddhismus genannt hat, besang dieses Thema in wundervollen Versen:

> Ein Heilkraut für die Kranken möge ich sein, und ein Arzt möge ich sein und ein Pilger für sie, bis die Krankheit nicht wiederkehrt.

Durch Schauer von Speise und Trank möge ich die Qual des
Hungers und Durstes löschen. Möge ich während der Hunger-
perioden der kleinen Zeitalter Trank und Speise sein.
Möge ich den bedürftigen Wesen ein unerschöpflicher Schatz
sein. Möge ich ihnen in mannigfachen Arten der Unterstützung
beistehen.
Alle meine Existenzen und Güter, das Gute, das ich auf allen
drei Wegen erworben habe, gebe ich ohne Bedenken hin, um
das Heil aller Wesen zu verwirklichen. [44]

Der *Sangha* (buddhistischer Mönchsorden) steht im Theravada-
Buddhismus an zentraler Stelle. In Ländern, wo dieser dominiert, sind
Mönchsklöster (und in geringerem Maße auch Nonnenklöster) der
geistige Motor und erinnern durch ihre Gegenwart jedermann daran,
daß sich hinter der sichtbaren Realität eine höhere Wahrheit verbirgt.
Mönche und Nonnen – die nur zum Teil von der Gesellschaft isoliert
sind, weil sie davon leben, daß die örtliche Bevölkerung ihre Bettelschale täglich mit einer Mahlzeit füllt – genießen hohes Ansehen. Diese
Verehrung erstreckt sich auch auf jene, die die Ordensgelübde nur für
eine begrenzte Zeit ablegen (eine nicht ungewöhnliche Praxis), um in
intensiver Meditation die Übung der Wachheit zu pflegen. In Burma
markierte das ›Anlegen der Robe‹ für einen dreimonatigen Klosterauf-
enthalt praktisch den Übergang ins reife Mannesalter. Der Mahayana-
Buddhismus ist dagegen in erster Linie eine Religion für Laien. Selbst
seine Priester sind in der Regel verheiratet, und ihre Hauptaufgabe
besteht im Dienst am Laien.

5. Aus diesen Gegensätzen folgt, daß der Idealtypus, dem die beiden
Schulen nachstreben, deutlich anders ist. Für die Theravadins war das
Ideal der *Arhat*, der vollendete Schüler, der – auf Wanderschaft – allein
auf das *Nirvana* losgeht und mit ans Wunderbare grenzender Konzen-
tration unbeirrbar diesem Ziel zustrebt. Das Ideal des Mahayana dagegen war der *Bodhisattva*, ›einer, dessen Wesen *(Sattva)* vollkommene
Weisheit *(Bodhi)* ist‹ – ein Wesen, das, nachdem es das *Nirvana* erreicht
hat, auf diesen Lohn verzichtet und in die Welt zurückkehrt, um das
Nirvana auch anderen zugänglich zu machen. Der (oder die: der in
China beliebteste *Bodhisattva* ist die Göttin des Erbarmens, Kwan Yin)
Bodhisattva verurteilt sich freiwillig zu endloser Knechtschaft, damit
andere, die stellvertretend an dem so angesammelten Verdienst teilhaben, zuerst ins *Nirvana* gelangen können.

Den Unterschied zwischen den beiden Typen illustriert die Geschichte von vier Männern, die auf der Reise durch eine riesige Wüste an ein von hohen Wänden umgebenes Gelände kommen. Einer der vier beschließt zu erkunden, was sich im Innern befindet. Er klettert an der Mauer hoch, und als er oben ist, stößt er einen Jauchzer aus und springt auf der anderen Seite hinunter. Der zweite und der dritte tun es ihm nach. Als der vierte Mann die Spitze der Mauer erreicht hat, sieht er unter sich einen Zaubergarten mit sprühenden Bächen, lieblichen Hainen und köstlichen Früchten. Wenngleich er am liebsten hineinspringen würde, widersteht er der Versuchung. Ihm fallen die anderen Wanderer ein, die sich durch die brennenden Wüsten schleppen; klettert wieder herunter und widmet sein Leben der Aufgabe, auch sie zu der Oase zu führen. Die ersten drei Männer waren *Arhats*; der letzte war ein *Bodhisattva*, einer, der gelobt, diese Welt nicht zu verlassen, »bevor nicht das Gras selbst erleuchtet ist.«

6. Die Verschiedenheit der Ideale beeinflußt naturgemäß wiederum das Bild, das die beiden Schulen sich von Buddha selbst machen. Für die eine war er im wesentlichen ein Heiliger, für die andere ein Erlöser. Die Theravadins verehren ihn als höchsten Weisen, der durch eigene Anstrengung zur Wahrheit erwachte und zu einem unvergleichlichen Lehrer wurde, der einen Pfad bereitete, auf dem sie ihm nachfolgen konnten. Als Mensch unter Menschen schenkt er den Theravadins Grund zu dem Glauben, daß auch in ihnen das Potential zur Erleuchtung steckt. Aber Buddhas direkter persönlicher Einfluß endete mit seinem *Paranirvana* (Eintritt ins *Nirvana* beim Tode). Er weiß nichts mehr von dieser Welt des Werdens und ruht in vollkommenem Frieden. Die Verehrung, die die Mahayana-Buddhisten empfanden, konnte sich dagegen nicht damit zufriedengeben, daß Buddha nur ein Mensch sein sollte – ein außergewöhnlicher, gewiß, aber doch nur ein Mensch. Für sie war er ein Welterlöser, der auch weiterhin alle Geschöpfe »durch die Strahlen seiner Juwelen-Hände« zu sich hinzieht. Alle, die in Banden und Fesseln liegen, die Leidenden auf jeder Seinsebene, Galaxien über Galaxien, Welten über Welten, alle zieht die ruhmreiche »Strahlengabe« des Herrn zur Befreiung hin.

Das sind die zentralen Unterschiede, aber es lassen sich noch mehrere andere anführen, um das Bild zu vervollständigen. Während die Theravadins ihrem Gründer in der Ablehnung jeglicher Spekulation als einer nutzlosen Ablenkung folgten, brachte das Mahayana kunstvolle Kosmologien voller vielgeschichteter Himmel und Höllen hervor. Das einzige Gebet, das vor den Theravadins bestehen konnte, waren die Meditation und Anrufungen zur Stärkung von Glaube und Liebe, während die Anhänger des Mahayana auch Fleh- und Bittgebete sowie Anrufungen des Namens Buddhas zur Erlangung geistiger Stärke zuließen. Und während der Theravada konservativ blieb und in einer schier fundamentalistisch zu nennenden Weise an den frühen Pali-Texten festhielt, war das Mahayana fast in jeder Hinsicht liberal. Es gestand späteren Texten eine gleich große Autorität zu, war in der Auslegung disziplinarischer Regeln weniger streng und hatte eine höhere Meinung von den spirituellen Anlagen der Frauen und allgemeinen Laienschaft.

So kehrt das Rad am Schluß an seinen Ausgangspunkt zurück. Die Religion, die als Protest gegen Riten, Spekulationen, Gnade und das Übernatürliche begonnen hatte, sieht am Ende all das wieder in vollem Schwange, während man ihren Gründer selbst (der, was den Glauben an einen persönlichen Schöpfergott angeht, Atheist war) zu solch einem Gott erhob. Wir können das, was die beiden großen Zweige des Buddhismus voneinander unterscheidet, in folgendem Schema darstellen, wobei wir uns darüber klar sein müssen, daß es sich nicht um absolute Unterschiede handelt:

THERAVADA	MAHAYANA
Die Menschen emanzipieren sich aus eigener Anstrengung, ohne übernatürliche Hilfe.	Die menschlichen Bemühungen werden durch göttliche Kräfte und die von ihnen gewährte Gnade unterstützt.
Schlüsseltugend: Weisheit	Schlüsseltugend: Mitleid[45]
Der Erfolg setzt ständiges Engagement voraus und bleibt vor allem Mönchen und Nonnen vorbehalten.	Religiöse Praktiken sind auch für das Leben in der Welt und damit für Laien von Bedeutung.
Das Ideal: der *Arhat*, der nach dem Tode im *Nirvana* bleibt.	Das Ideal: der *Bodhisattva*.
Buddha als Heiliger, höchster Lehrer und Anreger.	Buddha als Erlöser
Geringschätzung der Metaphysik.	Ausarbeitung der Metaphysik.
Geringschätzung des Rituals.	Betonung des Rituals.
Meditation als Kern der Übung.	Schließt Bittgebete ein.

Welches System trägt den Sieg davon? ›Innerlich‹ gibt es dafür keinen Maßstab, so daß von Sieg oder Niederlage nicht gesprochen werden kann; aber ›äußerlich‹ (also was die Zahlen angeht) hat eindeutig das Mahayana die Oberhand. Das mag zum Teil daran liegen, daß es einen der größten Könige aller Zeiten für sich gewonnen hat. In der Geschichte des alten Königtums ragt die Gestalt des Ashoka (circa 272-232 vor Christus) heraus wie ein Gipfel des Himalaya, der sich klar und strahlend vom sonnigen Himmel abhebt. Wenn wir heute nicht alle Buddhisten – und zwar Mahayana-Buddhisten – sind, dann liegt das sicher nicht an Ashoka. Nicht genug damit, daß er selbst das Große Fahrzeug bestieg und es seinen Untertanen empfahl – sein buddhistisches Rad des Gesetzes ziert heute Indiens Fahne –, er bemühte sich auch, es über drei Kontinente zu verbreiten. Er fand den Buddhismus als indische Sekte vor und hinterließ ihn als Weltreligion.

Allerdings wäre es übertrieben anzunehmen, diese Leistung sei einer einzigen geschichtlichen Persönlichkeit zuzuschreiben, und die unterschiedlichen Tonarten, in denen Asien die Botschaft Buddhas hörte und verinnerlichte, können als letzter Prüfstein für den Vergleich zwischen Theravada und Mahayana gelten. Die Unterschiede, mit denen wir uns bisher beschäftigt haben, waren theoretischer Art; sie weichen aber auch in einer wichtigen sozio-politischen Beziehung voneinander ab. [46]

Der Theravada versuchte einen Aspekt der Lehre Buddhas zu verwirklichen, der bisher nicht erwähnt wurde: seine Vision einer ganzen Gesellschaft – einer Kultur, wenn man so will –, deren drei Stützen die Monarchie, die Mönchsgemeinschaft *(Sangha)* und die Laienschaft waren, von denen jede den beiden anderen gegenüber verpflichtet war und im Gegenzug von ihnen gewisse Dienste erwarten konnte. Die Länder Südasiens, in denen heute noch der Theravada vorherrscht – Sri Lanka, Burma, Thailand und Kambodscha – haben diese politische Seite der Botschaft Buddhas ernst genommen, und Spuren seines Modells sind bis auf den heutigen Tag in jenen Ländern zu bemerken. Chinas Interesse am Buddhismus (das es auf andere Länder übertragen hat, die dann zum Mahayana übergehen sollten: Korea, Japan und Tibet) erstreckte sich nicht auf seine sozialen Dimensionen, zu denen die Erziehung ebenso gehörte wie die Politik. In ostasiatischen Ländern erscheint der Buddhismus als etwas Aufgepfropftes. Buddhistische Missionare überzeugten die Chinesen davon, daß sie psychologische und metaphysische Weisheiten besäßen, die die chinesischen Weisen nicht erforscht hätten. Aber Konfuzius hatte viel über die soziale Ordnung nachgedacht, und die Chinesen waren nicht geneigt, sich über dieses Thema von Fremden belehren zu lassen. Daher ließen die Chinesen die politischen Vorschläge Buddhas außer acht und entnahmen seinen Lehren die psycho-spirituellen Anteile mit ihren kosmischen Obertönen. Wir besitzen immer noch keine Darstellung der Geschichte des Buddhismus, in der die Trennung in Theravada und Mahayana auf diesen Gesichtspunkt hin untersucht wird: wie der Theravada (aus geographischen und historischen Gründen) der Vision seines Gründers von einer buddhistischen Gesellschaft treu blieb, während das Mahayana sich zu einem bis auf den religiösen Kern zurechtgestutzten Buddhismus entwickelte: ein Modell, das sich Kulturen aufpfropfen ließ, die auf sicheren sozialen Grundlagen ruhten.

Was ihre Lehre angeht, scheinen die Unterschiede zwischen Theravada und Mahayana im Laufe der Jahrhunderte viel von ihrer Schärfe verloren zu haben. Nach dem Zweiten Weltkrieg gingen zwei europamüde junge Deutsche nach Sri Lanka, um ihr Leben dem friedfertigen Weg des Buddhismus zu weihen. Beide wurden Theravada-Mönche. Der eine, der den Namen Nyanaponika Thera angenommen hatte, ging auf diesem Weg weiter; aber der andere, der auf einer Reise in den Norden Indiens ein paar Tibetern begegnet war, machte sich deren Tradition zu eigen. Er wurde im Westen als Lama Govinda bekannt. Gegen Ende seines Lebens wurde Nyanaponika von einem Besucher gefragt, worin sich die beiden Spielarten des Buddhismus unterscheiden, denen die beiden Freunde gefolgt waren. Mit der heiteren Gelassenheit und Milde des Alters antwortete der Theravadin: »Mein Freund nannte das Bodhisattva-Gelübde als den Grund für seine Bekehrung zum Mahayana, aber das leuchtete mir nicht ein. Denn wenn man, wie es der *Arhat* anstrebt, die Ausrichtung auf das eigene Ich völlig überwindet, was bliebe dann übrig außer Mitleid?«

Das Geheimnis der Blüte[47]

Nachdem der Buddhismus sich in Theravada und Mahayana aufgespalten hatte, bestand der Theravada als relativ einheitliche Tradition weiter, während das Mahayana in eine Reihe von Sekten oder Schulen zerfiel. Die populärste dieser Sekten, die Schule des Reinen Landes (*Ching-t'u*), erinnert insofern an die paulinische Tradition im Christentum, als sie sich darauf verläßt, daß der Glaube – in diesem Fall der

Glaube an die ›Andere Stärke‹ *(Tariki)* eines der Buddhas –, die Gläubigen in das Reine Land des Westlichen Paradieses bringen wird. Im Volksglauben weist dieses Paradies viele Züge auf, die es mit dem christlichen Himmel gemeinsam hat, obwohl beide auch subtilere Deutungen zulassen, in denen das Paradies weniger als geographischer Ort, sondern eher als Erlebniszustand betrachtet wird. Eine weitere wichtige Mahayana-Schule (im Chinesischen *T'ien-t'ai*-Schule, im Japanischen *Tendai*) führte die konfuzianische Vorliebe für Studium und soziale Harmonie in den Buddhismus ein. Sie versuchte alle buddhistischen Schulen gemeinsam in einer unter dem Namen *Lotos-Sutra* bekannten Abhandlung unter einem Dach zu versammeln. Wir wollen uns mit dieser und den kleineren Sekten des Mahayana-Buddhismus nicht weiter beschäftigen und unseren Platz für zwei Spielarten des Buddhismus aufsparen. Das ist zum einen der stark vom Taoismus beeinflußte *Ch'an*-Buddhismus (im Japanischen *Zen*) und zum anderen die Form des Buddhismus, die sich in Tibet entwickelt hat. Diese Wahl ist zum Teil durch die Tatsache bestimmt, daß die beiden die Zweige des Buddhismus sind, die im Westen am meisten bekannt wurden; darüber hinaus werden sie uns in zwei ganz verschiedene Länder führen, in denen der Buddhismus zu besonderer Blüte gelangt ist.

Da das religiöse Leben Chinas durch die Machtergreifung der Kommunisten gewissermaßen ›unterbrochen‹ wurde, werden wir die Ch'an/Zen-Sekte in ihrer japanischen Ausprägung darstellen. Ebenso wie andere Mahayana-Sekten tritt auch diese mit dem Anspruch auf, ihre Anschauungen von Gautama selbst ableiten zu können. Der Teil seiner Lehren, der in den Pali-Kanon Eingang gefunden hat, so behauptet sie, sei von den Massen aufgegriffen worden. Seine klarsichtigeren Anhänger entnahmen seiner Lehre eine erhabenere, subtilere Botschaft. Das klassische Beispiel hierfür ist in Buddhas ›Blütenrede‹ überliefert. Im Kreise seiner Schüler auf einem Berg stehend, verzichtete er einmal auf Worte und hielt nur eine goldene Lotosblüte hoch. Niemand verstand, was er mit dieser vielsagenden Geste ausdrücken wollte, bis auf Mahakasyapa, dessen stilles Lächeln zeigte, daß er die Botschaft verstanden hatte und Buddha veranlaßte, ihn zu seinem Nachfolger zu ernennen. Die Einsicht, die dieses Lächeln auslöste, wurde in Indien über achtundzwanzig Patriarchen weitergegeben und im Jahre 520 nach Christus von Bodhidharma nach China getragen. Von dort gelangte sie im zwölften Jahrhundert nach Japan. In ihr liegt das Geheimnis des Zen beschlossen.

Wenn man die Welt des Zen betritt, dann ist es, als sei man durch Alices Spiegel gegangen. Man findet sich in der verkehrten Welt eines Wunderlandes, wo alles total verrückt ist – meist sympathisch verrückt zwar, aber doch verrückt. Es ist eine Welt voll verwirrender Dialoge, unverständlicher Rätsel, verblüffender Paradoxien, schreiender Widersprüche und abrupter Trugschlüsse, und alles auf die weltläufigste, fröhlichste und unschuldigste Art vorgetragen. Hier ein paar Beispiele:

Ein Meister, Guei, pflegte auf die Frage, was Zen bedeutet, nur den Zeigefinger zu heben. Das war alles. Ein anderer trat nach einem Ball. Wieder ein anderer gab dem Fragenden eine Ohrfeige.

Ein Novize, der eine respektvolle Anspielung auf Buddha macht, muß sich den Mund ausspülen und wird ermahnt, dieses schmutzige Wort nie wieder auszusprechen.

Einer, der behauptet, den Buddhismus verstanden zu haben, schreibt die folgenden Verse:

> Der Körper ist der Bodhi-Baum;
> Der Geist ist wie der Spiegel klar.
> Halt ihn stets voller Sorgfalt rein,
> Und laß ihn nicht verstauben.

Sofort wird er durch einen anderen Vierzeiler korrigiert, der als der wahre Zen-Standpunkt akzeptiert wird:

> Bodhi (Wahre Weisheit) ist kein Baum;
> Der Geist ist kein funkelnder Spiegel.
> Wenn von Anfang an nichts vorhanden ist,
> Welchen Sinn hat es dann, vom Staubwischen zu sprechen?

Ein Mönch wendet sich an einen Meister mit den Worten: »Ich bin eben in dieses Kloster gekommen. Hättest du wohl die Güte, mich ein wenig zu belehren?« Der Meister fragt: »Hast du schon gefrühstückt?« »Ja.« »Dann geh und spüle deine Schalen aus.« Durch diesen Wortwechsel erlangte der Fragende das Verstehen, nach dem er strebte.

Einer Gruppe von Zen-Meistern, die sich zum Gespräch versammeln, macht es viel Spaß, zu behaupten, daß es so etwas wie den Buddhismus, oder die Erleuchtung, oder etwas, was auch nur entfernt dem Nirvana ähnelt, überhaupt nicht gibt. Sie stellen einander Fallen und versuchen, jemanden zu einer Aussage zu verleiten, die das Gegenteil implizieren könnte. Geübt wie sie sind, gehen sie stets kunstvoll allen Fallen aus dem Wege, und die ganze Gesellschaft bricht in homerisches, markerschütterndes Gelächter aus.

Was geht hier vor? Könnte es sein, daß in einer Sache, die auf den ersten Blick wie ein erhabener Spaß, wenn nicht gar direkt wie ein Schwindel aussieht, doch irgendein Sinn verborgen ist? Kann dieses doppelzüngige spirituelle Gerede überhaupt ernst gemeint sein, oder machen sie sich einfach über uns lustig?

Die Antwort ist, daß sie es vollkommen ernst meinen, auch wenn sie tatsächlich selten feierlich aufgelegt sind. Und obwohl wir nicht hoffen dürfen, ihre Sichtweise völlig darzulegen – da es nun einmal zum Wesen des Zen gehört, daß es mit Worten nicht mitgeteilt werden kann –, können wir doch eine ungefähre Vorstellung davon vermitteln, worum es geht.

Zugegebenermaßen ist selbst das noch schwer genug, denn wir müssen Worte gebrauchen, um über eine Anschauung zu sprechen, die sich der Unzulänglichkeit von Worten schmerzlich bewußt ist. Worte spielen eine problematische Rolle im Leben. Sie sind unentbehrlich für unser Menschsein, denn ohne sie kämen wir über unartikulierte Geräusche nicht hinaus. Aber sie können auch trügerisch oder zumindest irreführend sein; denn sie schaffen eine virtuelle Realität, die für die eigentlich existierende Wirklichkeit als Aushängeschild dient. Eltern können sich einbilden, sie liebten ihr Kind, weil sie es mit zärtlichen Ausdrücken ansprechen. Wir können auch der Täuschung erliegen, das Aussprechen des Satzes »so wahr mir Gott helfe« in der Eidesformel beweise, daß wir an Gott glauben, während es in Wirklichkeit nur zeigt, daß wir an den Glauben an Gott glauben. Trotz all ihrem unbestreitbaren Nutzen sind Worte in dreierlei Hinsicht unzulänglich. Im schlimmsten Falle errichten sie eine künstliche Welt, die unsere eigentlichen Gefühle verschleiert und Menschen zu bloßen Stereotypen degradiert. Zweitens sind Beschreibungen selbst dann, wenn sie einigermaßen zutreffend sind, doch nicht die Sache, die sie beschreiben – die Speisekarte ist nicht das Essen. Und schließlich entziehen sich unsere höchsten Erfahrungen, wie die Mystiker betonen, fast vollständig der Beschreibung durch Worte.

Jede Religion, die auch nur einen Funken von semantischer Differenzierung entwickelt hat, gibt bis zu einem gewissen Grade zu, daß Verstand und Worte der Wirklichkeit nicht gerecht werden können, ja sie oft geradezu entstellen. Es mag den Rationalisten noch so sehr gegen den Strich gehen – die Religion lebt wie die Kunst vom Paradoxon und vom ›Transrationalen‹. Mystiker aller Religionen berichten von Begegnungen mit einer Welt, die sie mit ihrer blendenden Dunkelheit erschreckt und verwandelt. Beim Zen verhält es sich genauso, mit der einzigen Besonderheit, daß hier die Durchbrechung der Sprachbarriere das zentrale Anliegen ist.

Nur wenn wir uns dessen bewußt sind, haben wir eine Chance, diese Weltsicht zu verstehen, die in mancher Hinsicht der fremdartigste Ausdruck reifen religiösen Empfindens ist. Nach der Überlieferung des Zen war es Buddha selbst, der auf diesen Punkt hinwies, indem er es – in der schon erwähnten Blütenrede – ablehnte, die durch eigene Erfahrung beglaubigte Entdeckung mit irgendeinem sprachlichen Ausdruck gleichzusetzen. Bodhidharma setzte diese Tradition fort, indem er den Schatz, den er nach China brachte, als »eine besondere Überlieferung außerhalb der Schriften« definierte. Das stimmt so wenig mit unserem gewöhnlichen Bild von Religion überein, daß es geradezu ketzerisch klingt. Man denke an die Veden im Hinduismus, an die klassischen Schriften des Konfuzianismus, an die Thora im Judentum, an die Bibel im Christentum oder an den Koran im Islam. Sie alle würden sich durchaus als besondere Überlieferungen *durch* ihre Schriften definieren. Auch das Zen hat seine Texte, die in den Klöstern morgens und abends rezitiert werden. Außer den Sutras, die es mit anderen Zweigen des Buddhismus teilt, verfügt es auch über eigene Texte: das *Hekigan Roku*, das *Mumonkan* und andere. Aber ein Blick auf diese Texte genügt, um festzustellen, wie sehr sie sich von anderen Schriften unterscheiden. Sie sind fast ausschließlich dem Bemühen gewidmet, jeden Zweifel an der Tatsache zu beseitigen, daß Zen sich mit keiner wie auch immer gearteten sprachlichen Formel gleichsetzen läßt. Wir lesen Berichte über Berichte von Schülern, die ihre Meister über Zen befragen und als Antwort nichts als ein gebrülltes »Ho!« zu hören bekommen. Denn der Meister sieht, daß die Suchenden durch solche Fragen versuchen, den Mangel in ihrem Leben mit Worten und Begriffen statt mit Schritten zur Verwirklichung auszugleichen. Der Schüler kann sogar von Glück sagen, wenn er mit einem verbalen Verweis davonkommt. Oft ist ein Hagel von Schlägen die Reaktion des Meisters, der – ohne jegliche Rücksicht auf das körperliche Wohlbefinden des Schülers – zur wirksamsten Methode greift, die ihm einfällt, um den Fragenden aus seinem eingefahrenen geistigen Geleise zu zwingen.

Es überrascht nicht, daß diese einzigartige Einstellung des Zen zur

schriftlichen Überlieferung sich auch in seiner Haltung zu Glaubensbekenntnissen wiederfindet. Im Gegensatz zu den meisten Religionen, in
deren Zentrum irgendein Glaubensbekenntnis steht, weigert sich das
Zen, sich ein verbales Korsett anlegen zu lassen; es ist »nicht auf das
geschriebene Wort gegründet und [steht] *außerhalb* der etablierten
Lehren«, um noch einmal mit Bodhidharma zu sprechen. Der Wegweiser ist nicht das Ziel, die Karte nicht das Gelände. Das Leben mit
seinem Reichtum und seiner Vielfältigkeit läßt sich nicht in Kategorien
pressen oder gar mit ihnen gleichsetzen. Keine Aussage ist mehr als ein
Finger, der auf den Mond deutet. Und damit die Aufmerksamkeit sich
nicht auf den Finger richtet, deutet Zen zwar, zieht den Finger aber
sofort zurück. Andere Religionen betrachten blasphemische Äußerungen und mangelnden Respekt für Gottes Wort als Sünde, aber im Zen
kann es vorkommen, daß der Meister seinem Schüler befiehlt, seine
Schriften in Stücke zu reißen und nicht von Buddha oder *Nirvana* zu
sprechen, als seien das unanständige Wörter. Dabei will er nicht re-
spektlos sein.[48] Er tut das vielmehr, weil er sich bemüht, den Novizen
mit allen möglichen Mitteln rein verbale Lösungen auszutreiben.
»Nicht jeder, der zu mir sagt: Herr! Herr!, wird in das Himmelreich
kommen« (Matthäus 7, 21). Der Zen-Buddhismus ist nicht an Theorien
über Erleuchtung interessiert; er will die Sache selbst. Und daher spart
er nicht mit Gebrüll, mit Schlägen und Tadel, jedoch ohne eine Spur
von Boshaftigkeit. Das einzige, was er erreichen will, ist, den Schüler zu
zwingen, die Wort-Mauer zu durchbrechen. Der Geist muß aus seinen
verbalen Fesseln geholt und auf eine neue Verständnisebene gehoben
werden.

Man kann alles übertreiben, und wir sollten aus dem Gesagten nicht
den Schluß ziehen, daß Zen ganz ohne Verstand und Worte aus-
kommt.[49]

Das Zen läßt sich sicher nicht mehr von den Versuchen des Verstandes, die letzte Wirklichkeit widerzuspiegeln, beeindrucken als Kierkegaard von Hegels Metaphysik beeindruckt war; man kann einen Ziegel-
stein noch so sehr polieren – er wird nie das Sonnenlicht reflektieren.
Aber daraus folgt nicht, daß der Verstand wertlos wäre. Offenbar hilft er
uns dabei, in der Alltagswelt zurechtzukommen, weshalb die Anhänger
des Zen im allgemeinen glühende Verfechter einer guten Erziehung
sind. Aber das ist noch nicht alles. Bei Anwendung gewisser Methoden
kann der Verstand sogar dazu beitragen, dem Ziel des Gewahrseins
näherzukommen. Wenn die Art, in der er hierzu eingesetzt wird,

manchmal den Eindruck erweckt, als solle der Teufel mit Beelzebub ausgetrieben werden, so dürfen wir nicht vergessen, daß der Verstand auch eine deutende Rolle spielen und als Brücke zwischen einer neuentdeckten Welt und der Welt des gesunden Menschenverstandes dienen kann. Denn es gibt kein einziges Problem im Zen, dessen Lösung nicht, wenn sie erst einmal gefunden ist, innerhalb seines eigenen Bezugsrahmens sinnvoll wäre; es gibt keine Erfahrung, die – passende Umstände vorausgesetzt – die Meister nicht zu beschreiben oder zu erklären bereit wären. Bei der Frage, wie sich das Zen zum Verstand verhält, ist zweierlei zu beachten. Erstens ergibt eine logische Erklärung und Beschreibung durch das Zen nur einen Sinn, wenn man sie unter dem Blickwinkel einer Erfahrung versteht, die von der gewöhnlichen radikal verschieden ist. Und zweitens sind die Zen-Meister gewillt zu erreichen, daß ihre Schüler die Erfahrung selbst erlangen und sich nicht mit ersatzweisem Gerede begnügen.

Nichts macht die Entschlossenheit des Zen in dieser Hinsicht deutlicher als die Methode, die es gewählt hat, um seinen eigenen Fortbestand zu sichern. Während andere Religionen sich in der heiklen Frage der Nachfolge auf die Institutionalisierung von Mandaten, päpstliche Nachfolgeregelungen oder feste Glaubensdogmen stützen, hat das Zen seine Zukunft einem bestimmten Bewußtseinszustand anvertraut, der von einem Geist auf den anderen direkt weiterzugeben war – so, wie die Flamme von Kerze zu Kerze oder Wasser von Tasse zu Tasse wandern kann. Diese »Übertragung von Buddha-Geist zu Buddha-Geist« meint Bodhidharma, wenn er davon spricht, daß das Wesen des Zen in einer »besonderen Überlieferung« liegt. Einige Jahrhunderte lang wurde diese innere Überlieferung durch die Weitergabe von Buddhas Robe und Schale von Patriarch zu Patriarch symbolisiert, doch im achten Jahrhundert kam der Sechste Patriarch in China zu dem Schluß, selbst diese einfache Geste trage dazu bei, Form und Wesen zu verwechseln, und schaffte sie ab. Wir haben hier also eine Tradition vor uns, in deren Mitte eine Linie von Lehrern steht, deren jeder im Prinzip von seinem Meister einen Bewußtseinszustand geerbt hat, der jenem ähnelt, den Gautama bei seinem Nachfolger Mahakashyapa erweckte. In der Praxis wird dieses Prinzip nicht immer gewahrt, aber die folgenden Zahlen zeigen, daß man sich bemüht, es beizubehalten. Der Meister des Lehrers, bei dem der Autor dieses Buches studiert hat, schätzte, daß er etwa neunhundert Novizen persönlich unterwiesen hatte. Von diesen haben dreizehn ihre Zen-Schulung abgeschlossen, und vier erhielten *Inka*, das heißt, sie wurden als *Roshis* (Zen-Meister) anerkannt und erhielten das Recht zu lehren.

Und was ist das für eine Schulung, durch welche den Aspiranten der auf solche Weise konservierte Buddha-Geist vermittelt wird? Wir wollen sie mit Hilfe dreier Schlüsselbegriffe erläutern: *Zazen, Koan* und *Sanzen.*

Zazen bedeutet wörtlich ›Sitzmeditation‹. Der größte Teil der Zen-Schulung findet in einer großen Meditationshalle statt. Wer eine solche Halle als Besucher kennenlernt, ist gewöhnlich überrascht ob der endlos scheinenden Stunden, die die Mönche, schweigend auf zwei langen, erhöhten Plattformen sitzend, zubringen, das Gesicht – je nachdem, welcher der beiden Hauptrichtungen des Zen das jeweilige Kloster angehört – der Mitte oder der Wand zugewandt.[50] Ihre Haltung ist der aus Indien übernommene Lotossitz. Die halbgeschlosenen Augen halten sie blicklos auf die gelbbraunen Strohmatten gerichtet, auf denen sie sitzen.

So sitzen sie Stunde um Stunde, Tag um Tag, Jahr um Jahr[51] und versuchen den Buddha-Geist zu wecken, um ihn später in ihr tägliches Leben einzubringen. Das Faszinierendste dabei ist die Verwendung einer der merkwürdigsten Methoden spiritueller Übung, die sich denken läßt – das *Koan.*

Allgemein gesprochen, bedeutet *koan* ›Rätsel‹, aber die Rätsel, die man sich im Zen ausdenkt, sind absurd. Auf den ersten Blick nehmen sie sich aus wie eine Mischung aus Denksportaufgabe und absurdem Witz. Ein Beispiel:

> Ein Meister, Wu Tsu, sagt: »Ich will ein Beispiel
> aus einer Fabel nehmen. Eine Kuh kommt an einem Fenster
> vorbei. Ihr Kopf kommt vorbei, ihre Hörner und die vier Beine.
> Warum ist der Schwanz nicht vorbeigekommen?«

> Oder: Wie sah dein Gesicht vor der Geburt deiner Ahnen aus?

> Oder auch: Wir kennen alle das Geräusch zweier klatschender
> Hände. Was für ein Geräusch macht eine klatschende Hand?
> (Wenn Sie einwenden, eine Hand könne doch nicht klatschen,
> kommen Sie in die letzte Bank.)

Ein letztes Beispiel: Li-ku, ein hoher Offizier der T'ang-Dynastie, fragte einen berühmten Ch'an-Meister: »Vor langer Zeit hielt ein Mann eine Gans in einer Flasche. Sie wurde größer und größer, bis sie nicht mehr aus der Flasche heraus konnte. Er wollte die Flasche nicht zerbrechen, wollte aber auch die Gans nicht verletzen. Wie würden Sie sie herausbekommen?
Der Meister schwieg eine Weile, dann rief er: »Oh, Offizier?«
»Ja.«
»Sie ist draußen!«

Unser erster Impuls ist, so ein Rätsel als absurd abzutun, aber das ist dem Zen-Schüler nicht gestattet. Er ist angehalten, sich ihm mit voller Konzentration zu widmen, wobei er es einmal mit Logik zu packen versucht, ein andermal dagegen tief in sich sinken läßt und wartet, bis eine akzeptable Lösung aus ihm hervorbricht – eine Aufgabe, die bei einem einzigen *Koan* so lange dauern kann wie das Schreiben einer Doktorarbeit.

Während dieser Zeit ist der Verstand intensiv beschäftigt, aber auf sehr eigenartige Weise. Wir im Westen verlassen uns so vollständig auf den Verstand, daß wir uns klarmachen müssen, daß wir es beim Zen mit einer Sichtweise zu tun haben, die davon ausgeht, daß der Verstand begrenzt ist und der Ergänzung durch eine andere Erkenntnisart bedarf.

Für den Zen-Buddhismus ist der Verstand, wenn man ihn nicht geradezu als Klotz am Bein ansieht, der uns an die Erde fesselt, doch zumindest eine Leiter, die zu kurz ist, um an die ganze Wahrheit heranzureichen. Er muß daher transzendiert werden, und eben diesen Vorgang des Transzendierens sollen die *Koans* unterstützen. Wenn sie auch für den Verstand als Ärgernis erscheinen, müssen wir uns bewußt machen, daß das Zen nicht daran interessiert ist, den Alltagsverstand zu beschwichtigen. Es strebt das Gegenteil an: den Verstand auf den Kopf zu stellen – ihn aus dem Gleichgewicht zu bringen und schließlich zum Aufstand gegen die Regeln zu reizen, die ihn gefangenhalten. Aber das ist noch viel zu schwach ausgedrückt. Indem Zen den Verstand zwingt, mit etwas zu kämpfen, was er normalerweise als schlicht absurd betrachtet, indem es ihn dazu bringt, Dinge miteinander zu verbinden, die normalerweise unvereinbar sind, versucht es den Geist in einen Zustand der Erregung zu versetzen, in dem er sich mit der Verzweiflung einer verfolgten Ratte gegen seinen logischen Käfig wirft. Durch Paradoxien und Trugschlüsse will Zen den Verstand provozieren, erregen, nerven und schließlich aufreiben, bis er sieht, daß Denken nie mehr ist als Denken *über* und Gefühl nicht mehr als Gefühl *für*. Dann, wenn es den rationalen Verstand da hat, wo es ihn haben wollte – in der Sackgasse – setzt es auf einen plötzlichen Geistesblitz, der den Abgrund zwischen dem Leben aus zweiter und aus erster Hand überbrückt.

> Licht bricht ein in geheimes geschick . . .
> Wenn logik eingeht
> Sprießt ein schmutziges geheimnis durchs auge.[52]

Bevor wir diese merkwürdige Methode als uns völlig fremd abtun, sollten wir uns daran erinnern, daß Kierkegaard die Meditation über das Paradoxon der Inkarnation – die logische Absurdität, die darin liegt, daß das Unendliche sich in die Endlichkeit begibt, Gott Mensch wird – als die lohnendste aller christlichen Übungen betrachtete. Das *Koan* erscheint unlogisch, weil die Logik sich in strukturierten Grenzen bewegt. Außerhalb dieser Grenzen ist das *Koan* nicht widersprüchlich; es hat seine eigene Logik, man könnte sagen, eine ›Reimannsche‹ Logik. Sobald die Verstandesmauer einmal durchbrochen ist, wird es einsichtig. Es ist gestellt wie ein Wecker, um den Verstand aus seinem rationalen Traum zu wecken. Eine höhere Klarheit winkt.

Bei seinem Kampf mit dem *Koan* ist der Zen-Mönch nicht allein. Bücher nützen nichts, und ein *Koan*, an dem gerade gearbeitet wird, darf nicht mit anderen Mönchen diskutiert werden, denn das könnte nur Antworten aus zweiter Hand ergeben. Aber der Mönch tritt im Durchschnitt zweimal täglich dem Meister zu einer privaten ›Konsultation über Meditation‹ gegenüber – *Sanzen* in der Rinzai- und *Dokusan* in der Soto-Sekte genannt. Diese Begegnungen sind grundsätzlich kurz. Der Lernende nennt das betreffende *Koan* und gibt seine augenblickliche Lösung. Der Meister hat dann drei Möglichkeiten. In dem glücklichen Fall, wo die Antwort richtig ist, bestätigt er sie, aber das ist seine letzte wichtige Aufgabe, denn die richtige Lösung kommt gewöhnlich mit einer Wucht, die selbstbestätigend ist. Einen größeren Dienst leistet er durch die Zurückweisung unzutreffender Antworten, denn nichts hilft dem Schüler mehr, diese für immer auszuscheiden, als die kategorische Zurückweisung durch den Meister. Dieser Aspekt des *Sanzen* wird in den *Regeln des Hyakujo* im 19. Jahrhundert treffend beschrieben als eine »Gelegenheit für den Lehrer, den Schüler einer genauen persönlichen

Prüfung zu unterziehen, ihn aus seiner Unreife zu wecken, seine falschen Vorstellungen zu vernichten und ihn von seinen Vorurteilen zu befreien, geradeso, wie der Schmelzer im Schmelztiegel das Gold von Blei und Quecksilber reinigt, und wie der Jadeschnitzer, wenn er die Jade poliert, jede mögliche Unreinheit beseitigt.«[53] Außerdem hat die Anwesenheit des Meisters, wie die jedes strengen Prüfers, die Wirkung, den Studenten während der langen Jahre des Studiums mit Entschlossenheit und Energie zu versorgen.

Und wohin führen *Zazen*, *Koan*-Training und *Sanzen?* Der erste wichtige Durchbruch ist ein intuitives Erlebnis, das man als *Kensho* oder *Satori* bezeichnet. Obwohl seine Vorbereitung unter Umständen Jahre dauert, stellt sich das Erlebnis selbst blitzartig ein; es explodiert im Innern des Subjekts wie eine geräuschlose Rakete und rückt mit einem Schlag alles in ein neues Licht. Aus Furcht, sich von Worten hinreißen zu lassen, verschwenden die Anhänger des Zen wenig Atem auf die Beschreibung von *Satori*-Erlebnissen. Doch hin und wieder kann man Schilderungen finden.

> Schwupp! war ich drin. Ich verlor die Grenze meines physischen Körpers. Meine Haut war natürlich noch da, aber ich hatte das Gefühl, als stünde ich im Zentrum des Kosmos. Ich sah Leute, die auf mich zukamen, aber alle waren derselbe Mann. Alle waren ich selbst. Vorher hatte ich diese Welt nie gekannt. Ich hatte mir eingebildet, ich sei geschaffen, aber jetzt mußte ich meine Meinung ändern: Ich wurde nie geschaffen; ich war der Kosmos. Es gab kein Individuum.[54]

Aus dieser und ähnlichen Schilderungen können wir schließen, daß es sich bei *Satori* um die für Zen spezifische Ausprägung des mystischen Erlebnisses handelt, welches, wo immer es sich zeigt, Freude, Eins-Sein und ein Wirklichkeitsgefühl mit sich bringt, das sich der gewöhnlichen Sprache entzieht. Aber während solche Erlebnisse oft mit dem Gipfel der religiösen Suche in Verbindung gebracht werden, ordnet man sie im Zen eher dem Ausgangspunkt zu. Tatsächlich beginnt, nüchtern betrachtet, das Zen-Training mit *Satori*. Denn erstens muß es weitere *Satoris* geben, während der Schüler lernt, sich auf diesem Gebiet freier zu bewegen.[55] Aber noch wichtiger ist, daß Zen, das ja zur einen Hälfte von den Chinesen mit ihrem praktischen, diesseitsbezogenen gesunden Menschenverstand inspiriert ist, der als Gegengewicht gegen die aus

Indien übernommene mystische Jenseitsorientierung dient, dem menschlichen Geist nicht erlaubt, sich ganz in den mystischen Zustand zurückzuziehen oder gar zu ›fliehen‹.

Sobald wir *Satori* erreichen, müssen wir

> den klebrigen Morast hinter uns lassen, in dem wir uns abge-
> strampelt haben und in die ungebundene Freiheit der offenen
> Gefilde zurückkehren. Manche Leute sagen vielleicht: »Mir
> genügt es, wenn ich es [Satori] erreicht habe. Warum sollte ich
> weitergehen?« Die alten Meister haben auf solche Leute einge-
> schlagen und sie »im Schlamm selbst-angemaßter Erleuchtung
> lebende Regenwürmer« genannt.«[56]

Das Geniale am Zen ist, daß es die Welt nicht in dem höchst unvoll-kommenen Zustand beläßt, in dem es sie vorfindet, sich aber auch nicht distanziert oder gleichgültig aus ihr zurückzieht. Sein Ziel ist, die zeitli-che Welt mit der ewigen zu erfüllen – die Pforten der Wahrnehmung so zu erweitern, daß das Wunder der *Satori*-Erfahrung die Alltagswelt überfluten kann. »Was bedeutet es«, fragt der Schüler, »daß Bodhid-harma aus dem Westen kam?« Der Meister antwortet: »Die Zypresse, die im Garten steht.« Es gilt, direkt zu realisieren, wie erstaunlich das Sein ist, und im *Satori* blitzt die erste Ahnung davon auf. Doch die Aufgabe des Zen ist erst erfüllt, wenn der Schüler erkennt, daß die Dinge sich gegenseitig durchdringen und ineinander verwandeln; dann geht das Staunen über das Sein auf so gewöhnliche Dinge über wie den Baum im Hinterhof, und die Alltagspflichten werden mit dem Wissen erfüllt, daß jede gleichermaßen eine Manifestation des Unendlichen ist.

Bei keinem Menschen – außer vielleicht Buddha selbst – ist diese Arbeit je völlig abgeschlossen. Wir können uns jedoch, wenn wir gewis-sen Hinweisen in der Zen-Literatur folgen, ein ungefähres Bild davon machen, wie der Zustand eines Menschen beschaffen wäre, »dem nichts weiter zu tun bleibt.«

Erstens ist das ein Zustand, in dem das Leben ausgesprochen ange-nehm erscheint. Ein westlicher Zen-Schüler, der in Kyoto seit sieben Jahren Zen übte, antwortete auf die Frage, wo das Üben des Zen hinführt: »Keine parapsychischen Erlebnisse, soweit ich sehe. Aber man wacht morgens auf, und die Welt ist so schön, daß man es kaum aushält.«

Gleichzeitig mit diesem positiven Eindruck vom Leben kommt zweitens eine objektive Sichtweise der Beziehungen zu anderen, deren Wohlergehen einem nun ebenso wichtig erscheint wie das eigene. Der Anblick eines Geldscheines kann in uns Begehrlichkeit wecken; der Anblick eines Sonnenuntergangs nicht. Meisterschaft im Zen ist wie das Betrachten eines Sonnenuntergangs. Da sie letzte Achtsamkeit voraussetzt, kommen Fragen wie »wessen Wahrnehmung?« oder »Wahrnehmung wovon?« gar nicht auf. Die Dualismen verschwinden. Und mit ihrem Verschwinden stellt sich ein Gefühl der Dankbarkeit für die Vergangenheit und die Verantwortung für die Gegenwart und Zukunft ein.

Drittens zieht das Leben im Zen (wie wir zu zeigen versucht haben) uns nicht von der Welt ab; es schenkt uns der Welt wieder – einer Welt in neuem Gewande. Nicht zur Gleichgültigkeit in Weltdingen sind wir aufgerufen, als bestünde das Ziel des Lebens darin, die Seele plötzlich aus dem Körper springen zu lassen wie den Teufel aus dem Kasten. Vielmehr sollen wir entdecken, wie schön vollkommene Achtsamkeit auch unter der Bedingung der Körperlichkeit ist. »Was ist das wunderbarste aller Wunder?« »Daß ich ruhig für mich hier sitze.« Die Dinge einfach zu sehen, wie sie sind, wie sie wirklich an sich sind, ist Leben genug. Es stimmt schon, daß Zen die Einheit hochschätzt; aber eine solche Einheit ist gleichzeitig leer (weil sie Trennungslinien aufhebt) und voll (weil sie Verbindungslinien an ihre Stelle setzt). Oder mit den Worten einer Zen-Gleichung: »Alles ist eins, eins ist keins, keins ist alles.« Zen atmet die Luft göttlicher Alltäglichkeit: »Hast du gegessen? Dann spüle deine Schalen.« Wenn du den Sinn des Lebens in einer so einfachen Handlung wie Geschirrspülen nicht finden kannst, wirst du ihn nirgendwo finden.

> Meine täglichen Handlungen haben sich nicht geändert,
> Aber ich lebe mit ihnen in natürlichem Einklang.
> Nichts zu nehmen, auf nichts zu verzichten,
> In jeder Lage kein Widerstand, kein Konflikt . . .
> Wasser zu zapfen, Holz zu tragen,
> Das ist übernatürliche Kraft,
> das ist die wunderbare Handlung. [57]

Mit dieser Wahrnehmung des Unendlichen im Endlichen geht schließlich viertens eine Haltung allgemeiner annehmender Bereitschaft einher. »Gestern war es schön, heute regnet es«; der Erlebende ist über die

Gegensätze von Vorliebe und Ablehnung hinaus. Da beide Ausschläge nötig sind, um die Welt des Relativen in Schwung zu halten, wird jede, so wie sie kommt, willkommen geheißen.

Es gibt ein Gedicht von Sent Ts'an über »Zutrauen zum Herzen«, das als der reinste Ausdruck dieses Ideals völliger Annahme gelten kann.

> Der vollendete Weg kennt keine Schwierigkeiten
> Außer daß er es ablehnt, Vorlieben zu haben.
> Erst wenn er von Haß und Liebe befreit ist,
> Enthüllt er sich ganz und ohne Verstellung;
> Ein Zehntelzentimeter Unterschied,
> Und Himmel und Erde heben sich voneinander ab.
> Wenn du ihn vor den eigenen Augen sehen willst,
> Darfst du keine vorgefaßten Meinungen dafür oder dagegen haben.
>
> Was du magst, mit dem zu vergleichen, was du nicht magst,
> Das ist die Krankheit des Verstandes.
> Der Weg ist vollkommen gleich wie der endlose Raum,
> Da fehlt nichts, ist nichts zuviel.
> Es ist das Treffen einer Wahl,
> Das dazu führt, die Soheit aus dem Blick zu verlieren.
>
> Das Eine ist nichts anderes als das Alles, das Alles nichts anderes als das Eine.
> Darauf stehe fest, und der Rest wird von selbst folgen;
> Ich habe gesprochen, aber vergebens, denn was können Worte sagen
> Von Dingen, die kein Gestern, Morgen oder Heute haben? [58]

Selbst Wahrheit und Falschheit sehen anders aus. »Suche nicht nach Wahrheit. Höre nur auf, Meinungen zu haben.«

Fünftens werden all die Gegensätze wie Ich und die anderen, Endlich und Unendlich, Annahme und Ablehnung überwunden, selbst der Gegensatz zwischen Leben und Tod löst sich auf.

> Wenn diese Verwirklichung vollständig erreicht ist, kann man nie mehr der Täuschung erliegen, daß der individuelle Tod das Leben beenden könnte. Man hat von unendlicher Ewigkeit her

gelebt und wird in eine unendliche Zukunft hinein fortleben.
Genau in diesem Moment wird man des Ewigen Lebens teilhaftig – seiner Seligkeit, seines Leuchtens und seiner Reinheit.[59]

Überlassen wir das Zen getrost seiner Zukunft. Es mag jedoch noch
angemerkt werden, daß es einen ungeheuren Einfluß auf das kulturelle
Leben Japans gehabt hat. Wenn dieser sich auch insgesamt eher auf
untergründige, alles durchdringende Lebenshaltungen erstreckt hat,
lassen sich doch vier Bestandteile japanischer Kultur benennen, die
unauslöschliche Spuren des Zen tragen. In der mit schwarzer Tusche
ausgeführten Landschaftsmalerei, dem *Sumie*, reichen Zen-Mönche auf
Grund ihres einfachen erdverbundenen Lebens an die Kunst und Ge-
fühlstiefe ihrer chinesischen Meister heran. In der Landschaftsgärtnerei
haben die Zen-Tempel ihre chinesischen Vorbilder übertroffen und die
Kunst zu unangefochtener Meisterschaft entwickelt. Die Kunst des
Blumenarrangements nahm ihren Ausgang von Blumenopfern für
Buddha, entwickelte sich aber zu einer Kunst, die noch bis vor kurzem
zur Ausbildung jeder kultivierten Japanerin gehörte. Und schließlich ist
die berühmte Teezeremonie zu erwähnen, in der eine strenge, aber
schöne Umgebung, wenige auserwählte Stücke alten Porzellans, ein
geruhsames, elegantes Ritual und der Geist tiefster Ruhe sich vereinen,
um die Harmonie, den Respekt, die Klarheit und die Herzensstille zu
verkörpern, die das Zen in höchster Vollendung kennzeichnen.

Der diamantene Donnerkeil

Wir haben von zwei *Yanas* oder Pfaden im Buddhismus gesprochen.
Jetzt müssen wir noch einen dritten hinzufügen. Wenn Hinayana wörtlich den Kleinen Weg bezeichnet und Mahayana den Großen Weg,
dann ist Vajrayana der Diamantene Weg.

Vajra war ursprünglich der Donnerkeil Indras, des indischen Don-
nergottes, der in den frühen, in Pali geschriebenen buddhistischen
Texten oft erwähnt wird; aber als das Mahayana aus Buddha eine kosmische Gestalt machte, verwandelte sich Indras Donnerkeil in Buddhas
Diamant-Szepter. Dies ist ein eindrucksvolles Beispiel für die Fähigkeit
des Buddhismus, sich den lokalen Vorstellungen anzupassen, sie aber
durch eine andere geistige Gewichtung mit neuer Bedeutung zu erfüllen; denn der Diamant macht aus dem Donnerkeil, einem Symbol für

die Macht der Natur, ein Emblem geistiger Überlegenheit, behält aber das Element der Macht bei. Der Diamant ist der härteste Stein – hundertmal härter als der nächstharte – und gleichzeitig der durchsichtigste. Das macht das Vajrayana zum Weg der Stärke und der Klarheit – Stärke, um Buddhas Vision lichthaften Mitleids zu verwirklichen.[60]

Wir haben eben bemerkt, daß die Wurzeln des Vajrayana sich bis nach Indien zurückverfolgen lassen; in Japan überlebt es als Shingon-Buddhismus; aber es waren die Tibeter, die diesen dritten buddhistischen Pfad vervollkommnet haben. Denn der tibetische Buddhismus ist nicht bloß eine Form des Buddhismus, die die vorbuddhistischen Bon-Götter Tibets in sich aufgenommen hat. Auch die Charakterisierung als indischer Buddhismus der Blütezeit im achten und neunten Jahrhundert, der nach Norden auswich, um sich vor dem völligen Niedergang zu retten, ist unzureichend. Um seiner Besonderheit gerecht zu werden, sollten wir ihn als das dritte Haupt-*Yana* des Buddhismus ansehen, jedoch nicht ohne sogleich hinzuzufügen, daß der Kern des Vajrayana Tantra ist. Der Tibetische Buddhismus, also die Form des Buddhismus, um die es hier geht, ist im wesentlichen ein tantrischer Buddhismus.

Tantra ist keine nur buddhistische Erscheinung. Es tauchte zum ersten Mal im mittelalterlichen Hinduismus auf, wo das Wort in zweierlei Sinn gebraucht wird: Zum einen werden damit Texte geheimer, esoterischer Natur bezeichnet, die sich meist als Gespräch zwischen einer männlichen Gottheit und seiner als weiblich gedachten ›Energie‹ (Shakti) darstellen und den Aufbau der geistig-materiellen Welt als ein dynamisches System wirkender Mächte beschreibt. Zweitens heißt die in solchen Werken vermittelte (Erlösungs-)Lehre selbst Tantra. Die Tantras sind Texte, die sich mit der gegenseitigen Beziehung der Dinge zueinander befassen. Der Hinduismus hat als erster solche Texte hervorgebracht, aber erst der Buddhismus, insbesondere der tibetische Buddhismus, hat ihnen einen vorrangigen Platz eingeräumt.

Die Tibeter sagen, ihre Religion unterscheide sich hinsichtlich ihres Zieles in keiner Weise von den anderen Zweigen des Buddhismus. Was sie in der Praxis auszeichne, sei die Tatsache, daß sie das Erreichen des *Nirvana* in einer einzigen Lebensspanne gewähre.[61] Womit begründen die Tibeter eine so weitreichende Behauptung?

Sie sagen, die Beschleunigung werde dadurch ermöglicht, daß alle Energien, die latent im Wesen des Menschen angelegt sind – und das schließt die körperlichen Energien ausdrücklich mit ein – genutzt und *alle* in den Dienst der spirituellen Suche eingebracht werden.

Die Energie, die den Westen am meisten interessiert, ist die Sexualität, und so ist es nicht weiter erstaunlich, wenn der Ruf des Tantra außerhalb Tibets sich hauptsächlich auf die sakramentale Verwendung dieses Triebes gründet. H.G. Wells hat einmal gesagt, daß Gott und Sex die einzigen Dinge seien, die ihn wirklich interessierten. Wenn wir beides haben können – und nicht gezwungen werden, zwischen ihnen zu wählen wie beim Mönchstum und beim Zölibat –, dann klingt das in unseren modernen Ohren wie Musik, und das so sehr, daß nach populärem westlichem Verständnis Tantra und Sex annähernd gleichbedeutend sind. Das ist bedauerlich. Es trübt nicht nur den Blick für die umfassendere Welt des Tantra; es entstellt auch seine Lehren bezüglich der Sexualität, indem es sie aus dieser Welt herauslöst.

Innerhalb dieser Welt sind die Lehren des Tantra über Sexualität weder prickelnd noch merkwürdig; sie sind universal. Sexualität ist so wichtig – schließlich hält sie das Leben in Gang –, daß sie eine ganz direkte Verbindung zu Gott haben muß. Sie ist der göttliche Eros des Hesiod, wie er von Plato im *Phaidros* und, in der einen oder anderen Weise, von jedem Volk gepriesen wird. Aber selbst das ist noch zu schwach ausgedrückt. Sexualität *ist* das Göttliche in seiner allgemein zugänglichsten Erscheinungsform. Aber nur unter einer Bedingung: daß sie mit Liebe verbunden ist. Wenn zwei Menschen, die sich leidenschaftlich, ja irrsinnig – Platos göttliche Unvernunft – lieben; wenn jeder nichts sehnlicher zu empfangen wünscht, als was der andere am sehnlichsten geben will; – dann läßt sich im Augenblick des gemeinsamen Höhepunktes nicht sagen, ob das Erlebnis mehr körperlich oder mehr geistig ist oder ob sie sich als zwei oder eins empfinden. Es ist ein ekstatischer Augenblick, weil sie in diesem Moment in der Verschmelzung der Einheit des Absoluten außerhalb ihrer selbst stehen – *ex* ›außen‹ *stasis* ›Stehen‹.

All das hat bisher nichts ausschließlich Tantrisches an sich; vom hebräischen *Hohenlied* bis zu dem expliziten sexuellen Symbolismus der mystischen Hochzeit mit Christus tauchen die erwähnten Elemente in allen Traditionen auf. Das Besondere am Tantra ist die Art, wie hier die Sexualität rückhaltlos als spiritueller Verbündeter angenommen und ausdrücklich und absichtsvoll eingesetzt wird. Prüderie und Kitzel gleichermaßen vermeidend, achten die Tantriker sorgfältig darauf, daß die geistigen und körperlichen Elemente der Ehe von Liebe und Sexualität in stetem Gleichgewicht gehalten werden – in der Kunst (die Paare in der Liebesvereinigung zeigt), in Phantasien (die Fähigkeit zur Visualisieriung soll aktiv gepflegt werden) und in anderen sexuellen Aktivitäten, denn nur einer der vier tibetischen Priesterorden kennt den Zölibat. Über diese allgemeinen Bemerkungen hinauszugehen ist schwierig, und wir wollen es bei einer warnenden Bemerkung bewenden lassen. Die tantrische sexuelle Praxis vollzieht sich nicht als ungezügelte Ausschweifung, sondern unter der sorgfältigen Aufsicht eines *Guru*, in der kontrollierten Atmosphäre einer nichtdualistischen Einstellung und als krönende Abschlußfeier nach einer langen Reihe spiritueller Übungen, die sich über viele Leben hinziehen. Das spirituelle Gefühl, das dabei angestrebt wird, ist das ekstatischer, egofreier, beseligender Wonne in der Verwirklichung der transzendenten Verschmelzung. Aber es ist nicht auf sich selbst beschränkt, denn das letzte Ziel der Übung ist, von den Höhen des nichtdualen Erlebens wieder herabzusteigen und besser gewappnet zu sein, die Vielgestaltigkeit der Welt ohne das Gefühl der Entfremdung zu erleben.

Nach dem sexuellen Aspekt können wir uns allgemeinen Zügen des Tantra zuwenden. Wir haben gesehen, daß diese sich dadurch auszeichnen, daß sie besonders körperbezogen sind. Die körperlichen Energien, mit denen die Tantriker am regelmäßigsten arbeiten, sind jene, die mit Sprache, mit dem Sehen und mit Gesten zu tun haben.

Um das Spezifische einer religiösen Praxis herauszustellen, die diese Fähigkeiten aktiv einsetzt, ist es nützlich, sich noch einmal an den *Raja Yoga* des Hinduismus und an den Zen-Buddhismus zu erinnern. Beide Meditationsprogramme sind bestrebt, den Körper ruhigzustellen, so daß der Geist sich darüber erheben kann. Diese Pose ließe sich in einem Schnappschuß festhalten, während man die Tibeter schon filmen müßte, und zwar mit gleichzeitiger Tonaufnahme. Denn die Körper der Tibeter sind bei der Ausübung des Rituals immer in Bewegung. Die *Lamas* werfen sich nieder, führen stilisierte Gesten mit den Händen aus, sprechen heilige Silben und intonieren kehlige Gesänge. Auge und Ohr kommen immer auf ihre Kosten.

Die Begründung, die sie für diese Einbeziehung des Körpers in die spirituelle Betätigung anführen, ist einfach. Klänge, visuelle Eindrücke und Bewegung *können* ablenken, das räumen sie ein, aber das heißt nicht, daß sie ablenken *müssen*. Dem Genie der großen Pioniere des Tantra ist die Entdeckung sogenannter *Upayas* (geschickter Mittel) zu verdanken, durch die körperliche Energien zu Strömen kanalisiert werden können, die den Geist vorantragen statt ihn abzulenken. Die hervorragendsten dieser Ströme haben mit Hören, mit Sehen und mit

Bewegung zu tun, und sie alle beginnen mit dem Buchstaben »m«. *Mantras* verwandeln Geräusche in Klang und ablenkendes Geschwätz in heilige Formeln. *Mudras* liefern die Choreographie für Gesten der Hand und verwandeln sie in Pantomime und heiligen Tanz. *Mandalas* schenken dem Auge Bilder, deren heilige Schönheit den Blick des Betrachters auf sich zieht.

Wenn wir versuchen, uns in die Liturgie hineinzufühlen, mit der die Tibeter diese tantrischen Verfahren in die Praxis umsetzen, dann zeigt sich ungefähr folgende Szene. Da sitzen in langen parallelen Reihen, mit verschiedensten Kopfbedeckungen – von der Krone bis hin zum wilden Schamanenhut –, angetan mit kastanienfarbenen Roben, die sie in wiederkehrenden Abständen mit kostbaren silbernen, scharlachroten und goldenen Gewändern wie mit leuchtenden Metaphern für innerlich gefühlte Bewußtseinszustände bedecken, die Mönche und stimmen ihre Gesänge an. Sie beginnen in tiefem, heiserem Unisono, aber während die Stimmung sich verdichtet, verzweigt sich der Gesang in Harmonien, die wie volltönende Akkorde klingen, obwohl die Mönche in Wirklichkeit keine verschiedenen Stimmen singen; jene Entdeckung des Westens, die Harmonie, ist ihnen unbekannt. Durch ein stimmliches Verfahren, das sich nirgendwo sonst auf der Welt findet, formen sie die Resonanzräume ihres Stimmapparates dergestalt, daß Obertöne so verstärkt werden, daß sie als selbständige Töne zu hören sind.[62] Dabei führen sie mit den Händen stilisierte Gesten aus, die die Bewußtseinszustände, in die sie sich begeben, kinästhetisch verstärken.

Ein letztes entscheidendes Merkmal dieser Übung würde von einem Beobachter gar nicht wahrgenommen, weil es völlig innerlich ist. Während der ganzen Sitzung visualisieren die Mönche die von ihnen angerufenen Gottheiten – und zwar mit solcher Intensität (es bedarf jahrelanger Übung, um diese Technik zu meistern), daß sie, mit anfänglich geschlossenen, aber am Ende weit geöffneten Augen die Gottheiten sehen können, als seien sie körperlich anwesend. Das kommt dem Versuch, sie real werden zu lassen, schon sehr nahe. Aber am Höhepunkt der Meditation gehen die Mönche noch weiter. Sie versuchen erlebnismäßig mit den Göttern, die sie heraufbeschwören, zu verschmelzen, um sich ihre Kräfte und Tugenden besser zu eigen zu machen. Hier wird eine außerordentliche Ansammlung künstlerischer Formen eingesetzt, wenn auch nicht um der Kunst willen. Sie bilden vielmehr eine Technik, die die Aufgabe hat, den menschlichen Geist auf die Wellenlänge der angerufenen Schutzgottheiten einzustimmen.

Der tibetische Buddhismus wäre in seiner Besonderheit nicht vollständig charakterisiert, wenn wir nach dieser kurzen Skizze tantrischer Praktiken nicht noch auf eine besondere tibetische Institution eingehen würden, die im Jahre 1989, als der Friedensnobelpreis an Seine Heiligkeit den Dalai Lama verliehen wurde, mit einem Schlag weltweites Interesse erregte.

Die Rolle des Dalai Lama ist nicht mit der des Papstes zu vergleichen, denn er hat nicht wie dieser das Recht, die Lehre festzulegen. Noch irreführender ist die Bezeichnung ›Gott-König‹, denn wenn auch in seiner Person weltliche und geistliche Autorität zusammentreffen, wird das Wesen seiner Funktion doch von keinem dieser beiden erfaßt. Diese Funktion besteht darin, auf Erden das himmlische Prinzip zu verkörpern, dessen wesentliches Merkmal Mitgefühl oder Erbarmen ist. Der Dalai Lama ist der *Bodhisattva*, der in Indien als Avalokiteshvara, in China als die Göttin des Erbarmens, Kuan-yin, und in Japan als Kannon bekannt ist. Unter seinem tibetischen Namen Chenrezig hat er sich in den letzten paar Jahrhunderten inkarniert, um für die Stärkung und Wiederbelebung der tibetischen Tradition zu sorgen. Durch seine Person – die bisher vierzehn aufeinanderfolgende Inkarnationen erlebt hat – fließt ein ununterbrochener Strom geistigen Wirkens, der seinen eigentümlichen Duft von dem ihm innewohnenden Erbarmen erhält. So erschöpft sich das Amt des Dalai Lama sowohl in seiner Beziehung zur Welt im allgemeinen als auch zu Tibet im besonderen nicht in Verwaltungs- oder Lehraufgaben; er wirkt vielmehr durch sein bloßes Dasein, unabhängig davon, was er als Individuum gerade tut oder nicht tut. Der Dalai Lama ist eine Empfangsstation, auf die hin das buddhistische Prinzip des Erbarmens in seiner vollen kosmischen Amplitude laufend kanalisiert wird, um von dort aus zunächst direkt auf das tibetische Volk, indirekt aber auf alle fühlenden Wesen auszustrahlen.

Ob der Dalai Lama sich nach dem Ablegen seines gegenwärtigen Körpers wieder inkarnieren wird, ist ungewiß, denn im Augenblick sind die chinesischen Invasoren entschlossen, den Fortbestand eines eigenständigen Volkes, dem er dienen könnte, zu verhindern. Sollte ihnen das gelingen, so wird etwas Bedeutendes den Schauplatz der Geschichte verlassen. Denn wie es einmal sehr treffend ausgedrückt wurde: Was die Regenwälder für die Erdatmosphäre sind, das ist das tibetische Volk in dieser Zeit planetarischer Prüfungen für den menschlichen Geist.

Das Bild von der Überfahrt

Wir haben drei Fortbewegungsmittel im Buddhismus kennengelernt: das Kleine Fahrzeug; das Große Fahrzeug, mit besonderer Berücksichtigung des Zen; und, auch wenn das für eine Flottille merkwürdig klingt, das Diamantene Fahrzeug. Diese drei Gefährte sind so verschieden, daß wir uns zum Schluß fragen müssen, ob es außer der historischen Abstammung noch andere Gründe gibt, sie als Aspekte einer einzigen Religion zu betrachten.

Dafür sprechen zwei Gesichtspunkte. Die Anhänger aller drei Richtungen verehren ein und denselben Gründer. Und sie alle lassen sich unter ein und dieselbe Metapher einordnen. Es ist das Bild von der Überfahrt, das einfache, alltägliche Erlebnis einer Flußüberquerung mit der Fähre.

Um zu verstehen, wie treffsicher dieses Bild ist, müssen wir uns klarmachen, welche Rolle die Fähre im traditionellen Leben Asiens spielt. In Ländern mit einem dichten Netz von Flüssen und Kanälen setzte fast jede nennenswerte Reise das Vorhandensein von Fähren voraus. Die Verwendung des Wortes *Yana* (Fahrzeug) beweist, daß diese einfache Tatsache jeder buddhistischen Schule als Fundament und Inspiration zugrunde liegt. Der Buddhismus ist eine Fahrt über den Fluß des Lebens, ein Übersetzen von dem unserem gesunden Menschenverstand vertrauten Ufer des Nichtwissens, der Gier und des Todes zu dem jenseitigen Gestade der Weisheit und Erleuchtung. An dieser anerkannten Tatsache gemessen sind die Unterschiede innerhalb des Buddhismus nichts weiter als Variationen in bezug auf das benutzte Fahrzeug oder das Stadium, das wir auf unserer Reise jeweils erreicht haben.

Was sind das für Stadien?

Solange wir uns noch am ursprünglichen Ufer befinden, ist dieses tatsächlich unsere Welt. Die Erde, auf der wir hier stehen, ist fest und verläßlich. Der Lohn und die Enttäuschungen, die das soziale Leben bereit hält, sind von zwingender Lebendigkeit. Das gegenüberliegende Ufer ist kaum zu sehen und hat keine Auswirkungen auf unser Handeln.

Wenn wir uns jedoch aus irgendeinem Grund veranlaßt sehen, einmal nachzuschauen, wie es auf der anderen Seite aussieht, entschließen wir uns vielleicht zur Überfahrt. Wenn wir zu selbständigen Entscheidungen neigen, nehmen wir uns womöglich vor, es allein zu wagen. In diesem Fall sind wir Theravadins; wir richten uns nach Buddhas Entwurf eines robusten Gefährts, aber bauen tun wir es selbst. Die meisten von uns haben jedoch weder die Zeit noch das Talent, uns auf ein so gewaltiges Unterfangen einzulassen. Wir sind Mahayanisten und gehen am Ufer entlang bis zu der Stelle, wo ein fertiges Fährschiff erwartet wird. Während die versammelten Forscher an der Anlegestelle an Bord klettern, liegt Erwartung in der Luft. Aber wenn auch alle Reisenden aufmerksam das im Dunst verschwimmende jenseitige Ufer betrachten, sind sie doch noch deutlich als Bewohner des diesseitigen Ufers zu erkennen.

Die Fähre stößt ab und gleitet über das Wasser dahin. Das Ufer hinter uns verliert an Festigkeit. Die Läden und Straßen und ameisengroßen Gestalten verschwimmen und verlieren allmählich ihre Macht über uns. Inzwischen ist aber das Ufer, auf das wir uns zubewegen, auch noch nicht im Blick; es scheint so weit entfernt wie eh und je. Es gibt eine Zeit während der Überfahrt, wo das Wasser mit seinen tückischen Strömungen und das Boot, das tapfer, aber gefährlich schaukelnd mit ihm kämpft, die einzige greifbare Wirklichkeit sind. Das ist die Stunde der drei Gelöbnisse des Buddhismus: Ich suche meine Zuflucht beim *Buddha*, denn ich vertraue auf die Tatsache, daß es einen Entdecker gegeben hat, der diese Reise gemacht und uns bewiesen hat, daß sie gelingen kann. Ich suche meine Zuflucht beim *Dharma*, dem Transportmittel, diesem Boot, dem wir unser Leben in der Überzeugung anvertraut haben, daß es seetüchtig ist. Ich suche meine Zuflucht beim *Sangha*, dem Orden, der Mannschaft, die das Schiff steuert, und auf die wir bauen. Wir haben die Küstenlinie der Welt hinter uns gelassen. Bis wir den Fuß auf das andere Ufer setzen, sind dies die einzigen Dinge, auf die wir uns verlassen können.

Das andere Ufer kommt näher, wird greifbar. Mit einem Ruck setzt das Schiff auf dem Sand auf, und wir betreten festen Boden. Das Land, das vorher neblig und immateriell war wie ein Traum, ist nun zu einer Tatsache geworden. Und das von uns zurückgelassene Ufer, das ehedem so greifbar und wirklich schien, ist nun nichts mehr als eine schmale Linie am Horizont, ein Lichtfleck, eine Erinnerung ohne Substanz.

Obwohl wir danach lechzen, unsere neue Umgebung zu erkunden, vergessen wir nicht unsere Dankbarkeit für das prächtige Schiff und die Mannschaft, die uns sicher in das neue, vielversprechende Land gebracht haben. Es wäre aber kein Zeichen der Dankbarkeit, wenn wir darauf bestehen würden, uns das Boot aufzuladen, während wir uns in die Wälder begeben. »Wäre das ein kluger Mann«, fragte der Buddha, »der sich, kaum daß er das andere Ufer des Flusses erreicht hätte, aus Dankbarkeit für das Floß, das ihn in Sicherheit gebracht hat, an dieses klammern, es auf seinen Rücken laden und sein Gewicht mit sich herumschleppen würde? Wäre nicht der Mann klug, der das Floß, das er nicht mehr braucht, der Strömung des Flusses überließe und, ohne sich nach ihm umzuwenden, voranschreiten würde? Ist es nicht bloß ein Werkzeug, das man wegwerfen und aufgeben kann, sobald es den Zweck, zu dem es geschaffen wurde, erfüllt hat? Ebenso kann das Gefährt der Lehre weggeworfen und aufgegeben werden, sobald das andere Ufer der Erleuchtung erreicht wurde.«[63]

Hier kommen wir zu den *Prajnaparamita-Sutras* oder den *Sutras von der Vollkommenheit der Erkenntnis*, die weithin als der Höhepunkt buddhistischen Schrifttums betrachtet werden. Die Fünf Vorschriften und der Achtfache Pfad; die Fachausdrücke wie *Duhkha*, *Karma*, *Nirvana* und dergleichen; die überlieferte Ordnung und die Person des Buddha selbst – all das ist für jeden, der sich noch auf der Überfahrt befindet, lebenswichtig. Aber es verliert seine Bedeutung für die, die angekommen sind. Für den Reisenden, der das gelobte Land nicht nur erreicht hat, sondern weiter in dessen Inneres vordringt, kommt sogar eine Zeit, wo nicht nur das Floß, sondern der Fluß selbst aus dem Blickfeld verschwindet. Wenn dieser Reisende den Kopf wendet, um nach dem Land zu schauen, das er zurückgelassen hat, was zeigt sich ihm da? Was *kann* sich von diesem Land einem Menschen noch zeigen, der den Punkt überschritten hat, jenseits dessen der Fluß, der dieses von jenem Ufer trennt, bereits verschwunden ist? Man schaut, aber es gibt kein anderes Ufer. Es gibt keinen trennenden Fluß. Es gibt kein Floß, keinen Fährmann. All diese Dinge gehören der neuen Welt nicht an.

Bevor der Fluß überquert wurde, mußten die beiden Ufer, das menschliche und das göttliche, als voneinander getrennt erscheinen, so verschieden wie Leben und Tod, wie Tag und Nacht. Aber sobald die Überfahrt geschafft ist, gibt es keine Spaltung mehr. Das Reich der Götter ist kein eigens abgezirkelter Ort. Es ist da, wo der Reisende sich gerade befindet; und wenn dieser ›Ort‹ zufällig in dieser Welt ist, dann wird die Welt selbst verwandelt. In diesem Sinne sind die Erklärungen in den *Sutras von der Vollkommenheit der Erkenntnis* zu verstehen, daß »dieses unser weltliches Leben eine Tätigkeit des Nirvana selbst ist; es gibt nicht den geringsten Unterschied zwischen ihnen.«[64] Nachdem er auf dem Wege der Introspektion zu einem Zustand gelangt ist, der sich positiv als *Nirvana* und negativ als Leere beschreiben läßt, weil er alle Formen übersteigt, findet der »Strom-Bezwinger« nun in der Welt selbst eben diese Leere, die er im Innern entdeckt hat. »Form ist Leere, Leere ist Form. Leere unterscheidet sich nicht von Form, Form unterscheidet sich nicht von Leere.« Nachdem die lärmende Kluft zwischen Annahme und Ablehnung überbrückt ist, wird nun jeder Augenblick als das bejaht, was er eigentlich ist. Es ist Indras kosmisches Netz, das an jeder Naht mit Edelsteinen durchwirkt ist. Jeder Edelstein spiegelt die anderen wider, zusammen mit den Reflexionen in den anderen. In einer solchen Vision heben sich die Kategorien von Gut und Böse auf. »Was Sünde ist, ist auch Weisheit«, lesen wir; und »das Reich des Werdens ist *Nirvana*.«

> Diese Erde, auf der wir stehen,
> Ist das gelobte Land des Lotos,
> Und dieser Körper selbst
> Ist der Körper des Buddha. [65]

Dieses neuentdeckte Ufer wirft neues Licht auf das *Bodhisattva*-Gelübde, nicht ins *Nirvana* einzugehen, »bevor nicht das Gras selbst erleuchtet ist.« Da immer wieder Gras nachwächst, bedeutet das vielleicht, daß der *Bodhisattva* niemals zur Erleuchtung kommen wird? Das läßt sich so nicht sagen. Es bedeutet vielmehr, daß er (oder sie) an einen Punkt gelangt ist, wo die Unterscheidung zwischen Zeit und Ewigkeit ihren Sinn verloren hat. Diese Unterscheidung, die vom rationalen Verstand getroffen wird, löst sich in der blitzartigen Einsicht auf, die jeden Gegensatz in sich zusammenstürzen läßt. Zeit und Ewigkeit sind jetzt zwei Aspekte eines Erfahrungsganzen, zwei Seiten derselben Münze. »In dem Lotos von Geburt und Tod verbirgt sich das Juwel der Ewigkeit.«

Vom Standpunkt des normalen weltlichen Bewußtseins aus gesehen wird sich diese plötzliche Einsicht nie ganz mit weltlicher Besonnenheit vereinbaren lassen. Das ist allerdings nicht weiter erstaunlich, denn es wäre höchst widersprüchlich, wenn die Welt für jene, die den Fluß des Nichtwissens überquert haben, noch genau gleich aussähe. Aber sie können die Unterscheidungen der Welt auflösen – oder vielleicht sollten wir besser sagen, sie können sie nebenher, gleichsam spielerisch, überwinden, denn die Unterscheidungen bleiben, aber sie sind nicht mehr verschieden. Aus seiner Perspektive sieht der Adler den Fluß noch, aber er sieht ihn eher als Verbindung denn als Trennung zwischen zwei Ufern.

Die Verschmelzung von Buddhismus und Hinduismus in Indien

Unter den scheinbaren Widersprüchlichkeiten des Buddhismus – jener Religion, die mit der Ablehnung des Ritus, der Spekulation, der Gnade, des Geheimnisses und der persönlichen Gottesvorstellung begann und sie schließlich alle wieder in sich aufnahm – bleibt eine letzte zu erwähnen. Heute gibt es in allen asiatischen Ländern zahlreiche Buddhisten – außer in Indien; erst seit kurzem tauchen sie nach tausendjähriger Abwesenheit vereinzelt wieder auf. Der Buddhismus triumphiert in der ganzen Welt, nur (so scheint es) im Land seiner Entstehung hat er nicht Fuß gefaßt.

Dieser oberflächliche Eindruck ist trügerisch. Auf einer tieferen Ebene ist festzustellen, daß der Buddhismus in Indien nicht so sehr vom Hinduismus besiegt als vielmehr in ihn integriert wurde. Bis etwa zum Jahre 1000 bestand der Buddhismus in Indien als eigenständige Religion fort. Es wäre nicht zutreffend, wollte man behaupten, die islamischen Eroberer hätten ihn dann weggefegt, denn der Hinduismus hat überlebt. Tatsache ist, daß die Unterschiede zwischen Buddhismus und Hinduismus während der 1500 Jahre seines Bestehens in Indien an Schärfe verloren haben. Die Hindus haben viele der von Buddha angeregten Reformen als legitim anerkannt, und nach dem Vorbild des buddhistischen *Sangha* kam es zur Gründung von Orden hinduistischer *Sadhus* (wandernder Asketen). Andererseits nahmen sich die buddhistischen Lehren zunehmend hinduistisch aus, als sich der Buddhismus zum Mahayana hin entwickelte, bis er schließlich in die Quelle zurücksank, aus der er entsprungen war.

Nur wenn wir annähmen, daß die buddhistischen Grundsätze keinerlei Spuren im späteren Hinduismus hinterlassen haben, ließe sich die Fusion als Niederlage des Buddhismus deuten. In Wirklichkeit haben fast alle positiven Lehren des Buddhismus im Hinduismus direkt oder indirekt ihren Niederschlag gefunden. Zu den Dingen, die der Hinduismus im Prinzip, wenn auch nicht immer in der Praxis, angenommen hat, gehört, daß wieder verstärkt Wert gelegt wurde auf Freundlichkeit allen lebenden Wesen gegenüber, auf die Abschaffung der

Kastenschranken im religiösen und die Verringerung ihrer Bedeutung im sozialen Bereich und auf die große Bedeutung der Ethik im allgemeinen. Das Ideal des *Bodhisattva* scheint seine Spuren in Gebeten wie diesem hinterlassen zu haben – Santi Deva betet in dem großen religiösen Klassiker der Hindus, dem *Bhagavata-Purana*:

> Ich wünsche mir vom Herrn nicht die Größe, die aus der Erlangung der Achtfachen Kräfte kommt, noch bitte ich ihn, nicht wiedergeboren zu werden; mein einziges Gebet an ihn ist, daß ich den Schmerz der anderen fühlen möge, als würde ich in ihrem Körper wohnen, und daß ich die Macht haben möge, ihren Schmerz zu lindern und sie glücklich zu machen.

Alles in allem versuchte man, den Buddha als ein ›rebellisches Kind des Hinduismus‹ auszugeben; er wurde sogar in den Rang einer göttlichen Inkarnation erhoben. Man erkannte an, daß das Ziel des Theravada-Buddhismus im wesentlichen mit dem des nicht-dualistischen Hinduismus übereinstimmte, und selbst die Behauptung des *Prajnaparamita*, die Ewigkeit sei nichts anderes als der gegenwärtige Moment, hat im Hinduismus ihre Entsprechung gefunden:

> Diese Welt selbst ist eine Stätte der Freude;
> Hier kann ich essen, trinken und fröhlich sein.[66]

Insbesondere die tantrischen Schulen des Hinduismus brachten ihre Anhänger dahin, Fleisch, Wein und Sexualität – Dinge, die früher als die größten Hindernisse für den Kontakt mit dem Göttlichen galten – als Ausprägungen Gottes zu betrachten. »Die Mutter ist anwesend in jedem Hause. Muß ich die Kunde ausstreuen wie die Scherben eines Topfes, den man am Boden zerbricht?«[67]

---

1 Die Worte waren im Fall von Jesus andere, aber der Sinn der Frage war der gleiche.
2 Vgl. Clarence A. Hamilton, *Buddhism: A Religion of Infinite Compassion*, 1952. Reprint. (New York: The Liberal Arts Press, 1954), S. 14–15.
3 Vgl. Hamilton, *Buddhism*, S. 13–15.

4 Zitiert nach dem *Digha-Nikaya* in J.B.Pratt, *The Pilgrimage of Buddhism and a Buddhist Pilgrimage* (New York: AMS Press, 1928), S. 10.

5 Nach Pratt, *The Pilgrimage*, S. 12.

6 Zitiert bei Pratt, *The Pilgrimage*, S. 8.

7 Zitiert bei Pratt, *The Pilgrimage*, S. 9.

8 Zitiert bei Pratt, *The Pilgrimage*, S. 10.

9 *Majjhima-Nikaya* LXXII, zitiert bei Pratt, *The Pilgrimage*, S. 13.

10 William James, *The Varieties of Religious Experience* (New York: Macmillan, 1961).

11 Zitiert nach Suzuki, *Mayahana Buddhism*, 1948. Überarbeitete Ausgabe. (London: Allen & Unwin, 1981), S. 2.

12 E.A. Burtt, *The Teachings of the Compassionate Buddha* (New York: Mentor Books, 1955), S. 49-50.

13 Burtt, *Teachings*, 18.

14 Vgl. zum Beispiel Burtt, *Teachings*, 32.

15 Ich habe die Lehrrede mit leichten Änderungen aus dem *Majjhima-Nikaya*, Sutta 63 nach der Übersetzung von E. J. Thomas in *Early Buddhist Scriptures* (New York: AMS Press, 1935), S. 64-67 übernommen.

16 Zitiert bei Woodward, *Some Sayings of the Buddha* (London: Gordon Press, 1939), S. 283.

17 Zitiert bei Burtt, *Teachings*, S. 50.

18 Zitiert bei Christmas Humphreys, *Buddhism* (Harmondsworth, England: Pelican Books, 1951), S. 120.

19 Zitiert bei Woodward, *Some Sayings*, S. 283.

20 Zitiert bei Coomaraswamy, *Hinduism and Buddhism* (New York: The Philosophical Library, 1943), S. 62.

21 Woodward, *Some Sayings*, S. 294.

22 Burtt, *Teachings*, S. 49.

23 Heinrich Zimmer, *Philosophie und Religion Indiens* (Frankfurt: Suhrkamp, 1992), S. 488.

24 Sir Edwin Arnold, *The Light of Asia*, 1879. Reprint. (Los Angeles: Theosophy C., 1977).

25 Robert Penn Warren, *Brother to Dragons* (New York: Random House, 1979).

26 Sigmund Freud, *Vorlesungen zur Einführung in die Psychoanalyse*, Gesammelte Werke, XI (Frankfurt: S. Fischer ⁵1969), S. 411.

27 Bernard Shaw, *Haus Herzenstod*. Deutsch von Hans Günter Michelsen (Frankfurt: Suhrkamp, 1971), S. 144.

28 Humphreys, *Buddhism*, S. 91.

29 Die Bezeichnung der acht Schritte des Pfades folgt dem *Buddhistischen Wörterbuch* von Nyanatiloka (Konstanz: Verlag Christiani, 1989), S. 117 f.

30 Das englische Wort für »Beschäftigung, Beruf«, *occupation*, weist deutlich auf diesen Zusammenhang zwischen Arbeit und »Besetztsein« hin (A.d.Ü.).

31 Zitiert bei Pratt, *The Pilgrimage*, S. 40.

32 *Die Lehrreden des Buddha aus der Angereihten Sammlung (Anguttara Nikaya)*. Aus dem Pali übersetzt von Nyanatiloka. (Freiburg: Aurum, 1984) 4. Band, 8:83.

33 Mit geringfügigen Änderungen übernommen aus Lew Ayres, *Altars of the East* (Garden City, NY: Doubleday, 1956), S. 90–91.

34 Es ist genau diese Unbeschreiblichkeit des Nirvana, die spätere Buddhisten veranlaßt hat, das Nirvana als *Shunyata* oder Leere zu bezeichnen. Es ist leer, aber nicht im absoluten Sinne. Vielmehr ist es leer von bestimmten, beschreibbaren Eigenschaften, etwa in dem Sinne, in dem der Ultraschall keine Töne enthält, die wir mit unseren Ohren wahrnehmen könnten.

35 Zitiert nach Burtt, *Teachings*, S. 115.

36 Iti-vuttaka, 43, zitiert nach *Die Reden des Buddha* (Stuttgart: Reclam, 1990), S. 72; Udana VIII, 3. Vgl. Pratt, *The Pilgrimage*, S. 88–89, und Burt, *Teachings*, S. 113.

37 Edward Conze, *Der Buddhismus, Wesen und Entwicklung* (Stuttgart, Berlin, Köln: Kohlhammer, [9]1990), S. 36.

38 Man vergleiche zum Beispiel sein Verhältnis zu Paul Tillichs »Gott über Gott« in »Der Mut zum Sein«, (Stuttgart: Furche, 1965), S. 180 ff.

39 Vajrachchhedika (»Diamant-Schneider-Sutra«), 32.

40 Nebenbei bemerkt, war das einer der Punkte, in denen sich Buddhas Verständnis der Reinkarnation von dem der meisten Hindus seiner Zeit unterschied. Die allgemein gültige Hindu-Lehre führte die Wiedergeburt auf *Karma*, das heißt auf die Folgen der in früheren Leben begangenen Handlungen zurück. Da es unzählige solche Handlungen gab, mußte man annehmen, daß zum Abarbeiten ihrer Folgen unzählige Leben nötig waren. Bezeichnenderweise war Buddhas Standpunkt eher psychologisch begründet. Die Wiedergeburt, so sagte er, ist nicht *Karma*, sondern *Tanha* zuzuschreiben. Solange der Wunsch nach einer getrennten Persönlichkeit besteht, wird dieser Wunsch erfüllt. Daraus folgt, daß es, da der Wunsch der Schlüssel zu allem ist, jederzeit möglich sein muß, aus dem Zyklus der Wiedergeburten auszusteigen, wenn man es von ganzem Herzen wünscht.

41 Zitiert nach Pratt, *The Pilgrimage*, S. 86.

42 Zitiert nach Pratt, *The Pilgrimage*, S. 91.

43 Der tibetische Buddhismus vertritt die Meinung, der Buddha habe die Mahayana-Lehren ausdrücklich nur in seinem »Verklärten Körper« *(Sambhogakaya)* vertreten, der nur von weit fortgeschrittenen Schülern wahrgenommen werden kann.

44 Shantideva, *Eintritt in das Leben zur Erleuchtung (Bodhicharyavatara)*. Deutsch von Ernst Steinkellner (Düsseldorf/Köln: Diederichs, 1981), S. 38.

45 Obwohl das Mahayana die Weisheit schätzt, weil sie zum Mitleid führt.

46 Wenn es den Anschein hat, als würden wir mit dieser Aussage Politik und Religion vermischen, so müssen wir auf einen Punkt hinweisen, der in diesem Buch, in dem das Schwergewicht auf Metaphysik, Psychologie und Ethik liegt, nicht behandelt wird – die Tatsache nämlich, daß die großen Religionen in die Geschichte nicht so sehr als Religionen im engeren Wortsinne, sondern als Kulturerscheinungen eingegriffen haben. Jede hat für ihre Anhänger eine ganze Lebensweise abgesteckt – eine »Lebenswelt«, die nicht nur die Dinge umfaßte, die wir heute als spezifisch religiös empfinden, sondern auch Gebiete, die die moderne Welt heute in getrennte Bereiche wie Wirtschaft, Politik, Ethik, Rechtswesen, Kunst, Philosophie und Erziehung aufteilt.

47 Dieser Abschnitt, der unter dem Einfluß der Schriften und der Persönlichkeit von Dr. D.T. Suzuki begonnen wurde, erhielt seine endgültige Gestalt durch ein

sechswöchiges Zen-Training in Kyoto im Sommer 1957; dazu gehörte auch das tägliche *Sanzen* (Beratung über Meditation) bei dem bedeutenden Zen-Meister Goto Roshi, das feierliche *Gematsu O-Sesshin* (acht Tage der Betrachtung des Herz-Geistes) mit den Mönchen im Kloster von Myoshinji (Tempel des Wunderbaren Geistes); Zugang zu den Manuskripten der Niederlassung des First Zen Institute of America in Kyoto und eine Reihe wichtiger Gespräche mit deren damaliger Leiterin Ruth Fuller Sasaki.

48 Ein Professor aus dem Westen, der zeigen wollte, daß er die Entschlossenheit des Zen, alle Formen hinter sich zu lassen, verstanden hatte, zeigte sich erstaunt, als der Abt des von ihm besuchten Tempels sich im Vorübergehen respektvoll vor den Buddhabildnissen verneigte. »Ich dachte, Sie wären über so ewas erhaben«, sagte er und fügte hinzu: »Ich bin es jedenfalls. Ich würde sogar eher auf diese Bilder spucken.« »Na gut«, sagte der Abt, der die Sprache des Besuchers nur unvollkommen beherrschte, »Sie spucken, ich verneigen.«

49 Da der Verstand dem Autor dieses Buches bei seinen Zen-Übungen so sehr im Wege stand, stellte sein Lehrer, Goto Roshi, fest, er leide an der »Philosophenkrankheit.« Er nahm das aber sofort zurück und gab zu, daß gegen Philosophie an sich gar nichts einzuwenden sei; er hatte selbst an einer renommierten japanischen Universität den Magistergrad in Philosophie erworben. »Der Verstand«, so fuhr er fort, »kann allerdings nur von den Erfahrungen ausgehen, die ihm zugänglich sind. Sie können offensichtlich denken. Was Ihnen fehlt, ist die Erfahrung, auf der weises Denken fußen muß. Lassen Sie in den nächsten Wochen den Verstand beiseite und bemühen Sie sich um Erfahrung.«

50 Diese beiden Richtungen sind *Soto*, die auf Dogen, der die *Ts'ao-tung-tsung*-Schule des Ch'an von China nach Japan brachte, zurückgehende Schule; und *Rinzai*, die japanische Version der *Lin-chi*-Schule, die Eisai nach Japan gebracht hat. Die Soto-Schule betrachtet die Erleuchtung als allmählichen Prozeß, während die Rinzai-Schule behauptet, es sei ein plötzlicher Vorgang.

51 Man hat mir erzählt, die kürzeste Zeit, die je zur Lösung eines *Koan* gebraucht wurde, sei eine Nacht gewesen und die längste zwölf Jahre.

52 Dylan Thomas, »Licht stürzt wo keine sonne scheint«, deutsch von Wolfgang Helwig, in: *Arbeit am Wortwerk. Gedichte und Geschichten* (Leipzig: Reclam, 1985), S. 170.

53 Zitiert in *Cat's Yawn* (New York: The First Zen Institute of America, 1947), S. 32.

54 Zitiert in *Zen Notes* (New York: The First Zen Institute of America) Bd. 1, Nr. 5, S. 1.

55 Ein großer Meister, Dai Osho, berichtet: »Ich habe achtzehnmal das Große *Satori* erlebt. Beim kleinen *Satori* habe ich nicht mehr mitgezählt.«

56 Sasaki, *Zen Dust.*

57 Aus *The Sayings of the Lay Disciple Ho.* Nicht in englischer Sprache erschienen.

58 Mit Kürzungen übernommen aus D.T. Suzukis Übersetzung in Edward Conze, ed., *Buddhist Scriptures* (Baltimore: Penguin Books, 1973), S. 171–75.

59 Aus einem unveröffentlichten Aufsatz von Ruth Fuller Sasaki mit dem Titel »Zen – A Religion.«

60 Die Tibeter übersetzten das Sanskritwort *vajra* mit *dorje*, was wörtlich Hauptstein bedeutet (*dorj* ›Stein‹, *je* ›Haupt‹).

61 Eine Erörterung dieses Punktes findet sich in Jeffrey Hopkins, *Der tibetische Buddhismus, Sutra und Tantra*. Herausgegeben von Anne C. Klein. Aus dem Amerikanischen von Rüdiger Majora. (Jägerndorf: Diamant, 1988), S. 194.

62 Ich beschreibe hier die Rituale von Gyume und Gyutö, den zwei höchsten tantrischen Schulen in Tibet, die jetzt in Indien im Exil sind. Genaueres über die außergewöhnlichen Gesänge kann man nachlesen in Huston Smith, »Can One Voice Sing a Chord?«, *The Boston Globe* (26. Januar 1969); mit Kenneth Stevens, »Unique Vocal Ability of Certain Tibetan Lamas«, *American Anthropologist 69* (April 1967), S. 2; und mit K. Stevens und R. Tomlinson, »On an Unusual Mode of Chanting by Certain Tibetan Lamas«, *Journal of the Acoustical Society of America* 41 (Mai 1967), S. 5.

63 *Majjhima-Nikaya*, 3.2.22.135.

64 Vgl. Edward Conze, *Der Buddhismus, Wesen und Entwicklung* (Stuttgart, Berlin, Köln: Kohlhammer, ⁹1990), S. 180.

65 Diese Verse aus Hakuins »Song in Praise of Zazen« stammen nicht direkt aus den *Prajnaparamita Sutras*, sind aber ein deutliches Echo ihres Themas.

66 *The Gospel of Ramakrishna*, zitiert nach Heinrich Zimmer, *Philosophie und Religion Indiens* (Frankfurt: Suhrkamp, 1992), S. 507.

67 Ramprasad, zitiert nach Heinrich Zimmer, *Philosophie und Religion Indiens* (Frankfurt: Suhrkamp, 1992), S. 534.

Viertes Kapitel

IV. Konfuzianismus

Der erste Lehrer

Wenn es einen Namen gibt, mit dem die chinesische Kultur seit jeher verbunden gewesen ist, dann ist es der Name des Konfuzius – K'ung-fu-tzu oder Meister Kung. Die Chinesen nennen ihn respektvoll den Ersten Lehrer – nicht weil es vor ihm keine Lehrer gegeben hätte, sondern weil er unter allen den ersten Rang einnimmt. Niemand behauptet, er habe die chinesische Kultur ganz allein auf die Beine gestellt, und er selbst hat seine Originalität heruntergespielt: er sei nichts weiter als einer, der das Altertum liebt.[1] Diese Bezeichnung wird ihm allerdings nicht gerecht; sie zeigt nur exemplarisch die Bescheidenheit und Zurückhaltung, für die er eintrat. Denn wenn auch Konfuzius nicht der Autor der chinesischen Kultur war, so kann man ihn doch mit gutem Recht als ihren bedeutendsten ›Herausgeber‹ bezeichnen. Dadurch, daß er das aus der Vergangenheit Überlieferte sichtete – das eine hervorhebend, anderes herunterspielend oder ausscheidend, immer aber ordnend und kommentierend –, faßte er seine Kultur wie in einem Brennpunkt zusammen, der sich über fünfundzwanzig Jahrhunderte in bemerkenswerter Deutlichkeit erhalten hat.

Wer meint, eine derartige Leistung könne nur aus einem dramatischen Leben erwachsen, wird enttäuscht werden. Konfuzius wurde um das 551 vor Christus im Fürstentum Lu in der heutigen Provinz Shantung geboren. Wir besitzen keine gesicherten Erkenntnisse über seine Vorfahren. Die ersten Jahre brachte er in ärmlichen Lebensumständen zu. »Als ich jung war, hatte ich keinen Rang und lebte in bescheidenen Verhältnissen.« Noch ehe Konfuzius drei Jahre alt war, starb sein Vater, und so mußte seine liebevolle, aber verarmte Mutter ihn allein großziehen. Dadurch wurde er gezwungen, frühzeitig selbst für seinen Lebensunterhalt zu sorgen, indem er allerlei untergeordnete Arbeiten übernahm. Die Mühsal und Armseligkeit dieser frühen Jahre schaffte eine Verbundenheit mit dem gemeinen Volk, die sich später in dem demokratischen Tenor seiner ganzen Philosophie niederschlagen sollte.

Obwohl er sich später erinnerte, daß er als Junge gern gejagt, gefischt und sich im Bogenschießen geübt hatte – woraus man schließen darf, daß er alles andere war als ein Bücherwurm –, widmete er sich schon früh dem Studium. Er war ein guter Schüler. »Mit fünfzehn strebte ich nach Wissen.«[2] Anfang zwanzig – er hatte schon mehrere unbedeutende Regierungsposten bekleidet und war eine nicht sonderlich glückliche Ehe eingegangen – gründete er eine Schule. Damit hatte er seinen Weg gefunden. Der Ruf seiner persönlichen Fähigkeiten und seiner praktischen Weisheit verbreitete sich schnell und zog einen Kreis eifriger Schüler an.

Obwohl diese davon überzeugt waren, es habe »seit der Entstehung der menschlichen Rasse keinen Mann gegeben, der unserem Meister gleichkäme«, war die Karriere des Konfuzius, an seinen eigenen Vorstellungen gemessen, ein Fehlschlag. Er strebte ein öffentliches Amt an, denn er glaubte – fälschlicherweise, wie wir bald sehen werden –, seine Theorien könnten nur Fuß fassen, wenn er ihre Wirksamkeit demonstrierte. Er glaubte fest an seine Fähigkeit, die Gesellschaft neu zu ordnen, wenn man ihn nur ließe. Als man ihm vom Bevölkerungsanstieg im Staate Wei erzählte und ihn fragte, was man tun solle, antwortete er: »Gebt ihnen Wohlstand.« Und dann? »Erzieht sie«, war seine berühmte Antwort, und er setzte mit einem Seufzer hinzu: »Wollte ein Prinz mich in Dienst nehmen, so könnte in einem Jahr einiges geschehen, und in drei Jahren wäre das Werk vollbracht!« Schwärmerische Biographen, die sich nicht vorstellen konnten, wie ein so begabter Mann unter einer anhaltenden Blockade der Hauptambition seines Lebens leiden kann, haben dem fünfzigjährigen Konfuzius eine fünfjährige glänzende Verwaltungstätigkeit angedichtet, eine Zeit, in der er in schneller Abfolge vom Minister für Öffentliche Arbeiten über den Posten des Justizministers zum Premierminister aufgestiegen sein soll, und in der Lu zu einem Musterland wurde. Ausschweifung und Unehrlichkeit, so fährt der romantisch verklärte Bericht fort, verbargen ihre Häupter. »Wenn jemand auf der Straße etwas verloren hatte, so nahm es niemand weg«, und Loyalität und guter Wille waren an der Tagesordnung. In Wirklichkeit fürchteten die damaligen Herrscher viel zu sehr die Auswirkungen von Konfuzius' Aufrichtigkeit und Integrität, um ihm irgendeinen Posten anzuvertrauen, der mit irgendwelchen Befugnissen verbunden gewesen wäre. Als sein Ruf so sehr gewachsen war, daß sein eigener Herrscher, der sich widerrechtlich an die Macht gebracht hatte, sich verpflichtet fühlte, ihn der Form halber zu fragen, wie er regieren solle, da wurde ihm von Konfuzius die scharfe Antwort zuteil, ehe er versuchte, über andere zu herrschen, solle er erst einmal sich selbst beherrschen lernen. Der Regent ließ ihn zwar nicht in Stücke reißen, wie er es vielleicht getan hätte, wenn Konfuzius nicht in so hohem Ansehen gestanden hätte, aber er machte ihn auch nicht zum Premierminster. Statt dessen speiste er ihn mit einem ehrenvollen Posten ohne echte Kompetenzen ab, in der Hoffnung, ihn auf diese Weise zum Schweigen zu bringen. Es versteht sich von selbst, daß Konfuzius, sobald er den Braten gerochen hatte, angewidert von seinem Posten zurücktrat.

Als ob er einen Ruf vernommen hätte – »mit fünfzig war mir das Gesetz des Himmels kund«[3] –, widmete er die nächsten dreizehn Jahre seines Lebens, wenn auch zuweilen nur widerstrebend und mit rückwärts gewandtem Blick, dem »langen Marsch«: Er zog von Staat zu Staat, trug, ohne darum gebeten worden zu sein, den Herrschern seinen Rat in Regierungsdingen an und suchte eine Gelegenheit, seine Gedanken in die Praxis umzusetzen. Eine solche Gelegenheit kam nie; die Prophezeiung eines Beobachters, der Zeuge seines Aufbruchs wurde, daß »der Himmel den Meister als Glocke benutzen wird, um das Volk zu wecken«, verwandelte sich mit den Jahren in Spott. Einmal bot man ihm im Staate Chen einen offiziellen Posten an, aber als er feststellte, daß der Beamte, von dem die Aufforderung ausging, sich im Aufstand gegen seinen Vorgesetzten befand, lehnte er es ab, sich in die Intrige verwickeln zu lassen. Die Würde und der befreiende Humor, die er während dieser schwierigen Jahre an den Tag legte, gereichen seiner Person zur Ehre. Als ihn einmal ein Zuschauer mit den Worten verhöhnte: »Ja, groß ist Konfuzius! Er kennt sich überall aus und hat sich nirgendwo einen Namen gemacht«, da antwortete Konfuzius mit gespieltem Entsetzen, zu seinen Schülern gewandt: »Also, was soll ich beginnen? Wagenlenken? Bogenschießen?« Als ein Staat nach dem anderen seine Ratschläge zum Frieden und zur Sorge um das Volk in den Wind schlug, verlachten Klausner und Einsiedler seine Bemühungen, die Gesellschaft zu reformieren und rieten ihm, mit ihnen nach einer Selbstüberwindung zu suchen, die stark genug wäre, um die Schwächen einer heillos verderbten Gesellschaft auszugleichen. Selbst Bauern kritisierten ihn als »einen Mann, der weiß, daß er nicht gewinnen kann, aber es immer wieder versucht.« Nur ein kleines Grüppchen treuer Anhänger hielt auch in den schlimmsten Zeiten, wenn die Ablehnung der Menschen sie schier entmutigen wollte und sie dem Hunger-

tode nahe waren, noch zu ihm. Ein Bild ist uns in den Quellen überlie-
fert, wo sie alle vereint sind: Konfuzius, dessen Blick voller Stolz und
Glück auf ihnen ruht – Ming Tzu ruhig in seiner gebändigten Kraft,
Tzu Lu voller Energie, Jan Ch'iu und Tzu Kung furchtlos und frei.

Endlich gab es einen Wechsel in der Regierung seines Landes, und
man forderte ihn auf zurückzukehren. Dort verbrachte er, da er spürte,
daß er nun ohnehin zu alt war, um ein Amt zu bekleiden, die letzten fünf
Jahre seines Lebens zurückgezogen als Lehrer und Herausgeber der
klassischen Schriften des alten China. Er starb 479 vor Christus im
Alter von dreiundsiebzig Jahren.

Wenn auch als Politiker nicht erfolgreich, war Konfuzius zweifellos
einer der größten Lehrer aller Zeiten. Er lehrte Geschichte, Dichtkunst, Politik, Anstandsregeln, Mathematik, Musik, Wahrsagekunst
und Sport und war damit, hierin Sokrates vergleichbar, eine Ein-Mann-
Universität. Auch seine Lehrmethode war sokratisch. Er hielt sich nie
an formale Regeln und hat offenbar keine Vorträge gehalten, sondern
statt dessen mit seinen Schülern über die Probleme, mit denen sie an
ihn herantraten, diskutiert, mögliche Lösungen besprochen und Fragen
gestellt. Besonders in letzterem war er sehr geschickt: »Des Meisters
Art zu fragen – wie anders ist sie als die übliche!« Ebenso auffällig war
die Offenheit, die er im Umgang mit seinen Schülern zeigte. Ohne sich
auch nur für einen Moment selbst als Weiser zu fühlen – denn Weisheit
war für ihn kein Vorrat an Wissen, sondern eine Verhaltensqualität –,
näherte er sich seinen Schülern als ihr Reisegefährte, der sich der
Aufgabe verschrieben hatte, zu einem vollgültigen Menschen zu werden, in der Frage, wie weit er mit dieser Aufgabe gediehen war, aber
bescheiden blieb.

> Es gibt vier Dinge im Verhalten des tiefgründigen Menschen;
> keins von ihnen ist mir gelungen. Meinem Vater so zu dienen,
> wie ich selbst es von meinem Sohn erwarten würde. Meinem
> Herrscher so zu dienen, wie ich es von meinen Ministern erwar-
> ten würde. Meinem älteren Bruder so zu dienen, wie ich es von
> meinem jüngeren Bruder erwarten würde. Der erste zu sein, der
> seine Freunde so behandelt, wie er es von ihnen erwarten würde.
> All dies ist mir nicht gelungen.[4]

Gleichzeitig war er kompromißlos, wenn es um die Bedeutung der
Aufgabe ging, die er sich vorgenommen hatte. Aus diesem Grunde

stellte er große Erwartungen an seine Schüler, denn das, worin er sie einspannte, hielt er für nichts Geringeres als die Wiedererrichtung der gesamten gesellschaftlichen Ordnung. Diese Überzeugung machte ihn zu einem begeisterten Idealisten, und nur sein Humor und sein Gefühl für das richtige Maß bewahrten ihn davor, zum Fanatiker zu werden. Als der Skeptiker Tsai Wo spottete: »Ich nehme an, wenn jemand behauptete, ein Mann sei im Brunnen, dann würde der Altruist hinterherspringen«, da bemerkte Konfuzius: »Selbst der Altruist würde sich erst vergewissern, daß wirklich ein Mann im Brunnen ist!« Als man ihm jemanden mit den Worten empfahl: »Er überlegt dreimal, bevor er handelt«, antwortete Konfuzius trocken: »Zweimal reicht.« Er war selbstsicher genug, jederzeit zuzugeben, daß er sich irren konnte und, wenn es wirklich einmal der Fall war, daß er sich getäuscht hatte.

Er hatte nichts Weltfremdes an sich. Er liebte die Gesellschaft von Menschen, ging zum Essen aus, stimmte mit ein, wenn ein schönes Lied gesungen wurde, und trank auch gerne, wenn auch nicht im Übermaß. Seine Schüler berichten: »In der Freizeit war der Meister ungezwungen und fröhlich. Er war umgänglich, aber bestimmt; würdevoll, aber angenehm.« Seine demokratische Einstellung haben wir schon erwähnt. Nicht nur war er stets bereit, die Partei der einfachen Leute gegen die despotischen Adligen seiner Zeit zu ergreifen; im persönlichen Umgang setzte er sich »in skandalöser Weise« über die Klassenschranken hinweg und ließ es seine ärmeren Studenten nie spüren, daß sie weniger oder nichts bezahlten. Er war freundlich, aber durchaus zum Sarkasmus fähig, wenn er es für angebracht hielt. Über einen, der sich angewöhnt hatte, seine Gefährten zu kritisieren, bemerkte Konfuzius: »Tzu Kung muß jetzt wohl selbst ganz vollkommen sein, daß er für so etwas Zeit hat. Ich habe nicht soviel Muße.«

Und das stimmte, denn bis zum Schluß blieb er strenger sich selbst als anderen gegenüber. »Wie dürfte ich je wagen, mich zu den Weisen oder wahrhaft Gütigen zu zählen! Nur das könnte man von mir sagen, das und sonst nichts: Er müht sich unablässig, ihnen nachzustreben, und er lehrt andere unermüdlich in ihrem Sinne.«[5] Er blieb seiner Suche treu. Er hätte nur mit dem Finger zu schnippen brauchen, dann hätte er Macht und Reichtum haben können, wenn er bereit gewesen wäre, mit den Machthabern Kompromisse zu schließen. Er entschied sich statt dessen für seine Integrität. Er hat seine Wahl nie bereut. »Ich habe nur grobes Zeug zum Essen, Wasser zum Trinken und meinen gebeugten Arm als Kissen; aber bei alledem bin ich noch froh. Unrecht erworbener

Reichtum und Ehre bedeuten mir nicht mehr als die dahinziehenden
Wolken.«

Kaum war er gestorben, fing man an, ihn zu glorifizieren. Das war bei
seinen Schülern eine unmittelbare Entwicklung. »Er ist die Sonne, der
Mond, über die man sich auf keine Weise erheben kann. So wie es
unmöglich ist, mit einer Leiter in den Himmel zu steigen, so unmöglich
ist es auch, unserem Meister gleichzukommen.« Dem schlossen sich
bald andere an. Innerhalb weniger Generationen galt er in ganz China
als »der Mentor und das Vorbild für zehntausend Generationen.« Er
selbst hätte sich eher über das Interesse gefreut, das man seinen Ideen
entgegenbrachte. Zweitausend Jahre lang, bis in dieses Jahrhundert
hinein, hat jedes chinesische Schulkind seine gefalteten Hände einem
Tisch im Klassenzimmer entgegengestreckt, der eine Tafel mit Konfuzius' Namen trug. Praktisch jeder chinesische Schüler und Student hat
stundenlang über seinen Sentenzen gebrütet, so daß diese Teil des
chinesischen Geistes geworden und in der Form mündlich überlieferter
Sprichwörter bis zu den Analphabeten durchgesickert sind. Auch die
chinesische Regierung ist von ihm beeinflußt worden, mehr als von
irgend jemandem sonst. Seit dem Beginn der christlichen Ära müssen
die Inhaber vieler Regierungsämter, darunter einige der höchsten, die
Kenntnis der konfuzianischen Klassiker nachweisen. Es hat gar eine
Reihe, auch quasi-offizieller, Versuche gegeben, ihn in den Rang einer
Gottheit zu erheben.

Wie kam es zu diesem Einfluß, der so groß war, daß manche Beobachter bis zur kommunistischen Machtergreifung den Konfuzianismus
nach wie vor für »die bedeutendste intellektuelle Einzelströmung« bei
einem Viertel der Weltbevölkerung halten konnten? Es kann kaum an
der Persönlichkeit des Konfuzius liegen. Diese war zwar exemplarisch,
aber so unauffällig, daß sie kaum geeignet ist, seine historische Wirkung
zu erklären. Wenden wir uns seinen Lehren zu, so wird die Sache noch
rätselhafter. Als erbauliche Anekdoten und moralische Maximen sind
sie höchst empfehlenswert. Aber wie eine Sprüchesammlung von so
offenkundig didaktischer Absicht und so hausbackener Machart, daß sie
oft als Gemeinplätze erscheinen, eine Kultur entscheidend gestalten
konnte, nimmt sich auf den ersten Blick wie eines der großen Rätsel der
Geschichte aus. Betrachten wir ein paar Beispiele:

> Ist nicht der ein wahrer Philosoph, der, obwohl er nicht aner-
> kannt ist, keinen Groll hegt?

Was du nicht willst, daß man dir tu, das füg auch keinem anderen zu.

Ich will mich nicht grämen, daß andere mich nicht kennen. Ich gräme mich, daß ich die anderen nicht kenne.

Strebe nicht nach schnellen Erfolgen und hasche nicht nach kleinen Vorteilen. Wenn du den schnellen Erfolg suchst, wirst du das eigentliche Ziel nicht erreichen. Wenn du dich von kleinen Vorteilen ablenken läßt, wirst du nie große Dinge vollbringen.

Edlere Menschen handeln erst nach dem, was sie verkündigen und verkündigen erst später gemäß ihren Handlungen. Falls du, wenn du in dein eigenes Herz schaust, dort kein Fehl findest, was grämst du dich dann? Was fürchtest du?

Wenn du etwas weißt, zu wissen, daß du es weißt; und wenn du es nicht weißt, zu wissen, daß du es nicht weißt – das ist Wissen.

Über das Ziel hinaus zu gehen ist ebenso schlimm, wie das Ziel nicht zu erreichen.

Siehst du einen Würdigen, so sinne darauf, wie du ihn nachahmen könntest.

Siehst du einen Unwürdigen, so prüfe deinen eigenen Charakter.

Reichtum und Rang sind es, wonach die Menschen streben, aber wer sie nicht rechtmäßig erworben hat, kann sie nicht besitzen.

Tritt jedermann freundlich gegenüber, aber nur mit den Tugendhaften sollst du vertrauten Umgang pflegen.[6]

An derartigen Ratschlägen ist sicher nichts auszusetzen. Aber wo liegt ihre Macht?

Das Grundproblem des Konfuzius

Wenn wir Macht und Einfluß des Konfuzius begreifen wollen, müssen wir sein Leben wie seine Lehre vor dem Hintergrund des Grundproblems sehen, dem er sich gegenübergestellt sah. Es ist das Problem der sozialen Anarchie.

Das frühe China war ebenso turbulent gewesen wie andere Länder auch, nicht weniger, aber auch nicht mehr. Das achte bis dritte Jahrhundert vor Christus dagegen erlebten den Zusammenbruch der ordnenden Macht der Chou-Dynastie. Rivalisierende Fürstentümer schalteten und walteten nach eigenem Gutdünken und schufen damit Verhältnisse, die jenen im Palästina der Richterzeit glichen: »Zu der Zeit war kein König in Israel, und jeder tat, was ihn recht dünkte.«[7]

Die fast ständigen Fehden spielten sich ursprünglich auf der Ebene des Rittertums ab. Ihre Waffe war der Streitwagen, ihr Code die Höflichkeit, und edle Taten standen hoch im Kurs. Angesichts eines nahenden Feindes konnte es geschehen, daß der Fürst der feindlichen Armee mit großartiger Geste Proviant überbringen ließ. Oder er schickte, um zu zeigen, daß seine Mannen furchtlos seien und sich durch nichts einschüchtern ließen, als Boten Soldaten zu dem Eindringling, die sich in seiner Gegenwart den Hals aufschlitzten. Wie im Zeitalter Homers pflegten die Krieger feindlicher Armeen, sobald sie sich erkannt hatten, von ihren Streitwagen herab hochmütige Grüße zu wechseln, miteinander zu trinken und sogar vor der Schlacht die Waffen zu tauschen.

Zur Zeit des Konfuzius war das ritterliche Element allerdings aus den dauernden Kriegen verschwunden, und diese waren zum uneingeschränkten Terror der *Zeit der Kämpfenden Staaten* verkommen. In dem Jahrhundert, das auf Konfuzius' Tod folgte, erreichte die Anarchie ihren Höhepunkt. An die Stelle der Wagenkämpfe traten Kavalleriegefechte mit ihren Überraschungsangriffen und plötzlichen Ausfällen. Nun hielten die Sieger ihre Feinde nicht mehr edelmütig gegen Lösegeld fest, sondern entledigten sich ihrer durch Massenexekutionen. Ganze Völkerschaften, die das Pech gehabt hatten, in Gefangenschaft zu geraten, wurden geköpft – Frauen, Kinder und Greise eingeschlossen. Wir lesen über Massenschlächtereien an 60 000, 80 000, ja 400 000 Menschen. Es wird berichtet, daß die Besiegten in siedende Kessel geworfen wurden und ihre Verwandten die Menschensuppe austrinken mußten.

In einer solchen Zeit überragte eine Frage alle anderen an Bedeutung: Wie können wir verhindern, daß wir uns selbst zerstören? Es gab abweichende Antworten, aber die Frage war immer dieselbe. Durch die Erfindung und Verbreitung von Waffen mit immer größerem Vernichtungspotential ist sie zu einem Problem geworden, das im zwanzigsten Jahrhundert der ganzen Welt auf den Nägeln brennt.

Da die Erklärung für den Einfluß des Konfuzianismus also in seiner Lösung des Problems des sozialen Zusammenhalts liegt, müssen wir dieses in seinem historischen Kontext betrachten. Konfuzius lebte zu einer Zeit, in der der soziale Zusammenhalt auf eine gefährliche Stufe abgesunken war. Der Leim war nicht mehr stark genug. Was hatte die Gesellschaft bis dahin zusammengehalten?

Für die tierische Ebene ist die Antwort klar. Der Leim, der das Rudel, die Herde, den Schwarm zusammenhält, ist der Instinkt. Die Zusammenarbeit, die er bei Ameisen und Bienen bewirkt, ist legendär, aber auch überall sonst in der Tierwelt ist er ein verläßlicher Garant für eine einigermaßen gut funktionierende Zusammenarbeit. Es gibt eine Menge Gewalt in der Natur, aber sie spielt sich im allgemeinen zwischen verschiedenen Arten, nicht innerhalb einer Art ab. Innerhalb der Art stellt ein eingebautes Zugehörigkeitsgefühl, der ›Herdeninstinkt‹, die für das Leben unabdingbare Stabilität sicher.

Mit der Herausbildung der menschlichen Spezies verschwindet diese automatische Quelle sozialen Zusammenhalts. Der Mensch – ›das Tier ohne Instinkte‹ – hat keinen eingebauten Mechanismus zum Schutz des Lebens. Was hält jetzt die Anarchie in Schach? In den Anfangsstadien der Spezies war es die spontane Überlieferung, oder, wie die Anthropologen gelegentlich sagen, ›die Kruste der Sitte‹. Über Generationen hinweg erweist sich nach und nach durch Versuch und Irrtum, daß manche Verhaltensweisen dem Wohlergehen des Stammes förderlich sind. Das spielt sich nicht so ab, daß der Rat sich zusammensetzt, um zu beschließen, was der Stamm wünscht, und mit welchen Verhaltensmustern sich diese Wünsche am ehesten verwirklichen lassen; die Muster nehmen einfach dadurch Gestalt an, daß über Jahrhunderte hinweg eine Generation nach der anderen tastend den Weg sucht, der zu akzeptablen Verhaltensregeln hin- und von destruktiven wegführt. Sind die Muster erst einmal geschaffen – und Gesellschaften, denen es nicht gelingt, gangbare Muster zu finden, entziehen sich vermutlich selbst die Existenzgrundlage –, so werden sie ohne viel Überlegung von einer Generation an die nächste weitergegeben. Wie die Römer sagen würden, sie werden von der Jugend *cum lacte* – mit der Muttermilch – aufgenommen.

Wir heutigen Menschen haben uns so weit von dem traditionsverhafteten Leben der Stammesgesellschaften entfernt, daß wir uns nur schwer eine Vorstellung davon machen können, wie total das Leben durch einen Verhaltenskodex kontrolliert werden kann. Es gibt nicht mehr viele Bereiche, in denen der Brauch noch so weit in unser Leben hineinreicht, daß er unser Verhalten diktieren würde, aber beispielsweise bei Mode und Kleidung ist dies nach wie vor der Fall. Auch hier sind die Vorschriften weniger strikt als früher, aber es ist weitgehend

immer noch so, daß ein Angestellter in einer einigermaßen gehobenen
Position, der ohne Krawatte zur Arbeit erschiene, schief angesehen
würde. Es würde nicht einmal so empfunden, daß er etwas Unanständi-
ges getan hätte; aber er hätte ganz einfach gegen die Konventionen
verstoßen – gegen die stillschweigend, aber meist nicht ausdrücklich
formulierte Kleiderordnung seines Standes. Das würde ihn sofort zum
Außenseiter stempeln; man würde ihn abweichender, wenn nicht gar
subversiver Neigungen verdächtigen. Seine Kollegen würden ihn vor-
sichtig aus den Augenwinkeln mustern als ... nun, ungewöhnlich.
Wenn man so betrachtet wird, fühlt man sich nicht wohl, und daraus
bezieht die Sitte ihre Macht. Jemand hat einmal gesagt, in der Gewißheit einer Frau, daß sie genau die richtige Kleidung für die richtige
Gelegenheit trägt, liege ein Friede, den die Religion weder geben noch
nehmen könne.

Wenn wir uns diese Macht der Tradition, die wir heute außer in
Kleidungsfragen nur selten spüren, auf alle Lebensbereiche ausgedehnt
denken, so können wir uns ein Bild von dem Leben in einer Stammes-
gesellschaft machen. Uns interessieren in diesem Zusammenhang vor
allem zwei Dinge. Das erste ist die außergewöhnlich wirksame Art, wie
es der Tradition gelingt, asoziale Handlungen unter Kontrolle zu halten. Es gibt Stämme bei den Eskimos und bei den Ureinwohnern
Australiens, die nicht einmal ein Wort für Ungehorsam kennen. Und
das zweite, was uns daran beeindruckt, ist die spontane, unkomplizierte
Art, wie auf diese Weise die Sozialisation vonstatten geht. Es gibt weder
ausformulierte Gesetze mit den entsprechenden Strafen noch auf ein
bestimmtes Ziel ausgerichtete Pläne für die moralische Erziehung der
Kinder. Die Gruppenerwartungen sind so stark und kompromißlos,
daß die Jungen sie ganz selbstverständlich internalisieren, ohne darüber
nachzudenken oder sie in Frage zu stellen. Die Grönländer haben kein
bewußtes Erziehungskonzept, und dennoch berichten die Anthropologen, daß ihre Kinder exemplarisch gehorsam, gutmütig und hilfsbereit
sind. Noch heute leben amerikanische Indianer, die sich an eine Zeit
erinnern, als in ihren Gebieten die soziale Kontrolle ganz von innen
gesteuert wurde. »Damals gab es keine Gesetze. Jeder tat, was richtig
war.«[8]

Im alten China sorgten Sitte und Tradition wahrscheinlich ebenfalls
für den Zusammenhalt, der für eine intakte Gemeinschaft erforderlich
war. Uns sind lebendige Zeugnisse für ihre Macht überliefert. Es gibt
zum Beispiel einen Bericht über eine adlige Dame, die in ihrem Palast

bei einem Brand ums Leben kam, weil sie sich weigerte, die Konvention zu verletzen und das Haus ohne Anstandsdame zu verlassen. Der Historiker, der den Vorfall notierte – ein Zeitgenosse des Konfuzius –, kommentiert ihn auf eine Weise, aus der ersichtlich wird, daß die Konvention für ihn bereits einen Teil ihrer Macht eingebüßt hatte, im großen und ganzen aber noch intakt war. Er merkt an, daß das Verhalten der Dame, wäre sie unverheiratet gewesen, über jeden Zweifel erhaben gewesen wäre. Da sie aber nicht nur eine verheiratete, sondern noch dazu eine ältere Dame war, wäre es »unter den Umständen vielleicht nicht ganz unpassend gewesen«, wenn sie das brennende Haus unbegleitet verlassen hätte.[9]

Der Historiker hat einen besseren Blick für die Vergangenheit als die meisten Menschen; nicht jeder, der zu Konfuzius' Zeiten lebte, hätte der Tradition soviel Beachtung geschenkt wie der eben zitierte Berichterstatter. China war an einem neuen Punkt seiner gesellschaftlichen Entwicklung angelangt, gekennzeichnet dadurch, daß jetzt mit einem Mal viele Menschen in Erscheinung traten, die im wahrsten Sinne des Wortes Individuen waren. Da sie sich ihrer selbst stärker bewußt waren als der Gemeinschaft, der sie angehörten, dachten diese Menschen an sich selbst nicht mehr in der ersten Person Plural, sondern in der ersten Person Singular. Der Verstand schickte sich an, gesellschaftliche Konventionen zu verdrängen, und das Eigeninteresse lief den Gruppenerwartungen den Rang ab. Die Tatsache, daß andere sich auf eine bestimmte Weise verhielten oder daß ihre Vorfahren sich seit unvordenklichen Zeiten so verhalten hatten, war kein ausreichender Grund mehr für das Individuum, diesem Beispiel zu folgen. Wer eine bestimmte Vorgehensweise vorschlug, mußte nun auf die Frage gefaßt sein: »Und was ist für mich dabei drin?«

Der alte Mörtel, der die Gesellschaft bis dahin zusammengehalten hatte, fing an zu bröckeln und abzufallen. In seinem Bestreben, sich aus der ›Kruste der Sitte‹ zu befreien, hatte das Individuum diese ein für alle Mal aufgebrochen. Der Bruch geschah nicht über Nacht; in der Geschichte gibt es keine messerscharfen Übergänge, am allerwenigsten auf kulturellem Gebiet. Die ersten Individualisten waren wahrscheinlich wilde Mutanten, einsame Exzentriker, die nicht deshalb ausgefallene Fragen stellten und dem Gruppendruck Widerstand leisteten, weil sie so launisch waren, sondern weil sie es einfach nicht vermochten, sich völlig mit den anderen zu identifizieren. Aber Individualismus und Selbstbewußtheit sind ansteckend. Wenn sie erst einmal auftauchen,

breiten sie sich mit der Geschwindigkeit eines Lauffeuers oder einer
Epidemie aus. Unreflektierte Solidarität gehört der Vergangenheit an.

Rivalisierende Antworten

Wenn die Tradition die Gesellschaft nicht mehr zusammenhalten kann,
steht das menschliche Leben der größten Krise gegebenüber, die es bis
dahin zu meistern hatte. Es ist eine Krise, die wir ohne Probleme
verstehen dürften, denn sie macht uns in den letzten Jahren wieder in
verschärfter Form zu schaffen. Die Vereinigten Staaten sind das beste
Beispiel. Sie haben sich durch ihre Fähigkeit, Völker verschiedenster
ethnischer und nationaler Herkunft zu absorbieren, den Ruf erworben,
ein Schmelztiegel zu sein; aber während sie die von den verschiedenen
Einwanderergruppen mitgebrachten Traditionen schwächen, haben sie
ihnen keinen adäquaten Gegenwert zu bieten. Dadurch wird das amerikanische Volk zu der vielleicht traditionsärmsten Gesellschaft, die es je
in der Geschichte gegeben hat. Als Alternative zur Tradition haben die
Vereinigten Staaten nur den Verstand zu bieten. Man braucht die Bürger nur zu erziehen und zu informieren, und schon kann man sich
darauf verlassen, daß sie sich ordentlich benehmen – so lautet das Kredo
der Jeffersonschen Aufklärung, das bei der Gründung der Vereinigten
Staaten Pate gestanden hat. Es hat sich nicht bewahrheitet. Die Vereinigten Staaten, die in Erziehungsfragen noch bis vor kurzem eine
führende Rolle in der Welt gespielt haben, sind auch führend, wenn es
um Gewaltverbrechen, um Jugendkriminalität und um die Scheidungs-
rate geht.

Da die Aufklärung den Wahrheitsbeweis für ihre Lösung des Problems des menschlichen Zusammenhalts bisher nicht angetreten hat, ist
der Seitenblick auf die Alternativen, die das alte China in dieser Hinsicht zu bieten hatte, von mehr als nur historischem Interesse. Eine
dieser Alternativen stammt von den Realisten.[10] Was tut man, wenn die
Leute sich nicht benehmen? Man schlägt sie. Es ist eine klassische
Antwort auf eine klassische Frage. Gewalt ist die Sprache, die die
Menschen am besten verstehen. Wenn das Individuum erst einmal die
schützende Hülle der Tradition abgeworfen hat und anfängt, sein Leben der Leitung der eigenen Vernunft anzuvertrauen, dann wird der
Druck der Leidenschaft und des Egoismus so groß, daß es nur noch
durch die Androhung schwerer Sanktionen bei der Stange gehalten

werden kann. Da kann man noch so viel von Vernunft und Moral faseln, letztlich behält doch die brutale Gewalt die Oberhand. Die einzige Möglichkeit, in einer aus egoistischen Individuen bestehenden Gesellschaft den Ausbruch allgemeiner Gewalt zu verhindern, ist die Einrichtung einer wirkungsvollen Miliz, die bereitsteht, die Leute bei Übertretungen wieder zur Raison zu bringen. Es muß Gesetze geben, die klar sagen, was man darf und was man nicht darf, und die Strafen bei Zuwiderhandlung müssen so streng sein, daß es niemand wagt, sie sich einzuhandeln. Mit einem Wort, die Antwort der Realisten auf das Problem der Gesellschaftsordnung war eine scharfe Gesetzgebung. Das ist im wesentlichen die Lösung, die später im Westen von Hobbes vorgeschlagen werden sollte. Wenn man das Leben dem Willen des Individuums überläßt, ohne eine strenge Hand, die dessen Egoismus in Schranken hält, dann wird es »tückisch, primitiv und vor allem kurz.«

Bei der praktischen Anwendung ihrer Philosophie verließen die Realisten sich auf ein ausgeklügeltes System von ›Lohn und Strafe‹. Wer das tat, was der Staat ihm vorschrieb, wurde belohnt; wer sich weigerte, wurde bestraft. Es ist klar, daß es bei diesem Grundgedanken eine lange, bis ins kleinste ausgearbeitete Liste von Gesetzen geben mußte – mit frommen Aussagen allgemeiner Art, die sich je nach persönlichem Interesse von Fall zu Fall verschieden auslegen ließen, war es nicht getan. »Wenn ein Gesetz zu knapp formuliert ist«, sagte Han Fei Tzu, der maßgebliche Sprecher der Realisten, »wird seine Absicht vom gemeinen Volk nicht ernst genommen. Ein aufgeklärter Herrscher sorgt bei der Abfassung der Gesetze dafür, daß jede Eventualität bis ins kleinste berücksichtigt wird.«[11] Dabei müssen nicht nur die Forderungen des Gesetzes ausdrücklich genannt werden; ebenso klar muß gesagt werden, welche Strafen für jede Übertretung gelten. Und es sollten schwere Strafen sein. »Von den Idealisten bekommen wir ständig zu hören«, fährt Han Fei Tzu fort, »die Strafe müsse immer milde sein. Das führt nur zu Verwirrung und Untergang. Der Sinn der Belohnung ist es, ein bestimmtes Verhalten zu fördern, die Strafe soll es verhindern. Wenn die Belohnung hoch genug ist, wird der Herrscher schnell erreichen, was er will; wenn die Strafe schwer ist, wird er schnell verhindern, was er nicht will.«

Diese politische Theorie ging offenbar davon aus, daß der Wert des menschlichen Charakters nicht sehr hoch einzuschätzen sei. Und das in zweierlei Hinsicht. Erstens nahm man an, daß die niedrigen Triebe über die edleren dominieren. Die Menschen sind von Natur aus eifersüchtig, wollüstig und gierig. Güte muß gleichsam künstlich in ihnen erzeugt werden, so wie Holz in einer Presse gerade gerichtet wird. »Gewöhnlich sind die Menschen träge; harter Arbeit aus dem Weg zu gehen und sich dem Nichtstun hinzugeben, entspricht ihrer Natur.«[12] Viele geben sich den Anschein von Moralität, wenn sie glauben, dadurch besser voranzukommen; ein Land kann geradezu nach heuchlerischer Moral und vorgetäuschtem Altruismus stinken. Aber wenn es hart auf hart geht, läßt der Egoismus die Maske fallen.

Die Realisten hatten zweitens insofern eine geringe Meinung vom Charakter des Menschen, als sie ihn für kurzsichtig hielten. Was auf lange Sicht für das Wohl des Volkes gut ist, muß der Herrscher abschätzen, die Untertanen sind dazu nicht in der Lage. Infolgedessen sind sie freiwillig nicht bereit, um künftiger Vorteile willen in der Gegenwart Opfer auf sich zu nehmen. Nehmen wir einmal an, ein Baby hat eine Hautkrankheit am Kopf. »Wenn der Kopf des Babys nicht kahlgeschoren wird, kommt die Krankheit wieder; ein Geschwür, das nicht geöffnet wird, hört nicht auf zu wachsen. Aber während man diese Dinge tut, wird das Kind, obwohl jemand es fest im Arm hält und es tröstet und obwohl seine eigene Mutter die notwendigen Handlungen ganz liebevoll ausführt, doch die ganze Zeit über brüllen wie am Spieß, weil es nicht verstehen kann, daß der geringe Schmerz, den man ihm zufügt, letztlich zu einem großen Gewinn führen wird.«[13] Ganz ähnlich verhält es sich, wenn »die Massen sich nach Sicherheit sehnen, aber die Mittel ablehnen, mit denen diese zu erreichen ist.« Wenn man ihnen erlaubt, den Lockungen des unmittelbaren Lustgewinns zu folgen, dann werden sie bald zum Opfer jener Schmerzen, die sie am meisten fürchten; kann man sie jedoch dazu bringen, manche Dinge, die sie im Augenblick nicht mögen, zu akzeptieren, dann erhalten sie schließlich die Vergnügungen, die sie eigentlich wollen.

Diese geringe Meinung vom menschlichen Charakter verleitete die Realisten im allgemeinen nicht dazu, die Existenz edlerer Gefühle zu bestreiten. Sie bezweifelten nur, daß diese stark genug seien, um den Staat in Ordnung zu halten. Gelegentlich taucht ein Genie auf, das aus freier Hand vollkommene Kreise zeichnen kann, aber kann der Radmacher sich danach richten? Unter tausend Menschen ist vielleicht einer grundehrlich, aber was nützt das schon, wenn man es mit Millionen zu tun hat? Für die Millionen ist Kontrolle unerläßlich. Unter tausend Herrschern ist vielleicht einer in der Lage, sein Volk zu einem gemeinschaftlichen Leben ohne Sanktionen zu inspirieren; aber das chinesische Volk, das mitten in der *Zeit der Kämpfenden Staaten* steckte, auf einen neuen Musterherrscher nach Art der legendären Helden der Vergangenheit zu vertrösten, das wäre so, wie wenn man einem Mann, der in Mittelchina am Ertrinken ist, sagen würde, er solle nur warten, ob nicht vielleicht ein guter Schwimmer aus einer der Grenzprovinzen auftauchen wird, um ihn zu retten.

Das Leben ist schwer. Uns wäre es vielleicht anders lieber, aber der Wunsch ändert nichts an der Wirklichkeit.

> Auch der stillste Teich hat Wellen;
> Auch der rundeste Kreis hat Dellen;
> Liebend gern würd' ich alles für dich ändern;
> Ich kann es nicht, also nimm die Dinge, wie sie sind.

Die harten Fakten des Lebens verlangen unerschütterlichen Realismus, denn der Kompromiß macht jede Handlung zunichte, indem er nach zwei Richtungen gleichzeitig strebt. »Eis und Glut können nicht in einer Schüssel liegen.«

Tatsächlich existierte aber im China des Konfuzius zur gleichen Zeit eine Gesellschaftslehre, die sich von derjenigen der Realisten unterschied wie Feuer und Wasser. Sie hieß nach ihrem Hauptverfechter Mo-tsu (oder Mo Ti) Mohismus und schlug zur Lösung der gesellschaftlichen Probleme Chinas nicht die Gewalt, sondern die Liebe vor – allumfassende Liebe (chinesisch *ai*).[14] Man sollte »allen Menschen unter der Sonne gegenüber so empfinden, wie man gegenüber dem eigenen Volk empfindet, und andere Staaten genauso ansehen wie den eigenen Staat.«

> Gegenseitige Angriffe von Staaten, gegenseitige Usurpation verschiedener Häuser, gegenseitige Verletzungen von Individuen, das sind [mit] die schlimmsten Übel dieser Welt.
> Aber woraus entstehen diese Übel?
> Sie entstehen aus einem Mangel an gegenseitiger Liebe. Gegenwärtig haben die Feudalherren nur gelernt, ihren eigenen Staat zu lieben und nicht die der anderen. Daher haben sie keine Bedenken, andere Staaten anzugreifen. Die Oberhäupter der Häuser haben nur gelernt, ihre eigenen Häuser zu lieben und nicht die der anderen. Daher haben sie keine Bedenken, andere Häuser zu usurpieren. Und die Individuen haben nur gelernt,

sich selbst zu lieben und nicht die anderen. Daher haben sie
keine Bedenken, andere zu verletzen. Daher sind all die Übel,
die Zwistigkeiten, die Klagen und der Haß in der Welt aus dem
Mangel an gegenseitiger Liebe entstanden ...
Wie können wir diesen Zustand ändern?
Er läßt sich ändern auf dem Weg der allumfassenden Liebe und
gegenseitigen Hilfe.
Aber worin besteht der Weg der allumfassenden Liebe und
gegenseitigen Hilfe?
Er besteht darin, den Staat der anderen als den eigenen, das
Haus der anderen als das eigene, die Person der anderen als die
eigene zu betrachten. Wenn alle Menschen auf der Welt sich
gegenseitig lieben, dann werden die Starken die Schwachen
nicht überwältigen, die Vielen die Wenigen nicht unterdrücken,
die Reichen die Armen nicht verlachen, die Angesehenen die
Bescheidenen nicht verachten, und die Listigen werden die
Naiven nicht betrügen. Und daß die Übel, die Zwistigkeiten,
die Klagen und der Haß am Entstehen gehindert werden, das
liegt nur an der gegenseitigen Liebe. [15]

Mo Tzu ließ den Vorwurf, seine Hervorhebung der Liebe sei sentimental und weltfremd, einfach nicht gelten. »Wenn sie nicht nützlich wäre,
würde selbst ich sie ablehnen. Aber wie kann es etwas geben, das gut,
aber nicht nützlich ist?« Vielleicht war es die Radikalität seiner Einstellung, die ihn zu der Überzeugung brachte, diese werde von Shang Ti,
dem Himmlischen Herrscher, unterstützt, einem persönlichen Gott,
der »die Menschen von Herzen liebt; der die Sonne, den Mond und die
Sterne an ihren Platz gestellt; der Schnee, Frost, Regen und Tau geschickt; der die Hügel und Bäche, die Schluchten und Täler gegründet;
der Fürsten und Edle ernannt hat, um die Tugendsamen zu belohnen
und die Niederträchtigen zu bestrafen. Der Himmel liebt die ganze
Welt gleichermaßen. Alles ist zum Wohl der Menschen eingerichtet.« [16]
   Da die Liebe offenbar gut ist und der Gott, der die Welt regiert,
ebenfalls gut ist, ist es undenkbar, daß wir in einer Welt lebten, in der
das Gute sich nicht auszahlt. Denn »wer die anderen liebt, wird von den
anderen geliebt; wer den anderen Gutes tut, dem tun die anderen
Gutes; wer die anderen verletzt, den verletzen die anderen.« [17]

Die Antwort des Konfuzius

Keine dieser widerstreitenden Antworten auf das Problem des sozialen Zusammenhalts konnte Konfuzius beeindrucken.[18] Die Gewaltlösung der Realisten lehnte er ab, weil sie ungeschickt und oberflächlich war. Gesetzlich gesteuerte Gewalt kann für Grenzen im zwischenmenschlichen Umgang sorgen, aber sie ist ein zu grobes Mittel, um als Inspiration für den täglichen engen Umgang der Menschen miteinander zu dienen. Auf die Familie bezogen kann sie zum Beispiel die Bedingungen für Eheschließung und Scheidung festlegen, aber sie kann keine Liebe erzwingen. Das gilt ganz allgemein. Eine Regierung ist gerade auf das angewiesen, wofür sie selbst nicht sorgen kann: Sinn und Motivation.

Wenn andererseits die Mohisten sich auf die Liebe verließen, so lehnte Konfuzius dies mit den Realisten als utopisch ab. A.C. Graham bestätigt, daß Konfuzius in diesem Punkt entschieden den Sieg davongetragen hat, wenn er sagt: »Der Mohismus scheint nicht nur dem konfuzianischen Denken, sondern der chinesischen Kultur überhaupt fremd zu sein. Niemand sonst findet es gerechtfertigt, zu betonen, man müsse sich um fremde Familien ebenso sorgen wie um die eigene.«[19] Wir werden noch sehen, daß auch Konfuzius der Liebe einen bedeutenden Platz im Leben einräumt; aber sie braucht gesellschaftliche Strukturen und ein kollektives Ethos, auf die sie sich stützen kann. Wer ständig auf der Liebe herumreitet, der predigt den Zweck ohne Mittel. So gesehen wird die Überzeugung des Konfuzius verständlich, daß sowohl die Mohisten als auch die Realisten unrecht hatten, wenn auch jeder auf eine andere Weise. Die Realisten glaubten, die Regierung könne Frieden und Eintracht durch Gesetze und Gewalt garantieren, die ausschließlich in ihre Domäne fielen. Die Mohisten verteidigten das andere Extrem: Sie nahmen an, daß es mit persönlichem Engagement getan sei. Dabei übersahen sie, daß unterschiedliche Umstände und Beziehungen zu unterschiedlichen Gefühlen Anlaß geben und unterschiedliche Reaktionen rechtfertigen. Als man ihn fragte: »Sollte man seine Feinde und jene, die uns schaden, lieben?«, da antwortete Konfuzius: »Keineswegs. Erwidert Haß durch Gerechtigkeit und Liebe durch Wohlwollen. Andernfalls würdet ihr euer Wohlwollen vergeuden.« Konfuzius' vortrefflichster Schüler, Mencius, wies Mo Tzus Forderung, »alle gleichermaßen zu lieben«, mit derselben Logik zurück. Indem er die besondere Zuneigung, die Mitglieder der eigenen Familie hervorrufen, ignorierte, erwies sich Mo Tzu als unrealistisch.

Die Art und Weise, wie der Westen heute gewöhnlich das gesellschaftliche Problem angeht – durch Kultivierung des Verstandes –, kam
Konfuzius vermutlich nicht in den Sinn. Andernfalls hätte er sie als
unausgegoren zurückgewiesen. Jene, die die Intelligenz vom evolutio-
nistischen Standpunkt aus betrachten und daher der Ansicht sind, daß
sie im Laufe der Jahrhunderte zunimmt, würden vielleicht einwenden,
das sei so gewesen, weil er es mit einer unreifen Stufe der Gesellschaft
zu tun hatte, die wie ein Heranwachsender für eine Tracht Prügel schon
zu alt, für vernünftige Argumente noch zu jung war. Es ist eher anzunehmen, daß Konfuzius, falls diese Frage ihm überhaupt bewußt war,
angenommen hat, daß der Verstand in einem Geflecht von Haltungen
und Gefühlen operiert, die durch die Gruppenbeziehungen des Individuums bedingt sind. Wenn die auf diesem Gebiet gemachten Erfahrungen keine Disposition zur Zusammenarbeit hinterlassen, so ist es wahrscheinlich, daß auch ein fortgeschrittener Verstand nur dem Eigennutz
dienen wird. Konfuzius war kein Kind der Aufklärung. Er stand jenen
Philosophen und Psychologen näher, die der Ansicht sind, daß Ermahnungen zur Entstehung des Altruismus nicht eben viel beitragen.

Angesichts des eben Ausgeführten können wir sagen, daß Konfuzius
fast bis zur Besessenheit von der Bedeutung der Tradition überzeugt
war, der er die wichtigste Rolle bei der Bildung von Einstellungen und
Neigungen zuschrieb. Er liebte die Tradition, denn er sah sie als einen
potentiellen Kanal an, durch den dem gegenwärtigen Verhalten Muster
eingetrichtert werden konnten, die in einer Blütezeit der chinesischen
Geschichte, der Zeit der Großen Harmonie, zur Vollendung gereift
waren. Da der damalige Sittenkodex zwingend war, gehorchten ihm die
Menschen; da er kunstvoll gewirkt war, brachte der Gehorsam Frieden
und Glück. Vielleicht hat Konfuzius diese Zeit des Übergangs vom
zweiten ins erste Jahrtausend, als die Chou-Dynastie auf dem Höhepunkt stand, idealisiert, ja sogar romantisiert. Ohne Zweifel hat er sie
beneidet und versucht, sie so getreu wie möglich wiederherzustellen.
Die Tradition schien ihm das geeignete Mittel, aus dieser glorreichen
Vergangenheit Vorschriften zu übernehmen, die seiner eigenen aufgewühlten Zeit helfen konnten.

Moderne Sozialtheoretiker würden ihm beipflichten. Sozialisation,
so versichern sie,

> muß von den Alten an die Jungen weitergegeben werden, und
> die Gewohnheiten und Gedanken müssen unter den Trägern

der Tradition als nahtloses Gewebe der Erinnerung von einer Generation zur anderen bestehen bleiben ... Wenn die Kontinuität der Traditionen der Höflichkeit abreißt, ist die Gemeinschaft bedroht. Wird der Bruch nicht geheilt, so bricht die Gemeinschaft unweigerlich im ... Parteiengezänk auseinander. Denn wenn die Kontinuität unterbrochen wird, stockt die Übertragung des kulturellen Erbes. Die neue Generation sieht sich dann vor die Aufgabe gestellt, den größten Teil des Wissens, das [sie] braucht, durch Versuch und Irrtum neu zu entdecken, neu zu erfinden und neu zu lernen ... Das kann eine einzige Generation nie leisten.[20]

Konfuzius sprach eine andere Sprache, aber er war um eben das gleiche Thema bemüht.

Daß er die Vergangenheit so stark berücksichtigte, ja verehrte, machte ihn indessen nicht zu einem bloßen Historiker. Er wußte, daß inzwischen Veränderungen eingetreten waren, die eine sklavische Rückkehr zum Vergangenen unmöglich machten. Das Jahr 500 vor Christus unterschied sich vom Jahr 1000 (um bei runden Zahlen zu bleiben) dadurch, daß die Chinesen inzwischen zu Individuen geworden waren. Sie waren jetzt ihrer selbst bewußte, denkende Menschen. Und weil dies der Fall war, konnte man sich auf spontane Tradition – eine Tradition, die ohne bewußte Absicht ihren Anfang genommen und die dörfliche Gesellschaft ohne Widerspruch beherrscht hatte – nicht mehr verlassen. Die Alternative dazu war bewußte Tradition. Wenn die Tradition nicht mehr spontan und unwidersprochen ist, muß sie durch bewußte Anstrengungen unterstützt und gestärkt werden.

Die Lösung, deren scheinbare Einfachheit uns nicht über die in ihr verborgene tiefe Wahrheit hinwegtäuschen sollte, traf mit einer Präzision, die nur von einem sozialen Genie stammen konnte, den Nagel auf den Kopf. In Zeiten des Übergangs muß ein Vorschlag, um sich durchzusetzen, zwei Bedingungen erfüllen: Erstens muß er nahtlos an die Vergangenheit anschließen, denn nur, wenn er mit dem zusammenpaßt, was die Menschen kennen und woran sie gewöhnt sind, hat er eine Chance, allgemein akzeptiert zu werden. »Glaubt nicht, ich sei gekommen, um zu zerstören; ich bin nicht gekommen, um zu zerstören, sondern um zu erfüllen« (Matthäus 5, 17). Gleichzeitig muß die Antwort in aller Deutlichkeit jene Entwicklungen berücksichtigen, die dafür gesorgt haben, daß die alte Antwort nicht mehr praktikabel ist.

Der Vorschlag des Konfuzius erfüllte auf brillante Weise beide Bedingungen. Die Kontinuität wurde gewahrt, indem er die Tradition im Mittelpunkt beließ. Hastet nicht, schien er sagen zu wollen; schauen wir erst einmal, wie man es früher gemacht hat – wir haben gesehen, daß er behauptete, er sei nichts weiter als einer, der das Altertum liebt. Mit der Scharfsichtigkeit eines Politikers, der sich auf die Verfassung stützt, berief er sich darauf, daß es ja die Klassiker seien, denen er die Richtlinien für seine Lehre entnommen habe. Indessen war er fleißig beim Interpretieren, Modifizieren, Neuformulieren. Ohne daß sein Volk es bemerkt hätte, wie wir vermuten dürfen, bewirkte er eine bedeutsame Umorientierung, indem er die Tradition von ihrem unbewußten Fundament in Richtung auf ein bewußtes verschob.

Ohne daß sein Volk es bemerkt hätte und, wie wir hinzufügen sollten, ohne daß er selbst es bemerkt hätte, denn es wäre ein Irrtum anzunehmen, daß Konfuzius sich der Bedeutung seiner Handlungen voll bewußt war. Aber das Genie bedarf nicht des vollen, seiner selbst bewußten Verständnisses seiner Schöpfungen. Der Dichter weiß womöglich nicht so genau wie der Kritiker, warum er gewisse Worte gewählt hat; woraus aber keineswegs folgt, daß sie nicht genau passen. Vermutlich beruht jede außerordentliche Kreativität viel mehr auf intuitivem Fühlen als auf explizitem Verstehen. Bei Konfuzius war das ganz deutlich der Fall. Er hätte seine Antwort nicht mit den Worten begründet, ja nicht einmal beschrieben, die wir verwendet haben. Ja, er hätte es gar nicht gekonnt. Er kam nur einfach als erster auf diese Lösung. Der Nachwelt blieb die weniger wichtige Aufgabe überlassen zu ergründen, was er getan hatte und warum es sich als wirksam erwies.

Der Wechsel von der spontanen zur bewußten Tradition setzt voraus, daß die Kräfte der kritischen Intelligenz sowohl dafür eingesetzt werden, die Macht der Tradition intakt zu halten als auch dafür zu bestimmen, welchen Zielen die Tradition in Zukunft dienen soll. Zunächst muß ein Volk entscheiden, welche Werte für sein kollektives Wohlergehen wichtig sind; das ist der Grund, weshalb »unter den Konfuzianisten das Studium der richtigen Haltungen eine Sache von höchster Wichtigkeit war.«[21] Als nächstes muß man jedes Erziehungsmittel – die formellen wie die informellen, von der Wiege bis zur Bahre – darauf ausrichten, daß diese Werte allgemein verinnerlicht werden. Wie ein Chinese diesen Vorgang einmal beschrieben hat: »Moralische Vorstellungen wurden dem Volk auf alle erdenkliche Art eingeimpft – durch

Tempel, Theater und Elternhaus, durch Spielzeug, Sprichwörter, Schulen, Geschichte und Geschichten –, bis sie zur täglichen Lebensgewohnheit wurden . . . Selbst Festtage und Paraden hatten [in diesem Sinne] religiösen Charakter.«²² Mit solchen Mitteln kann selbst eine aus Individuen bestehende Gesellschaft (wenn sie sich dieser Aufgabe mit aller Kraft widmet) eine alle umhüllende Tradition schaffen, eine Kraft der Suggestion, die bewirkt, daß sich ihre Mitglieder sozial verhalten, selbst wenn das Gesetz nicht hinschaut.

Die Technik steht und fällt mit dem, was die Soziologen ›Prestigemuster‹ nennen. Solche Muster gibt es in jeder Gruppe. In Teenagerbanden gehören dazu vielleicht Härte und provokantes Mißachten von Konventionen; im Kloster dagegen schätzt man Frömmigkeit und Demut. Unabhängig von seinem Inhalt verkörpert ein Prestigemuster die Werte, die die Führer der Gruppe bewundern. Die Anhänger, die sich nach Führern richten, die sie ihrerseits bewundern, werden im Lauf der Zeit auch deren Werte respektieren und sind geneigt, ihre eigenen Handlungen nach ihnen auszurichten – zum Teil, weil sie diese Werte nun selbst bewundern, und zum Teil, um von ihrer Peer-group anerkannt zu werden.

Es ist ein äußerst wirkungsvoller Mechanismus, der einzige vielleicht, durch welchen ausdrücklich menschliche Werte von großen Gruppen überhaupt assimiliert werden. Fast zweitausend Jahre lang war der erste Satz, den jedes chinesische Kind – damit zum direkten Nachfolger des Konfuzius werdend – lesen lernte, nicht: »Das ist ein Haus«, sondern: »Der Mensch ist von Natur aus gut.« Wir mögen über das darin zum Ausdruck kommende, unverhohlene Moralisieren lächeln. Aber jedes Volk ist darauf angewiesen. In den Vereinigten Staaten gibt es die Geschichte von George Washington und dem Kirschbaum sowie die moralischen Sentenzen aus dem *McGuffey Reader*. Der Ruf der Disziplin und des Gehorsams, den die Römer genossen, nährte sich aus der Legende von dem Vater, der seinen Sohn zum Tode verurteilte, weil er anderslautendem Befehl entgegen einen Sieg errungen hatte. Hat Nelson wirklich gesagt: »England erwartet, daß jedermann seine Pflicht tut«? Hat Franz I. wirklich ausgerufen: »Alles ist verloren, außer der Ehre«? Es ist nicht so wichtig. Die Geschichten sind ein Ausdruck nationaler Ideale; sie formen Völker nach ihrem Bild. So waren auch die unerschöpflichen Anekdoten und Maximen der *Gespräche* des Konfuzius dazu bestimmt, den Prototyp dessen zu schaffen, was sich die Chinesen von dem zukünftigen chinesischen Charakter erhofften.

Der Meister sagte: »Der wahre Edelmann ist freundlich, aber nicht vertraulich; der niedere Mann ist vertraulich, aber nicht freundlich.«

Tsu King fragte: »Was würdest du von einem Menschen sagen, der in seiner Stadt von allen geliebt wird?« »Das genügt nicht«, war die Antwort. »Besser ist es, wenn die Guten in seiner Stadt ihn lieben und die Schlechten ihn hassen.«

Der Meister sagte: »Wer gut erzogen ist, ist würdevoll, aber nicht pompös. Wer schlecht erzogen ist, ist pompös, aber nicht würdevoll.«

Als Fan Ch'ih einmal mit dem Meister unter den Bäumen an den Regenaltären einherschlenderte, bemerkte er: »Darf ich mir erlauben zu fragen, wie man seinen Charakter bessern, seine persönlichen Fehler korrigieren und zu einem klaren Urteil in irrationalen Dingen kommen kann?«

»Eine ausgezeichnete Frage«, entgegnete der Meister. »Wenn man erst an die Pflicht denkt und erst dann an den Erfolg, bessert man damit nicht seinen Charakter? Und wenn man die eigenen Verfehlungen anprangert statt der fremden, heilt man damit nicht seine persönlichen Fehler? Und wenn man um des Ärgers am Morgen willen seine eigene Sicherheit und die seiner Verwandten in den Wind schlägt, ist das nicht irrational?«

Konfuzius schuf so bei seinen Landsleuten jene zweite Natur, die, um die Aussage des Sozialtheoretikers fortzusetzen, die wir oben zu zitieren begonnen haben,[23] das ist, was die Menschen bekommen, wenn sie zivilisiert werden.

Diese zweite Natur ist nach dem Bild dessen geschaffen, wonach [die Menschen] leben und was sie werden sollten . . . Volle Ergebenheit der Gemeinschaft gegenüber kann nur von der zweiten Natur des Menschen ausgehen, die über seine erste und primitive Natur regiert und sie wie etwas behandelt, was nicht seinem endgültigen Wesen entspricht. Dann haben die Einschränkungen und Notwendigkeiten und Zwänge eines zivilisierten Lebens aufgehört, ihm fremd und von außen aufgezwungen zu sein. Sie sind zu seinem eigenen inneren Imperativ geworden.

Der Inhalt der bewußten Tradition

Die bewußte Tradition unterscheidet sich insofern von der spontanen, als sie Aufmerksamkeit beansprucht. Und zwar ist zunächst einmal eine bewußte Anstrengung erforderlich, um den Einfluß der Tradition angesichts des verstärkten Individualismus, der diese zu unterminieren droht, aufrechtzuerhalten. Hierin sah Konfuzius die Hauptaufgabe der Erziehung im weitesten Sinne. Aber darüber hinaus ist es erforderlich, sich mit den Inhalten dieser Erziehung zu beschäftigen. Wie sieht das soziale Leben aus, das die Erziehung hervorbringen soll? Die wesentlichen Aussagen der Antwort, die Konfuzius auf diese Frage gibt, lassen sich unter fünf Schlüsselbegriffen zusammenfassen.

1. Jen

Jen, etymologisch eine Kombination der Zeichen für ›Mensch‹ und für ›zwei‹, bezeichnet die Beziehung, die zwischen verschiedenen Menschen im Idealfall bestehen sollte. Es gibt verschiedene Übersetzungen: ›Güte‹, ›Zwischenmenschlichkeit‹, ›Wohlwollen‹, ›Liebe‹. Am besten läßt sich der Inhalt vielleicht mit ›Herzensgüte‹ wiedergeben. *Jen* war nach der Lebensauffassung des Konfuzius die höchste Tugend. Es war eine erhabene, ja transzendentale Vollkommenheit, von der er zugeben mußte, daß er sie nie voll verwirklicht gesehen hatte. Da sie voraussetzt, daß sich die menschlichen Fähigkeiten in höchster Vollendung zeigen, ist es eine so vorzügliche Tugend, daß »man von ihr nicht mit Zurückhaltung sprechen kann.«[24] Dem Edlen ist sie teurer als das Leben selbst. »Ein entschlossener Schüler und ein Mann von *Jen* . . . wird selbst sein Leben hingeben, um sein *Jen* unversehrt zu erhalten.«

Jen umfaßt gleichzeitig das Gefühl der Menschlichkeit anderen gegenüber und Achtung vor sich selbst, bezeichnet also ein unteilbares Gespür für die Würde des menschlichen Lebens in jedweder Form. Daraus ergeben sich automatisch die entsprechenden abgeleiteten Haltungen: Großmut, Vertrauen und Mildtätigkeit. Alle Eigenschaften, deren höchste Vollendung uns zu Menschen im besten Sinne des Wortes machen würde, laufen auf *Jen* hinaus. Im öffentlichen Leben veranlaßt es unermüdliche Sorgfalt. Im privaten Bereich drückt es sich als Höflichkeit, Selbstlosigkeit und Einfühlungsvermögen aus, als die Fähigkeit, »die Gefühle der anderen an den eigenen zu messen.« Negativ formuliert führt dieses Einfühlungsvermögen zu der sogenannten Silbernen Regel – »Was du selbst nicht wünschest, das tue nicht den Menschen an«,[25] aber da Konfuzius auch eine positive Definition gegeben hat, brauchen wir nicht bei dieser im Prinzip negativen Formulierung stehenzubleiben. »Wenn ein Mensch von *Jen* nach Selbstbestätigung sucht, sucht er gleichzeitig zu bestätigen.« Eine solche Großherzigkeit kennt keine nationalen Grenzen, denn wer *jen*-begabt ist, weiß, daß »alle Menschen, die zwischen den vier Meeren wohnen, Brüder und Schwestern sind.«

2. Chun tzu

Der zweite Begriff ist *Chun tzu*. Während *Jen* die ideale Beziehung zwischen Menschen ist, bezieht sich *Chun tzu* auf das ideale »Glied« einer solchen Beziehung. Man hat es mit »der Überlegene« und »die Menschheit in ihrer besten Form« wiedergegeben. »Die reife Persönlichkeit« trifft den Kern des Begriffs vielleicht ebensogut.

Der *Chun tzu* ist das Gegenteil eines kleinlichen, gemeinen, engstirnigen Menschen. Immer souverän und ausgeglichen, tritt der *Chun tzu* dem Leben als solchem mit der gleichen Haltung gegenüber wie die ideale Gastgeberin, die sich in ihrer Umgebung so wohl fühlt, daß sie vollkommen entspannt ist und daher ihre ganze Aufmerksamkeit auf das Wohlbefinden ihrer Gäste richten kann. Oder, um vom anderen Geschlecht zu reden: Da der *Chun tzu* den Punkt erreicht hat, wo er sich im Universum als Ganzem zu Hause fühlt, trägt er diese Eigenschaften des idealen Gastgebers mit sich durchs Leben. Da seine eigene Selbstachtung zur Quelle für die Achtung der anderen geworden ist, tritt er seinen Mitmenschen nicht mit der Frage gegenüber: »Was kann ich von ihnen bekommen?«, sondern: »Was kann ich für sie tun?«

Mit der Souveränität der Gastgeberin gehen ein angenehmes Äußeres und freundliche Umgangsformen einher. Mit ihrer Ausgeglichenheit, Zuversicht und Kompetenz ist sie ein Mensch von vollkommener Lebensart. Brüske, ungestüme Bewegungen sind ihr fremd; ihr Ausdruck ist offen, ihre Rede vermeidet Grobheit und Vulgarität gleichermaßen. Oder, um wieder zum anderen Geschlecht überzugehen, der feine Mann redet nicht zuviel. Er prahlt nicht, schiebt sich nicht in den Vordergrund und zeigt in keiner Weise seine Überlegenheit, »außer vielleicht beim Sport.« Er bleibt immer seinen eigenen Grundsätzen treu, mögen die anderen die ihrigen noch so sehr vergessen, und weiß sich in jeder Lage zu benehmen und auf angemessene Weise spontan zu reagieren, wo andere zu bloßen Konventionen greifen. Da er gelernt hat, jeder Eventualität »ohne Ärger noch Angst« zu begegnen, läßt er sich weder von Erfolgen den Kopf verdrehen, noch durch widrige Umstände die Laune verderben.

Nur ein Mensch, der vollkommen »echt« ist, so glaubte Konfuzius, kann die großen Grundlagen einer zivilisierten Gesellschaft etablieren. Nur in dem Maße, in dem jene, aus denen sich die Gesellschaft zusammensetzt, sich in *Chun tzu* verwandeln, kann die Welt dem Frieden näherkommen.

> Wenn im Herzen Rechtschaffenheit ist, dann ist Schönheit im Charakter .
> Wenn Schönheit im Charakter ist, dann ist Harmonie im Heim.
> Wenn Harmonie im Heim ist, dann ist Ordnung in der Nation.
> Wenn Ordnung in der Nation ist, dann ist Frieden in der Welt.

3. Li

Der dritte Begriff, *Li*, hat zwei Bedeutungen.

Die erste ist Anstand, gute Sitte, also der Maßstab für richtiges Handeln. Konfuzius hielt es für unrealistisch anzunehmen, die Menschen seien in der Lage, von sich aus diesen Maßstab festzulegen. Sie brauchten Vorbilder, und Konfuzius wollte ihre Aufmerksamkeit auf die besten Vorbilder lenken, die ihre Gesellschaft im Laufe der Geschichte hervorgebracht hatte, so daß alle schauen, lernen und nachahmen konnten. Die Franzosen, deren Kultur durch die Betonung der Küche sowie durch die Beachtung, die sie der Lebenskunst im allgemeinen schenkt, von allen westlichen Kulturen der chinesischen am nächsten steht, haben mehrere Redewendungen, in denen dieser Gedanke so gut eingefangen ist, daß sie in den westlichen Sprachen zum Allgemeingut geworden sind: *savoir faire*, »die Kunst, sich unter allen Umständen mit Anmut und Weltläufigkeit zu benehmen«; *comme il faut*, »der Maßstab für richtiges Handeln«; *apropos*, »angemessen, zur rechten Zeit«;[26] und *esprit*, »das richtige Gefühl für die Dinge«. Konfuzius wollte den chinesischen Charakter genau in dieser Richtung entwickeln. Durch Maximen (die im Westen karikiert worden sind: »Konfuzius sagt . . . «), Anekdoten (die *Gespräche* sind voll davon), und durch sein eigenes Beispiel (»In seinem Dorf sah Konfuzius einfach und heiter aus; bei Hofe sprach er in wohlgesetzten Worten«) bemühte er sich, eine vollständige Lebensart auszuarbeiten, so daß niemand, der eine ordentliche Erziehung genossen hatte, jemals unsicher sein mußte, wie er sich zu benehmen hatte. »Manieren machen den Menschen«, hat ein mittelalterlicher Bischof gesagt. Konfuzius hat diese Einsicht vorweggenommen.

Anstand umfaßt ein breites Spektrum von Verhaltensweisen; um den Kern dessen, was Konfuzius im Sinn hatte, zu erfassen, genügt es indessen, seine Lehren von der Richtigstellung der Namen, von den Fünf Ständigen Beziehungen, von der Familie und vom Alter zu betrachten.

»Sind die Bezeichnungen nicht richtiggestellt«, erklärte Konfuzius,

> entspricht, was man sagt, nicht den Tatsachen, so werden die Handlungen der Regierung ohne Erfolg bleiben ... Darum bezeichnet der edle Mensch die Dinge so, daß er zu Recht davon reden und daß er das, wovon er redet, auch zu Recht durchführen kann. Denn der edle Mensch gestattet sich in allem, was er sagt, keine Leichtfertigkeit.[27]

Das mag hausbacken klingen, aber Konfuzius schlug sich hier mit einem Problem herum, das in unserer Zeit eine gänzlich neue Disziplin hervorgebracht hat: die Semantik – die Untersuchung der Beziehungen zwischen dem Wort, dem Denken und der objektiven Wirklichkeit. Da alles menschliche Denken auf Worten beruht, kann das Denken sich nicht folgerichtig entwickeln, wenn die Worte schief sind. Wenn Konfuzius sagt, es gebe nichts Wichtigeres, als daß ein Vater ein Vater und ein Herrscher ein Herrscher sei, so bringt er damit zum Ausdruck, daß wir wissen müssen, was wir meinen, wenn wir diese Wörter verwenden. Aber, und das ist genauso wichtig, die Wörter müssen das Richtige meinen. Mit der Richtigstellung der Namen wird also eine normative Semantik gefordert – es soll eine Sprache geschaffen werden, deren zentrale Wörter genau die Bedeutung haben, die sie haben müssen, damit das Leben in geordneten Bahnen verlaufen kann.

Die Lehre von der Mitte war für Konfuzius so wichtig, daß ein Buch, das diesen Titel trägt, eine zentrale Rolle im Kanon der konfuzianischen Schriften einnimmt. Die zwei chinesischen Wörter für Mitte sind *Zhong yung*, was wörtlich ›Mitte‹ und ›beständig‹ bedeutet. Die Mitte ist daher der Weg, der ›beständig in der Mitte‹ zwischen undurchführbaren Extremen liegt. Mit seinem Leitprinzip des ›nichts im Übermaß‹

ist es am ehesten mit dem westlichen Prinzip der ›goldenen Mitte‹ des Aristoteles vergleichbar. Die Mitte bewahrt empfindsame Naturen vor Überdosierung und Maßlosigkeit und sorgt so dafür, daß jede Lasterhaftigkeit im Keim erstickt wird. »Dem Stolz«, ermahnt das *Buch vom Li,*[28] »sollte nicht zu sehr nachgegeben werden. Der Wille sollte nicht ganz befriedigt werden. Das Vergnügen sollte nicht zum Exzeß getrieben werden.« Achtung für die Mitte bringt Harmonie und Ausgeglichenheit. Sie fördert den Kompromiß und führt zur geziemenden Reserviertheit. Chinas Wertschätzung des rechten Maßes und das daraus folgende Mißtrauen gegenüber aller Übertreibung sowie die Hochachtung reiner Werte, »die die Mitte zwischen Begeisterung und Gleichgültigkeit halten«, hat das Land in der Regel, wenn auch nicht ausnahmslos, vor Fanatismus bewahrt.

Die Fünf Ständigen Beziehungen, die die tragende Grundlage des sozialen Lebens bilden, sind im System des Konfuzius die zwischen Eltern und Kind, Mann und Frau, älteren und jüngeren Geschwistern, älteren und jüngeren Freunden sowie Herrscher und Untertan.[29] Für eine gesunde Gesellschaft ist es wichtig, daß diese Grundbeziehungen stimmen. Keine von ihnen ist umkehrbar; das heißt, daß für beide Glieder jeweils unterschiedliche Reaktionsweisen angemessen sind. Eltern sollten liebevoll sein, Kinder ehrerbietig; ältere Geschwister milde, jüngere respektvoll; Ehemänner gütig, Ehefrauen aufmerksam; ältere Freunde taktvoll, jüngere achtungsvoll; Herrscher wohlwollend, Untertanen loyal. Konfuzius will im Grunde sagen, daß unsere Handlungen nie im luftleeren Raum geschehen. Jede Handlung betrifft andere Menschen. In diesen fünf Beziehungen haben wir einen Rahmen vor uns, innerhalb dessen wir unser Wesen optimal entwickeln können, ohne deshalb das Netz des Lebens zu zerstören, von dem unser Leben abhängt.

Die Tatsache, daß es bei drei der fünf Beziehungen um die Familie geht, zeigt, welchen hohen Rang Konfuzius dieser einräumte. Damit folgte er nur der chinesischen Auffassung, daß die Familie die Grundeinheit der Gesellschaft ist. Eine chinesische Legende bringt diese Überzeugung sehr anschaulich zum Ausdruck, indem sie dem Helden, der die Familie ›erfunden‹ hat, das Verdienst zuschreibt, die Chinesen von Tieren zu Menschen gemacht zu haben. Innerhalb der Familie spielt wiederum der Respekt der Kinder für ihre Eltern die wichtigste Rolle, was zu dem Begriff der ›kindlichen Ergebenheit‹ geführt hat. Wenn die Kinder nicht mehr verstehen, was den Eltern wichtig ist, so wurde es einmal formuliert, ist die Kultur in Gefahr. Das ist ganz konfuzianisch gedacht. »Die Pflicht der Kinder gegenüber ihren Eltern ist die Quelle aller Tugend.« Wie ein roter Faden ziehen sich Erzählungen über ihren Eltern ergebene Kinder durch das konfuzianische Schrifttum. Da finden sich abenteuerliche Geschichten wie die von einer Frau, die sich, als ihre alte Schwiegermutter mitten im Winter unbedingt Fisch essen wollte, kurzerhand mit entblößter Brust auf einen gefrorenen Teich legte, um das Eis zu schmelzen und die auftauchenden Fische zu fangen.

Diese Ehrfurcht für die Älteren machte nicht bei den Eltern halt: Sie verband sich mit dem Respekt, den Konfuzius dem Alter überhaupt entgegenbrachte. Hier kamen zwei Dinge zusammen. Vom rein utilitaristischen Standpunkt aus wäre es gut, wenn die Gesellschaft so beschaffen wäre, daß die Jungen (von einem gewissen Alter an) die Alten pflegen, weil auch sie über kurz oder lang alt werden und dann die Früchte ihrer Taten ernten können. Aber über diesen Nützlichkeitsstandpunkt hinaus war Konfuzius der Ansicht, die Jugend solle das Alter ehren, weil es diese Fürsorge aufgrund seines inneren Wertes verdient. Denn er glaubte, daß die durch lange Jahre gewürzte Erfahrung letzten Endes eine gereifte Weisheit und einen abgeklärten Geist mit sich bringt; in den wichtigsten Punkten sind die Alten uns voraus. Dieser Standpunkt unterscheidet sich so sehr von dem im Westen verbreiteten Kult der Jugendlichkeit, daß wir uns fast nicht vorstellen können, wie unser Lebensgefühl sein müßte, wenn wir uns mit jedem Jahr, das wir älter werden, etwas mehr auf die Hilfe und den Respekt der Jüngeren verlassen könnten. Sobald die Kindheit einmal vorüber wäre, würden wir jedes Jahr etwas öfter erleben, wie die jungen Leute vom Tisch aufspringen, um die Teekanne nachzufüllen, statt darauf zu warten, daß man sie bedient, und man würde uns mit immer mehr Aufmerksamkeit und Respekt zuhören. Drei von den Fünf Großen Beziehungen haben mit der Verehrung des Alters zu tun.

Mit der Richtigstellung der Namen, der Lehre von der Mitte, den Fünf Großen Beziehungen und dem Respekt für Alter und Familie haben wir die wichtigsten Elemente der ersten Bedeutung des *Li,* – Anstand, richtiges Verhalten – dargestellt. Die andere Bedeutung ist das Ritual, bei dem aus dem Rechten, im Sinne des richtigen Verhaltens, der Ritus wird. Oder, besser gesagt, die zweite Bedeutung fließt in die erste mit ein; denn wenn das rechte Verhalten mit konfuzianischer Ausführlichkeit geregelt wird, dann wird das ganze Leben zu einem sakralen Tanz stilisiert. Dann folgt das soziale Leben einer eigenen Choreographie, in der die Grundschritte genau festgelegt sind, so daß keine Notwendigkeit mehr besteht, zu improvisieren. Jede Handlung folgt einem bestimmten Muster, ob es sich nun darum handelt, wie der Kaiser dreimal im Jahr dem Himmel über die Art seiner Amtsführung Rechenschaft ablegt, oder wie die einfachsten Gäste zu Hause empfangen und mit Tee bewirtet werden sollten. Die Frau von Alfred North Whitehead berichtet von einem Vikar in Cambridge, der seine Predigt einmal mit den Worten beendete: »Und schließlich, Brüder und Schwestern, gibt es für alle, die sich zu benehmen wissen, im Leben keine Probleme.« In der Vorstellung vom *Li* hat uns Konfuzius seinen Entwurf für gutes Benehmen in allen Lebenslagen hinterlassen.

4. Te

Der vierte Schlüsselbegriff, den Konfuzius für seine Landsleute zu entwickeln suchte, war *Te*.

Wörtlich bedeutete das Wort ›Macht‹, insbesondere die Macht, die die Menschen regiert. Aber damit ist die Bedeutung erst sehr vorläufig umrissen. Was ist das für eine Macht? Wir haben gesehen, daß Konfuzius sich gegen die Behauptung der Realisten wandte, Herrschaft könne nur durch physische Gewalt wirksam ausgeübt werden. Der Lauf der Geschichte gab ihm recht durch das Beispiel der einzigen Dynastie, die sich in ihrer Politik auf die Prinzipien der Realisten stützte: die *Ts'in*-Dynastie. Diese erzielte ursprünglich frappierende Erfolge, schuf zum ersten Mal in der Geschichte ein geeintes China und gab diesem den Namen, den es heute noch trägt, denn aus ›Ts'in‹ wurde ›China‹. Aber schon nach weniger als einer Generation kam der Zusammenbruch – ein Beweis, wie recht Talleyrand hatte, als er sagte: »Man kann mit Bayonetten alles machen. Nur sitzen kann man nicht darauf.« Eine der bekanntesten Anekdoten über Konfuzius ist die, wie er am Berg T'ai an einer einsamen Stelle eine Frau wehklagen hörte: »Hier hat ein Tiger meinen Schwiegervater getötet, dann meinen Sohn, und auch ich werde das gleiche Geschick erleiden.« Konfuzius soll sie gefragt haben: »Warum bleibst du dann an diesem schrecklichen Ort?« Darauf antwortete die Frau: »Weil hier kein grausamer Herrscher ist, der mich unterdrückt.« Da sagte Konfuzius zu seinen Schülern: »Denkt immer daran, daß ein tyrannischer Herrscher grausamer ist als ein Tiger.«

Konfuzius war überzeugt, daß kein Staat alle seine Bürger dauernd in

Schach halten kann. Er muß sich darauf verlassen können, daß sie sich aus freien Stücken seinem Willen beugen, weil sie dem, was er tut, vertrauen. Wenn er feststellte, die drei Grundsäulen der Regierung seien wirtschaftliche Autarkie, militärische Souveränität und das Vertrauen der Bevölkerung, dann fügte er hinzu, das Vertrauen sei bei weitem das Wichtigste, denn »wenn das Volk der Regierung nicht vertraut, kann sie keinen Bestand haben.«

Diese spontane Zustimmung der Bürger stellt sich nur ein, wenn die Menschen spüren, daß ihre Führer ihrer Aufgabe gewachsen, dem Gemeinwohl aufrichtig ergeben und charakterlich so gefestigt sind, daß der nötige Respekt von selbst kommt. Das rechte *Te* ist daher die Kraft des moralischen Vorbilds. Letztlich sind es nicht Macht und Gesetz, die eine Gesellschaft gut machen, sondern das Beispiel von Menschen, die wir bewundern. Alles hängt vom Staatschef ab. Wenn er oder sie verschlagen ist oder sonst nichts taugt, gibt es für die Gesellschaft keine Hoffnung. Aber wenn der Führer ein wahrer »König der Zustimmung« ist, dessen Anordnungen einer ihm eigenen natürlichen Rechtschaffenheit entspringen, dann wird er ein Kabinett aus »unbestechlichen Verbündeten« um sich scharen. Ihre restlose Ergebenheit gegenüber dem Gemeinwohl wird ihrerseits das Gewissen der örtlichen Führer schärfen und von ihnen weiter nach unten auf die Masse der Bevölkerung übergehen. Damit dieser Vorgang ungehindert ablaufen kann, ist es allerdings erforderlich, daß die Herrscher von persönlichem Ehrgeiz frei sind. Das meint Konfuzius, wenn er sagt: »Nur der ist würdig zu herrschen, der es lieber nicht täte.«

Die folgenden Äußerungen fassen noch einmal zusammen, was Konfuzius unter *Te* versteht:

> Ein Mann, der seine Herrschaft auf seine Tugend *[Te]* gründet, ist dem nördlichen Polarstern vergleichbar, der fest an seinem Platz steht und nach dem alle Sterne sich ausrichten.
> Als der Baron von Lu ihn fragte, wie er herrschen solle, antwortete Konfuzius: »Herrschen heißt sich aufrecht halten. Wenn du, o Herr, das Volk aufrecht führst, welcher deiner Untertanen wird es dann wagen, aus der Reihe zu tanzen?«
> Als derselbe Herrscher ihn ein andermal fragte, ob Gesetzesbrecher hingerichtet werden sollten, erwiderte Konfuzius: »Wozu sollte die Todesstrafe beim Regieren gut sein? Wenn du selbst erkennen ließest, daß du ehrlich gewillt bist, gut zu sein, dann

wäre auch dein Volk gut. Die Tugend des Prinzen ist wie der Wind; die Tugend des Volkes wie Gras. Es ist die Art des Grases, sich zu neigen, wenn der Wind über es streicht.«

Richter Holmes sagte, er zahle gerne Steuern, weil sie ihm das Gefühl gäben, er kaufe damit Kultur. Wo eine solche positive Haltung lebt, da ist die Politik im Lot. Aber wie läßt sich diese Haltung erzeugen? Im Westen hätte Konfuzius in Plato einen Fürsprecher gefunden:

> So sage mir, Kritias, wie wird ein Mann den Herrscher wählen, der über ihn herrschen soll? Wird er nicht einen Mann wählen, der zunächst Ordnung in sich selbst geschaffen hat, da er weiß, daß jede Entscheidung, die aus Zorn oder Stolz oder Eitelkeit entspringt, sich in ihrer Wirkung auf die Bürger tausendfach vermehrt?

Konfuzius hätte auch Thomas Jefferson beigepflichtet, der glaubte, daß »die ganze Kunst der Regierung darin besteht, ehrlich zu sein«.

5. Wen

Mit dem Begriff des *Wen* kommt das Gedankengebäude des Konfuzius zum Abschluß. Dieser bezieht sich auf die ›Friedenskünste‹ im Unterschied zu den ›Kriegskünsten‹, auf Musik, Kunst, Dichtung, also auf den ästhetischen und geistigen Gehalt dessen, was Kultur ausmacht.

Konfuzius legte Wert auf die Künste. Einmal war er von einem Refrain so beeindruckt, daß er drei Monate lang dem Essen keinerlei Beachtung schenkte. Wer keinen Sinn für Kunst hatte, galt ihm nur als halber Mensch. Es ging ihm nicht um die Kunst um ihrer selbst willen. Ihn reizte die Tatsache, daß die Kunst die Macht besitzt, den menschlichen Charakter im Sinne größerer Tugend zu beeinflussen – ihre Fähigkeit, durch Veredelung des Herzens wie von selbst einen Respekt für andere zu erzeugen, der anders nur schwierig zu erreichen wäre.

> Die Lieder regen zum Denken an; sie helfen, richtig zu beobachten und zu beurteilen; sie tragen zur Freude an der Geselligkeit bei; der Bitterkeit im Herzen verleihen sie den geeigneten Ausdruck. Daheim helfen sie, dem Vater und, im weiteren Leben, dem Herrscher zu dienen. [30]

Der Begriff des *Wen* hat bei Konfuzius noch eine politische Komponente. Was führt bei den internationalen Beziehungen zum Erfolg?
Auch hier ist die Antwort der Realisten: physische Gewalt; diese Antwort hallt bis in unser Jahrhundert hinein wider, wenn Stalin auf die
Frage, wie wohl der Papst auf eine Unternehmung reagieren würde, die
er gegen Polen plante, mit der Gegenfrage reagierte: »Wie viele Batail-
lone hat er denn?« Die Haltung des Konfuzius ist von ganz anderem
Geist. Letztlich wird der Staat siegen, der über das höchste *Wen*, die am
höchsten entwickelte Kultur, gebietet – der die beste Kunst, die edelste
Philosophie, die großartigste Dichtung hat und der durch sein Beispiel
zeigt, daß »die Überlegenheit einer Gegend in ihrem moralischen
Charakter liegt.« Denn letztlich sind es diese Dinge, die überall die
spontane Bewunderung der Menschen hervorrufen. Die Gallier waren
wilde Krieger, und ihre Kultur war so grob, daß man sie als Barbaren
ansah; sobald sie aber mit der römischen Kultur in Berührung kamen,
war diese der ihren so offenbar überlegen, daß sie nach der Eroberung
durch Cäsar nicht ein einziges Mal versuchten, sich gegen die römische
Herrschaft zu erheben. Konfuzius hätte das nicht gewundert.

Das konfuzianische Projekt

Nehmen wir einmal an, die bewußte Tradition, die Konfuzius heraus-
bilden wollte, sei etabliert. Wie würde sich das Leben einem Chinesen
darstellen, der in diese Tradition eingebettet wäre?

Es würde ihn mit dem nie abgeschlossenen Projekt der Selbsterziehung locken, mit dem Ziel, im volleren Sinne Mensch zu werden. Der
gute Mann, die gute Frau, das ist nach den Vorstellungen des Konfuzius
ein Mensch, der ständig versucht, besser zu werden.

Das Projekt wird nicht im luftleeren Raum durchgeführt – hier geht
es nicht um den Rückzug eines *Yogi* in eine Berghöhle, der den Gott in
seinem Innern zu entdecken sucht. Ganz im Gegenteil; ein zur Selbsterziehung entschlossener Konfuzianer stellt sich mit beiden Beinen
genau an den Punkt, wo die ewig wechselnden, nie abreißenden Strömungen menschlicher Beziehungen zusammenlaufen, und er will es gar
nicht anders haben; weltabgeschiedene Frömmigkeit erschien Konfuzius sinnlos. Es geht nicht nur um die oberflächliche Tatsache, daß
menschliche Beziehungen befriedigend sind. Der Konfuzianismus behauptet darüber hinaus, daß es außerhalb der menschlichen Beziehun-

gen kein Individuum gibt. Das Individuum *ist* ein Bündel aus Beziehungen. Es entsteht durch die Interaktionen des einzelnen mit anderen und definiert sich durch die Summe seiner sozialen Rollen.

Dieser Begriff des Individuums unterscheidet sich so sehr von dem, was der Westen unter Individualismus versteht, daß wir ihn etwas genauer betrachten müssen. Konfuzius sah den Menschen als einen Knotenpunkt, nicht als eine Einheit; er ist ein Treffpunkt, an dem sich verschiedene Leben begegnen. Darin gleicht er der Seeanemone, die nicht viel mehr ist als ein Netz, das von Gezeiten und Strömungen durchflutet wird, und deren kaum wahrnehmbare eigene Substanz aus ihren Ablagerungen gebildet wird. Aber dieses Bild ist bei aller Stimmigkeit doch zu passiv; wir wollen statt von Wasserströmungen von Luftströmungen sprechen, die einen Adler im Flug angreifen. Denn während er von den Winden attackiert wird, nutzt der Adler diese aus, um durch den Neigungswinkel der Flügel seine Höhe zu regulieren. Ganz so ist auch unser Leben ständig in Bewegung, aber hier sind die menschlichen *Beziehungen* die Atmosphäre, die wir durchpflügen. Das konfuzianische Projekt besteht darin, die Kunst zu meistern, die Flügel so zu stellen, daß wir dem schwer faßbaren, aber doch erreichbaren Ziel menschlicher Vollkommenheit näherkommen.

Bei diesem Vergleich erweisen sich die Fünf Ständigen Beziehungen als relativ stabile Strömungen in einer atmosphärischen Umgebung, die ansonsten wilden Fluktuationen ausgesetzt sein kann. Wir haben gesehen, daß alle fünf Beziehungen insofern asymmetrisch sind, als ein Verhalten, das für die eine Person innerhalb eines Paares angemessen sein kann, sich nicht mit dem deckt, was für die andere Person angemessen ist. Diese Asymmetrie setzt eine Rollendifferenzierung voraus und gibt Hinweise darauf, wie diese genau geregelt werden könnte.

Die wesentliche Frage ist, ob die von Konfuzius anvisierte Regelung zu einem Gefälle in den Beziehungen führt, so daß eine Person in jedem Paar höher steht als die andere. In einer Weise ist das sicher der Fall. Es war für Konfuzius ganz selbstverständlich, daß Kinder zu ihren Eltern, Frauen zu ihren Männern, Untertanen zu ihren Herrschern und jüngere Freunde und Geschwister zu ihren älteren Partnern aufblicken, denn diese sind (schon weil sie im allgemeinen älter sind) erfahrener und liefern so ein ganz natürliches Rollenvorbild. Aber hier muß sorgfältig auf die richtige Flügelstellung geachtet werden, denn weicht man auch nur um Haaresbreite davon ab, so geht das konfuzianische Projekt in den Sturzflug über. Für den ›oberen‹ Partner jedes Paares ist die

Gefahr am größten, denn er kann leicht der Versuchung unterliegen zu meinen, seine Stellung bringe automatisch gewisse Vorrechte mit sich, während er sich in Wirklichkeit alles erst verdienen muß. Es läßt sich nicht leugnen, daß die Chinesen auf Grund menschlicher Schwäche dieser Versuchung bis zu einem gewissen Grade erlegen sind – woraus die Schattenseiten des konfuzianischen Plans zu erklären sind. Aber Konfuzius selbst hat sich bemüht, dem Mißbrauch zuvorkommen, indem er betonte, daß echte Autorität sich nicht automatisch einstellt. Die Loyalität, die eine Frau ihrem Mann schuldet, hängt davon ab, ob dieser eine solche Loyalität durch sein Wesen rechtfertigt oder instinktiv hervorruft. Entsprechendes gilt für die anderen vier Beziehungen. Natürlich gibt es Abstufungen im Grad der Loyalität. So kommt etwa dem Herrscher in der Beziehung zu seinen Untertanen das ›Himmelsmandat‹ – sein Recht auf die Loyalität seiner Untertanen – nur insofern zu, als das Wohlergehen der Menschen wirklich sein Hauptanliegen ist und er auch die Fähigkeit besitzt, dieses zu fördern. Mehr als zweitausend Jahre vor der Magna Charta und den Menschenrechten, lange bevor der Westen es schaffte, gottgegebenes Recht von der Funktion des Königs zu trennen, verankerten die Chinesen (durch Konfuzius und seine Schüler) das Recht auf Revolution fest in ihrer politischen Philosophie: »Der Himmel sieht, was das Volk sieht; der Himmel will, was das Volk will.« Das konfuzianische Projekt ist also weit davon entfernt, angesichts angemaßter Autorität blinden Gehorsam zu fordern. Es lehnt ihn als menschliche Schwäche ab.

Wir haben als Bild für das konfuzianische Projekt den Adler gewählt, der seine Flügel so der Atmosphäre anpaßt – die dabei für die Fünf Ständigen Beziehungen steht –, daß er in die Höhe steigen kann. Was ist mit diesem Anstieg gemeint? Wir haben die Antwort schon angedeutet. Es geht darum, durch unaufhörliches Wachstum an Sympathie und Empathie zu einem *Chun tzu*, einem voll verwirklichten Menschen zu werden. Das chinesische Zeichen für diese Sympathie/Empathie ist *Xin*. Piktographisch ist es eine stilisierte Wiedergabe des menschlichen Herzens, aber inhaltlich meint es Herz und Verstand; diese gehören im konfuzianischen Denken zusammen – werden sie auseinandergerissen, so trocknen die Gedanken aus, und das Gefühl nimmt überhand, so daß das konfuzianische Projekt auf Grund läuft. Das Wachstum dieser Xin genannten Einheit aus Herz und Verstand verläuft in konzentrischen Kreisen, die vom Individuum ihren Ausgang nehmen und nacheinander die Familie, die engere Gemeinschaft, die Nation und schließlich die ganze Menschheit einschließen. Indem wir das Zentrum unserer gefühlsmäßigen Anteilnahme von uns selbst auf die Familie verlagern, überwinden wir den Egoismus. Der Übergang von der Familie zur Nation bringt die Ausrottung der Vetternwirtschaft mit sich, und der Schritt zur ganzen Menschheit macht Schluß mit chauvinistischem Nationalismus. Diese Ausweitung in die Breite ist von einem Gang in die Tiefe begleitet; denn wenn wir oben sagten, das Individuum habe für Konfuzius aus der Summe seiner sozialen Rollen bestanden, so dürfen wir daraus nicht folgern, daß er ihm ein inneres subjektives Zentrum abgesprochen hätte. Er hat immer wieder zur Selbstprüfung und Introspektion aufgerufen und damit gezeigt, daß er ein inneres Zentrum nicht nur als existent betrachtet, sondern auch für wichtig gehalten hat. Das konfuzianische Lernen hat seinen Angelpunkt im Individuum und geschieht nur um des Individuums willen, auch wenn dieses gewiß mit fortschreitendem Wachstum die Trennung von den anderen zunehmend überwindet. In dem Maße, in dem die Empathie zunimmt, wird auch das innere Leben des Individuums reicher, denn die Konturen seiner Subjektivität werden von der Weite und Tiefe seines *Xin* bestimmt, wie dieses auch weitgehend die Themen liefert, über die das Individuum nachdenkt.

So greifen im konfuzianischen Denken Innen und Außen ineinander. Während *Jen* und *Xin* sich ausdehnen und die Möglichkeiten des *Li* zunehmend Gestalt annehmen, gewinnt die innere Welt an Tiefe, wird befriedigender und komplexer. Es ist nie ein einzelner, der sich auf das Projekt einläßt. Immer schwimmt er mit im Meer der Menschheit, Seite an Seite mit anderen, die wie er (mehr oder weniger ernsthaft) versuchen, vollgültige Menschen zu werden. Das Übungsfeld sind immer die Fünf Ständigen Beziehungen. Im Laufe des Trainings stellt man fest, daß, wenn man seine Rolle auf einem der fünf Gebiete meistert, damit auch ein Licht auf die übrigen fällt. Wer in die Rolle der Elternschaft hineinwächst, versteht auch besser, was es heißt, ein gutes Kind (seiner eigenen Eltern) zu sein. So ist es auch mit den anderen Rollen.

Ethisches System oder Religion?

Ist der Konfuzianismus eine Religion oder ein ethisches System? Durch die starke Betonung des persönlichen Verhaltens und der moralischen Ordnung unterscheidet sich die Art, wie der Konfuzianismus an das

Leben herangeht, sicher stark von anderen Religionen. Aber das bedeutet nicht unbedingt, daß er nicht zu den Religionen zu zählen sei. Wenn man Religion im weitesten Sinne als den Versuch versteht, das Leben von den letzten Fragen aus zu gestalten, dann gehört er dazu. Und selbst wenn man sie im engeren Sinne auffaßt als die Bemühung, die Menschheit mit ihrem transzendenten Seinsgrund in Einklang zu bringen, ist er eine Religion, wenn auch in anderer Gestalt, denn obgleich wir bisher nur von den sozialen Bestrebungen des Konfuzius gesprochen haben, machen diese, auch wenn sie entschieden im Mittelpunkt stehen, nicht das Ganze seiner Lehre aus.

Um den Konfuzianismus in seinem transzendentalen Aspekt richtig einordnen zu können, müssen wir ihn vor dem religiösen Hintergrund des alten China betrachten, in dem Konfuzius gelebt hat. Bis zum ersten Jahrtausend vor Christus war die unangefochtene Weltanschauung in China ein Konglomerat aus drei miteinander in Beziehung stehenden Elementen.

Erstens betrachtete man Himmel und Erde als eine ineinander übergehende Einheit. Man meinte damit nicht primär einen Ort, sondern die Menschen, die an diesem Ort wohnten, so wie man, wenn man vom Bundestag spricht, die Menschen meint, die darin sitzen. Die Menschen, aus denen der Himmel gebildet wurde, waren die Ahnen *(Ti)*, über die ein Höchster Ahnherr *(Shang Ti)* herrschte. Sie waren die Vorväter, die vorausgegangen waren und denen die gegenwärtigen Erdbewohner schon bald nachfolgen würden – das Ganze war eine ununterbrochene Prozession, in welcher der Tod nichts weiter bedeutete als das Fortschreiten zu einem ehrenvolleren Stand. Die beiden Reiche schlossen sich in engem Kontakt gegenseitig ein. Der Himmel hatte die Oberhoheit über das Wohlergehen der Erde – das Wetter war zum Beispiel eine »Himmelslaune« –, während er andererseits darauf angewiesen war, daß die momentanen Erdbewohner einige seiner Bedürfnisse durch Opfergaben befriedigten. Gewiß war der Himmel weitaus der wichtigere der beiden Bereiche. Seine Bewohner waren verehrungswürdiger, erhabener und mächtiger. Infolgedessen waren sie der Gegenstand der pflichtschuldigen Verehrung, der Träume und Wünsche der Erdbewohner.

Da sie aufeinander angewiesen waren, mußten Himmel und Erde – wenn schon nicht aus Liebe, so doch aus Notwendigkeit – miteinander kommunizieren. Die konkreteste Art, wie die Erde mit dem Himmel in Verbindung treten konnte, war das Opfer. Die Bewohner der Erde erachteten es als natürlich und weise, ihre Güter mit ihren verstorbenen Ahnen zu teilen, und die Essenz dieser irdischen Güter wurde mit dem aufsteigenden Rauch des Opferfeuers gen Himmel getragen. Ein Erdwall für solche Rauchopfer war der Mittelpunkt jedes alten Dorfes. Als die chinesische Nation entstand, festigte ihr Herrscher, der Sohn des Himmels, sein Recht auf diesen stolzen Titel, indem er die Opfer des Volkes an seine Ahnen überwachte. Noch zur Zeit des Konfuzius galt eine Regierung, die den Ahnenkult vernachlässigte, als unwürdig, ihr Amt länger auszuüben.

Während das Opfer das wichtigste Medium war, durch das die Erde sich dem Himmel mitteilte, war das Orakel der Kanal, durch den der Himmel antwortete. Da die Ahnen die ganze Vergangenheit ihres Volkes kannten, konnten sie seine Zukunft vorausberechnen. Durch Orakel konnte die lebende Generation dieses Wissen anzapfen. Da die Ahnen ihren Nachkommen wohlgesonnen waren, war es ihnen ein natürliches Bedürfnis, ihr Wissen über zukünftige Ereignisse mit ihnen zu teilen. Da sie aber selbst nicht mehr sprechen konnten, mußten sie sich bestimmter Zeichen bedienen. Daraus folgte, daß alles, was auf der Erde geschah, sich in zwei Klassen einteilen ließ. Die Dinge, die die Menschen für gewöhnlich taten, waren nichts Besonderes. Aber auf die Dinge, die »von selbst geschahen« – ein Ausdruck, den wir nicht ohne einen gewissen Schauder lesen sollten –, mußte besonders sorgfältig geachtet werden. Sie waren ominös, denn man konnte nie wissen, ob sie nicht den Versuch der Ahnen anzeigten, die Aufmerksamkeit zu erregen und vor einer unmittelbar drohenden Gefahr zu warnen. Manche dieser Omina äußerten sich in körperlichen Reflexen wie Jucken, Niesen, Zucken, Stolpern, Ohrensausen, Zittern der Augenlider. Andere zeigten sich in der Außenwelt: in Donner und Blitz, im Lauf der Sterne, im Verhalten der Insekten, der Vögel oder anderer Tiere. Die Menschen konnten sich auch von sich aus an den Himmel wenden, um sich sein Vorauswissen zunutze zu machen. Sie konnten Schafgarbenstengel werfen und anschließend ihr Muster deuten; sie konnten ein heißes Eisen in einen Schildkrötenpanzer pressen und die dabei entstehenden Risse untersuchen. Bei allen möglichen Gelegenheiten – ob Reise oder Krieg, Geburt oder Eheschließung – war es ratsam, den Rat des Himmels einzuholen. ln einem alten Bericht lesen wir von einem Besucher, der die Aufforderung seines Gastgebers, doch noch den Abend bei ihm zu verbringen, mit den Worten beantwortete: »Über den Tag habe ich das Orakel befragt, über den Abend nicht. Ich kann es nicht wagen.«

In jedem dieser großen Bereiche der alten chinesischen Religion – in dem Bewußtsein der Kontinuität des Lebens von den Ahnen her, dem Opferwesen, dem Orakel – finden wir ein gemeinsames Element: Immer war der Himmel wichtiger als die Erde. Wenn wir den Konfuzianismus als Religion in seinem ganzen Ausmaß verstehen wollen, müssen wir uns klarmachen, daß er die Aufmerksamkeit des Volkes vom Himmel auf die Erde lenkte, ohne daß der Himmel dabei ganz aus dem Blickfeld verschwunden wäre.

Der erste dieser beiden Aspekte läßt sich leicht belegen. Eine zu seiner Zeit vieldiskutierte Frage – wessen Ansprüche wichtiger seien, die der Menschen oder die durch Opfer zu befriedigenden Ansprüche der Geisterwelt – beantwortete Konfuzius in dem Sinne, daß man die Geister zwar nicht vernachlässigen dürfe, daß aber die Menschen zuerst kämen. Hier zeigten sich schon die weltliche Gesinnung und Praxisbezogenheit, welche die Chinesen später einmal auszeichnen sollten, und Konfuzius hat viel zu dieser Entwicklung beigetragen.

»Ich sage nicht, daß das Soziale das Ganze *ist*,« schrieb John Dewey, »aber ich behaupte entschieden, daß es die bedeutendste und reichste Manifestation des Ganzen ist, die wir beobachten können.« Konfuzius hätte dem zugestimmt. Seine Philosophie war eine Mischung aus gesundem Menschenverstand und praktischer Weisheit. In ihr suchen wir vergeblich nach den Tiefen metaphysischen Denkens, nach Höhenflügen der Spekulation und herzergreifenden Appellen an ein kosmisches Erbarmen. Normalerweise »sprach er nicht von Geistern«. »Was man weiß, als Wissen gelten lassen, was man nicht weiß, als Nichtwissen gelten lassen: das ist Wissen«, sagte er.[31] »Achte darauf, möglichst viel zu hören; was zweifelhaft dir scheint, das laß beiseite; was dir vertraut, darüber sprich, jedoch mit Vorsicht.«[32] Und so lenkte Konfuzius immer, wenn man ihn über Angelegenheiten der anderen Welt befragte, die Aufmerksamkeit auf die Menschen zurück. »Wenn man noch nicht einmal lebenden Menschen dienen kann, wie soll man dann den Geistern der Abgeschiedenen dienen können?«[33] Und selbst auf die Frage nach dem Tod gab er zur Antwort: »Wenn man noch nicht einmal das Leben versteht, was kann man dann schon vom Tod wissen?«[34] Mit einem Wort: immer nur eine Welt auf einmal.

Wie Konfuzius den Schwerpunkt vom Himmel auf die Erde verlagerte, zeigt sich besonders deutlich daran, daß er die kindliche Ehrfurcht vor den Eltern für wichtiger hielt als die Verehrung der Ahnen. Im alten China waren die Ahnen regelrecht als Götter verehrt worden.

Seiner angeborenen konservativen Neigung folgend, tat Konfuzius nichts, um dem Ahnenkult als solchem ein Ende zu setzen. Er bestritt nicht, daß die Geister der Toten weiterlebten; im Gegenteil riet er, man solle sie behandeln, »als seien sie gegenwärtig.« Gleichzeitig richtete sich sein Augenmerk aber auf die lebende Familie. Er betonte, daß das heiligste Band dasjenige zwischen Blutsverwandten sei. Für ihn waren die Verpflichtungen der augenblicklichen Familienmitglieder füreinander wichtiger als ihre Pflichten den Verstorbenen gegenüber.

Das Ausmaß, in dem Konfuzius die Betonung vom Himmel auf die Erde verlagerte, sollte uns nicht verleiten zu glauben, er habe die Erde vollständig vom Himmel trennen wollen. Er wandte sich nicht gegen die Grundzüge der Weltanschauung seiner Zeit: Himmel und Erde, das göttliche Schöpferpaar, halb körperlich und halb ›überkörperlich‹, beherrscht von dem Höchsten, Shang Ti. Gewiß, er war dem Übernatürlichen gegenüber zurückhaltend eingestellt, aber es war ihm nicht unbekannt; irgendwo gab es im Universum eine Macht, die auf der Seite des Rechts stand. Die Ausbreitung der Rechtschaffenheit war daher eine kosmische Pflicht, und ›der Wille des Himmels‹ war das erste, was ein *Chun tzu* respektieren würde.

Konfuzius fühlte sich zur Verbreitung seiner Lehre berufen. Als er während des ›langen Marsches‹ in der Stadt Kuang angegriffen wurde, beruhigte er seine Anhänger mit den Worten: »Sind die Prinzipien von Sitte und Ordnung ... nicht mir anvertraut? Wollte der Himmel, daß sie untergehen, dann wären sie mir nicht anvertraut worden. Will der Himmel das aber nicht, was können mir da die Leute von Kuang anhaben?«[35] Das Bewußtsein, der Unterstützung durch den Himmel sicher zu sein, tröstete ihn auch, wenn er sich von seinem Volk unverstanden fühlte. Eine der meistzitierten religiösen Aussagen aller Zeiten stammt von Konfuzius: »Wer gegen den Willen des Himmels verstößt, hat niemanden, zu dem er beten kann.«[36]

Dieser leicht abgeschwächte Theismus erklärt, weshalb ein zeitgenössischer Konfuzius-Forscher schreiben kann, »die Einheit von Mensch und Himmel« sei »das höchste konfuzianische Ideal«, und dieses werde in der *Lehre von der Mitte* beschrieben als »die Bildung einer Trinität mit Himmel und Erde durch den Menschen.«[37]

Wir können uns nun den weiteren Schritten des konfuzianischen Projekts zuwenden. Wer im vollen Sinne des Wortes Mensch werden will, muß nacheinander die Bindung an das Ego ebenso überwinden wie die an die Familie, den engeren Umkreis der Gemeinde, das Volk, die

Nation und (wie wir jetzt hinzufügen sollten) die ausschließliche, selbstzufriedene Bindung an die menschliche Rasse. Der eben zitierte Konfuzius-Forscher schreibt:

> Um zu würdigen Partnern des Himmels zu werden, müssen wir ständig mit jener stillen Erleuchtung in Verbindung sein, die die Rechtschaffenheit und die Prinzipientreue in unserem Herz-Verstand strahlend hervorscheinen läßt. Wenn wir die Beschränkungen unserer eigenen Spezies nicht überwinden können, werden wir über einen exklusiven, diesseitigen Humanismus nicht hinauskommen, der den Menschen für das Maß aller Dinge hält. Der Humanismus des Konfuzius ist dagegen inklusiv; er gründet sich auf eine ›anthropokosmische‹ Vision. Die Menschheit, in ihrer allumfassenden Fülle verstanden, »bildet mit dem Himmel, der Erde und den zahllosen Dingen einen Körper« und gestattet uns, den Kosmos in unser Empfinden mit einzuschließen. [38]

Die Wirkung auf China

In seinem Buch *The Next Million Years* stellt Charles Galton Darwin fest, daß jedem, der einen spürbaren Einfluß auf die menschliche Geschichte ausüben will, dafür drei Ebenen für mögliche Handlungen offenstehen. Er kann sich für direktes politisches Handeln entscheiden, kann eine Weltanschauung begründen oder versuchen, die genetische Struktur der menschlichen Spezies zu verändern. Die erste Methode ist die schwächste, weil die Auswirkungen politischen Handelns ihren Urheber selten überdauern. Die dritte ist undurchführbar, denn selbst wenn wir über das nötige Wissen und die entsprechende Technik verfügten, wäre eine auf genetische Veränderungen abzielende Politik selbst für kurze Zeit schwer durchzusetzen und würde sicher wieder fallengelassen, bevor irgendwelche nennenswerten Wirkungen erzielt wären. »Daher«, folgert Darwin, »bietet die Weltanschauung dem Menschen die besten praktischen Aussichten, sein zukünftiges Geschick wirklich zu steuern.« [39]

Die Geschichte kennt keinen eindeutigeren Beweis für diese Behauptung als das Wirken des Konfuzius. Mehr als zweitausend Jahre lang haben seine Lehren ein Viertel der Bevölkerung unseres Planeten geprägt. Ihr Vormarsch liest sich wie eine Erfolgsstory, denn die äußerlich wenig spektakuläre Karriere des Konfuzius hat schließlich zu dem unglaublichen Ergebnis geführt, daß eine Schule von Gelehrten ins Leben trat, die zur herrschenden Elite Chinas wurde, während Konfuzius selbst schließlich als die wichtigste Figur der Geschichte Chinas dastand. Im Jahre 130 vor Christus wurden die konfuzianischen Texte zur Grundlage der Ausbildung der Regierungsbeamten gemacht, und diese Praxis wurde – mit einer Unterbrechung während der Zeit der politischen Zersplitterung von 200–600 nach Christus – bis zum Zusammenbruch des Reiches im Jahre 1905 beibehalten. In der gleichen Han-Dynastie wurde der Konfuzianismus de facto zur chinesischen Staatsreligion; im Jahre 59 nach Christus wurde angeordnet, daß Konfuzius in allen städtischen Schulen Opfer darzubringen seien, und im siebten und achten Jahrhundert wurden in jeder Präfektur des Reiches Tempel errichtet, in denen er und seine wichtigsten Schüler verehrt wurden. Chinas berühmte Prüfungen zur Aufnahme in den Staatsdienst, die eine Demokratisierung der öffentlichen Ämter bewirkten, auf die der Rest der Welt noch Jahrhunderte würde warten müssen, beruhten auf dem Geist der Lehre des Konfuzius. Die Sung-Dynastie (spätes zehntes bis spätes dreizehntes Jahrhundert) hat dieses System noch verbessert, und es blieb bis zum Anfang unseres Jahrhunderts in Kraft.

Darwin geht über seine allgemeine Aussage zur Bedeutung der ›Weltanschauung‹ noch hinaus, wenn er sagt, daß »die chinesische Kultur [für deren Ausformung die konfuzianische Weltanschauung so viel getan hat] mehr als irgendeine andere Kultur auf der Welt als Modell akzeptiert werden sollte.« So weit wollen wir nicht gehen. Da es für eine Rangordnung der Kulturen keine verbindlichen qualitativen Maßstäbe gibt, beschränken wir uns auf quantitative Aussagen, bei denen Zahlen ein objektives Bild ergeben. Anders als Europa oder selbst Indien ist China nicht auseinandergebrochen, sondern hat eine politische Struktur geschaffen, die auf dem Höhepunkt ihrer Ausdehnung ein Drittel der menschlichen Rasse umfaßte. Das Reich Chinas dauerte unter wechselnden Dynastien über zweitausend Jahre fort, eine Zeitspanne, gegenüber der sich die Reiche eines Alexander, Cäsar oder Napoleon höchst vergänglich ausnehmen. Wenn wir die Anzahl der Jahre, die dieses Reich bestanden hat, mit seiner durchschnittlichen Einwohnerzahl multiplizieren, dann zeigt sich, daß wir es hier mit der eindruckvollsten sozialen Einrichtung zu tun haben, die von Menschen je geschaffen wurde.

Was Konfuzius zu dieser Einrichtung beigetragen hat, ist nicht leicht zu sagen, weil die konfuzianischen Werte im Lauf der Zeit mit den allgemeinen Werten des chinesischen Volkes zu einer untrennbaren Einheit verschmolzen sind. Wir wollen hier daher nur einige Züge des chinesischen Charakters anmerken, die Konfuzius und seine Schüler gefördert haben, wo ihnen nicht sogar direkt ihre Entstehung zu verdanken ist. Die Charakteristika, auf die wir eingehen wollen, erstrecken sich so ziemlich auf ganz Ostasien, denn Japan, Korea und weite Teile Südostasiens haben die konfuzianische Ethik übernommen.

Wir können mit der in Ostasien deutlich ausgeprägten sozialen Komponente beginnen, an deren Festigung Konfuzius mitgewirkt hat. So gut wie alle Sinologen haben diese Betonung des sozialen Bereiches kommentiert. Hier mögen zwei Aussagen genügen. »Alle chinesische Philosophie ist vor allem Sozialphilosophie«, hat Etienne Balazs bemerkt, und Wing-tsit Chan stimmt dem bei: »Die chinesischen Philosophen haben sich vor allem mit ethischen, sozialen und politischen Fragen beschäftigt.« Um einen unmittelbaren Eindruck davon zu geben, wie diese Betonung des Sozialen sich in der Praxis auswirkt, mag es genügen, darauf hinzuweisen, daß China, obwohl es so groß ist wie die Vereinigten Staaten, nur eine Zeitzone kennt. Die Chinesen finden es offenbar wichtiger, untereinander synchronisiert zu sein, als ihre Uhren einer unpersönlichen Natur anzupassen.

Das ist zwar nur ein kleiner Punkt, aber kleine Zeichen können Ausdruck tiefliegender Geisteshaltungen sein, und bedeutendere Beweise sind nicht schwer zu finden. Die Betonung des Sozialen durch Konfuzius hat bei den Chinesen zu einer auffälligen sozialen Effektivität geführt – der Fähigkeit, im Bedarfsfalle großartige Leistungen zu erbringen. Die Historiker haben darüber spekuliert, daß die Betonung des Sozialen ihren Ausgang von der schon früh auftauchenden Notwendigkeit genommen haben könnte, einerseits massive Bewässerungsprojekte auf die Beine zu stellen, andererseits aber gigantische Deiche zu errichten, die die unberechenbaren Flüsse eindämmen sollten; wir dürfen zudem nicht übersehen, daß eine solche soziale Effektivität auch mißbraucht werden kann: China hat oft mit Despotismus zu kämpfen gehabt. Jedenfalls scheint die Effektivität im Guten oder Bösen eine Tatsache zu sein. Angesichts des Bevölkerungsproblems im ersten Viertel dieses Jahrhunderts ist es China gelungen, die Geburtenrate in einer einzigen Dekade auf die Hälfte zu senken. Und in den dreißig Jahren zwischen 1949 und 1979 hat es ein Viertel der Weltbevölkerung –

vielleicht für alle Zeiten – vor Hungersnot, Flutkatastrophen und Epidemien gerettet. Das ist, wie der *Scientific American* geschrieben hat, »ein großes historisches Ereignis.«[40]

In direktem Zusammenhang mit dem Thema dieses Buches steht die unter den Weltkulturen einmalige Art, wie China seine Religionen miteinander verschmolzen hat. In Indien und im Westen schließen die Religionen, sofern sie nicht direkt im Wettbewerb stehen, einander zumindest aus – man kann sich nicht vorstellen, daß jemand gleichzeitig Christ, Moslem und Jude oder selbst Buddhist und Hindu sein könnte. China hat zu einer anderen Lösung gefunden. Traditionell war jeder Chinese in Ethik und öffentlichem Leben Konfuzianist, in Privatleben und Hygiene Taoist und zum Zeitpunkt des Todes Buddhist, und zwischendurch kam noch hin und wieder ein gesunder Schuß schamanistische Volksreligion dazu. Wie man es einmal ausgedrückt hat: Jeder Chinese trägt einen konfuzianischen Hut, taoistische Gewänder und buddhistische Sandalen. In Japan wird diese Mischung noch durch den Shintoismus ergänzt.

Die Bedeutung der Familie in China – Gegenstand von drei der Fünf Ständigen Beziehungen des Konfuzius – braucht kaum erläutert zu werden. Manche Sinologen argumentieren, daß die Familie, wenn man den Ahnenkult und die kindliche Ergebenheit den Eltern gegenüber hinzurechnet, die eigentliche Religion des chinesischen Volkes sei. Der Familienname steht in China an erster Stelle; erst danach folgen die Vornamen. Die chinesische Großfamilie hat bis weit ins zwanzigste Jahrhundert hinein überlebt, wie der folgende Bericht bezeugt: »Eine einzelne Familie kann acht Generationen umfassen; dazu gehören Brüder, Onkel, Großonkel, Söhne, Neffen und die Söhne der Neffen. Bis zu dreißig männliche Verwandte mit ihren Nachkommen, jeder mit seinen Vorfahren und Nachkommen bis hin zu Großeltern und Enkeln, können an einem einzigen gemeinsamen Wohnsitz zusammenleben und doch als eine einzige Familie gelten.«[41] Entsprechend komplex ist der chinesische Wortschatz zur Bezeichnung von Verwandtschaftsverhältnissen. Ein einziges Wort für Bruder wäre zu schwerfällig; es müssen schon zwei Wörter sein, die ausdrücken, ob der Bruder älter oder jünger ist als der Sprecher. Ebenso ist es bei der Schwester, bei Onkel, Tante und Großeltern, wo man verschiedene Wörter verwendet, um klarzumachen, ob es sich um Verwandte des Vaters oder der Mutter handelt. Insgesamt gibt es in der chinesischen Großfamilie Bezeichnungen für über einhundertfünfzehn verschiedene Verwandtschaftsgrade.[42] Starke Familienbande können erstickend wirken, aber sie haben auch ihre Vorzüge, und diese kommen den Ostasiaten bis heute zugute. Man denke an die niedrige Kriminalitätsrate in den Ursprungsländern – die Einbruchsrate in Japan beträgt ein Prozent von der in den Vereinigten Staaten – und an den eindrucksvollen Einwandererrekord von Ostasiaten in andere Länder; ihre Kriminalitätsrate ist niedrig, Leistung und Aufstiegsmobilität dagegen hoch. Gewöhnlich springen Verwandte ein, um die Erziehung selbst entfernter Angehöriger zu fördern.

Die Richtung nach oben hin zu dem älteren Partner in drei der Fünf Ständigen Beziehungen des Konfuzius hat dazu beigetragen, daß in Ostasien die Achtung vor dem Alter zu einer Haltung wurde, die an Verehrung grenzt. Wenn jemand im Westen zugibt, daß er fünfzig ist, bekommt er wahrscheinlich zu hören, er sehe keinen Tag älter aus als vierzig. Im traditionellen China hätte die Höflichkeit eher eine Antwort diktiert wie: »Sie sehen aber schon aus wie sechzig.« Ein älterer Japanbesucher wurde Mitte der achtziger Jahre von einem Japaner gefragt, wie weise er sei. Der Japaner merkte an der Verwirrung, die seine Frage auslöste, daß er einen Fehler gemacht hatte. Er entschuldigte sich für sein fehlerhaftes Englisch und erklärte, er habe fragen wollen, wie alt sein Freund sei. Wenn wir das mit der westlichen Haltung dem Alter gegenüber vergleichen – »Mit vierzig ist man über den Berg, und wenn man über den Berg ist, wird man schneller« –, dann könnte der Kontrast nicht größer sein. Angesichts der Unvermeidlichkeit des körperlichen Verfalls hat China soziale Strukturen geschaffen, die den Geist fit halten. Mit jedem Jahr, das verging, konnte man damit rechnen, von Verwandten und Bekannten mehr umsorgt, beachtet und respektiert zu werden.

Konfuzius' Lehre von der Mitte lebt bis heute in der chinesischen Vorliebe für Verhandlungen, Vermittlung und den ›Mittelsmann‹ fort, während woanders rigide, unpersönliche Vorschriften herrschen. Bis vor kurzem galt es als Schande, in einen Rechtsstreit verwickelt zu sein; es war ein Eingeständnis der Unfähigkeit, zu einer Kompromißlösung zu kommen, die gewöhnlich die Mitwirkung der Familie und von Bekannten impliziert. Für China haben wir keine Zahlen, aber in Japan gab es Mitte der achtziger Jahre, auf die Gesamtbevölkerung umgerechnet, einen Anwalt gegenüber vierundzwanzig in den Vereinigten Staaten. Das Thema der Verhandlung hängt mit der typisch orientalischen Vorstellung der ›Wahrung des Gesichts‹ zusammen, denn in einer juristischen Angelegenheit, bei der es ja ums Gewinnen oder Verlieren geht, verliert die Partei, die den Prozeß verliert, auch ihr Gesicht. Das ist eine ernste Angelegenheit, denn wenn man eng mit seinen Bekannten zusammenleben muß, kann es auf die Dauer nicht gut sein, sie psychologisch zu vernichten.

Und dann ist da noch *Wen:* Konfuzius' Überzeugung, daß Gelehrsamkeit und Kunst nicht nur Tünche sind, sondern die Macht haben, die Gesellschaft und das menschliche Herz zu verwandeln. In diesem Punkt hat China seine Überzeugung in die Praxis umgesetzt: Es hat den ›Gelehrten Bürokraten‹ an die Spitze der sozialen Skala gestellt und den Soldaten auf den niedrigsten Rang verwiesen. Man fragt sich, ob es außer in Tibet und während der wenigen frühen Jahre des Islam noch irgendwo sonst einen Versuch gegeben hat, Platos Ideal vom Philosophen-König zu verwirklichen. Es war nur ein Versuch, und doch hat er hie und da Früchte getragen. Es hat in China goldene Zeiten gegeben, in denen die Künste so blühten wie nirgendwo sonst und die Gelehrsamkeit sich zu einsamen Höhen aufschwang: Man denkt sofort an die Kalligraphie, an die Sung-Landschaftsmalerei und den lebenspendenden Tanz des T'ai-chi-ch'uan, an die Erfindung des Papiers und an die Entdeckung des Drucks mit beweglichen Lettern vierhundert Jahre vor Gutenberg. Im fünfzehnten Jahrhundert erreichte eine Enzyklopädie, die Summe der Arbeit von zweitausend Gelehrten, den Umfang von 11095 Bänden. Es entstanden großartige Dichtungen, herrliche Rollenmalerei und Keramik, die »aufgrund der Feinheit des Materials und der Dekoration und aufgrund der Eleganz der Formen als die beste Keramik aller Länder und aller Zeiten gelten darf.«[43]

Hand in Hand mit der konfuzianischen Lebenskunst brachten diese Produkte des *Wen* eine Kultur mit einem ganz eigenen Flair hervor. In ihrer Mischung aus Subtilität, Brillanz und zurückhaltendem Geschmack schenkte sie den Chinesen eine Assimilationsfähigkeit, die zu ihren besten Zeiten konkurrenzlos war. Da China von allen großen Kulturen die offensten Grenzen hatte, erlebte es Welle um Welle die Einfälle berittener Barbarenhorden, die immer bereit waren, über die erdgebundenen Ackerbauer herzufallen. An ihre Tore klopften die Tataren, die mit einem von weither angesetzten Raubzug dem Römischen Reich eine tödliche Wunde schlugen. Aber was die Chinesen nicht abwehren konnten, das absorbierten sie. Jede neue Welle von Eroberern verlor durch freiwillige Assimilation bald ihre Identität; sie bewunderten das, was sie vorfanden. So unterliegt manch ein unkultivierter

Eindringling, der nur zum Plündern gekommen war. Innerhalb weniger Jahre zielt sein ganzer Ehrgeiz darauf ab, eine Abschrift von einem chinesischen Gedicht zustande zu bringen, die sein Lehrer, der gleichzeitig sein erbeuteter Sklave ist, als eines Edelmanns nicht ganz unwürdig anerkennen könnte, und träumt davon, eines Tages für einen Chinesen gehalten zu werden. Das schlagendste Beispiel hierfür ist Kublai Khan. Er eroberte China, wurde aber selbst von der chinesischen Kultur erobert, denn sein Sieg ermöglichte ihm die Verwirklichung seines anhaltenden Wunsches, ein echter Sohn des Himmels zu werden.

Der Zauber hielt nicht an. Im fünfzehnten Jahrhundert war die chinesische Kultur noch in der ganzen Welt unangefochten, aber bald begann sie zu stagnieren, und die letzten beiden Jahrhunderte kann man nicht mitrechnen, weil der Westen mit seiner überlegenen Militärtechnik China sein Geschick aus den Händen gerissen hat. Nach den Spuren des Konfuzianismus zu suchen, ist wenig sinnvoll angesichts eines vom Westen angezettelten Krieges, der den Chinesen das Opium und die Einteilung des Landes in europäische Einflußsphären beschert hat. Selbst noch die Übernahme des Marxismus im zwanzigsten Jahrhundert muß als ein Verzweiflungsakt angesehen werden, der mit der Absicht verbunden war, die verlorene Autonomie zurückzugewinnen.

Den anhaltenden konstruktiven Einfluß des Konfuzianismus dürfen wir nicht in der chinesischen Politik des zwanzigsten Jahrhunderts suchen; wir finden ihn hingegen im ostasiatischen Wirtschaftswunder der letzten vierzig Jahre. Japan, Korea, Taiwan und Singapur, die alle durch die konfuzianische Ethik geprägt sind, stellen zusammengenommen das dynamische Zentrum des wirtschaftlichen Wachstums im späten zwanzigsten Jahrhaundert dar. Sie zeigen auf eindrucksvolle Weise, wozu es führen kann, wenn die wissenschaftliche Technologie sich mit dem verbindet, was wir als die soziale Technologie der ostasiatischen Völker bezeichnen könnten. Eine einfache Statistik sowie der Bericht eines Reporters über eine alltägliche Szene lassen uns ahnen, welche Kräfte hinter dieser sozialen Technologie stehen. Im Jahre 1982 haben die japanischen Arbeitnehmer im Durchschnitt nur 5,1 von den ihnen zustehenden 12 Urlaubstagen in Anspruch genommen, denn (wie sie es selbst begründen) »längere Ferien hätten die Kollegen belastet.«[44] Und der Reporter berichtet:

> An einem Tag im Frühling. Sechs Uhr morgens. Vor dem Hauptbahnhof in Kioto stehen sechs Männer im Kreis und

singen. Sie tragen weiße Hemden, schwarze Krawatten, schwarze Hosen und gut gewienerte schwarze Schuhe. Einer von ihnen liest ein Gelöbnis vor, in dem sie sich alle verpflichten, ihren Kunden, ihrer Firma, der Stadt Kioto, Japan und der Welt zu dienen. Es sind Taxifahrer, die ihren Arbeitstag wie jeden Tag beginnen.[45]

Der folgende Bericht hat nichts mit dem Thema der Produktivität zu tun, aber er illustriert die Höflichkeit, für die die Orientalen berühmt sind. »Im Tohuwabohu des für Kioto typischen Verkehrs stoßen zwei Autos mit den Stoßstangen aneinander. Beide Fahrer springen aus dem Wagen. Sie verneigen sich und entschuldigen sich wortreich für ihre Nachlässigkeit.«

So gibt es wohl noch hie und da einen Nachhall konfuzianischen Geistes. Aber man fragt sich, ob es nicht die letzten verklingenden Töne sind. Was für eine Zukunft hat diese Religion in einer immer stärker verwestlichten Welt?

Niemand kennt die Antwort. Es mag sein, daß wir uns mit einer sterbenden Religion beschäftigt haben. Dann wäre es angebracht, dieses Kapitel mit den Worten zu beenden, die Konfuzius auf sich selbst gemünzt hat, als sein Blick auf dem Totenbett zum letzten Mal auf der majestätischen Kuppel des T'ai Shan, Chinas heiligem Berg, ruhte:

> Der Heilige Berg fällt,
> Der Strahl bricht.
> Der weise Mann schwindet dahin.

Andererseits neigen Propheten dazu, die Politiker zu überleben. So wie Gandhi Nehru überlebt hat, so könnte Konfuzius Mao Tse-tung überleben.

1 Vgl. Kungfutse, *Gespräche. Lun Yü* (München: Diederichs, 1990), VII, 1.
2 Konfuzius, *Gespräche des Meisters Kung (Lun Yü)* (München: Deutscher Taschenbuch Verlag, ⁴1985), II,4.
3 Konfuzius, *Gespräche des Meisters Kung (Lun Yü)* (München: Deutscher Taschenbuch Verlag, ⁴1985), II,4.

4 *The Doctrin of the Mean*, Kapitel 13. Eine ähnliche Aussage findet sich in den *Gesprächen*, XIV, 28.
5 Konfuzius, *Gespräche des Meisters Kung (Lun Yü)* (München: Deutscher Taschenbuch Verlag, ⁴1985), VII, 33.
6 *Lun Yü*, passim.
7 Richter 17, 6.
8 Nach Ruth Benedict.
9 Arthur Waley, *The Way and Its Power*, 1934. Reprint. (London: Allen & Unwin, 1958), S. 32.
10 Die hier vorgestellte Position der Realisten ist uns hauptsächlich aus der Sicht orthodoxer konfuzianistischer Historiker überliefert. Die Gelehrten halten es für möglich, daß deren Beschreibungen zuweilen karikaturistische Züge zeigen, aber die allgemeine Zielrichtung der Darstellungen ist unmißverständlich.
11 Zitiert nach Arthur Waley, *Three Ways of Thought in Ancient China*, 1939. Reprint. (London: Allen & Unwin, 1963), S. 199.
12 Han Fei Tzu, zitiert nach Waley, *The Way*, 74.
13 Waley, *The Way*, S. 162.
14 »Liebe« ist die wörtliche Bedeutung von *ai*. A. C. Graham übersetzt den Begriff als »gegenseitige Anteilnahme«, »Sorge für jedermann«, weil das besser zu der pragmatischen, utilitaristischen Einstellung des Mohismus passe.
15 Yi-pao Mai, *Motse, the Neglected Rival of Confucius*, 1929. Reprint. (Westport, CT: Hyperion Press, 1973), S. 80 f.
16 Yi-pao Mai, *Motse*, S. 89, 145.
17 Yi-pao Mai, *Motse*, S. 83.
18 Ich habe diese »Antworten« nicht chronologisch, sondern eher schematisch dargestellt. Erst nach dem Tod des Konfuzius wurden die von ihm abgelehnten Lösungen systematisch vorgetragen. Es blieb seinen Schülern vorbehalten, sich unter Berufung auf die von ihm gegebenen Richtlinien ausdrücklich gegen sie auszusprechen.
19 A. C. Graham, *Disputers of the Tao* (La Salle, IL: Open Court, 1989), S. 43.
20 Walter Lippmann, *The Public Philosophy* (Boston: Little, Brown & Co., 1955).
21 Waley, *The Way*, S. 161.
22 Chiang Molin, *Tides from the West* (New Haven, CT: Yale University Press, 1947), S. 9, 19.
23 Walter Lippmann, vgl. Anmerkung 20.
24 Konfuzius, zitiert nach Arthur Waley, *The Analects*, S. 28.
25 Kungfutse, *Gespräche. Lun Yü* (München: Diederichs, 1990), XII, 2; XV, 23.
26 Das gilt nicht für die im Deutschen übliche Bedeutung von *apropos* (»nebenbei bemerkt; da wir gerade davon sprechen«). *Anmerkung des Übersetzers*.
27 Konfuzius, *Gespräche des Meisters Kung (Lun Yü)* (München: Deutscher Taschenbuch Verlag, ⁴1985), XIII, 3.
28 *Li Gi. Das Buch der Sitte des älteren und jüngeren Dai*. Aus dem Chinesischen verdeutscht und erläutert von Richard Wilhelm. Jena 1930.
29 Ich habe Konfuzius' Formulierung »Vater/Sohn«, »älterer Bruder/jüngerer Bruder«, dem heutigen Empfinden entsprechend, umformuliert. Ich glaube nicht, daß diese Formulierung seiner eigentlichen Absicht weniger gerecht wird.

30 Konfuzius, *Gespräche des Meisters Kung (Lun Yü)* (München: Deutscher Taschenbuch Verlag, ⁴1985, XVII, 9.

31 Kungfutse, *Gespräche. Lun Yü* (München: Diederichs, 1990), II, 17.

32 Konfuzius, *Gespräche des Meisters Kung (Lun Yü)* (München: Deutscher Taschenbuch Verlag, ⁴1985), II, 18.

33 Konfuzius, *Gespräche des Meisters Kung (Lun Yü)* (München: Deutscher Taschenbuch Verlag, ⁴1985), XI, 11.

34 Ebenda.

35 Konfuzius, *Gespräche (Lun Yü)* (Leipzig: Reclam, 1982), IX, 5.

36 Ebenda, III, 13.

37 Tu Wei-ming, *The World and I* (August 1989), S. 484.

38 Ebenda, S. 485.

39 Charles Galton Darwin, *The Next Million Years* (Garden City, NY: Doubleday, 1953).

40 Ding Chen, »The Economic Development of China«, *Scientific American* (September 1980), S. 152.

41 F. C. S. Northrop, *The Taming of the Nations* (New York: Macmillan, 1953), S. 117.

42 Maxine Hong Kingston, *The Woman Warrior* (New York: Random House, 1989), S. 12.

43 Die Meinung eines kenntnisreichen Sammlers, zitiert in Rene Grousset, *The Rise and Splendour of the Chinese Empire*, 1953. Reprint. (Berkeley: University of California Press, 1965), S. 207.

44 Nach einem Bericht der Kolumnistin Georgie Anne Geyer aus Tokio vom 13. August 1983.

45 *East West Journal* (Dezember 1979).

Fünftes Kapitel

V. TAOISMUS

Keine Kultur ist ›einfarbig‹. In China stehen den klassischen Farbtönen des Konfuzianismus nicht nur das geistige Kolorit des Buddhismus, sondern auch die romantischen Schattierungen des Taoismus gegenüber.

Der Alte Meister

Der Überlieferung zufolge geht der Taoismus (Daoismus gesprochen) auf einen Mann namens Lao-tzu zurück, der um 604 vor Christus geboren sein soll. Seine Gestalt bleibt im Dunkel. Wir wissen nichts Sicheres über ihn, und die Gelehrten fragen sich, ob es ihn je gegeben hat. Wir kennen nicht einmal seinen Namen, denn Lao-tzu – was man als ›der Alte‹ oder ›der alte Meister‹ übersetzen kann – ist offenbar ein Beiname, der Verehrung und Respekt ausdrücken soll. Wir besitzen nichts weiter als ein Mosaik aus Legenden. Unter diesen gibt es phantastische Geschichten: er sei von einer Sternschnuppe empfangen, seine Mutter habe ihn zweiundachtzig Jahre lang in ihrem Schoß getragen, und er sei bereits als weiser alter Mann mit weißem Haar zur Welt gekommen. Andere Elemente der Geschichte sind glaubhafter: er habe die Archive in dem westlichen Staat, in dem er geboren wurde, verwaltet, und diese Arbeit sei das Zentrum eines einfachen und bescheidenen Lebens gewesen. Die Aussagen über seinen Charakter stammen fast ausschließlich aus einem einzigen schmalen Büchlein, das man ihm zuschreibt. Daraus schließen manche, er sei ein in okkulte Meditationen versunkener Einsiedler gewesen; andere schildern ihn als das Leben liebenden Menschen, als guten Nachbarn mit Sinn für Humor.

Die einzige angeblich zeitgenössische Schilderung seiner Person stammt von Chinas erstem Historiker, Ssu-ma Ch'ien, und spricht nur von dem rätselhaften Eindruck, den er auf die Menschen gemacht haben soll – dem Gefühl, er habe über Abgründe des Wissens verfügt, die sich dem unmittelbaren Verständnis entziehen. Nach diesem Bericht soll ihn Konfuzius, durch das, was er über Lao-tzu gehört hatte, neugierig geworden, einmal besucht haben. Seiner Beschreibung läßt sich entnehmen, daß der eigenartige Mann ihn verblüfft, ihm gleichzeitig aber auch Respekt eingeflößt hat. »Vom Vogel weiß ich, daß er fliegen kann, vom Fisch, daß er schwimmen kann, von den Vierfüßern, daß sie laufen können. Die Tiere, die laufen, kann man mit dem Netz, die Tiere, die schwimmen, in der Reuse fangen; die Tiere, die fliegen, sind mit dem Pfeil zu treffen. Allein der Drache läßt sich mit Gedanken nicht fassen. Er schwingt sich auf dem Wind und den Wolken gen Himmel. Heute habe ich Lao-tzu gesehen. Er ist wie ein Drache!«[1]

Die traditionelle Darstellung endet damit, daß Lao-tzu aus Trauer darüber, daß sein Volk wenig geneigt war, die natürliche Güte, für die er eintrat, zu pflegen und auf der Suche nach mehr Einsamkeit für seine letzten Lebensjahre einen Wasserbüffel bestiegen haben und nach Westen geritten sein soll, dahin, wo das heutige Tibet liegt. Am Hankao-Paß versuchte ein Wächter, der ahnte, mit welch ungewöhnlichem Menschen er es zu tun hatte, ihn zur Umkehr zu bewegen. Als das mißlang, bat er den ›Alten‹, doch wenigstens zum Nutzen des Landes, das er sich anschickte, für immer zu verlassen, seine Überzeugungen schriftlich darzulegen. Dazu war Lao-tzu bereit. Er zog sich zurück und kam nach drei Tagen mit einem schmalen Bändchen von fünftausend Zeichen wieder, das später den Namen *Tao-te-ching* (›Das Buch vom Weg und seiner Kraft‹) erhielt. Zur Lektüre dieses Buchs, das Zeugnis davon ablegt, daß der Mensch in diesem Universum beheimatet ist, braucht man eine halbe Stunde – oder ein ganzes Leben, und es ist auch heute noch der Grundtext taoistischen Denkens.

Welch merkwürdiges Porträt eines mutmaßlichen Religionsstifters! Der ›Alte‹ predigte nicht. Er organisierte und warb nicht. Er schrieb auf eine Bitte hin ein paar Seiten, ritt auf einem Wasserbüffel davon, und was ihn betraf, war das auch schon alles. Ganz anders als Buddha, der sich fünfundvierzig Jahre lang über die staubigen Straßen Indiens schleppte, um zu erklären, was er gesehen hatte. Ganz anders als Konfuzius, der Fürsten und Prinzen in den Ohren lag, um seine Gedanken in die Praxis umsetzen zu können (oder wenigstens Gehör zu finden). Hier war ein Mann, der sich so wenig um den Erfolg seiner Überlegungen kümmerte – von Ruhm und Reichtum ganz zu schweigen –, daß er nicht einmal stehenblieb, um Fragen zu beantworten. Und doch, ob Dichtung oder Wahrheit, seine Lebensgeschichte entspricht so sehr taoistischem Geist, daß sie immer untrennbar zum Taoismus gehören wird.

Selbst Kaiser erheben den Anspruch, diese schemenhafte Gestalt zum Ahnherrn zu haben, und die Gelehrten räumen – auch wenn sie das *Tao-te-ching* nicht für das Werk eines einzelnen Autors halten und der Überzeugung sind, daß es die Form, in der es uns vorliegt, erst in der zweiten Hälfte des dritten Jahrhunderts vor Christus erhalten hat – ein: seine Gedanken bilden eine solche Einheit, daß man vermuten muß, es habe *irgend jemanden* gegeben, unter dessen Einfluß das Buch Gestalt angenommen hat. Und sie haben nichts dagegen, diesen Jemand Lao-tzu zu nennen.

Die drei Bedeutungen des Tao

Wer die taoistische Bibel, das *Tao-te-ching*, öffnet, spürt sofort, daß sich hier alles um den zentralen Begriff des *Tao* dreht. Wörtlich bedeutet das Wort ›Pfad‹ oder ›Weg‹. ›Weg‹ läßt sich aber auf dreierlei Weise verstehen.

Zunächst ist *Tao* der *Weg der letzten Wirklichkeit*. Dieses *Tao* kann nicht wahrgenommen, ja nicht einmal klar vorgestellt werden, denn es ist zu tief, als daß der menschliche Verstand es ergründen könnte. Das *Tao-te-ching* stellt in seiner ersten Zeile fest, daß man ihm mit Worten nicht beikommen kann: »Das *Tao*, das sich aussprechen läßt, ist nicht das wahre *Tao*.« Und doch ist dieses unaussprechliche und transzendente *Tao* der Grund all dessen, was folgt. Über allem, hinter allem, unter allem ist der Schoß, aus dem alles Leben entspringt und in den es zurückkehrt. Von Ehrfurcht bei dem Gedanken daran überwältigt, bricht der Autor/Herausgeber des *Tao-te-ching* wiederholt in Lobprei-sungen aus, denn dieses uranfängliche *Tao* konfrontiert ihn mit dem Urgeheimnis des Lebens, dem Geheimnis aller Geheimnisse. »Wie ist es klar! Wie ist es still! Es muß etwas Ewiges sein!« »Von allen großen Dingen ist das *Tao* gewiß das größte.« Aber seine Unaussprechlichkeit läßt sich nicht leugnen, und so müssen wir uns immer wieder den Spott gefallen lassen, der aus dem knappen Epigramm spricht: »Der Wis-sende redet nicht. Der Redende weiß nicht.«[2]

Obwohl das *Tao* letztlich transzendent ist, ist es auch immanent. In diesem sekundären Sinn ist es der *Weg des Universums*, die Norm, der Rhythmus, die Triebkraft der gesamten Natur, das Ordnungsprinzip hinter allem Leben. Hinter allem Leben, aber auch mitten darin, denn wenn das *Tao* diese zweite Gestalt annimmt, »wird es Fleisch« und gestaltet alle Dinge. Es »paßt sein lebendiges Wesen an, klärt seine vielfältige Fülle, unterdrückt seinen strahlenden Glanz und wird dem Staube ähnlich.« Da es im Prinzip eher Geist als Materie ist, ist es unerschöpflich; je stärker es in Anspruch genommen wird, desto reicher fließt es, denn es ist »jene nie versiegende Quelle«, wie Plotin sein Gegenstück zum *Tao*, das Eine, genannt hat.[3] Es trägt den Stempel der Unerbittlichkeit, denn wenn der Herbst kommt, »wird kein Blatt um seiner Schönheit, keine Blume um ihres Duftes willen verschont.« Und doch ist es letztlich gütig. Plötzlichkeit ersetzt es durch Anmut, Zögern durch Fließen, und es gibt in Fülle. Als Spenderin allen Lebens heißt es auch »die Mutter der Welt.«[4] Als Wirkungskraft der Natur ähnelt das *Tao* in dieser zweiten Gestalt Bergsons *élan vital*; als Ordnungskraft der Natur ähnelt es der *lex aeterna* des klassischen Altertums, dem ewigen Gesetz, das der Welt ihre Struktur gibt. Dieses *Tao* könnte Charles Darwins Kollege George Romanes im Sinn gehabt haben, als er von »dem integrierenden Prinzip des Ganzen« sprach, » – gewissermaßen dem Geist des Universums – Instinkt ohne Plan, der zweckvoll fließt.«

In diesem dritten Sinne bezieht sich *Tao* auf den *Weg des menschlichen Lebens* in seiner Verquickung mit dem *Tao* des Universums, wie es eben geschildert wurde. Wir wollen uns im weiteren Verlauf dieses Kapitels mit der näheren Erläuterung der Art beschäftigen, wie sich dieser Weg nach den Vorstellungen der Taoisten auf das Leben auswirken sollte. Zunächst müssen wir jedoch darauf hinweisen, daß es in China nicht nur einen, sondern drei Arten von Taoismus gegeben hat.

Drei Auffassungen der Kraft und die daraus folgenden Formen des Taoismus

So wie der erste Schlüsselbegriff aus dem Titel des *Tao-te-ching*, *Weg*, drei Bedeutungen hat, so ist es auch mit dem zweiten, *Kraft*. Entsprechend den drei Arten, wie man mit *Te* oder *Kraft* umgehen kann, sind in China drei Formen des Taoismus entstanden, die sich so stark voneinander unterscheiden, daß sie auf den ersten Blick wenig mehr miteinander gemeinsam zu haben scheinen als Homophone wie *Leib* und *Laib* oder *Lehre* und *Leere*, die zwar gleich klingen, aber etwas ganz Verschiedenes meinen. Wir werden später sehen, daß dies nicht zutrifft, aber zunächst müssen wir die drei Arten voneinander abgrenzen. Zwei sind unter Standardbezeichnungen bekannt geworden: der philosophische

Taoismus und der religiöse Taoismus, und da der religiöse Taoismus viel mehr Anhänger zählt als der philosophische, wird er oft auch als volkstümlicher Taoismus bezeichnet. Die dritte Schule (die in unserer Darstellung an zweiter Stelle steht) ist so zersplittert, daß sie keinen eigenen Namen hat. Ihre Anhänger bilden jedoch eine leicht identifizierbare Menge, weil sie ein gemeinsames Ziel verbindet. Sie alle beschäftigen sich mit vitalitätssteigernden Programmen, die die Kraft des *Tao*, sein *Te*, bei seinem Fluß durch den Menschen fördern.

Effektiver Einsatz der Kraft: philosophischer Taoismus

Anders als der religiöse Taoismus, der eine vollgültige Kirche hervorgebracht hat, sind der philosophische Taoismus und die ›vitalisierenden Schulen des Taoismus‹, wie wir sie in Ermangelung einer eleganteren Bezeichnung nennen wollen, relativ unorganisiert geblieben. Der philosophische Taoismus hat mit dem Körper und die therapeutischen Richtungen mit körperlichen Aktivitäten zu tun, aber beide sind ebensowenig an feste Organisationsformen gebunden wie die New-Age-Bewegung auf der einen und körperliche Fitneßprogramme auf der anderen Seite. Eine weitere Gemeinsamkeit ist, daß es sich bei beiden um Selbsthilfeprogramme handelt. Es gibt zwar auch Lehrer, aber die hat man sich eher als eine Art Trainer vorzustellen, die ihre Schüler anleiten – beim philosophischen Taoismus zum Nachdenken, beim vitalisierenden Taoismus zu den entsprechenden Übungen. Ganz im Gegensatz zu den religiösen Taoisten arbeiten die Anhänger dieser beiden Schulen weitgehend selbständig.

Die Unterschiede zwischen den verschiedenen Richtungen hängen mit ihrer jeweiligen Auffassung von der lebenspendenden Kraft des *Tao* zusammen. Überspitzt formuliert könnte man sagen: Der philosophische Taoismus will das *Te* bewahren, indem er für seinen optimalen Einsatz sorgt, während der vitalisierende Taoismus den Vorrat an *Te* mehren will.

Da der philosophische Taoismus im wesentlichen eine Weltanschauung ist, ist er von den drei Formen des Taoismus diejenige, die sich am leichtesten ›exportieren‹ läßt und die der Welt am meisten zu sagen hat. Sie soll daher am ausführlichsten behandelt werden – allerdings erst im zweiten Teil dieses Kapitels. Hier soll sie nur kurz charakterisiert und an ihren logischen Ort gerückt werden, ehe wir zur Darstellung der beiden anderen Formen des Taoismus übergehen.

Der philosophische Taoismus, in China ›Schultaoismus‹ genannt, ist an die Namen Lao-tzu, Chuang-tzu und *Tao-te-ching* geknüpft. Die Verbindung mit der Kraft liegt darin, daß die Philosophie nach Erkenntnis sucht; und daher gilt, was Bacon der Welt prägnant mitgeteilt hat: »Wissen ist Macht (Kraft).« Wer weiß, wie man ein Auto repariert, hat Macht darüber. Natürlich ging es den Taoisten nicht um Maschinen; sie wollten das Leben reparieren. Wissen, welches das Leben kräftigt, ist Weisheit; und weise zu leben, so argumentieren die taoistischen Philosophen, bedeutet so zu leben, daß die Lebenskraft nicht durch nutzlose, Kräfte zehrende Handlungen vergeudet wird. Das richtet sich vor allem gegen Reibungen und Konflikte. Wir werden im zweiten Teil dieses Kapitels sehen, was Lao-tzu und Chuang-tzu empfehlen, um solche Kräfteverschwendung zu vermeiden. Aber etwas läßt sich jetzt schon sagen: Ihre Empfehlungen hängen mit dem Gedanken des *Wu-wei* zusammen, was wörtlich Nicht-Tun, im Taoismus dagegen reines Handeln bedeutet. Das Handeln im Geiste des *Wu-wei* ist ein Handeln, bei dem Reibungen – in zwischenmenschlichen Beziehungen, innerseelischen Konfliken und dem Verhältnis zur Natur – auf ein Mindestmaß beschränkt bleiben.

Wir wenden uns nun der zweiten Form des Taoismus zu, dem Kult der Lebenskraft.

Gesteigerte Kraft: taoistische Hygiene und Yoga

Die taoistischen Praktiker – wie wir die Anhänger dieser zweiten Form des Taoismus nennen wollen, weil sie alle in irgendeiner Form an einem – oft sehr anspruchsvollen – Trainingsprogramm teilnahmen – waren nicht bereit, sich mit dem Ziel der Philosophen zu begnügen, die ihnen zugeteilte Ration an *Tao* zu bewahren. Sie wollten die Menge an *Tao*, mit der sie auszukommen hatten, vermehren. Ökonomisch gesprochen waren die philosophischen Taoisten daran interessiert, den Nettogewinn durch Kostenreduzierung (Vermeiden von Energievergeudung) zu steigern, während die taoistischen Praktiker das Bruttoeinkommen erhöhen wollten.

Das Wort *Ch'i* ist am besten geeignet klarzumachen, worum es dieser zweiten Schule geht, denn neben seiner wörtlichen Bedeutung »Atem«

bezieht es sich auf die Lebensenergie. Die Taoisten verwendeten es, um die Kraft des *Tao* zu bezeichnen, die sie durch ihren Körper pulsieren fühlten – oder auch nicht, wenn sie blockiert war. Dann war das Hauptziel, sie wieder zum Fließen zu bringen. Die Taoisten waren vom *Ch'i* fasziniert. Blake hat ihre Empfindungen genau registriert, als er ausrief: »Energie ist Wonne«, denn die Lebenskraft ist Energie, und die Taoisten liebten das Leben. Lebendig zu sein ist gut. Lebendiger zu sein ist besser; am allerbesten jedoch ist das ewige Leben, und darauf fußen die taoistischen Unsterblichkeitskulte.

Um ihr Ziel der Steigerung des *Ch'i* zu erreichen, setzten die Taoisten an drei Stellen an: an der Materie, an der Bewegung und am Geist.

Was die *Materie* anging, so versuchten sie es mit dem Essen: Sie verspeisten alle möglichen Gegenstände, um zu sehen, ob sich das *Ch'i* dadurch vermehren ließe. Auf Grund dieser Versuche entwickelten sie ein erstaunliches Wissen über Heilkräuter,[5] was aber in einer Weise eher ein Nebenprodukt war. Denn eigentlich strebten sie nicht Heilung, sondern Steigerung der Lebenskraft an, deren letzter Garant das heißbegehrte Lebenselixier war, das zur körperlichen Unsterblichkeit führen sollte.[6] Sie führten auch sexuelle Experimente durch. So stellten sie sich zum Beispiel vor, sie könnten, wenn sie beim Geschlechtsverkehr den Samen zurückhielten, indem sie im Augenblick der Ejakulation mit dem Daumen gegen die Peniswurzel drückten, den Samen in den eigenen Körper umleiten[7] und würden dadurch das *Yin* ihrer Partnerin aufnehmen, ohne ihre eigene *Yang*-Energie zu vergeuden. Sie entwickelten auch Atemübungen. Durch die Arbeit mit der Luft, der subtilsten Form der Materie, hofften sie *Ch'i* aus der Atmosphäre aufzunehmen.

Diese Versuche, *Ch'i* aus der Materie in ihrer festen, flüssigen und gasförmigen Gestalt zu gewinnen, wurden ergänzt durch Programme, die auf körperlicher *Bewegung* beruhten, zum Beispiel *T'ai-chi-ch'uan*, bei dem Gymnastik, Tanz, Meditation, *Yin/Yang*-Philosophie und Kriegskunst eine Synthese eingehen, die in diesem Fall den Zweck hatte, *Ch'i* aus dem Kosmos zu gewinnen und Blockierungen im inneren Fluß des *Ch'i* zu beseitigen. Dieses Ziel verfolgte auch die Akupunktur.

Schließlich wandten sich viele Taoisten, die eher kontemplativ veranlagt waren, dem *Geist* selbst zu und entwickelten die taoistische Meditation. Hierbei galt es, jede Ablenkung auszuschalten und den Geist so leer zu machen, daß die Kraft des *Tao* an den körperlichen Filtern vorbei direkt in das Selbst eindringen konnte.

Diese dritte Methode, das *Ch'i* zu vermehren, ist abstrakter als die anderen und bedarf daher einer genaueren Erklärung. Wer in diesem Buch das Kapitel über den Hinduismus gelesen hat, wird am schnellsten einen Zugang zum Verständnis der taoistischen Meditationsmethoden finden, wenn er sich erinnert, was dort über *Raja Yoga*, den Weg zu Gott durch psychophysische Übungen, gesagt wurde. Ob China auf diesem Gebiet gewisse Elemente von Indien übernommen hat oder nicht, sei dahingestellt. Jedenfalls erinnern die körperlichen Haltungen und Konzentrationstechniken der taoistischen Meditation so stark an die des *Raja Yoga*, daß die Sinologen den Sanskritausdruck übernommen haben und von taoistischem *Yoga* sprechen. Indessen haben die Chinesen ihrem Yoga durchaus ihren eigenen Stempel aufgedrückt. Ihre allgegenwärtige Sorge um die soziale Dimension hat dazu geführt, daß sie sich darum bemühten, das von den *Yogis* in der Meditation angesammelte *Ch'i* auf psychischem Wege auf die Gemeinschaft zu übertragen, um ihre Vitalität zu steigern und ihre Geschäfte zu harmonisieren. Seite an Seite mit den Konfuzianisten, die an dem sozialisierenden *Te* des moralischen Vorbilds arbeiteten und die Etikette ritualisierten, suchten die taoistischen *Yogis* das *Tao* direkt anzuzapfen, indem sie es erst in ihren Herz-Verstand einsogen, um es dann an die anderen ›weiterzu-beamen‹. Wenn ein *Yogi* dieses Kunststück fertigbrachte, wurde das meist gar nicht bemerkt, aber sein lebenspendendes Wirken war für die Gemeinschaft wichtiger als die Beiträge anderer Wohltäter

Wir streifen hier den philosophischen Taoismus, denn das Entstehen dieses taoistischen *Yoga* zeigt, daß in China das innere Selbst im Unterschied zum äußeren Selbst eine wachsende Faszination ausübte. Kinder trennen diese beiden Seiten ihres Wesens ebensowenig wie die alten Völker. Die auf *Yoga* und Meditation beruhende Schule des Taoismus entwickelte sich in dem Maße, in dem das fortschreitende Selbstbewußtsein der Chinesen die subjektive Erfahrung in den Mittelpunkt rückte. Diese neuartige, aufregende Welt des inneren Selbst reizte den Forschergeist. Sie wirkte auf die ersten Suchenden so betörend, daß die Materie im Vergleich zu ihr verblaßte. Und doch brachte die innere Welt ein Problem mit sich. Sorgen und Ablenkungen aller Art hatten die Seele Schicht um Schicht so verschmutzt, daß ihre Ablagerungen beseitigt werden mußten, bevor »das Selbst, so wie es gemeint war«, zum Vorschein kommen konnte. Erst dann würde sich das reine Bewußtsein zeigen, und das Individuum würde nicht nur das »Wahrgenommene« sehen, sondern auch »das, wodurch wir wahrnehmen«.

Zur Erreichung dieser Innerlichkeit galt es, allen Egoismus fahren-zulassen und vollkommene gedankliche und körperliche Reinheit zu kultivieren. Den reinen Geist kann nur erkennen, wer sein Leben »geputzt und geschmückt« hat. Er offenbart sich nur in der Reinheit; daher »laß das Selbst beiseite.« Auch störende Gefühle müssen ausge-schaltet werden, weil sie die Oberfläche des Geistes aufwühlen und so verhindern, daß die Introspektion durch sie hindurch in die Quellen des Bewußtseins hinabschaut. (Hier wird die Verwandtschaft mit dem phi-losophischen Taoismus deutlich spürbar.)

> Er ist ganz nah, direkt neben uns; und doch ist er ungreifbar, etwas, das man nicht bekommen kann, indem man danach greift. Er erscheint fern wie die fernsten Grenzen des Unendli-chen. Und doch ist er nicht weit; wir bedienen uns täglich seiner Kraft. Denn der Weg des Lebensgeistes erfüllt unser ganzes Wesen, und doch kennt der Mensch seinen Weg nicht. Er geht, und doch ist er nicht fortgegangen. Er kommt, und doch ist er nicht hier. Er ist stumm, denn er gibt keinen hörbaren Laut von sich, und doch bemerken wir plötzlich in unserem Bewußtsein seine Gegenwart. Er ist schwach und dunkel und ohne äußere Form, und doch ist er bei der Geburt als großer Strom in uns eingeflossen.[8]

Selbstlosigkeit, Reinheit und emotionale Ruhe sind aber nur die Vorbe-dingungen für vollkommene Selbst-Erkenntnis. Sie müssen durch tiefe Meditation ergänzt werden. »Verweile in Ruhe, und das Strahlen des Geistes wird einströmen und Wohnung in dir nehmen.« Damit das geschehen kann, müssen alle äußeren Eindrücke zur Ruhe kommen und die Sinne zurückgezogen und in einem vollkommen innerlichen Brenn-punkt gesammelt werden. Dazu wurden Stellungen ganz ähnlich den indischen *Asanas* empfohlen, und auch der Atem unterlag einer ähnli-chen Kontrolle; er muß weich und leicht sein wie beim Säugling oder sogar wie beim Embryo im Mutterleib. Dann stellt sich ein Zustand wacher Erwartung ein, den man »Sitzen mit leerem Geiste« nennt.

Wenn die Verwirklichung kommt, was dann? Mit ihr kommen Wahr-heit, Freude und Kraft. Die höchste Einsicht kam in der taoistischen Meditation mit endgültiger Wucht; schließlich war alles harmonisch geordnet. Dieser Zustand war mit dem Wort ›angenehm‹ nicht ange-messen zu beschreiben. Die direkte Wahrnehmung der Quelle des eigenen Bewußtseins als »heiter und unerschütterlich, wie ein Herrscher auf dem Thron« brachte eine bis dahin ungekannte Freude mit sich. Der soziale Nutzen, der mit diesem Zustand verbunden war, lag jedoch in der mit ihm einhergehenden außerordentlichen Macht über Dinge und Menschen, eine Macht so groß, daß sie »Himmel und Erde verrücken« konnte. »Einem stillen Geist gehorcht das ganze Universum.« Wir haben diese psychischen Kräfte bisher nur mit Indien in Verbindung gebracht, aber auch der Heilige Johannes vom Kreuz versichert: »Ohne Mühe werdet ihr die Völker unterwerfen, und die Dinge werden euch untertan sein.« Ohne äußerlich einen Finger zu rühren, konnte ein Herrscher, der in ›Ruhe‹ geübt war, über ein ganzes Volk durch seine mystisch-moralische Kraft gebieten. Ein Herrscher, der selbst von Wünschen frei ist und über eine derartige psychische Kraft verfügt, bringt seine Untertanen automatisch von ihren unkontrollierten Wünschen ab. Er herrscht, aber man merkt nicht, daß er herrscht.

> Der Weise verweilt im Wirken ohne Handeln;
> Er setzt sein Selbst hintan; und sein Selbst kommt voran.
> Er entäußert sich seines Selbst; und sein Selbst bleibt erhalten.
> Ist es nicht also: Weil er nichts Eigenes will,
> darum wird sein Eigenes vollendet?[9]

Die taoistischen *Yogis* waren sich bewußt, daß sie kaum auf das Verständnis der Massen hoffen konnten und machten keinen Versuch, ihre Entdeckungen zu publizieren. Wenn sie etwas niederschrieben, dann waren ihre Aussagen meist kryptisch, so daß sie eine Deutung durch Eingeweihte und eine andere durch das gemeine Volk zuließen. Ein Grund dafür war sicher, daß sie sich nicht dem Spott derer aussetzen wollten, die ihren mystischen Höhenflügen nicht folgen konnten. Selbst ein Chuang-tzu zieht über ihre Atemübungen her, wenn er schreibt: Diese Leute »stoßen die verbrauchte Luft mit großer Energie aus und saugen die frische Luft ein. Wie Bären klettern sie auf Bäume, um leichter atmen zu können.« Auch Meng-tzu (Mencius) macht sich über sie lustig. Er vergleicht jene, die nach psychischen Abkürzungen zum sozialen Frieden suchen, mit ungeduldigen Bauern, die jede Nacht sanft an ihrem Getreide ziehen, um sein Wachstum zu beschleunigen. Solchem Spott zum Trotz hatte der taoistische *Yoga* einen beachtlichen Kreis von Anhängern. Manche Sinologen glauben, daß er die Hauptgrundlage für die Niederschrift des *Tao-te-ching* bildete. Wenn das stimmt, dann ist es ein Beweis für die verschleiernde Sprache des Buches, denn gewöhnlich wird es von dem philosophischen Standpunkt aus gelesen, auf den wir noch zu sprechen kommen werden. Vorher müssen wir jedoch noch den dritten Hauptzweig des Taoismus, den religiösen Taoismus, vorstellen.

Stellvertretende Kraft: religiöser Taoismus

Der philosophische Taoismus wollte den vorhandenen Vorrat an *Tao* im Leben verwalten, die vitalisierende Richtung wollte ihn vermehren. Aber beiden schien noch etwas zu fehlen. Denken und Üben – für beides muß man Zeit haben, und die ging dem Durchschnittschinesen ab. Aber auch er brauchte Hilfe. Epidemien mußten bekämpft, umherstreifende Geister beschwichtigt werden, und je nach Bedarf galt es, Regen zu machen oder diesem Einhalt zu gebieten. Hier griffen die Taoisten ein. Die Maßnahmen, die sie entwickelten, ähnelten in vielem dem Vorgehen der selbständigen Wahrsager, Medien, Schamanen und Gesundbeter, die von Natur aus über besondere Kräfte verfügten und einen integralen Bestandteil der chinesischen Volksreligion bildeten. Der religiöse Taoismus hat solche Aktivitäten institutionalisiert. Unter dem Einfluß des Buddhismus, der etwa um die Zeit, als Christus wirkte, nach China gelangte, nahm die taoistische Kirche – auf Chinesisch *Tao-chiao*, ›kirchlicher Taoismus‹ oder ›taoistische Lehre‹ – im zweiten Jahrhundert nach Christus Gestalt an. Sie stützte sich auf ein Pantheon, zu dessen drei Hauptgöttern auch Lao-tzu gehörte. Von diesen Gottheiten leiteten sich die heiligen Texte her, die (auf Grund ihrer göttlichen Herkunft) als uneingeschränkte Wahrheit galten. Die Linie der ›päpstlichen‹ Erbfolge innerhalb der taoistischen Kirche ist in Taiwan bis heute lebendig geblieben.

Der volkstümliche religiöse Taoismus ist ein recht zweifelhaftes Phänomen. Vieles sieht für einen Außenstehenden wie schierer Aberglaube aus; aber vergessen wir nicht, daß wir nur sehr ungenaue Vorstellungen davon haben, was Energie ist, wie sie arbeitet und wie (oder wie stark) sie vermehrt werden kann. Wir wissen, daß Gesundbeter Energie zuführen oder freisetzen können und daß auch der Glaube – einschließlich des Glaubens an sich selbst – dazu imstande ist. Auch Placebos haben diese Wirkung. Wenn wir dann noch die Energien hinzurechnen, die von charismatischen Persönlichkeiten, Demagogen und bei Pep

Rallies[10] geweckt werden können – von den geheimnisvollen Reserven, die durch Hypnose angezapft werden können, ganz zu schweigen –, und von deren auch nur ansatzweisem Verständnis wir meilenweit entfernt sind – so haben wir allen Anlaß, von unserem hohen Roß herabzusteigen und dem religiösen Taoismus wenigstens eine Chance zu geben. Die Absicht ist klar. »Die taoistische Priesterschaft machte die kosmische Lebenskraft dem gewöhnlichen Dorfbewohner zugänglich.«[11]

Die Texte dieser Schule sind voll von Beschreibungen von Ritualen, die bei gewissenhafter Ausführung magische Wirkungen hervorbringen, und das Wort *magisch* ist denn auch der Schlüssel zum Verständnis des ausdrücklich religiösen Taoismus, wie er von taoistischen Priestern praktiziert wurde. Mit Taschenspielertricks und Kirmeszauberei hat es hingegen in diesem Zusammenhang nichts zu tun. Früher stand die Magie in hohem Ansehen. Jakob Böhme behauptete sogar: »Magie ist die beste Theologie, denn in ihr wurzelt der wahre Glaube. Ein Narr, wer sie schmäht, denn er kennt sie nicht und ist eher ein Schwindler als ein Theologe von Verstand.« Die Magie wurde gewöhnlich als Mittel verstanden, höhere, okkulte Kräfte für den Gebrauch in der sichtbaren Welt nutzbar zu machen. Von der Annahme ausgehend, daß solche Kräfte existieren – das Feine regiert das Dichte, die Energie die Materie, das Bewußtsein die Energie, und das Überbewußtsein regiert das Bewußtsein –, machte die Magie diese zugänglich. Wenn ein Hypnotiseur einer Versuchsperson sagt, wenn er ihre Schulter berührt, werde ihr Körper steif werden und sich diese Prognose tatsächlich bewahrheitet, so daß die Assistenten den Hypnotisierten mit den Füßen auf einen und mit dem Kopf auf einen anderen Stuhl legen können, ohne daß er zusammensackt – so ist das nicht weit von dem entfernt, was man traditionellerweise unter Magie verstanden hat, denn der Hypnotiseur bringt Kräfte ins Spiel, die nicht nur frappierend, sondern geradezu mysteriös sind. Und doch ist Hypnose nicht mit Magie gleichzusetzen. Denn weder befindet sich der Hypnotiseur in einem besonderen Bewußtseinszustand, noch gehört er einer Kaste von Priestern an, die nach dem Glauben ihrer Anhänger über besondere göttliche Kräfte verfügen. Einen echten Fall von Magie im traditionellen Sinne finden wir etwa in der Heilung des Äneas durch Petrus, wie sie in der Apostelgeschichte geschildert wird.

> Petrus besuchte die einzelnen Gemeinden und kam dabei auch nach Lydda. Zu der Gemeinde dort gehörte auch ein Mann

namens Äneas, der gelähmt war und seit acht Jahren das Bett nicht mehr verlassen konnte. »Äneas«, sagte Petrus zu ihm, »Jesus Christus hat dich geheilt. Steh auf und mach dein Bett.« Im selben Augenblick konnte Äneas aufstehen.[12]

Wohlgemerkt handelt es sich hier nicht um ein Wunder. Das wäre es gewesen, wenn Christus den gelähmten Äneas befähigt hätte, ohne die Hilfe des Petrus aus dem Bett zu steigen und auf diese Weise eine von Medizinern sogenannte Spontanremission bewirkt hätte. Wie die Dinge liegen, spielte Petrus bei der Heilung eine konkrete, ja vermutlich eine unabdingbare Rolle, und wir haben es mit Magie zu tun; mit weißer Magie, denn wenn ein Dämon zu bösen Zwecken angerufen worden wäre, hätte es sich um Zauberei gehandelt.

Diese Art von Magie wurde von der taoistischen Kirche – die sich das Revier mit freischaffenden Hexenmeistern, Exorzisten und Schamanen teilen mußte – eingesetzt, um mit verschiedenen Methoden die höheren Mächte für irdische Zwecke einzuspannen.

Die Vermischung der Kräfte

Die drei Formen des Taoismus, die zunächst wenig Gemeinsamkeiten zu haben schienen, zeigen nun ihre Familienähnlichkeiten. Allen dreien geht es um das gleiche Ziel: das belebende *Te* des *Tao* zu steigern. Dabei gibt es eine fortschreitende Stufenfolge vom philosophischen Taoismus (optimale Ausnutzung des vorhandenen *Ch'i*) über die taoistischen Vitalisierungsprogramme (Vermehrung der normalen Menge an *Ch'i*) bis zu den Versuchen des populären oder religiösen Taoismus, kosmische Energien für den Menschen nutzbar zu machen.

Diese Einteilung krankt allerdings daran, daß um der klaren Unterscheidung willen scharfe Grenzen zwischen Strömungen gezogen wurden, die eigentlich gemeinsam einen einzigen Fluß bilden und im Lauf der Geschichte bis hin zu dem heute in Hongkong und Taiwan noch lebendigen Taoismus auch immer miteinander in Wechselwirkung gestanden haben. John Blofeld, der während der zwanzig Jahre vor der kommunistischen Revolution in China gelebt hat, berichtet, er habe nie einen Taoisten getroffen, der nicht in der einen oder anderen Form mit allen drei Schulen zu tun hatte.

Fassen wir zusammen. Etwas zu *sein*, etwas zu *wissen* und etwas zu *vermögen* heißt, über das Normalmaß hinauszugehen. Ein Leben hat in dem Maße Substanz, in dem es die Tiefe der Mystik (taoistisches *Yoga*), die direkte Weisheit der Gnosis (philosophischer Taoismus) und die produktive Kraft der Magie (taoistische Religion) umschließt. Wo diese drei zusammenkommen, da entsteht eine »Schule«, und in China heißt diese Schule, wie sie hier beschrieben wird, Taoismus.

Nun ist der Augenblick gekommen, wo wir uns wieder dem philosophischen Taoismus zuwenden müssen, um ihm den gebührenden Platz einzuräumen.

Kreative Ruhe

Das Ziel des philosophischen Taoismus besteht darin, das tägliche Leben nach dem *Tao* auszurichten, auf seinen unerschöpflichen Wellen dahinzugleiten und sein Strömen zu genießen. Das geschieht, wie wir oben schon erwähnt haben, hauptsächlich durch das Üben eines Lebens des *Wu-wei*. Wir haben gesehen, daß *Wu-wei* keine negative, sich des Handelns enthaltende Haltung ist und daher nicht mit ›Nichtstun‹ gleichgesetzt werden sollte. ›Reine Wirksamkeit‹ oder ›kreative Ruhe‹ wären zutreffendere Übersetzungen.

In der kreativen Ruhe verbinden sich zwei scheinbar unvereinbare Elemente – höchste Aktivität und vollkommenste Entspannung. Diese scheinbaren Gegensätze können gemeinsam bestehen, weil der Mensch in seinem Wesen nicht auf sich selbst beschränkt ist. Er schwimmt auf dem grenzenlosen Meer des *Tao*, das ihn sozusagen unterschwellig erhält. Eine Möglichkeit, kreativ zu werden, besteht darin, daß man den kühl kalkulierten Anweisungen des Verstandes folgt. Die Ergebnisse sind allerdings meist enttäuschend, weil ihnen allzusehr anzumerken ist, daß sie weniger auf Inspiration als auf Probieren und Arrangieren beruhen. Echte Kreativität entwickelt sich, wie jeder Künstler weiß, erst dann, wenn es irgendwie gelingt, die unerschöpflichen Quellen des Unbewußten anzuzapfen. Aber dies setzt eine gewisse Dissoziation vom Oberflächen-Ich voraus. Das Bewußtsein muß entspannt sein, muß seine Autonomie aufgeben, muß loslassen. Nur so wird es möglich, das paradoxe Gesetz zu durchbrechen, das dafür sorgt, daß unsere Anstrengungen sich umgekehrt proportional zum Erfolg verhalten.

Wu-wei ist höchste Aktivität, die köstliche Flexibilität, Einfachheit und Freiheit, die aus uns oder besser durch uns fließt, wenn unser privates Ego und unsere bewußte Anstrengung einer Kraft weichen, die nicht von uns kommt. Es ist in einer Weise die Tugend, die Konfuzius angestrebt hatte, nur daß wir uns ihr von der entgegengesetzten Richtung aus nähern. Konfuzius richtete sein ganzes Bemühen darauf, ein System idealer Verhaltensweisen zu errichten, an dem man sich bewußt orientieren konnte. Der Taoismus geht den entgegengesetzten Weg, indem er das Selbst in Einklang mit dem *Tao* bringt und das Verhalten in ungehinderter Spontaneität fließen läßt. Das Handeln folgt dem Sein; neues Handeln entspringt aus neuem, weiserem, stärkerem Sein. Das *Tao-te-ching* bringt diese Aussage mit knappen Worten auf den Punkt: »Alle Dinge unter dem Himmel entstehen im Sein.«[13]

Wie sollen wir das Handeln beschreiben, das aus einem direkt im *Tao* sich gründenden Leben fließt? Es ist, da es aus einer unendlich feinen, komplexen Kraft genährt wird, von vollendeter Grazie, die aus einer überschäumenden, jeder plötzlichen, abrupten Bewegung entbehrenden Lebenskraft quillt. Man läßt das *Tao* einfach ein- und ausströmen, bis das Leben zu einem harmonischen, von aller fiebrigen Unruhe freien Tanz wird. *Wu-wei*, das ist Leben jenseits aller Spannung:

> Etwas festhalten wollen und dabei es überfüllen:
> das lohnt der Mühe nicht.
> Etwas handhaben wollen und dabei es immer scharf halten:
> das läßt sich nicht lange bewahren.[14]

Das ist aber beileibe keine Tatenlosigkeit, sondern der Gipfel der Flexibilität, Einfachheit und Freiheit – eine Art ›reines Handeln‹, bei dem jede Bewegung ihrem Zweck dient und alles Überflüssige ausgespart bleibt.

> Ein guter Wanderer läßt keine Spur zurück.
> Ein guter Redner braucht nichts zu widerlegen.
> Ein guter Rechner braucht keine Rechenstäbchen.[15]

Diese Art von Effektivität setzt offenbar besondere Geschicklichkeit voraus, wie sie in der taoistischen Geschichte von dem Fischer zum Ausdruck kommt, der riesige Fische mit einem bloßen Faden fangen konnte, weil dieser so fein gesponnen war, daß er keine schwächste Stelle hatte, an der er hätte reißen können. Aber die taoistische Ge-

schicklichkeit fällt selten auf, denn von außen betrachtet wirkt *Wu-wei* –
nie gezwungen, nie zwingend – ganz mühelos. Das Geheimnis liegt in
der Art, wie es die freien Plätze in Natur und Leben sucht und sich
durch sie hindurchbewegt. Chuang-tzu, der wie kein anderer die taoistische Philosophie popularisiert hat, macht das in der Geschichte vom
Koch des Prinzen Wen Hui deutlich, dessen Hackmesser nie stumpf
wurde. Wenn er einen Ochsen zerteilte, »legte [er] Hand an, drückte
mit der Schulter, setzte den Fuß auf, stemmte das Knie an: ritsch!
ratsch! – trennte sich die Haut, und zischend fuhr das Messer durch die
Fleischstücke. Alles ging wie im Takt eines Tanzliedes, und er traf
immer genau die Gelenke.« Im Nu war der Ochse zerlegt. Und er
erklärte sein Geheimnis so: »Die Gelenke haben Zwischenräume; des
Messers Schneide hat keine Dicke. Was aber keine Dicke hat, dringt in
Zwischenräume ein – ungehindert, wie spielend, so daß die Klinge Platz
genug hat. Darum habe ich das Messer nun schon neunzehn Jahre, und
die Klinge ist wie frisch geschliffen.«[16]
   Von allen Naturerscheinungen war es das Wasser, das den Taoisten
als dem *Tao* am ähnlichsten galt, denn es trug die Dinge und führte sie
mühelos in seinem Strome mit. Die chinesischen Zeichen für ›Schwimmer‹ bedeuten wörtlich: ›einer, der die Natur des Wassers kennt‹.
Ebenso weiß einer, der die Grundkraft des Lebens kennt, daß sie ihn
tragen wird, wenn er den ganzen Kampf und Krampf einstellt und sich
auf ihre Hilfe verläßt.

> Wer kann das Trübe durch Ruhe allmählich klären?
> Wer kann die Ruhe
> durch Bewegung allmählich beleben?[17]

Wasser war also das Element der natürlichen Welt, das dem *Tao* am
nächsten kam. Aber es war auch der Prototyp des *Wu-wei*. Sie bemerkten, wie Wasser sich seiner Umgebung anpaßt und die niedrigsten Orte
aufsucht:

> Höchste Güte gleicht dem Wasser.
> Das Wasser ist gut,
>   es nützt den abertausend Wesen
>   und streitet nicht.
> Das Niedrige, das alle Menschen verachten, bewohnt es.
> Darum ist es nahe dem Tao.[18]

Und doch eignet dem Wasser trotz seiner Anpassungsfähigkeit eine Kraft, die harte, scharfe Dinge vermissen lassen. In einem Strom folgt es den scharfen Kanten der Steine, um sie nach und nach in rundes, stromgeglättetes Flußgestein zu verwandeln. Grenzen und Trennwälle können es nicht aufhalten. Sein sanfter Fluß löst Felsen auf und trägt stolze Berge, die wir ewig nennen, mit sich davon.

> Auf der ganzen Welt
> gibt es nichts Weicheres und Schwächeres als das Wasser.
> Und doch in der Art, wie es dem Harten zusetzt,
> kommt nichts ihm gleich.
> Es kann durch nichts verändert werden.
> Daß Schwaches das Starke besiegt
> und Weiches das Harte besiegt,
> weiß jedermann auf Erden,
> aber niemand vermag danach zu handeln.[19]

Unendlich flexibel, und doch unvergleichlich stark – diese Eigenschaften des Wassers treffen auch auf *Wu-wei* zu. Das *Tao-te-king* sagt: Wer diesen Zustand verkörpert, der »arbeitet, ohne zu arbeiten.« Ein solcher Mensch handelt ohne Mühe, überzeugt ohne Argumente, weiß gut zu sprechen ohne viel Worte und erreicht sein Ziel ohne Gewalt, Druck oder Zwang. Selbst wenn der/die Handelnde kaum in Erscheinung tritt, ist sein/ihr Einfluß von entscheidender Bedeutung.

> Von einem großen Herrscher
> weiß das Volk nur: Es gibt ihn ...
> Der wahre Herrscher
> legt nicht Wert auf Worte.
> Ist sein Werk vollendet,
> die Tat vollbracht,
> so meint das Volk:
> »Es geschah wie von selbst.«[20]

Eine letzte Eigenschaft des Wassers, die es dem *Wu-wei* vergleichbar macht, ist die Klarheit, die es erreicht, wenn es stillsteht. »Trübes Wasser«, sagt das *Tao-te-king*, »klärt sich, wenn es ruht.« Wenn man aus einem hell erleuchteten Raum kommt und die Sterne betrachten will, muß man zwanzig Minuten warten, bevor die Augen sich ihrer neuen

Aufgabe angepaßt haben. Ähnliche Wartezeiten muß man dem Geist
zugestehen, um nach dem blendenden Schein der Welt seine Brenn-
weite auf die inneren Räume der Seele einzustellen.

> Farbenpracht macht blind
> des Menschen Aug'.
> Klangreichtum macht taub
> des Menschen Ohr.
> Feinschmeckerei macht schal
> des Menschen Mund.
> Hetzen und Jagen machen toll
> des Menschen Herz.
> Schwer erlangbare Güter verwirren
> des Menschen Wandel.
> Darum der Weise:
> wirkt für das Innere,
> nicht für das Äußere. [21]

Das Innere kann aber nur dann zur Klarheit kommen, wenn das Leben
die Ruhe eines tiefen und stillen Teichs erreicht.

Weitere taoistische Werte

Auch jedes Verhalten, bei dem der einzelne sich in den Vordergrund
spielt und mit anderen in Wettbewerb tritt, lehnt der Taoismus, hierin
weiter der Analogie des Wassers folgend, ab. Die Welt ist voll von
Menschen, die alles daran setzen, ›jemand zu sein‹ oder Ärger zu
machen. Sie wollen vorankommen, wollen etwas Besonderes sein. Damit hat der Taoismus wenig im Sinn. »Der erste Axthieb trifft den
höchsten Baum.«

> Wer auf den Zehen steht,
> steht nicht fest.
> Wer mit gespreizten Beinen geht,
> kommt nicht voran.
> Wer selber scheinen will,
> wird nicht erleuchtet. [22]

Auf Grund ihrer fast ehrfürchtigen Haltung der Bescheidenheit gegenüber hielten die Taoisten Behinderte und Bucklige als Personifizierun-
gen von Sanftmut und Zurückhaltung besonders in Ehren. Sie wiesen
gerne darauf hin, daß der Wert von Tassen, Fenstern und Türöffnungen
in dem liegt, was sie *nicht* beinhalten. »Selbstlos wie schmelzendes Eis«
ist ein typisches Bild hierfür. Da sie eine tiefe Abneigung gegen die
Dinge hegten, denen die Welt so großen Wert beimißt, lehnten die
Taoisten es ab, nach irgendwelchen Positionen zu jagen. Dieser Punkt
wird in einer Episode von Tschuang-tzu deutlich, der den Minister
eines Nachbarstaates besuchen wollte. Man warnte den Minister,
Tschuang-tzu wolle ihn verdrängen, und dieser fürchtete sich. Doch als
Tschuang-tzu davon hörte, sprach er zu dem Minister:

> »Im Süden gibt es einen Vogel, der heißt der junge Phönix. Ihr
> kennt ihn ja wohl? Dieser junge Phönix erhebt sich im Südmeer
> und fliegt nach dem Nordmeer. Er rastet nur auf heiligen Bäu-
> men; er ißt nur von der reinsten Kost und trinkt nur aus den
> klarsten Quellen. Da war nun eine Eule, die hatte eine verweste
> Maus gefunden. Als der junge Phönix an ihr vorüberkam, da sah
> sie auf und erblickte ihn. (Besorgt um ihre Beute) sprach sie: Hu!
> Hu! – Nun wollt Ihr mich wohl auch von eurem Staate Liang
> hinweghuhuen?«[23]

So ist es mit den meisten Schätzen dieser Welt. Sie sind nicht die Werte,
für die man sie hält. Was für einen Sinn soll es haben, sich vorzudrängen
und mit anderen zu wetteifern? Das *Tao* kann offenbar gut darauf
verzichten.

> Wenig reden entspricht der Natur.
> Ein Wirbelsturm währt keinen ganzen Morgen,
> ein Platzregen währt keinen ganzen Tag.[24]

Die Menschen sollten jedes heftige, aggressive Verhalten vermeiden –
nicht nur sich selbst, sondern auch der Natur gegenüber. Der Westen
betrachtet die Natur im wesentlichen als Gegner, als ein Objekt, das er
abwehren, dominieren, kontrollieren und erobern muß. Die Haltung
des Taoismus ist eine ganz andere. Das taoistische Denken ist zutiefst
mit der Natur verbunden, aber in der Art eines Rousseau, Wordsworth
oder Thoreau, nicht in der eines Galilei oder Bacon.

Die Welt erobern und behandeln wollen,
ich habe erlebt, daß das mißlingt.
Die Welt ist ein geistiges Ding,
das man nicht behandeln darf.
Wer sie behandelt, verdirbt sie,
wer sie festhalten will, verliert sie.[25]

Man soll der Natur als Freund gegenübertreten. Als die Engländer den
höchsten Gipfel der Erde bestiegen hatten, wurde dieser Erfolg allgemein als ›die Eroberung des Mount Everest‹ gefeiert. D. T. Suzuki
bemerkte dazu: »Wir im Osten hätten gesagt, sie haben mit dem Everest Freundschaft geschlossen.« Die japanische Seilschaft, die den zweit-
höchsten Berg, den Kanjanjunga bestieg, machte einige Meter vor dem
Gipfel freiwillig halt, was einem westlichen Bergsteiger den bewun-
dernden Ausruf entlockte: »Das ist wahre Größe!« Der Taoismus strebt
nach Einklang mit der Natur, nicht nach ihrer Beherrschung. Sein
Ansatz ist ökologischer Art, was Joseph Needham zu der Bemerkung
veranlaßte, China habe trotz seiner Rückständigkeit auf dem Gebiet der
theoretischen Wissenschaft schon früh »eine organische Naturphiloso-
phie entwickelt, die jener ähnelt, die sich die moderne Naturwissenschaft nach drei Jahrhunderten des mechanischen Materialismus notgedrungen hat zu eigen machen müssen.« Der ökologische Ansatz des
Taoismus hat viele westliche Architekten inspiriert, insbesondere Frank
Lloyd Wright. Taoistische Tempel heben sich nicht von ihrer Umgebung ab. Sie schmiegen sich an die Berge an, ducken sich unter die
Bäume und verschmelzen mit dem sie umgebenden Raum. So verhalten
sich im Idealfall auch die Menschen. Ihre größte Leistung ist es, sich mit
dem *Tao* zu identifizieren und seinen Zauber durch sie wirken zu lassen.

Diese taoistische Einstellung zur Natur hat tiefe Spuren in der chinesischen Kunst hinterlassen. Es ist kein Zufall, daß die größten Epochen
der chinesischen Kunst mit Höhepunkten des taoistischen Einflusses
zusammenfallen. Ehe sie zu Seide und Pinsel griffen, pflegten die Maler
in die Natur hinauszugehen, um sich in ihr zu verlieren – und etwa zu
dem Bambus zu werden, den sie malen wollten. So saßen sie einen
halben Tag – oder auch vierzehn Jahre lang, ehe ein Pinselstrich getan
wurde. Das chinesische Wort für Landschaftsmalerei setzt sich aus den
Radikalen für Berg und Wasser zusammen, deren eines für Weite und
Einsamkeit steht, während das andere Biegsamkeit, Ausdauer und flie-
ßende Bewegung ausdrückt. Der Mensch hat nur einen geringen Anteil

an der unermeßlichen Weite, und wir müssen schon genau hinsehen, um in den Bildern menschliche Gestalten zu entdecken. Gewöhnlich steigen sie mit ihren Bündeln bergan, reiten auf einem Büffel oder staken ein Boot und symbolisieren so das Selbst, das sich mit der ihm auferlegten Reise, seinem Bündel, seinem Berg abmüht, immer aber von lauter Schönheit umgeben ist. Menschen sind nicht so eindrucksvoll wie Berge; sie leben nicht so lange wie die Bäume. Und doch gehören sie der Ordnung der Dinge ebenso an wie Vögel und Wolken. Und durch sie fließt, wie durch alles in der Welt, das ewig währende *Tao*.

Der taoistische Naturalismus war aber auch mit einem Hang zur Natürlichkeit verbunden. Pomp und Extravaganz galten als Torheit. Als die Anhänger des Chuang-tzu ihn um die Erlaubnis baten, ihn nach seinem Tod würdig zu bestatten, antwortete er: »Himmel und Erde sind mein innerer und äußerer Sarg. Sonne, Mond und Sterne sind mein Totenhemd, und die ganze Schöpfung ist mein Leichenzug. Was brauche ich mehr?« Man machte sich über die Kultur lustig. Das Primitive war das Ideal. »Ein Land sei klein, seine Bewohner wenige«, schlug Lao-tzu vor. »Laß die Menschen [für Aufzeichnungen] wieder Schnüre knoten. Süß sei ihnen ihre Speise, schön ihre Kleidung, friedlich ihre Wohnung und fröhlich ihre Sitten.« Reisen lehnte er ab. Es sei sinnlos und fördere nur die Neugier. »Nachbarländer mögen in Sichtweite beisammen liegen, so daß Hähne und Hunde von weitem noch zu hören sind, und doch erreiche man Alter und Tod, ohne hin und her gewandert zu sein.«[26]

Diese Vorliebe für Natürlichkeit und Einfachheit ist das, was Taoisten und Konfuzianisten am deutlichsten voneinander trennt. In ihren grundlegenden Zielen unterscheiden sich die beiden Schulen nicht wesentlich, aber die Taoisten hatten nur wenig Verständnis für die Art, wie die Konfuzianisten diese zu erreichen suchten. Jede Art von Formalismus, von reiner Schau, von Zeremonie lehnten sie ab. Was konnte man schon von der peinlich genauen Beobachtung formeller Regeln erwarten? Der ganze Ansatz war künstlich, war nichts als eine lackierte Oberfläche, die sich letztlich als brüchig und hinderlich erweisen mußte. In diesem Punkt war der Konfuzianismus nur ein weiteres Beispiel für die Neigung des Menschen, sein Leben in festgelegte Regeln zu pressen. Jedes ausgeklügelte System, jede Bestrebung, das Leben in eine ordentliche Form zu bringen, ist sinnlos. Sie alle sind nichts weiter als verschiedene Querschnitte durch die eine Wirklichkeit, und damit laufen sie alle bloß wieder auf ›drei Uhr morgens‹ hinaus. Und was ist

›drei Uhr morgens‹? Einmal sollen im Staate Sung die schwierigen
Zeiten einen Affenzüchter gezwungen haben, seinen Tieren die Futter-
rationen zu beschneiden. »Von jetzt an«, so verkündete er, »heißt es
drei Uhr morgens und vier Uhr nachmittags.« Doch das Protestgebrüll
der Affen zwang ihn zu verhandeln, und schließlich ging er auf ihre
Forderung ein. Nun war die Fütterung um vier Uhr morgens und um
drei Uhr nachmittags. Die Affen triumphierten.

Ein weiteres Merkmal des Taoismus ist seine Vorstellung von der
Relativität aller Werte und sein Gegenstück, der Zusammenfall der
Gegensätze. Hierin berührte sich der Taoismus mit dem traditionellen
chinesischen *Yin-Yang*-Symbol, das gewöhnlich so dargestellt wird:

Diese Polarität faßt die großen Ur-Gegensätze des Lebens zusammen:
gut und böse, aktiv und passiv, hell und dunkel, Sommer und Winter,
männlich und weiblich. Aber obwohl die beiden Hälften in Spannung
zueinander stehen, sind sie nicht streng voneinander getrennt; sie ergänzen sich und gleichen sich aus. Jedes dringt in die Hemisphäre des
anderen ein und läßt sich genau dort nieder, wo das Reich des Partners
seinen tiefsten inneren Winkel hat. Und am Ende lösen beide sich in
dem Kreis auf, der sie umgibt – dem *Tao* in seiner ewigen Ganzheit. Im
Kontext dieser Ganzheit sind die Gegensätze nichts weiter als Phasen in
einem ewigen zyklischen Geschehen, denn jeder von ihnen verwandelt
sich unaufhörlich in sein Gegenteil und wechselt mit ihm den Platz. Das
Leben strebt nicht vorwärts oder aufwärts auf einen festen Zielpunkt zu.
Es kehrt zu sich selbst zurück und schließt den Kreis in der Verwirklichung des Bewußtseins: Alles ist Eins, und alles ist gut.

Wer über dieses tiefgründige Symbol meditiert, so versichern die
Taoisten, der wird bemerken, daß es einen besseren Zugang zu den
Geheimnissen der Welt gewährt als langwierige Diskussionen und

Erörterungen. Im Einklang mit seiner Grundidee meidet der Taoismus alle scharfen Dichotomien. Kein Standpunkt, den man in dieser Welt des Relativen einnehmen könnte, kann als absolut gesichert gelten. Wer weiß, ob der längste Umweg sich nicht letztlich als der kürzeste Weg zum heimatlichen Ziel erweisen wird? Oder denken wir an die Relativität von Wachen und Traum. Chuang-tzu träumte einmal, er sei ein Schmetterling, und während des Träumens war ihm nicht bewußt, daß er je etwas anderes gewesen war. Aber als er erwachte, stellte er überrascht fest, daß er Chuang-tzu war. Doch nun fragte er sich: War er wirklich Chuang-tzu, der geträumt hatte, er sei ein Schmetterling, oder war er ein Schmetterling, der jetzt träumte, er sei Chuang-tzu?

Alle Werte und Vorstellungen hängen also letztlich von dem Geist ab, der sie hervorbringt. Als der Zaunkönig und die Zikade hörten, es gebe Vögel, die Hunderte von Kilometern weit fliegen könnten, ohne einmal die Erde zu berühren, da waren sie sich einig, daß dies ein Ding der Unmöglichkeit sei. »Du und ich, wir wissen doch sehr gut«, so pflichteten sie einander bei, »daß man auch bei größter Anstrengung nicht weiter gelangen kann als bis zu der Ulme da drüben, und auch das gelingt nicht jedesmal. Oftmals wird man zur Erde zurückgezogen, lange bevor man sein Ziel erreicht hat. All diese Geschichten von Flügen über Hunderte von Kilometern auf einen Rutsch sind barer Unsinn.«

Nach taoistischer Sicht sind nicht einmal ›gut‹ und ›böse‹ einfache Gegensätze. Während der Westen hier zu einer klaren Dichotomie neigt, sind die Taoisten weniger kategorisch. Sie stützen ihre Skepsis mit der Geschichte von einem Bauern, dem sein Pferd weggelaufen war. Als sein Nachbar ihn trösten wollte, bekam er zu hören: »Wer weiß, was gut und was schlecht ist?« Das stimmte, denn am nächsten Tag kam das Pferd zurück und brachte eine Herde Wildpferde mit, die sich ihm angeschlossen hatten. Da war auch der Nachbar wieder zur Stelle und wollte zu dem unverhofften Glück gratulieren. Wieder wurde ihm beschieden: »Wer weiß, was gut und was schlecht ist?« Wieder erwies sich, wie recht der Bauer hatte, denn am nächsten Tag wollte sein Sohn eines der Wildpferde besteigen, fiel herunter und brach sich ein Bein. Abermals hatten die Mitleidsbezeigungen des Nachbarn die Frage zur Folge: »Wer weiß, was gut und was schlecht ist?« Ein viertes Mal behielt der Bauer recht, denn am nächsten Tag kamen Soldaten, um Rekruten für die Armee auszuheben, und sein Sohn wurde aufgrund seiner Verletzung nicht eingezogen. Wenn diese Anekdote sehr nach Zen klingt, so ist das nicht weiter verwunderlich; denn der Buddhismus ist durch die Schule des Taoismus gegangen und zum Zen geworden.

Der Taoismus denkt dieses Relativitätsprinzip logisch zu Ende, wenn er Leben und Tod als einander ergänzende Zyklen im Rhythmus des *Tao* ansiedelt. Als Chuang-tzus Frau gestorben war, kam sein Freund Hui-tzu, um zu kondolieren. Er fand Chuang-tzu mit ausgestreckten Beinen auf dem Boden sitzend. Er klopfte auf einer Holzschale herum und sang dazu.

»Schließlich«, so sagte sein Freund, »hat sie all die Jahre in treuer Ergebenheit mit dir gelebt, hat euren ältesten Sohn mit dir großgezogen und ist mit dir alt geworden. Es ist schon schlimm genug, daß du keine Träne um sie vergossen hast, aber daß du singst und auf einer Schüssel herumtrommelst, ist doch die Höhe!«

»Das siehst du falsch«, sagte Chuang-tzu. »Als sie starb, war ich verzweifelt, wie es wohl jeder wäre. Aber dann machte ich mir bewußt, daß sie, ehe sie geboren wurde, keinen Körper hatte, und mir wurde klar, daß derselbe Wandlungsprozeß, der sie zur Geburt gebracht hatte, schließlich auch ihren Tod bewirkte. Wenn jemand müde ist und sich hingelegt hat, dann verfolgen wir ihn ja auch nicht mit Lärmen und Brüllen. Sie, die ich verloren habe, hat sich eine Weile in der Kammer zwischen Himmel und Erde schlafen gelegt. Wenn ich jammern und wehklagen wollte, während meine Frau schläft, dann würde ich damit das eherne Gesetz der Natur leugnen. Also verzichte ich darauf.«[27]

An anderer Stelle gibt Chuang-tzu seinem Vertrauen angesichts des Todes direkten Ausdruck:

> Da ist der Globus,
> Das Fundament meines körperlichen Seins.
> Er erschöpft mich durch Arbeit und Pflichten,
> Er schenkt mir Ruhe im Alter,
> Er gibt mir Frieden im Tod.
> Denn der Eine, der mich mit allem versorgt hat,
> was ich im Leben brauchte,
> wird mir auch geben, was ich im Tode brauche.[28]

Es ist nicht erstaunlich, daß eine Philosophie, die der Gewalt so ablehnend gegenübersteht wie der Taoismus, starke Neigungen zum Pazifismus zeigt. Es gibt Stellen im *Tao-te-king*, die sich fast wie die Bergpredigt lesen.

Wer mit Tao
einem Herrscher beisteht,
unterjocht nicht mit Waffengewalt
die Welt.
Sein Tun könnte sich zurückwenden.
Wo Heere lagerten,
wachsen Dorngesträuch und Disteln.[29]

Waffen sind Werkzeuge der Gewalt;
jeder anständige Mensch verabscheut sie.
Waffen sind Werkzeuge der Angst;
jeder anständige Mensch vermeidet sie,
außer in äußerster Not,
und wenn er dazu gezwungen ist,
gebraucht er sie nur mit äußerster Zurückhaltung.
Friede ist der höchste Wert . . .
Er geht ernst in die Schlacht,
traurig und mit großem Mitleid,
als ginge er zu einem Begräbnis.[30]

Daß der Gelehrte in China an der Spitze der sozialen Skala stand, mag auf den Einfluß des Konfuzius zurückgehen. Aber der Taoismus hat dafür gesorgt, daß der Soldat den untersten Rang einnahm. »Der rechte Weg für einen kraftvollen Menschen ist nicht der Weg des Soldaten.« Nur »wer alle Menschen als Teil seines oder ihres eigenen Körpers versteht, kann sie recht beschützen . . . Wen der Himmel nicht vernichtet sehen will, den bewaffnet er mit Mitleid.«

Der Krieg ist ein düsteres Kapitel, und der Taoismus hatte auch zu den dunklen, traurigen Seiten des Lebens etwas zu sagen. Aber er hat sich immer eine gewisse heitere Leichtigkeit bewahrt. Diese Philosophie hat eine Subtilität, eine Weltläufigkeit und einen Charme, die ansteckend wirken. »Wer sich durchbohrt fühlt«, sagt das *Tao-te-king*, muß einmal eine Luftblase gewesen sein.« Ein solcher Ausspruch hat eine Knappheit, eine Direktheit, einen Witz, die für den Geist des Ganzen typisch sind. In seinem Verzicht auf einen allzu schwerblütigen Umgang mit dem Leben weiß sich der Taoismus mit dem übrigen China im Einklang; daß er nichts mit der konfuzianischen Neigung zur formalen Strenge gemein hat, haben wir schon bemerkt. Steif und an ihrer eigenen Würde erstickend kommen die Konfuzianisten in der taoistischen Literatur daher, so zum Beispiel in der Geschichte von dem Taoisten Chuang-tzu und dem Konfuzianisten Hui-tzu, die bei einem Spaziergang zu einer Brücke über den Hao kamen. »Sieh doch, wie die Fische hin und her huschen. Die haben einen solchen Spaß daran!« bemerkte Chuang-tzu.

»Du bist kein Fisch«, entgegnete Hui-tzu. »Woher willst du wissen, was den Fischen Spaß macht?«

»Du bist nicht ich«, sagte Chuang-tzu. »Woher willst du wissen, daß ich nicht weiß, was den Fischen Spaß macht?«[31]

Schlußbemerkung

Taoismus und Konfuzianismus umspielen einander wie *Yin* und *Yang* selbst und zeigen uns so die zwei angeborenen Pole des chinesischen Charakters. Konfuzius steht für das Klassische, Lao-tzu für das Romantische. Konfuzius betont die soziale Verantwortung, Lao-tzu legt mehr Wert auf Spontaneität und Natürlichkeit. Konfuzius konzentriert sich auf den Menschen, Lao-tzu auf das, was den Menschen übersteigt. Wie die Chinesen selbst sagen: Konfuzius bewegt sich innerhalb der Gesellschaft, Lao-tzu geht darüber hinaus. Die Wurzeln des Lebens reichen in beides hinein; und die chinesische Kultur wäre ärmer, wenn eine der beiden Richtungen fehlte.

Manche Bücher üben von der ersten Begegnung mit ihnen an einen Zauber aus, der nie ganz verblaßt, weil sie das tiefste »Ich« im Leser ansprechen. Für all jene, die sich mit dem Gedanken angefreundet haben, daß das *Tao* an allen Orten und zu jeder Zeit in uns ist, ist das *Tao-te-king* ein solches Buch. Das gilt weitgehend für die Chinesen, aber auch ein amerikanischer Dichter kann sagen, es sei »immer noch die einfachste, logischste Erklärung für die Kontinuität des Lebens und enthalte die logischsten Ratschläge, das Leben zu genießen.«[32] Auch wenn sie natürlich nie vollkommen angewandt wird, ist seine Lehre der Einfachheit, Offenheit und Weisheit für Millionen Chinesen immer ein freudiger Leitstern gewesen.

> Es gibt ein Wesen, unfaßbar, vollkommen,
> Es war schon vor Himmel und Erde da,
> so still, so gestaltlos.
> Allein beharrt es, unwandelbar,

alles durchdringend ohne Gefahr.
Man kann es die Mutter des Weltalls nennen.
Alles hüllt es in seine Liebe wie in ein Kleid, und
doch verlangt es nicht nach Ehre, will nicht herrschen.
Seinen Namen kenne ich nicht,
ich nenne es: Tao, den Weg,
und ich freue mich seiner Macht. [33]

1 Zitiert nach Max Kaltenmark, *Lao-tzu und der Taoismus* (Frankfurt/M., 1981) in *Lexikon der östlichen Weisheitslehren* (O. W. Barth/Scherz: Bern, München, Wien, 1986), unter dem Stichwort ›Lao-tzu‹.

2 Laotse, *Tao te king. Das Buch vom Sinn und Leben.* Übersetzt und mit einem Kommentar von Richard Wilhelm (Diederichs: München, 1978), Abschnitt 56.

3 Vgl. Laotse, *Tao te king* (übersetzt von R. Wilhelm), Abschnitt 14: »Ununterbrochen quellend, kann man es nicht nennen.«

4 Laotse, *Tao te king,* (übersetzt von R. Wilhelm) Abschnitt 25.

5 »Jede beliebige Aufzählung der von den alten chinesischen Ärzten verwendeten Medikamente, deren Wirksamkeit in vielen Fällen historisch belegt oder im Labor nachgewiesen ist, bedeutet für die gesamte westliche Medizin den Vorwurf der Nachlässigkeit und Überheblichkeit.« Richard Selzer, *Mortal Lessons: Notes on the Art of Surgery* (New York: Simon & Schuster, 1987), S. 116.

6 Es gab innerhalb des Taoismus unterschiedliche Vorstellungen von der Unsterblichkeit. Michael Saso schreibt, ein Taoist sei »definitionsgemäß ein Mann, der Unsterblichkeit im jetzigen Leben anstrebt«, aber er setzt hinzu, daß viele

darunter »nicht so sehr eine zum Fehlen des Todes führende Langlebigkeit [verstehen] als vielmehr einen Zustand, in dem er nach dem Tode nicht zur Bestrafung in das Feuer der Unterwelt absteigt.« *Taoism and the Rite of Cosmic Renewal* (Pullman: Washington State University Press, 1989), S. 3.

7 In Wirklichkeit gelangte der Samen auf diese Weise in die Blase, aus der er mit dem Urin ausgeschieden wurde. Aber das war den Chinesen nicht bekannt.

8 Zitiert in Arthur Waley, *The Way and Its Power*, 1934. Reprint. (London: Allen & Unwin, 1958), S. 48–49.

9 Nach Laotse, *Tao te king* (übersetzt von R. Wilhelm), Abschnitte 2 und 7.

10 Pep rallies sind Veranstaltungen von Sportvereinen, politischen Parteien, Firmen und dergleichen, die den Zweck verfolgen, bei den Anwesenden Begeisterung für ein gemeinsames Ziel zu wecken. *Anmerkung des Übersetzers.*

11 Daniel Overmyer, *Religions of China* (New York: Harper & Row, 1986), S. 39.

12 Apostelgeschichte 9:32–34. *Die Bibel in heutigem Deutsch.* (Deutsche Bibelgesellschaft: Stuttgart, 1982).

13 Laotse, *Tao te king* (übersetzt von R. Wilhelm), Abschnitt 40.

14 Laotse, *Tao te king* (Wilhelm), Abschnitt 9.

15 Laotse, *Tao te king* (Wilhelm), Abschnitt 27.

16 Dschuang Dsi, *Das wahre Buch vom südlichen Blütenland* (Diederichs: München, [7]1992), III 2.

17 Lao-Tse, *Tao-Te-King.* Neu übertragen und mit einer Einführung versehen von Wolfgang Kopp (Ansata: Interlaken, [2]1992), Abschnitt 15.

18 Lao-Tse, *Tao-Te-King* (Kopp), Abschnitt 8.

19 Laotse, *Tao te king* (Wilhelm), Abschnitt 78.

20 Lao-Tse, *Tao-Te-King* (Kopp), Abschnitt 17.

21 Lao-Tse, *Tao-Te-King* (Kopp), Abschnitt 12.

22 Laotse, *Tao te king* (Wilhelm), Abschnitt 24.

23 Dschuang Dsi, *Das wahre Buch vom südlichen Blütenland*, XVII, 11.

24 Lao-Tse, *Tao-Te-King* (Kopp), Abschnitt 23.

25 Laotse, *Tao te king* (Wilhelm), Abschnitt 29.

26 Lao-Tse, *Tao-Te-King* (Kopp), Abschnitt 80.

27 Die Geschichte findet sich in Dschuang Dsi, *Das wahre Buch vom südlichen Blütenland*, XVIII, 2.

28 Zitiert in K. L. Reichelts Übersetzung des fünfundzwanzigsten Kapitels des *Tao-te-king* in seinem Buch *Meditation and Piety in the Far East* (New York: Harper and Brothers, 1954), S. 102.

29 Lao-Tse, *Tao-Te-King* (Kopp), Abschnitt 30.

30 Nach Abschnitt 31 des *Tao-Te-King.*

31 Vgl. Dschuang Dsi, *Das wahre Buch vom südlichen Blütenland*, XVII, 12.

32 Bynner, *The Way of Life According to Laotzu*, 1944. Reprint. (New York: Putnam, 1986) S. 12–13.

33 Nach K. L. Reichelts Übersetzung des 25. Abschnitts des *Tao-te-king* in *Meditation and Piety*, 41, unter Verwendung von Lao-Tse, *Tao-Te-King* (Kopp), Abschnitt 25.

Sechstes Kapitel

VI. ISLAM

Zuerst ist eine Besonderheit zu konstatieren. Von allen nichtwestlichen Religionen steht der Islam dem Westen am nächsten – nicht nur geographisch, sondern auch ideologisch; denn religiös gehört er zur ›Familie der abrahamischen Religionen‹, während er philosophisch auf den Griechen aufbaut. Doch trotz dieser geistigen und räumlichen Nähe ist der Islam für den Westen die schwerverständlichste Religion. So konnte eine amerikanische Kolumnistin schreiben: »Es gibt keinen Teil der Welt, den wir noch hoffnungsloser, systematischer und verbissener mißverstehen als jenes Gebilde aus Religion, Kultur und Geographie, das man Islam nennt.«[1]

Der darin liegende Widerspruch ist leicht erklärt. Nähe ist kein Garant für Eintracht – es ist bekannt, daß im Schoß der Familie mehr Morde geschehen als irgendwo sonst. Der Islam und der Westen sind Nachbarn, und die gemeinsamen Grenzen haben zu Grenzstreitigkeiten geführt, die sich, von gegenseitigen Überfällen ausgehend, zu Rachefeldzügen, blutigen Fehden und umfassenden Kriegen entwickelt haben. Aber es gibt auch eine freundlichere Seite; immer wieder haben Christen, Moslems und Juden in Eintracht zusammengelebt – man denke an das maurische Spanien. Doch haben der Islam und Europa in den vergangenen vierzehnhundert Jahren die meiste Zeit im Streit miteinander gelegen, und von seinen Feinden macht man sich meist kein faires Bild.[2] Daher ist der Blick auf den Islam im Rahmen dieses Buches besonders interessant.

Schon der Name hat Anlaß zu Mißverständnissen gegeben. Bis vor kurzem hat man im Westen von Mohammedanismus gesprochen, was nicht nur ungenau, sondern sogar beleidigend ist. Es ist ungenau, sagen die Moslems, weil Mohammed diese Religion nicht geschaffen hat; Gott hat sie geschaffen – Mohammed war nur sein Sprachrohr. Darüber hinaus ist die Benennung aber beleidigend, weil sie den Eindruck erweckt, der Islam habe mehr mit dem Menschen als mit Gott zu tun. Das Christentum nach Christus zu benennen, sei angemessen, so sagen sie, denn die Christen glauben, daß Christus Gott war. Aber den Islam

Mohammedanismus zu nennen, das ist so, als wollte man statt von Christentum von Paulismus sprechen. Der richtige Name dieser Religion ist Islam. Er leitet sich von der Wurzel *s-l-m* ab, die zunächst ›Friede‹, dann aber auch ›Hingabe, Kapitulation‹ bedeutet, so daß sich als voller Sinn des Wortes ergibt: ›der Friede, der sich einstellt, wenn das Leben Gott hingegeben wird‹. Damit ist der Islam – zusammen mit dem Buddhismus, aus der Wurzel *budh* ›erwachen‹ – eine der beiden Religionen, die nach der Eigenschaft benannt sind, die sie anstreben; im Falle des Islam ist das die vollständige Hingabe des Lebens an Gott. Die Anhänger des Islam heißen Moslems.

Der Hintergrund

»Den Namen der Araber«, schreibt Philip Hitti, »umgibt jener Glanz, der den Welteroberern eigen ist. Dieses Volk brauchte nur hundert Jahre vom ersten Auftauchen in der Geschichte, bis es sich zum Herrscher eines Reiches aufgeschwungen hatte, das sich vom Atlantik bis nach China erstreckte, ein Reich, das größer war als Rom auf dem Höhepunkt seiner Macht. In dieser Zeit der beispiellosen Ausdehnung assimilierten sie, was den Glauben, die Sprache, ja sogar den Körperbau anging, mehr Fremde als irgendeine Rasse vor oder nach ihnen, die Griechen, Römer, Angelsachsen und Russen nicht ausgenommen.«[3]

Im Zentrum dieses Aufstiegs der Araber zur Größe stand ihre Religion, der Islam. Wenn wir uns fragen, wie er entstand, so verweist der Außenstehende auf sozioreligiöse Strömungen, die zur Zeit des Mohammed in Arabien wirksam waren. Die Moslems haben eine andere Erklärung parat. Danach beginnt der Islam nicht erst mit der Gestalt des Mohammed im Arabien des sechsten Jahrhunderts, sondern mit Gott. »Im Anfang schuf Gott . . .« – so beginnt das Buch Genesis. Dem stimmt der Koran zu, wenn er auch für Gott das Wort *Allah* verwendet. Dieses besteht aus dem bestimmten Artikel *al* ›der‹ und *Ilah* ›Gott‹. Wörtlich heißt Allah also ›der Gott‹. Nicht *ein* Gott, denn es gibt nur einen. *Den* Gott.

Wenn man bei dem hebräischen Wort für Gott, *Elohim*, die Maskulinum-Plural-Endung *im* wegläßt, klingen die beiden Wörter fast gleich.

Gott schuf die Welt und danach die Menschen. Der Name des ersten Menschen war Adam. Einer von Adams Nachfahren war Noah, und dieser hatte einen Sohn namens Sem. Von diesem Namen leitet sich das

Wort *Semite* her, das wörtlich einen Nachfahren von Sem bezeichnet. Die Araber verstehen sich wie die Juden als ein semitisches Volk. Einer der Nachfahren Sems war Abraham, und bis dahin befinden wir uns noch in der gemeinsamen Tradition von Judentum und Christentum. Es scheint nämlich Abrahams schwerste Prüfung gewesen zu sein – würde er bereit sein, seinen Sohn Isaak zu opfern? –, die dem Islam seinen Namen gegeben hat. Abraham heiratete Sara. Sara hatte keinen Sohn, und so nahm Abraham, der seinen Stamm fortsetzen wollte, Hagar zur zweiten Frau. Diese gebar ihm einen Sohn, Ismael, worauf auch Sara schwanger wurde und ebenfalls einen Sohn zur Welt brachte, der den Namen Isaak erhielt. Nun verlangte Sara von Abraham, er solle Ismael und Hagar aus dem Stamm ausstoßen. Damit kommen wir zur ersten Abweichung zwischen dem Bericht des Koran von dem der Bibel. Dem Koran zufolge ging Ismael an den Ort, an dem später Mekka entstehen sollte. Seine Nachkommenschaft, die in Arabien Fuß faßte und gedieh, entwickelte sich zu Moslems, während die des Isaak, die in Palästina geblieben waren, Hebräer waren und Juden wurden.

Das Siegel der Propheten

Wenn wir der Linie Ismaels in Arabien nachgehen, kommen wir in der zweiten Hälfte des sechsten Jahrhunderts nach Christus zu Mohammed, dem Propheten, der dem Islam nach dem Glauben der Moslems seine endgültige Form gegeben hat. Es hatte auch vor ihm schon echte Propheten Gottes gegeben, aber sie alle gipfelten in ihm; daher nennt man ihn ›das Siegel der Propheten‹. Nach ihm wird es keine rechtmäßigen Propheten mehr geben.

Die Welt, in die Mohammed hineingeboren wurde, wird von späteren Moslems mit einem Wort beschrieben: unwissend. Das Leben in der Wüste war nie besonders friedlich gewesen. Außerhalb ihres Stammes fühlten die Menschen sich kaum irgend jemandem verpflichtet. Der Mangel an materiellen Gütern führte dazu, daß die Räuberei zu einer landesüblichen Einrichtung und zum Prüfstein der Männlichkeit wurde. Im sechsten Jahrhundert war die politische Situation verfahren; der Zusammenbruch des Magistrats der führenden Stadt Mekka machte die ohnehin schon chaotische Lage noch aussichtsloser. Saufgelage und Spielleidenschaft grassierten. Die herrschende Religion sah dieser Entwicklung machtlos von außen zu. Es handelte sich um eine

Art animistischen Polytheismus, der die Sandwüsten mit abscheulichen Geistern, den *Djinns* oder Dämonen, bevölkerte. Diese phantastischen Verkörperungen der Schrecken der Wüste waren nicht geeignet, die Menschen zu erhabenen Gefühlen oder moralischem Verhalten anzuleiten. Insgesamt begünstigten die Bedingungen ein untergründiges Schwelen, das sich immer wieder in plötzlichen Raufereien und blutigen, schier endlosen Fehden Luft machte. Die Zeiten schrien nach einem Erlöser.

Er wurde um das Jahr 570 nach Christus in den führenden Stamm von Mekka, die Koraisch, hineingeboren und erhielt den Namen Mohammed – »hoch gepriesen« – ein Name, der seitdem zum häufigsten männlichen Vornamen geworden ist. Seine ersten Lebensjahre waren vom Unglück überschattet, denn sein Vater starb wenige Tage vor Mohammeds Geburt, seine Mutter, als er sechs war, und sein Großvater, der nach dem Tod der Mutter die Sorge für ihn übernommen hatte, als er acht war. Danach wurde er von seinem Onkel aufgenommen. Und wenn man den jungen Waisenknaben auch wegen der sich verschlechternden wirtschaftlichen Lage seines neuen Beschützers die Herden seines Onkels hüten ließ, wurde er doch von seiner neuen Familie herzlich aufgenommen. Es wird berichtet, daß die Engel Gottes Mohammeds Herz geöffnet und mit Licht durchflutet hatten.

Die Beschreibung, die uns überliefert ist, schildert seinen Charakter, wie er sich in diesen ersten Lebensjahren darstellte. Mit seinem reinen Herzen wurde er von allen, die ihn kannten, geliebt; er war, so heißt es, von sanftem, einnehmendem Wesen. Die Schicksalsschläge hatten ihn für Leid in jeder Form empfindsam gemacht, und so war er immer bereit zu helfen, vor allem den Armen und Schwachen. Sein Gefühl für Ehre, Pflicht und Treue brachte ihm, als er älter wurde, die ehrenvollen Namen »der Treue«, »der Aufrechte« und »der Vertrauenswürdige« ein. Doch trotz der steten Sorge um seine Mitmenschen sonderten seine Anschauungen und sein Gebaren ihn von ihnen ab, und er lebte als Fremder in einer korrupten, degenerierten Gesellschaft. Je mehr er vom Kind zum Manne heranreifte, desto deutlicher sah er die zügellosen Zwistigkeiten seiner Zeitgenossen, die ständigen Ausbrüche sinnloser Gewalt unter den die Jahrmärkte von Mekka besuchenden Stämmen sowie den allgemeinen Sittenverfall und Zynismus seiner Zeit, und der künftige Prophet reagierte auf all das mit Entsetzen und Abscheu. Er zog sich in Schweigen und Sinnen zurück. Seine Gedanken wandten sich nach innen.

Als Erwachsener wandte er sich dem Karawanenhandel zu, und mit fünfundzwanzig trat er in die Dienste einer wohlhabenden Witwe mit Namen Chadidscha. Seine Umsicht und Integrität machten großen Eindruck auf sie, und mit der Zeit gingen ihre Gefühle füreinander in Achtung und später in Liebe über. Obwohl sie fünfzehn Jahre älter war, heirateten sie, und die Beziehung erwies sich in jeder Hinsicht als glücklich. In der nun folgenden langen, trostlosen Zeit, in der niemand – nicht einmal er selbst – an ihn glaubte, harrte Chadidscha treu an seiner Seite aus, tröstete ihn und hielt die schwache Flamme der Hoffnung am Leben. »Gott«, so weiß die Tradition zu berichten, »tröstete ihn durch sie, denn sie machte seine Bürde leicht.«

Seiner Heirat folgten fünfzehn Jahre der Vorbereitung, bevor er seine Sendung antrat. Ein Berg in der Umgebung von Mekka, der Berg Hira, barg eine Höhle, und Mohammed, der die Einsamkeit brauchte, begann sie aufzusuchen. Er, der sich anschickte, das Geheimnis von Gut und Böse zu ergründen, der die Rohheit, den Aberglauben und den Brudermord, die um ihn herum als alltäglicher Bestandteil des Lebens galten, nicht hinnehmen konnte, »dieses große feurige Herz, das wie ein großer Herd aus Gedanken glühte und loderte«, streckte seine Glieder nach Gott aus.[4]

Während die Wüsten-*Djinns* keinen Einfluß auf seine Suche hatten, war ein Gott ihm wichtig. Er hieß Allah,[5] und man verehrte ihn in Mekka nicht als den einzigen, aber doch als einen bedeutenden Gott. Als Schöpfer, als höchster Ernährer und Lenker des menschlichen Geschicks brachte man ihm echtes religiöses Gefühl und aufrichtige Verehrung dar. Die *Hanifs*, ein kontemplativer Orden der damaligen Zeit, verehrten nur Allah. Zu ihnen gehörte Mohammed. Durch Nachtwachen, die oft bis zum Morgen dauerten, wurde Mohammed die Wirklichkeit Allahs in ihrer ehrfurchtgebietenden Größe immer greifbarer. Er war schrecklich und wunderbar, wirklich wie das Leben, wirklich wie der Tod, wirklich wie das Universum, das er geschaffen hatte. Allah (das war Mohammeds Überzeugung) war weit größer als seine Landsleute ahnten. Dieser Gott, der mit seiner Majestät eine Wüstenhöhle zu überfluten imstande war, der Himmel und Erde erfüllte, war gewiß nicht nur ein Gott oder selbst der größte unter den Göttern. Er war, was sein Name wörtlich behauptete: *der* Gott, der Eine und Einzige, der unangefochtene Eine. Schon bald sollte aus dieser Berghöhle der größte Satz der arabischen Sprache ertönen; der tiefe, elektrisierende Ruf, der ein Volk sammeln und seine Macht bis an die

Grenzen der bekannten Welt katapultieren sollte: *La ilaha illa 'llah!* Es gibt keinen Gott außer Gott!

Aber zunächst mußte der Prophet, um das Jahr 610 herum, seine Weisung bekommen. Im Laufe der Zeit, als Mohammeds Drang, die Höhle zu besuchen, zwingender wurde, nahm der Auftrag, den er später als seine Bestimmung ansah, allmählich Gestalt an. Es war derselbe Auftrag, der früher Abraham, Moses, Samuel, Jesaja und Jesus zuteil geworden war. Wo und wann auch immer dieser Ruf ergeht, hat er denselben Inhalt, wenn auch die Form verschieden sein mag. Eine Stimme läßt sich vom Himmel vernehmen, die sagt: »Du bist der Erwählte.« In der *Nacht der Macht*, während ein eigenartiger Friede die Schöpfung durchzog und die ganze Natur sich ihrem Herrn zuwandte, in der Tiefe dieser Nacht, so sagen die Moslems, wurde *das* Buch einer bereiten Seele geöffnet. Manche fügen hinzu, daß man in dieser Nacht das Gras wachsen und die Bäume sprechen hören kann, und daß diejenigen, denen diese Gnade zuteil wird, zu Heiligen oder Weisen werden, denn bei der jährlichen Wiederkehr dieser Nacht kann man »Gott durch die Finger sehen«.[6]

In dieser ersten *Nacht der Macht*, als Mohammed auf dem Boden seiner Höhle lag und sein Geist in tiefe Beschauung versunken war, kam zu ihm ein Engel in der Gestalt eines Mannes. Der Engel sagte zu ihm: »Verkündige!«[7], doch er erwiderte: »Ich kann nicht verkündigen;« worauf, wie Mohammed später selbst berichtete, »der Engel mich ergriff und mich mit seinen Armen preßte, bis mir die Kräfte schwanden. Da ließ er mich los und sagte wieder »Verkündige!« Wieder sagte ich: »Ich kann nicht verkündigen«, und wieder preßte er mich in seinen Armen. Als mir wieder die Kräfte schwanden, sagte er: »Verkündige!«, und als ich wieder protestierte, preßte er mich ein drittes Mal, wobei er sagte:

> Lies im Namen deines Herrn, Der erschuf,
> Erschuf den Menschen aus einem Klumpen Blut.
> Lies! denn dein Herr ist der Allgütige,
> Der (den Menschen) lehrte durch die Feder,
> Den Menschen lehrte, was er nicht wußte.[8]

Als Mohammed aus seiner Verzückung erwachte, war ihm, als seien die Worte, die er vernommen hatte, in seine Seele eingebrannt. Tief erschrocken eilte er nach Hause, wo ihn plötzlich Krämpfe überfielen. Als er wieder zu sich kam, sagte er zu Chadidscha, er sei entweder zum Propheten geworden oder »ein Besessener – ein Verrückter.« Zunächst wehrte sie sich gegen diese Unterscheidung; doch als sie alles gehört hatte, ließ sie sich als erste bekehren – was, wie von Moslems oft bemerkt wird, für die Echtheit seines Auftrags spricht, denn wenn es jemanden gibt, der das wahre Wesen eines Mannes versteht, dann ist es seine Frau. »Freue dich, lieber Mann, und sei wohlgemut«, sagte sie. »Du wirst der Prophet dieses Volkes sein.«

Wir können uns die seelische Not, die nagenden, immer wiederkehrenden Zweifel und Unsicherheiten vorstellen, die sich in der Zeit nach diesem Erlebnis einstellten. War es wirklich die Stimme Gottes gewesen? Würde sie sich wieder melden? Und vor allem, was würde sie von ihm verlangen?

Sie meldete sich noch mehrmals, und jedesmal brachte sie den gleichen Befehl – zu verkünden. »Oh du, eingehüllt in dein Gewand, steh auf und warne, und preise deinen Herrn.« Mohammeds Leben gehörte ihm nicht mehr. Von nun an war es Gott und der Menschheit gewidmet, der er mit unbeugsamer Zähigkeit, der erbarmungslosen Verfolgungen, Kränkungen und Schmach nicht achtend, die Worte predigte, die Gott ihm dreiundzwanzig Jahre lang mitteilen sollte.

Der Inhalt der Offenbarung soll später zur Sprache kommen. Hier mag es genügen zu schildern, welche Reaktionen sie hervorrief, und festzustellen, daß sie sich durchweg an die von religiöser Einsicht geleitete Vernunft wandte.

In einer Zeit, in der das Übernatürliche an der Tagesordnung war, in der Wunder zur üblichen Ausrüstung jedes Feld-Wald-und-Wiesen-Heiligen gehörten, war Mohammed nicht bereit, sich der menschlichen Leichtgläubigkeit zu bedienen. Den abergläubischen Götzenanbetern, die immer nach Zeichen und Wundern Ausschau hielten, machte er klar: »Gott hat mich nicht gesandt, damit ich Wunder wirke; Er hat mich gesandt, damit ich euch predige. Mein Herr, sei gepriesen! Bin ich mehr als ein Mann, der als Apostel ausgesandt wurde?«[9] Wenn man schon nach Zeichen sucht, dann nicht nach solchen, die Mohammeds, sondern Gottes Größe beweisen, und dazu braucht man nur die Augen zu öffnen. Die Himmelskörper, die am Firmament ihre schnelle schweigende Bahn ziehen, die unglaubliche Ordnung des Universums, der Regen, der die ausgedörrte Erde tränkt, die Palmen, die sich unter der Last ihrer goldenen Früchte biegen, die Schiffe, die güterbeladen über die See gleiten – kann all dies das Werk von steinernen Göttern sein? Was für Narren sind das, die nach Zeichen schreien, wo doch die Schöpfung aus nichts anderem besteht! In einer Zeit der Leichtgläubigkeit lehrte Mohammed die Achtung vor der unabänderlichen Ordnung der Welt, eine Achtung, welche die Moslems noch vor den Christen die Wissenschaft entdecken ließ. Von seinem nächtlichen Aufstieg durch die Himmel, von dem noch zu sprechen sein wird, abgesehen, ließ er nur ein Wunder gelten, und das war der Koran selbst. Daß er mit seinen Mitteln solche Wahrheit hätte schaffen können – das war die einzige naturalistische Hypothese, die er nicht akzeptieren konnte.

Was die Reaktionen auf seine Botschaft angeht, so waren diese (bis auf wenige Ausnahmen) von aggressiver Feindseligkeit geprägt. Das hatte im wesentlichen drei Gründe: (1) Ihr kompromißloser Monotheismus bedrohte die polytheistischen Glaubensvorstellungen und die beachtlichen Einkünfte, die Mekka aus den Pilgerfahrten zu seinen 360 Heiligtümern bezog (für jeden Tag des Mondjahres eines); (2) in ihrer Morallehre verlangte sie die Beendigung des zügellosen Lebens, an das die Menschen sich gewöhnt hatten; und (3) stellte sie auf sozialem Gebiet eine ungerechte Ordnung in Frage. In einer von Klassenunterschieden zerrissenen Gesellschaft verkündete der neue Prophet eine Botschaft, die zutiefst demokratisch war. Er behauptete beharrlich, daß vor seinem Herrn alle Menschen gleich seien.

Da eine solche Lehre weder mit ihrem Geschmack noch mit ihren Privilegien zu vereinbaren war, wollten die mekkanischen Führer nichts mit ihr zu tun haben. Sie begannen ihren Angriff mit Spott, überhäuften ihren Gegner mit Sticheleien und Hohngelächter und setzten ihn herab, wo sie nur konnten. Als das nichts nützte, griffen sie zu härteren Methoden – nun setzte es Beleidigungen, Verleumdungen und schließlich unverhohlene Drohungen. Als auch das nicht wirkte, gingen sie zur offenen Verfolgung über. Sie bewarfen Mohammed und seine Anhänger, während sie beteten, mit Dreck und Unrat. Sie bombardierten sie mit Steinen, schlugen sie mit Knüppeln, warfen sie ins Gefängnis und versuchten sie gar auszuhungern, indem sie sich weigerten, ihnen Nahrungsmittel zu verkaufen. Vergeblich. Die Verfolgung stählte nur den Willen der Anhänger des Propheten. »Seit den Tagen, als die Urchristen die Welt aus dem Schlaf rissen«, schreibt ein Gelehrter, dessen Worte um so mehr Gewicht haben, als er eher ein strenger Kritiker des Islam war, »hatte man kein ähnliches Erwachen geistigen Lebens mehr gesehen – eines Glaubens, der zum Opfer bereit macht.«[10] Mohammed selbst war seinen Mitmenschen ein leuchtendes Vorbild. Unter Umständen, wie sie gefährlicher nicht hätten sein können, lebte er unerschrocken mit Herz und Hand für seine Verkündigung und beschwor seine Zuhörer, wo immer er sie fand, ihren schlechten Wandel aufzugeben und sich für den Tag der Abrechnung bereitzumachen.

Zunächst kämpfte er auf so verlorenem Posten, daß er nur wenige bekehrte; in drei Jahren verzweifelter Anstrengung waren es kaum mehr als vierzig. Aber seine Feinde konnten nichts tun, um die Herzen der Mekkaner für immer gegen seine Worte zu verschließen. Langsam aber sicher ließen sich immer mehr mit Energie, Talent und Würde begabte Menschen von der Richtigkeit seiner Botschaft überzeugen, bis schließlich am Ende des Jahrzehnts mehrere hundert Familien ihn als authentisches Sprachrohr Gottes anerkannten.

Die Auswanderung, die zum Sieg führte

Inzwischen war der mekkanische Adel beunruhigt. Was als der anmaßende prophetische Anspruch eines halbirren Kameltreibers begonnen hatte, war zu einer ernstzunehmenden revolutionären Bewegung geworden, die im Begriffe stand, ihre Existenz zu bedrohen. Sie waren entschlossen, sich dieses Störenfriedes ein für allemal zu entledigen.

Mitten in dieser schwersten Krise seiner bisherigen Laufbahn machte ihm plötzlich eine Abordnung der Honoratioren von Yathrib, einer nördlich von Mekka gelegenen Stadt, ihre Aufwartung. Durch Pilger und andere Besucher Mekkas hatten Mohammeds Lehren in Yathrib Fuß gefaßt. Die Stadt steckte in internen Machtkämpfen und brauchte einen starken Führer von außerhalb, und Mohammed schien der richtige dafür zu sein. Nachdem man ihm versichert hatte, daß man nur Allah dienen, die Vorschriften des Islam beachten, dem Propheten in allem, was richtig war, folgen und ihn und seine Anhänger sowie ihre Frauen und Kinder schützen wolle, erhielt Mohammed einen Wink von Gott, sich der neuen Forderung zu stellen. Etwa siebzig Familien gingen ihm voraus. Als die mekkanischen Führer von dem Exodus Wind bekamen, versuchten sie mit allen Mitteln, seinen Fortgang zu verhindern; aber zusammen mit seinem engen Gefährten Abu Bakr entging er ihrer Wachsamkeit und machte sich auf den Weg nach Yathrib. Unterwegs versteckten sie sich in einer Felsspalte südlich der Stadt. Reiter, die das Land nach den Fliehenden durchkämmten, waren so nahe daran, sie zu entdecken, daß Mohammeds Gefährte schon verzweifeln wollte. »Wir sind nur zwei«, murmelte er. »Nein, wir sind drei«, entgegnete Mohammed, »denn Gott ist mit uns.« Dem pflichtet der Koran bei. »Er war mit ihnen«, bemerkt er, denn sie wurden nicht entdeckt. Nach drei Tagen, als die Wachsamkeit ihrer Feinde nachgelassen hatte, gelang es ihnen, sich zwei Kamele zu verschaffen und sich auf abenteuerlichen, kaum betretenen Pfaden zu der Stadt ihrer Bestimmung durchzuschlagen.

Man schrieb das Jahr 622. Die Auswanderung, im Arabischen als die *Hidschra* bekannt, wird von den Moslems als Wendepunkt der Weltgeschichte bezeichnet und markiert das Jahr, von dem der islamische Kalender seinen Ausgang nimmt. Yathrib sollte bald als Medinat al-Nabi, die Stadt des Propheten, und verkürzt später einfach als Medina – ›die Stadt‹ – bekannt werden.

Vom Augenblick seiner Ankunft in Medina an übernahm Mohammed eine neue Rolle. Von der Prophetie mußte er nun zur Verwaltung übergehen. Der verachtete Prediger wurde zu einem mächtigen Politiker; der Prophet mauserte sich zum Staatsmann. Wir sehen ihn als den Meister nicht nur der Herzen einer Handvoll Jünger, sondern des öffentlichen Lebens einer Stadt, als ihren Richter und General nicht weniger als ihren Lehrer.

Auch seine Feinde müssen zugeben, daß er sich seiner neuen Aufgabe glänzend gewachsen zeigte. Angesichts der außerordentlich komplexen Probleme, die er zu bewältigen hatte, erwies er sich als bemerkenswerter Staatsmann. Auch als höchster Beamter führte er sein früheres anspruchsloses Leben weiter. Er wohnte in einem gewöhnlichen Lehmhaus, molk selbst seine Ziegen und war Tag und Nacht für jedermann zu sprechen. Oft sah man ihn seine eigenen Kleider flicken. Und doch »hat kein Kaiser mit seiner Tiara mehr Autorität gehabt als dieser Mann in seinem selbstgenähten Umhang.«[11] Gott, sagen die moslemischen Historiker, legte ihm den Schlüssel zu den Schätzen der Welt zu Füßen, aber er wies ihn zurück.

Die Überlieferung schildert seine Regierung als eine ideale Mischung aus Gerechtigkeit und Milde. Als Staatsoberhaupt und Treuhänder des Lebens und der Freiheit seines Volkes übte er die zur Aufrechterhaltung der Ordnung nötige Gerechtigkeit und maß den Schuldigen ihre Strafe zu. War er dagegen selbst geschädigt worden, so ließ er selbst seinen Feinden gegenüber Milde und Nachsicht walten. Insgesamt war er seinen Untertanen ein Herr, dem sie Gehorsam ebenso bereitwillig entgegenbrachten wie Liebe. Denn er hatte, wie einer seiner Biographen schrieb, »die Gabe, die Menschen zu beeinflussen, und er besaß den Edelmut, sie nur zum Guten zu beeinflussen.«[12]

Während seiner letzten zehn Lebensjahre verschmolz seine persönliche Geschichte mit der des medinesischen Gemeinwesens, dessen Mittelpunkt er war. Mit seiner überlegenen Staatskunst schweißte er die fünf heterogenen und sich bekämpfenden Stämme der Stadt – darunter drei jüdische – zu einer geordneten Konföderation zusammen. Das war keine leichte Aufgabe, aber schließlich gelang es ihm, bei den Bürgern einen Gemeinschaftsgeist zu wecken, der in der Geschichte der Stadt ohne Beispiel war. Sein Ruhm breitete sich aus, und aus allen Teilen Arabiens strömten die Menschen herbei, um den Mann zu sehen, der dieses »Wunder« zustandegebracht hatte.

Nun folgte der Kampf mit den Mekkanern um die Seele ganz Arabiens. Im zweiten Jahr der *Hidschra* errangen die Medineser einen spektakulären Sieg über eine um ein Mehrfaches überlegene mekkanische Armee und deuteten diesen Sieg als klares Zeichen, daß die Engel des Himmels auf ihrer Seite gekämpft hatten. Das darauffolgende Jahr brachte allerdings einen Umschwung. Mohammed selbst wurde verletzt. Doch suchten die Mekkaner erst zwei Jahre später, diesen Sieg zu erneuern. In einem letzten verzweifelten Versuch, die Moslems zur Kapitulation zu zwingen, belagerten sie Medina. Als dieses Unternehmen scheiterte, war das Blatt endgültig zugunsten Mohammeds gewendet; und kaum drei Jahre später – acht Jahre nach seiner Auswanderung aus Mekka – kehrte er, der sich als Flüchtling davongemacht hatte, als Eroberer zurück. Die Stadt, die ihm so übel mitgespielt hatte, lag ihm nun zu Füßen, und seine früheren Verfolger waren auf seine Gnade angewiesen. Bezeichnenderweise nutzte er seinen Sieg nicht aus. In der Stunde des Triumphes war das Geschehene vergeben und vergessen. Auf dem Weg zu der berühmten Ka'ba, einem würfelförmigen Tempel (der der Sage nach von Abraham errichtet wurde), den Mohammed nun dem Allah weihte und zum Zentrum des Islam machte, nahm er die Massenbekehrung der Stadt an. Er selbst kehrte nach Medina zurück.

Zwei Jahre später, im Jahre 632 nach Christus (10 N. H., nach der *Hidschra*), starb Mohammed praktisch als Herrscher über ganz Arabien. Mit der vereinten Macht von Armeen und Polizei war es keinem Araber vor ihm je gelungen, seine Landsleute wie er zusammenzuführen. Noch ehe das Jahrhundert zu Ende ging, hatten seine Anhänger Armenien, Persien, Syrien, Palästina, Irak, Nordafrika und Spanien erobert und die Pyrenäen in Richtung Frankreich überquert. Hätte Karl Martell sie nicht in der Schlacht von Tours 733 besiegt, wäre heute möglicherweise die ganze westliche Welt moslemisch. In der kurzen Spanne eines Menschenlebens hatte Mohammed »aus nicht sehr vielversprechendem Material eine Nation geformt, die vorher nie geeint gewesen war, in einem Land, das bis dahin nicht mehr war als eine geographische Bezeichnung; hatte eine Religion gegründet, die weithin das Christentum und das Judentum verdrängte und auch heute noch einen erheblichen Teil der Menschheit zu seinen Anhängern zählen kann; und hatte den Grundstein für ein Reich gelegt, das schon bald in seinen weitgesteckten Grenzen die schönsten Provinzen der damaligen zivilisierten Welt umfassen sollte.«[13]

Michael Hart hat in einer Rangliste der hundert einflußreichsten Persönlichkeiten der Geschichte Mohammed wegen seiner »beispiellosen Kombination von weltlichem und religiösem Einfluß« an die erste Stelle gesetzt.[14] Die Moslems haben dafür eine einfache Erklärung. Das alles, sagen sie, war das Werk Gottes.

Das ewige Wunder

Die Mischung aus Bewunderung, Respekt und Zuneigung, die die Moslems Mohammed gegenüber empfinden, ist eine eindrucksvolle geschichtliche Tatsache. Sie sehen in ihm einen Mann, der ein außerordentlich breites Spektrum des Lebens kennengelernt hat. Nicht genug damit, daß er Hirte, Kaufmann, Einsiedler, Auswanderer, Soldat, Gesetzgeber, Prophet, Priester, König und Mystiker war. Er war auch eine Waise und lange Jahre der Ehemann einer wesentlich älteren Frau; er mußte erleben, wie viele seiner Kinder starben, wurde Witwer und schließlich Ehemann zahlreicher Frauen, von denen einige viel jünger waren als er. Allen diesen Rollen wurde er auf beispielhafte Weise gerecht. Und an all das denken die Moslems, wenn sie bei der Erwähnung seines Namens hinzufügen: »Segen und Friede sei mit ihm.« Aber nie halten sie ihn für das irdische Zentrum ihres Glaubens. Dieser Platz bleibt der Bibel des Islam, dem Koran vorbehalten.

Wörtlich bedeutet das Wort *al-qur'an* im Arabischen soviel wie ›Rezitation‹. In Erfüllung dieses Zweckes ist der Koran vielleicht das meistrezitierte (und gelesene) Buch der Welt. Es ist ganz gewiß das Buch, das die meisten Menschen auswendig lernen, und möglicherweise auch dasjenige, das auf seine Leser den größten Einfluß ausübt. Mohammeds

Respekt vor diesem Buch war so groß, daß er es, wie wir gesehen haben, als das einzige große Wunder ansah, das Gott durch ihn gewirkt hat – das »ewige Wunder«[15] Gottes, wie er es nannte. Daß er selbst, der ungebildet war bis zum Analphabetismus *(ummi)* und kaum seinen Namen zu schreiben vermochte, ein Buch hervorbringen konnte, das den Grundplan allen Wissens darstellt und gleichzeitig grammatikalisch vollkommen und dichterisch ohne Beispiel ist – das, so sind Mohammed und mit ihm alle Moslems überzeugt, ist absolut unglaublich. Und so ruft er aus: »Wollt ihr noch ein größeres Wunder als dieses, oh ihr Ungläubigen, daß eure eigene Sprache zur Sprache dieses unvergleichlichen Buches erkoren wurde, das mit jedem seiner Verse alle eure goldene Dichtkunst beschämt?«

Der Koran, der nur etwa vier Fünftel des Umfangs des Neuen Testaments hat, besteht aus 114 Kapiteln oder *Suren*, die (von dem ersten kurzen Kapitel abgesehen, das Bestandteil des täglichen Gebets der Moslems ist) in absteigender Reihenfolge der Länge nach angeordnet sind. So hat die zweite Sure 286 Verse, die dritte 200, bis zur hundertvierzehnten, die nur sechs Verse hat.

Die Moslems fassen den Koran meist wörtlich auf. Für sie stellt er die irdische Fassung eines ›ungeschaffenen Korans‹ dar, so wie die Christen Jesus für die menschliche Inkarnation Gottes halten. Man hat das etwas schwerfällig, aber nicht unzutreffend so ausgedrückt: »Wenn Christus der inkarnierte Gott ist, dann ist der Koran der inlibrierte Gott« (von dem lateinischen Wort für ›Buch‹ *liber*). Der ›geschaffene Koran‹ ist die in Buchstaben und Lauten ausgedrückte Konkretisierung der grenzenlosen Essenz des Korans in seiner ›ungeschaffenen Form‹. Nicht daß der Koran etwa doppelt vorhanden wäre. Vielmehr ist der geschaffene Koran die formelle Kristallisation der unendlichen Wirklichkeit des ›ungeschaffenen Korans‹. Wir haben es hier mit zwei Wirklichkeitsebenen zu tun. Da ist einmal die göttliche Wirklichkeit des ungeschaffenen und daneben die irdische Wirklichkeit des geschaffenen Korans. Wenn nun behauptet wird, der geschaffene Koran sei ein Wunder, so bezieht sich das auf die Gegenwart des ungeschaffenen Korans in den Buchstaben und Lauten seiner geschaffenen (und daher notwendigerweise in gewisser Hinsicht beschränkten) Manifestation.

Die Worte des Koran wurden Mohammed über dreiundzwanzig Jahre hinweg stückweise von Stimmen eingegeben, die zunächst zu variieren schienen und manchmal wie »das Tönen von Glocken« klangen, sich aber allmählich zu einer einzigen Stimme verdichteten, die sich als die Stimme Gabriels zu erkennen gab. Mohammed hatte keine Kontrolle über den Fluß der Offenbarung. Wenn sie kam, verfiel er in einen äußerlich erkennbaren Ausnahmezustand. Sein Aussehen und seine Stimme veränderten sich. Er hat berichtet, daß die Worte ihn attackierten, als wären sie fest und schwer: »Fürwahr, Wir legen dir da ein Wort auf, das gewichtig ist.«[16] Einmal kamen sie über ihn, während er auf einem Kamel ritt. Das Tier suchte vergeblich, das zusätzliche Gewicht mit den Beinen abzufangen. Als die Offenbarung endlich aufhörte, war der Bauch des Tieres gegen die Erde gepreßt und seine Beine zur Seite gespreizt. Seine Anhänger behielten die Worte, die Mohammed in diesen oft tranceähnlichen Zuständen ausrief, im Gedächtnis und hielten sie auf Knochen, Rinde, Blättern und Pergamentstücken fest, wobei Gott durchweg für die Genauigkeit der Wiedergabe sorgte.

Der Koran ist eine Fortsetzung der früheren Offenbarungen Gottes, des Alten und Neuen Testaments und stellt sich als deren Krönung dar: »Wir hatten einen Bund mit den Kindern Israels geschlossen«[17], und: »Ihr fußet auf nichts, ehe ihr nicht die Thora und das Evangelium befolgt.«[18] Das berechtigt Juden und Christen, sich mit den Moslems zu den »Leuten des Buches« (»Schriftbesitzern«) zu zählen. (Da die koranische Offenbarung aus dem Mittleren Osten stammt, werden die Religionen anderer Länder nicht erwähnt, aber ihre Existenz wird stillschweigend vorausgesetzt und im Prinzip bestätigt, wie in den folgenden Versen: »Für jedes Volk ist ein Gesandter«[19], und: »Es sind Gesandte, von denen Wir dir bereits berichtet haben und (andere) Gesandte, von denen Wir dir nicht berichtet haben . . .«[20] Nichtsdestoweniger haben das Alte und Neue Testament nach Ansicht der Moslems zwei Fehler, von denen der Koran frei ist. Einmal verzeichnen sie aus Gründen, die durch die Umstände bedingt sind, nur Teile der Wahrheit. Zweitens wurden die jüdische und die christliche Bibel durch die Überlieferung zum Teil entstellt, was auch die gelegentlichen Abweichungen der biblischen Berichte von Parallelstellen im Koran erklärt. Daß der Koran von diesen beiden Makeln frei ist, macht ihn zu der endgültigen und unfehlbaren Offenbarung des Willens Gottes. Das zweite Kapitel stellt das ausdrücklich klar: »Dies ist ein vollkommenes Buch; es ist kein Zweifel darin.«[21]

Von außen sehen die Dinge anders aus, denn von außen ist der Koran nahezu unzugänglich. Niemand würde sich je an einem verregneten Wochenende in eine Ecke kuscheln, um den Koran zu lesen. Carlyle hat zugegeben, daß es »die mühsamste Lektüre war, auf die ich mich je eingelassen habe; ein ermüdendes, verworrenes Durcheinander, ungehobelt und roh. Nur die Pflicht kann einen Europäer dazu bringen, sich durch den Koran hindurchzuarbeiten.« Sir Edward Gibbon geht es nicht viel anders: »Der Europäer wird dem endlosen, unzusammenhängenden Schwall von Fabel und Vorschrift und Deklamation, der selten einen Gedanken oder ein Gefühl in uns weckt, der bald im Staube kriecht, und sich bald wieder in den Wolken verliert, nur widerwillig folgen.«[22] Wie kommt es, daß der Koran so verschieden wirkt, je nachdem, ob man ihn gleichsam von ›außen‹ oder von ›innen‹ liest?

Die Sprache, in der er verkündet wurde, das Arabische, gibt einen ersten Hinweis. »Kein Volk der Welt«, schreibt Philip Hitti, »läßt sich vom – gesprochenen oder geschriebenen – Wort so bewegen wie die Araber. Kaum eine Sprache scheint geeignet, den Geist seiner Benutzer so zwingend zu beeinflussen wie das Arabische.« Die Massen von Kairo, Damaskus oder Bagdad lassen sich von Äußerungen, die in der Übersetzung banal klingen, zu den höchsten Gefühlsstürmen hinreißen. Der Rhythmus, der melodische Fluß, der Reim üben eine mächtige hypnotische Wirkung aus. So liegt der Zauber der koranischen Offenbarung nicht nur im wörtlichen Inhalt seiner Worte, sondern gleichermaßen in der Sprache, in die dieser Inhalt gefaßt ist, in Verbindung mit ihrem Klang. Der Koran war von Anfang an gesprochenes Wort; denken wir daran, daß wir im Namen des Herrn »rezitieren« sollen! Da Gefäß und Inhalt hier untrennbar miteinander verbunden sind, kann eine Übersetzung unmöglich die Empfindung, die Inbrunst und das Geheimnis wiedergeben, die der Koran im Original beinhaltet. Das ist der Grund, weshalb die Moslems im Gegensatz zu den Christen, die die Bibel praktisch in jede bekannte Sprache übersetzt haben, es vorziehen, die anderen die Sprache zu lehren, in der Gott nach ihrer Überzeugung endgültig, mit unvergleichlicher Autorität und Direktheit zu ihnen gesprochen hat.[23]

Die Sprache ist jedoch nicht das einzige Hindernis, das der Koran dem Verständnis durch Außenstehende in den Weg stellt, denn auch inhaltlich unterscheidet er sich von allen anderen religiösen Texten. Anders als die Upanishaden ist er nicht ausgesprochen metaphysisch. Auch gründet er seine Theologie nicht auf dramatische Erzählungen wie die indischen Epen oder auf historische wie die hebräischen Schriften; und schließlich berichtet er nicht von Offenbarungen Gottes in Menschengestalt wie die Evangelien und die Bhagavad-Gita. Was die semitischen Schriften angeht, kann man sagen: das Alte und Neue Testament sind direkt historisch und indirekt lehrhaft, der Koran dagegen direkt lehrhaft und indirekt historisch. Da die Hauptabsicht des Koran in der Verkündigung der Einheit, Allmacht und Gnade Gottes liegt – und demzufolge der völligen Abhängigkeit des menschlichen Lebens von ihm –, sind die historischen Fakten hier nichts weiter als Anhaltspunkte ohne eigene Bedeutung. Das erklärt, weshalb die Propheten ohne Rücksicht auf chronologische Ordnung zitiert werden; warum historische Ereignisse manchmal so unvollständig wiedergegeben werden, daß man einen Kommentar braucht, um sie zu identifizieren; und warum die biblischen Geschichten, auf die der Koran anspielt, auf ungewöhnliche Weise verkürzt und trocken erzählt werden. Sie werden ihres epischen Charakters entblößt und dienen nur als Lehrbeispiele für die unzähligen Phänomene, die Gottes Lob verkünden. Das Hauptthema, das vermittelt werden soll, ist die Beziehung zwischen Diener und Herr. Der Rest ist Anspielung und Erläuterung.

Vielleicht hätten wir weniger am Koran auszusetzen, wenn wir uns klarmachen würden, daß für den Moslem fremde Schriften ebenso problematisch sein können. Denken wir nur an das Alte und Neue Testament. Die Moslems sind enttäuscht, wenn sie feststellen, daß diese Texte nicht in der Form direkter Göttlicher Rede abgefaßt sind, sondern lediglich Berichte über Geschehnisse enthalten. Im Koran spricht Gott in der ersten Person. Allah beschreibt sich selbst und tut seine Gesetze kund. Die Moslems sind daher geneigt, jeden einzelnen Satz des Heiligen Buches als eine eigene Offenbarung und die Worte selbst, bis hin zu ihrer Lautform, als Gnadenmittel aufzufassen. »Der Koran dokumentiert nicht etwas, was nicht er selbst wäre. Er handelt nicht von der Wahrheit. Er ist die Wahrheit.«[24] Die jüdische und die christliche Bibel scheinen gerade dadurch von Gott entfernt zu sein, daß sie die religiösen Inhalte in die Form von Berichten über Ereignisse kleiden, statt in direkte Äußerungen Gottes.

Der direkte Vortragsstil des Koran schafft für den Leser ein letztes Problem, das in anderen Schriften durch die breitere Verwendung von erzählendem und mythologischem Material gemildert wird. Ein kluger Kommentator des Koran hat das folgendermaßen ausgedrückt: »Die scheinbare Zusammenhanglosigkeit solcher Texte – wie das »Hohelied« oder bestimmte Stellen beim heiligen Paulus – hat stets die gleiche Ursache, nämlich das unermeßliche Mißverhältnis zwischen dem Geist auf der einen und den begrenzten Möglichkeiten der menschlichen

Sprache auf der anderen Seite: Es ist, als zerbräche die geronnene armselige Sprache der Sterblichen unter dem ungeheuren Druck des himmlischen Wortes in tausend Stücke oder als habe Gott, um tausend Wahrheiten auszudrücken, nur ein Dutzend Worte zur Verfügung, was ihn zu bedeutungsschweren Anspielungen nötigt, zu Vereinfachungen, Abkürzungen, sinnbildhaften Zusammenfassungen.«[25]

Sehen wir von allen Vergleichen ab, so ist es jedenfalls unmöglich, die zentrale Stellung des Korans bei der Entwicklung jeder islamischen Lehre zu überschätzen. Dadurch, daß in der Kindheit weite Teile des Korans auswendig gelernt werden, reguliert er die Deutung und Einschätzung jedes Ereignisses. Er ist ein Merkbuch für die Gläubigen, eine Mahnung bei jedem Tagesgeschäft und ein Schatzhaus der geoffenbarten Wahrheit. Er ist ein Handbuch der Definitionen und Verheißungen und gleichzeitig eine Richtschnur für den Willen. Und schließlich ist er als Sammlung von Maximen Ausgangspunkt für die private Meditation, in der der Gläubige dem Bewußtsein der Herrlichkeit Gottes immer näherzukommen trachtet. »Und vollkommen ist das Wort deines Herrn in Wahrhaftigkeit und Gerechtigkeit.«[26]

Theologische Grundvorstellungen

Sieht man von einigen auffälligen Ausnahmen, auf die wir später noch zu sprechen kommen, ab, so sind die theologischen Grundvorstellungen des Islam praktisch mit denen seiner Vorläufer, des Judentums und Christentums, identisch. Wir werden uns in diesem Abschnitt auf die vier wichtigsten beschränken. Das sind Gott, die Schöpfung, das menschliche Selbst und der Tag des Gerichts.

Wie bei den anderen historischen Religionen zentriert sich auch im Islam alles um die letzte religiöse Tatsache, um Gott. Gott ist unkörperlich und daher unsichtbar. Für die Araber war das kein Grund, an seiner Realität zu zweifeln, denn sie sind nie der – durch die moderne materialistische Haltung auf das übelste gesteigerten – Versuchung erlegen, nur das Sichtbare für real zu halten; der Koran hält Mohammed unter anderem zugute, daß »er auf das Ungesehene nicht neidisch war.« Als Söhnen der Wüste war den Arabern immer die Vorstellung vertraut, daß die Windstöße, die über die Wüsten fegten und die trügerischen Luftspiegelungen hervorbrachten, welche den Wanderer ins Verderben stürzten, von unsichtbarer Hand geleitet wurden.

So ist es nicht der Koran gewesen, der die Araber zum ersten Mal mit der unsichtbaren Welt des Geistes bekannt gemacht hat. Ja, nicht einmal mit dem Monotheismus, denn gewisse empfindsame Seelen, die *Hanifen*, hatten diesem Glauben schon vor Mohammed angehangen. Die Neuerung, die der Koran brachte, war, daß er die Götzen aus der Religion verbannte und das Göttliche in einem einzigen unsichtbaren Gott konzentrierte. In diesem Sinn ist es zu verstehen, wenn man sagt, der unauslöschliche Beitrag des Islam zur arabischen Religion sei der Monotheismus.

Wir müssen gleich hinzufügen, daß die Moslems den Monotheismus nicht nur als Beitrag des Islam zur arabischen Religion, sondern zur Religion überhaupt sehen. Die reiche hinduistische Götterwelt gilt ihnen als Beweis dafür, daß die Hindus nie zur Verehrung des Einen Gottes vorgedrungen sind. Das Judentum war durch sein *Schema Israel* – »Höre, Israel, der Herr ist unser Gott, der Herr allein«[27] richtig belehrt worden, aber diese Lehre beschränkte sich auf das Volk Israel. Die Christen ihrerseits verwässerten ihren Monotheismus, indem sie Christus zum Gott erhoben. Der Islam verehrt Jesus als Propheten und akzeptiert seine jungfräuliche Geburt; die Seelen Adams und Jesu sind die einzigen, die Gott direkt erschaffen hat.[28] Der Lehre von der Inkarnation und der Trinität schließt sich der Koran allerdings nicht mehr an, sondern betrachtet diese als Erfindungen, die den Unterschied zwischen Gott und Mensch verwischen. Der Koran sagt dazu: »Und sie sprechen: ›Gezeugt hat der Erbarmer einen Sohn.‹ Wahrlich, ihr behauptet ein ungeheuerlich Ding«[29]; und: »Fast möchten die Himmel darob zerreißen, . . . Daß sie dem Erbarmer einen Sohn beilegen, dem es nicht geziemt, einen Sohn zu zeugen.«[30] Die Moslems lieben es nicht, Gott die Eigenschaften von Eltern beizulegen, nicht einmal, wenn es nur symbolisch gemeint ist. Wenn man die Menschen »Kinder Gottes« nennt, zieht man Gott damit auf die menschliche Ebene herab. Er wird zu anthropomorph.

Bei der Betrachtung des koranischen Gottesbildes fällt zunächst auf, wie furchterregend, wie erhaben und mächtig Gott hier dargestellt ist. Die siebte Sure enthält die koranische Wiedergabe der Szene, in der Moses darum bittet, Gott sehen zu dürfen. Als Gott sich statt dessen einem nahen Berg zeigte, »da brach Er diesen in Stücke, und Moses stürzte ohnmächtig nieder.«[31]

Eine solche Macht – unendliche Macht, denn Gott ist allmächtig – ist furchteinflößend, und es ist sicher nicht übertrieben, wenn man sagt, daß die Moslems Gott fürchten. Aber nicht mit der kriecherischen Furcht, die man einem unberechenbaren Tyrannen entgegenbringt. Nach Ansicht der Moslems ist Furcht das einzige angemessene Gefühl – alles andere hieße, sich Gott im eigentlichen, psychologischen Sinne des Wortes zu verweigern –, das der Mensch haben kann angesichts der überwältigenden Konsequenzen, die sich daraus ergeben, ob man auf der richtigen oder auf der falschen Seite eines kompromißlos moralischen Universums steht; es ist außerdem ein Gefühl, bei dem Glaubensüberzeugungen eine entscheidende Rolle spielen, weil sie zur Ursache von Handlungen werden. Wenn der Nihilismus die Nivellierung der Unterschiede ist, eine Art moralischer Gleichmacherei durch Entropie, dann ist das Universum des Allah das genaue Gegenteil davon. Gut und Böse sind wichtige Kategorien, und wenn man sich für eine von beiden entscheidet, so zieht dies wichtige Folgen nach sich, deren Mißachtung ebenso verhängnisvoll wäre, wie wenn man versuchen wollte, mit verbundenen Augen einen Berg zu besteigen. Dem Glauben an den Koran kommt dabei eine so wichtige Rolle zu, weil er dem Bild entspricht, das der Bergsteiger sich etwa vom Mount Everest macht: Seine Majestät ist ebenso offensichtlich wie die Gefahren, die von ihm drohen. Jeder Fehler hätte fatale Konsequenzen. So haben die Bilder, die der Koran uns von Himmel und Hölle vor Augen stellt, ihren guten praktischen Sinn; aber wenn wir uns einmal damit abgefunden haben, daß das Leben wegen seiner wesensmäßigen Gefährlichkeit nun einmal furchterregend ist, fallen andere, geringere Ängste von uns ab. Die zweite ›tragende Wurzel‹ des Wortes *Islam* ist ›Friede‹.

Diesen Punkt dürfen wir nicht außer acht lassen; denn der heilige Schrecken, den Allah dem Menschen einflößt, hat dazu geführt, daß man früher im Westen dem Eindruck erlag, der Koran vernachlässige den Aspekt der göttlichen Gnade und Milde. Allah galt als strenger und zorniger Richter, als unbarmherziger Despot. Das ist eine klare Fehlinterpretation; Gottes Gnade und Barmherzigkeit werden im Koran an 192 Stellen erwähnt, gegenüber nur siebzehn Stellen, die ihm Zorn und Rachegefühle attestieren. Er, der der Herr der Welten ist, ist auch

der Heilige, der Friedfertige, der Treue, der Hüter seiner Diener, der Beschützer der Waisen, der Führer der Verirrten, der Befreier aus jeder Bedrängnis, der Freund der Trauernden, der Tröster derer, die in Not sind; in Seiner Hand ist die Güte, und Er ist der freigebige Herr, der Huldvolle, der Hörer, der Nahe, der Mitleidige, der Gnädige, der Allvergebende, dessen Liebe zum Menschen zärtlicher ist als die der Vogelmutter für ihr Junges.[32]

Dank Allahs Gnade ist die Welt des Korans letztlich eine Welt der Freude. Hier ist Luft und Sonne und Vertrauen – nicht nur in der letzten Gerechtigkeit, sondern auch in der tätigen Hilfe und der Vergebung für jene, die Reue zeigen.

> Beim lichten Tag
> Und der Nacht, wann sie dunkelt,
> Dein Herr hat dich nicht verlassen und nicht gehaßt!
> Und wahrlich, das Jenseits ist besser für dich als das
> Diesseits,
> Und wahrlich, geben wird dir dein Herr, und du wirst
> zufrieden sein.
> Fand er dich nicht als Waise und nahm dich auf?
> Und fand dich irrend und leitete dich?
> Und fand dich arm und machte dich reich?[33]

Wann immer er will, kann der Moslem, unter Gottes gnädigem Firmament stehend, sich mit ganzem Herzen und ganzer Seele direkt in die göttliche Gegenwart erheben, wo er Kraft und Führung für die Mühe und Plage des Lebens empfängt. Der Zugang ist offen, denn wenn Gott und Mensch auch unendlich verschieden sind, sind sie doch durch keine Grenze voneinander getrennt.

> Ich bin nahe. Ich antworte dem Gebet des Bittenden, wenn er zu Mir betet.[34]
> Und wahrlich, wir erschufen den Menschen, und wir wissen, was ihm seine Seele einflüstert, denn wir sind ihm näher als die Halsader.[35]
> ... er weiß, was zu Land und Meer ist, und kein Blatt fällt nieder, ohne daß er es weiß; und kein Korn ist in den Finsternissen der Erde und nichts Grünes und nichts Dürres, das nicht stünde in einem deutlichen Buch.[36]

Von Gott können wir zur Schöpfung als dem zweiten theologischen Grundbegriff übergehen. Der Koran enthält eine Fülle von lyrischen

Beschreibungen der natürlichen Welt. Das Besondere ist dabei allerdings, daß die Welt nicht so dargestellt wird, als sei sie durch irgendeinen eingebauten Emanationsprozeß aus dem Göttlichen hervorgegangen, wie es die hinduistischen Texte behaupten. Sie ist durch einen direkten Willensakt von Allah geschaffen worden: »Er hat die Himmel und die Erde erschaffen.«[37] Diese Tatsache hat zwei wichtige Konsequenzen. Erstens: Die Welt der Materie ist ebenso real wie wichtig. Darin liegt eine der Ursachen für die islamische Wissenschaft, die zu einer Zeit, als in Europa das finsterste Mittelalter herrschte, blühte wie nirgendwo sonst auf der Welt. Und zweitens: Da die materielle Welt Allahs Werk ist, dessen Güte und Macht vollkommen sind, muß sie ebenfalls gut sein. »Keinen Fehler kannst du in der Schöpfung des Gnadenreichen sehen. So wende den Blick: siehst du irgendeinen Mangel?«[38] Wir begegnen hier dem gleichen Zutrauen zu den materiellen Aspekten des Lebens und der Existenz wie bei den beiden anderen Religionen semitischen Ursprungs, Judentum und Christentum.

Den ersten Platz unter den Schöpfungen Gottes nimmt der Mensch ein, dessen Natur, wie sie der Koran definiert, uns als nächstes beschäftigen soll. »Er hat den Menschen . . . erschaffen«, lesen wir dort,[39] und das erste, was wir über dieses Geschöpf feststellen können, ist seine einwandfreie Konstitution. Das hätte man sich bei diesem Schöpfer schon denken können, aber der Koran weist ausdrücklich darauf hin: »Wahrlich, wir haben den Menschen im schönsten Ebenmaß erschaffen.«[40] Das koranische Wort für die menschliche Natur in ihrer ursprünglich von Gott festgelegten Form ist *fitra*, und diese ist von keinem verhängnisvollen Fall beschmutzt. Die Vorstellung, mit der der Islam der christlichen Lehre von der Erbsünde am nächsten kommt, ist die vom *ghaflah* oder Vergessen. Die Menschen vergessen ihren göttlichen Ursprung, und dieser Fehler muß immer wieder berichtigt werden. Aber ihre fundamentale Natur ist unveränderlich gut, so daß sie Selbstachtung und ein gesundes Selbstvertrauen für sich beanspruchen können.

Aus der Tatsache, daß uns das Leben vom Schöpfer geschenkt wurde, ergeben sich zwei Verpflichtungen. Die erste ist, für das empfangene Leben dankbar zu sein. Wenn die Araber von ›Ungläubigen‹ sprechen, so spielen sie damit weniger auf einen Mangel an Glauben, als vielmehr auf fehlende Dankbarkeit Gott gegenüber an. Je dankbarer wir sind, desto natürlicher ist es, daß wir die Gaben, die uns geschenkt wurden, durch Leben erfüllen und auf andere überfließen lassen. Sie zu horten wäre ebenso unnatürlich, wie wenn wir versuchen wollten, einen Wasserfall anzuhalten. Die Undankbaren, so belehrt uns der Koran, »verdecken« oder »verbergen« Gottes Wohltaten und berauben sich daher der Verbindung, die der Schöpfer uns in jedem Moment anbietet.

Die zweite ständige Verpflichtung führt uns zu dem Namen dieser Religion zurück. Am Anfang dieses Kapitels haben wir gehört, daß *Islam* ›Hingabe, Kapitulation‹ bedeutet. Mit diesem Phänomen müssen wir uns jetzt eingehender beschäftigen.

Der Begriff der Kapitulation ist so mit militärischen Konnotationen belastet, daß es einer bewußten Anstrengung bedarf, sich klarzumachen, daß es sich dabei um einen Akt der Hingabe handeln kann, bei dem man sich aus ganzem Herzen rückhaltlos selbst verschenkt – an eine Sache oder in Liebe oder Freundschaft an einen Menschen. William James zeigt, wie wichtig der Begriff der Hingabe für jede Religion ist.

> Denn wenn alles gesagt und getan ist, so sind wir am Ende schlechthin abhängig vom Universum; und zu einer bestimmten Art Opfer und Übergabe, die wir bewußt in den Blick fassen und akzeptieren, werden wir gezogen und gezwungen als zu der einzigen Lage, in der wir bleibend Ruhe finden. In denjenigen Geisteszuständen nun, die nicht in den Bereich der Religion fallen, schickt man sich in die Übergabe als in eine Forderung der Notwendigkeit, und das Opfer wird bestenfalls ohne Klage übernommen. Demgegenüber werden im religiösen Leben Übergabe und Opfer positiv angenommen: Sogar nicht notwendige Verzichtsleistungen werden ihm hinzugefügt, damit die Glückseligkeit wächst. Auf diese Weise macht Religion leicht und glücklich, was in jedem Falle notwendig ist . . .[41]

Dieser Aussage über den Lohn der Kapitulation können wir den islamischen Satz hinzufügen, daß, wer der Sklave Allahs ist, von jeder anderen Form der Sklaverei befreit wird – von jenen erniedrigenden Bindungen nämlich wie Gier, Angst oder Sucht nach persönlicher Stellung. Es bringt uns auch dem Verständnis näher, wenn wir von ›Engagement‹ statt von ›Kapitulation‹ sprechen; denn dieses Wort ist nicht nur frei von militärischen Assoziationen, es betont darüber hinaus auch, daß wir aktiv auf etwas zugehen und nicht nur etwas aufgeben. In diesem Sinne zeigt sich der Islam als eine Religion, die das totale Engagement an-

strebt; ein Engagement, in dem nichts vor dem Göttlichen zurückgehalten wird. Das erklärt, warum die weitaus wichtigste Gestalt im
Koran Abraham ist, denn er hat die höchste Prüfung bestanden – er war
bereit, als es von ihm verlangt wurde, seinen eigenen Sohn zu opfern.

Zwei letzte Eigenschaften des Menschen mögen als Übergang zu
unserem letzten theologischen Begriff, dem Tag des Gerichts, dienen,
weil sie in diesem Zusammenhang am plastischsten hervortreten. Es
handelt sich um die Individualität der Seele und ihre Freiheit.

Beginnen wir mit der Individualität der Seele: Nachdem wir in diesem Buch bisher der Ablehnung des Selbst im Buddhismus und dem
sozialen Selbst im Konfuzianismus begegnet sind, stellen wir überrascht
fest, welchen Wert der Koran auf die Individualität des Selbst legt, auf
seine Einmaligkeit und die ausschließliche Verantwortung, die er ihm
auferlegt. In Indien wird das individuelle Selbst durch den alles durch-
dringenden kosmischen Geist schier verschluckt, und in China wird das
Selbst so ökologisch verstanden, daß kaum auszumachen ist, wo es
beginnt und wo es endet. Der Islam und seine semitischen Verbündeten
kehren diese Tendenz um, indem sie die Individualität nicht nur als real,
sondern als prinzipiell gut ansehen. Wert, Tugend und geistige Erfüllung stellen sich in dem Maße ein, in dem das Individuum die Anlagen
entwickelt, die ihm ganz persönlich zu eigen sind; diese sind in nicht
unerheblichem Maße von denen jeder anderen Seele verschieden, die je
gelebt hat oder je leben wird. Wie ein bedeutender moslemischer
Philosoph schreibt: »Dieses unerklärliche endliche Erfahrungszentrum
ist die fundamentale Tatsache des Universums. Alles Leben ist individuell; ein universelles Leben gibt es nicht. Gott Selbst ist individuell; unter
allen Individuen ist Er das einmaligste.«[42]

Die Individualität der menschlichen Seele währt ewig, denn einmal
geschaffen, stirbt sie nie. Aber nie ist ihre Eigenart deutlicher fühlbar als
am Tage des Gerichts. »O Sohn Adams, du wirst allein sterben, allein
ins Grab fahren und allein auferstehen, und mit dir allein wird abge-
rechnet werden« (Hasan al-Basri).

Diese Abrechnung und ihr Gegenstück, die Verantwortung, führen
uns direkt zum Thema der Freiheit der Seele, und man muß zugeben,
daß die Freiheit des Menschen im Islam in einem Spannungsverhältnis
zu Gottes Allmacht steht, was auf Prädestination verweist. Die islamische Theologie hat sich immer wieder mit dieser Spannung auseinandergesetzt, ohne sie rational auflösen zu können. Sie kommt zu dem
Schluß, daß die Wege des Göttlichen Ratschlusses für den Menschen im

Dunkeln bleiben, daß dieser aber dennoch über genügend Freiheit und Verantwortung verfügt, um echte moralische und geistige Entscheidungen fällen zu können. »Und wer eine Sünde begeht, der begeht sie nur gegen seine eigene Seele . . . und wer in die Irre geht, der geht nur zu seinem eigenen Schaden irre.«[43]

Was das Thema des Gerichts selbst angeht, so halten die Moslems es für eine der Täuschungen der modernen Zeit, wenn wir glauben, wir könnten uns leise und unauffällig davonstehlen, solange wir nur ein (unserer Ansicht nach) anständiges und harmloses Leben führen und keine Aufmerksamkeit erregen. Die Lehre vom Jüngsten Gericht und seine Vorwegnahme im Koran läßt solche Sicherheitshoffnungen in sich zusammenfallen. »Wenn der Himmel sich spaltet, Und wenn die Sterne zerstreut sind, Und wenn die Meere entströmen werden, Und wenn die Gräber aufgerissen sind, Dann wird die Seele wissen, was sie getan und was sie unterlassen hat.«[44] Vor diesem Hintergrund schildert der Koran das Leben als eine kurze, aber unendlich kostbare Gelegenheit, die es ein für allemal zu ergreifen gilt. Darin liegt die Dringlichkeit, die das ganze Buch durchzittert. Die Chance, auch nur für einen Tag ins Leben zurückzukehren, um den besten Gebrauch von ihren Gaben zu machen, würde von den ›Frevlern‹ angesichts ihres Gerichts höher eingeschätzt werden als alles, was sie sich gewünscht haben, als sie noch am Leben waren.[45]

Von der Entscheidung im Gericht hängt es ab, ob die Seele nun in einen der himmlischen Paradiesgärten oder in eine der Höllen geht, welche im Koran in lebhaften, konkreten, sinnlichen Bildern dargestellt werden. Die Masse der Gläubigen sieht diese als wirkliche Orte an, was vielleicht die unvermeidliche Folge solch konkreter Schilderungen ist. In den Paradiesgärten labt sich die Seele an kühlen, schattigen Quellen und wird von den *Huris*, jungen Knaben, bedient; hier gibt es edle Teppiche und Kissen, goldene Becher und erlesene Speisen und Getränke. In den Höllen erwarten sie siedend heiße Kleider, Speisen und Getränke »wie geschmolzenes Erz«,[46] eiserne Marterstöcke und Feuer, das Felsen zerbersten läßt. Wenn wir diese Himmel und Höllen als symbolische Darstellung nachtodlicher Welten deuten, die man besser als postmortale Erfahrungszustände begriffe, dann sollen sie damit nicht ›wegerklärt‹ werden; aber die Aufgabe des Buches ist es, uns das Jenseits in Bildern von solcher Lebendigkeit zu präsentieren, daß »die Herzen derer, die nicht an das Jenseits glauben, demselben zugeneigt werden.«[47] Die Schärfe des Kontrasts zwischen Himmel und Hölle soll den Hörer/Leser des Koran aus der geistigen Lethargie reißen, die *ghaflah*, die Vergeßlichkeit, nach sich zieht.

In Zeiten geistiger Wachheit und Wiedergeburt ist das ein wirksames Mittel. Heutzutage mag es für weltlich gesinnte Moslems weniger geeignet sein. Zur Begründung allegorischer Deutungen der Bilder zitieren liberale Moslems den Koran selbst: ».. . darin sind Verse von entscheidender Bedeutung – sie sind die Grundlage des Buches – und andere, die verschiedener Deutung fähig sind.«[48] Auch Mohammeds Aussage, daß für die Erwählten »der Anblick von Gottes Antlitz bei Tag und Nacht eine Seligkeit [bedeutet], die größer ist als alle Wonnen des Körpers, so wie der Ozean größer ist als ein Schweißtropfen«[49] unterstützt ein weniger materialistisches Verständnis des Paradieses.

Den unterschiedlichen Deutungen des jenseitigen Lebens zugrunde liegt aber der Glaube aller Moslems, daß jede Seele sich für ihre Handlungen auf der Erde wird verantworten müssen und daß ihre spätere Zukunft davon abhängt, wie treu sie sich an Gottes Gebote gehalten hat. »Und einem jeden Menschen haben Wir seine Werke an den Nacken geheftet; und am Tage der Auferstehung werden Wir ihm ein Buch vorlegen, das er entsiegelt finden wird.«[50]

Ein letzter Punkt: Wenn all diese Ausagen über das Gericht Gott allzusehr als den Strafenden erscheinen lassen, so können wir dem mit Versen aus dem Koran begegnen, die Allah jede direkte Einmischung absprechen. Dort richten sich die Seelen selbst. Der Tod vernichtet mit seinem Feuer unsere egoistischen Verteidigungsmechanismen und zwingt uns, mit völliger Objektivität anzusehen, wie wir unser Leben gelebt haben. In dem kompromißlosen Licht dieser Schau, die keine dunklen, verborgenen Ecken zuläßt, erheben sich unsere eigenen Handlungen zur Anklage oder zur Rechtfertigung. Sobald das Selbst einmal aus dem Gestrüpp der Lügen befreit ist, verwandeln sich die Falschheiten, mit denen es sich geschützt hat, in Flammen, und das Leben, das es dort gelebt hat, in ein Nessusgewand.

Gott, die Schöpfung, das menschliche Selbst und der Tag des Gerichts – das sind die Grundpflöcke, an denen die theologische Lehre des Koran aufgehängt ist. So wichtig diese auch sein mögen – der Koran ist »ein Buch, das eher die Handlung betont als die Idee« (Muhammad Iqbal). Diesen Handlungen wollen wir uns in den nächsten beiden Abschnitten zuwenden.

Die Fünf Säulen

Fragte man einen Moslem, auf welche Weise der Islam den Menschen zu leben rät, so könnte er antworten: Er lehrt sie, auf dem geraden Weg zu wandeln. Der Ausdruck stammt aus der Sure, die den Koran einleitet, und die in den fünf täglichen Gebeten jedes Moslems viele Male wiederholt wird.

> Im Namen Allahs, des Gnädigen, des Barmherzigen.
> Aller Preis gehört Allah, dem Herrn der Welten,
> Dem Gnädigen, dem Barmherzigen,
> Dem Meister des Gerichtstages.
> Dir allein dienen wir, und zu Dir allein flehen wir um Hilfe.
> Führe uns auf den geraden Weg,
> Den Weg derer, denen Du Gnade erwiesen hast,
> die nicht (Dein) Mißfallen erregt haben
> und die nicht irregegangen sind.[51]

Man hat diese Sure den Herzschlag der Antwort des Moslems auf Gott genannt. Im Augenblick interessiert uns allerdings die Frage, warum hier vom »geraden Weg« gesprochen wird. Einmal ist damit offenbar ein Weg gemeint, der nicht krumm und unehrlich ist. Aber der Ausdruck hat noch eine andere Bedeutung, die eine Besonderheit des Islam anspricht. Der gerade Weg ist einer, der geradeaus zum Ziel führt; er ist offen und direkt. Im Vergleich zu anderen Religionen schreibt der Islam den Lebensweg klar vor und steckt ihn durch klare Vorschriften ab. Jede Handlung wird nach ihrer Grundbeschaffenheit auf einer gleitenden Skala eingeordnet, die vom ›Verbotenen‹ über das ›Neutrale‹ zum ›Vorgeschriebenen‹ reicht. Dadurch bekommt diese Religion etwas Endgültiges, das sie mit keiner anderen teilt. Die Moslems wissen genau, woran sie sind.

Das gilt ihnen als eine der Stärken ihrer Religion. Die Offenbarung Gottes an die Menschheit hat nach ihrer Auffassung vier große Stadien durchlaufen. Zuerst offenbarte Gott durch Abraham die Wahrheit des Monotheismus, das heißt der Einmaligkeit Gottes. Dann verkündete er durch Moses die Zehn Gebote. Als Drittes offenbarte er durch Jesus die goldene Regel – wir sollen an unserem Nächsten so handeln, wie wir es uns von ihm wünschen. Diese drei Propheten waren alle echte Boten; jeder von ihnen brachte wichtige neue Aspekte eines auf Gott ausgerichteten Lebens. Aber eine Frage war noch ungeklärt: *Wie* sollten wir unseren Nächsten lieben? Je schwieriger das Leben wurde, desto dringender brauchten die Menschen Richtlinien, die diese Frage beantworteten; die gab schließlich der Koran. »Das Verdienst des Islam ist es, daß er die schönen Gefühle Jesu in konkrete Gesetze gefaßt hat.«[52]

Was ist denn der Inhalt dieses geraden Weges, der dem Menschen seine Pflichten vor Augen führt? Wir wollen unsere Darstellung in zwei Teile gliedern. In diesem Abschnitt wollen wir die Fünf Säulen des Islam betrachten, die Prinzipien, die das Privatleben des Moslems in seinem Umgang mit Gott regelt. Im nächsten Abschnitt kommen wir dann auf die Soziallehre des Islam zu sprechen.

Die erste der Fünf Säulen ist das Glaubensbekenntnis des Islam, die *Shahada*. Jede Religion enthält Bekenntnisse, an denen die Anhänger sich in ihrem Leben orientieren können. Das des Islam sagt kein Wort zuviel. Es ist kurz, einfach und deutlich. Es besteht aus einem einzigen Satz: »Es gibt keinen Gott außer Gott, und Mohammed ist Sein Prophet.« Der erste Teil verkündet das Grundprinzip des Monotheismus. »Es gibt keinen Gott als Allah.« Es gibt keinen Gott außer *dem* Gott. Noch direkter: Es gibt keinen Gott außer *Gott*, denn das Wort ist kein gewöhnlicher Gattungsname, der eine Klasse von Gegenständen umfaßt; es ist ein Eigenname, der ein einmaliges Wesen bezeichnet und nur dieses allein. Die zweite Behauptung – daß »Mohammed Gottes Prophet« ist – dokumentiert den moslemischen Glauben an die Echtheit des Propheten und die Gültigkeit des Buches, das er übermittelt hat.

Mindestens einmal im Leben muß der Moslem die *Shahadah* korrekt, langsam, aufmerksam, laut, mit vollem Verständnis und ehrlicher Überzeugung aussprechen. Tatsächlich sprechen die Moslems sie oft, besonders die erste Hälfte, *La ilaha illa 'llah*. In jeder Krise und in jedem Moment, da die Welt sie zu überwältigen droht – und so auch im Augenblick des Todes – sprechen sie unwillkürlich: »Es gibt keinen Gott außer Gott.« »Ein frommer Mann, der einen Wutanfall hat, wird plötzlich innehalten, während er sich an die *Shahadah* erinnert, wird sich gleichsam zurückziehen und einen großen Abstand zwischen sich und seinen aufgewühlten Gefühlen schaffen. Eine Frau, die im Kindbett vor Schmerzen aufschreit, wird ebenso plötzlich verstummen, weil sie ihr einfällt; und ein Student, der sich im Prüfungssaal ängstlich über seinen Tisch beugt, hebt den Kopf und spricht diese Worte, und ein kaum hörbarer Seufzer der Erleichterung geht durch die ganze Versammlung. Das ist die letzte Antwort auf alle Fragen.«[53]

Die zweite Säule des Islam ist das kanonische Gebet, *Salat*, zu dessen ausdauernder Verrichtung der Koran die Gläubigen anhält.[54]

Kontinuierliches Beten soll dem Moslem helfen, im Blick zu behalten, worauf es im Leben ankommt. Das hält der Koran für die schwerste Lektion, die dem Menschen zu lernen aufgegeben ist, denn obwohl er ein geschaffenes Wesen ist und weder sich selbst noch seine Welt hervorgebracht hat, fällt es ihm offenbar schwer, sich damit abzufinden; er stellt sich immer wieder in den Mittelpunkt, als gehorche er eigenen Gesetzen. Dem daraus resultierenden Chaos soll das Beten entgegenwirken, denn es bedeutet die Unterwerfung des eigenen Willens unter den Willen Gottes – *islam* – als seines rechtmäßigen Herrschers.

Wie oft soll der Moslem beten? Der Koran enthält einen Bericht, der sich zu diesem Punkt äußert.

Eines der Schlüsselerlebnisse in Mohammeds Leben soll seine berühmte Nächtliche Himmelsreise gewesen sein. In einer Nacht des Monats Ramadan wurde er auf einer wundersamen geflügelten Schimmelstute nach Jerusalem und von dort aufwärts durch die sieben Himmel in die Gegenwart Gottes entrückt, der ihm erklärte, die Moslems hätten fünfzigmal am Tag zu beten. Auf dem Rückweg zur Erde machte er im sechsten Himmel halt. Dort berichtete er Moses davon, der das nicht glauben wollte. »Fünfzigmal am Tag!«, sagte er. »Das kann nicht ernst gemeint sein. Das funktioniert nie. Geh zurück und verhandle.« Das tat Mohammed, und er erreichte, daß die Anzahl auf vierzig reduziert wurde. Aber das reichte Moses immer noch nicht. »Ich kenne die Menschen«, sagte er. »Geh noch einmal hin.« Das Spiel wiederholte sich noch viermal, und schließlich waren nur fünf Gebete übriggeblieben. Aber selbst das erschien Moses noch übertrieben. »Dein Volk ist nicht in der Lage, fünf tägliche Gebetszeiten einzuhalten«, sagte er. »Ich habe die Menschen vor deiner Zeit geprüft und habe mir nur mit Mühe bei [den Söhnen] Israel Geltung verschaffen können. Also geh zurück zu deinem Herrn und bitte Ihn um Erleichterung für dein Volk.« Aber diesmal weigerte sich Mohammed. »Ich habe Ihn schon so oft gebeten, daß ich mich schäme, und nun bin ich zufrieden und füge mich.« So blieb es bei den fünf.[55]

Die Gebete sollen zu festgesetzten Zeiten stattfinden: beim Aufstehen, wenn die Sonne im Zenith steht, wenn sie zur Hälfte versunken ist, beim Sonnenuntergang und vorm Schlafengehen. Allerdings ist dieser Plan nicht absolut bindend. So sagt der Koran ausdrücklich, daß der

Reisende, wenn er die Angriffe der Ungläubigen zu fürchten hat, keine
Sünde begeht, wenn er weniger oft betet. Aber normalerweise sollen die
fünf Zeiten eingehalten werden. Der Islam kennt keinen so deutlich aus
den anderen herausgehobenen Tag wie den Sabbath der Juden oder den
Sonntag der Christen, wenn auch der Freitag der Vorstellung eines
heiligen Tages sehr nahekommt. Ohnedies sind die Moslems angehalten, so oft sie können in der Moschee zu beten, wobei dem freitäglichen
Mittagsgebet besondere Bedeutung zukommt. Es ist schon eines der
eindrucksvollsten Schauspiele, die die Religion zu bieten hat, wenn
Hunderte von Moslems im Halbdunkel einer Moschee dichtgedrängt
beieinanderstehen, immer wieder niederknien und in Richtung Mekka
gewandt ihre Prostrationen ausführen.

Ursprünglich wandte man sich beim Gebet in Richtung Jerusalem;
die Wendung Richtung Mekka geht auf eine spätere koranische Offenbarung zurück, und das Bewußtsein, daß die Moslems der ganzen Welt
hierin vereint sind, erzeugt das Gefühl der Zugehörigkeit zu einer
weltweiten Gemeinschaft, selbst wenn der Betende im stillen Kämmer-
lein allein ist. Außer diesem Hinweis über die Richtung enthält der
Koran so gut wie keine Gebetsvorschriften, aber diese Lücke hat Mohammed durch seine Praxis und Lehre ausgefüllt. Das Gebet, dem
Waschungen zur Reinigung des Körpers und der Seele vorausgehen,
beginnt in aufrechter, würdiger Haltung und erreicht seinen Höhepunkt, wenn der/die Betende in die Knie sinkt und mit der Stirn den
Boden berührt (Prostration). Das ist der heiligste Moment des Gebets,
enthält er doch eine doppelte Symbolik. Zum einen nimmt der Körper
die Position eines Fötus ein, der sich zur Wiedergeburt bereitgemacht
hat, und zum anderen nimmt er so den geringsten Raum ein und bringt
damit seine Nichtigkeit gegenüber der Gegenwart Gottes zum Ausdruck.

Inhaltlich geht es beim Gebet im wesentlichen um Lobpreis, Dank
und Bitte. Ein moslemisches Sprichwort sagt, daß ein Vogel jedesmal,
wenn er einen Tropfen Wasser getrunken hat, seinen Kopf dankbar zum
Himmel erhebt. Mindestens fünfmal am Tag tut der Moslem es ihm
gleich.

Die dritte Säule des Islam ist die Wohltätigkeit in Form der gesetzli-
chen Armensteuer, *Zakat*. Materielle Güter sind wichtig. Aber warum
haben manche Menschen mehr davon als andere? Der Islam geht an
diese Frage nicht theoretisch, sondern ganz praktisch heran, indem er
überlegt, wie man dieser Ungleichheit abhelfen kann. Die Antwort ist

ganz einfach: Wer mit irdischen Gütern reicher gesegnet ist, soll die Last derer tragen helfen, die weniger haben. Dieses Prinzip, das die Demokratien des zwanzigsten Jahrhunderts mit dem Konzept des Wohlfahrtsstaates in säkularisierter Form übernommen haben, wurde vom Koran im siebten Jahrhundert begründet, indem die Reichen verpflichtet wurden, durch abgestufte Abgaben das Los der Armen zu erleichtern.

Der Koran setzte diese Abgabe auf 2,5 Prozent fest. Im Vergleich mit dem Zehnten der Juden und der Christen (der mit der islamischen Abgabe insofern nicht vergleichbar ist, als er weniger sozialen Zwecken als dem Erhalt der religiösen Institutionen diente) nimmt sich das recht bescheiden aus; man muß allerdings berücksichtigen, daß als Grundlage der Berechnung nicht das Einkommen, sondern das Vermögen dient. Auf diese Weise sind die Angehörigen der mittleren und höheren Einkommensklassen angehalten, ein Vierzigstel des Wertes ihres gesamten Besitzes an die Armen zu verteilen.

Und wer unter den Armen soll das Geld bekommen? Auch das ist vorgeschrieben: Wer in einer unmittelbaren Notlage ist; Sklaven, die sich freikaufen wollen; Schuldner, die ihren Verpflichtungen nicht nachkommen können; Fremde und Reisende; und jene, die Almosen sammeln und verteilen.

Die vierte Säule des Islam ist das Einhalten des Fastenmonats. Ramadan ist ein Monat des islamischen Kalenders – der heilige Monat des Islam, denn in diese Zeit fiel sowohl Mohammeds erste Offenbarung als auch (zehn Jahre später) seine historische *Hidschra* (Auswanderung) von Mekka nach Medina. In Erinnerung an diese beiden großen Ereignisse sollen alle gesunden Moslems (also alle, die nicht krank sind oder sich im Krieg oder auf einer unaufschiebbaren Reise befinden) während des Ramadan fasten. Vom Aufgang der Sonne bis zu ihrem Untergang soll weder Speise noch Trank noch Rauch über ihre Lippen kommen; nach Sonnenuntergang dagegen ist mäßiger Genuß erlaubt. Da der islamische Kalender dem Lauf des Mondes folgt, bewegt sich der Ramadan durch das Jahr. Wenn er auf den Winter fällt, ist er nicht schwer einzuhalten. Aber in der sengenden Sommerhitze ist es nicht so leicht, den ganzen Tag ohne einen Tropfen Wasser auszukommen.

Warum besteht der Koran dann darauf? Zum einen regt Fasten das Denken an, wie jeder Jude bestätigen kann, der einmal das Yom-Kippur-Fasten eingehalten hat; zum anderen lehrt Fasten Selbstdisziplin. Wer das Fasten meistert, dem fällt es auch bei anderen Gelegenheiten weniger schwer, seine Lüste zu zügeln. Fasten unterstreicht die Abhängigkeit des Geschöpfes von Gott. Der Mensch, so heißt es, ist so zart wie ein Rosenblatt; trotzdem zeigt er sich eitel und anmaßend. Das Fasten macht uns wieder bewußt, wie zerbrechlich und abhängig wir sind. Schließlich weckt Fasten unser Mitgefühl. Nur wer den Hunger kennt, vermag zu ermessen, welche Qualen er zufügen kann. Wer einmal im Jahr neunundzwanzig Tage lang fastet, wird das nächste Mal, wenn ein Hungriger sich an ihn wendet, ein offeneres Ohr haben.

Die fünfte Säule des Islam ist die Wallfahrt, *Hadsch*. Jeder Moslem, der körperlich und wirtschaftlich dazu in der Lage ist, soll einmal im Leben nach Mekka pilgern, dem Ort, wo sich Gott dem Mohammed zum ersten Mal auf dramatische Weise offenbart hatte. Durch die Wallfahrt soll die Hingabe des Pilgers an Gott und seinen geoffenbarten Willen vertieft werden. Gleichzeitig wird auch das Gefühl der Gleichheit aller Menschen gefördert, denn bei der Ankunft in Mekka vertauschen die Pilger ihre übliche Kleidung, die ja Hinweise auf ihren sozialen Status liefert, gegen zwei einfache Leintücher. So ist jeder, der sich dem irdischen Mittelpunkt des Islam nähert, gleich gekleidet. Die Wallfahrt wirkt sich auch auf die internationalen Beziehungen günstig aus, denn sie bringt Angehörige verschiedener Länder zusammen, die sich so gegenseitig einer Loyalität versichern, die über die Treue zu einem Land oder einer ethnischen Gruppe weit hinausgeht.

Die Fünf Säulen des Islam beziehen sich darauf, was die Moslems tun sollen, um das Gebäude des Islam zu erhalten. Daneben gibt es auch Vorschriften darüber, welche Handlungen zu vermeiden sind. Verboten sind etwa Spielen, Stehlen, Lügen, der Verzehr von Schweinefleisch, der Genuß berauschender Getränke und sexuelle Promiskuität. Selbst wer diese Verbote übertritt, erkennt jedenfalls an, daß er sich falsch verhalten hat.

Außer der Wohltätigkeit betreffen alle bisher behandelten Vorschriften das Privatleben des Moslems. Wir wollen uns jetzt der Soziallehre des Islam zuwenden.

Soziallehre

»Oh ihr Menschen! Hört auf meine Worte und befolgt sie! Wisset, daß jeder Moslem der Bruder jedes anderen Moslems ist und daß ihr alle jetzt zu einer Bruderschaft gehört.« Diese denkwürdigen Worte, die der

Prophet während seiner »Abschiedswallfahrt« nach Mekka kurz vor seinem Tode gesprochen hat, enthalten in knapper Form eines der erhabensten und wichtigsten Ideale des Islam. Auf politischer Ebene hat das Vordringen des Nationalismus diesem Ideal in den letzten zweihundert Jahren schwer geschadet, aber auf kommunaler Ebene ist es deutlich intakt geblieben. Ein führender Kenner des Islam schreibt: »Die religiöse Kultur des Islam hat etwas an sich, was noch dem einfachsten Bauern oder Straßenhändler eine Würde und einen Respekt vor seinen Mitmenschen verliehen hat, die von anderen Kulturen nie übertroffen und selten erreicht worden sind.[56]

Das Arabien, wie es vor dem Islam war, unterscheidet sich von dem islamischen Arabien so sehr, daß es fraglich ist, ob es in der Geschichte je einen ähnlichen moralischen Fortschritt so vieler Menschen in so kurzer Zeit gegeben hat. Vor Mohammed konnte sich Gewalt zwischen verschiedenen Stämmen ungehindert ausleben, und es wurde als selbstverständlich hingenommen, daß Besitz und Wohlstand verschieden verteilt waren. Frauen galten mehr als Besitztümer denn als menschliche Wesen. Es ist nicht ganz zutreffend, wenn man sagt, die Männer hätten so viele Frauen heiraten dürfen wie sie wollten. Eher waren ihre Beziehungen zu Frauen so beiläufig, daß sie außer bei der ersten oder zweiten Frau kaum den Namen einer Ehe verdienten. Kindstötung, vor allem bei Mädchen, war an der Tagesordnung. Trunkenheit und Glücksspiel wurden schon erwähnt. All das war von einem innerhalb eines halben Jahrhunderts sich vollziehenden, bemerkenswerten Wandel des moralischen Klimas betroffen.

Daß es dem Islam gelang, eine solche ans Wunderbare grenzende Veränderung durchzusetzen, liegt zum Teil an seiner schon erwähnten Deutlichkeit. So will er nach moslemischer Auffassung bei den zwischenmenschlichen Beziehungen nichts anderes erreichen als Jesus und die anderen Propheten: brüderliche und schwesterliche Liebe. Was ihn vor den anderen auszeichnet, ist daher nicht das zu erstrebende Ideal, sondern die genauen Vorschriften, mit denen er es zu erreichen sucht. Wenn Jesus länger gelebt hätte oder wenn die Juden zur damaligen Zeit nicht so wenig gesellschaftliche Macht gehabt hätten, dann hätte vielleicht auch er seine Lehren in ein strengeres System gebracht. Aber wie die Dinge liegen, »blieb [seine Arbeit] unvollendet. Es sollte einem anderen Lehrer vorbehalten bleiben, die Moralgesetze zu systematisieren.«[57] Dieser Lehrer war der Koran. Denn er ist nicht nur ein spiritueller Leitfaden, sondern auch eine Gesetzessammlung. Wenn man zu

seinen zahllosen Vorschriften noch die hinzunimmt, die in dem kaum
weniger maßgeblichen *Hadith* – das ist die Überlieferung dessen, was
Mohammed aus eigenem Antrieb tat und sagte – enthalten sind, dann
kann es kaum überraschen, daß der Islam von allen semitischen Religionen die ausgefeilteste Soziallehre besitzt. Wir Menschen des Westens,
die wir gewohnt sind, die Religion aus der Warte unserer persönlichen
Erfahrung zu definieren, würden damit bei den Moslems auf blankes
Unverständnis stoßen, denn ihre Religion verlangt von ihnen die Errichtung einer ganz bestimmten Sozialordnung. Im Islam besteht eine
untrennbare Verbindung zwischen Glaube und Politik, Religion und
Gesellschaft.

Aus der ungeheuer umfangreichen islamischen Gesetzgebung wollen
wir vier Bereiche herausgreifen, die sich auf das Gemeinschaftsleben
beziehen.

1. Wirtschaft

Der Islam ist sich voll der Tatsache bewußt, daß das Leben auf physikalischen Grundlagen beruht. Solange die körperlichen Bedürfnisse nicht
befriedigt sind, können höhere Strebungen nicht gedeihen. Einmal kam
einer von Mohammeds Anhängern zu ihm gelaufen und rief: »Meine
Mutter ist tot; welches Almosen soll ich für ihre Seele spenden?« Der
Prophet dachte sofort an die Hitze der Wüste und gab zur Antwort:
»Wasser! Bohre für sie eine Quelle und gib den Durstigen Wasser.«

So wie ein Organismus nur gesund ist, wenn alle seine Teile ständig
ernährt werden, so erfordert auch die Gesundheit der Gesellschaft eine
breite und gerechte Verteilung der materiellen Güter. Das ist das
Grundprinzip der islamischen Wirtschaft, und nirgendwo sonst gelangen die demokratischen Strebungen des Islam mit größerer Kraft und
Klarheit zum Ausdruck. Der Koran verkündete gemeinsam mit dem
Hadith Maßnahmen, die die wirtschaftlichen Kastenschranken nieder-
rissen und die auf bestimmten Gruppeninteressen basierenden Ungerechtigkeiten weitgehend entschärften.

Das Modell, das hinter der moslemischen Wirtschaft steht, ist das des
Kreislaufs im menschlichen Körper. Gesundheit setzt den freien, kräfti-
gen Fluß des Blutes voraus; Trägheit kann zu Krankheit führen, Blutgerinnsel sind tödlich. Nicht anders ist es beim Körper der Gesellschaft,
bei dem an der Stelle des Blutes der Wohlstand als die lebenspendende
Substanz steht. Solange die Menschen gemäß dieser Analogie handeln

und durch Gesetze sichergestellt ist, daß der Wohlstand kräftig zirku-
liert, hat der Islam nichts gegen Gewinnstreben, Wettbewerbsgeist und
unternehmerisches Denken – je einfallsreicher, desto besser – als Motivation menschlichen Handelns einzuwenden, ja er fördert sie so sehr,
daß man den Koran gelegentlich sogar als »Geschäftsfibel« bezeichnet
hat. Er hat nichts dagegen, wenn einer schwerer arbeitet als der andere
und dafür auch entsprechend besser entlohnt wird. Er besteht nur
darauf, daß bei allem Profitstreben und Wettbewerb nie jenes Fair play
vergessen wird, das »die Arterien durchlässig erhält«, und daß immer
jene Nächstenliebe am Werk ist, die das lebenspendende Blut – die
materiellen Güter – in die feinsten Kapillargefäße des Systems pumpt.
Diese ›Kapillargefäße‹ nähren sich aus der besagten Armensteuer.

Um ›Blutgerinnsel‹ zu verhindern, ging der Koran gegen den
schlimmsten wirtschaftlichen Fluch der Zeit – das Erstgeburtsrecht –
vor, das er einfach für ungesetzlich erklärte. Diese Institution hatte
durch Beschränkung des Erbes auf den ältesten Sohn den Wohlstand
auf eine kleine Anzahl riesiger Vermögen konzentriert. Nach der durch
den Koran getroffenen Regelung erben alle Kinder – Töchter wie
Söhne. Damit verteilte sich, wie F. S. C. Northrop einmal beobachtet
hat, eine Summe von 53 000 Dollar auf sage und schreibe siebzig Erben.

Ein Vers des Koran verbietet das Annehmen von Zinsen. Das war zur
damaligen Zeit nicht nur menschlich, sondern zutiefst gerecht, denn
nun ging man dazu über, die weniger Begüterten in schweren Zeiten
mit Hilfe von Darlehen über Wasser zu halten. Mit dem Aufkommen
des Kapitalismus hat das Geld allerdings eine andere Bedeutung angenommen. Eine seiner wichtigen Funktionen ist jetzt die des Risikokapi-
tals, und in diesem Zusammenhang vermehrt sich geliehenes Geld.
Davon profitiert der Darlehensnehmer, und es wäre natürlich ungerecht, wenn der Darlehensgeber vom Gewinn ausgeschlossen würde.
Die Moslems haben eine Lösung gefunden, die die veränderten Bedingungen berücksichtigt, indem sie den Darlehensgeber in irgendeiner
Weise bei dem Geschäft, für das ihr Geld verwendet wird, zum Partner
machen. So fällt die Unvereinbarkeit des Islam mit dem Risikokapital
als Herzstück des Kapitalismus weg. Die Exzesse des Kapitalismus, die
der Westen nach moslemischer Ansicht auf eklatante Weise demon-
striert, stehen auf einem anderen Blatt. Die ausgleichenden Klauseln
des Koran würden solche Exzesse bei richtiger Anwendung weitgehend
abschwächen.

2. Die Stellung der Frau

Wenn der Westen dem Islam vorgeworfen hat, er entwürdige die Frau, so vor allem deshalb, weil er die Polygamie zuläßt.

Betrachtet man dagegen die Stellung der arabischen Frau vor und nach Mohammed, so erweist sich diese Anschuldigung als falsch. In der präislamischen ›Zeit der Ignoranz‹ wurden Ehen so lose geschlossen, daß von einer festen Bindung kaum die Rede sein konnte. Frauen waren nicht viel mehr als Leibeigene und mußten sich der Willkür des Vaters oder des Ehemanns fügen. Töchter hatten kein Erbrecht und wurden oft noch als Kinder lebendig begraben.

In dieser Situation, in der schon die Geburt einer Tochter als Unglück galt, bedeuteten die koranischen Reformen für die Stellung der Frau eine ungeheure Verbesserung. Die Kindstötung war nun verboten. Auch die Töchter waren jetzt am Erbe zu beteiligen – sie erhielten zwar nur halb soviel wie die Söhne, aber das ist durchaus gerecht angesichts der Tatsache, daß sie nicht wie diese die finanzielle Verantwortung für die Familie auf sich zu nehmen hatten. In der Frage der bürgerlichen Rechte der Frau, also Erziehung, Wahlrecht und Berufswahl, läßt der Koran die Möglichkeit der völligen Gleichstellung der Frau offen – eine Gleichstellung, die in dem Maße stärker verwirklicht wird, in dem die moslemischen Völker sich modernen Strömungen öffnen.[58] Wenn die Frauen im Islam in spätestens hundert Jahren nicht die soziale Stellung ihrer westlichen Schwestern erreichen – eine Stellung, die diese eher der Industrialisierung und Demokratisierung verdanken als der Religion –, dann, so sagen die Moslems, ist es Zeit, den Islam dafür verantwortlich zu machen.

Die größte Wohltat, die der Islam der Frau erwiesen hat, besteht aber in der Institution der Ehe. Der Islam hat die Ehe erstens dadurch geheiligt, daß er sie zum ausschließlichen rechtmäßigen Ort zur Ausübung des Geschlechtsverkehrs erklärte.[59]

Für die Anhänger einer Religion, in der Ehebruch mit Steinigung bestraft wird und der Gesellschaftstanz verboten ist, scheint der westliche Vorwurf, der Islam leiste der Lüsternheit Vorschub, denn doch recht abwegig. Zweitens besteht der Koran auf der freien Zustimmung der Frau, bevor sie sich zur Ehe entschließt; selbst ein Sultan kann ohne ausdrückliche Einwilligung der Braut nicht heiraten. Drittens hat der Islam die eheliche Bindung enorm verstärkt. Mohammed hat die Scheidung zwar nicht untersagt, aber er billigte sie nur als letztes Mittel. Er betonte mehrfach, daß es nichts gibt, was Gott mehr mißfällt als der Bruch des Ehegelübdes, und sorgte daher für gesetzliche Regelungen zum Schutz der Ehe. Bei der Eheschließung muß der Ehemann der Frau eine Summe zukommen lassen, auf die beide sich geeinigt haben und die sie für den Fall einer Scheidung in voller Gänze behält. Das Scheidungsverfahren sieht drei verschiedene, voneinander abgesetzte Zeiten vor, in denen ein Schiedsgericht, das sich aus Mitgliedern beider Familien zusammensetzt, die beiden Parteien zu versöhnen sucht. Obwohl das Scheidungsverfahren also so angelegt ist, daß es möglichst wenig Scheidungen gibt, kommt das Recht, ein solches Verfahren in die Wege zu leiten, nicht nur den Männern, sondern auch den Frauen zu.

Bleibt immer noch das Thema der Polygamie oder besser Polygynie. Es stimmt zwar, daß der Koran den Männern gestattet, bis zu vier Frauen gleichzeitig zu haben, aber es herrscht immer mehr Einigkeit darüber, daß sich bei sorgfältiger Auslegung der diesbezüglichen Vorschriften die Monogamie als Ideal herausschält. So schreibt der Koran zum Beispiel: »Wenn ihr fürchtet, ihr würdet nicht gerecht und billig [gegen mehr als eine Frau] handeln, dann (heiratet nur) eine . . .«[60] An anderen Stellen wird deutlich, daß mit ›Gerechtigkeit‹ hier nicht nur der materielle Bereich angesprochen ist, sondern auch Achtung und Liebe. Rein äußerlich ist für jede Frau ihr eigener Wohnbereich vorgeschrieben, und schon das bedeutet eine starke Einschränkung. Indessen stützen sich die Juristen, die aus dem Koran praktisch die Verpflichtung zur Monogamie ableiten, mehr auf dessen Gebot der Achtung und Liebe, denn Zuneigung und Wertschätzung lassen sich kaum gerecht verteilen. Diese Argumentation, die bis ins dritte Jahrhundert nach der *Hidschra* zurückgeht, findet in letzter Zeit immer mehr Anhänger. Um jedes Mißverständnis auszuschließen, fügen viele Moslems heute in den Ehevertrag eine Klausel ein, durch die der Mann in aller Form auf sein angebliches Recht auf eine zweite Frau verzichtet, und in der Praxis ist die Polygynie – außer bei gewissen afrikanischen Stämmen – im Islam heute selten geworden.

Trotzdem bleibt die Tatsache bestehen, daß der Koran die Polygynie zuläßt: ». . . heiratet Frauen, die euch genehm dünken, zwei oder drei oder vier.«[61] Und was sollen wir davon halten, daß Mohammed selbst mehrfach verheiratet war? Für die Moslems zeugt beides von der Flexibilität des Islam in der Behandlung verschiedener Situationen.

Es kann in der höchst unvollkommenen menschlichen Existenz Situationen geben, in denen Polygynie die beste Lösung ist. Eine solche kann im Einzelfall zum Beispiel entstehen, wenn die Frau schon bald nach der Eheschließung gelähmt wird oder sich eine andere Krankheit zuzieht, die den Vollzug der Ehe unmöglich macht. Im gesellschaftlichen Maßstab träte der Fall dann ein, wenn ein Krieg die männliche Bevölkerung dezimierte, so daß die Polygynie die einzige Möglichkeit wäre zu verhindern, daß ein Großteil der Frauen auf Mutterschaft und Familienleben verzichten müßte. Wer sehr idealistisch ist, mag in solchen Fällen heldenhafte Keuschheit verlangen. Aber Heldentum ist noch nie die Sache der Massen gewesen. In der Praxis gibt es nur zwei Möglichkeiten: auf der einen Seite die legalisierte Polygynie, bei der die Sexualität ganz streng mit Verantwortung gekoppelt ist, und auf der anderen Seite die Monogamie, die aber, weil sie unrealistisch ist, die Prostitution fördert, in der die Männer jede Verantwortung für ihre Sexualpartner und ihre Nachkommenschaft ablehnen. Die Moslems können zu ihrer Verteidigung auch darauf hinweisen, daß ›Mehrfach-Ehen‹ im Westen mindestens ebenso häufig sind; sie unterscheiden sich von der moslemischen Praxis lediglich dadurch, daß die Ehen sich ablösen. Ist diese westliche ›Serien-Polygynie‹ ihrem zeitgenössischen Gegenstück – bei dem die Frauen, wenn sie es wünschen, immerhin das Recht haben, aus dem Arrangement (durch Scheidung) auszusteigen – wirklich so eindeutig überlegen? Und schließlich weichen die Moslems, auch wenn sie sich von Anfang an freimütig zu dem Recht der Frau auf sexuelle Erfüllung in der Ehe bekannt haben, nicht der schwierigen Frage aus, ob der Sexualtrieb des Mannes stärker sei als der der Frau. Sollte diese Vermutung biologisch begründet sein, so kann man dem Islam immerhin mit Victor Danner zugute halten: »Statt den Männern zu erlauben, nur ihrem eigenen Impuls zu folgen und ihre Sinnlichkeit ungeniert auszuleben, sorgt das Gesetz des Islam durch die Polygynie für einen Rahmen, innerhalb dessen eine gewisse Kontrolle gewährleistet ist. [Es] zwingt den formlosen Instinkt des Mannes in eine bewußte Form und bindet ihn damit an die Strukturen seiner Religion.«[62]

Bezüglich der Verschleierung der Frau und ihrer Absonderung überhaupt spricht der Koran kein absolut bindendes Gebot aus. »Sprich zu deinen Frauen und deinen Töchtern und zu den Frauen der Gläubigen, sie sollen ihre Tücher tief über sich ziehen. Das ist besser, damit sie nicht erkannt und nicht belästigt werden.«[63] Wenn diese Vorschrift zu Extremen geführt hat, so handelt es sich um lokal bedingte Sitten ohne religiöse Verbindlichkeit.

Eine Darstellung der sozialen Fragen darf auch das Thema Strafe nicht außer acht lassen, denn es herrscht allgemein der Eindruck, die islamische Gesetzgebung schreibe außerordentlich drakonische Strafen vor. Als Beispiel wird oft die Strafe für Ehebruch zitiert, die die jüdische Tradition des Todes durch Steinigung fortführt. Zwei weitere häufig angeführte Strafen sind das Abhacken der Hand bei Diebstahl und die Auspeitschung bei einer Reihe von Delikten. Das sind gewiß strenge Strafen, aber nach moslemischer Sicht soll hierdurch ganz deutlich gemacht werden, daß es sich dabei um außerordentlich ernste Vergehen handelt, die nicht geduldet werden dürfen. Nachdem die juristische Seite klargestellt ist, kann nun im Einzelfall das Urteil abgemildert werden. »Verhütet Strafen durch Zweifel«, forderte Mohammed sein Volk auf, und die islamische Rechtsprechung legitimiert jeden Trick, der geeignet ist, die Strafe abzuwenden, solange wenigstens der Schein des Gesetzes gewahrt bleibt. So darf eine Steinigung bei Ehebruch nur dann vollzogen werden, wenn vier unanfechtbare Zeugen beigebracht werden, die die Tat in flagranti beobachtet haben, was praktisch nie der Fall ist. Für das ›Auspeitschen‹ darf in der Praxis eine leichte Sandale oder sogar der Saum eines Gewandes benutzt werden, und der Dieb braucht um seine Hand nicht zu fürchten, wenn er aus echter Not gestohlen hat.

3. Beziehungen zwischen den Rassen

Der Islam betont die Gleichheit der Rassen und »hat einen beachtlichen Grad an Koexistenz zwischen Angehörigen verschiedener Rassen verwirklicht.«[64] Das letzte Kriterium in dieser Frage ist die Bereitschaft, Angehörige anderer Rassen zu heiraten; hier gilt den Moslems Abraham als Vorbild, dessen Verbindung mit Hagar, einer Schwarzen, sie als Zweitehe und nicht als Konkubinat betrachten. Unter Elijah Muhammad war die Bewegung der Black Muslims in Amerika in ihrer Haltung den Weißen gegenüber von Militanz geprägt, aber als Malcolm X im Jahre 1964 nach Mekka pilgerte, stellte er fest, daß der Rassismus im Islam keine Tradition hatte und mit ihm nicht vereinbar war.[65] Die Moslems erinnern gern daran, daß der erste *Muezzin*, Bilal, ein Äthiopier war, der regelmäßig für die Bekehrung der Koreish betete – der ›Weißen‹, die die ersten Gläubigen bekämpften, von denen viele schwarz waren. Wenn der Islam in Schwarzafrika heute an Boden gewinnt, so hängt das nicht zuletzt mit seiner Verwurzelung in dieser Tradition zusammen.

4. Die Frage der Gewaltanwendung

Ein schwertschwingender Mann und hinter ihm eine lange Schlange von Frauen: Das ist das Bild, das die Menschen im Westen vom typischen Moslem im Kopf haben – so berichten Moslems. Dies ist nicht erstaunlich, denn nach der Darstellung eines Historikers waren die Christen von Anfang an der Ansicht, »die beiden hervorstechendsten Merkmale von Mohammeds Leben« seien »seine sexuelle Zügellosigkeit und sein Einsatz der Gewalt zur Durchsetzung religiöser Ziele.«[66] Nach moslemischer Ansicht ist beides böswillige Verleumdung. Über die sexuelle Zügellosigkeit haben wir schon gesprochen. Wenden wir uns nun der Rolle der Gewalt zu.

Zugegeben, der Koran empfiehlt nicht, die andere Wange hinzuhalten. Er ist nicht pazifistisch. Er lehrt zwar Vergebung und die Vergeltung von Bösem mit Gutem, wo die Umstände dies rechtfertigen – »Der Lohn für Böses sei aber (nur) Böses in gleichem Maße, und wer vergibt und Frieden macht, dessen Lohn ist bei Allah«[67] – aber damit ist nicht das christliche »Widerstrebet nicht dem Übel«[68] gemeint. Der Koran denkt nicht daran, von seinen Anhängern zu erwarten, daß sie sich von jedem, dem es in den Sinn kommt, als Fußabstreifer behandeln lassen. Er gestattet vielmehr die Bestrafung mutwilliger Übeltäter entsprechend der Schwere des von ihnen zugefügten Unrechts.[69] Das sei im Sinne der Gerechtigkeit notwendig, denn wollte man die ›Gegenseitigkeit‹ abschaffen, ohne die echtes Fair play nicht denkbar wäre, so wäre die Moral nichts weiter als eine blutleere, sentimentale Vorstellung von Idealisten. Auf das kollektive Leben angewandt, führt dieses Prinzip der Gerechtigkeit unter anderem zum Konzept des *Dschihad*, des islamischen heiligen Krieges, dessen Märtyrer des Himmelreichs sicher sein dürfen. All das gilt nach moslemischer Auffassung als integraler Bestandteil des Islam, und doch rechtfertigt es sicher nicht den weitverbreiteten Vorwurf, der Islam habe seine Ausdehnung und seinen Bestand hauptsächlich dem Schwert zu verdanken.

Als hervorragender General hinterließ Mohammed viele Traditionen bezüglich einer menschenwürdigen Kriegführung. Verträge sind einzuhalten, Verrat zu vermeiden. Die Verwundeten sollen nicht verstümmelt, die Toten nicht verunstaltet werden. Frauen, Kinder und Greise sind zu verschonen, ebenso Obstgärten, Ernten und heilige Gegenstände. Doch all das ist Nebensache. Wichtig ist die Definition des ›gerechten Krieges‹. Nach dem vorherrschenden Verständnis des Koran ist ein Krieg dann gerecht, wenn er entweder der Verteidigung dient oder der Wiedergutmachung eines Unrechts. »Und kämpfet für Allahs Sache gegen jene, die euch bekämpfen, doch überschreitet das Maß nicht, denn Allah liebt nicht die Maßlosen.«[70] Die aggressive und unerbittliche Feindseligkeit der Götzenanbeter zwang Mohammed, sich mit dem Schwert in der Hand selbst zu verteidigen, wollte er nicht mit all seinen Anhängern und dem ihm von Gott aufgetragenen Glauben vom Erdboden hinweggefegt werden. Daß andere geistliche Führer der Gewalt erlegen und zu Märtyrern geworden waren, akzeptierte Mohammed nicht als Grund, es ihnen gleichzutun. Das Schwert, das er einmal zur Selbstverteidigung ergriffen hatte, ließ er nicht mehr los. Soviel geben die Moslems zu; aber sie betonen, daß der Islam sich zu seiner Verbreitung nur zuweilen auf das Schwert, zumeist hingegen auf seine Überzeugungskraft und seine Rolle als Vorbild gestützt hat.

Die Verse, in denen der Koran entscheidende Aussagen über die Bekehrung macht, sind diese:

> Es soll kein Zwang sein im Glauben.[71]
> Einem jeden von euch haben Wir eine klare Satzung und einen deutlichen Weg vorgeschrieben. Und hätte Allah gewollt, Er hätte euch alle zu einer einzigen Gemeinde gemacht, doch Er wünscht euch auf die Probe zu stellen durch das, was Er euch gegeben hat. Wetteifert darum miteinander in guten Werken. Zu Allah ist euer aller Heimkehr; dann wird Er euch aufklären über das, worüber ihr uneinig wart.[72]

Die Moslems weisen darauf hin, daß Mohammed in die Verfassung, die er der Stadt Medina gegeben hat, das aus diesen Versen sprechende Prinzip der religiösen Toleranz aufgenommen hat. Sie betrachten dieses Dokument als die erste ›Charta der Gewissensfreiheit‹ in der Geschichte und als maßgebliches Modell für die Verfassung jedes späteren moslemischen Staates. Sie bestimmte, daß »die Juden, die sich unserem Gemeinwesen anschließen, vor allen Beleidigungen und Belästigungen zu schützen sind; sie sollen das gleiche Recht wie unser Volk auf unseren Beistand und unsere guten Einrichtungen haben: Die Juden . . . und alle anderen, die in Yathrib wohnen, sollen . . . ihre Religion ebenso frei ausüben können wie die Moslems.« Selbst eroberten Nationen wurde die Freiheit der Religionsausübung zugestanden, solange sie eine bestimmte, der Armensteuer – von der sie befreit waren – entsprechende

Abgabe zahlten; danach galt jede Einmischung in ihre Gewissensfreiheit als direkter Verstoß gegen das islamische Recht. Wem das alles als Beweis für die religiöse Toleranz des Islam noch nicht genügt, der sei auf einen Ausspruch aus dem Munde Mohammeds selbst verwiesen: »Wollt ihr denn die Menschen zwingen zu glauben, wo der Glaube doch nur von Gott kommen kann?«[73] Als einmal eine Abordnung von Christen ihn besuchte, lud Mohammed sie ein, ihren Gottesdienst in der Moschee abzuhalten, denn: »Dieser Ort ist Gott geweiht.«

Soviel zur Theorie und zu Mohammeds persönlichem Vorbild. Inwieweit die Moslems diesem Vorbild an Toleranz gerecht geworden sind, das ist eine komplexe historische Frage, die nicht mit ein paar Worten objektiv und definitiv zu beantworten ist. Auf der positiven Seite verweisen die Moslems auf das jahrhundertelange friedliche Zusammenleben von Christen, Juden und Hindus unter moslemischer Herrschaft in Indien, Spanien und dem Nahen Osten. Noch unter den schlimmsten Herrschern hatten Christen und Juden einflußreiche Positionen inne und behielten im großen und ganzen ihre religiöse Freiheit. Und man erinnert uns zu Recht daran, daß es Christen und nicht Moslems waren, die im fünfzehnten Jahrhundert die Juden aus Spanien vertrieben haben, wo sie unter islamischer Herrschaft eines ihrer goldenen Zeitalter erlebt hatten. Aber damit nicht genug: Spanien und Anatolien gingen etwa um die gleiche Zeit in andere Hände über – die Christen verdrängten die Mauren aus Spanien, während die Moslems die heutige Türkei eroberten. Jeder Moslem wurde aus Spanien vertrieben, hingerichtet oder zur Konversion gezwungen, während Istanbul bis heute Sitz der orthodoxen Ostkirche geblieben ist. Wenn wir also schon vergleichen wollen, dann müssen wir uns von den Moslems sagen lassen, daß die christliche Bilanz bei weitem düsterer aussieht. Wer, so fragen sie, hat denn im Namen des Friedensfürsten zu den Kreuzzügen aufgerufen? Wer war es, der die Inquisition ins Leben gerufen, das Streckbett und den Pfahl als Werkzeuge der Religion ersonnen und Europa in verheerende Religionskriege gestürzt hat? Alle Historiker, die sich einen objektiven Blick bewahrt haben, sind sich einig, daß, milde ausgedrückt, der Islam zumindest nicht mehr Gewalt angewandt hat als das Christentum.

Doch lassen wir den Vergleich einmal beiseite. Die Moslems geben zu, daß sie, was Gewalt angeht, keine ganz weiße Weste haben. Jede Religion ist im Laufe ihrer Geschichte irgendwann einmal von ihren Anhängern mißbraucht worden, um die eigene Aggression zu verschleiern, und der Islam macht da keine Ausnahme. Immer wieder hat er intrigante Anführer, Kalifen und Staatschefs hervorgebracht, die unter dem Mäntelchen der Religion ihren persönlichen Ehrgeiz befriedigt haben. Die Moslems wehren sich aber gegen drei Unterstellungen.

Erstens bestreiten sie, daß der Islam intoleranter und aggressiver sei als irgendeine der anderen großen Religionen (wobei man vom Buddhismus vielleicht absehen sollte).

Zweitens halten sie die westlichen Historiker in ihrer Darstellung der Gewaltanwendung für wenig objektiv.[74] Als Beispiel führen sie den *Dschihad* an. Für den Westen ist der Heilige Krieg gleichbedeutend mit schreienden Fanatikern, die sich durch die Zusage der sofortigen Aufnahme in den Himmel im Fall ihres Todes in den Krieg hetzen lassen. Die Wirklichkeit sieht anders aus: (a) *Dschihad* bedeutet wörtlich ›Anstrengung‹, wenn auch das Wort häufig den Krieg bezeichnet, weil Krieg besondere Anstrengungen erfordert. (b) Die Definition des Heiligen Krieges im Islam ist praktisch identisch mit der des ›gerechten Krieges‹ im Christentum, wo auch zuweilen von ›heiligem Krieg‹ die Rede ist. (c) Auch im Christentum gelten die Gefallenen solcher Kriege als Märtyrer, denen die Rettung sicher ist. (d) Ein *Hadith* (kanonischer Ausspruch) Mohammeds stellt den Krieg gegen das Böse im Herzen über jeden Krieg gegen äußere Feinde. »Wir sind aus dem geringeren *Dschihad* heimgekehrt«, sagte der Prophet nach einem Zusammenstoß mit den Mekkanern, »um uns dem größeren *Dschihad* zu stellen«, dem Kampf mit dem Feind in unserem Innern.

Drittens weigern sich die Moslems zu akzeptieren, daß die dunklen Seiten ihrer Geschichte ihrer Religion angelastet werden, deren obersten Grundsatz sie ständig in der Standardgrußformel wiederholen: *as-Salam 'alaykum* – »Der Friede sei mit euch!«

Sufismus

Wir haben den Islam bisher behandelt, als sei er ein monolithischer Block. Aber wie alle anderen Religionen hat er sich im Lauf seiner Geschichte aufgespalten. Dabei entstand die Hauptströmung der Sunniten (›Traditionalisten‹, von *sunnah* ›Tradition‹), die 87 Prozent aller Moslems stellen und die kleinere Richtung der Schiiten (wörtlich ›Anhänger‹, nämlich von Ali, dem Schwiegersohn Mohammeds, der nach Ansicht der Schiiten die direkte Nachfolge Mohammeds hätte antreten sollen; er wurde dreimal übergangen und fiel, als er endlich zur Nachfolge bestimmt worden war, einem Mordanschlag zum Opfer). Geographisch sind die Schiiten in der Gegend in und um den Irak und Iran konzentriert, während die Sunniten sich auf den Westen (Mittlerer Osten, Türkei und Afrika) und Osten verteilen (über Indien, Pakistan und Bangladesch bis Malaysia und Indonesien, wo es allein mehr Moslems gibt als in der gesamten arabischen Welt). Wir übergehen dieses historische Schisma, das doch vor allem zu einem internen Streit geführt hat. Die Spaltung, mit der wir uns beschäftigen, ist von allgemeinerem Interesse. Es geht um die Unterscheidung zwischen den Mystikern, den Sufis, und allen anderen Anhängern des Islam, die sicher ebenso gute Moslems, aber eben keine Mystiker sind.

Das Wort *Sufi* leitet sich von der Wurzel *suf*, ›Wolle‹, ab. Ein oder zwei Jahrhunderte nach Mohammeds Tod wurden jene Mitglieder der islamischen Gemeinschaft, die die innere Botschaft des Islam weitertrugen, als Sufis bekannt. Viele von ihnen trugen aus Protest gegen die kostbaren Kleider der Sultane und Kalifen rauhe wollene Gewänder. Aufgeschreckt durch die Weltlichkeit, von der sie den Islam bedroht sahen, trachteten sie danach, ihn von innen heraus zu reinigen und zu vergeistigen. Sie wollten seine Freiheit und Liebe wiedergewinnen und zu seinem tieferen, mystischen Klang zurückfinden. Das Innere sollte wieder den Vorrang vor dem Äußeren haben, Sinn war wichtiger als Form, innere Wirklichkeit bedeutender als äußeres Symbol. »Ihr sollt den Krug weniger lieben«, riefen sie aus, »dafür das Wasser um so mehr.«

Die Sufis leiteten diese Unterscheidung zwischen Innerem und Äußerem, zwischen dem Krug und dem in ihm enthaltenen Wasser aus dem Koran selbst ab, wo Allah sich sowohl als »der außen ist [*al-zahir*] und innen [*al-batin*]« bezeichnet.[75] Die exoterischen Moslems – die wir so nennen wollen, weil sie sich mit dem äußeren Sinn der Lehren des Koran begnügten – gingen über diese Unterscheidung hinweg, während sie den Sufis (esoterischen Moslems) wichtig war. Die Betrachtung Gottes nimmt im Dasein jedes Moslems einen bedeutenden Platz ein, aber für die meisten sind die anderen Anforderungen ebenso wichtig. Angesichts der Tatsache, daß das Leben an jeden Menschen große Anforderungen stellt, ist es nicht verwunderlich, daß die meisten Moslems beim besten Willen keine Zeit haben, sich über die Einhaltung des ›göttlichen Gesetzes‹, das ihr Leben strukturiert, hinaus mit Religion zu beschäftigen. Ihre Treue ist nicht vergeblich, und am Ende erwartet sie der gleiche Lohn wie die Sufis. Aber die Sufis konnten es kaum erwarten. Sie wollten Gott in diesem Leben direkt begegnen. Jetzt.

Das setzte spezielle Methoden voraus, und um diese zu entwickeln und zu üben, scharten sich die Sufis um spirituelle Meister, die *Shayks*, und bildeten Zirkel, die sich vom zwölften Jahrhundert an zu sufistischen Bruderschaften, den *Tariqas*, entwickelten. Die Mitglieder dieser Orden hießen *Faqir*, Fakire, was wörtlich ›arm‹ im Sinne von ›arm im Geiste‹ bedeutet. In mancher Hinsicht bildeten sie allerdings eine geistige Elite, und da sie nach höheren Zielen strebten als andere Moslems, waren sie auch bereit, sich einer strengen Disziplin zu unterwerfen. Die *tariqas* sind in dieser Hinsicht den kontemplativen Orden des Katholizismus vergleichbar, mit dem Unterschied, daß die Sufis gewöhnlich heiraten und nicht im Kloster leben. Sie gehen ganz normalen Beschäftigungen nach und kommen an Versammlungsorten (arabisch *Zawiyahs*, persisch *Khanaqahs*) zusammen, um zu singen, zu tanzen, zu beten, zum gemeinsamen Rezitieren des Rosenkranzes und um ihrem Meister zuzuhören. Das alles soll zur direkten Begegnung mit Gott führen. Die Sufis sagen: Ein Mensch, der noch nie dem Feuer begegnet ist, kann es Schritt für Schritt kennenlernen – erst hört er davon, dann sieht er es, und schließlich wird er von seiner Hitze verbrannt. Die Sufis wollten von Gott ›verbrannt‹ werden.

Das konnte jedoch nur gelingen, wenn sie in seine Nähe kamen, und zu diesem Zweck entwickelten sie drei sich überschneidende, aber getrennte Wege, die wir als die Mystik der Liebe, der Ekstase und der Intuition bezeichnen können.

Beginnen wir mit der Mystik der Liebe. Die Liebeslyrik der Sufis ist weltberühmt. Im achtzehnten Jahrhundert entdeckte eine bemerkenswerte Frau, die Heilige Rabi'a, in der Stille einsam durchwachter Nächte, daß im Herzen des Universums die Liebe Gottes wohnt; wer nicht in diese Liebe eintaucht und sie an andere weitergibt, der verzichtet auf das höchste Glück, das das Leben zu bieten hat. Da die Liebe immer dann am stärksten fühlbar wird, wenn ihr Objekt nicht greifbar ist, weil wir dann die Bedeutung des Geliebten nicht übersehen können, verweilten die persischen Dichter mit besonderem Nachdruck auf den Qualen der Trennung, um ihre Liebe zu Gott zu vertiefen und ihm dadurch näherzukommen. Jalal ad-Din Rumi versinnbildlicht dieses Thema im klagenden Laut der Rohrflöte.

Höre, was das Schilfrohr erzählt, es spricht von Trennung.

»Seit man mich aus meinem Schilfbett geschnitten hat, singe
ich dieses Klagelied.
Jeder, der von seinem Geliebten weggerissen wurde, versteht,
was ich sage, jeder, der von der Quelle getrennt ist, sehnt
sich zu ihr zurück.«[76]

Das Klagelied der Flöte gemahnte die Sufis an die Trennung der Seele
von Gott. Kein Teil der Schöpfung konnte sie aus ihrer Verwirrung
reißen; doch ihr Geliebter, Allah, ist so erhaben und so ganz anders, daß
die Liebe des Menschen zu ihm der Liebe der Nachtigall zur Rose oder
des Falters zur Flamme vergleichbar ist. Und dennoch wird diese Liebe
nach Rumis Worten erwidert:

Nie sucht der Liebende, ohne daß auch er gesucht wird.
Wenn der Blitz der Liebe in *dieses* Herz eingeschlagen
hat, so wisse, daß auch in *jenem* Herzen Liebe ist ...
Merke wohl auf die Schrift: »Er liebt sie, und sie lieben Ihn.«

Aber noch ist nicht die ganze Wahrheit ausgesprochen, denn Allah liebt
seine Geschöpfe *mehr*, als sie ihn lieben. »Gott sagte: Jedem, der sich
mir um eine Spanne zu nähern versucht, komme ich um eine Elle
entgegen; und jedem, der mir um eine Elle näherzukommen versucht,
komme ich um zwei Faden entgegen; und jeder, der auf mich zugeht,
dem laufe ich entgegen.«[77] In ihrem berühmten Nachtgebet bricht
Rab'ia in Jubel darüber aus, daß die zwei Seelen, die eine endlich und die
andere unendlich, schließlich glücklich vereint sind:

Mein Gott und mein Herr: Die Augen ruhen nun, die Sterne
versinken, die Vögel kommen in ihren Nestern zur Ruhe, die
Ungeheuer in der Tiefe verstummen. Und du bist der Gerechte,
der keinen Wandel kennt, die Gerechtigkeit ohne Fehl, der
Immerwährende, der nie vergeht. Die Tore der Könige sind
verschlossen und von ihren Dienern bewacht, aber dein Tor ist
offen für alle, die zu dir kommen. Mein Herr, jeder Geliebte ist
jetzt allein mit seiner Geliebten. Und ich bin allein mit dir.

Wir können den zweiten sufistischen Weg zur Gegenwart Gottes eksta-
tisch nennen (wörtlich ›aus sich herausgetreten‹), weil er zu Erfahrungen führt, die sich nicht bloß quantitativ, sondern auch qualitativ von

den üblichen unterscheiden. Die wichtigste Metapher war für die ekstatischen Sufis die nächtliche Reise des Propheten durch die sieben Himmel in die Gegenwart Gottes. Niemand weiß genau, was er dort gesehen hat, aber jedenfalls waren die Visionen, deren er teilhaftig wurde,
von Stufe zu Stufe großartiger. Die ekstatischen Sufis erheben nicht den
Anspruch, daß auch sie dieselben Schauungen haben, aber die Richtung
ist dieselbe. Manchmal werden sie von ihren Erlebnissen so überwältigt,
daß sie das Ich vollkommen hinter sich lassen und in eine Art Trance
verfallen. Sie sind sich weder bewußt, wer sie sind, noch wo sie sind,
noch was mit ihnen vorgeht. Psychologisch gesprochen sind sie von sich
selbst ›dissoziiert‹ und verlieren das normale Bewußtsein von der objektiven Welt. Es ist vorgekommen, daß solche Adepten einen Besucher
gänzlich ignorierten – nicht aus Unhöflichkeit, sondern weil sie ihn gar
nicht bemerkten. Künstlich konnte man sich nur nach langer Übung in
einen solchen Zustand versetzen. Ein Pilger, der einen ehrwürdigen
Ekstatiker namens Nuri besuchte, berichtete, er habe ihn in einem so
intensiven Zustand der Konzentration vorgefunden, daß kein Haar an
seinem Körper sich rührte. »Als ich ihn später fragte, von wem er diese
tiefe Konzentration gelernt habe, antwortete er: »Von einer Katze, die
vor einem Mauseloch auf der Lauer lag. Aber ihre Konzentration ist
noch viel intensiver als meine.«[78] Dennoch wird der veränderte Zustand, wenn er endlich erreicht wird, nicht als Errungenschaft, sondern
als Geschenk empfunden. Die mystische Theologie spricht daher ganz
zutreffend von ›eingegossener Gnade‹; denn die Sufis berichten, daß sie
in dem Moment, wo die Bewußtseinsveränderung einsetzt, das Gefühl
haben, ihr Wille werde außer Kraft gesetzt und ein höherer Wille trete
an seine Stelle.

Die Sufis halten ihre Ekstatiker in Ehren, aber indem sie sie als
›trunken‹ bezeichnen, bringen sie zum Ausdruck, daß es darauf ankommt, den Inhalt ihrer Visionen herüberzuretten, wenn sie wieder
›nüchtern‹ werden. Die Transzendenz muß immanent gemacht werden; die Gottesbegegnung außerhalb dieser Welt muß auch in dieser
Welt stattfinden. Dazu ist die Ekstase keine unerläßliche Voraussetzung, und mit dem direkten Weg zu Gott sind wir beim dritten sufistischen Ansatz angelangt: dem Weg der intuitiven Erkenntnis.

Auch diese Methode hat Erkenntnis zum Ziel, aber eine Erkenntnis
anderer Art. Die Liebesmystik führt zu ›Herzenserkenntnis‹ und die
Ekstase zu ›visueller oder visionärer Erkenntnis‹ außerirdischer Wirklichkeitsbereiche. Die intuitive Mystik führt zu *Ma'rifah*, einem ›geisti-

gen Wissen‹, das durch ein Erkenntnisorgan gewonnen wird, das als
›das Auge des Herzens‹ bekannt ist.[79] Da die Wirklichkeitsbereiche, die
Ma'rifah erschließt, immateriell sind, ist auch das Auge des Herzens
immateriell. Die Gegenstände der materiellen Welt, die das physische
Auge sieht, bleiben voll im Blickfeld, aber das Auge des Herzens läßt sie
in himmlischem Licht erscheinen. Oder, um ein anderes Bild zu gebrauchen: Es erkennt die Gegenstände der Welt als Kleider, die Gott
anlegt, um eine Welt zu schaffen. Diese Kleider werden immer durch-
sichtiger, je kräftiger das Auge des Herzens entwickelt wird. Es wäre
nicht richtig zu sagen, die Welt sei *Gott* – das wäre Pantheismus. Aber
für das Auge des Herzens ist sie wirklich der verkleidete, in den Schleier
der Welt gehüllte Gott.

Das wichtigste Mittel, mit dem die Sufis den Schleier zu durchdringen versuchen, ist das Symbol. Indem er sich sichtbarer Gegenstände
bedient, verweist der Symbolismus auf das Unsichtbare. Damit ist er die
Sprache der Religion schlechthin. Symbole sind für die Sprache, was die
Zahlen für die Wissenschaft sind. Aber die Mystiker verwenden sie auf
besonders intensive Weise. Sie machen nicht beim erstbesten Gegenstand, auf den ein Symbol verweist, halt, sondern benutzen ihn als
Sprungbrett, um in noch erhabenere Höhen zu gelangen. Daher definiert al-Ghazali den Symbolismus als »die Wissenschaft von den Beziehungen zwischen multiplen Wirklichkeitsebenen.« Nach Auffassung
der Sufis liegen in jedem Vers des Korans mindestens sieben, im Einzelfall aber sogar bis zu siebzig versteckte Bedeutungen verborgen.

Ein Beispiel: Für jeden Moslem ist das Ausziehen der Schuhe vor
dem Betreten einer Moschee ein Zeichen der Ehrfurcht; es bedeutet,
daß die lärmende Alltagswelt am Eingang zurückbleibt und nicht in den
geheiligten Bezirk eindringen darf. Der Sufi akzeptiert diese Deutung,
geht aber darüber hinaus: für ihn wird mit den Schuhen alles abgestreift, was die Seele von Gott trennt. Oder betrachten wir den Akt der
Bitte um Vergebung. Alle Moslems bitten um Vergebung wegen diver-
ser Vergehen, aber wenn der Sufi die Formel *astaghfiru'llah*, ›Ich bitte
Gott um Vergebung‹, ausspricht, so verbindet er damit eine zusätzliche
Bitte: daß ihm seine getrennte Existenz vergeben werde. Dies klingt be-
fremdlich und wird auch von exoterischen Moslems als unverständlich
abgelehnt. Aber die Sufis sehen darin die Lehre der Rabi'a fortgeführt,
wenn sie sagt: »Eure Existenz ist eine Sünde, mit der keine andere zu vergleichen ist.« Da die *Ex*-istenz ein Stehen *außerhalb* – in diesem Falle außerhalb Gottes – ist, geht mit ihr notwendig eine Trennung einher.

Um diese zu vermeiden, entwickelten die Sufis ihre Lehre von *Fana* –
der Auslöschung – als dem logischen Ziel ihrer Suche. Es war nicht das
Bewußtsein, das sie auslöschen wollten. Das *Selbst*-Bewußtsein als das
Bewußtsein ihrer selbst als getrennter Einheiten voller ganz persönlicher Pläne und Vorhaben war zu vernichten. Wenn die Vernichtung
vollständig gelang, so würden sie beim Blick in die trockene Schale ihres
nunmehr entleerten Selbst nichts anderes mehr finden als Gott. Der
christliche Mystiker Angelus Silesius hat das so ausgedrückt:

> Gott, dessen wollust ist bey dir O Mensch zu seyn /
> Kehrt /
> wenn du nicht daheim /
> am liebsten bey dir ein. [80]

Dasselbe hat Al-Hallaj im Sinn, wenn er sagt: »Ich sah meinen Herrn
mit dem Auge des Herzens. Ich sagte: ›Wer bist du?‹ Er antwortete:
›Du.‹«
    Als letztes Beispiel der großzügigen Verwendung von Symbolen
durch die Sufis sei erwähnt, daß sie den Satz des moslemischen Credo
»Es gibt keinen Gott außer Gott« deuteten als »Es gibt *nichts* außer
Gott.« Auch das klang für die Ohren der exoterischen Moslems lächerlich, wenn nicht gar blasphemisch: lächerlich, weil es offensichtlich
viele Dinge gibt – Tische und Stühle –, die nicht Gott sind; und
blasphemisch, weil diese mystische Deutung Gott als Schöpfer zu leugnen schien. Aber die Absicht der Sufis war nur, die unabhängige Existenz in Frage zu stellen, die die Menschen gewöhnlich den Dingen
zuschreiben. Für sie war Monotheismus mehr als nur die theoretische
Aussage, daß es keine zwei Götter gibt; das verstand sich von selbst. Sie
gingen von der existentiellen Bedeutung des Theismus aus – Gott ist
dasjenige, an das wir uns hingeben (oder hingeben sollten) –, und
deuteten »kein Gott außer Gott« dahingehend, daß wir uns nichts
anderem als Gott hingeben sollen. Aber nach ihrem Verständnis haben
wir die Bedeutung der Formel erst völlig erfaßt, wenn wir einsehen, daß
wir uns tatsächlich anderen Dingen hingeben, wenn wir ihnen gestatten, uns als selbständige Objekte gefangenzunehmen; als Objekte, die
die Macht haben, uns durch ihre bloße Existenz anzuziehen oder abzu-
stoßen. Wenn wir das Licht so betrachten, als verdanke es seine Existenz der Elektrizität, ohne uns zu fragen, wem die Elektrizität ihre
Existenz verdankt – so haben wir uns schon des *Ausweichens* schuldig

gemacht; denn da nur Gott selbstgenügsam ist, stellen wir ihm jedesmal, wenn wir andere Dinge als selbstgenügsam betrachten und ihnen damit gottähnliche Eigenschaften zuschreiben, Rivalen an die Seite.

Symbole sind wirksam, aber für sich genommen zu abstrakt. Die Sufis ergänzen sie daher mit *Dhikr* – ›Erinnerung‹. Dies ist die Praxis des Gedenkens Allahs durch die Wiederholung seines Namens. »Es gibt ein Mittel, alle Dinge zu polieren, wodurch man Rost entfernen kann«, heißt es in einem *Hadith*. »Und das Herz poliert man durch die Anrufung Allahs.« Vergegenwärtigung Gottes bedeutet gleichzeitig Vergessen des Ich, und so betrachten die Sufis die Wiederholung des Namens Allahs als das beste Mittel, seine Aufmerksamkeit auf Gott zu richten. Ob sie den Namen Gottes allein oder gemeinsam mit anderen, laut oder leise aussprechen, ob sie die erste Silbe betonen oder die zweite Silbe so lang hinziehen, wie es der Atem erlaubt – sie versuchen jeden freien Augenblick mit seiner Musik zu füllen. Auf die Dauer werden die Silben durch diese Übung dem Unbewußten eingeprägt, aus dem sie mit der spontanen Frische des Vogelgezwitschers hervorsprudeln.

Inwiefern ist der Sufismus, dessen Wesen wir nun kennengelernt haben, wie oben gesagt wurde, eine eigene Richtung innerhalb des Islam? Dazu muß man wissen, daß die Moslems den Sufismus nicht einheitlich bewerten, was zum Teil wiederum daran liegt, daß dieser selbst kein einheitliches Erscheinungsbild bietet. Auf Grund des Gesetzes, nach dem das Hohe das Niedere anzieht, haben die Sufi-Orden zeitweilig alles mögliche Gesindel aufgenommen, das mit den Sufis wenig mehr als den Namen gemein hat. So haben gewisse sufistische Bettelorden die Armut zur Selbsterziehung eingesetzt; aber von echten Bettelmönchen ist es manchmal nur ein kleiner Schritt zu Bettlern, die sich bloß nominell auf den Sufismus berufen. Auch die Politik hat sich gelegentlich störend eingemischt. Erst in jüngster Zeit sind im Westen Gruppen aufgetaucht, die sich Sufis nennen, obwohl sie sich in keiner Weise an die orthodoxe islamische Lehre gebunden fühlen.

Daß solche Auswüchse Mißfallen erregen, ist nicht weiter verwunderlich. Aber auch der authentische Sufismus selbst (wie wir ihn zu schildern versuchten) ist umstritten. Woran liegt das? Die Sufis nehmen sich gewisse Freiheiten heraus, die die exoterischen Moslems mit ihrem Gewissen nicht vereinbaren können. Nachdem die Sufis durch die Dachluke der islamischen Orthodoxie den Himmel gesehen haben, gelangen sie zu der Überzeugung, daß der Himmel größer ist, als die kleine Öffnung vermuten läßt. Es ist verständlich, daß die Exoteriker auf Rumis Ausspruch: »Ich bin weder Moslem noch Christ, weder Jude noch Anhänger des Zarathustra; ich bin weder von der Erde noch vom Himmel, ich bin weder Körper noch Seele« mit der Angst reagieren, hier würde die Orthodoxie über das erlaubte Maß hinaus strapaziert. Noch beunruhigender klang die Erklärung Ibn 'Arabis:

> Mein Herz hat sich jeder Form geöffnet. Es ist den Gazellen eine Weide, den christlichen Mönchen ein Kloster, den Götzenbildern ein Tempel, es ist die Ka'ba des Pilgers, die Tafeln der Thorah und das Buch des Koran. Ich lebe die Religion der Liebe; in welche Richtung seine Karawanen auch ziehen mögen, die Religion der Liebe wird meine Religion und mein Glaube sein.

Und als Al-Hallaj gar behauptete, er sei Gott, [81] da konnte keine Beteuerung der Sufis, er habe sich auf die göttliche Essenz in seinem Inneren bezogen, verhindern, daß die Exoteriker offene Blasphemie witterten.

Die Mystik durchbricht die Grenzen, die den Glauben des Durchschnittsmenschen schützen. Dadurch begibt sie sich auf ein Gebiet, das – so befriedigend es für manche auch sein mag – für jene, die für seine Lehren noch nicht reif sind, nicht ungefährlich ist. Ohne den wörtlichen Sinn von Dogmen und Vorschriften – die der normale Gläubige als absolut hinnimmt – zu bestreiten, interpretiert der Mystiker diese als Allegorien oder benutzt sie als bloße Orientierungspunkte, über die man irgendwann einmal hinausgehen darf. Für manchen ist der Umstand besonders schockierend, daß die Sufis sich oft auf eine Autorität berufen, die direkt von Gott stammt, und behaupten, ein Wissen zu besitzen, das von oben kommt und nicht in der Schule erworben wurde.

Wegen dieser von den mystischen Lehren ausgehenden Gefahr für den einfachen Gläubigen haben viele spirituelle Meister ihre Lehren mit dem Schleier der Diskretion umgeben und einen Teil ihres Wissens denen vorbehalten, die bereit waren, es entgegenzunehmen. Das ist auch der Grund, weshalb die exoterischen Autoritäten dem Sufismus mit verständlichem Mißtrauen begegnet sind. So wurde eine gewisse Kontrolle ausgeübt, teils durch die öffentliche Meinung und teils durch eine Art über Hunderte von Jahren hinweg wirksamer dynamischer Spannung zwischen den exoterischen religiösen Autoritäten auf der einen und den Sufi-*Shayks* auf der anderen Seite. Diese Kontrolle ging jedoch nie so weit, daß jene, die wirklich zur Beschreitung des sufistischen Weges berufen waren, daran gehindert worden wären.

Insgesamt ist es im Islam zu einem gesunden Ausgleich zwischen exoterischen und esoterischen Lehren gekommen. In diesem Abschnitt sollen indessen die Esoteriker das letzte Wort haben. Eine der Lehrmethoden, für die sie berühmt geworden sind, wurde bisher noch nicht erwähnt: die sufistische Erzählung. In der »Geschichte vom Sand« geht es um die Lehre von *Fana*, der Überwindung des endlichen Selbst in Gott.

Ein Strom, der auf dem Weg von seiner Quelle in den fernen Bergen durch alle möglichen Landschaften geflossen war, erreichte endlich den Sand der Wüste. Er versuchte dieses Hindernis zu überwinden, wie er die anderen überwunden hatte, aber er merkte, daß seine Wasser versickerten, so schnell er auch in den Sand hineinfloß.

Er war aber überzeugt, daß es ihm bestimmt sei, diese Wüste zu durchqueren, und doch gab es keinen Weg. Da flüsterte eine unsichtbare Stimme, die aus der Wüste selbst kam, ihm zu: »Der Wind durchquert die Wüste. Das kann der Strom auch.« Der Strom wandte ein, er werfe sich ja mit aller Kraft gegen den Sand und werde einfach aufgesogen: der Wind könne fliegen und könne deshalb die Wüste durchqueren.

»Mit deinem gewohnten Ungestüm wirst du es nicht schaffen. Du wirst entweder verschwinden oder zum Sumpf werden. Du mußt dem Wind gestatten, dich zu deinem Ziel auf der anderen Seite zu bringen.«

Aber wie sollte das geschehen? »Indem du dich vom Wind aufsaugen läßt.«

Diese Vorstellung konnte der Strom nicht akzeptieren. Schließlich war er noch nie aufgesogen worden. Er wollte seine Individualität nicht verlieren. Und woher sollte er wissen, ob er sie je wiederbekommen würde, wenn er sie erst einmal aufgegeben hatte?

»Der Wind«, sagte der Sand, »wird dafür sorgen. Er nimmt Wasser auf, trägt es über die Wüste und läßt es wieder fallen. Es geht als Regen nieder und wird wieder zum Strom.«

»Woher soll ich wissen, ob das wahr ist?« »Wenn es so ist und du es nicht glaubst, dann kann aus dir nicht viel mehr werden als ein Morast, und selbst das kann viele viele Jahre dauern. Und es ist natürlich nicht dasselbe wie ein Strom.«

»Aber kann ich nicht der Strom bleiben, der ich jetzt bin?«
»Das kannst du so oder so nicht«, flüsterte die Stimme.
»Der wesentliche Teil von dir wird fortgetragen und bildet wieder einen Strom. Selbst heute trägst du deinen Namen nur, weil du nicht weißt, welcher Teil von dir der wesentliche ist.«
Als er das hörte, wurden in den Gedanken des Flusses gewisse Saiten angeschlagen. Er erinnerte sich ganz schwach an eine Zeit, in der er – oder ein Teil von ihm? – in den Armen des Windes gelegen hatte. Er erinnerte sich auch – oder kam es ihm nur so vor? –, daß dies genau das war, was er zu tun hatte, so unwahrscheinlich es auch sein mochte.
Und der Strom erhob seinen Dunst in die Arme des Windes, der ihn sanft und leicht in die Höhe davontrug und ihn sanft wieder absetzte, als sie nach vielen vielen Meilen das Dach eines Berges erreicht hatten. Und da er seine Zweifel hatte, konnte der Strom alles, was er erlebte, besser im Gedächtnis behalten. Er überlegte: »Ja, jetzt habe ich meine wahre Identität kennengelernt.«
Der Strom lernte. Aber der Sand flüsterte: »Ich weiß Bescheid, weil ich es Tag für Tag geschehen sehe: und weil ich, der Sand, mich vom Flußufer bis hin zum Gebirge erstrecke.«
Und daher sagt man, daß der Weg, auf dem der Strom des Lebens seine Reise fortsetzen soll, in den Sand geschrieben ist.[82]

Quo vadis, Islam?

Seit Mohammed sein Volk zu dem Einen Gott rief, sind die Moslems oft und lange vom Geiste des Propheten abgewichen. Ihre Führer sind die ersten, die zugeben, daß die Praxis oft durch bloße Lippenbekenntnisse ersetzt wurde und der Eifer verblaßt ist.

Dennoch gehört der Islam als Ganzes zu den eindrucksvollsten Erscheinungen der Geschichte überhaupt. Wir haben seine frühe Größe erwähnt. Hätten wir seine weitere Entwicklung dargestellt, so hätten wir das moslemische Reich schildern müssen, das sich hundert Jahre nach Mohammeds Tod vom Golf von Biskaya bis zum Indus und zur chinesischen Grenze und vom Aralsee bis zum Oberlauf des Nils erstreckte. Vor allem hätten wir zeigen müssen, wie seine Ideen sich ausbreiteten, wie eine sagenhafte Kultur entstand, die Literatur, Wissenschaft, Medizin, Kunst und Architektur umfaßte; wir müßten den

Ruhm von Damaskus, Baghdad und Ägypten schildern und die Blütezeit Spaniens unter den Mauren. Wir müßten erzählen, wie die moslemischen Philosophen und Gelehrten, während Europa im finstersten
Mittelalter dahindämmerte, das helle Licht der Wissenschaft empor-
hielten, immer bereit, den Geist des Westens zu entflammen, wenn er
aus seinem langen Schlaf erwachte.

Auch wäre unsere Geschichte nicht völlig auf die Vergangenheit
beschränkt gewesen, denn es gibt Anzeichen dafür, daß der Islam aus
einer mehrere Jahrhunderte währenden Stagnation erwacht, die durch
die Kolonisierung ohne Zweifel noch verstärkt wurde. Er sieht sich
riesigen Problemen gegenüber: Wie soll er die industrielle Modernisie-
rung (die er im Grunde begrüßt) von Verwestlichung unterscheiden
(die er im Grunde ablehnt); wie soll er die Einheit verwirklichen, die im
Islam latent vorhanden ist, auch wenn die nationalistischen Kräfte sich
ihr mit Macht entgegenstemmen; wie soll er in einer pluralistischen,
alles relativierenden Zeit die Wahrheit bewahren? Aber nachdem er das
Joch des Kolonialismus abgeworfen hat, spürt der Islam wieder etwas
von der Kraft seiner frühen Jugend in den Gliedern. Von Marokko
ostwärts quer durch Nordafrika, durch den indischen Subkontinent
(einschließlich Pakistan und Bangladesch), bis hin nach Indonesien
macht er sich in der modernen Welt als lebendige Kraft bemerkbar. Bei
einer Weltbevölkerung von fünf Milliarden sind 900 Millionen Anhänger des Islam; jeder fünfte bis sechste gehört somit einer Religion an, die
das menschliche Handeln und Denken mit beispielloser Präzision bis
ins einzelne lenkt. Und der Anteil steigt. Wo und wann auch immer Sie
diese Worte lesen, immer wird ein *Muezzin* zur gleichen Zeit irgendwo
von einem Minarett herab (oder im Radio) die Gläubigen zum Gebet
rufen:

> Gott ist groß.
> Gott ist groß.
> Ich bezeuge, daß es keinen Gott gibt außer Gott.
> Ich bezeuge, daß Mohammed der Prophet Gottes ist.
> Erhebt euch und betet;
> Gott ist groß.
> Gott ist groß.
> Es gibt keinen Gott außer Gott.

1 Meg Gregfield, *Newsweek* (26. März 1979), S. 119.
2 Norman Daniel stellt in seinem Buch *Islam and the West: The Making of an Image*, 1960. Rev. ed. (Edinburgh: Edinburgh University Press, 1966) dar, wie es zu dem Zerrbild des Islam kam, das den Westen mehr als tausend Jahre lang beherrscht hat.
3 Philip Hitti, *History of the Arabs*, 1937. Rev. ed. (New York: St. Martin's Press, 1970), S. 3–4.
4 Das Zitat ist Thomas Carlyles Beschreibung in »The Hero as Prophet« in *Heroes and Hero-Worship*, 1940. Reprint. (New York: Oxford University Press, 1974) entnommen.
5 Im Arabischen gibt es kein Neutrum. Substantive sind ebenso wie Pronomina entweder Maskulina oder Feminina. In Übereinstimmung mit der Grammatik des Koran werde ich daher, wenn ich von Allah spreche, dessen Name ein Maskulinum ist, das maskuline Pronomen verwenden.
6 Siehe Charles Le Gai Eaton, *Islam and the Destiny of Man* (Albany: State University of New York Press, 1985), S. 103.
7 Die wörtliche Bedeutung des Wortes *iqra'* ist ›lesen, rezitieren‹, aber ich bin hier, wo es um den Auftrag an Mohammed geht, der Gedankenrichtung von Victor Danner's ›predige‹ gefolgt (*The Islamic Tradition* [Amity, NY: Amity House, 1988], S. 35), ziehe aber das Wort ›verkündige‹ vor.
8 *Der Heilige Qur-ân*, Herausgegeben unter der Leitung von Hazrat Mirza Tahir Ahmad, 1989, Sura 96, 2–6.
9 Ali, *Spirit of Islam*, S. 32.
10 Sir William Muir, zitiert bei Ali, *Spirit of Islam*, S. 32.
11 Ohne Quellenangabe zitiert bei Ali, *Spirit of Islam*, S. 52.
12 Ali, *Spirit of Islam*, S. 52.
13 Philip Hitti, *The Arabs: A Short History*, 1949. Rev. ed. (New York: St. Martin's Press, 1968), S. 32.
14 Michael M. Hart, *The 100: A Ranking of the Most Influential Persons in History* (New York: Citadel Press, 1989), S. 40.
15 Das ›Dauerwunder‹ nach einem Ausdruck von H. Stieglecker, zitiert in Khoury-Hagemann-Heine, *Islam-Lexikon*, (Herder: Freiburg-Basel-Wien, 1991), S. 392. *Anmerkung des Übersetzers.*
16 *Qur-ân*, Sura 73, 6.
17 *Qur-ân*, Sura 5, 71.
18 *Qur-ân*, Sura 5, 69.
19 *Qur-ân*, Sura 10, 48.
20 *Qur-ân*, Sura 4, 165.
21 *Qur-ân*, Sura 2, 3.
22 Edward Gibbon, *The Decline and Fall of the Roman Empire*, 1945. Reprint. (New York: Modern Library, 1977), Bd. 2, S. 162.
23 Heute ist die Sprache des Islam Gegenstand scharfer Auseinandersetzungen. Während alle orthodoxen Moslems sich einig sind, daß bei ritueller Verwendung des Koran, etwa in kanonischen Gebeten, das Arabische unverzichtbar sei, gibt es viele – darunter auch etliche *ulama* (religiöse Gelehrte) –, die glauben, daß alle, die kein Arabisch können, den Koran bei anderen Gelegenheiten in der Übersetzung lesen sollten.

24 Kenneth Cragg, übers., *Readings in the Qur'an* (London: Collins, 1988), S. 18.

25 Frithjof Schuon, *Den Islam verstehen* (O. W. Barth: Bern, München, Wien, 1988), S. 52.

26 *Der Koran*. Aus dem Arabischen übertragen von Max Henning. (Reclam: Stuttgart, 1990), Sure 6, 115.

27 5. Buch Mose 6, 4.

28 »Sie [Maria] sprach: ›Mein Herr, wie soll mir ein Sohn werden, wo mich kein Mann berührt hat?‹ Er [der Engel] sprach: ›So ist Allahs (Weg), Er schafft, was Ihm gefällt. Wenn Er ein Ding beschließt, so spricht Er zu ihm: "Sei!", und es ist.‹« *Qur-ân*, Sura 3, 48.

29 *Der Koran*, Sure 19, 91.

30 *Der Koran*, Sure 19, 92–93.

31 *Qur-ân*, Sura 7, 144. Tabari berichtet, daß in manchen Überlieferungen dieser Szene Gott den Berg mit dem kleinen Finger einstürzen ließ.

32 Ali, *Spirit of Islam*, S. 150.

33 *Der Koran*, Sure 93, 1–8.

34 *Qur-ân*, Sura 2, 187.

35 *Der Koran*, Sure 50, 15.

36 *Der Koran*, Sure 6, 59.

37 *Qur-ân*, Sura 16, 4.

38 *Qur-ân*, Sura 67, 4.

39 *Qur-ân*, Sura 116, 5.

40 *Qur-ân*, Sura 95, 5.

41 William James, *Die Vielfalt religiöser Erfahrung*, Übersetzt von Eilert Herms (Walter: Olten und Freiburg im Breisgau, 1979), S. 61.

42 Sir Muhammad Iqbal, *The Secrets of the Self*, 1920. Reprint. (Lahore: Muhammad Ashraf, 1979), S. XXI.

43 *Qur-ân*, Sura 4, 112 und Sura 10, 109.

44 *Qur-ân*, Sura 82, 2–6.

45 *Qur-ân*, Sura 14, 45.

46 *Qur-ân*, Sura 44, 43.

47 *Qur-ân*, Sura 6, 114.

48 *Qur-ân*, Sura 3, 8.

49 Zitiert bei Ali, *Spirit of Islam*, S. 199.

50 *Qur-ân*, Sura 17, 14.

51 *Qur-ân*, Sura 1.

52 Ali, *Spirit of Islam*, S. 170.

53 Gai Eaton, *Islam and the Destiny of Man*, S. 55.

54 *Qur-ân*, Sura 29, 46.

55 Vgl. *Islam-Lexikon* unter dem Stichwort »Himmelsreise Muhammeds«.

56 Bernard Lewis, *The Atlantic Monthly* (September 1990), S. 59.

57 Ali, *Spirit of Islam*, S. 173.

58 In dem Moment, wo ich diese Zeilen schreibe, sind in Bangladesch die Ämter des Premierministers und des Oppositionsführers in weiblicher Hand. Von Anfang an konnte die moslemische Frau in eigenem Namen Eigentum verwalten, während in den Vereinigten Staaten die verheiratete Frau dieses Recht erst im zwanzigsten Jahrhundert erhielt.

59 Von der Sklaverei einmal abgesehen. Aber das ist ein Thema, das wir auf Grund seiner durch die vielfältigen lokalen und historischen Ausprägungen bedingten Komplexität hier aussparen müssen.

60 *Qur-ân*, Sura 4, 4.

61 *Qur-ân*, Sura 4, 4.

62 *The Islamic Tradition* (Amity, NY: Amity House, 1988), S. 131.

63 *Qur-ân*, Sura 33, 60.

64 Kenneth Cragg, *The House of Islam* (Belmont, CA: Wadsworth, 1975), S. 122.

65 Vgl. Malcolm X, *The Autobiography of Malcolm X* (New York: Grove Press, 1964), S. 338–47.

66 Norman Daniel, *Islam and the West*, S. 274.

67 *Der Koran*, Sure 43, 38.

68 Matth. 5, 39.

69 Vgl. *Qur-ân*, Sura 22, 40.

70 *Qur-ân*, Sura 2, 191.

71 *Qur-ân*, Sura 2, 257.

72 *Qur-ân*, Sura 5, 49.

73 Zitiert bei Ali, *Spirit of Islam*, S. 212.

74 In diesem Punkt gibt ihnen Norman Daniel's *Islam and the West* recht.

75 *Der Koran*, Sure 57, 3.

76 Vgl. auch Annemarie Schimmel, *Rumi* (Diederichs: München, [6]1988), S. 39.

77 *Hadith qudsi*, ein außerkoranischer Ausspruch des Propheten, in dem Allah in der ersten Person spricht.

78 Cyprian Rice, *The Persian Sufis* (London: Allen & Unwin, 1964), S. 57.

79 Wie sich die geistige zur visionären Erkenntnis verhält, wird in einem Gespräch zwischen dem großen moslemischen Philosophen Ibn Sina (Avicenna) und einem zeitgenössischen Ekstatiker namens Abi Sa'id deutlich. Ibn Sina sagte über Abu Sa'id: »Was ich weiß, das sieht er.« Abu Sa'id gab das Kompliment zurück: »Was ich sehe«, sagte er, »das weiß er.«

80 Angelus Silesius, *Cherubinischer Wandersmann* (Reclam: Stuttgart, 1984), Fünftes Buch, 33, S. 193.

81 Wörtlich sagte er »Ich bin die Wahrheit«, aber das Wort wird hier als einer der neunundneunzig Schönen Namen Allahs gebraucht.

82 Idries Shah, *Tales of The Dervishes* New York: E. P. Dutton, 1970), S. 23–24.

Siebentes Kapitel

VII. Judaismus

Man schätzt, daß ein Drittel unserer westlichen Kultur von ihren jüdischen Vorfahren geprägt ist. Wir spüren ihren Einfluß in den Namen, die wir unseren Kindern geben: Adam Smith, Noah Webster, Abraham Lincoln, Isaac Newton, Rebecca West, Sarah Teasdale, Grandma Moses. Michelangelo spürte ihn, als er seinen »David« meißelte und die Decke der Sixtinischen Kapelle ausmalte. Dante, als er die *Göttliche Komödie,* und Milton, als er das *Verlorene Paradies* schrieb. Das öffentliche Leben der Vereinigten Staaten trägt den unauslöschlichen Stempel der jüdischen Erbschaft: die Wendung »by their Creator« (»durch ihren Schöpfer«) in der Unabhängigkeitserklärung; die Worte »Proclaim Liberty throughout the land« (»Verkünde im ganzen Lande die Freiheit«) auf der Freiheitsglocke. Aber der eigentliche Einfluß der alten Juden liegt in dem Ausmaß, in dem die westliche Kultur ihre Sichtweise der tiefsten Lebensfragen übernommen hat.

Wenn wir im Bewußtsein der Wirkung, die die jüdische Weltanschauung auf die westliche Kultur ausgeübt hat, auf das Land, das Volk und die Geschichte zurückblicken, von der diese Wirkung ausging, müssen wir uns auf einen Schock gefaßt machen. Man möchte glauben, daß diese ebenso eindrucksvoll sind wie ihr Einfluß. Aber das ist nicht der Fall. Zeitlich gesehen haben die Hebräer die Bühne der Geschichte erst spät betreten. Im Jahre 3000 vor unserer Zeitrechnung (wie die Juden statt ›vor Christi Geburt‹ gerne sagen) hatte Ägypten bereits seine Pyramiden, und Sumer und Akkad waren Weltreiche. Um 1400 war Phönizien eine Kolonialmacht. Und wo waren die Juden inmitten dieser mächtigen Kraftblöcke? Sie wurden einfach übersehen. Sie waren nichts als eine winzige Gruppe von Nomaden, die sich in den nördlichen Regionen der arabischen Wüste herumtrieben und als solche viel zu wenig Gewicht hatten, um von den Großmächten bemerkt zu werden.

Als sie sich schließlich niederließen, da taten sie es in einem recht unscheinbaren Land. Kanaan war mit seiner Länge von 240 Kilometern – von Dan im Norden bis Beerscheba im Süden – und einer Breite, die bei Jerusalem 80 Kilometer, an den meisten Stellen aber weniger betrug, nicht viel mehr als ein Handtuch, und hatte vom Gelände her nichts zu bieten, was die geringe Ausdehnung wettgemacht hätte. Wer in Griechenland den Olymp besteigt, kann sich leicht vorstellen, daß die Götter diesen Berg zum Wohnort erwählten. Kanaan dagegen war »ein mildes und monotones Land. Sind diese stillen Hügel, wo alles offen dem Himmel zugewandt ist, der Ort, von dem die Propheten ihre Blitze der Überzeugung herabschleuderten?« So fragte Edmund Wilson, als er das Heilige Land besuchte. »Tobten hier die grausamen Kriege der Heiligen Schrift? Wie wenig einleuchtend will es uns scheinen, daß die Geschichte dieser stillen, kleinen, von Steinen und Herden übersäten und unter einen blassen, durchsichtigen Himmel gebetteten Hügel [die Bibel hervorgebracht hat].«[1] Selbst die jüdische Geschichte wirkt, von außen betrachtet, unbedeutend. Sie ist gewiß nicht langweilig, aber für den Außenstehenden nimmt sie sich nicht viel anders aus als die Geschichte zahlloser anderer kleiner Völker, etwa derjenigen des Balkans oder der Indianerstämme Nordamerikas. Kleine Völker werden immer herumgeschubst. Man vertreibt sie aus ihrem Land, und sie versuchen verzweifelt, wieder dorthin zurückzukehren. Mit der Geschichte Assyriens, Babylons, Ägyptens und Syriens verglichen ist die jüdische Geschichte also eher zweitrangig.

Wenn aber die Bedeutung der Juden weder in ihrem Alter noch in den Proportionen ihres Landes und ihrer Geschichte liegt, wo liegt sie dann? Das ist eines der großen Rätsel der Geschichte, und man hat verschiedene Lösungen dafür vorgeschlagen. Der Leitfaden, dem wir folgen wollen, ist der: Was die Juden aus ihren obskuren Ursprüngen zu dauerhafter religiöser Größe geführt hat, war ihre Leidenschaft für ›Sinn‹.

Der Sinn in Gott

»Am Anfang schuf Gott . . .« Von Anfang an war die jüdische Suche nach Sinn in ihrem Gottesverständnis verwurzelt.

Welcher Philosophie ein Volk auch anhängen mag, immer muß sie das »Andere« berücksichtigen. Das hat zwei Gründe. Erstens erhebt niemand ernsthaft den Anspruch, er sei selbsterschaffen; und da er selbst es nicht ist, gilt ebenso auch für andere Leute (die ja ebenfalls Menschen sind), daß sie sich nicht selbst hervorgebracht haben. Daraus folgt, daß die Menschheit einer anderen Quelle entsprungen sein muß. Zweitens stellt jeder irgendwann einmal fest, daß seine Macht begrenzt ist. Ob es um einen Felsbrocken geht, den er nicht aufheben kann, oder um eine Flutwelle, die sein Dorf hinwegschwemmt – fest steht, daß es außer einem ›Anderen‹, aus dem wir hervorgehen auch ein ›Anderes‹ gibt, das uns unsere Begrenzheit bewußtmacht.

Diese beiden unentrinnbaren ›Anderen‹ werden von den Menschen als Eines gedacht, und sie fragen sich, ob dieses Eine sinnvoll ist. Das wäre nur dann nicht der Fall, wenn es prosaisch, chaotisch, amoralisch oder feindlich wäre. Der Triumph jüdischen Denkens liegt in seiner Weigerung, einer dieser Möglichkeiten den Sinn zu opfern.

Den Gedanken des Prosaischen konnten die Juden abwehren, indem sie – wie ihre antiken Zeitgenossen – das ›Andere‹ personifizierten. Die Vorstellung des Unbeseelten – rohe, tote Materie, die blinden unpersönlichen Gesetzen gehorcht – ist eine späte Projektion. Die segnende oder brennende Sonne, die fruchtbare Erde, der sanfte Regen und die furchtbaren Stürme, das Mysterium der Geburt und die Realität des Todes – all das war den alten Völkern mehr als mechanischen Gesetzen gehorchende Materie. Sie verstanden sich als Teil einer von Gefühl und Zweck durchtränkten Welt.

Wir lächeln allzuleicht über den Anthromorphismus der alten Juden, die sich die letzte Wirklichkeit als eine in der Frische des Morgens im Garten Eden lustwandelnde Person vorstellen konnten. Aber wenn wir über die poetische Konkretisierung dieses Bildes hinaus zu dem zugrundeliegenden Anspruch vordringen – daß die letzte Wirklichkeit eher einer Person gleicht als einer Sache, eher Geist als Maschine ist –, dann stellen sich zwei Fragen. Erstens: Welche Anhaltspunkte haben wir, die gegen diese Hypothese sprechen würden? Da gibt es so wenig, daß ein so angesehener Wissenschaftler und Philosoph wie Alfred North Whitehead die Hypothese ohne Einschränkung akzeptierte. Und zweitens: Ist diese Vorstellung ihrem Wesen nach weniger erhaben als ihr Gegenteil? Die Juden griffen nach der erhabensten Vorstellung von einem Anderen, die sie sich denken konnten, eines Anderen von so unerschöpflichem Wert, daß die Menschen seine Fülle nie auch nur ansatzweise würden ausloten können. Sie fanden im Menschen mehr Tiefe und Geheimnis als in all den anderen Wundern um sie herum. Wie konnten sie ihrer Überzeugung vom Wert des Anderen besser gerecht werden als dadurch, daß sie die Kategorie des Personalen auf dieses hin ausdehnten und vertieften?

Der Punkt, in dem die Juden von ihren Nachbarn abwichen, liegt also nicht darin, daß sie sich das Andere als personal vorstellten, sondern daß sie das Bild der Person in einem einzigen, höchsten, die Natur transzendierenden Willen gipfeln ließen. Für die Ägypter, Babylonier, Syrer und die anderen kleinen Mittelmeervölker der damaligen Zeit gab es für jede bedeutende Naturerscheinung die entsprechende Gottheit – den Sturmgott, den Sonnengott, den Regengott. Ganz anders die Atmosphäre der hebräischen Bibel. Hier ist die Natur der Ausdruck eines einzigen Herrn allen Seins. Ein Kenner des Polytheismus des alten Mittleren Ostens schreibt:

> Wenn wir im 19. Psalm lesen: »Die Himmel erzählen die Ehre Gottes, und die Feste verkündiget seiner Hände Werk«,[2] so hören wir eine Stimme, die aller ägyptischen und babylonischen Glaubensvorstellungen spottet. Die Himmel, die für den Psalmisten nur Zeugen der Größe Gottes sind, waren für die Mesopotamier die eigentliche Majestät der Gottheit, des höchsten Herrschers Anu. Den Ägyptern bedeutete der Himmel das Mysterium der göttlichen Mutter, durch die der Mensch wiedergeboren wurde. Man faßte in Ägypten und Mesopotamien das Göttliche als Immanenz auf: die Götter waren in der Natur. In der Sonne sahen die Ägypter all das, was der Mensch vom Schöpfer überhaupt zu wissen vermochte; die Mesopotamier hielten sie für den Gott Schamasch, den Wahrer der Gerechtigkeit. Dem Psalmisten aber war die Sonne Gottes ergebene Dienerin: ›und dieselbe geht heraus, wie ein Bräutigam aus seiner Kammer, und freuet sich, wie ein Held zu laufen den Weg.‹ Der Gott der Psalmisten und Propheten war nicht in der Natur zu finden; er transzendierte sie – und damit zugleich auch die Bereiche des mythischen Denkens. Allem Anschein nach haben also die Juden nicht weniger als die Griechen mit der Art der spekulativen Anschauungen, wie sie bis zu ihrer Zeit vorherrschend gewesen waren, gebrochen.[3]

Selbst wenn sich in der hebräischen Bibel Hinweise auf Götter außer Jahwe finden (Jehova ist eine Verballhornung, die man in vielen Übersetzungen antrifft), so widerlegt das nicht die Behauptung, der Hauptbeitrag des Judentums zum religiösen Denken des Mittleren Ostens sei der Monotheismus gewesen, denn wenn man die Texte genauer liest, stellt man fest, daß diese anderen Götter von Jahwe in zweierlei Hinsicht verschieden waren. Erstens verdankten sie ihm ihr Dasein – »Ihr seid Götter und allzumal Söhne des Höchsten« (Psalm 82, 6). Und zweitens waren sie im Unterschied zu Jahwe sterblich – »aber ihr werdet sterben wie Menschen und wie ein Tyrann zugrunde gehen« (Psalm 82, 7). Diese Unterschiede sind bedeutend genug, um den Gott Israels nicht nur quantitativ, sondern auch qualitativ in eine andere Kategorie zu erheben als die anderen Götter. Sie sind nicht Jahwes Rivalen, sondern seine Untergebenen. Die Juden waren schon sehr früh Monotheisten, vielleicht schon vom Anfang der biblischen Geschichtsschreibung an.

Dieser Fortschritt des religiösen Denkens ist vor allem deshalb von Bedeutung, weil er dem Leben eine ganz neue Ausrichtung gibt. Wenn Gott dasjenige ist, dem man sich vorbehaltlos hingibt, dann läuft die Verehrung mehrerer Götter darauf hinaus, daß man sein Leben im Dienst mehrerer Herren zersplittert. Wenn das Leben eine Einheit sein soll und man seine Zeit nicht damit zubringen will, von einem kosmischen Bürokraten zum anderen zu laufen und sich zu überlegen, wer heute Dienst hat, wenn es eine stringente Möglichkeit gibt, sein Leben so zu leben, daß es möglichst konsequent der Erfüllung zustrebt, dann muß das Andere, das diese Möglichkeit fördert, ein Einziges sein. Die Annahme dieser Voraussetzung ist das Fundament jüdischen Glaubens. »Höre, Israel, der Herr ist unser Gott, der Herr allein« (5. Mose 6, 4).

Blieb die Frage, ob dieses Andere, das jetzt als personal und Eins gesehen wird, amoralisch oder feindlich war, was die Sinnhaftigkeit ebenfalls in Frage gestellt hätte. Moralisches Verhalten erleichtert offenbar die zwischenmenschlichen Beziehungen; wenn dagegen die letzte Wirklichkeit solches Verhalten nicht unterstützt, wenn die Welt so ist, daß Moral sich nicht lohnt, dann steht der Mensch in der Frage seiner Lebensweise vor einer Sackgasse. Was die Haltung des ›Anderen‹ den Menschen gegenüber angeht, so ist es ihnen an Macht offenbar so sehr überlegen, daß, wenn seine Absichten dem menschlichen Wohlbefinden zuwiderlaufen, das Leben des Menschen niemals ganz von Sinn erfüllt sein kann, sondern zwangsläufig zum Katz-und-Maus-Spiel wird. Auf Grund dieser Einsicht predigte Lucretius im nahen Rom aus Gründen, die im eigentlichen Sinne religiös waren, den Atheismus. Wenn die Götter dem Bild entsprechen, das die Römer sich von ihnen machen – unmoralisch, rachsüchtig, unberechenbar –, dann verlangt eine sinnvolle Existenz, daß man sich ihnen widersetzt oder sie ablehnt.

Die Götter der Juden hatten keinen dieser Charakterzüge, die für die Götter ihrer Nachbarn mehr oder weniger bezeichnend waren. Wir kommen hier zur größten Leistung jüdischen Denkens. Diese liegt nicht im Monotheismus als solchem, sondern in dem Charakter, den es dem als dem Einen bezeichneten Gott zuschrieb. Griechen, Römer, Syrer und die meisten anderen Mittelmeervölker hatten zweierlei Aussagen über den Charakter ihrer Götter gemacht. Erstens, daß sie dazu neigen, amoralisch zu sein, und zweitens, daß sie der Menschheit überwiegend gleichgültig gegenüberstehen. Die Juden kehrten das Denken ihrer Zeitgenossen in beiden Punkten um. Während die Götter des Olymp unermüdlich hinter schönen Frauen her waren, wachte der Gott des Sinai über Witwen und Waisen. Während Mesopotamiens Anu und Kanaans El in der Ferne ihren Geschäften nachgingen, redete Jahwe Abraham beim Namen an, führte sein Volk aus der Sklaverei und suchte (in der Vision des Hesekiel) die einsamen, verzweifelten Juden im Exil in Babylon auf. Gott ist ein Gott der Rechtschaffenheit, dessen Liebe und Güte von Ewigkeit zu Ewigkeit währt und dessen Gnade in allen seinen Werken spürbar ist. Es überrascht nicht, daß die Juden angesichts dieses ›Anderen‹ – eines Gottes, der in sich alle Eigenschaften vereint, die dem Prosaischen und Chaotischen, dem Amoralischen und Gleichgültigen entgegengesetzt sind – mit jubelnder Entdeckerfreude in den Ruf ausbrechen: »Wer von den Göttern kommt dir gleich, o Jahwe?« »Welches große Volk hat einen Gott wie den Herrn?«

Der Sinn in der Schöpfung

Dostojewski läßt in den *Brüdern Karamasow* Iwan ausrufen: »Nun, so laß dir denn kurz gesagt sein, daß ich im Endresultat diese Gotteswelt *nicht* akzeptiere, und wenn ich auch weiß, daß sie existiert, so will ich sie doch nicht gelten lassen. Nicht Gott akzeptiere ich nicht, verstehe mich recht, sondern die von ihm geschaffene Welt akzeptiere ich nicht und kann ich nicht akzeptieren.«[4]

Iwan ist nicht der einzige, der Gott – vielleicht – gut findet, die Welt dagegen nicht. Es ist der Standpunkt ganzer Philosophien – denken wir an die Kyniker in Griechenland oder die Jainas in Indien. Demgegenüber betont die jüdische Religion, daß die Welt gut ist, was sie daraus folgert, daß sie von Gott geschaffen wurde. »Am Anfang schuf Gott Himmel und Erde ... und Gott sah, daß es gut war« (1. Mose 1).

Was hat das zu bedeuten, wenn man behauptet, das Universum, der ganze Bereich des natürlichen Daseins, so wie wir es kennen, sei von Gott geschaffen? Die Philosophen könnten darin eine Erklärung für die Entstehung der Welt suchen, aber das ist eine reine Frage der Kosmogonie, die auf unsere Lebensweise keinerlei Auswirkungen hat.

Denkt man dagegen an den Charakter des Schöpfers, so hat die Behauptung, Gott habe die Welt erschaffen, ganz konkrete Auswirkungen auf unser Leben. Wir alle fragen uns gelegentlich, ob es sich lohnt zu leben, ob es also, wenn es einmal schwierig wird, sinnvoll ist, weiterzumachen. Wer das verneint, der gibt auf, und wenn er seinem Leben vielleicht auch nicht sofort radikal ein Ende setzt, dann begeht er doch Selbstmord auf Raten, indem er täglich vor der Verzweiflung kapituliert, die mit den Jahren nach ihm greift. Über alle sonstigen Bedeutungen des Wortes hinaus ist mit Gott ein Wesen gemeint, das Macht und Wert in sich vereinigt, ein Wesen, dessen Willen man nicht durchkreuzen kann, und dessen Wille gut ist. In diesem Sinne ist die Behauptung, daß die Existenz gottgeschaffen sei, mit der Behauptung ihres unanfechtbaren Wertes gleichbedeutend.

In T. S. Eliots *Cocktail Party* findet sich eine Stelle, in der es genau um diese Frage geht. Celia, die von der Liebe nicht nur enttäuscht, sondern restlos desillusioniert ist, wendet sich an einen Psychiater und eröffnet die erste Sitzung mit der überraschenden Feststellung:

> Ich möchte wirklich gerne glauben, daß mit mir etwas
> nicht in Ordnung ist –
> Denn wenn es nicht so ist, *ist* etwas nicht in Ordnung;
> Oder vielmehr ganz anders, als es sein sollte,
> Mit der Welt selbst – und das ist noch viel furchtbarer,
> Das wäre schrecklich. So möchte ich lieber glauben,
> Daß mit mir etwas nicht in Ordnung ist, das sich richten ließe. [5]

In diesen Zeilen geht es um die grundlegendste Entscheidung, die das Leben uns abverlangt. Das Leben wartet wiederholt mit Fehlschlägen auf. Was sollen wir daraus schließen, wenn sie sich ereignen? Es gibt im Grunde nur zwei Möglichkeiten. Die eine ist, daß die Sterne, lieber Brutus, schuld sind. [6] Diesen Schluß haben viele gezogen. Sie reichen von jenen Spöttern, die meinen, das beste pädagogische Spielzeug für Kinder seien Puzzlespiele, bei denen kein Teil zum anderen paßt, bis zu Thomas Hardy, der die Ansicht vertrat, nur ein sehr beschränkter Geist habe ein so tragisches Universum schaffen können. Auch Philip, der Held in Somerset Maughams Roman *Des Menschen Hörigkeit*, kommt schließlich zu der Erkenntnis, daß das Leben sinnlos ist.

Das ist die eine Möglichkeit. Die andere ist die, daß nicht die Sterne, sondern wir selbst an unseren Fehlschlägen schuld sind. Wir können weder die eine noch die andere Antwort objektiv nachprüfen, aber es ist eindeutig, welche von beiden zu kreativeren Lösungen führt. Im einen Fall sind die Menschen hilflos, denn ihre Schwierigkeiten liegen in der hoffnungslos verpfuschten Existenz selbst, und es steht nicht in ihrer Macht, dies zu ändern. Im anderen Fall sehen sie sich veranlaßt, vor der eigenen Tür zu kehren und dort nach der Ursache ihrer Probleme zu suchen, wo sie selbst etwas ausrichten können. So gesehen war die jüdische Feststellung, daß die Welt von Gott geschaffen sei, eine konstruktive Grundlage. Wie schlimm ihr Los, wie tief auch immer das Tal des Todesschattens, in dem sie sich befanden, sein mochte, nie verzweifelten sie am Leben selbst. Immer harrte der Sinn seiner Entdeckung, und immer konnten sie auf die Herausforderungen des Lebens kreativ reagieren, denn die Welt trug den Stempel des Gottes, der mit einer Spanne die Himmel durchmaß und dessen Güte ewig währte.

Wir haben bisher vom jüdischen Bild der Schöpfung als Ganzes gesprochen; indessen verdient ein Element im biblischen Schöpfungsbericht besondere Aufmerksamkeit: seine Achtung vor der Natur, der körperlichen, materiellen Komponente des Daseins.

Die meisten griechischen Denker beurteilen die Materie pessimistisch. Ebenso die indische Philosophie, für die die Materie eine primitive Erscheinung ist, die alles, was mit ihr in Berührung kommt, verdirbt. Die Erlösung besteht für sie daher darin, die Seele von ihrem materiellen Behältnis zu befreien.

Wie anders liest sich da das erste Kapitel der Genesis, das mit den Worten beginnt »Am Anfang schuf Gott Himmel *und Erde*« und in dem Satz gipfelt: »Und Gott sah an alles, was er gemacht hatte, und siehe, es war sehr gut.« Wir sollten besonders das Wort »sehr« beachten, denn es gibt der gesamten jüdischen und damit auch der späteren westlichen Naturauffassung einen besonderen Schwung. In ihrer Bemühung, überall Sinn zu entdecken, waren die Juden nicht bereit, den physischen Aspekt des Seins als illusorisch, unvollkommen oder unwichtig zu vernachlässigen. Die Natur, frisch wie der Schöpfungsmorgen, war zum Genießen da. Sein Reichtum an Nahrung machte aus dem Gelobten Land »ein gutes Land, ein Land, darin Bäche und Brunnen und Seen sind, die an den Bergen und in den Augen fließen, ein Land, darin Weizen, Gerste, Weinstöcke, Feigenbäume und Granatäpfel wachsen, ein Land, darin es Ölbäume und Honig gibt, ein Land, wo du genug zu essen hast, wo dir nichts mangelt« (5. Mose 8, 7–9).[7] Auch die Sexualität war gut. Selbst wenn gelegentlich eine Außenseiterbewegung wie die Essener zu einem anderen Schluß gekommen sein mag, insgesamt stand die Ehe bei den Juden in hohem Ansehen. Und wenn die Propheten die augenfällige Ungerechtigkeit ungleich verteilten Reichtums geißelten, so geschah das keineswegs deswegen, weil sie den Besitz als solchen verurteilt hätten. Im Gegenteil, er galt ihnen als so wertvoll, daß sie meinten, mehr Menschen sollten mehr davon genießen.

In dieser positiven Haltung der Natur gegenüber unterscheidet sich der Judaismus von der Grundeinstellung Indiens, nicht jedoch von der Ostasiens, wo die Natur ebenfalls hochgeschätzt wird. Der Unterschied zwischen der hebräischen und der chinesischen Naturauffassung wird erst in einem weiteren Vers unseres Schlüsselkapitels der Genesis deutlich. In Vers 26 sagt Gott: »Lasset uns Menschen machen, ... die da herrschen über die Fische im Meer und über die Vögel unter dem Himmel und über das Vieh und über alle Tiere des Feldes und über alles Gewürm, das auf Erden kriecht« (1. Mose 1, 26).[8] Wie sehr sich das von der chinesischen Haltung zur Natur unterscheidet, zeigt sich im *Tao-te-ching*, wo genau das entgegengesetzte Gefühl mit den Worten ausgedrückt wird:

> Begehrt man, die Welt zu ergreifen,
> um sie zu verändern,
> ich sehe voraus, daß es mißlingt.[9]

Wenn wir die drei Schlüsselaussagen zur Natur im Anfangskapitel der Genesis in knappster Form zusammenfassen –

> Gott schuf die Erde;
> gab [den Menschen] die Herrschaft über die Erde;
> siehe, es war sehr gut ...

– dann finden wir eine Achtung vor der Natur, gemischt mit Vertrauen in die Kraft des Menschen, diese zum Guten auszunutzen, die für die damalige Zeit ungewöhnlich waren. Es war, wie wir wissen, eine Haltung, die Frucht tragen sollte, denn es ist kein Zufall, daß die moderne

Wissenschaft in der westlichen Welt entstanden ist. Erzbischof William Temple pflegte zu bemerken, das Judentum und das aus ihm heraus entstandene Christentum seien die materialistischsten Religionen der Welt. Fügt man dem noch den Islam hinzu, so schält sich heraus, daß die Religionen semitischen Ursprungs insofern eine Sonderstellung einnehmen, als sie alle betonen, daß zum unausrottbaren Wesen des Menschen der Körper ebenso gehört wie der Geist, und daß diese Verbindung nicht von Nachteil ist. Aus dieser Grundvoraussetzung folgt zwangsläufig dreierlei: (1) daß der materielle Aspekt des Lebens wichtig ist (was zu der starken Betonung des Humanitären und Sozialen im Westen führt); (2) daß die Materie an der Erlösung selbst teilhaben kann (was sich in der Lehre von der Auferstehung des Fleisches bestätigt findet); und (3) daß das Göttliche in der Natur Wohnung nehmen kann (das Reich Gottes soll »auf der Erde« errichtet werden, was im Christentum noch durch die Inkarnationslehre ergänzt wird).

Der Sinn in der menschlichen Existenz

Das wichtigste Element des menschlichen Denkens bezieht sich auf den Menschen selbst. Was bedeutet es eigentlich, ein menschliches Wesen zu sein, ein menschliches Leben zu leben?

Auch hier suchten die Juden nach Sinn. Sie waren intensiv an der menschlichen Natur interessiert, aber nicht wegen der bloßen äußerlichen Tatsachen. Wahrheit und Leben waren ihnen gleich wichtig. Sie wollten die Conditio Humana verstehen, um alle in ihr liegenden Möglichkeiten auszuschöpfen.

Die Juden waren sich der menschlichen Begrenztheit schmerzlich bewußt. Mit der Größe des Himmels verglichen, war der Mensch nur »Staub« (Psalm 103, 14); die Kräfte der Natur können ihn »zerdrükken ... wie eine Motte« (Hiob 4, 19). Seine Zeit auf der Erde verstreicht schnell, »sie sind ... wie ein Gras, das am Morgen noch sproßt, das am Mittag blüht und sproßt und des Abends welkt und verdorrt« (Psalm 90, 5-6). Selbst diese kurze Spanne ist voller Schmerz, und darum »bringen [wir] unsere Jahre zu wie ein Geschwätz« (Psalm 90, 9). Nicht nur einmal mußten sich die Juden die rhetorische Frage stellen: »Was ist der Mensch?« Warum machte Gott sich die Mühe, sich seiner anzunehmen? (Psalm 8, 5).

In Anbetracht der Freiheit des Denkens in Israel und seiner Weigerung, auftauchende Zweifel zu unterdrücken, ist es nicht überraschend, daß es Augenblicke gab, wo man fürchtete, die Menschen seien »wie das Vieh. Denn es geht dem Menschen wie dem Vieh: wie dies stirbt, so stirbt auch er« (Prediger Salomo 3, 18-19[10]). Nicht einmal das neunzehnte Jahrhundert hat eine kompromißlosere biologische Deutung der menschlichen Spezies hervorgebracht. Worauf es jedoch ankommt, ist, daß dieser Gedanke nur von kurzer Dauer war. Das Frappierende an der jüdischen Auffassung der Natur des Menschen ist, daß sie – ohne seine Schwächen zu verkennen – darüber hinausging und seine unaussprechliche Größe betonte. In uns mischt sich das Göttliche mit dem Staub.

Das Wort *unaussprechlich* ist keineswegs übertrieben. Der Psalmist stellt den Menschen beinahe auf dieselbe Stufe wie Gott: »Du hast ihn wenig niedriger gemacht als Gott« (Psalm 8, 6). Das Wort *elohim*, das hier mit ›Gott‹ wiedergegeben ist, erschien den Übersetzern der King James-Übersetzung der Bibel zu kühn, und sie ersetzten es durch ›Engel‹. Wir können ihre Zurückhaltung verstehen. Es ist leicht, ein Filmdrehbuch zu schreiben, in dem nur wunderbare Menschen vorkommen; aber diese echt erscheinen zu lassen, ist etwas ganz anderes. Das ist aber so ungefähr der einzige Vorwurf, den man der Bibel nie gemacht hat: daß die in ihr vorkommenden Personen keine echten Menschen seien. Noch ihre größten Helden, wie zum Beispiel David, werden so ungeschminkt dargestellt, mit allen Ecken und Kanten, daß man das Buch Samuel sogar einmal den ehrlichsten historischen Bericht der Antike genannt hat. Dennoch war keine Darstellung realistisch genug, um die Sehnsüchte der Juden zu dämpfen. Derselbe Mensch, der einmal ganz zu Recht als »Eintagsfliege und Wurm« bezeichnet wird (Hiob 25, 6), ist zugleich ein Wesen, das Gott »mit Ehre und Herrlichkeit gekrönt« hat (Psalm 8, 6). Es gibt einen rabbinischen Ausspruch, der besagt, daß vor jedem Menschen, den man auf der Straße sieht, ein unsichtbarer Chor von Engeln vorausgeht, die rufen: »Macht Platz, macht Platz! Macht Platz für das Ebenbild Gottes!«

Der jüdische Realismus beschränkt sich aber nicht nur auf die körperlichen Unzulänglichkeiten des Menschen. Ganz wesentlich ist, daß für ihn die menschliche Unvollkommenheit eher auf moralischem als auf körperlichem Gebiet lag. Die Menschen sind nicht nur schwach; sie sind sündig: »Ich bin als Sünder geboren, und meine Mutter hat mich in Sünden empfangen« (Psalm 51, 7). Es wäre grundfalsch, diesen Vers als Beweis für die Lehre der völligen menschlichen Verderbtheit oder die

Vorstellung, daß Sexualität von Übel sei, in Anspruch zu nehmen. Das sind importierte Ideen, die mit dem jüdischen Denken nichts zu tun haben. Der Vers trägt jedoch etwas ganz Wesentliches zur jüdischen Anthropologie bei. Das Wort ›Sünde‹ leitet sich aus einer Wurzel ab, die soviel bedeutet wie ›das Ziel verfehlen‹, und das schaffen die Menschen – trotz ihres hohen Ursprungs – immer wieder. Sie verfehlen den Adel, auf den hin sie geschaffen wurden, sind geizig, wo sie großzügig, und tierisch, wo sie menschlich sein sollten.

Und doch ist der Fehltritt bei all diesen »Verfehlungen« nicht unvermeidlich. Die Juden haben nie die menschliche Freiheit in Frage gestellt. Die erste überlieferte menschliche Handlung geschah aus freiem Willen. Als Adam und Eva die verbotene Frucht aßen, da waren sie freilich der Versuchung der Schlange erlegen; aber sie hätten ihr auch widerstehen können. Die Schlange hat sie nur versucht; der Fehler liegt deutlich bei ihnen. Leblose Gegenstände können nur so sein, wie sie sind; sie tun das, was Natur und Lage ihnen vorschreiben. Der Mensch dagegen schafft durch seine Entscheidungen auf Gedeih und Verderb sein eigenes Schicksal. »Lasset ab vom Bösen, lernet Gutes tun« (Jesaja 1, 16-17) – das gilt nur für den Menschen. »Ich habe euch Leben und Tod, Segen und Fluch vorgelegt, damit du das Leben erwählst« (5. Mose 30, 19).

Schließlich ergab sich aus der jüdischen Vorstellung von Gott als einem liebenden Gott, daß die Menschen Gottes geliebte Kinder sind. In einer der rührendsten Metaphern der ganzen Bibel stellt Hosea uns Gott vor Augen als einen Vater, der mit seinem Volk fühlt wie ein Vater mit einem kleinen Kind:

> Ich lehrte Ephraim gehen und nahm ihn auf meine Arme; . . .
> Ich ließ sie ein menschliches Joch ziehen und in Seilen der Liebe gehen und half ihnen das Joch auf ihrem Nacken tragen und gab ihnen Nahrung. . . .
> Wie kann ich dich preisgeben, Ephraim, und dich ausliefern, Israel? . . .
> Mein Herz ist andern Sinnes,
> alle meine Barmherzigkeit ist entbrannt.   (Hosea 11)

Selbst in dieser unermeßlichen Welt voller mächtiger Naturgewalten dürfen Männer und Frauen wandeln wie Kinder, darauf vertrauend, daß hier ihre Heimat ist, in der sie ganz geborgen sind.

Aus welchen Ingredienzien besteht das schöpferischste, sinngeladenste Bild der menschlichen Existenz, das wir uns überhaupt nur ausdenken können? Ohne die menschliche Schwäche – die Metaphern vom Gras, vom Seufzer, vom Staub, vom zerdrückten Falter – bleibt nur ein romantisches Bild. Ohne die Größe – ein wenig geringer als Gott –, fällt das Streben weg. Ohne die Sünde – die Neigung, das Ziel zu verfehlen – droht das Bild sentimental zu werden. Ohne die Freiheit – damit du das Leben erwählst – geht die Verantwortung über Bord. Und ohne die göttliche Abstammung schließlich droht dem Leben Entfremdung von Gott und die einsame Irrfahrt auf dem kalten, gleichgültigen Meer. Nach allem, was wir in den 2500 Jahren seit damals über das menschliche Leben herausgefunden haben, fällt es schwer, in dieser Einschätzung einen Fehler zu finden.

Der Sinn in der Geschichte

Beginnen wir mit einem Kontrast. »Nach Ansicht der meisten klassischen Philosophien und Religionen«, schreibt ein Historiker, »enthüllt sich die letzte Wirklichkeit, wenn der Mensch, durch rationale Betrachtung oder mystischen Aufstieg, über den Strom der Ereignisse, die wir ›Geschichte‹ nennen, hinausgeht. Ziel ist es, eine Wirklichkeitssphäre zu erfassen, die von den unvorhersehbaren Geschicken der Menschheit nicht berührt wird. Im Hinduismus wird die Welt der Sinneserfahrung als *Maya*, Illusion, betrachtet; der religiöse Mensch sucht daher Befreiung vom Rad des Lebens, so daß seine Individualität sich in die Weltseele, Brahma, ergießen kann. Oder nehmen wir die griechischen Philosophen. Sie sahen die Welt als einen natürlichen Prozeß, der wie der Kreislauf der Jahreszeiten immer demselben rationalen Ablauf folgt. Der Philosoph dagegen konnte sich über die wiederkehrenden Zyklen der Geschichte erheben, indem er seinen Geist auf das unwandelbare Absolute richtete, das der Sphäre des Ewigen angehört. Diese beiden Ansichten unterscheiden sich radikal von der biblischen Aussage, daß Gott innerhalb der Grenzen der Welt des Wandels und der Mühsal zu finden sei, und insbesondere, daß er sich in Ereignissen offenbart, die einmalig, besonders und unwiederholbar sind. Für die Bibel ist die Geschichte weder *Maya* noch ein zyklischer Naturvorgang; sie ist der Schauplatz von Gottes absichtsvoller Tätigkeit.«[11]

Von der Antwort auf die Frage, ob Geschichte sinnvoll ist, hängt unsere Einstellung zur gesellschaftlichen Ordnung und dem sich in ihr abspielenden kollektiven Leben ab. Wenn wir zu der Ansicht kommen, daß die Geschichte sinnlos ist, dann ergibt sich daraus, daß es sich nicht lohnt, aktiv in das soziale, politische und kulturelle Leben einzugreifen. Die zentrale Frage ist dann eher, inwieweit es uns persönlich gelingt, über die uns betreffenden Umstände hinauszuwachsen und aus dem privaten Lebenskampf als Sieger hervorzugehen. Gesellschaftliche Fragen sind dann ohne Belang.

Die hebräische Einschätzung der Geschichte war das genaue Gegenteil von dieser gleichgültigen Haltung. Für die Juden war die Geschichte von überragender Bedeutung. Sie war erstens wichtig, weil sie überzeugt waren, daß der Kontext, in dem das Leben gelebt wird, dieses in jeder Hinsicht beeinflußt: Von ihm hängt es ab, mit welchen Problemen, welchen Chancen und welchen Ergebnissen wir in unserem Leben zu rechnen haben. Es ist unmöglich, von Adam oder Noah (oder anderen Gestalten der Bibel) zu sprechen, ohne die besonderen Umstände zu berücksichtigen – in diesem Fall das Paradies und die Sintflut –, in denen sie lebten und auf die sie mit ihrem Leben zu reagieren hatten. Die Ereignisse, von denen die hebräische Bibel berichtet, sind in hohem Grade kontextbezogen.

Zweitens: Eine ebenso entscheidende Bedeutung wie dem Kontext kommt im Leben dem gemeinschaftlichen, sozialen Handeln zu. Manchmal läßt sich eine Veränderung nur dadurch erreichen, daß man zusammenarbeitet, daß man gemeinsam plant, organisiert und dann handelt. So hing das Schicksal der hebräischen Sklaven in Ägypten nicht davon ab, inwieweit jeder einzelne sich die innere Freiheit bewahrt hatte, die es ihm erlaubte, sich geistig über die Fesseln zu erheben. Es kam vielmehr darauf an, gemeinsam zu handeln und sich auf den Marsch durch die Wüste zu machen.

Drittens war die Geschichte für die Juden deshalb wichtig, weil sie in ihr ein Feld der Bewährung sahen. Da Gott es war, der die Geschichte lenkte, war kein Ereignis zufällig. Überall war Jahwes Hand am Werk und ließ alles Geschehen zu einer Erfahrung werden, aus der sein Volk etwas lernen konnte.

Und schließlich war die Geschichte auch insofern von Bedeutung, als die Chancen, die das Leben bietet, nicht von monotoner Gleichrangigkeit geprägt sind. Selbst wenn alles, was geschieht, wichtig ist, so ist doch nicht alles gleich wichtig. Es ist nicht so, daß jeder immer und überall von der Geschichte erwarten darf, daß sie ihm eine Gelegenheit bietet, die allen anderen Gelegenheiten im Raum und in der Zeit gleichwertig wäre. Jede Gelegenheit ist einmalig, aber manche sind entscheidend: »Gezeiten gibt es auch im Tun der Menschen: Nimmt man die Flut wahr, führet sie zum Glück...«[12] Die Geschichte muß daher sorgfältig beobachtet werden, denn wenn die Gelegenheit verstrichen ist, kommt sie nie wieder.

Diese Einmaligkeit der Ereignisse schlägt sich konkret nieder (a) in der jüdischen Vorstellung von Gottes direktem Eingreifen in die Geschichte bei besonders kritischen Gelegenheiten und (b) in der Vorstellung von einem auserwählten Volk, das Gottes einmalige Herausforderungen annimmt. Beides illustriert die Geschichte von Abraham. Der eigentlichen Erzählung geht ein bemerkenswerter Prolog voraus (1. Mose 1–11), der den kontinuierlichen Verfall der Welt darstellt, die in ihrem Urzustand gut war. Auf Ungehorsam (beim Essen der verbotenen Frucht) folgt Mord (Kain tötet Abel), Promiskuität (die Söhne Gottes und die Töchter der Menschen) und Inzest (die Söhne Noahs), bis schließlich eine Flut kommen mußte, um mit all dem gründlich aufzuräumen. Inmitten dieser Verderbtheit ist Gott nicht untätig. Vor ihrem Hintergrund ruft Er in den letzten Tagen des sumerischen Universalstaates Abraham. Er soll in ein neues Land ziehen, um ein neues Volk zu begründen. Der Augenblick ist entscheidend. Weil Abraham auf den Ruf hört, tritt er aus der Anonymität heraus. Er wird zum ersten Hebräer, zum Ersten eines »auserwählten Volkes.«

Wir kommen auf das Thema des »auserwählten Volkes« noch zurück, aber für den Augenblick müssen wir fragen, woher die Juden diese Einsicht in die Sinnhaftigkeit der Geschichte nahmen. Wir haben gesehen, welche *Art* von Sinn sie in der Geschichte sahen. Was versetzte sie in die Lage, zu bemerken, daß dieser Sinn in der Geschichte *enthalten* ist?

Für Indien liegt das menschliche Schicksal völlig außerhalb der Geschichte. Hier ist – wie wir gesehen haben – die Welt, die die Menschheit beherbergt, die ›mittlere Welt‹. Gut und Böse, Lust und Schmerz, Recht und Unrecht sind zu etwa gleichwertigen Teilen in sie verwoben wie Kette und Schuß. Und so wird es immer sein. Jeder Gedanke an ein gründliches Aufräumen in der Welt und eine Änderung ihres Grundcharakters ist prinzipiell verfehlt. Die Naturreligionen, denen Israels Nachbarn anhingen, kamen auf anderen Wegen zum gleichen Ergebnis. Für sie lag das menschliche Schicksal zwar in der Geschichte, aber in der Geschichte, wie sie tatsächlich war, nicht wie sie einmal werden

könnte. Dies läßt uns verstehen, warum der Wandel – besonders zum
Guten hin – den Anhängern der Naturreligionen nicht in den Sinn kam.
Wenn man den Blick hauptsächlich auf die Natur richtet, sucht man
nicht anderenorts nach Erfüllung. Aber – und das ist der springende
Punkt – man träumt auch nicht davon, die Natur oder die Gesellschafts-
ordnung, die als Erweiterung der Natur gesehen wird, zu verbessern,
denn diese gelten als so mit der Natur der Dinge verwurzelt, daß der
Mensch gar nicht die Möglichkeit hat, verändernd auf sie einzuwirken.
Die Ägypter überlegten sich ebensowenig, ob der Sonnengott Ra auch
richtig scheint, wie sich die modernen Astronomen überlegen, ob die
Sonne wohl mit der richtigen Stärke strahlt; denn in der Natur geht es
um das, was *ist*, und nicht um das, was sein *soll*.

Die Geschichtsauffassung der Juden unterschied sich von der indischen und vom Polytheismus des Mittleren Ostens, weil sie eine andere
Vorstellung von Gott hatten. Wäre es darüber zu einer bewußten
Debatte gekommen, so hätten sie den Indern sicher zu bedenken gegeben, daß Gott den Menschen nicht als materielles Wesen erschaffen
hätte, wenn die Materie nicht ganz wesentlich mit ihrem Schicksal
zusammenhinge. Gegen den Natur-Polytheismus hätten die Juden ein-
gewandt, daß die Natur keine autarke Größe ist. Weil die Natur von
Gott erschaffen wurde, kann dieser mit ihr nicht gleichgesetzt werden.
Es hat gewichtige Konsequenzen, wenn man Gott und die Natur aus-
einanderhält; es bedeutet, daß das ›Soll‹ dem ›Ist‹ nicht gleichgesetzt
werden kann – Gottes Wille transzendiert die immanente Tatsächlich-
keit (und kann von dieser abweichen). Dadurch, daß das menschliche
Leben gleichzeitig mit der natürlichen Ordnung verwoben, aber nicht
auf diese beschränkt wird, wurde die Geschichte für das jüdische Denken zu einer Erscheinung, die gleichzeitig wichtig, aber auch kritikwür-
dig war. Wer nicht aus der Geschichte lernt, ist verdammt, sie zu
wiederholen.

Die polytheistischen Naturreligionen, die rund um den Judaismus
lebten, stützten alle den Status quo. Die Bedingungen waren nicht
ideal, aber für den Polytheisten war nur eines wichtig: sie hätten noch
viel schlimmer sein können; denn wenn die Naturkräfte in vielen Göttern lebten – in Mesopotamien gingen sie in die Tausende –, dann
bestand immer die Gefahr, daß die Götter untereinander in Streit
gerieten und die Welt ins Chaos stürzten. Daher war das Bestreben der
Religion darauf gerichtet, die Dinge in ihrem gegenwärtigen Zustand
zu erhalten. Die ägyptische Religion zog ›stille Menschen‹ den ›leiden-

schaftlichen‹ vor, weil sie keinen Ärger machten. Was Wunder, daß keine polytheistische Naturreligion je eine Revolution zuwege gebracht hat. Auch die indische Religion war traditionell von konservativem Zuschnitt; denn während der Polytheismus die Veränderung fürchtete, hielt der Hinduismus grundlegende soziale Veränderungen für unmöglich.

Im Judaismus dagegen steht die Geschichte im Spannungsfeld zwischen dem, was von Gott her möglich ist – dem ›Soll‹ – und dem, was davon höchst unvollkommen in der Wirklichkeit aufscheint – dem ›Ist‹. Diese Spannung war der Boden, aus dem sozialer Protest erwachsen konnte. Tatsächlich sind die Hauptimpulse zum sozialen Fortschritt von den Ländern ausgegangen, die von der jüdischen Geschichtsauffassung – die ihrerseits wieder das Christentum und bis zu einem gewissen Grade auch den Islam beeinflußt hat – geprägt sind. Vorbild waren die Propheten. »Unter dem Schutz religiöser Sanktionen wurden die Propheten Judas zu einer politischen Reformkraft, die im Lauf der späteren Weltgeschichte nie übertroffen, ja vielleicht nie wieder erreicht worden ist.«[13] Unter dem Ansporn der glühenden Überzeugung, daß die Dinge nicht so waren, wie sie sein sollten, schufen sie im Namen Gottes, als dessen Sprachrohr sie sich betrachteten, eine Atmosphäre der Reform, die die Redefreiheit am Hyde Park Corner und unseren modernen Enthüllungsjournalismus als bloße Sandkastenspiele erscheinen läßt.

Der Sinn in der Moral

Der Mensch ist ein soziales Wesen. Trennt man ihn bei der Geburt von seinen Artgenossen, so wird er niemals ›menschlich‹; doch auch wenn er mit anderen zusammenlebt, ist sein Verhalten oftmals barbarisch. Auf diesen beiden Tatsachen beruht die Notwendigkeit der Moral. Moralische Gesetze sind im allgemeinen nicht beliebter als rote Ampeln oder Einbahnstraßenschilder. Doch ohne moralische Einschränkungen würde es im menschlichen Zusammenleben ebenso chaotisch zugehen wie im Straßenverkehr, wenn niemand die Verkehrsregeln beachtete.

Die Formel von »jenen weisen Beschränkungen, welche die Menschen frei machen«, ergibt sich aus dem jüdischen Gesetz. Wir werden sehen, daß dieses Gesetz sowohl rituelle als auch ethische Vorschriften enthält; im Augenblick wollen wir uns mit letzteren beschäftigen.

Nach rabbinischer Ansicht enthält die jüdische Bibel nicht weniger als 613 Gebote zur Regelung menschlichen Verhaltens. Für unsere Zwecke können wir uns auf vier beschränken, nämlich auf die vier Vorschriften innerhalb der Zehn Gebote, die sich auf Ethik beziehen. Denn diese vier Gebote sind es, durch welche die jüdische Moral die größte Wirkung erzielt hat. Die Zehn Gebote, die auch vom Christentum und vom Islam übernommen wurden, bilden die moralische Grundlage eines Großteils der westlichen Welt.

Im menschlichen Leben gibt es vier Gefahrenzonen, die, wenn sie aus dem Ruder laufen, zu endlosen Schwierigkeiten führen können: Gewalt, Reichtum, Sexualität und Sprache. Bei den Tieren sind alle vier Bereiche gut unter Kontrolle. Zwei machen keine Schwierigkeiten. Das gesprochene Wort nicht, weil Tiere nicht genügend kommunizieren, um zu ernsthafter Täuschung fähig zu sein. Der Reichtum nicht, weil der Besitztrieb nur dann zu einem ernsthaften sozialen Problem wird, wenn er mit planvollem, vorausschauendem Handeln und anhaltender Gier in einer bei Tieren unbekannten Stärke verbunden ist. Auch Sexualität und Gewalt stellen kein ernsthaftes Problem dar. Der Geschlechtstrieb kann keine zwanghaften Ausmaße annehmen, weil er an bestimmte Zeiten gebunden ist, und die Gewalt wird durch angeborene Hemmungen gezügelt. Außer bei Ameisen kommt es im Tierreich nur selten zu kriegerischen Auseinandersetzungen innerhalb der Spezies. Wo doch, da hat die Spezies sich gewöhnlich selbst vernichtet.

Anders beim Menschen. Eifersucht, Haß und Rache können zu derart starken Gewaltausbrüchen führen, daß die Gemeinschaft zerbricht, wenn es nicht gelingt, die Gewalt einzudämmen. Mord löst langanhaltende Blutfehden aus. Auch die Sexualität kann, wenn sie gewisse Grenzen überschreitet, Leidenschaften entfesseln, die die ganze Gemeinschaft zerstören können. Das gleiche gilt für Diebstahl und Unehrlichkeit. Wir können uns zwar theoretisch eine Gesellschaft vorstellen, in der jeder in bezug auf diese Dinge tut, was ihm paßt, aber praktisch ist eine solche Gesellschaft nicht bekannt, und die Anthropologen haben ja inzwischen jeden Winkel der Erde erforscht. Wenn je eine Gesellschaft versucht hat, rückhaltlos permissiv zu leben, so hat sie jedenfalls keine Spuren hinterlassen. Möglicherweise haben wir es hier mit den stabilsten menschlichen Konstanten zu tun. Ob wir in New York oder im australischen Busch leben, wir sind Mitglieder ein und derselben Familie, und wenn die Geschichte weitergehen soll, muß jeder seine Begierde im Zaum halten.

Die Zehn Gebote setzen für diese Bereiche den Mindeststandard, der ein Gemeinschaftsleben ermöglicht. In diesem Sinne sind sie für die Gesellschaft das, was die ersten Schöpfungstage für die Natur waren: Ohne sie gibt es nur formlose Leere. Während die Schöpfung die physikalische Welt strukturiert (und damit erschafft), strukturieren (und erschaffen) die Zehn Gebote die soziale Welt. Zum Thema Gewalt sagen sie: Ihr könnt streiten und kämpfen, soviel ihr wollt, aber daß ihr euch innerhalb der In-Group tötet, wird nicht geduldet, weil es zu Blutfehden führt, die die Gemeinschaft zerstören müssen – deshalb *morde nicht!* Zum Thema Sexualität: Flirte soviel du willst, stoß dir die Hörner ab und hüpf, wenn du willst, von Bett zu Bett; wir finden dein Verhalten nicht schön, werden dich aber nicht gesetzlich belangen. Doch an einem Punkt ist Schluß: Wir werden nicht zulassen, daß du, wenn du verheiratet bist, deinen Geschlechtstrieb außerhalb der Ehe auslebst, denn dadurch werden Leidenschaften geweckt, die die Gemeinschaft nicht tolerieren kann – deshalb *zerstöre keine Ehe.* Zum Thema Besitz: Du kannst soviel Reichtum anhäufen wie du willst und dabei alle möglichen Tricks anwenden. Aber eines darfst du nicht: dich direkt am Hab und Gut deiner Mitmenschen vergreifen, denn damit verletzt du die Anstandsregeln und weckst Animositäten, die letztlich nicht zu kontrollieren sind – *beraube* deshalb *niemanden . . . seines Eigentums.* Zum Thema Sprache: Du magst etwas verheimlichen und Ausflüchte gebrauchen, aber es kommt eine Zeit, da wir von dir verlangen, daß du die Wahrheit sagst und nichts als die Wahrheit. Wenn ein Streit solche Ausmaße erreicht hat, daß er vor Gericht gebracht wird, dann müssen die Richter wissen, was geschehen ist. Wenn du lügst, obwohl du geschworen hast, die Wahrheit zu sagen, wirst du schwer bestraft – deshalb *sage nichts Unwahres über deine Mitmenschen.*

Die Bedeutung der Zehn Gebote auf ethischem Gebiet liegt nicht in ihrer Einmaligkeit, sondern in ihrer Allgemeingültigkeit, nicht in ihrer Endgültigkeit, sondern in ihrer grundlegenden Vorrangigkeit. Sie sprechen zu den von ihnen angeschnittenen Problemkreisen nicht das letzte Wort; aber sie sprechen die Worte, die nötig sind, damit andere Worte folgen können. Das ist der Grund, weshalb sie nach über dreitausend Jahren immer noch als ›moralisches Esperanto‹ überall verstanden werden. Und so konnte Heine über den Mann, der die Zehn Gebote entgegennahm, ausrufen: »Wie winzig erscheint der Berg Sinai, wenn Moses auf ihm steht«, während die Bibel kategorisch behauptet: »Nie mehr gab es in Israel einen Propheten wie Mose« (5. Mose 34, 10).

Der Sinn in der Gerechtigkeit

Jener bemerkenswerten Gruppe von Menschen, die wir die Propheten nennen, verdankt die westliche Kultur, mehr als irgend jemandem sonst, ihre Überzeugung, daß (1) die Zukunft eines jeden Volkes weitgehend von einer gerechten Gesellschaftsordnung abhängt und daß (2) das Individuum für die sozialen Strukturen seiner Gesellschaft ebenso verantwortlich ist wie für seine unmittelbaren persönlichen Angelegenheiten.

Wenn man heute sagt, jemand sei ein Prophet, oder er gebe prophetische Äußerungen von sich, so denken wir an einen Wahrsager – jemanden, der die Zukunft voraussagt. Das war nicht die ursprüngliche Bedeutung des Wortes. »Prophet« kommt von dem griechischen Wort *prophetes*, in dem *pro* ›für‹ und *phetes* ›sprechen‹ bedeutet. So ist im Griechischen ein Prophet ursprünglich einer, der ›für einen anderen spricht‹. Diese Bedeutung gibt genau den hebräischen Sinn wieder. Als Gott Mose beauftragt, vom Pharao die Freilassung seines Volkes zu verlangen und Mose sich dagegen wehrt, weil er nicht sprechen könne, versichert ihn Gott: »Aaron, dein Bruder, soll dein Prophet sein« (Exodus 7, 1).

Wenn für die Hebräer die allgemeine Bedeutung des Wortes Prophet ›einer, der im Auftrag eines anderen spricht‹ war, so war seine spezifische Bedeutung (in der Verwendung für eine besondere Gruppe von Menschen in biblischer Zeit) ›einer, der für Gott spricht‹. Ein Prophet unterschied sich von anderen Menschen dadurch, daß sein Geist, seine Sprache und gelegentlich auch sein Körper zu einem Kanal wurde, durch den Gott die geschichtlichen Umstände unmittelbar ansprach.

Ein Blick auf die prophetische Bewegung in Israel zeigt, daß es sich nicht um ein Einzelphänomen handelt. Zwar ist Mose eine singuläre Gestalt, aber die prophetische Bewegung hat drei Stadien durchlaufen, in denen das Göttliche sich jeweils auf andere Weise ausgedrückt hat.

Das erste ist das Stadium der Prophetenscharen, die im neunten und zehnten Kapitel des Buches Samuel anschaulich beschrieben werden. Prophetie ist ein Gruppenphänomen, die Propheten waren keine Individuen, und ihre Gabe war nicht ihr persönlicher Besitz. Sie zogen in Scharen umher, und die Prophetie war für sie ein ›Feldphänomen‹, das sich unterhalb einer bestimmten ›kritischen Masse‹ nicht einstellte. Moderne Psychologen würden von einer Form der kollektiven, selbsterzeugten Ekstase sprechen. Mit Hilfe von Musik und Tanz versetzte eine Prophetenschar sich in einen Zustand der ›Raserei‹, und die Teilnehmer verloren in einem Meer kollektiven göttlichen Rausches das Bewußtsein ihrer Individualität.

In diesem Stadium hatte die Prophetie noch keine ethische Komponente. Die Propheten nahmen an, daß sie nur deshalb vom Göttlichen ergriffen wurden, weil diese Erfahrung sie mit einem Strom ekstatischer Kraft überschwemmte. Erst im zweiten Stadium kam die ethische Dimension ins Spiel. Das war das Stadium der vorliterarischen Einzelpropheten. Aus der lebendigen, fließenden Erscheinung der Prophetenscharen schossen nun einzelne Propheten wie Pilze aus der Erde hervor. Ihre Namen sind überliefert – Elija, Elischa, Natan, Michajehu, Ahija und andere –, aber da sie aus vorliterarischer Zeit stammen, gibt es keine biblischen Bücher, die ihre Namen tragen. Ihre prophetische Erfahrung war noch stark von Ekstase geprägt wie auch von Kraft, denn wenn die »Hand des Herrn« über sie kam, dann konnte es schon einmal geschehen, daß sie lange Strecken vor einem Wagen herliefen oder vom Geist Gottes entführt und auf einen Berg entrückt wurden.[14] Aber in zwei Punkten unterschieden sie sich von ihren Vorgängern. Zwar hatten auch sie Rückhalt in der Gruppe, aber sie erfuhren die göttliche Heimsuchung auch in der Einsamkeit. Und zweitens teilte die Gottheit sich ihnen klarer mit. Das überwältigende emotionale Erlebnis war nun nur noch der Hintergrund, vor dem sich Gottes Forderung nach Gerechtigkeit aussprach.

Diese Entwicklung läßt sich anhand zweier biblischer Geschichten verdeutlichen. Das eine ist die Geschichte von Nabot, der, weil er sich weigerte, den Weinberg seiner Familie König Ahab zu überlassen, fälschlich der Blasphemie und Subversion bezichtigt und gesteinigt wurde; da Blasphemie als Kapitalverbrechen galt, fiel sein Besitz der Krone zu. Als Elija von dieser Intrige hörte, kam das Wort des Herrn über ihn und sagte: »Geh zu Ahab, dem König Israels . . . Sage zu ihm: ›Erst mordest du und dann raubst du! Darum läßt der Herr dir sagen: Wo die Hunde das Blut Nabots aufgeleckt haben, dort werden sie auch dein Blut auflecken.‹«[15]

Dieser Bericht ist von umwälzender Bedeutung für die menschliche Geschichte, denn er erzählt davon, wie ein Mann, der keinen offiziellen Rang bekleidete, sich auf die Seite eines Menschen stellt, dem Unrecht geschehen ist und einen König offen der Ungerechtigkeit bezichtigt. Man wird in den Annalen der Geschichte vergeblich nach einem vergleichbaren Fall suchen. Elija war kein Priester. Formal hatte er kein

Recht, eine solche Anschuldigung vorzubringen, und normalerweise hätten ihn die Wachen auf der Stelle niedergemacht. Aber die Tatsache, daß er ›im Namen‹ einer fremden Autorität ›sprach‹, war so offenkundig, daß der König seine Aussage als gerechtfertigt anerkannte.

Ähnlich war es im Fall von David und Batseba. Vom Dach seines Palastes aus sah David die badende Batseba und begehrte sie. Aber es gab ein Hindernis: Sie war verheiratet. Für die Könige der damaligen Zeit war das indes kein großes Problem; David fand einfach einen Weg, sich ihres Mannes Urija zu entledigen. Er wurde an die Front geschickt, und zwar dorthin, wo der heißeste Kampf tobte. Dann sollten alle sich zurückziehen, so daß er getötet würde. Alles lief nach Plan, und hätte nicht der Prophet Natan von der Sache Wind bekommen, wäre die Sache routinemäßig im Sande verlaufen. Natan spürte sofort, daß »dem Herrn mißfiel, was David getan hatte.« Er ging direkt zum König, der absolute Macht über sein Leben hatte, und sagte zu ihm:

> So spricht der Herr, der Gott Israels: »Du hast Urija auf dem Gewissen und hast dir seine Frau genommen, [daher] lasse ich Unglück über dich kommen. Du wirst es erleben, daß ich dir deine Frauen wegnehme und sie einem anderen gebe, der am hellichten Tag mit ihnen schlafen wird. Was du heimlich getan hast, will ich im Licht des Tages geschehen lassen. Weil du durch diese Tat den Herrn beleidigt hast, wird der Sohn, den Batseba dir geboren hat, sterben.«[16]

Das Überraschende an diesen Berichten ist nicht die Handlungsweise der Könige, denn sie nutzten nur ihre anerkannten königlichen Privilegien aus. Das Revolutionäre, nie Dagewesene ist die Art, wie die Propheten sie wegen ihrer Handlungen zur Rede stellten.

Wir haben von den Prophetenscharen und den vorliterarischen Einzelpropheten gesprochen. Die dritte Phase des Prophetentums, die gleichzeitig ihren Höhepunkt darstellte, kam mit den großen schreibenden Propheten: Amos, Hosea, Micha, Jeremia, Jesaja und all den anderen. Auch bei ihnen fehlte die Ekstase im prophetischen Erlebnis nicht; Ezechiel 1-3, Jeremia 1 und Jesaja 6 (»Da sah ich Gott, den Herrn, er saß auf einem sehr hohen Thron«) gehören zu den eindrucksvollsten Theophanien, die wir besitzen. Auch die ethische Komponente der vorliterarischen Propheten setzte sich fort, aber es gab eine wichtige weitere Entwicklung. Während ein Natan oder Elija Gottes Mißfallen angesichts einzelner Akte schreiender Ungerechtigkeit wahrnahmen, sahen ein Amos oder ein Jesaja, daß Gott auch weniger spektakuläre Ungerechtigkeiten mißbilligte, die nicht von einzelnen durch bestimmte Handlungen begangen wurden, sondern im sozialen Gewebe versteckt waren. Sie wandten sich gegen die Entartung der Sozialordnung und gegen tyrannische Institutionen.

Die schreibenden Propheten sahen sich in eine Zeit gestellt, die von Ungleichheit, Privilegien und Ungerechtigkeiten schlimmster Sorte durchsetzt war. Der Besitz war in der Hand einiger weniger Reicher konzentriert, während die Armen wie Vieh gebrandmarkt und als Sklaven verkauft und Schuldner für ein Butterbrot verschachert wurden. Es war eine Welt, in der die Herren ihre Sklaven nach Belieben bestraften, wo die Frau dem Mann unterworfen war und man unerwünschte Kinder aussetzte, damit sie verhungerten.

Als Bedrohung der sozialen Gesundheit des Gemeinwesens war dieses moralische Freibeutertum ein wichtiges Faktum des jüdischen politischen Lebens der damaligen Zeit. Aber da war noch etwas anderes. Der Gefahr im Inneren entsprach eine Gefahr von außen; denn Israel und Juda mit ihrer prekären Binnenlage zwischen den Riesenreichen Assyrien und Babylon im Osten, Ägypten im Süden und Syrien und Phönizien im Norden liefen ständig Gefahr, zermalmt zu werden. Andere Völker der Region, die sich in einer ähnlichen Lage befanden, haben sich auf den Standpunkt gestellt, daß das Ergebnis von der relativen Stärke der betreffenden nationalen Götter abhänge – mit anderen Worten, von einem einfachen Machtkalkül, bei dem Fragen der Moral ohne Belang waren. So gesehen hätte ein kleines Volk keine Chance gehabt, und die Situation wäre jeden Sinnes entleert gewesen. Wenn nur die Macht das Geschehen diktiert, dann bleibt für ein kleines Volk kaum Handlungsspielraum. Die Juden widersetzten sich – wegen der besagten unersättlichen Leidenschaft für Sinn – einer solchen Deutung. Selbst wenn alle anderen Möglichkeiten fast ausgeschlossen waren, weigerten sie sich zuzugeben, daß irgendein Ereignis sinnlos sein könne – wenn man unter Sinn versteht, daß noch Raum bleibt für eine kreative Reaktion aufgrund einer moralischen Entscheidung. So sahen sie eine Lage, in der andere Völker sich unerbittlich im Schwitzkasten der Großmächte gefühlt hätten, als eine Mahnung Gottes, ihr nationales Leben in Ordnung zu bringen: überall im Land für Gerechtigkeit zu sorgen – oder vor die Hunde zu gehen.

Abstrakt formuliert läuft das prophetische Prinzip auf folgendes hinaus: Soziale Gerechtigkeit ist die Voraussetzung für politische Stabilität, denn es entspricht der Natur der Dinge, daß Ungerechtigkeit keinen Bestand haben kann. Theologisch formuliert sagt es aus: Gott legt hohe Maßstäbe an; auf die Dauer wird er der Ausbeutung, der Korruption und Mittelmäßigkeit nicht tatenlos zusehen. Dieses Prinzip widerspricht nicht dem, was oben über Jahwes Liebe gesagt wurde. Im großen und ganzen sprechen die Propheten – nicht anders als die Psalmisten – mehr von Liebe als von Gerechtigkeit. Später sollte ein Rabbi das Verhältnis zwischen den beiden so charakterisieren:

> Ein König hatte ein paar leere Gläser. Er sagte: »Wenn ich heißes Wasser hineingieße, zerspringen sie; wenn ich eiskaltes Wasser hineingieße, zerspringen sie auch!« Was tat der König also? Er mischte das heiße Wasser mit dem kalten, und als er es jetzt in die Gläser goß, zersprangen sie nicht. Und so sagte auch der Heilige, gesegnet sei er: »Wenn ich bei der Erschaffung der Welt nur darauf achte, daß sie barmherzig ist, dann werden sich die Sünden der Welt sehr vermehren. Mache ich sie dagegen nur gerecht, wie könnte sie dann bestehen? Ich will sie daher sowohl barmherzig als auch gerecht machen, und so möge sie denn bestehen!«[17]

Die Propheten Israels und Judas gehören zu den erstaunlichsten Menschen, die die Geschichte hervorgebracht hat. Inmitten der moralischen Wüste, in die sie hineingestellt waren, sprachen sie Worte, die die Welt nie mehr vergessen konnte. Amos, ein einfacher Schafhirt, den aber nicht bloßer Zufall nach Norden verschlagen hatte; ein Mann mit einem Auftrag, hart und schroff wie die Wüste, aus der er stammte; ein Mann mit scharfem Verstand und wachen Sinnen. Amos stellte sich auf den Marktplatz von Bet-El und rief: »Sorgt ... dafür, daß jeder zu seinem Recht kommt! Recht und Gerechtigkeit sollen das Land erfüllen wie ein Strom, der nie austrocknet« (Amos 5, 24). Jesaja, ein gebildeter Städter, würdevoll, redegewandt, doch von moralischer Leidenschaft entflammt, rief nach einem, der der ganzen Welt Gerechtigkeit bringen wird. Hosea, Micha, Jeremia – was für mächtige Gestalten! Die Propheten stammen aus allen Gesellschaftsschichten. Manche sind hochgebildet, andere einfach und natürlich wie die Hügel ihrer Heimat. Manche hören Gott wie das Brüllen eines Löwen; andere hören das göttliche Wort in der unheimlichen Ruhe nach dem Sturm.

Und doch haben sie eines gemeinsam: die Überzeugung, daß jeder Mensch durch die bloße Tatsache seines Menschseins ein Kind Gottes ist und daher Rechte genießt, die selbst Könige achten müssen. Die Propheten betreten die Bühne der Geschichte wie eine unbekannte Elementargewalt. Die Welt, in der sie leben, ist größer als die ihrer Mitbürger. Hier zählt weder Pomp noch Reichtum, und die Majestät der Könige und die Macht der Großen verblassen vor der Reinheit, der Gerechtigkeit und der Gnade Gottes. Und wann immer Männer und Frauen in dem ewigen Kampf um Gerechtigkeit in der Geschichte nach Unterstützung und Anregung Ausschau gehalten haben, fanden sie diese mehr als irgendwo sonst in den mächtigen Rufen der Propheten.

Der Sinn im Leiden

Vom achten bis sechsten Jahrhundert vor unserer Zeitrechnung, als Israel und Juda durch die aggressive Gewalt Syriens, Assyriens, Ägyptens und Babylons zu zerbrechen drohten, fanden die Propheten in ihrer mißlichen Lage einen tieferen Sinn: Sie verstanden sie als die Art, wie Gott seinem Verlangen nach Rechtschaffenheit den nötigen Nachdruck verlieh. Die moralischen Fragen, um die es bei dieser Auseinandersetzung Gottes mit seinem Volk ging, waren dem weltlichen Beobachter nicht bewußt. Und so blieb Jahwe angesichts der Gleichgültigkeit Israels gegenüber seinen Bitten und Geboten nichts anderes übrig, als den Israeliten durch Taten klarzumachen, wer Gott war – dessen Wille sich durchsetzen mußte. Das ist der Grund, weshalb Gott sich der Feinde Israels gegen das Volk bediente.

> So spricht Jahwe: Wegen drei Vergehen von Israel, ja wegen vier, widerrufe ich es nicht, weil sie für Geld den Unschuldigen verkaufen und den Armen für ein Paar Schuhe.
> Darum, so spricht Jahwe, der Herr, wird der Feind das Land umringen, und deine Macht wird gestürzt, und es werden geplündert deine Paläste.　　　　　(Amos 2,6; 3–11)[18]

Jeremia stößt ins gleiche Horn. Weil die Juden sich von der Rechtschaffenheit abgewandt haben, ist Gott entschlossen, diese Stadt »zu einem Fluch für alle Völker dieser Erde« zu machen (Jeremia 26,6).

Wir können uns vorstellen, wieviel moralische Festigkeit nötig war, um eine solche Interpretation des drohenden Verhängnisses zu präsentieren. Wieviel leicher ist es, anzunehmen, Gott sei auf unserer Seite, oder sich gleich mit der Niederlage abzufinden.

Doch das Schlimmste kommt erst noch. Die Niederlage wurde nicht abgewendet. Im Jahre 721 vor unserer Zeitrechnung stürzte sich Assyrien »wie ein Wolf auf die Herde«, fegte das Nordreich für immer von der Landkarte und machte aus seinem Volk »die Zehn Verlorenen Stämme Israels.« Im Jahre 586 wurde das Südreich, Juda, erobert, wenn auch diesmal die Führung des Landes intakt blieb, während Nebukadnezar das Volk in einem gemeinsamen Marsch in die babylonische Gefangenschaft führte.

Wenn es je einen Zeitpunkt gab, an dem das Geschehen doch nicht sinnerfüllt zu sein schien, so war es jetzt. Die Juden hatten ihre Chance vertan, und nun ging es ihnen schlecht. Hätte man nicht erwarten können, daß die Propheten sich jetzt mit einem selbstzufriedenen »Ich hab's ja gesagt« damit abfinden würden, daß das Volk zum Untergang verdammt war?

Doch eine solche von Rachegefühlen und Verzweiflung diktierte Antwort gehörte nicht zum Repertoire der Propheten. Das Überwältigendste an der jüdischen Suche nach Sinn ist die Tatsache, daß die Propheten in dieser dunkelsten Stunde, als der Sinn in der tiefsten Schicht, in der die Juden bisher geschürft hatten, erschöpft war, noch tiefer gruben und auf eine völlig neue Ader stießen. Wäre das nicht geschehen, so wäre damit die herrschende Meinung anerkannt worden, daß die Götter der Sieger denen der Besiegten überlegen waren – eine Logik, die für den biblischen Glauben und damit für das jüdische Volk das Aus bedeutet hätte. In der Zurückweisung dieser Logik lag die Rettung für die Zukunft des Judentums. Im sechsten Jahrhundert, als das Volk in Babylon in der Gefangenschaft lebte, argumentierte ein Prophet, dessen Namen wir nicht kennen – seine Worte sind in den letzten Kapiteln des Buches Jesaja überliefert –, Jahwe sei vom babylonischen Gott Marduk nicht besiegt worden; nach wie vor sei die Geschichte seine Wirkstätte. Das bedeutet, daß die Niederlage der Israelis einen Zweck gehabt haben muß; wieder kam es nur darauf an, ihn zu sehen. Diesmal war nicht Strafe der Zweck, den »Deutero-Jesaja« (»der zweite Jesaja«) sah. Die Israeliten sollten aus ihrer Niederlage etwas *lernen*, und darüber hinaus würde ihre Erfahrung zur *Erlösung* der Welt beitragen.

Was das Lernen angeht, so gibt es Lehren und Einsichten, die durch nichts so gefördert werden wie durch Leiden. In diesem Fall lehrte die Erfahrung der Niederlage und des Exils die Juden den wahren Wert der Freiheit schätzen, die sie trotz der ägyptischen Gefangenschaft im Lauf der Zeit zu leichtgenommen hatten. Wir besitzen Verse, aus denen die innere Agonie der Juden als Vertriebene zu uns spricht – vom Leiden unter dem Joch der Sklaverei und von der Sehnsucht nach der Heimat.

> An den Wassern zu Babel saßen wir und weinten,
> wenn wir an Zion gedachten.
> Unsere Harfen hängten wir
> an die Weiden dort im Lande.
> Denn die uns gefangen hielten,
> hießen uns dort singen
> und in unserm Heulen fröhlich sein:
> »Singet uns ein Lied von Zion!«
> Wie könnten wir des *Herrn* Lied singen
> in fremdem Lande?
> Vergesse ich dich, Jerusalem,
> so verdorre meine Rechte.
> Meine Zunge soll an meinem Gaumen kleben,
> wenn ich deiner nicht gedenke,
> wenn ich nicht lasse Jerusalem
> meine höchste Freude sein.
>
> (Psalm 137, 1–6)

Als der Perserkönig Kyrus im Jahre 538 Babylon eroberte und die Juden wieder nach Palästina ziehen durften, zogen die Propheten daraus abermals eine Lehre, die man nur durch Leiden vollkommen verinnerlichen kann: die Lehre, daß am Ende jene gerechtfertigt werden, die im Unglück treu geblieben sind.

> Brecht auf aus Babylon! Verlaßt fluchtartig dieses Land! Freut euch und jubelt, macht überall bis ans Ende der Erde bekannt: »Der Herr hat sein Volk, die Nachkommen Jakobs, befreit!«
>
> (Jesaja 48, 20)

Aber die Juden selbst konnten aus der Gefangenschaft mehr lernen als nur das Verständnis für den Sinn ihres Leidens. Gott benutzte sie, um

Einsichten in die Geschichte einzuführen, deren zwar alle Völker bedürfen, für die ihre Behaglichkeit und Selbstgefälligkeit sie aber blind
gemacht hat. Gott brannte den Juden durch das Leiden eine glühende
Liebe zur Freiheit und Gerechtigkeit ins Herz, die der ganzen Menschheit zugute kommen würde.

> »Ich mache dich zum Friedensbringer für mein Volk und zu
> einem Licht für alle Völker. Die Gefangenen sollst du aus dem
> Dunkel des Kerkers holen und den blindgewordenen Augen das
> Licht wiedergeben.«
>
> (Jesaja 42, 6–7)

Abstrakt gesprochen war der tiefste Sinn, den die Juden im Exil fanden,
der Sinn des ›stellvertretenden Leidens‹: ein Sinn, der ein Leben erfüllt,
das bereit ist, Schmerzen zu erdulden, damit sie anderen erspart bleiben. Deuterojesaja setzte dieses allgemeine Prinzip zur Erfahrung seines Volkes in Beziehung, wenn er eine Zeit voraussah, wo die Nationen
der Erde erkennen würden, daß die winzige Nation, auf die sie einst
herabgeblickt hatten (hier als Individuum gesehen) in Wirklichkeit für
sie gelitten hatte:

> In Wahrheit aber hat er die Krankheiten auf sich genommen, die
> für uns bestimmt waren, und die Schmerzen erlitten, die wir
> verdient hatten. Wir meinten, Gott habe ihn gestraft und ge-
> schlagen; doch wegen unserer Schuld wurde er gequält und
> wegen unseres Ungehorsams geschlagen. Die Strafe für unsere
> Schuld traf ihn, und wir sind gerettet. Er wurde verwundet, und
> wir sind heil geworden. Wir alle waren die Schafe, die sich
> verlaufen haben; jeder ging seinen eigenen Weg. Ihm aber hat
> der Herr unsere ganze Schuld gegeben.
>
> (Jesaja 53, 4–6)

Der Sinn im Messianismus

Obwohl es den Juden gelang, ihrem Leiden einen Sinn abzugewinnen,
waren sie damit nicht am Ende der Suche nach Sinn angelangt. Der
Höhepunkt stand noch aus: der Messianismus.

Eine faszinierende Tatsache wird uns helfen, in diesen Begriff einzudringen. Die Idee des Fortschritts – die Vorstellung, daß die Lebensbedingungen sich bessern können und die Geschichte in dieser Hinsicht einem Ziel zustrebt – ist im Westen entstanden. Wenn diese Idee sich auch bei anderen Völkern findet, so haben sie sie vom Westen übernommen.

Diese Tatsache ist ebenso überraschend wie erklärlich. Wenn wir uns auf die beiden anderen noch bestehenden Zivilisationen beschränken – Südasien mit Indien und Ostasien mit China und seinen zivilisatorischen Ablegern[19] als Zentrum –, so stellen wir fest, daß die in ihnen vorherrschende Weltanschauung von Menschen geprägt wurde, die Macht besaßen. Das waren in Indien die Brahmanen und in China die Intellektuellen. Ganz anders im Westen. Hier wurde die Weltanschauung entscheidend von den Juden bestimmt, die in den entscheidenden Werdejahren auf der Seite der Verlierer standen. Die herrschende Klasse mag sich mit dem Status quo zufriedengeben. Die Verlierer nie. Die Unterdrückten hoffen – sofern ihr Wille nicht gebrochen ist, was bei den Juden nie der Fall war – auf Besserung. Und daher waren die Gedanken der Juden immer nach vorne und nach aufwärts gerichtet. Sie waren ein Volk voller Erwartungen – wenn sie schon nicht hoffen durften, das Joch der Knechtschaft abzuwerfen, so träumten sie jedenfalls vom Zug ins Gelobte Land. Infolge dieser jüdischen Hoffnung gelangte der Westen nach und nach zu dem Schluß, daß man die Lebensbedingungen insgesamt verbessern könne.

Je konkreter eine Hoffnung ist, desto leichter gelingt es ihr, vom menschlichen Herzen Besitz zu ergreifen, und so wurde diejenige der Juden schließlich in der Gestalt des zukünftigen Messias personifiziert. Wörtlich bedeutet Messias (abgeleitet von dem hebräischen Wort *maschiach)* ›der Gesalbte‹, aber da man nur Könige und Hohepriester mit Öl salbte, wurde das Wort zu einem Ehrentitel zur Bezeichnung eines Menschen, der in einen höheren Rang erhoben oder ›auserwählt‹ worden war. Während des babylonischen Exils fingen die Juden an, auf einen Erlöser zu hoffen, der die Deportierten sammeln und in ihr Heimatland zurückführen würde. Nach der zweiten Zerstörung des Tempels (im Jahre 70 unserer Zeitrechnung) wurde der Ehrentitel ›Messias‹ zur Bezeichnung der Person gebraucht, die sie aus dieser Diaspora erretten würde.

So einfach sind die Dinge jedoch meistens nicht, und im Laufe der Zeit wurde der messianische Gedanke komplexer. Immer jedoch stand dahinter als beseelendes Prinzip die Hoffnung, und diese hatte stets zwei Seiten: den politisch-nationalen Aspekt (der voraussah, daß die Juden über ihre Feinde triumphieren und einen wichtigen Platz in den Angelegenheiten der Welt einnehmen würden) und daneben einen spirituell-universellen Aspekt (bei dem der politische Triumph von weltweitem moralischem Fortschritt begleitet sein würde).

> Dann schmieden sie aus ihren Schwertern Pflugscharen und aus den Spitzen ihrer Speere Winzermesser. Kein Volk wird mehr das andere angreifen, und keiner lernt mehr das Kriegshandwerk. (Jesaja 2, 4)

Diese drei Bestandteile der messianischen Idee – Hoffnung, nationale Wiedergeburt und weltweiter Fortschritt – blieben unverändert, aber innerhalb dieses festen Rahmens wurden verschiedene Szenarien entworfen.

Ein wichtiger Unterschied bezog sich auf die Art der Herankunft des messianischen Zeitalters. Manche nahmen an, daß ein wirklicher Messias erscheinen würde – ein Priester oder König, der als Gottes Stellvertreter die neue Ordnung errichten würde. Andere glaubten, Gott werde auf die Rolle eines menschlichen Mittlers verzichten und direkt eingreifen. Diese Ansicht, die ganz zutreffend als ›messianische Erwartung‹ bekannt ist, hoffte auf »eine Zeit, in der dem Volk Israel im eigenen Land – und darüber hinaus der ganzen Menschheit – politische Freiheit, moralische Vollkommenheit und irdisches Glück zuteil würden.«[20] Die erste Möglichkeit schließt die zweite vollständig ein, fügt ihr aber noch die Gestalt einer erhabenen politischen und spirituellen menschlichen Persönlichkeit hinzu, die kommt, um die Welt auf das Reich des Allmächtigen Gottes vorzubereiten.

Ein zweites Gegensatzpaar spiegelte die restaurativen und utopischen Tendenzen im Judaismus allgemein wider. Der restaurative Messianismus sehnte sich nach der Wiederherstellung vergangener Zustände, womit gewöhnlich das davidische Königtum in idealisierter Form gemeint war, ein »Leben in Gemeinschaft mit den Ahnen.« Aber der Messianismus nahm auch den zukunftsgerichteten Impuls des Judaismus in sich auf, und so gab es Richtungen, die insofern utopisch waren, als sie einen Zustand erträumten, der nie zuvor bestanden hatte.

Und schließlich waren die Messianisten sich nicht darüber einig, ob die neue Ordnung eine kontinuierliche Fortsetzung der bisherigen Geschichte wäre, oder ob sie die Welt in ihren Grundfesten erschüttern würde, um (am Ende der Tage) einer neuen Ära Platz zu machen, die sich in ihrem Wesen auf übernatürliche Weise von der bisherigen unterschiede. Während die Macht der Juden angesichts eines erblühenden Europa dahinschwand und die Hoffnung auf politische Restauration in Israel zunehmend illusorisch schien, erstickte die Erwartung einer wunderbaren Rettung die politischen Sehnsüchte. Apokalyptische Visionen, die in Ansätzen schon bei den Propheten zu sehen waren, traten an die Stelle der Hoffnung auf militärischen Sieg. Das Messianische Zeitalter konnte jeden Moment hereinbrechen, plötzlich und mit urtümlicher Gewalt. Die Berge würden einstürzen und die Meere sich erheben. Die Naturgesetze würden ihre Kraft verlieren, und an ihre Stelle würde eine unvorstellbare göttliche Ordnung treten – nur dies war gewiß, daß die ›Geburtswehen des Messianischen Zeitalters‹, dessen furchtbare Bilder von den Schrecken stammten, die die Juden gegenwärtig erlebten, von Frieden gefolgt sein würden. So enthielt selbst diese apokalyptische Variante ein utopisches Element. Schrecken und Gefahren wurden von Trost und Erlösung aufgewogen.

Für alle drei Gegensatzpaare gilt gleichermaßen, daß die Alternativen, die sich doch eigentlich ihrem Wesen nach widersprachen, eng miteinander verflochten waren. Der messianische Gedanke formte und nährte sich aus den Spannungen, die von seinen inhärenten Gegensätzen ausgingen. In keinem einzigen Fall trat das eine in reiner Form ohne das andere auf; nur das Verhältnis zwischen ihnen schwankte, oft sogar ganz erheblich. Die Richtung, in der das Pendel ausschlug, wurde von historischen Ereignissen und vom individuellen Charakter der jeweiligen Protagonisten bestimmt, von denen manche – die ›falschen Messiasse‹ – den messianischen Titel für sich selbst in Anspruch nahmen und in einigen Fällen eine große Gefolgschaft anlockten. Zu der Zeit, als die Juden noch ein unabhängiges politisches Leben in ihrem eigenen Land führten, lag der Schwerpunkt auf moralischer Vollkommenheit und irdischem Glück, während in Zeiten der Unterdrückung und des Exils die Sehnsucht nach politischer Freiheit mehr im Vordergrund stand. In Zeiten nationaler Freiheit war das wichtigste der weltweite, universalistische Aspekt der messianischen Hoffnung, in Zeiten der Sorge und Not trat das nationalistische Element stärker hervor. Immer jedoch ging die politische Komponente Hand in Hand mit der ethischen, die nationalistische mit der universellen. Politisches und spirituelles Streben gingen ebenso eine Ehe ein wie die Hoffnungen, die man für sich selbst und für die Welt als Ganzes hegte. Beide

Themen kennzeichnen auch den Zionismus, die moderne Bewegung zur politischen und spirituellen Erneuerung des jüdischen Volkes, die es den Juden ermöglichte, nach Palästina zurückzukehren und im Jahre 1948 den Staat Israel zu gründen.

Und so kehren wir zum untergründigen messianischen Leitmotiv zurück: der Hoffnung. Beim Übergang zum Christentum ist diese in die Vorstellung von der Wiederkunft Christi eingegangen. Im Europa des siebzehnten Jahrhunderts tauchte sie als Gedanke vom geschichtlichen Fortschritt wieder auf, um sich schließlich im neunzehnten Jahrhundert im marxistischen Gewand als Vision einer heraufziehenden klassenlosen Gesellschaft zu manifestieren. Aber ob wir es mit der jüdischen, der christlichen, der säkularisierten oder der häretischen Variante zu tun haben, immer ist das zugrundeliegende Thema das gleiche: »Ein großer Tag wird kommen!« Denselben Gedanken hat Martin Luther King in Anlehnung an den Propheten Jesaja in seiner Rede vor 200.000 Zuhörern während des Marsches der Bürgerrechtsbewegung nach Washington mit beredteren Worten so formuliert:

> Ich habe heute einen Traum.
> Ich habe einen Traum, daß eines Tages jedes Tal erhöht werden wird, jeder Hügel und jeder Berg wird erniedrigt werden, was zerklüftet ist, wird geglättet werden, das Krumme wird begradigt werden, und die Herrlichkeit des Herrn wird enthüllt werden, und alles Fleisch wird es gemeinsam sehen.

Die Heiligung des Lebens

Bisher haben wir uns bei unserer Bemühung, in die jüdische Weltanschauung einzudringen, mit Gedanken beschäftigt, wie sie sich den Juden in ihrem Ringen, dem Leben einen Sinn abzugewinnen, selbst dargestellt haben. Als Zugang zum Judaismus ist dies sehr dienlich, denn Gedanken haben eine Universalität, die sie auch für Außenstehende verständlich macht. Wir haben allerdings jetzt einen Punkt erreicht, wo wir weitere Betrachtungen über jüdische Vorstellungen vernachlässigen und uns der praktischen Seite des jüdischen Glaubens zuwenden sollten. Wir müssen uns notwendigerweise mit jüdischen Zeremonien und Bräuchen beschäftigen, denn man ist sich im allgemei-

nen darüber einig, daß der Judaismus weniger eine Orthodoxie als eine
>Orthopraxis< ist: Es sind eher ihre Handlungen, die die Juden einen, als
ihre Gedanken. Das zeigt sich schon daran, daß sie nie ein offizielles
Glaubensbekenntnis verbreitet haben, zu dem sich jeder, der diesem
Glauben angehören möchte, zu bekennen hätte. Dagegen ist die Einhaltung der Bräuche – beispielsweise der Beschneidung – von wesentli-
cher Bedeutung. Diese Betonung der Praxis gibt dem Judaismus einen
einigermaßen orientalischen Anstrich, denn während der Westen im
Gefolge der griechischen Vorliebe für die abstrakte Vernunft Theologie
und Glaubensbekenntnis betont, nähert sich der Osten der Religion
durch Ritual und Erzählung. Es ist der alte Unterschied zwischen
abstrakt und konkret. Wer kommt der Wirklichkeit näher, Platon oder
Dostojewski? Was bringt die Liebe besser zum Ausdruck, Worte oder
eine Umarmung?

Bevor wir uns dem jüdischen Ritual zuwenden, sollten wir kurz vom
Ritus als solchem sprechen, denn obwohl er in jeder Religion seinen
Platz hat, haben wir uns bisher nicht direkt damit befaßt. Streng rational oder utilitaristisch betrachtet ist Ritus Unsinn und in jeder Hinsicht
Verschwendung. All das viele Geld für Kerzen, Kathedralen, Gebetbü-
cher und Weihrauch; all die viele Zeit für Gottesdienst und Sakrament;
all die viele Energie zum Aufstehen, Hinsetzen, Knien und Zuboden-
werfen, zum rituellen Umherwandeln und Singen – wozu? Es ist nicht
kosteneffektiv, wie wir sagen. Außerdem hat es eine Willkürlichkeit an
sich, die es von außen betrachtet schier unverständlich erscheinen läßt.
In der Presse konnte man das Bild von einem Staatschef sehen, der
einen Eskimo durch Nasenreiben begrüßte. Für die Eskimos ist das
Nasenreiben ein Freundschaftsritual. Für uns ist es nur komisch.

Doch trotz all der Willkürlichkeit und scheinbaren Verschwendung
spielt das Ritual im Leben eine Rolle, die nichts anderes übernehmen
kann, eine Rolle übrigens, die keineswegs auf die Religion beschränkt
bleibt. Zuweilen hilft sie uns über Zeiten der Anspannung und Angst
hinweg. Manchmal ist die Angst kaum spürbar; man stellt mich einem/
einer Unbekannten vor. Ich weiß nicht, wie er oder sie reagieren wird
und bin daher unsicher, wie ich mich verhalten soll. Was soll ich sagen,
was soll ich tun? Das Ritual kaschiert meine Unsicherheit und Verle-
genheit. Es rät mir, die Hand auszustrecken und »Guten Tag« oder
»Freut mich sehr« zu sagen. Und damit hat es in das Chaos Form
gebracht. Es gibt mir die Zeit, die ich brauche, um wieder festen Boden
unter den Füßen zu bekommen. Die Peinlichkeit ist vorüber. Ich habe

das Gleichgewicht wiedergefunden und bin bereit, nun auch freieres Verhalten zu erproben.

Wenn wir das Ritual schon brauchen, um derart harmlose Situationen durchzustehen, um wieviel mehr sind wir dann darauf angewiesen, wenn wir wirklich nicht mehr weiter wissen! Das krasseste Beispiel ist der Tod. Betäubt von einem tragischen Verlust, wären wir vollkommen verloren, wenn wir auf uns selbst gestellt wären und uns den Weg durch die schwere Prüfung ganz allein suchen müßten. Das ist der Grund, weshalb der Tod mit allem, was dazugehört – Beerdigung, Gedenkgottesdienst, Totenwache und *Schiwa*[21] – der am stärksten ritualisierte *Rite de passage* ist. Das Ritual mit seinem geregelten Ablauf gibt dem Anlaß einen festen Rahmen und kanalisiert so – zu einer Zeit, in der Einsamkeit nicht zu ertragen wäre, – unsere Handlungen und Gefühle. Und damit dämpft es den Schlag. »Asche zu Asche, Staub zu Staub« – die Worte sagen nicht, wessen Asche, denn das ist jeder von uns; wir alle. Das Ritual weckt auch unseren Mut: »Der Herr hat's gegeben, der Herr hat's genommen; gepriesen sei der Name des Herrn.« Und schließlich rückt das Ritual den Tod an seinen Platz, indem es diesen besonderen Tod mit seinem universellen Archetyp verbindet. Der Verstorbene nimmt seinen Platz in der Gesellschaft der Menschheit ein; er tut einen Schritt in dem endlosen Gang vom Leben in den Tod und vom Tod wieder ins Leben; der Weg aber führt in beiden Richtungen in die Ewigkeit weiter.

Das Ritual hilft uns also über die kleinen und großen Übergänge im Leben hinweg. Aber es erfüllt noch eine weitere Funktion. In Zeiten des Glücks kann es die Erfahrung intensivieren und die Freude am Feiern erhöhen. Beispiele sind Geburtstage, Hochzeiten oder auch einfach ein Abendessen im Kreis der Familie. Hier, bei dieser besten Mahlzeit des Tages, wo alle sich vielleicht zum ersten Mal entspannt zusammenfinden, kann ein Tischgebet mehr sein als nur das Signal zum ›Reinhauen‹. Es kann den Augenblick heiligen. Es ist alles andere als Ballast, überhöht und weiht es doch ein tägliches Vergnügen.

Wir wollen uns nun der Frage zuwenden, welche Rolle das Ritual im Judaismus spielt, wo es das Ziel hat, das Leben zu heiligen – im Idealfall alles Leben. Die Bibel trifft den Nagel auf den Kopf, wenn Gott zu Moses sagt: »Ich bin der Herr, euer Gott! Ich bin heilig, deshalb sollt auch ihr rein und heilig sein« (3. Mose 11, 44). Was ist mit Heiligkeit gemeint? Vielen modernen Menschen sagt das Wort überhaupt nichts mehr; aber für alle, die noch staunen können und die das Unsagbare spüren, das von allen Seiten auf ihr Leben einwirkt, werden verstehen, was Plato meinte, als er schrieb: »Zuerst wirst du von Schaudern erfaßt, und dann beschleicht dich die alte Ehrfurcht.« Wer je ein solches Erlebnis gehabt hat, der kennt jene Mischung aus Mysterium, Ekstase und dem Numinosen, wie Rudolph Otto sie in seinem bereits klassischen Buch *Das Heilige* so treffend beschrieben hat.

Wenn man von der Heiligung des Lebens im Judaismus spricht, so ist damit die Überzeugung gemeint, daß alles Leben, auch in seinen kleinsten Erscheinungen, eine Reflexion der unendlichen Quelle des Heiligen, also Gottes, ist. Der Name für diese rechte Haltung Leben und Welt gegenüber ist Frömmigkeit, die es sorgfältig von ihrem Zerrbild, der Frömmelei zu unterscheiden gilt. Im Judaismus bereitet Frömmigkeit den Weg für die Herankunft des Reiches Gottes auf Erden: die Zeit also, in der alles erlöst und geheiligt sein wird und die Heiligkeit der ganzen göttlichen Schöpfung für alle sichtbar zu Tage tritt.

Das Geheimnis der Frömmigkeit besteht darin, die ganze Welt als Gott zugehörig zu sehen, als Reflexion seiner Herrlichkeit. Morgens aufzustehen, wenn die Sonne über einem neuen Tag aufgeht, eine einfache Mahlzeit einzunehmen, einen Bach zwischen bemoosten Steinen dahinfließen zu sehen, zu beobachten, wie der Tag sich langsam dem Abend zuneigt – auch diese kleinen Dinge können Gottes Größe widerspiegeln. »Dem religiösen Menschen«, schreibt Abraham Heschel, »scheint es, als *kehrten ihm die Dinge den Rücken zu, das Gesicht zu Gott hin gewendet.*« Die guten Dinge im Leben, die uns meist ohne eigene Anstrengung zufallen, einfach selbstverständlich entgegenzunehmen, ohne sie mit Gott in Beziehung zu setzen, ist grundverkehrt. Wer ißt und trinkt, ohne vorher ein Tischgebet zu sprechen, den vergleicht der Talmud mit einem, der Gott seines Eigentums beraubt. Dieses Doppelmotiv zieht sich durch den ganzen Judaismus: Wir sollten das Gute im Leben genießen, und gleichzeitig sollten wir diese Freude vermehren, indem wir Gott daran teilnehmen lassen – so, wie überhaupt jede Freude gesteigert wird, wenn wir sie mit Freunden teilen. Das jüdische Gesetz sanktioniert alle guten Dinge des Lebens – das Essen, die Ehe, Kinder, die Natur –, aber eben indem es sie ins Sakrale überhöht. Es lehrt, daß die Menschen essen sollen, aber sie sollen den Tisch in der Gegenwart Gottes bereiten; daß sie trinken sollen, aber sie sollen den Wein auch benutzen, um den Sabbat zu heiligen; daß sie lustig sein sollen, aber sie sollen auch um die Thora herum tanzen.

Auf die Frage, wie wir dieses Bewußtsein der Heiligkeit aller Dinge inmitten der alltäglichen Geschäfte der Welt wachhalten sollen, antwortet der Judaismus: durch Tradition. Ohne besondere Aufmerksamkeit regt sich das Staunen über das Heilige eher selten, und wir werden uns nur gelegentlich seiner bewußt. Um zu einer stetigen Flamme zu werden, bedarf es der ständigen Pflege. Eines der besten Mittel dazu besteht darin, daß wir in eine Geschichte eintauchen, die mit lauter Stimme vom Eingreifen der Vorsehung und der Gnade Gottes in jeder Generation kündet. Im Unterschied zu jenen, die die Vergangenheit am liebsten mit beiden Händen wegwerfen möchten, um die Gegenwart besser ergreifen zu können, hält der Judaismus die Erinnerung an die Vergangenheit als unbezahlbaren Schatz in Ehren. Als geschichtsbewußtester unter den Religionen sind ihm Heiligkeit und Geschichte untrennbar.

Die Juden senken die Wurzeln ihres Lebens tief in den Boden der Vergangenheit und ziehen Nahrung aus Ereignissen, in denen das Handeln Gottes deutlich erkennbar war. Der Vorabend des Sabbat mit seinen Kerzen und seinem Becher der Heiligung, das Passahfest mit seinen zahlreichen Symbolen, die strenge Feierlichkeit des Versöhnungstages, das Blasen des Widderhorns am Neujahrstag, die mit Schild und Krone geschmückte Rolle der Thora – der Jude findet in diesen Dingen nichts Geringeres als den Sinn des Lebens, einen Sinn, der in dem Anerkennen von Gottes Güte seinem Volk gegenüber die Jahrhunderte überspannt. Noch beim Gedenken an ihre Tragödien und an den Preis, den das Überleben von ihnen gefordert hat, sind sie sich der schützenden Hand Gottes klar bewußt. »Nach dem Gesetz zu leben«, schreibt der Philosoph Abraham Heschel, »heißt, in der Zeit das Leben der Ewigkeit zu leben.«

Das wichtigste Handbuch zur Heiligung des Lebens ist dieses Gesetz, die ersten fünf Bücher der Bibel, die Thora. Wenn in der Synagoge im traditionellen Gottesdienst der Zeitpunkt kommt, wo die Thora in die Arche zurückgelegt wird, rezitieren die Gläubigen einen Vers aus dem Buch der Sprüche: »Wer nach ihr [gemeint ist die Weisheit] greift, dem ist sie ein Lebensbaum« (Sprüche 3, 18).[22] Diese Metapher birgt einen besonderen Sinn, denn der Baum ist ein Symbol des Lebens, des Wunders, durch welches leblose Elemente wie Sonne und Regen und Erde in das Geheimnis des Wachstums einbezogen werden. So ist es für die Juden auch mit der Thora. Auch sie ist eine schöpferische Kraft, die Heiligkeit im Leben jener wecken und erhalten kann, deren blühende

Welt ohne sie zu trockenen Steinen werden würde. »Wer nach ihr greift, dem ist sie ein Lebensbaum.«

Die Offenbarung

Wir sind den Juden in ihrer Deutung der wichtigsten Bereiche menschlicher Erfahrung gefolgt und haben gesehen, daß sie den Sinn tiefer begriffen haben als irgendein anderes Mittelmeervolk sonst; ja ihr Verständnis ist im wesentlichen bis heute unübertroffen geblieben. Das wirft die Frage auf: Wie konnte es zu dieser Leistung kommen? Sind die Juden auf dieses versteckte Schatzhaus der Weisheit durch Zufall gestoßen? Wenn sie nur auf einem oder zwei Gebieten auf eine Ader des Tiefsinns gestoßen wären, könnte das eine plausible Erklärung sein. Aber da sie in jeder grundlegenden Frage geniale Antworten gefunden haben, bleibt sie unbefriedigend. Waren die Juden vielleicht von Geburt aus weiser als andere Völker? Die jüdische Lehre, daß die Menschheit eine einzige Familie bildet – symbolisch verdeutlicht in der Geschichte von Adam und Eva – schließt diesen Gedanken ausdrücklich aus. Die Juden selbst beantworten die Frage dahingehend, daß sie diese Einsichten nicht selbst gewonnen haben. Sie wurden ihnen offenbart.

Offenbarung heißt Enthüllung. Wenn einer sagt: »Es war wie eine Offenbarung«, dann meint er, daß ihm etwas klargeworden ist, was bisher unverständlich war. Ein Schleier hat sich gelüftet, und was bisher im verborgenen lag, wird nun offenbar. Als theologischer Begriff bezieht sich ›Offenbarung‹ aber über diese Grundbedeutung hinaus auf eine besondere Art von Enthüllung: denn es sind die Natur Gottes und sein Wille für die Menschheit, die offenbart werden.

Da der Bericht über diese Enthüllungen sich in einem Buch befindet, war man oft geneigt, die Offenbarung so zu behandeln, als sei sie im wesentlichen ein verbales Phänomen: Man verstand sie als etwas, was Gott zu den Propheten oder anderen biblischen Autoren *gesagt* hat. Damit wird jedoch das Pferd vom Schwanz aufgezäumt. Für die Juden hat Gott sich in erster Linie durch Handlungen offenbart, nicht durch Worte. In Moses' Anweisungen an sein Volk wird das deutlich. »Als Sklaven mußten wir dem König von Ägypten dienen, doch der Herr befreite uns mit seinem starken Arm« (5. Mose 6, 21). Der Exodus, jener unglaubliche Vorgang, durch den Gott ein unorganisiertes, versklavtes Volk aus der Gewalt der mächtigsten Macht der damaligen Zeit be-

freite, war nicht nur das Ereignis, das die Israeliten als Nation eta-
blierte. Er war auch die erste eindeutige Tat, durch die ihnen Jahwes
Charakter kundgetan wurde.

Zwar beschreibt die Genesis eine Reihe göttlicher Offenbarungen
vor dem Exodus, aber diese Berichte wurden später im Lichte der
entscheidenden Exodus-Erfahrung verfaßt. Die Juden bezweifelten
nicht, daß Gott direkt an ihrer Flucht vor dem Pharao beteiligt war.
»Nach jedem bekannten soziologischen Gesetz«, schreibt Carl Mayer,
»hätten die Juden schon lange zugrunde gehen müssen.« Die biblischen
Autoren wären noch weiter gegangen: nicht einmal zu einem eigenen
Volk hätten sie es bringen dürfen. Und doch war nicht zu übersehen,
daß es eine winzige, nur lose zusammenhängende Gruppe von Men-
schen ohne wirkliche kollektive Identität, der wichtigsten Macht der
Zeit untertan, geschafft hatte, auszubrechen und den Wagen ihrer
Verfolger zu entkommen. Es schien den Juden, die sich ihrer eigenen
Schwäche ebenso schmerzlich bewußt waren wie der Überlegenheit der
Ägypter, undenkbar, daß ihre Befreiung ihr eigenes Werk sein könnte.
Es war ein Wunder. »An jenem Tag führte der Herr die Israeliten in
geordneten Scharen aus Ägypten weg« (2. Mose 12, 51).

Sich lebhaft Gottes rettender Kraft während des Exodus bewußt,
betrachteten die Juden nun auch ihre frühere Geschichte im Lichte
dieser göttlichen Intervention. Da ihre Befreiung offenbar durch Gott
zuwege gebracht worden war, konnte das nicht auch für die Ereignisse
gelten, die vorher stattgefunden hatten? Sollte das alles bloßer Zufall
gewesen sein? Die Juden sahen in jedem Schritt ihrer gemeinsamen
Existenz Gottes Initiative am Werk. Nicht Vagabundierlust war es
gewesen, die Abraham dazu bewegt hatte, seine Heimat Ur zu verlassen
und sich auf den langen, ungewissen Weg in Richtung Kanaan zu
machen. Jahwe hatte ihn gerufen, auf daß er der Urvater eines Schick-
salsvolkes werde. So war es mit allem gewesen: Isaak und Jakob waren
durch die Vorsehung beschützt worden, und daß Josef in Ägypten
Karriere machte, geschah mit der ausdrücklichen Absicht, Gottes Volk
vor der Hungersnot zu retten. Alle Dinge schienen sinnvoll, wenn man
sie vom Standpunkt des Exodus aus betrachtete. Von Anfang an hatte
Gott sein Volk geleitet, beschützt und geformt, um es auf die entscheidende Erfahrung des Exodus vorzubereiten, durch die die Israeliten zur
Nation erhoben wurden.

Der Exodus war mehr als nur ein historisches Ereignis, durch das ein
Volk zur Nation wurde. Es war eine Episode, in der dieses Volk sich

erschüttert der Wirklichkeit und des Charakters Gottes bewußt wurde. Doch auch diese Formulierung setzt wieder an der falschen Stelle an. Da Gott die Initiative ergriff, war er es, der den Juden seine Natur *zeigte*. Gott muß das Subjekt der Aussage sein, nicht ihr Objekt.

Und was war die Natur des Gottes, den der Exodus enthüllte? Zunächst einmal war Jahwe mächtig – er war in der Lage, die stärkste Macht der damaligen Zeit und mit ihr alle Götter, die hinter ihr stehen mochten, auszuspielen. Aber Gott war gleichermaßen ein Gott der Güte und Liebe. Wenn dies für Außenstehende auch weniger auffällig sein mochte, war es für die Juden als direkte Nutznießer auf überwältigende Weise evident. Zu wiederholten Malen machte ihre Dankbarkeit sich in Gesängen Luft: »Wie glücklich bist du, Israel! Kein anderes Volk kann sich mit dir vergleichen, denn der Herr ist dein Helfer« (5. Mose 33, 29). Hatten sie selbst denn irgend etwas getan, womit sie diese wunderbare Befreiung verdienten? Soweit sie wußten, nicht. Die Freiheit war ihnen als Akt reiner, unverdienter Gnade in den Schoß gefallen, als klares Beispiel für Jahwes unerwartete und erstaunliche Liebe zu ihnen. Es spielt keine Rolle, ob die Juden sich sofort der Tatsache bewußt wurden, daß diese Liebe nicht ihnen allein, sondern der ganzen Menschheit galt. Aber als das Bewußtsein der Liebe Gottes erst einmal Wurzeln geschlagen hatte, erkannten die Juden bald, daß die Liebe sich auf alle erstreckte. Schon im achten Jahrhundert vor unserer Zeitrechnung hörten die Juden Gott sagen: »Seid ihr nicht vor mir wie die Äthiopier?« Aber die Tatsache der Liebe Gottes mußte erst erfaßt sein, bevor ihr Ausmaß erkundet werden konnte, und es war der Exodus, der den Juden diese Tatsache endgültig bewußt machte.

Doch der Exodus zeigte den Juden nicht nur Gottes Macht und Liebe, er enthüllte auch einen Gott, der sich intensiv um die menschlichen Belange sorgte. Während die anderen Götter ringsum vor allem Naturgottheiten waren, Konkretisierungen der numinosen Ehrfurcht der Menschen vor den großen Naturphänomenen, war der Gott der Israeliten nicht durch Sonne, Sturm oder Fruchtbarkeit zu ihnen gekommen, sondern durch ein historisches Ereignis. Damit war seine religiöse Bedeutung eine radikal andere. Dem Gott, den der Exodus enthüllt hatte, war eine menschliche Situation so nahegegangen, daß er selbst eingegriffen hatte. Diese Erkenntnis zog einen dauerhaften Umschwung in der religiösen Praxis der Israeliten nach sich. Aus war es mit der Vergötterung der Naturgewalten. Nun konzentrierte man sich darauf, den Willen Gottes zu ergründen und ihn nach Kräften zu erfüllen.

Nachdem der Exodus den Juden diese drei grundlegenden Tatsachen über Gott offenbart hatte – Gottes Macht, seine Güte und seine Sorge um die Geschichte –, erschlossen sich ihnen mühelos die weiteren Einsichten in die Natur Gottes. Aus ihrer Güte ergab sich Gottes Wunsch, daß auch die Menschen gut seien; daher der Berg Sinai, wo als unmittelbare Konsequenz aus dem Exodus die Zehn Gebote erlassen wurden. Die Forderung der Propheten nach Gerechtigkeit dehnte Gottes Ruf nach Tugend auf die soziale Sphäre aus – auch institutionelle Strukturen wollten verantwortet sein. Und schließlich mußte das Leiden sinnerfüllt sein, denn es war undenkbar, daß ein Gott, der sein Volk errettet hatte, sich jemals ganz von ihm abwenden würde.

Der ganze Komplex, der den Juden mit einem Mal klar wurde, verdichtete sich in der Idee des Bundes. Ein Bund ist auch ein Vertrag. Aber während ein Vertrag – beispielsweise über den Bau eines Hauses – immer nur einen Lebensbereich der Vertragspartner berührt, setzt ein Bund – zum Beispiel die Ehe – immer die Hingabe der ganzen Person voraus. Ein weiterer Unterschied ist, daß Verträge gewöhnlich eine beschränkte Gültigkeitsdauer haben, während ein Bund bis zum Tode währt. Für die Juden bedeutete Gottes Selbstoffenbarung im Exodus die Aufforderung zum Bund. Jahwe versprach den Israeliten weiterhin seinen Segen, wenn sie ihrerseits die Gesetze, die er ihnen gegeben hatte, einhielten.

> Wenn ihr mir nun treu bleibt und auf mich hört, sollt ihr das Volk sein, das mir von allen Völkern am nächsten steht. Die ganze Erde ist mein Eigentum, aber euch habe ich unter allen Völkern ausgewählt und zu etwas Besonderem bestimmt. Ihr sollt das Volk sein, das mir ganz zur Verfügung steht und mir so ungeteilt dient, als wäre es ein Volk von Priestern.
>
> (2. Mose 19, 5–6)

Nachdem auf dem Sinai die Beziehung zu Gott als Bund definiert war, sahen die Autoren der Bibel auch das Abraham-Epos in diesem Licht. In den letzten Tagen des sumerischen Universalstaates suchte Gott sich aus allen Völkern am Euphrat ausgerechnet Abraham aus, um mit ihm einen Bund zu schließen. Wenn Abraham Gottes Willen treu erfüllte, würde Gott ihm ein prächtiges Land zum Erbe geben und dazu eine Nachkommenschaft so zahlreich wie die Sandkörner am Meer.

Wir wollen uns nun der Frage zuwenden, warum Gott den Juden all diese Offenbarungen hat zuteil werden lassen. Sie selbst sagen: weil wir erwählt wurden. Das klingt einfach, ja fast naiv. Wir müssen genauer hinschauen.

Das Auserwählte Volk

Daß ein universaler Gott beschließen sollte, die göttliche Natur einem einzigen Volk auf einmalige und unvergleichliche Weise zu offenbaren, das ist eine Vorstellung, die schwerer zu glauben ist als das meiste, was das weite Feld der Religion sonst zu bieten hat. Sie ist nicht nur deshalb problematisch, weil sie gegen das Prinzip der Unparteilichkeit und des Fair play verstößt, sondern auch, weil viele alte Völker sich für auserwählt hielten. Man denke an die Japaner, deren Schöpfungsmythos sie als direkte Nachfahren der Sonnengöttin Amaterasu darstellt. Wenn also Moses den Juden verkündet: »Denn ihr gehört ausschließlich dem Herrn. Er hat euch unter allen Völkern der Welt ausgewählt und zu seinem Eigentum gemacht« (5. Mose 7, 6), warum sollten wir darin mehr sehen als den üblichen religiösen Chauvinismus?

Gewiß, die jüdische Lehre von der Erwählung beginnt auf ganz konventionelle Weise. Aber fast unmittelbar darauf nimmt sie eine unerwartete Wendung. Denn im Unterschied zu anderen Völkern fühlten die Juden sich nicht dazu ausersehen, irgendwelche Privilegien in Anspruch zu nehmen. Sie waren dazu bestimmt, zu dienen und die Prüfungen zu erdulden, die dieser Dienst ihnen oftmals auferlegen würde. Indem die Erwählung von ihnen Gehorsam verlangte – »Achtet genau auf das, was ich, euer Gott, euch sage, und handelt danach« (2. Mose 15, 26) –, unterwarf sie sie einem moralischen Anspruch, der weit über das hinausging, was sonst üblich war. Es gibt eine rabbinische Theorie, nach der Gott die Thora ursprünglich der ganzen Welt angeboten habe, aber einzig die Juden bereit gewesen seien, ihre ganze Härte auf sich zu nehmen. Und selbst das sei noch spontan geschehen und man habe sich eigentlich nicht klargemacht, worauf man sich da einließ. Denn »Von allen Völkern der Erde habe ich euch allein ausgewählt. Deshalb wiegt eure Schuld so schwer, und ich muß euch dafür zur Rechenschaft ziehen« (Amos 3,2). Und das war noch nicht alles. Wir haben gesehen, daß die Juden nach der Lehre des Deuterojesaja zu stellvertretendem Leiden ausersehen waren, das andernfalls auf mehr Schultern verteilt worden wäre.

Mit der üblichen Vorstellung vom Auserwähltsein hat das nicht allzu-
viel zu tun, ja es dürfte für den Durchschnittsmenschen ein eher ab-
schreckender als erstrebenswerter Zustand sein. Doch auch damit ist
unser Problem nicht gelöst. Denn selbst gesetzt den Fall, daß Gott die
Juden nicht zum Leben im Schlaraffenland, sondern zu heroischem
Leiden ausersehen hätte; selbst dann sieht es so aus, als hätte Gott ihnen
dadurch, daß er ihnen eine besondere Rolle in der Erlösung der Welt
zugedacht hat, eine Vorzugsstellung eingeräumt. Die Bibel tut nichts,
um diesen Verdacht zu zerstreuen: »Er hat euch unter allen Völkern der
Welt ausgewählt ... nicht etwa, weil ihr größer seid als die anderen
Völker ... Nein, er tat es einzig deshalb, weil er euch liebte ...« (5.
Mose 7, 6–8).

Das wurmt. Und weil es dem demokratischen Empfinden einen
solchen Schlag versetzt, haben die Theologen sogar einen eigenen
theologischen Ausdruck, um den Sachverhalt zu bezeichnen; sie sprechen vom »Skandal der Besonderheit.« Damit ist die Lehre gemeint,
daß Gottes Handeln sich wie ein Brennglas auf besondere Zeiten, Orte
und Völker konzentrieren kann – wenn auch im Interesse von Absichten, die letztlich die ganze Menschheit betreffen.

Wir können diese Lehre nicht beweisen. Aber wir können zumindest
verstehen, wie die Juden dazu kamen, eine solche Vorstellung anzunehmen und was diese für sie geleistet hat.

Natürlich drängt sich der Gedanke auf, es könnte nationale Arroganz
gewesen sein, was die Juden zu der Annahme verleitet hat, sie seien von
Gott auserwählt. Wir wollen uns statt dessen an die schon erwähnten
geschichtlichen Tatsachen halten. Israel verdankt seine Entstehung als
Nation einer außergewöhnlichen Folge von Ereignissen, durch die eine
herumziehende Horde von Sklaven sich aus der Macht des herrschenden Despoten befreite und zu einem unabhängigen, selbstbewußten
Volk wurde. Fast unmittelbar danach gelangten sie zu einem Gottesbild, das dem ihrer Nachbarn haushoch überlegen war, und leiteten aus
ihm ein moralisches und rechtliches Empfinden ab, das bis heute eine
Herausforderung für die Welt geblieben ist. In den dreitausend Jahren,
die seitdem vergangen sind, konnten sie, unvorstellbaren Widrigkeiten
und feindlichen Einflüssen trotzend, ihre Existenz bewahren und einen
Beitrag zur Menschheitskultur leisten, der bei ihrer geringen zahlenmä-
ßigen Stärke ganz erstaunlich ist.

Von Anfang an – das ist der Punkt, auf den es ankommt – war die
Geschichte der Juden einzigartig. Zunächst einmal widersprach es aller

Erwartung, daß es ihnen gelingen sollte, dem Pharao zu entkommen. Und warum ihr Gott, Jahwe, in ihren Augen ein gerechter Gott wurde, Kemosch, der Gott der Moabiter, und andere lokale Gottheiten dagegen nicht (1. Könige 11), das ist, wie selbst ein so überzeugter Anhänger natürlicher Erklärungen wie Wellhausen zugegeben hat, »eine Frage, die sich nicht zufriedenstellend beantworten läßt.« Es ist eine allgemein anerkannte Tatsache, daß der Protest der Propheten gegen die soziale Ungerechtigkeit »in der antiken Welt so ohne Beispiel ist.«[23] Und wir können die schon zitierte Einschätzung, daß »die Juden nach jedem bekannten soziologischen Gesetz schon lange hätten zugrunde gehen müssen« durch die des Philosophen Nikolaj Berdjajew ergänzen: »Die fortdauernde Existenz der Juden über die Jahrhunderte ist rational nicht erklärbar.«

Wenn das alles stimmt und die jüdische Geschichte wirklich eine singuläre Erscheinung ist, dann gibt es nur zwei Möglichkeiten: Entweder kommt das Verdienst den Juden selbst zu, oder aber es gebührt Gott. Die Juden entschieden sich instinktiv für Gott. Es gehört zu den auffälligen Eigenschaften dieses Volkes, daß sie sich standhaft geweigert haben anzunehmen, sie seien von Natur aus etwas Besonderes. Nach einer *Midrasch*-Legende sammelte Gott, als er Lehm zur Erschaffung Adams brauchte, diesen aus allen Teilen der Welt zusammen, um die Universalität und grundlegende Homogenität der menschlichen Rasse zu gewährleisten. Daher muß die Besonderheit der jüdischen Erfahrung aus der Tatsache abgeleitet sein, daß Gott die Juden erwählt hat. Eine Vorstellung, die auf den ersten Blick arrogant zu sein scheint, erweist sich somit als die bescheidenste Deutung, die die Juden für die Umstände ihres Ursprungs und ihres Überlebens finden konnten.

Natürlich kann man auch hierin noch eine empörende Sonderbehandlung wittern, aber empört man sich damit nicht dagegen, daß die Welt so ist, wie sie ist? Denn ob es uns gefällt oder nicht, die Welt ist nun einmal eine Welt aus Besonderheiten, und der menschliche Geist ist dementsprechend eingerichtet. Die Dinge erregen erst dann unsere Aufmerksamkeit, wenn sie sich von ihrer Umgebung abheben. Was bedeutet das, wenn wir es auf die Theologie anwenden? Gott segnet uns vermutlich ebensosehr durch die Luft, die wir atmen, wie durch andere Gaben; aber wenn Frömmigkeit sich erst dann einstellen würde, wenn die Menschen aus der ständigen Verfügbarkeit des Sauerstoffs den Schluß auf Gottes Güte gezogen hätten, dann könnte sie lange auf ihre Verwirklichung warten. Das gilt auch für die Geschichte. Wenn die

Erlösung aus der Sklaverei Routine wäre, hätten die Juden ihre Befreiung als etwas Selbstverständliches hingenommen. Ob man es nun der Dickfelligkeit des Menschen anlastet oder nicht, die Tatsache bleibt bestehen, daß die Wohltaten Gottes die Menschheit einhüllen könnten wie das Wasser die Fische im Meer – wenn sie uns in den Schoß fielen, würden wir sie als alltäglich ansehen. Und weil das so ist, konnte vielleicht nur das Individuelle, das Einmalige, das Besondere die Aufmerksamkeit der Menschen auf das Göttliche lenken.

Heute sind die Juden bezüglich der Lehre von der Erwählung geteilter Meinung. Manche sind der Ansicht, daß diese jeglichen Nutzen und jegliche objektive Gültigkeit, die sie in biblischen Zeiten gehabt haben mag, verloren hat. Andere glauben, daß Gott bis zur vollständigen Erlösung der Welt Menschen braucht, die dadurch aus den anderen herausgehoben sind, daß sie in seinem Auftrag besondere geschichtliche Aufgaben erfüllen. Für alle, die so denken, beziehen die Worte Jesajas sich nicht nur auf die Vergangenheit, sondern haben auch für unsere Zeit ihre Aktualität nicht verloren:

> Hört her, ihr Bewohner der Inseln und ihr Völker in der Ferne! Schon als ich noch im Leib meiner Mutter war, hat der Herr mich erwählt und in seinen Dienst gerufen. ... Er hat zu mir gesagt: »Du bist mein Beauftragter, Israel, an dir will ich meine Herrlichkeit sichtbar machen.«   (Jesaja 49, 1 und 3)

Israel

Wir sind mit diesem Kapitel schon fast am Ende, und alles, wovon wir gesprochen haben, hat sich in der biblischen Periode abgespielt. Das hat seine Gründe. Zunächst einmal ist dies die Zeit, in der die großen bestimmenden Ideen des Judaismus Gestalt angenommen haben. Zweitens machen diese Ideen jene Seite des Judaismus aus, die für Außenstehende – und für sie ist dieses Buch im wesentlichen gedacht – am leichtesten zugänglich sind. Es soll jedoch keinesfalls der Eindruck erweckt werden, mit der jüdischen Kreativität sei es mit dem Abschluß des hebräischen Kanons vorbei gewesen. Das wäre krassester Reduktionismus. Der Judaismus läßt sich nicht auf die biblische Periode einengen. In Wirklichkeit ist folgendes geschehen: Im Jahre 70 der christlichen Zeitrechnung zerstörten die Römer den Tempel in Jerusalem, den die Juden nach der Rückkehr aus dem babylonischen Exil wieder aufgebaut hatten, und der Schwerpunkt des Judaismus ging vom Opferritus im Tempel auf das Studium der Thora und die damit verbundene mündliche Tradition in Akademien und Synagogen über. Von nun an wurde der Judaismus nicht mehr von den Priestern – die keine Funktion mehr hatten –, sondern von den Rabbinern (wörtlich Lehrern) zusammengehalten, denn die Synagoge war zu dem Ort geworden, an dem sich nicht nur das Studium, sondern auch der Gottesdienst und das Gemeindeleben insgesamt abspielte. Das Gebot, das Studium der Thora zu einem lebenslangen Anliegen zu machen, wurde zur Grundlage des Judaismus, der dadurch um eine deutlich intellektuelle Dimension bereichert wurde. Durch die Tradition des Thora-Studiums, wie es sich im Talmud entwickelte, wurde der Verstand zu einem integralen Bestandteil des religiösen Lebens, und intellektuelle Energien fanden Eingang in die Frömmigkeit. Das Studium – und dazu gehören auch jenes ständige, unaufhörliche Hinterfragen und jener strenge Sinn für Logik, die den Talmud kennzeichnen – wurde zu einer Art Gottesdienst. Im Zuge dieser Entwicklung wurde die Bibel zu einem geoffenbarten Text, der zur Interpretation Anlaß gab, ja geradezu aufforderte, und die Interpretation selbst wurde in den Rang einer Offenbarung erhoben.

Daß es den Rabbinern gelang, den Judaismus in den zweitausend Jahren seiner Diaspora am Leben zu erhalten, ist eines der Wunder der Geschichte, auf das wir aber aus den obengenannten Gründen hier nicht näher eingehen wollen. Zum Schluß dieses Kapitels wollen wir, die zwei Jahrtausende der christlichen Ära überspringend, noch einen kurzen Blick auf das zwanzigste Jahrhundert werfen.

Der Judaismus ist der Glaube eines Volkes. Als solcher enthält er als einen seiner Bestandteile den Glauben *an* ein Volk – an die Bedeutung der Rolle der Juden für die Geschichte der Menschheit. Dieser Glaube verlangt, daß die Juden ihre Identität als eigenständiges Volk bewahren. In der Vergangenheit erwuchsen daraus keine politischen Probleme. In biblischer Zeit *mußten* die Juden sich absondern, um zu verhindern, daß ihre spezifischen Anschauungen durch den Kontakt mit den benachbarten Polytheismen verfälscht wurden. Das war der Grund für die wiederholte Aufforderung der Propheten an die Juden, ein »besonderes« Volk zu bleiben. Später, besonders im nachmittelalterlichen Europa bis zur Französischen Revolution, wurden die Juden *gezwungen*, von den anderen getrennt zu leben. Sie mußten in von Mauern umgebenen Ghettos leben, deren Tore bei Nacht geschlossen waren, und es blieb ihnen gar keine andere Wahl, als ein Leben zu leben, das hauptsächlich nach innen gewendet war.

Erst seit der Französischen Revolution ist die Frage der jüdischen Identität zu einem Problem geworden. Die Emanzipation der Juden und ihr Eintritt in das politische, berufliche und kulturelle Leben der Länder, in denen sie leben, brachte es mit sich, daß für die Welt das Bedürfnis, die Identität der Juden zu erhalten, weggefallen ist. Auch die klare ethische Diskrepanz, die die Juden einstmals zwang, sich aus moralischen Gründen von ihren Nachbarn fernzuhalten, besteht nicht mehr. Wenn die jüdische Besonderheit weiter fortbestehen soll, so bedarf das einer eigenen Begründung.

Innerhalb des Judentums selbst gibt es unterschiedliche Argumente. Manche Juden fühlen sich weiterhin der religiösen These verpflichtet: Da Gott Israel ausersehen hat, ein einzigartiges Werkzeug des Guten zu sein, sollte dieses Instrument seine alte Form und Schärfe behalten. Andere Juden plädieren um des kulturellen Pluralismus willen für die Eigenständigkeit. Das Individuum ist zur Bewahrung eines gesunden Identitätsgefühls auf ein Bewußtsein für seine Herkunft, seine Wurzeln angewiesen. Für eine Gesellschaft ist es von Vorteil, wenn sie das Erbe verschiedenartiger Kulturen aufnimmt, das einer monotonen, jeder Kreativität abträglichen Uniformität entgegenwirkt. Der Beitrag eines Marx, Einstein oder Freud zum modernen Denken ist enorm. Es erscheint nicht unvernünftig, anzunehmen, daß ihre jüdische Herkunft zu ihrer Größe beigetragen hat.

All diese Überlegungen sind gewiß nicht von der Hand zu weisen, und es dürfte in etwa deutlich geworden sein, warum die Juden Wert darauf legen, ihre Identität beizubehalten. Aber worin besteht überhaupt diese Identität?

Nicht in einer Lehre, denn es gibt nichts, was man glauben *muß*, um Jude zu sein. Hier ist die ganze Skala der Möglichkeiten vertreten, von jenen, die überzeugt sind, daß die Thora bis auf das letzte I-Tüpfelchen von Gott diktiert wurde, bis zu jenen, die überhaupt nicht an Gott glauben. Es gibt einfach kein einzelnes Merkmal, das in sich genügen würde zu bestimmen, ob jemand Jude ist oder nicht. Judentum ist ein Komplex. Es ist wie ein Kreis, der zwar ganz ist, sich aber in Abschnitte einteilen läßt, die in einem gemeinsamen Zentrum zusammenkommen. Eine Instanz, die darüber zu befinden hätte, daß ein Jude auf die Gefahr hin, exkommuniziert zu werden, allen (oder einem) dieser Abschnitte zustimmen muß, gibt es nicht. Und doch: Je mehr Abschnitte jemand in sich vereint, um so jüdischer ist er.

Die vier großen Sektoren des Judaismus, die seine spirituelle Anatomie ausmachen, sind der Glaube, die religiöse Praxis, die Kultur und die Nation. Mit dem Glauben haben wir uns schon beschäftigt. Die geistige Haltung der Juden in diesem Punkt umfaßt alle Schattierungen vom Fundamentalismus bis zu extremem Liberalismus, aber die allgemeine Zielrichtung ist im großen und ganzen dieselbe. Das gilt auch für die religiöse Praxis. Verschiedene jüdische Gruppen weichen in ihrem Verständnis und der praktischen Beobachtung grundlegender Rituale wie des Sabbat, der Essensvorschriften, der täglichen Gebete und dergleichen stark voneinander ab. Aber so sehr die religiöse Praxis auch äußerlich variieren mag – in ihrem inneren Kern bleibt sie dieselbe: Immer geht es darum, das Leben zu heiligen. Zum Schluß müssen wir noch ein paar Worte über die übrigen beiden Komponenten des Judaismus sagen: die Kultur und die Nation.

Die Kultur als Inbegriff all dessen, was Lebensart ausmacht, entzieht sich jedem Versuch einer vollständigen Beschreibung. Sie erstreckt sich auf Sitten und Gebräuche, Kunststile, Philosophie, Literatur, Formen des Humors und vieles mehr. Wir müssen uns der Kürze halber auf drei Bereiche beschränken. Die jüdische Kultur umfaßt eine Sprache, eine Lehre und die Bindung an ein Land.

Die Lehre ist bekannt, denn sie ist in vielen Punkten zum Allgemeinbesitz der westlichen Kultur geworden. Die Ereignisse und Gestalten der hebräischen Heiligen Schrift sind von einer Aura umgeben, die die Götter des Olymp verblassen läßt; doch für den Judaismus ist das erst der Anfang. Auf die Thora folgt der Talmud, ein riesiges Kompendium aus Geschichte, Jurisprudenz, Folklore und Kommentar, das die Grundlage des nachbiblischen Judentums bildet und das seinerseits wiederum von den *Midraschim* ergänzt wird, einer annähernd ebenso umfangreichen Sammlung von Legenden, exegetischen und homiletischen Texten, deren Entstehung von der Zeit vor der Fixierung des biblischen Kanon bis ins späte Mittelalter reicht. All das stellt eine unerschöpfliche Quelle dar, aus der sich Wissenschaft, Anekdote und kulturelle Identität gleichermaßen nähren.

Außer seiner Lehre hat jedes Volk seine Sprache und sein Land. Für die Juden ist die Sprache Hebräisch und das Land Israel.[24] Beide sind wegen der mit ihnen verbundenen Assoziationen heilig. Da die Offenbarung in Israel und in hebräischer Sprache mitgeteilt wurde, hat sich die der Offenbarung entgegengebrachte Verehrung auch auf diese Gebiete übertragen. Wenn sie beten, bedienen sich die Juden ganz oder teilweise des Hebräischen, und wenn sie in der Thora lesen oder die rabbinische Literatur studieren, dann ist in ihrem Bewußtsein immer das Heilige Land lebendig. Einer der Widersprüche des Judaismus ist, daß er während der zweitausend Jahre, in denen er alle Grenzen der Welt überschritten und nur in den Herzen der Menschen eine Wohnstatt gehabt hat, seine leidenschaftliche Liebe zu seinem Ursprungsland bewahrt hat. In jedem öffentlichen Gottesdienst, in jeder privaten Andacht bis hin zum Nachtgebet vor dem Einschlafen hatten Gebete um die Heimkehr nach Zion ihren Platz. Der Trinkspruch »Nächstes Jahr in Jerusalem« ist so voller Hoffnung und Gefühl, daß auch Nichtjuden ihn manchmal verwenden.

Am Anfang dieses Kapitels haben wir Edmund Wilson zitiert, der Palästina als »mild und monoton« bezeichnet hat. Für den Juden ist das eine wenig glaubwürdige Beschreibung, denn auch äußerlich ist Palästina ein wunderbares Land. Da gibt es imposante Landschaften: so das Gebiet zwischen Jerusalem und dem Toten Meer mit seinen fast 1000 Metern Gefälle auf nur 55 km, den auf seinem gewundenen Lauf vom Hermon-Gebirge nach Süden tief in den Felsen eingegrabenen Jordan, den vom Berg Karmel am Meer entlang südwärts verlaufenden Bergrücken, die rauhe Wildnis von Tekoa, die Richtung Süden in die Einsamkeit der Negev-Wüste übergeht und einen scharfen Kontrast mit der üppigen Vegetation am südlichen Jordanlauf bildet. Da sind hochaufragende Zypressen, die sich wie dunkle Kirchtürme dem Himmel entgegenrecken, »die Berge hüpf[t]en wie die Lämmer, die Hügel wie die jungen Schafe« (Psalm 114, 4), die Felder von Jesreël, die nach Galiläa hin in einem weiten, braun-grünen Schachbrettmuster ansteigen, und tiefblaue Mittelmeerhäfen, alles in strahlendes Sonnenlicht und durchsichtige Luft getaucht, die den erwartungsvollen Geist erheben. Jede Stadt, jeder Hügel atmet Geschichte, kündet Vergangenheit. Über allem schwebt in ewiger Präsenz der Geist der Zeiten, heute so wie damals, als der alte hebräische Seher den uralten Mann auf dem Thron sitzen sah (Daniel 7, 9).

Doch sobald man von diesem Land spricht, geht es um die vierte Komponente des Judaismus, die Nation. Denn wir leben in dem Jahrhundert, in dem Palästina zum ersten Mal seit der zwangsweisen Zerstreuung im Jahre 70 nach Christus den Juden wiedergegeben wurde. Die Gründe, die zur Errichtung des modernen Staates Israel im Jahre

1948 geführt haben, sind vielfältig. Abgesehen von dem mächtigen religiösen Antrieb zur Rückkehr gab es im wesentlichen vier Motive. 1. Das Sicherheits-Argument. Der Holocaust durch die Nazis von 1938 bis 1945, dem sechs Millionen Juden – ein Drittel der Gesamtzahl – zum Opfer fielen, bestärkte viele in der seit dem Wiedereinsetzen von Pogromen in Rußland 1881 entstandenen Überzeugung, daß die Juden im Rahmen europäischen Lebens und europäischer Kultur nicht auf Sicherheit hoffen durften. Sie brauchten einen Ort, wo die verletzten, vom Terror gezeichneten ›glücklichen‹ Überlebenden sich versammeln konnten, um die Luft der Sicherheit und Freiheit zu atmen. 2. Das psychologische Argument. Manche waren der Ansicht, daß durch den Minderheitenstatus, in dem die Juden auf der ganzen Welt lebten, ein Gefühl der Abhängigkeit und der Selbstablehnung entstand, dem man nur durch die Gründung einer eigenen Nation würde entgegenwirken können. 3. Das kulturelle Argument. Der Judaismus lief Gefahr, auf die Dauer an Substanz zu verlieren und auszubluten. Es mußte irgendwo auf der Welt ein Land geben, in dem der Judaismus die vorherrschende Lehre war. 4. Das soziale, utopische Argument. Irgendwo auf der Welt sollte es eine Nation geben, die sich der historischen Verwirklichung der prophetischen Ideale und der prophetischen Moral widmete und ein – auch wirtschaftlich – besseres Leben anstrebte, als es die Geschichte bislang hervorgebracht hatte. Lange vor dem Holocaust sehnte sich eine Handvoll entschlossener jüdischer Utopisten, meist aus Osteuropa, nach der Gelegenheit, eine Gesellschaft aufzubauen, die auf gesünderen Grundlagen beruhte. Vom späten neunzehnten Jahrhundert an machten sich mehrere Generationen von Pionieren auf den Weg nach Palästina, um ein Leben zu erschaffen, in dem sie frei wären, alle Aspekte ihres Daseins nach ihren Vorstellungen zu gestalten. Waren sie in ihren Ursprungsländern von der Landwirtschaft ausgeschlossen, so hofften sie nun durch eine auf körperlicher Arbeit und bäuerlichem Dasein beruhende Lebensweise den Grund für eine neue Menschheit zu legen. Ausdruck dieses Idealismus waren die von ihnen ins Leben gerufenen kollektiven landwirtschaftlichen Siedlungen der *Kibbuzim*. Was auch immer die Ursachen für seine Gründung gewesen sein mögen: Israel lebt. Seine Leistungen sind eindrucksvoll. Die Urbarmachung des Landes, die gastfreundliche Aufnahme der jüdischen Einwanderer (ein echtes ›Einsammeln‹ der Exilierten), die Fürsorge für die arbeitende Bevölkerung, die neuen Formen des Zusammenlebens, die intellektuelle und kulturelle Vitalität – all das macht Israel zu einem erregenden gesellschaftlichen Experiment. Aber das zwanzigste Jahrhundert hat den Juden auch zwei quälende Probleme beschert. Das erste hängt mit dem Holocaust zusammen. Sie fragen sich, welchen Sinn der Gedanke des Auserwählten Volkes haben kann, wenn Gott ein solches Grauen zuläßt. Manche überlegen sich sogar, ob das Postulat eines gerechten Gottes heute noch einen Sinn ergibt. Das zweite Problem hat mit dem erwähnten idealistischen Argument für den Staat Israel zu tun. Dieselben Juden, die man fast als Urheber des Ideals der Freiheit und der Gerechtigkeit in der westlichen Kultur bezeichnen kann, finden sich nun in einer Lage, in der sie diese Rechte – zu einer solchen Haltung, wie viele Juden glauben, aus Sicherheitserwägungen gezwungen – den Palästinensern vorenthalten, deren Gebiete sie im Gefolge des Krieges von 1967 besetzt halten. Es besteht eine ständige akute Spannung zwischen den nationalen Rechten der Palästinenser und der Sicherheit der Israelis. Wir maßen uns nicht an, eine Antwort auf diese Fragen zu haben. Aber wir können uns vorstellen, wie sehr sie das Gewissen dieses so ungewöhnlich gewissenhaften Volkes belasten müssen. Angesichts der Schwere der Probleme schöpfen sie Mut aus der Tatsache, daß sie jetzt wenigstens über die politische Freiheit verfügen, diese anzupacken. Während der Davidstern über dem Land weht, das ihre geistige Heimat ist – die erste eigene Fahne seit fast zwanzig Jahrhunderten –, ist der Gedanke, der die Juden vor allem erfüllt: *Am Yisrael chai*, Es lebe das Volk Israel! Wie wunderbar ist es, all das zu erleben.

1 *The New Yorker* (4. Dezember 1954), S. 204–5.
2 Psalm 19. Die Psalmen werden zitiert nach *Der Psalter nach der deutschen Übersetzung Martin Luthers* (Württembergische Bibelanstalt: Stuttgart, 1966).
3 Henri Frankfort, *Frühlicht des Geistes. Wandlungen des Weltbildes im alten Orient.* Deutsch von Peter Dülberg (Stuttgart: Kohlhammer, 1954), S. 242.
4 F. M. Dostojewski, *Die Brüder Karamasow* (Piper: München, Zürich, 1977), S. 382.

5 T. S. Eliot, *Die Cocktail Party,* Deutsch von Nora Wydenbruck (Suhrkamp: Frankfurt, 1966), S. 266.

6 Vgl. Shakespeare, *Julius Caesar* I, 2, 135, wo Cassius Brutus entgegenhält, daß die Sterne gerade nicht für unser Schicksal verantwortlich sind, sondern wir selbst.

7 Nach Luther.

8 Nach Luther.

9 Lao-Tse, *Tao-Te-King* (Kopp), Abschnitt 29.

10 Nach Luther.

11 Bernard Anderson, *Rediscovering the Bible* (New York: Haddam House, 1957), S. 26–28.

12 William Shakespeare, *Julius Caesar,* IV, 3, 216. Deutsch von A. W. v. Schlegel (Winkler: München, 1967), S. 501.

13 W. F. Albright, *Approaches to World Peace* (New York: Harper Bros., 1943), S. 9.

14 1. Könige 18, 46 und 2. Könige 2, 16. Wo nicht anders vermerkt, sind Bibelzitate entnommen aus: *Die Bibel. Die Gute Nachricht in heutigem Deutsch,* (Deutsche Bibelgesellschaft: Stuttgart, 1982).

15 1. Könige 21, 18–19.

16 Nach 2. Samuel 12.

17 Zitiert in Aba Hillel Silver, *Where Judaism Differed,* 1956. Reprint. (Northvale, NJ: Jason Aronson, 1987), S. 109.

18 *Die Bibel, Übersetzung aus Herders Bibelkommentar,* (Herder: Freiburg, Basel, Wien, 1966).

19 Unter Zivilisationen verstehe ich hier Völker, die über große Städte und eine kumulative schriftliche Tradition verfügen. Nach dieser Definition sind auch andere Weltgegenden reich an Kulturgütern – auf die im neunten Kapitel, ›Urreligionen‹ näher eingegangen wird –, es handelt es sich aber nicht um Zivilisationen im eigentlichen Sinne. Meine Definition ist deskriptiv, nicht normativ.

20 Joseph Klausner, *The Messianic Idea in Israel* (New York: Macmillan, 1955), S. 9.

21 Im Judentum sieben Trauertage nach der Bestattung.

22 *Die Bibel, Übersetzung aus Herders Bibelkommentar,* (Herder: Freiburg, Basel, Wien, 1966).

23 G. Ernest Wright, *The Old Testament Against its Environment* (Chicago: Alex R. Allenson, 1950), S. 60.

24 Sieht man einmal davon ab, daß die kanonischen Gebete auf hebräisch gesprochen werden sollen, so stellt diese Aussage, was die hebräische Sprache betrifft, die Dinge etwas zu einfach dar, denn es gibt noch andere jüdische Sprachen. Die beiden Talmuds sind in Aramäisch geschrieben, und in dem Maße, in dem die Juden jeweils die Sprache des Landes übernahmen, in dem sie lebten, diese aber mit dem hebräischen Alphabet schrieben, ist eine ganze Reihe von Sprachen entstanden (Jiddisch, Ladino = Spaniolisch, Jüdisch-Arabisch, Jüdisch-Persisch und so weiter). Oft hat sich eine reiche Kultur und Literatur entwickelt, in der die besondere Sprache eine Schlüsselrolle spielt.

Achtes Kapitel

VIII. CHRISTENTUM

Das Christentum ist unter allen großen Religionen die am weitesten verbreitete und besitzt die größte Anhängerschaft. Auch wenn diese Zahl vielleicht übertrieben ist: Nach den Statistiken ist heute jeder Dritte Christ, und die Gesamtzahl der Christen wird mit etwa anderthalb Milliarden angegeben.[1]

Die fast zweitausend Jahre ihrer Geschichte haben dieser Religion eine erstaunliche Vielfältigkeit beschert. Das majestätische Pontifikalamt im Petersdom und die stille Einfachheit einer Quäkerversammlung, die intellektuelle Raffinesse eines Thomas von Aquin und die bewegende Schlichtheit eines Spirituals wie »*Lord, I want to be a Christian*«, St. Paul's Cathedral in London, die offizielle Pfarrkirche Großbritanniens, und Mutter Teresa in den Elendsvierteln von Kalkutta – all das gehört zum Christentum. Unsere Aufgabe wird es sein, zu zeigen, welches die zentralen Elemente sind, die aus dieser erstaunlichen, oft verwirrenden Vielfalt eine einheitliche Bewegung machen und dann ihre drei Hauptrichtungen zu beschreiben: die römisch-katholische, die orthodoxe und die protestantische Kirche.

Der historische Jesus

Das Christentum ist im wesentlichen eine historische Religion. Das heißt: Es gründet sich nicht auf abstrakte Prinzipien, sondern auf konkrete Ereignisse, tatsächliche historische Begebenheiten. Die wichtigste ist das Leben eines jüdischen Zimmermanns, der in einem Stall zur Welt kam, im Alter von zweiunddreißig Jahren als Verbrecher hingerichtet wurde, sich nie weiter als 150 Kilometer von seinem Geburtsort entfernte, keinen Besitz hatte, keine Schule besuchte, keine Armee befehligte und, statt Bücher zu schreiben, nur einmal ein paar Zeichen in den Sand kritzelte. Und doch feiert man überall in der Welt seinen Geburtstag, und an seinem Todestag zeichnet sich vor allen Horizonten ein Kreuz ab. Was war das für ein Mensch?

Die biographischen Einzelheiten des Lebens Jesu sind so mager, daß manche Forscher zu Beginn dieses Jahrhunderts sogar behauptet haben, er habe nie gelebt. Diese Möglichkeit wurde bald wieder verworfen, aber der Einfluß von Albert Schweitzers Jahrhundertwerk *Geschichte der Leben-Jesu-Forschung* bewirkte, daß das, was die Welt von der Bibelforschung über Jesus zu hören bekam, sich bald auf zwei Punkte beschränkte: Wir wissen fast nichts über ihn; und unter dem wenigen, was wir wissen, ist am besten gesichert, daß er sich geirrt hat. Der letzte Punkt bezog sich darauf, daß er angeblich an das baldige Ende der Welt geglaubt hat. Da diese Aussage als Grundlage für eine Kirche ein wenig mager ist, kann man von Glück sagen, daß »der extreme historische Skeptizismus, der die Jesus-Forschung in diesem Jahrhundert weitgehend ausgezeichnet hat, langsam nachläßt.«[2] Die klassischen Altertumsforscher haben festgestellt, daß, wenn man an ihr Forschungsgebiet die gleichen Maßstäbe für historische Verläßlichkeit wie für die Bibel angelegt hätte, unser Bild von der griechisch-römischen Welt (das einigermaßen gesichert zu sein scheint) in sich zusammenbrechen würde.

Wer war denn eigentlich dieser Jesus, dem die Erforscher des Neuen Testaments neuerdings wieder ihre Aufmerksamkeit zuwenden? Er wurde in Palästina während der Regierungszeit Herodes des Großen geboren, vermutlich um das Jahr 4 vor unserer Zeitrechnung – die, obwohl sie angeblich im Jahr seiner Geburt beginnt, höchstwahrscheinlich um mehrere Jahre danebenliegt. Er wuchs in oder bei Nazareth vermutlich auf die Weise auf, wie es bei den normalen Juden der damaligen Zeit üblich war. Er wurde von Johannes getauft, einem engagierten Propheten, der die Gegend durch seine Ankündigung des baldigen Gerichtes Gottes in Aufregung versetzte. Als er dreißig war, begann er eine Karriere als Lehrer und Heiler, die zwischen einem und drei Jahren dauerte, und deren Schauplatz im wesentlichen Galiläa war. Im Laufe der Zeit zog er sich die Feindschaft einiger Landsleute und den Argwohn Roms zu, was zu seiner Kreuzigung am Rande von Jerusalem führte. Von diesen Fakten, die den Rahmen des Lebens Jesu bilden, wenden wir uns nun dem Leben selbst zu, das sich innerhalb dieses Rahmens abspielte.

Das mindeste, was man sagen muß, ist dies: Jesus war ein charismatischer Wunderheiler, der in einer Tradition stand, die bis zu den Anfängen der hebräischen Geschichte zurückreicht. Die Propheten und Seher, die dieser Tradition angehörten, vermittelten zwischen der alltäglichen Welt auf der einen und einer diese umgebenden geistigen Welt auf der anderen Seite. Aus dieser bezogen sie Kraft, die sie einsetzten, um den Menschen zu helfen und gleichzeitig ihre Sitten in Frage zu stellen. Wir wollen diese kurze Charakterisierung ausweiten, und nacheinander folgende Themen behandeln: (a) die geistige Welt, auf die hin Jesus in außergewöhnlicher Weise orientiert war und die sein Amt speiste; (b) seine Entfaltung vom Geist kommender Kräfte zur Erleichterung menschlichen Leidens; und (c) die neue Gesellschaftsordnung, die er zu errichten suchte.

»Der Herr hat mich mit seinem Geist erfüllt«[3]

Nach dem Bericht des Lukas begann Jesus sein Wirken damit, daß er diesen Satz aus Jesaja zitierte und hinzufügte: »Dieses Wort ist heute für euch in Erfüllung gegangen« (Lukas 4, 18 und 20). Wir müssen uns mit diesem Geist beschäftigen, von dem Jesus sich erfüllt und beseelt fühlte, denn ohne ihn können wir sein Leben und Werk nicht verstehen.

In einem der meistgelesenen Bücher über Religion unseres Jahrhunderts, *Die Vielfalt religiöser Erfahrung*, schreibt William James: »Würde man gebeten, das Leben der Religion in den denkbar weitesten und allgemeinsten Begriffen zu charakterisieren, so könnte man sagen, es bestehe in der Überzeugung, daß es eine unsichtbare Ordnung gibt und daß unser höchstes Gut in einer harmonischen Anpassung an diese liegt.«[4] Bis vor kurzem hat die moderne Wissenschaft die Realität unsichtbarer Größen weitgehend in Frage gestellt; aber mit Eddingtons Beobachtung, daß die Welt mehr Ähnlichkeit mit einem Verstand als mit einer Maschine hat und mit den Berichten der Astrophysiker, daß 90 Prozent der ›Materie‹ im Universum in dem Sinne unsichtbar sind, daß keines ihrer Instrumente auf sie anspricht, hat der wissenschaftliche Skeptizismus den Rückzug angetreten.[5] In unserem Zusammenhang kommt es jedoch darauf an, daß die biblische Tradition, der Jesus angehörte, nur als ein nie abreißender intensiver Dialog des hebräischen Volkes mit der unsichtbaren Ordnung, von der William James spricht, verstanden werden kann. Sie nannten diese Ordnung Geist (wie in den ersten Versen der Bibel, wo der Geist über dem Wasser schwebte, um die Welt zu erschaffen) und bevölkerten sie, da sie sie als höchst lebendig erlebten, mit allerlei Wesen wie Engeln, Erzengeln, Cherubim und Seraphim. Ihr Zentrum aber war Jahwe, den sie als Person auffaßten: als Schafhirten, König, Herrn, Vater (und zuweilen auch als

Mutter), und Geliebten. Wenn man sich den Geist auch gewöhnlich über der Erde vorstellte – wie aus dem häufig gebrauchten Bild der Himmelsleiter ersichtlich –, so sollte damit doch nur zum Ausdruck gebracht werden, wie sehr er von der gewöhnlichen Welt unterschieden und wie überlegen er ihr war. Die beiden waren nicht durch den Raum voneinander getrennt und standen in dauernder Wechselwirkung miteinander. Gott erging sich im Garten Eden, und »die ganze Erde ist voll von Gottes Herrlichkeit«, voll von seiner strahlenden Gegenwart.

Nicht nur war der Geist nicht räumlich entfernt; obwohl er unsichtbar war, konnte er erkannt werden. Oft ergriff er die Initiative und tat sich kund. Das geschah vor allem Moses gegenüber auf dem Berg Sinai, aber er sprach auch mit ruhiger, leiser Stimme zu Elia oder mit Löwengebrüll zu anderen Propheten oder teilte sich durch dramatische Geschehnisse wie den Exodus mit. Andererseits konnten auch die Menschen von sich aus mit ihm in Kontakt treten. Fasten und Einsamkeit waren dazu geeignete Mittel, und Juden, die den Ruf vernahmen, zogen sich immer wieder aus dem Trubel der Welt zurück, um mit ihrer Hilfe mit dem Göttlichen zu kommunizieren. Es ist nicht falsch, sich vorzustellen, daß sie sich während dieser Wachen mit Geist durchtränkten, denn wenn sie in die Welt zurückkehrten, war ihnen oft deutlich anzumerken, daß sie fast greifbar etwas in sich aufgenommen hatten: den Geist und die mit ihm verbundene Kraft.

Daß Jesus in der jüdischen Tradition der geisterfüllten Mittler stand, ist die wichtigste Tatsache zum Verständnis seiner historischen Laufbahn. Sein unmittelbarer Vorläufer in dieser Tradition war Johannes der Täufer; und es zeugt von seiner spirituellen Kraft, daß er durch den Akt der Initiation (Taufe) Jesu sein drittes oder ›göttliches‹ Auge öffnete, wie man in Asien sagen würde. »Da öffnete sich der Himmel, und er sah den Geist Gottes wie eine Taube auf ihn herabkommen« (Matthäus 3, 16). Nachdem er herabgestiegen war, »führte« der Geist Jesus in die Wüste, wo dieser sich in vierzig Tagen des Gebets und des Fastens fest mit ihm verband. Erst jetzt kehrte er, mit der Kraft des Geistes versehen, in die Welt zurück.

»Durch den Geist Gottes treibe ich die bösen Geister aus«[6]

Seit die Wissenschaft die unsichtbare Wirklichkeit nicht mehr leugnet, verschließt sie sich auch nicht der Möglichkeit, daß dieser besondere Kräfte innewohnen könnten, denn Versuche lassen vermuten, daß

»die in einem Kubikzentimeter leeren Raumes enthaltene Energie größer ist als die Energie der gesamten Materie in dem uns bekannten
Universum.«[7] Ob diese Hypothese einmal bestätigt werden wird oder
nicht, die Juden jedenfalls haben die Vorherrschaft des Geistes über die
Natur vorbehaltlos anerkannt. Die geisterfüllten Gestalten der Bibel
haben Kraft. Wenn wir sie charismatisch nennen, so auch deswegen,
weil sie die Macht hatten, die Menschen auf sich aufmerksam zu machen. Doch das ist nur der Anfang. Der Grund, weshalb sie Aufmerksamkeit erregten, war ihre ungewöhnliche Kraft. Sie ›hatten was‹, wie
wir sagen würden – etwas, was dem normalen Sterblichen fehlt. Dieses
Etwas war der Geist. Die Bibel stellt sie oft dar als »erfüllt von der Kraft
Gottes«, einer Kraft, die sie zuweilen befähigte, den natürlichen Ablauf
der Dinge zu beeinflussen. Sie heilten Krankheiten, vertrieben böse
Geister und konnten gelegentlich sogar Stürme bannen, die Wasser
teilen oder Tote zum Leben erwecken. Die Evangelien schreiben Jesus
eine Fülle solcher Kräfte zu. Immer wieder berichten sie, wie die
Menschen, von seinem Ruf als Wundertäter angelockt, ihm zuströmen.
»Man brachte zu ihm, die an den verschiedensten Krankheiten litten,
darunter auch Besessene, Epileptiker und Gelähmte, und er machte sie
gesund. Große Menschenmengen . . . zogen mit ihm« (Matthäus 4,
24-25). Ein Neutestamentler bemerkt dazu, daß »es trotz der Probleme, die der moderne Verstand mit Wundern hat, historisch praktisch
unbestreitbar ist, daß Jesus ein Heiler und ein Exorzist war.«[8]

Das alles hätte er sein können – ja, er hätte »die außergewöhnlichste
Gestalt in . . . dem Strom der jüdischen charismatischen Heiler« sein
können, wie derselbe Forscher dann fortfährt, ohne über die Grenzen
seines lokalen Umkreises hinaus bekannt zu werden. Erst die Art, wie er
den in ihm anwesenden Geist benutzte, um nicht nur einzelne, sondern
– das war sein Ziel – die ganze Menschheit, angefangen mit seinem
eigenen Volk, zu heilen, ließ ihn seine Zeit und seinen Ort überdauern.

»Dein Reich komme, auf der Erde«

Politisch war die Lage der Juden zu Jesu Lebzeiten verzweifelt. Sie
waren während fast eines Jahrhunderts der Knechtschaft Roms unterworfen gewesen und hatten außer dem Verlust der Freiheit auch noch
übermäßige Steuerlasten zu verkraften. Man kannte vier verschiedene
Arten, auf diese mißliche Lage zu reagieren. Die Sadduzäer, denen es
relativ gutging, neigten dazu, aus einer schlechten Lage das Beste zu

machen, und paßten sich der hellenistischen Kultur und der römischen Herrschaft an. Die übrigen drei Richtungen setzten auf Wandel. Alle drei sahen ein, daß der Wandel durch Jahwe bewirkt werden müsse, und sie alle nahmen an, daß die Juden etwas tun müßten, das sein Eingreifen auslösen würde. Bei zwei von den drei Richtungen handelte es sich um Erneuerungsbewegungen. Die Essener glaubten, daß das Judentum sich innerhalb einer so verderbten Welt nicht erneuern könne und stiegen aus. Sie zogen sich in Gemeinschaften zurück, in denen alles Eigentum der Gruppe gehörte, und widmeten sich einem Leben disziplinierter Frömmigkeit. Dagegen blieben die Pharisäer in der Gesellschaft und suchten das Judentum durch strikte Befolgung des mosaischen Gesetzes, besonders seiner Reinheitsgebote, zu reformieren. Man hat die Anhänger der vierten Richtung als Zeloten bezeichnet, aber es ist fraglich, ob sie genügend straff organisiert waren, um einen eigenen Namen zu verdienen. Sie glaubten, ein Wandel sei nur durch brutale Gewalt zu erreichen und waren für vereinzelte aufrührerische Akte verantwortlich, die schließlich in dem verhängnisvollen Aufstand der Jahre 66 - 70 v. Chr. gipfelten, der zur zweiten Zerstörung des Tempels in Jerusalem führte.

In diesem politischen Tohuwabohu bot Jesus eine fünfte Möglichkeit an. Anders als die Sadduzäer wollte er Veränderung. Anders als die Essener blieb er ›in der Welt‹. Anders als die Befürworter militärischer Aktionen lobte er die Friedfertigen und drängte darauf, selbst den Feind zu lieben. Am nächsten stand Jesus den Pharisäern, denn im Grunde unterschieden sie sich nur in der Gewichtung. Die Pharisäer betonten vor allem die Heiligkeit Jahwes, während Jesus dessen Barmherzigkeit hervorhob; aber auch den Pharisäern galt Jahwe als barmherzig, so wie er Jesus als heilig galt. Auf den ersten Blick erscheint der Unterschied also gering, und doch erwies er sich als so groß, daß für beide Ansichten in ein und derselben Religion kein Raum war. Es ist wichtig zu begreifen, warum dies so war.

Ausgehend von ihrer Auffassung Jahwes als majestätischer Heiligkeit unterstützten die Pharisäer die gängige Version des jüdischen Selbstverständnisses. Da er selbst heilig war, wollte Jahwe auch die Welt heiligen, und zur Erreichung dieses Zieles hatte er die Juden auserwählt, damit sie für ihn sozusagen einen Brückenkopf der Heiligkeit in der Geschichte der Menschheit errichteten. Auf dem Sinai hatte er einen Reinheitskodex erlassen, dessen getreue Einhaltung die Hebräer zu einem »Volk der Priester« machen würde. Jahwes Gebot an sie –

»Ich bin der Herr, euer Gott! Ich bin heilig, deshalb sollt auch ihr rein und heilig sein« (3. Mose 11, 44) – wurde zur Losung der Pharisäer. Die Vernachlässigung des Reinheitskodex hatte die Juden in ihre erbärmliche Lage gebracht, und sie konnten nur auf Besserung hoffen, wenn sie mit allen Kräften zu ihm zurückkehrten.

Mit vielem davon war auch Jesus einverstanden, aber in einem wichtigen Punkt war das ›Heiligkeitsprogramm‹ für ihn unannehmbar: Es errichtete Schranken zwischen den Menschen. Das fing damit an, daß es reine und unreine Handlungen und Gegenstände gab (etwa bei den Nahrungsmitteln und ihrer Zubereitung), und ging bis zur Klassifizierung der Menschen je nachdem, ob sie diese Unterschiede respektierten oder nicht. Das Ergebnis war eine von allen möglichen Barrieren zerrissene Gesellschaftsstruktur: da gab es Reine und Unreine, Heilige und Profane, Juden und Heiden, Rechtschaffene und Sünder. Die Barmherzigkeit, die Jesus als zentrale Eigenschaft Jahwes galt, wurde in seinen Augen durch diese Schranken verletzt. Deshalb redete er mit Steuereinnehmern, aß mit Ausgestoßenen und Sündern, scheute nicht die Gesellschaft von Prostituierten und heilte am Sabbat, wenn die Barmherzigkeit es von ihm verlangte. Das machte ihn zu einem sozialen Propheten, der die Grenzen der bestehenden Ordnung in die Schranken forderte und für eine alternative Vision der menschlichen Gemeinschaft eintrat.

Jesus war zutiefst jüdisch; gleichzeitig aber war sein Verhältnis zum Judaismus sehr gespannt. (Man ist versucht, das für einen wichtigen Aspekt seines Judentums zu halten, denn in keiner Religion ist die Kritik von innen so offen zutage getreten und so sehr unterstützt worden wie in dieser.) Jesus glaubte, daß die Juden ohne den mosaischen ›Heiligkeitskodex‹ und die sich aus ihm ergebenden Differenzierungen nicht die Reinheit hätten erreichen können, die sie von ihren Nachbarvölkern absetzte. Seine eigene Begegnung mit Gott führte ihn jedoch zu der Überzeugung, daß das Reinheitssystem, so wie es zu seiner Zeit praktiziert wurde, soziale Spaltungen mit sich gebracht hatte, die Gottes Barmherzigkeit kompromittierten – eine Barmherzigkeit, die im Prinzip auch von den Pharisäern anerkannt wurde.

Es ist wichtig festzuhalten, daß es in dem Streit nicht um Gottes Barmherzigkeit ging; die Frage war allein, ob das soziale System, das sich als Folge des Reinheitskodex herausgebildet hatte, barmherzig war. Jesus konnte sich mit seiner – ihn in Gegensatz zu den Pharisäern bringenden – Überzeugung, daß dies nicht der Fall sei, nicht durchsetzen. Immerhin erregte er genügend Aufmerksamkeit, um die römischen Machthaber zu alarmieren, was dann zu seiner Verhaftung und Hinrichtung wegen Landesverrats führte.

Von nun an lag die Zukunft der Anhänger Jesu eher in der ›Außenwelt‹. Mit der Zeit konnten die Christen diese Entwicklung positiv sehen. In ihren Augen war Gottes Offenbarung an die Juden zu wichtig, um auf eine einzelne ethnische Gruppe beschränkt zu bleiben. Jesus hatte die Mission gehabt, die Schale des Judaismus, in der die Offenbarung eingeschlossen gewesen war, aufzubrechen und diese in eine Welt zu entlassen, die nur auf diesen Augenblick gewartet hatte. Damit soll nicht die Notwendigkeit einer fortdauernden jüdischen Präsenz bestritten werden. Solange die Welt nicht von Grund auf erneuert ist, kommt dem Zeugnis eines Volkes der Priester eine wichtige Aufgabe zu.

Der Christus des Glaubens

Wie kommen wir vom historischen Jesus, dessen Leben und Werk uns bisher beschäftigt haben, zu jenem Christus, den seine Anhänger einmal für Gott in menschlicher Gestalt halten sollten? Die Jünger Jesu zogen diesen Schluß erst nach seinem Tode, aber schon zu seinen Lebzeiten schlug das Pendel in diese Richtung aus. Von der Schilderung des Lebens Jesu wollen wir uns jetzt der Frage zuwenden, wie er auf seine Jünger gewirkt hat. Hier stehen wir auf festerem Boden, denn die Evangelien haben zwar nur wenig historische Fakten zu bieten, zeigen aber deutlich, welchen Eindruck Jesus auf seine Gefährten gemacht hat. Unsere Darstellung gliedert sich in drei Teile: was sie Jesus tun sahen, was sie ihn sagen hörten und was sie in ihm ahnten.

»Überall tat er Gutes«

Beginnen wir damit, was Jesus tat. Die Evangelien, die ja von Mitgliedern der ältesten Kirche geschrieben wurden, lassen die staunende Erregung angesichts seiner Taten ahnen. Sie sind voll von Wunderberichten, besonders bei Markus. Wir haben gesehen, daß die Wunder ihre Wirkung auf die Massen nicht verfehlten. Aber wir sollten uns hüten, diesen Aspekt überzubewerten. Denn zum einen legte Jesus den Wundern kein besonderes Gewicht bei. Er setzte sie nie ein, um die Menschen gewaltsam zum Glauben an ihn zu bewegen. Zwar wurde er versucht, sich dieses ›unlauteren‹ Mittels zu bedienen, aber während der Seelenerforschung in der Wüste, die seinem Wirken vorausging, wies er diese Versuchung zurück. Fast alle seine außergewöhnlichen Taten wurden in der Stille, fern von der Menge, und als Demonstration der Macht des Glaubens vollbracht. Es kommt hinzu, daß andere Schriften aus jener Zeit ebenfalls zahlreiche Wunderberichte enthalten, ohne daß deren Urheber Gott gleichgesetzt worden wären. Man schrieb ihnen lediglich ungewöhnliche Kräfte zu.

Ein zutreffenderes Bild von der Handlungsweise Jesu gewinnen wir dagegen, wenn wir sie so betrachten, wie es einer seiner Jünger getan hat. Einmal, als er vor einer Gruppe sprach, mußte Petrus die Lebensleistung Jesu in ein paar Worten zusammenfassen. Was war ihm das Wichtigste? »Überall tat er Gutes« (Apostelgeschichte 10, 38). Ein so simpler wie bewegender Nachruf. Jesus bewegte sich frei und ohne jegliche Allüren sowohl unter dem gewöhnlichen Volk als auch unter den Außenseitern der Gesellschaft, heilte sie, gab ihnen Ratschläge, tröstete sie, wenn sie verzweifelt waren – kurz: »Jesus tat überall Gutes.« Dabei ging er so zielstrebig und effektiv vor, daß seine Begleiter sich ständig genötigt sahen, das Bild, das sie von ihm hatten, dem dauernden Fluß der Ereignisse anzupassen. Und schließlich mußten sie anerkennen, daß, wenn die Liebe Gottes sich in menschlicher Form manifestieren sollte, sie sich genau so verhalten würde.

»So wie dieser Mensch hat noch keiner gesprochen«

Aber daß Jesus seinen Zeitgenossen in einer ganz neuen Dimension erschien, lag nicht nur an dem, was er tat. Es lag auch an dem, was er sagte. Die Frage, wie originell die Lehren Jesu waren, hat viele Debatten ausgelöst. Die ausgewogenste Meinung dazu ist vielleicht die des großen jüdischen Gelehrten Joseph Klausner. Danach findet man, wenn man die Lehren Jesu jede für sich betrachtet, für jede eine Entsprechung im Alten Testament oder in seinem Kommentar, dem Talmud. Aber insgesamt gesehen haben sie eine Dringlichkeit, eine brennende Lebendigkeit, eine Hingabe, und vor allem eine so völlige Abwesenheit von zweitrangigen Bestandteilen, daß sie erfrischend neu erscheinen.

Die Sprache Jesu hat sich – ganz unabhängig vom Inhalt – als faszinierendes Studienobjekt erwiesen. Wenn Einfachheit, Konzentration und das Gespür für das Wesentliche Merkmale großer religiöser

Literatur sind, dann wären die Aussprüche Jesu schon allein um dieser Eigenschaften willen unsterblich. Aber darüber hinaus tragen sie in einem Maße den Stempel des Extremen, dessen der Weise, der um die Wichtigkeit eines ausgewogenen Urteils weiß, nicht fähig ist. Ihre Leidenschaftlichkeit ist es denn auch, die einen Dichter bewogen hat, Jesu Sprache als »gigantisch« zu bezeichnen. Wenn deine Hand dir schadet, schneide sie ab. Wenn dein Auge zwischen dir und dem höchsten Gut steht, stich es aus. Jesus spricht von Kamelen, die durch ein Nadelöhr gehen, und davon, daß wir die winzigste Mücke aus dem Becher fischen, während wir unbesehen Kamele herunterschlucken. Bei ihm laufen die Leute mit Balken im Auge herum und suchen bei anderen nach dem kleinsten Splitter. Er erzählt von Menschen, deren äußeres Leben ein stattliches Mausoleum ist, während ihr Inneres nach verwesenden Leichen stinkt. So spricht keiner, der auf rhetorische Wirkung bedacht ist. Die Sprache ist ein Teil der Botschaft, und aus deren Dringlichkeit bezieht sie ihre Wucht.

Ein zweites auffallendes Merkmal der Sprache Jesu ist, daß sie im Stil eher einladend ist. Er sagte den Menschen nicht, was sie zu tun oder zu glauben hatten; er lud sie ein, die Dinge neu zu *sehen*, denn er vertraute darauf, daß sich ihr Verhalten dann von selbst entsprechend ändern würde. Das setzte voraus, daß er mehr auf die Vorstellungskraft abzielte als auf Willen oder Verstand. Damit die Zuhörer seine Einladung annahmen, mußte der Ort, an den er sie einlud, ihnen real erscheinen. Und weil die Wirklichkeit, die ihnen am vertrautesten war, aus konkreten Einzelheiten bestand, pflegte Jesus von diesen Einzelheiten auszugehen. Er sprach von Senfkörnern und Felsboden, von Dienern und Herren, von Hochzeiten und von Wein. Dadurch wirkten seine Lehren von vornherein wirklichkeitsnah. Und wenn er auf diese Weise bei seinen Zuhörern einen gewissen Zustimmungsimpuls geweckt hatte, dann nutzte er ihn aus, um mit seiner Hilfe seinen Worten eine überraschende, aufwühlende Wendung zu geben. Der Ausdruck ›Zustimmungsimpuls‹ ist wichtig, denn er impliziert, daß Jesus die Autorität für seine Lehre nicht in sich selbst oder in einem fernen Gott lokalisierte, sondern im Herzen seiner Zuhörer. Meine Lehren sind wahr, sagte er damit, nicht weil sie von mir oder sogar durch mich von Gott kommen, sondern weil (gegen alle Gewohnheit) euer eigenes Herz ihre Wahrheit bezeugt.

Und was sagte Jesus mit seiner einladenden, gigantischen Sprache? Quantitativ sagte er nicht viel, wenn man von den vorliegenden Berichten ausgeht; alles, was das Neue Testament verzeichnet, läßt sich in zwei Stunden hersagen. Und doch ist vielleicht im Lauf der Geschichte keine andere Lehre so oft wiederholt worden. »Liebe deinen Nächsten wie dich selbst.« »Behandelt die Menschen so, wie ihr selbst von ihnen behandelt werden wollt.« »Kommet her zu mir alle, die ihr mühselig und beladen seid, ich will euch erquicken.«[9] »Ihr werdet die Wahrheit erkennen, und die Wahrheit wird euch frei machen.«[10] Meistens jedoch erzählte er Geschichten, die wir Gleichnisse nennen: von vergrabenen Schätzen, von Sämännern, die zum Säen aufs Feld gingen, von Perlenhändlern, von einem guten Samariter, von einem jungen Mann, der seine Erbschaft verpraßte und so heruntergekommen war, daß er bei den Schweinen Abfälle ›schnorrte‹, von einem Mann mit zwei Söhnen. Sie sind jedermann bekannt. Als die Menschen diese Geschichten hörten, da riefen sie: »Er sprach wie einer, der Vollmacht von Gott hat« (Matthäus 7, 29) und »So wie dieser Mensch hat noch keiner gesprochen« (Johannes 7, 46).

Sie waren – zu Recht – erstaunt. Wenn wir es nicht sind, dann nur deswegen, weil wir die Lehren Jesu schon so oft gehört haben, daß sie ›stumpf‹ geworden sind und für uns nichts Aufwühlendes mehr an sich haben. Wenn wir ihre ursprüngliche Wucht wieder freilegen könnten, wären auch wir alarmiert. Ihre Schönheit würde nicht mehr die Tatsache überdecken, daß es ›harte Worte‹ sind, mit der Absicht gesprochen, ein Wertesystem vorzustellen, das dem gewohnten so entgegenläuft, daß es einem Erdbeben gleichkommt.

Da sagt man uns, wir sollen dem Bösen nicht widerstehen, sondern die andere Backe hinhalten. Die Welt geht davon aus, daß man dem Bösen mit jedem verfügbaren Mittel Widerstand zu leisten habe. Da sagt man uns, wir sollen unsere Feinde lieben und jene segnen, die uns fluchen. Die Welt geht davon aus, daß man Freunde lieben und Feinde hassen soll. Da sagt man uns, daß die Sonne für die Gerechten und Ungerechten gleichermaßen scheint. Die Welt hält das für undifferenziert; sie hat es lieber, wenn es den Bösen schlechtgeht, und ist gekränkt, wenn sie ohne Strafe davonkommen. Da sagt man uns, daß Ausgestoßene und Huren eher in das Reich Gottes eingehen als viele, die sich nur flüchtig um Rechtschaffenheit bemühen. Wieder ungerecht, denkt die Welt; anständige Leute sollten den Vortritt haben. Da sagt man uns, das Tor zur Rettung sei eng. Die Welt sähe es lieber weit. Da sagt man uns, wir sollen so sorglos sein wie die Vögel und die Blumen. Die Welt rät zur Vorsicht. Da sagt man uns, die Reichen kämen schwerer in den

Himmel als ein Kamel durchs Nadelöhr. Die Welt bewundert den Reichtum. Da sagt man uns, die Gewaltlosen, die Weinenden, die Barmherzigen und die reinen Herzens sind seien die Glücklichen. Die Welt nimmt an, es seien die Reichen, die Mächtigen und Hochwohlgeborenen. Der große russische Philosoph Nikolaj Berdjajew hat gesagt, diese Lehren durchwehe ein Hauch der Freiheit, der der Welt Angst macht und uns den Wunsch eingibt, ihre Verwirklichung auf die lange Bank zu schieben – noch nicht, noch nicht! Offenbar hatte H. G. Wells recht: Entweder war dieser Mann irgendwie verrückt, oder unser Herz ist noch zu klein für seine Botschaft.

Wieder müssen wir zum Inhalt seiner Lehre zurückkehren. Alles, was von seinen Lippen kam, war wie ein Brennglas, das die Aufmerksamkeit der Menschen auf die zwei wichtigsten Lebenstatsachen lenken sollte: Gottes überwältigende Liebe zu den Menschen und die Verpflichtung der Menschen, diese Liebe anzunehmen und durch sich hindurch zu anderen strömen zu lassen. Immer wieder versuchte Jesus – wie in der Geschichte von dem Hirten, der neunundneunzig Schafe um des einen verirrten willen aufs Spiel setzte –, den Menschen Gottes unbedingte Liebe zu jedem einzelnen Menschen klarzumachen. Die einzige angemessene Reaktion bestand darin, diese Liebe zu erkennen und sich in tiefer und vollkommener Dankbarkeit für die Wunder der göttlichen Gnade bis ins Innerste von ihr durchdringen zu lassen.

Die ungewöhnlichen Lebensratschläge, die Jesus den Menschen erteilte, werden nur verständlich, wenn wir ihren Ursprung in dieser Auffassung eines Gottes begreifen, der den Menschen in unbedingter Liebe zugetan ist, ohne nur einen Moment zu überlegen, ob sie ihrer würdig sind. Wir sollen unserem Nächsten nicht nur unser Hemd, sondern auch unseren Mantel geben, wenn er ihn braucht. Warum? Weil Gott uns gegeben hat, was *wir* brauchen. Wir sollen ihn freiwillig doppelt so weit begleiten, wie er verlangt. Und warum? Weil wir mit tiefer, überwältigender Gewißheit überzeugt sind, daß Gott uns über weit längere Strecken ertragen hat. Warum sollen wir nicht nur unsere Freunde, sondern sogar unsere Feinde lieben und für jene beten, die uns verfolgen? »So erweist ihr euch als Kinder eures Vaters im Himmel. Denn er läßt die Sonne scheinen auf böse wie auf gute Menschen, und er läßt es regnen auf alle, ob sie ihn ehren oder verachten . . . Ihr sollt vollkommen sein, weil euer Vater im Himmel vollkommen ist« (Matthäus 5, 45 und 48). Wir sagen, seine Ethik sei perfektionistisch – ein höfliches Wort für unrealistisch –, weil sie rückhaltlose Liebe fordert.

Aber – so hätte Jesus argumentiert – wir halten das ja nur deshalb für unrealistisch, weil wir nicht die beständige, uneingeschränkte Liebe spüren, die von Gott auf uns herabströmt. Doch selbst wenn wir sie spüren könnten, wären nicht alle Probleme gelöst. Welche von den unzähligen Bedürftigen sollen in den Genuß des begrenzten Vorrats an Hemden und Mänteln kommen? Wenn das Böse sich gegen einen anderen richtet als mich selbst, soll ich ihm auch dann nicht widerstehen? Jesus hat uns kein Regelwerk gegeben, das uns die eigene Entscheidung abnimmt. Worauf er abzielte, das war die Basis, von der aus wir unsere Entscheidung treffen sollen. Das einzige, was angesichts der Ansprüche einer komplizierten Tagesrealität von vornherein feststeht, ist dies: daß wir auf unsere Nächsten – und zwar auf alle, soweit wir die Konsequenzen unserer Handlungen abschätzen können – nicht im Hinblick darauf reagieren sollen, was ihnen zusteht, sondern im Hinblick darauf, was sie brauchen. Dabei sollte unser persönlicher Aufwand keine Rolle spielen.

Wir haben jetzt davon gesprochen, was Jesus *tat* und was er *sagte*. Das allein hätte aber nicht ausgereicht, in seinen Jüngern die Überzeugung zu wecken, daß er gottgleich sei. Dazu war ein Drittes nötig: was er *war*.

»Wir haben seine Herrlichkeit gesehen«

»Es gibt auf der Welt«, schreibt Dostojewskij, »nur eine Gestalt von uneingeschränkter Schönheit: Christus. Diese unendlich liebliche Gestalt ist . . . ein Wunder ohne Ende.«

Was an den Lehren Jesu zweifellos am meisten beeindruckt, ist nicht, daß er sie gelehrt, sondern daß er sie offenbar auch gelebt hat. Nach den uns vorliegenden Berichten war sein ganzes Leben Demut, Selbsthingabe und uneigennützige Liebe. Der beste Beweis für seine Demut ist die Tatsache, daß sich nicht genau feststellen läßt, wie Jesus von sich selbst gedacht hat. Ihm war wichtig, wie die Menschen von Gott dachten, von Gottes Wesen, und was er für ihr Leben wollte. Gewiß, indirekt können wir daraus auf sein Selbstbild schließen, aber es ist ganz offensichtlich, daß er sich für geringer erachtete als Gott. »Warum fragst du mich, was gut ist? Es gibt nur Einen, der gut ist!« (Matthäus 19, 17). Wenn man liest, was Jesus über Selbstlosigkeit gesagt hat, spürt man unwillkürlich, in welchem Maße er selbst von Stolz frei war. Auch was er über Ehrlichkeit gesagt hat, konnte nur von jemandem kommen, dessen Leben von jeglicher Täuschung unberührt war. Die Wahrheit war ihm so selbstverständlich wie die Luft zum Atmen.

Aus den Seiten des Evangeliums tritt uns in Jesus ein Mann entgegen, der stark und integer war, und dessen einzige Merkwürdigkeit darin bestand, daß er, wie man es einmal ausgedrückt hat, merkwürdig vollkommen war. Er hatte die Menschen gern, und dafür hatten sie ihrerseits auch ihn gern. Sie liebten ihn; sie liebten ihn intensiv, und sie liebten ihn in großer Zahl. Angezogen nicht nur von seinen charismatischen Kräften, sondern ebenso von der Barmherzigkeit, die sie in ihm spürten, strömten sie zu ihm, umringten ihn, folgten ihm. Er steht am Ufer des Sees Genezareth, und die Menschen drängen sich so nah heran, daß er von einem Schiff aus zu ihnen sprechen muß. Er macht einen Tagesausflug, und eine Menge von mehreren tausend Menschen versammelt sich; sie denken nicht ans Essen und bleiben bei ihm, bis sie schließlich merken, daß sie hungrig sind. Die Menschen reagierten auf Jesus. Aber er reagierte auch auf sie. Gleich ob sie reich oder arm, jung oder alt, Heilige oder Sünder waren, er hörte ihren Ruf. Daß er die Schranken ignorierte, die die Sitten zwischen den Menschen errichtet hatte, haben wir schon erwähnt. Er liebte die Kinder. Wenn er die Ungerechtigkeit haßte, dann deswegen, weil sie denen schadete, die er zärtlich »meine geringsten Brüder« nannte (Matthäus 25, 40). Aber vor allem haßte er die Heuchelei, weil sie die Menschen von sich selbst entfremdete und die Echtheit verhinderte, die er in ihre Beziehungen einpflanzen wollte. Am Ende schien es jenen, die ihn am besten kannten, daß hier ein Mann war, der das menschliche Ego abgestreift hatte und dessen Leben infolgedessen so vollkommen dem Willen Gottes anheimgegeben war, daß es für diesen Willen durchlässig geworden war. Und schließlich kam es so weit, daß sie, wenn sie auf Jesus blickten, durch ihn hindurch auf etwas zu schauen meinten, was Gott in menschlicher Gestalt glich. Das ist es, was die Urkirche mit dem Jubelruf auszudrücken versuchte: »Wir sahen seine Macht und Hoheit, . . . Gottes ganze Güte und Treue ist uns in ihm begegnet« (Johannes 1, 14). Viele Jahrhunderte später sollte Shakespeare es so formulieren:

> Sie sagen, immer, wann die Jahrszeit naht,
> Wo man des Heilands Ankunft feiert, singe
> Die ganze Nacht durch dieser frühe Vogel;
> Dann darf kein Geist umhergehn, sagen sie,
> Die Nächte sind gesund, dann trifft kein Stern,

Kein Elfe naht, noch mögen Hexen zaubern:
So gnadenvoll und heilig ist die Zeit.[11]

Das Ende und der Anfang

Jeder weiß, auf welche Weise das irdische Wirken Jesu beendet wurde: Nachdem er sich unter sein Volk gemischt und es einige Monate lang belehrt hatte, wurde er gekreuzigt.

Damit hätte die ganze Geschichte vorbei sein können. Es wimmelt in der Geschichte von Visionären, die ihre Ideen vortrugen, starben und für immer in der Versenkung verschwanden. Bei Jesus dagegen war der Tod erst der Anfang. Es dauerte nicht lange, da predigten seine Anhänger die Frohe Botschaft von ihrem auferstandenen Herrn.

Die wenigen überlieferten Details erlauben uns nicht, uns ein genaues Bild davon zu machen, was nach der Kreuzigung geschah; praktisch das einzige, was wir sicher wissen, ist, daß seine Anhänger überzeugt waren, daß der Tod ihn nicht besiegt hatte. Sie berichteten, vom Ostersonntag an sei er »ihnen erschienen«, und zwar als dieselbe Person, die sie während seines Wirkens gekannt hatten, aber auf eine neue Weise. Wir können nicht genau feststellen, was das für eine Weise war; manche Schilderungen lassen auf Körperlichkeit schließen – er aß, und Thomas berührte die Wunde an seiner Seite –, während andere eher für eine Erscheinung sprechen – so heißt es, er sei durch geschlossene Türen gegangen. Wenn wir den Berichten trauen dürfen – alle stammten von Jüngern, die von der Wiederauferstehung Jesu überzeugt waren –, dann ist klar, daß er nicht einfach seinen früheren physischen Körper wieder in Besitz nahm; Auferstehung ist nicht gleich Wiederbelebung. Es war vielmehr der Übergang in eine andere Seinsweise, die manchmal mit Sichtbarkeit verbunden war, normalerweise aber nicht. Klar ist, daß Jesu Anhänger begannen, ihn auf neue Weise zu erleben, nämlich als mit den Eigenschaften Gottes ausgestattet. Nun konnte er überall erkannt werden, nicht nur, wenn man ihm körperlich nahe war.

Der Glaube an die Auferstehung Jesu brachte die Kirche und ihre Christologie hervor. Um zu ermessen, welche Kraft in diesem Glauben steckte, müssen wir bedenken, daß er nicht nur das Schicksal eines verehrten Menschen betraf. Sein Anspruch erstreckte sich letztlich auf die Macht der Güte im Universum, deren Allmächtigkeit er behauptete. Wenn das Kreuz auf Golgatha das Ende gewesen wäre, wäre die Güte

Jesu zwar schön gewesen, aber kaum bedeutend. Was zählt schon Güte, wenn sie nicht die Macht hat, die Wirklichkeit zu beeinflussen? Die Auferstehung kehrte die kosmische Position um, in die das Kreuz die Güte Jesu gebracht hatte. Die Barmherzigkeit, der seine Jünger in ihm begegnet waren, war nicht mehr zart und zerbrechlich, sondern mächtig, sieghaft über alles triumphierend, selbst über das scheinbare Ende aller Dinge, den Tod. »Tod, wo ist dein Sieg? Tod, wo ist deine Macht?« (1. Korinther 15, 55).

Wie diese Botschaft den Weg zu den Völkern des Mittelmeeres antrat, um sie schließlich zu erobern, soll uns als nächstes beschäftigen.

Die Frohe Botschaft

Die Überzeugung, daß Jesus weiterlebte, machte aus einem Dutzend Anhänger eines erschlagenen und entehrten Führers eine der dynamischsten Gruppen der Menschheitsgeschichte. Wir lesen, daß Feuerzungen auf sie niederstiegen. Es war ein Feuer, das die ganze Mittelmeerwelt in Flammen setzen sollte. Menschen ohne jede Eloquenz wurden plötzlich zu begabten Rednern. Sie schossen überall in der griechisch-römischen Welt wie Pilze aus dem Boden und predigten das, was wir das Evangelium nennen, was aber, wörtlich übersetzt, die ›gute Nachricht‹, die Frohe Botschaft, heißen müßte. Ausgehend von dem unscheinbaren Raum eines Hauses in Jerusalem verbreiteten sie ihre Botschaft mit solcher Inbrunst, daß sie noch in der Generation Jesu in jeder größeren Stadt der Region Wurzeln schlug.

Und was war das für eine ›frohe Botschaft‹, die die westliche Geschichte in zwei Teile zerbrach wie einen trockenen Zweig – in ›vor Christus‹ und ›nach Christus‹ nämlich – und durch die christliche Kirche Einfluß gewann? War es die ethische Komponente der Lehre Jesu – die Goldene Regel, die Bergpredigt? Keineswegs. Wir haben schon bemerkt, daß jede einzelne Lehre Jesu in der Literatur seiner Zeit schon enthalten war. Paulus, dessen Briefe das Denken der Urkirche zusammenfassen, wußte, was Jesus gelehrt hatte, aber er zitiert ihn so gut wie nie. Die Nachricht, die ihn verwandelte, war offenbar nicht mit Jesu ethischen Geboten identisch, ja nicht einmal mit der Art, wie er diese durch sein beispielhaftes Leben verkörperte. Es war etwas vollständig anderes.

Was dieses andere war, können wir an Hand eines Symbols zu verstehen versuchen. Wenn wir in den ersten Jahrhunderten der christlichen Ära im östlichen Mittelmeerraum gelebt hätten, hätten wir vielleicht hier und da in Mauern und Hauswände eingeritzt oder einfach auf den Boden gemalt die groben Umrisse eines Fisches gesehen. Selbst wenn wir öfter einem solchen Bild begegnet wären, hätten wir es vermutlich für bloßes Gekritzel gehalten und ihm keine weitere Beachtung geschenkt, zumal in diesen Hafenstädten der Fischfang zum täglichen Leben gehörte. Wären wir jedoch Christen gewesen, so hätten wir in diesen Zeichnungen das Symbol für die Frohe Botschaft erkannt. Der Kopf des Fisches hätte uns den Weg zu dem Ort gewiesen, an dem die jeweilige christliche Gemeinde ihre heimlichen Versammlungen abhielt. Denn in diesen Jahren der Katakomben und Arenen, als jeder Christ, der als solcher entlarvt wurde, Gefahr lief, den Löwen vorgeworfen oder als lebendige Fackel verbrannt zu werden, waren die Christen genötigt, Symbole zu verwenden, die weniger bekannt waren als das Kreuz. Der Fisch war besonders beliebt, denn die Buchstaben des griechischen Wortes für ›Fisch‹ (*Ichthys*) sind zugleich die Anfangsbuchstaben der griechischen Wörter für »Jesus Christus, Sohn Gottes, Erlöser.« (I*esus* C*hristos* T*heu* Y*ios* S*oter*) *Das* war die Frohe Botschaft, gekleidet in die groben Umrisse eines gewöhnlichen Fisches.

Aber was bedeuten diese Worte: Jesus Christus, Sohn Gottes, Retter? Jenen, die damit aufgewachsen sind, wird die Antwort sehr vertraut sein. Wir müssen jedoch an den Ursprung des Ausdrucks zurückgehen und uns bemühen zu verstehen, was er für die Männer und Frauen bedeutet haben mag, die ihn als erste verwendet haben, denn die gesamte spätere Geschichte des Christentums ist aus ihrem Verständnis seiner Bedeutung erwachsen.

Dabei widerstehen wir der Versuchung, uns sofort in Ideen, Definitionen und theologische Erörterungen zu stürzen und zu versuchen, uns von einer anderen Seite der Lösung zu nähern. Ideen sind wichtig im Leben, aber für sich genommen führen sie selten weiter. Sie erwachsen aus Fakten und Erfahrungen und verlieren, wenn man sie aus diesem Boden löst, wie entwurzelte Bäume ihre Lebenskraft. Wir werden völlig außerstande sein, die christliche Theologie zu verstehen, wenn es uns nicht gelingt, uns ein klares Bild von der Erfahrung zu machen, die sie zu erklären versuchte.

Wer damals Zeuge war, als die ersten Jünger Jesu die Frohe Botschaft verkündeten, für den war das, was er sah, ebenso eindrucksvoll wie das, was er hörte. Zu sehen waren nämlich Menschen, deren Leben sich verändert hatte – Männer und Frauen, die nur darin außergewöhnlich waren, daß sie offenbar das Geheimnis des Lebens ergründet hatten. Sie strahlten eine Ruhe, Einfachheit und Fröhlichkeit aus, denen ihre Zuhörer nirgendwo sonst begegnet waren. Hier waren Menschen, denen ein Unternehmen zu gelingen schien, das jeder gerne zum Erfolg führen möchte – das Leben selbst.

Zwei Eigenschaften schienen in ihrem Leben besonders reichlich vorhanden zu sein. Die eine war die gegenseitige Achtung. Eine der frühesten überlieferten Beobachtungen über die Christen lautet: »Sieh, wie diese Christen einander lieben.« Für diese gegenseitige Achtung war das völlige Fehlen von sozialen Schranken wesentlich; es war eine »Nachfolgegemeinschaft von Gleichgestellten«, wie es eine Neutestamentlerin einmal ausgedrückt hat.[12] Hier waren Menschen, die nicht nur behaupteten, jedermann sei vor Gott gleich, sondern offenbar auch danach lebten. Die Barrieren, die Rasse, Geschlecht und gesellschaftlicher Rang zwischen den Menschen sonst errichteten, galten ihnen nichts, denn in Christus gab es nicht Juden und Heiden, Männer und Frauen, Sklaven und Freie. In ihrer Gemeinschaft waren alle gleich.

E. Schillebeeckx schreibt, daß »es existentiell unmöglich [war], in der Gegenwart Jesu traurig zu sein«,[13] und das bringt uns zu der zweiten Eigenschaft der ersten Christen. Jesus hat seinen Anhängern den Zweck seiner Lehren einmal so erklärt: »Ich habe euch dies gesagt, damit meine Freude euch erfüllt und an eurer Freude nichts mehr fehlt« (Johannes 15, 11), und dieses Ziel scheint in erstaunlichem Maße erreicht worden zu sein. Für Außenstehende war das verblüffend. Es gab ja nur wenige verstreute Christen. Sie waren weder reich noch mächtig. Wenn sie ihren Mitbürgern etwas voraushatten, dann höchstens die Anfeindungen, denen sie ausgesetzt waren. Und doch hatten sie inmitten all ihrer Prüfungen einen inneren Frieden gefunden, der sich in einer überschäumenden Freude auszudrücken schien. Vielleicht sollten wir sagen: strahlend. Das religiöse Durchschnittsleben läßt sich kaum als strahlend bezeichnen, aber kein Wort eignet sich besser, um das Leben dieser ersten Christen zu beschreiben. Ein gutes Beispiel ist Paulus. Was hatte dieser Mann nicht alles erduldet: das Hohngelächter, die Hetzjagden von Stadt zu Stadt, den Schiffbruch, die Gefangenschaft und nicht zuletzt die Prügel, die seinen Rücken mit Striemen gezeichnet hatten. Und doch stehen wir hier vor einem Leben, das einem dauernden Freudengesang glich: »Freude, die der heilige Geist schenkt« (Römer 14, 17), »Dank sei Gott, daß er uns ... den Sieg

schenkt!« (1. Korinther 15, 57), »Ich betrachte überhaupt alles andere
als Verlust im Vergleich mit dem überwältigenden Gewinn, daß ich
Jesus Christus als meinen Herrn kenne.« (Philipper 3, 8), »Gott hat
einst gesagt: ›Aus der Dunkelheit soll Licht aufleuchten!‹ So hat er jetzt
sein Licht in meinem Herzen aufleuchten lassen . . .« (2. Korinther 4,
6), »Laßt uns Gott danken für sein Geschenk! Es ist so groß, daß man es
gar nicht beschreiben kann« (2. Korinther 9, 15). Die Freude dieser
ersten Christen war tatsächlich unbeschreiblich. Im fünften Kapitel des
Briefs an die Epheser können wir spüren, daß sie nicht aus Konvention
sangen, sondern aus dem unwiderstehlichen Überschwang ihrer direkten Erfahrung heraus. Ihr Dasein war nicht mehr vom Lebenskampf
bestimmt. Ihre Mitte war gefühlte Herrlichkeit.

Woher kam diese Liebe und Freude der ersten Christen? Schließlich
sind das Eigenschaften, die jedermann sich wünscht. Aber wie kann man
sie erlangen? Die Erklärung, soweit sie sich dem Neuen Testament
entnehmen läßt, ist die, daß den Menschen mit einem Schlag drei
unerträgliche Lasten abgenommen worden waren. Zunächst war ihnen
jegliche Angst genommen worden, sogar die Angst vor dem Tode. C. G.
Jung sagte einmal, er habe nie einen Patienten über vierzig gehabt,
dessen Probleme nicht im Grunde mit der Angst vor dem her-
annahenden Tode zu tun gehabt hätten. Und so war der Grund, weshalb
die Christen sich selbst von Löwen nicht einschüchtern ließen und noch
beim Betreten der Arena Lieder auf den Lippen hatten, darin zu suchen,
daß in ihnen das Echo der Worte Jesu lebendig war: »Fürchtet euch
nicht, ich bin bei euch.«

Die zweite Last, die von ihnen genommen worden war, war die
Schuld. Für den Rationalisten ist Schuld etwas nicht weiter Problemati-
sches, doch die Psychologen sind da anderer Ansicht. Ein gewisses Maß
an – bewußten oder verdrängten – Schuldgefühlen scheint dem Menschen inhärent zu sein, denn es gelingt niemandem, sein Leben ganz
nach seinen Idealvorstellungen zu führen. Nicht nur unseren Mitmenschen gegenüber verhalten wir uns nicht so, wie das Gewissen es von
uns verlangt; auch an uns selbst versündigen wir uns, indem wir Begabungen verkümmern und Gelegenheiten ungenützt verstreichen lassen.
Am Tage mag es uns noch gelingen, die Gewissensbisse zu unterdrük-
ken, aber in den schlaflosen Stunden der Nacht suchen sie uns heim:

> Letztlich die Qual, abermals durchzuleben,
> Was man getan und was man war; die Schmach

Von Beweggründen spät erkannt, das Wissen
Von schlechtem Tun, zum Schaden andrer,
Was man sich einst als Tugend angerechnet.
                               (T. S. Eliot, Little Gidding)[14]

Ungelinderte Schuld verringert die Kreativität. Im schlimmsten Falle
kann sie zu einem Rausch der Selbstverdammnis führen, die das ganze
Leben blockiert. »Ich elender Mensch! Wer wird mich erlösen von dem
Leibe dieses Todes?« (Römer 7, 24, nach Luther).

Die dritte Befreiung, die die Christen erleben durften, war die aus
den einengenden Fesseln des Ego. Es ist nicht anzunehmen, daß diese
Männer und Frauen, bevor sie zu ihrem neuen Leben erwachten, selbst-
süchtiger waren als ihre Mitmenschen, aber sie erkannten nun, daß ihre
Liebe höchst unvollkommen gewesen war. Sie wußten: »Der Fluch des
Menschen ist zu lieben und manchmal gut zu lieben, aber niemals gut
genug.«[15] Nun war dieser Fluch auf dramatische Weise von ihnen
genommen.

Es ist leicht einzusehen, daß die Befreiung von Schuld, Angst und
Ego auf die Menschen wirken konnte, als seien sie neu geboren. Wenn
uns jemand von diesen lähmenden Geißeln befreien würde, auch wir
würden ihn unseren Retter nennen. Doch damit wird unsere Frage nur
einen Schritt zurückverlagert. Wie wurden die Christen von diesen
Lasten befreit? Und was hatte ein längst nicht mehr unter den Lebenden weilender Mann namens Jesus damit zu tun, daß man ihm jetzt
noch das Verdienst daran zuschreibt?

Die einzige Macht, die fähig ist, derartige Verwandlungen zu vollbringen, ist die Liebe. Es blieb dem zwanzigsten Jahrhundert vorbehalten zu entdecken, daß im Atom die Energie der Sonne selbst enthalten
ist. Damit diese Energie freigesetzt wird, muß das Atom jedoch von
außen bombardiert werden. Und so ist auch in jedem Menschen ein
Vorrat an Liebe vorhanden, der Teil des Göttlichen ist – die *Imago dei*,
das Bild Gottes, wie es manchmal genannt wird. Und auch diese Liebe
kann nur durch ein Bombardement aktiviert werden, in diesem Fall
durch das Bombardement der Liebe. Dies beginnt in der Kindheit,
wenn das ursprünglich einseitige liebevolle Lächeln der Mutter die
Liebe in ihrem Baby weckt und mit fortschreitender Entwicklung der
Koordinationsfähigkeit ein Lächeln des Kindes als Antwort hervorruft.
In der Kindheit setzt sich der Prozeß fort. Ein liebevoller Mensch
entsteht nicht durch Ermahnungen, Vorschriften oder Drohungen.

Liebe schlägt nur dann im Kind Wurzeln, wenn sie ihm von außen entgegengebracht wird – zunächst und vornehmlich in der wohlwollenden Pflege der Eltern. Ontogenetisch gesehen ist die Liebe ein ›Antwortphänomen‹. Wörtlich ist sie eine Reaktion. Ein aktuelles Beispiel soll das verdeutlichen.

Er war ein unsicherer Student im ersten Semester an einem kleinen College im Mittleren Westen. Eines Morgens begann der Dozent – den er mit der für sein Alter typischen glühenden Verehrung liebte – seine Vorlesung mit den Worten: »Gestern abend habe ich einen der bedeutungsvollsten Sätze gelesen, an die ich mich erinnern kann.« Als er den Satz dann vorlas, schlug dem Jungen das Herz bis zum Halse, denn es waren seine eigenen Worte, die der Dozent aus seiner in der Woche zuvor eingereichten Seminararbeit vorlas. Er berichtet selbst, wie er sich fühlte: »An das, was in der Stunde sonst passierte, kann ich mich überhaupt nicht erinnern, aber ich werde nie vergessen, was ich fühlte, als ich beim Klingeln am Ende der Stunde wieder zu mir kam. Es war Mittag, und der Oktober zeigte sich von seiner besten Seite. Ich war voller Jubel. Wenn mich jetzt jemand um irgend etwas gebeten hätte, ich hätte es ihm ohne Bedenken gegeben, denn ich war wunschlos glücklich. Ich brannte nur so darauf, der Welt, die mir soviel geschenkt hatte, etwas von mir zu geben.«

Wenn ein junger Mann durch das Interesse, das ein simpler Dozent ihm entgegenbrachte, eine solche Verwandlung durchmachte, kann man sich leicht vorstellen, welche Veränderung mit den ersten Christen vorgegangen wäre, wenn sie gewußt hätten, daß Gott sie liebte. Und wenn unser Vorstellungsvermögen uns auch vielleicht im Stich läßt, hilft uns logisches Denken weiter. Wenn auch wir uns – nicht abstrakt oder prinzipiell, sondern lebendig und persönlich – von ihm geliebt fühlten, der alle Macht und Vollkommenheit in sich vereint, dann könnte diese Erfahrung unsere Angst, unsere Schuld und unsere Selbstsucht für immer auflösen. Wie Kierkegaard gesagt hat: Wenn ich in jedem gegenwärtigen und zukünftigen Augenblick sicher wäre, daß nichts geschehen ist oder je geschehen kann, was mich von der unendlichen Liebe des Unendlichen auszuschließen vermöchte, dann wäre das der Grund zur Freude.

Und diese Liebe Gottes ist genau das, was die ersten Christen fühlten. Sie hatten die Liebe Jesu erfahren und waren nun überzeugt, daß Jesus die Inkarnation Gottes sei. Wenn diese Liebe sie einmal gefunden hatte, war sie nicht mehr aufzuhalten. Sie löste die Schranken von

Angst, Schuld und Ego auf und durchströmte sie, als wären sie Schleu-
sentore, die Liebe vermehrend, die sie bisher für andere gefühlt hatten,
bis aus dem Gradunterschied ein Wesensunterschied wurde und eine
neue Qualität geboren wurde, welche die Welt christliche Liebe nennen
sollte. Die konventionelle Liebe wird von liebenswerten Objekten her-
vorgerufen, aber die Liebe, die den Menschen von Christus entgegen-
schlug, umfaßte auch die Ausgestoßenen und die Sünder, die Samariter
und die Feinde. Sie gab nicht mit kluger Berechnung, um einer erhofften Gegenleistung willen, sie gab, weil Geben ihre Natur war. Die
berühmte Schilderung der christlichen Liebe durch Paulus im drei-
zehnten Kapitel des ersten Briefes an die Korinther sollte nicht so
gelesen werden, als kommentiere er hier eine Haltung, die uns schon
bekannt ist. Seine Worte verweisen auf die Eigenschaft einer bestimmten Person, Jesus Christus. In Sätzen von klassischer Schönheit beschreibt er die göttliche Liebe, die die Christen seiner Überzeugung
nach an ihren Nächsten weitergeben würden, sobald sie einmal die
Liebe gespürt hätten, die Christus für sie empfand. Der Leser sollte den
Worten des Paulus so gegenübertreten, als definierten sie eine ganz
neue Fähigkeit, die Paulus, da sie »im Fleische« nur in Christus voll
verwirklicht worden waren, zum ersten Mal beschrieb.

> Wer liebt, ist geduldig und gütig. Wer liebt, der ereifert sich
> nicht, er prahlt nicht und spielt sich nicht auf. Wer liebt, der
> verhält sich nicht taktlos, er sucht nicht den eigenen Vorteil und
> läßt sich nicht zum Zorn erregen. Wer liebt, der trägt keinem
> etwas nach; es freut ihn nicht, wenn einer Fehler macht, sondern
> wenn er das Rechte tut. Wer liebt, der gibt niemals jemand auf,
> in allem vertraut er und hofft er für ihn; alles erträgt er mit
> großer Geduld. Liebe wird niemals vergehen.
>
> (1. Korinther 13, 4–8)

So erstaunlich fanden die ersten Christen diese Liebe und die Tatsache,
daß sie wirklich in ihr Leben eingetreten war, daß sie zu ihrer Beschreibung Hilfe herbeirufen mußten. Zum Abschluß einer der ersten überlieferten Predigten über die Frohe Botschaft griff Paulus auf die Worte
eines der Propheten zurück, der seinerseits im Namen Gottes sprach:
»Seht euch vor, ihr Spötter, wundert euch und geht zugrunde! Denn zu
euren Lebzeiten werde ich etwas tun – wenn es euch jemand erzählt,
werdet ihr ihm nicht glauben« (Apostelgeschichte 13, 42).

Der Mystische Leib Christi

Die ersten Christen, die die Frohe Botschaft über den ganzen Mittel-meerraum verbreiteten, hatten nicht das Gefühl, allein zu sein. Sie fühlten sich nicht einmal als Gemeinschaft allein, denn sie glaubten, daß Jesus als konkrete, energetisierende Kraft in ihrer Mitte war. Sie erin-nerten sich, daß er gesagt hatte: »Denn wo zwei oder drei in meinem Namen zusammenkommen, da bin ich selbst in ihrer Mitte« (Matthäus 18, 20). Und so begannen sie – während ihre Zeitgenossen ihnen den Spitznamen ›Christen‹ (wörtlich ›die Messias-Leute‹, weil sie Jesus für den von den Propheten angekündigten Erlöser hielten) gaben – sich selbst als *Ekklesia* zu bezeichnen, ein Wort, das im Griechischen schlicht ›Ratsversammlung‹ bedeutet. Die Wahl dieses Namens zeigt, wie wenig sich die frühchristliche Gemeinschaft als ›Selbsthilfegruppe‹ verstand. Sie war kein Zusammenschluß von gutwilligen Menschen mit dem Ziel, einander beim Ausführen guter Werke zu unterstützen und sich an ihrem kollektiven Haarschopf aus dem Sumpf zu ziehen. Sie bestand zwar aus Menschen, aber ihre Kraft bezog sie daraus, daß Christus – will sagen Gott – in ihrer Mitte gegenwärtig war, obwohl es sich jetzt um eine geistige und nicht mehr um eine sichtbare Gegenwart handelte.

Von dieser Überzeugung durchdrungen, zogen die Jünger aus, um eine Welt zu erobern, die Gott, wie sie glaubten, schon für sie erobert hatte. Bilder stellten sich ein, in denen sich das von ihnen intensiv empfundene Gefühl kollektiver Identität ausdrückte. Ein solches Bild kam von Christus selbst: »Ich bin der Weinstock, und ihr seid die Reben« (Johannes 15, 5). Das ist offenbar eine Metapher, deren Aussa-gekraft wir nur verstehen können, wenn wir genau begreifen, in wel-chem Sinne die Urkirche sie aufgefaßt hat. So wie eine physikalische Substanz durch den Weinstock fließt und in seine Zweige, Blätter und Früchte eindringt, um ihnen Leben zu bringen, so floß eine ›spirituelle Substanz‹, der Heilige Geist, vom auferstandenen Christus in seine Anhänger und befähigte sie zu der Liebe, die als Frucht gute Taten hervorbrachte. (Die frühesten Christen betrachteten den Heiligen Geist als Christi/Gottes kraftspendende Gegenwart in der Welt. Im vierten Jahrhundert hatte diese Gegenwart eine eigene spirituelle Iden-tität angenommen und wurde als die dritte Person der göttlichen Trini-tät verstanden, die mit Gott dem Vater und Gott dem Sohn – Christus – Wesen und Ewigkeit teilte.) So lasen die Anhänger Jesu seine eigene Darstellung des Sachverhalts: »Ich bin der wahre Weinstock . . . Bleibt mit mir vereint, dann werde auch ich mit euch vereint bleiben. Nur wenn ihr mit mir vereint bleibt, könnt ihr Frucht bringen, genauso wie eine Rebe nur Frucht bringen kann, wenn sie am Weinstock bleibt« (Johannes 15, 1 und 4).

Paulus wandelt das von Christus verwendete Bild ab. Für ihn ist der menschliche Körper das Symbol der Kirche. Dadurch konnte er die Vorstellung von einer zentralen Lebenssubstanz wie beim Weinstock beibehalten, während der Körper Differenzierungen erlaubte, die über Zweige und Blätter weit hinausgingen. Paulus argumentierte, daß, obwohl die Aufgaben und die Talente der einzelnen Christen sich ebenso stark unterscheiden wie die der Augen und Füße, doch alle von einer einzigen Quelle belebt werden. »Denkt an den menschlichen Körper: Er hat viele verschiedene Teile, und jeder Teil hat seine besondere Aufgabe; aber der Körper bleibt deshalb doch einer. Genauso ist es mit uns: Obwohl wir viele sind, bilden wir durch die Verbindung mit Christus ein Ganzes« (Römer 12, 4 und 5).

Dieses Bild schien den frühen Christen vollkommen angemessen zur Darstellung ihres Lebens als Gemeinschaft. Die Kirche war der Mystische Leib Christi. Mystisch war hier gleichbedeutend mit übernatürlich und geheimnisvoll, aber nicht unwirklich. Die menschliche Form Christi hatte die Erde verlassen, aber er setzte seine unvollendete Arbeit durch einen neuen physischen Leib, seine Kirche, fort. Der Kopf dieses Leibes blieb Christus. Dieser Mystische Leib wurde in jenem unscheinbaren Raum in Jerusalem zu Pfingsten durch die Kraft des Heiligen Geistes zum Leben erweckt. Denn »was die Seele für den menschlichen Leib ist«, so schrieb der Heilige Augustinus später, »das ist der Heilige Geist für den Leib Christi, das ist die Kirche.«

Wenn Christus der Kopf dieses Leibes war und der Heilige Geist seine Seele, dann waren die einzelnen Christen seine Zellen, zuerst wenige, aber dann, als der Körper erwachsen wurde, immer mehr. Die Zellen eines Organismus können nicht für sich allein bestehen; sie beziehen ihre Lebenskraft aus der sie umgebenden Vitalität ihres ›Wirtes‹, zu deren Erhaltung sie gleichzeitig beitragen. Es ist eine treffende Analogie. Das Ziel des christlichen Kultus war es, genau die Worte zu sprechen und die Dinge zu tun, durch die der Mystische Leib am Leben erhalten, aber gleichzeitig die einzelnen Zellen, die Seelen, für seine hereinströmende Vitalität geöffnet wurden. Durch diese Transaktion wurden die Christen der Person Christi ›einverleibt‹, denn Christus *war* nun in einem wichtigen Sinne die Kirche. Bei jedem Christen konnte das göttliche Leben ganz, teilweise oder überhaupt nicht fließen, je nachdem ob sein Glaube stark, nachlässig oder ganz erloschen war, welch letzterer Zustand der Lähmung des Körpers gleichkam. Manche Zellen konnten sogar verkrebsen und ihren Wirt angreifen – das sind die Christen, von denen Paulus sagt, daß sie die Kirche durch skandalöses Benehmen in Verruf bringen. Aber in dem Maße, in dem die Glieder ›christliche Gesundheit‹ an den Tag legten, wurden sie vom Puls des Heiligen Geistes durchströmt. Dies schuf ein festes Band zwischen den Christen und brachte sie gleichzeitig in die denkbar engste Beziehung zu Christus selbst. »Wißt ihr nicht, daß euer Körper ein Teil vom Leib Christi ist?« (1. Korinther 6, 15). »Darum lebe nun nicht mehr ich, sondern Christus lebt in mir« (Galater 2, 20).

Auf der Grundlage dieser frühen Auffassung von der Kirche sahen die Christen sie im Laufe der Zeit unter einem doppelten Aspekt. Soweit sie aus Christus und dem im Menschen wohnenden und ihn mit Gnade und Liebe übergießenden Heiligen Geist besteht, ist sie vollkommen. Soweit sie dagegen aus fehlbaren menschlichen Gliedern besteht, bleibt sie immer hinter der Vollkommenheit zurück.[16]

Die Frage, inwieweit es außerhalb des Leibes Christi Erlösung geben kann, ist unter den Christen umstritten. Manche liberalen Protestanten lehnen den historischen Anspruch der Christenheit, es könne »ohne Kirche keine Erlösung« geben, als religiösen Imperialismus rundweg ab. Ihnen stehen die Fundamentalisten gegenüber, die darauf beharren, daß nur jene erlöst werden können, die sich wissentlich und formell als Christen bekennen. Andere Christen beantworten die Frage durch die Unterscheidung zwischen der ›sichtbaren‹ und der ›unsichtbaren Kirche‹. Die ›sichtbare Kirche‹ besteht aus den formellen Mitgliedern der Kirche als irdischer Institution. Papst Pius IX. gab die Meinung der meisten Christen wieder, als er die Mitgliedschaft in der ›sichtbaren Kirche‹ als Vorbedingung zur Erlösung zurückwies. »Jeder, der durch unüberwindliche Unkenntnis unserer Heiligen Religion behindert ist«, sagte er,

und unter Beachtung des natürlichen Gesetzes, mit seinen von Gott in jedes menschliche Herz eingeschriebenen Geboten und in der Bereitschaft, ihnen zu gehorchen, ehrenwert und aufrecht lebt, kann, wenn Licht und Gnade Gottes ihm beistehen, das ewige Leben erlangen. Denn Gott, der den Verstand, das Herz, die Gedanken und Neigungen eines jeden Menschen deutlich vor sich sieht, erforscht und kennt, läßt es in seiner großen Güte und Gnade auf keine Weise zu, daß ein Mensch mit ewiger Qual bestraft werde, der sich keine willentlichen Fehler hat zuschulden kommen lassen.

Diese Erklärung gesteht jenen, die nicht der ›sichtbaren Kirche‹ angehören, klar die Erlösung zu.[17] Denn hinter der ›sichtbaren‹ steht die ›unsichtbare Kirche‹, die von all jenen gebildet wird, die unabhängig von ihrer äußeren Überzeugung nach Kräften bemüht sind, den rechten Weg zu finden. Die meisten Christen sind weiterhin der Ansicht, daß, wenn man die Kirche in diesem zweiten Sinne versteht, tatsächlich außerhalb ihrer keine Erlösung möglich ist. Die meisten glauben darüber hinaus, daß das göttliche Leben in der ›sichtbaren Kirche‹ kräftiger pulsiert als in irgendeiner anderen Institution. Denn sie stimmen dem Gedanken zu, den John Donne in seinem Sonett über die Auferstehung in poetischen Worten ausgedrückt hat, wo er über Christus sagt:

> Er war ganz Gold, als Er sich niederlegte, doch als er aufstand, war er ganz Tinktur . . .

Donne spielt hier auf die Alchemisten an, deren letztes Ziel nicht war, eine Methode zu finden, Gold herzustellen, sondern eine Tinktur, die alle niederen Metalle, mit denen sie in Berührung kam, in Gold verwandeln würde. Ein Christ ist jemand, der entdeckt hat, daß keine Tinktur Christus ebenbürtig ist.

Kirche und Verstand

Was die ersten Jünger zu Jesus hinzog, hatte nicht in erster Linie mit dem Verstand zu tun. Es war, wie wir gesehen haben, eine Sache des Erlebens – sie spürten, daß hier ein Mensch war, in dem sich selbstlose Liebe, kristallklare Freude und übernatürliche Kraft in einer Weise trafen, die ihnen von göttlichem Geheimnis erfüllt zu sein schien. Mit der Zeit spürten die Christen jedoch zwangsläufig das Bedürfnis, dieses Geheimnis zu verstehen, damit sie es sich selbst und anderen erklären konnten. Das war die Geburtsstunde der christlichen Theologie, und von nun an war die Kirche ebensosehr Kopf wie Herz.

Der Kürze halber können wir nur auf die drei wichtigsten Grundlehren des Christentums eingehen: die Inkarnation, die Versöhnung und die Trinität. Schon aus diesen Worten wird deutlich, daß es hier um eine theologische Erörterung geht, und es scheint angebracht, zunächst ein Wort über die Theologie als solche zu sagen. Der heutige Zeitgeist ist mehr an Psychologie und Ethik als an Theologie und Metaphysik interessiert. Dies bedeutet, daß die Menschen – und daher auch die Christen – dazu neigen, die ethischen Lehren Jesu für wichtiger zu halten als die theologischen Argumente des Heiligen Paulus. Und wenn sie auch selbst kaum dazu bereit sind, ihr Leben nach der Bergpredigt auszurichten – respektieren werden sie sie allemal. Dagegen erscheinen Lehren von der Art, wie wir sie hier erörtern wollen, langweilig, wenn nicht gar unglaublich und zuweilen ärgerlich. Selbst Neutestamentler, also Theologen vom Fach, lassen sich gelegentlich so sehr von dieser Stimmung anstecken, daß sie eine scharfe Grenze zwischen der ›Religion Jesu‹ und der ›Religion über Jesus‹ ziehen, zwischen der einfach-direkten Ethik Jesu und der verwickelten paulinischen Theologie, zwischen dem menschlichen Jesus und dem kosmischen Christus, wobei sie immer deutlich zu verstehen geben, was sie für das Wertvollere halten.

Aber auch wenn noch so viele Wissenschaftler die Ethik für den Kern der Religion halten, ist diese Ansicht falsch. Eine Hochreligion enthält zwar immer die Aufforderung zu einem aufrechten Leben, aber diese ist nie ihr vordringlichstes Anliegen. Im eigentlichen geht es um eine Sicht der Realität, die – oftmals fast als Nebenprodukt – die Moral in Gang setzt. Religion beginnt mit Erfahrung; »Glaube, Ritus und spirituelle Erfahrung – und letztere ist das Größte unter ihnen.«[18] Da die Erfahrung mit unsichtbaren Dingen zu tun hat, ruft sie, sobald der Verstand versucht, über dieses Unsichtbare nachzudenken, Symbole auf den Plan. Da Symbole jedoch nicht eindeutig sind, greift der Verstand am Ende zum Denken, um die Unbestimmtheit der Symbole zu beseitigen und die mit ihnen verknüpften Intuitionen zu systematisieren. Wenn wir diese Abfolge umkehren, können wir die Theologie definieren als die Systematisierung des Denkens über die Symbole, die die religiöse Erfahrung hervorruft. Die christlichen Glaubensbekenntnisse sind das Fundament der christlichen Theologie, denn sie sind die frühesten Versuche der Christen, die Ereignisse, die ihr Leben verändert haben, in eine systematische Form zu bringen und damit besser zu verstehen.

Die Lehre von der Inkarnation brauchte bis zu ihrer festen Etablierung mehrere Jahrhunderte. Sie besagt, daß in Christus Gott einen menschlichen Leib angenommen hat; damit wurde Christus als Gott-

Mensch aufgefaßt, er war also gleichzeitig ganz Mensch und ganz Gott. Wenn man sagt, das sei eine paradoxe Aussage, so ist das sehr vornehm ausgedrückt. Nein, es ist eine Behauptung, die einen schreienden Widerspruch enthält. Wenn es hieße, Christus sei halb menschlich und halb göttlich gewesen, oder in mancher Beziehung menschlich, in anderer dagegen göttlich, würde unser Verstand nicht protestieren. Aber gerade solche Konzessionen weigern sich, die Glaubensbekenntnisse zu machen. Nach den Worten des Chalkedonischen Glaubensbekenntnisses war Jesus Christus »vollkommen der Gottheit und vollkommen der Menschheit nach, wahrer Gott und wahrer Mensch ... wesensgleich dem Vater der Gottheit nach und wesensgleich auch uns seiner Menschheit nach, uns in allem ähnlich, die Sünde ausgenommen.«[19]

Die Kirche hat immer zugegeben, daß solche Aussagen dunkel sind; die Frage ist, ob damit schon das letzte Wort gesprochen ist. Im Grunde kann man dieselbe Frage an die Wissenschaft stellen. Die Anomalien, die wir in den Grenzbereichen der Physik antreffen, veranlaßten Haldane zu der berühmten Sentenz, daß »das Universum nicht nur komischer ist als wir vermuten, sondern komischer als wir vermuten *können*.« Es scheint ganz so, als sei die Wirklichkeit bisweilen so merkwürdig, daß sie mit Logik nicht zu begreifen ist. Und wo Logik und Augenschein aufeinanderprallen, scheint die Klugheit zu gebieten, sich an den Augenschein zu halten, denn dieser verheißt die Aussicht auf eine umfassendere Logik, während der umgekehrte Weg dem Entdecker die Tür vor der Nase zuschlagen würde.

Wenn wir sagten, es sei der Augenschein gewesen, der die Christen zu ihrer jeder Logik spottenden Behauptung veranlaßte, Christus sei sowohl menschlich als auch göttlich gewesen, so meinten wir damit natürlich den Augenschein der religiösen Erfahrung – Eingebungen der Seele bezüglich der letzten Fragen der Existenz. Diese Art von Augenschein läßt sich nicht so vorzeigen, daß jedermann ihm zwangsläufig zustimmt, denn er läßt sich nicht an der sinnlichen Erfahrung festmachen. Aber mit einigem Bemühen dürfte es uns schon gelingen, zumindest eine Ahnung von der Richtung zu bekommen, in die die frühen Christen durch ihre Erfahrung geführt wurden. Als Kaiser Konstantin im Jahre 325 das Konzil von Nizäa einberief, das entscheiden sollte, ob Christus von gleicher Substanz sei wie Gott oder nur von ähnlicher Substanz, da strömten dreihundert Bischöfe mit ihrem Anhang aufgeregt aus allen Ecken des Reiches zusammen. Das muß ein merkwürdiger Anblick gewesen sein, denn viele von ihnen hatten in der Verfolgung durch Diokletian leere Augenhöhlen, entstellte Gesichter und verdrehte oder gelähmte Glieder davongetragen. Aber in ihren Debatten ging es offenbar um mehr.

Die Entscheidung des Konzils, Christus sei »aus der Wesenheit des Vaters«, sagte gleichzeitig etwas über Jesus und Gott aus. Zunächst war da eine Behauptung über Jesus. Unter den vielen möglichen Bedeutungen des Wortes ›Gott‹ ist die wichtigste »dasjenige, dem man sich vorbehaltlos hingibt.« Mit der Feststellung, Jesus sei Gott, sagte die Kirche unter anderem, daß sein Leben das perfekte Vorbild sei, nach dem die Menschen ihr Leben ausrichten können. Natürlich kann es sich nicht um sklavische, detailgetreue Nachahmung handeln, aber wenn unser Leben ein authentisches Abbild der Liebe Christi, seiner Freiheit und der täglichen Schönheit seines Lebens ist, nähern auch wir uns Gott an, denn all das sind authentisch göttliche Züge.

Soviel ist klar. Aber je tiefer wir in die Lehre von der Inkarnation, der Menschwerdung Gottes, eindringen, desto mehr müssen wir auf Überraschungen gefaßt sein.

Denn erstens ist zu beachten, daß, obwohl die christliche Ankündigung von der Inkarnation – ein Gott-Mensch! – damals so aufrüttelnd war wie heute, sich unser Schock von dem der Menschen damals grundlegend unterscheidet. Weil wir den Gedanken, daß ein Mensch gottgleich sein könne, beunruhigend finden, ist für uns das Schockierende an der Inkarnationslehre das, was sie über Jesus sagt: daß er Gott sei. Aber in der damaligen Welt, in der die Trennungslinie zwischen dem Menschlichen und dem Göttlichen so durchlässig war, daß sogar die Kaiser sich routinemäßig zu Göttern erklärten, konnte die Behauptung einer obskuren Sekte, ihr Gründer sei gottgleich, kaum Aufsehen erregen. Die allgemeine Reaktion wäre also gewesen zu fragen: Was ist sonst noch neu?

Nun behauptete die Inkarnationslehre tatsächlich, es sei etwas Neues an der christlichen Botschaft, nämlich die Tatsache, daß Gott so war, wie er war, und die zeigte sich an Gottes Bereitschaft, in der von Jesus repräsentierten Form menschliche Gestalt anzunehmen. In Verbindung mit dem Charakter des Lebens, das Jesus führte, bewirkte diese Bereitschaft ein neues, von dem in der mittelalterlichen Welt bisher bekannten abweichendes Verständnis des Göttlichen. Nach christlicher Auffassung *sorgte sich* Gott um die Menschheit; er sorgte sich so sehr, daß er um ihretwillen litt. Das war beispiellos, und so war die Reaktion ungläubige Bestürzung. In den Augen der sich bedroht fühlenden Konservativen rechtfertigte eine solche Blasphemie in Verbindung mit den radikal egalitären sozialen Ansichten der Christen die Verfolgung mit dem Ziel, die neue Sekte zu vernichten. Die Christen waren sich des revolutionären Charakters ihrer Theologie durchaus bewußt, wie aus der Tatsache hervorgeht, daß sie bei der Erwähnung ihres Gottes kaum je zu betonen vergaßen, daß es sich um den »Gott und Vater unseres Herrn Jesus Christus« handele.

Die zweite Überraschung liegt in dem, was die Inkarnationslehre über Christus behauptet. Denn statt viele Worte über die Göttlichkeit Jesu zu verlieren, sehen es die Glaubensbekenntnisse als ihre vordringliche Aufgabe an, seine vollkommene Menschlichkeit zu verteidigen. Dies paßt zu dem, was wir über die fast selbstverständliche Überschneidung zwischen Menschlichem und Göttlichem im griechisch-römischen Weltbild gesagt haben – wurde doch die religiöse Landschaft von den Göttern des Olymp beherrscht, und die waren halb Menschen, halb Götter. Der christliche Jesus paßte nicht in dieses Bild. Wir haben gesehen, daß die Überschneidung menschlich/göttlich in seinem Fall kein Kompromiß war – ein bißchen menschlich, ein bißchen göttlich. Es war die Verbindung krasser Gegensätze: absolute Göttlichkeit vereint mit absoluter Menschlichkeit. Und da die Kirche die Erfahrung gemacht hatte, daß es die vollkommene Menschlichkeit Jesu war, die ihr zu entgleiten drohte – so schnell trat seine Göttlichkeit in den Vordergrund –, machte das erste Kredo der Kirche es sich zur Aufgabe, diese Menschlichkeit hervorzuheben:

> Ich glaube an Gott, den allmächtigen Vater, den Schöpfer des Himmels und der Erde; und an Jesus Christus, unseren Herrn, *empfangen* vom Heiligen Geist, *geboren* von der Jungfrau Maria, *gelitten* unter Pontius Pilatus, *gekreuzigt, gestorben* und *begraben* ...

Wie beiläufig geht das Apostolische Glaubensbekenntnis mit der Göttlichkeit Jesu um! Schon im zweiten Jahrhundert brauchte dieser Punkt nicht mehr besonders begründet zu werden; er wurde vorausgesetzt. Problematisch war dagegen der Teil des Bekenntnisses – hier im Druck hervorgehoben –, der behauptet, daß Christus auch ein Mensch war. Er wurde *wirklich* geboren, heißt es hier; er litt wirklich, starb wirklich und wurde wirklich begraben. Diese Ereignisse waren nicht bloßer Schein, keine Vortäuschung falscher Tatsachen, durch die Gott lediglich mit dem menschlichen Zustand liebäugelte (das war eine Vorstellung, die später als doketische Häresie abgelehnt wurde). Christus kostete diese Erfahrungen ebenso aus wie wir. Er war »wahrer Mensch.«

Es ist leicht einzusehen, warum die Kirche – dabei immense logische Schwierigkeiten in Kauf nehmend – glaubte, die Menschlichkeit Christi beibehalten zu müssen. Eine Brücke muß beide Ufer berühren, und Christus war die Brücke, die die Menschheit mit Gott verband. »Gott wurde Mensch, auf daß der Mensch Gott werden könne«, liest sich das bei Irenäus. Hätte man gesagt, Christus sei Mensch, aber nicht Gott, so hätte man seinem Leben die volle *Normativität* bestritten und die Möglichkeit zugegeben, daß andere Wege ebensogut wären. Hätte man dagegen gesagt, er sei Gott, aber nicht Mensch, so hätte man die volle *Relevanz* seines Beispiels bestritten; es wäre dann vielleicht ein realistischer Standard für Gott gewesen, aber nicht unbedingt für den Menschen. Die Christen hätten dann die eine oder andere Behauptung fallenlassen können und damit die Logik gerettet – ihrer Kernerfahrung wären sie allerdings damit untreu geworden.

Wir wollen uns nun der Lehre von der Versöhnung zuwenden. Dabei geht es um Aussöhnung, die Wiedergewinnung der Ganzheit oder Einheit (englisch *at-one-ment*) mit Gott. Die Christen waren der Überzeugung, daß das Leben und Sterben Christi zu einer beispiellosen Annäherung zwischen Gott und den Menschen geführt hatte. Mit den Worten des Heiligen Paulus: »In Christus hat er selbst gehandelt und hat aus dem Weg geschafft, was die Menschen von ihm trennte« (2. Korinther 5, 19). Zwei Bilder beherrschen seit jeher die christliche Auffassung dieses Geschehens. Das erste ist der juristischen Sprache entnommen und besagt: Adam hat gesündigt, indem er willentlich dem Gebot Gottes zuwiderhandelte, nicht von der verbotenen Frucht im Garten Eden zu essen. Da seine Sünde sich gegen Gott richtete, überstieg sie jedes Maß. Sünden müssen gesühnt werden, sonst wäre Gottes Gerechtigkeit kompromittiert. Eine unendliche Sünde verlangt nach einem unendlichen Ausgleich, und dieser konnte nur dadurch bewirkt werden, daß Gott stellvertretend unsere Schuld auf sich nahm und die geforderte äußerste Strafe, den Tod, bezahlte. Diese Zahlung leistete Gott durch die Person Christi, und damit ist die Schuld getilgt.

In Zeiten, wo die Geisteshaltung der Menschen noch eine andere war – besonders im Mittelalter –, leuchtete diese Auffassung der Versöhnung ein. Zumeist hat sich die Christenheit jedoch einer anderen Metapher bedient: der Befreiung aus der Knechtschaft. Die Knechtschaft, aus der Christus die Menschheit befreite, ist die der Sünde, so daß wir nicht umhin können, uns mit diesem peinlichen Thema auseinanderzusetzen.

Beginnnen wir mit der Feststellung, daß der Begriff ›Sünde‹ in zweierlei Sinn gebraucht wird: Zum einen bezeichnet man damit eine bestimmte Verfehlung, einen Verstoß gegen ein Gebot. Zum anderen – und dies ist die ›tiefere‹, eigentliche christliche Bedeutung des Wortes – versteht man darunter das Getrenntsein oder die Entfremdung von Gott. Diese ›Sünde schlechthin‹ (deren es, anders als im erstgenannten Sinne des Wortes, auch keine Mehrzahl gibt) ist eine falsche Orientierung des Herzens; eine Verirrung der Gefühle. Augustinus hat diesen Gedanken, ins Positive gewendet, so ausgedrückt: »Liebe [Gott] und tu was du willst.« Wenn wir das All-Eine oder, wie wir sagen können, das universelle Gute, aus ganzem Herzen lieben, strebt unser Wille nach diesem Guten und bedarf keiner Regeln mehr. Meistens liegen die Dinge jedoch anders; die Eigensucht sabotiert unsere Liebe zu anderen. Und doch lieben wir uns selbst nicht besonders. Unser Herz wird zu etwas Größerem hingezogen, das jenseits der engen Grenzen des Ego liegt.

So ist die Knechtschaft, die uns gefangenhält, unsere Bindung an uns selbst – sowie die dadurch bedingten Angst- und Schuldgefühle. Andersherum formuliert, resultiert unsere Knechtschaft aus unserer Entfremdung, unserer Sünde oder Absonderung von der vollen Teilhabe am göttlichen Leben. Man fühlt sich nicht gut, wenn man von dieser Teilhabe ausgeschlossen ist. Paulus war offen und ehrlich genug, dies zunächst zu erkennen und dann zuzugeben. Er sagte: Ich fühle mich elend. So geht es allen Gefangenen. Ein Gutteil ihres Elends resultiert aus ihrer Hilflosigkeit, und sie können sich *per definitionem* nicht selbst befreien. Daher fährt Paulus fort: »Wir tun nicht das Gute, das wir gerne tun möchten, sondern das Böse, das wir verabscheuen« (Römer 7, 19). Er gibt zu, daß er in der Falle sitzt, und diese Erkenntnis führt zu dem verzweifelten Aufschrei, den wir schon zitiert haben: »Wer wird mich erlösen von dem Leibe dieses Todes?« Es ist derselbe Schrei, den – mit welchen Worten auch immer – jeder Alkoholiker ausstößt. Wenn es überhaupt eine Befreiung geben soll, dann muß sie von außen kommen, oder besser noch, von oben: von einer Höheren Macht. Die Christen bezeugen, daß die Macht, die diese Befreiung zuwege bringt und das Selbst wieder mit dem Grund seines Wesens vereint, Christus ist. Man könnte auch sagen, es ist Gott, aber die Christen fügen hinzu, daß in diesem Fall Gottes Absicht durch Christus verwirklicht wurde.

Der dritte Schlüsselbegriff der christlichen Lehre, mit dem wir uns beschäftigen wollen, ist die Trinität. Während Gott ganz Eins ist, ist er auch Drei. Aufgrund der zweiten Hälfte dieser Aussage erscheint es Juden und Moslems fraglich, ob die Christen wirklich Monotheisten sind, aber die Christen sind sich dessen sicher. Als Wasser, Eis und Dampf tritt H_2O in flüssigem, festem oder gasförmigem Zustand auf, bleibt aber chemisch unverändert.

Was veranlaßte die Christen zu dieser untypischen Ansicht, Gott sei Drei-in-Einem? Wie immer in solchen Dingen hatte diese Vorstellung eine auf Erfahrung beruhende Grundlage. Die theologische Lehre von der Trinität war erst im vierten Jahrhundert fest etabliert, aber die Erfahrungen, denen sie Ausdruck verliehen hat, sind die der frühesten Kirche; ja, sie haben diese Kirche hervorgebracht. Als echte Juden verehrten die Jünger Jesu ohne Wenn und Aber Jahwe als ihren Gott. Aber wie wir gesehen haben, hatten sie Jesus als Jahwes ›Fortsetzung in der Welt‹ erkannt, und je lebendiger sein Leben und Wirken wurde, desto mehr Eigenleben innerhalb des Göttlichen gestanden sie ihm zu. Dies bedeutete, daß sie in ihrer religiösen Bildersprache Gott nun entweder direkt oder durch seinen Sohn begreifen konnten – obwohl die beiden so eng miteinander verbunden waren, daß das Ergebnis letztlich dasselbe war. Und dann kam Pfingsten und brachte eine dritte Herabkunft. Alle waren an einem Ort versammelt.

> Plötzlich hörte man ein mächtiges Rauschen, wie wenn ein Sturm vom Himmel herabweht. Dann sah man etwas wie Feuer, das sich zerteilte, und auf jeden von ihnen ließ sich eine Flammenzunge nieder. Alle wurden vom Geist Gottes erfüllt und begannen in verschiedenen Sprachen zu reden, jeder wie es ihm der Geist Gottes eingab.
>
> (Apostelgeschichte 2, 1–4)

Der nüchterne Verstand würde hierzu sagen, daß die Jünger ihre Erfahrung zunächst verdinglichten, indem sie sie in eine Sache – den Heiligen Geist – verwandelten und diese Verdinglichung dann personifizierten, wodurch die dritte Person der Trinität entstand. Die Jünger hätten diese Deutung zurückgewiesen. Mag sein, daß Jesus *nicht* gesagt hat: »Ich werde den Vater bitten, daß er euch einen Stellvertreter für mich gibt, den Geist der Wahrheit, der für immer bei euch bleibt.« Dieser Satz steht in dem Evangelium, das als letztes geschrieben wurde (Johannes 14, 16) und ist deshalb strittig. Aber wenn man diese Worte Jesus zugeschrieben hat, dann, weil sich in ihnen die Art widerspiegelt, wie die Jünger ihr Pfingsterlebnis gedeutet haben. Das Ereignis, dessen Zeugen sie hier wurden, war die dramatische Ankunft eines dritten Mitglieds der göttlichen Gemeinschaft, des Heiligen Geistes.

Das ist der historische Grund dafür, daß die Jünger sich Gott in der Gestalt von drei Personen vorstellten; sobald diese Vorstellung einmal ausgebildet war, projizierten sie sie auf den Ursprung der Zeiten zurück. Wenn das göttliche ›Dreieck‹ jetzt drei ›Seiten‹ hat, dann muß es immer drei Seiten gehabt haben. Der Sohn und der Heilige Geist waren nämlich zwar *dem Prinzip* nach, nicht aber im zeitlichen Sinne vom Vater ausgegangen. Die drei bestanden von Anfang an gemeinsam; sobald die Christen die Vielfalt in der Natur Gottes einmal akzeptiert hatten, erschien ihnen Gott ohne sie nicht mehr vollständig. Wir haben schon bemerkt, daß die anderen beiden abrahamischen Religionen, der Judaismus und der Islam, diese Theologie ablehnen. Die Christen aber lieben sie. Denn die Liebe, so sagen sie, ist nicht vollständig, wenn es nicht andere gibt, die man lieben kann. Wenn daher die Liebe nicht nur eine der Eigenschaften Gottes ist, sondern sein Wesen – und die historische Mission des Christentums besteht vielleicht darin, diesen Anspruch zu demonstrieren –, dann konnte Gott zu keinem Zeitpunkt wirklich Gott sein, ohne Beziehungen einzugehen, eine Bedingung, die er, »bevor er die Welt schuf« (Epheser 1, 4), durch die Liebe der drei Personen innerhalb des dreifaltigen Gottes zueinander schon erfüllte. Ein Theologe schreibt: »Die Gottheit ist eine Gemeinschaft aus drei göttlichen Personen, die einander so vollständig kennen und lieben, daß nicht nur keiner von ihnen ohne die anderen existieren kann, sondern auf geheimnisvolle Weise jeder *ist*, was der andere ist.«[20] Das Nizäische Glaubensbekenntnis formuliert das so:

> Wir glauben an den einen Gott, den allmächtigen Vater ...
> und an den einen Herrn Jesus Christus, den Einziggeborenen Sohn Gottes ...
> und an den Heiligen Geist, den Herrn, den Lebensspender ...
> der mit dem Vater und dem Sohn verehrt und verherrlicht wird.

Der römische Katholizismus

Wir haben bisher vom Christentum als Ganzes gesprochen. Dies bedeutet jedoch nicht, daß jeder Christ mit allem, was wir gesagt haben, einverstanden sein wird. Das Christentum ist ein so komplexes Phänomen, daß es schwer ist, irgendeine signifikante Aussage darüber zu machen, der alle Christen zustimmen würden. Es ist daher wichtig darauf hinzuweisen, daß das, was bisher gesagt wurde, eine Interpretation darstellt. Allerdings haben wir uns bemüht, die Punkte herauszugreifen, die im wesentlichen von allen Christen gemeinsam vertreten werden.

Anders als die frühe Christenheit, mit der wir uns bisher beschäftigt haben, sind die Gläubigen heute in drei große Gruppen gespalten. Der römische Katholizismus hat sein Zentrum im Vatikan in Rom und erstreckt sich von dort aus als dominante Religion über Zentral- und Südeuropa, Irland und Südamerika. Die Ostkirche hat ihre Haupteinflußgebiete in Griechenland und den slawischen Ländern. Der Protestantismus dominiert Nordeuropa, England, Schottland und Nordamerika.

Bis zum Jahre 313 hatte die Kirche mit der Verfolgung durch das offizielle Rom zu kämpfen. In diesem Jahr wurde sie gesetzlich anerkannt und genoß die gleichen Rechte wie die anderen Religionen des Reiches. Noch vor Ende des Jahrhunderts, im Jahre 380, wurde sie zur offiziellen Religion des Römischen Reiches erhoben. Von ein paar unbedeutenden Abspaltungen wie den Nestorianern abgesehen existierte sie als ungeteilte Einheit weiter bis 1054. Das heißt, daß die Kirche etwa die Hälfte ihrer Geschichte im wesentlichen als einheitliche Institution überdauert hat. Im Jahre 1054 ereignete sich hingegen die erste große Teilung, aus der die orthodoxe Kirche im Osten und die römisch-katholische Kirche im Westen hervorgingen. Die Gründe für den Bruch waren vielfältig – Geographie, Kultur, Sprache und Politik spielten hier ebenso eine Rolle wie rein religiöse Faktoren; sie brauchen uns hier nicht zu beschäftigen. Wir gehen gleich zur nächsten großen Spaltung über, die in der ›westlichen Kirche‹ im sechzehnten Jahrhundert durch die protestantische Reformation bewirkt wurde. Der Protestantismus enthält vier Hauptströmungen – Baptisten, Lutheraner, Calvinisten und Anglikaner –, die sich ihrerseits nach aktuellen Zählungen allein in den Vereinigten Staaten in mehr als 900 Sekten verzweigen. Gegenwärtig führt die ökumenische Bewegung einige dieser Sekten wieder zusammen.

Wir wollen uns nun mit unserem eigentlichen Anliegen beschäftigen und versuchen, die zentralen Ansichten der drei großen Zweige des Christentums zu verstehen. Bei der römisch-katholischen Kirche, der wir uns zunächst zuwenden, werden wir uns auf die zwei für das Verständnis vielleicht wichtigsten Bereiche beschränken: die Kirche als Lehrautorität und die Kirche als Vermittlerin der Sakramente.

Die Kirche als Lehrautorität

Die Vorstellung von der Kirche als Lehrautorität geht von der Voraussetzung aus, daß Gott in der Person Jesu Christi auf die Erde kam, um den Menschen den Weg zur Erlösung zu weisen – sie zu lehren, wie sie in dieser Welt leben sollten, um in jener Welt zu Erben des ewigen Lebens zu werden. Wenn das wahr ist, wenn seine Lehren wirklich das Tor zur Erlösung sind und einer der Hauptgründe für sein Herabkommen auf die Erde war, dieses Tor zu öffnen, dann ist kaum anzunehmen, daß er es nur für seine Generation aufhalten wollte. Wäre es nicht sein Wunsch gewesen, daß seine Lehren der Welt dauerhaft zugänglich sind?

Dem könnte der Leser zustimmen, aber weiter fragen: »Liegen uns seine Lehren denn nicht vor – in der Bibel?« Hier stellt sich uns jedoch das Problem der Interpretation. Die Verfassung der Vereinigten Staaten ist ein einigermaßen eindeutiges Dokument, aber dennoch wäre unser soziales Leben ein Chaos, wenn es nicht eine Autorität – den Supreme Court – gäbe, die es interpretiert. So ist es auch mit der Bibel. Wenn man jedem seine eigene Deutung zugestehen würde, wäre das Chaos vorprogrammiert. Wo die ordnende Hand der kirchlichen Autorität fehlt, werden verschiedene Bibelforscher selbst bei Fragen von höchster Bedeutung unweigerlich zu verschiedenen Ergebnissen gelangen. Und da die Möglichkeit, zwischen mehreren Antworten auf die gleiche Frage zu wählen, es unmöglich macht, *einer* Antwort voll zu vertrauen, würde bei einem solchen Ansatz der christliche Glaube auf Zögern und Stammeln reduziert werden.

Wir wollen diese Aussage durch einem konkreten Fall illustrieren. Darf man sich scheiden lassen? Es ist doch anzunehmen, daß jede Religion, die den Anspruch erhebt, ihren Anhängern in Gewissensfragen Orientierungshilfen zu geben, zu einer so wichtigen Frage eine bestimmte Meinung hat. Aber wer versucht, diese Meinung der Bibel direkt zu entnehmen, wird damit scheitern. In Markus 10, 11 hören wir:

»Wer sich von seiner Frau trennt und eine andere heiratet, begeht Ehebruch gegenüber seiner ersten Frau.« Dasselbe finden wir in Lukas 16, 18. Aber in Matthäus 5, 32 gibt es eine Einschränkung: »es sei denn wegen Ehebruchs.«[21] Was soll der Christ denken? Wie hoch ist die Wahrscheinlichkeit, daß der Text bei Matthäus entstellt worden ist? Darf ein Ehepartner, dem kein Unrecht geschehen ist, sich wieder verheiraten oder nicht?

Die Frage ist nur ein Beispiel für viele, die auf immer unentschieden bleiben müssen, wenn wir uns nur an die Bibel und unser persönliches Gewissen halten. Wurde Jesus aus einer Jungfrau geboren? Ist sein Körper nach dem Tode zum Himmel gefahren? Ist das vierte Evangelium authentisch? Ohne eine sichere Entscheidungsinstanz scheint die moralische und theologische Zersetzung unvermeidlich. Und zur Vermeidung eben dieser Zersetzung gründete Christus die Kirche als seine ständige Vertretung auf Erden, die als einzig kompetente Autorität in lebenswichtigen Fragen zwischen Wahrheit und Irrtum zu entscheiden hat. Nur so konnte der ›tote Buchstabe‹ der Schrift durch den lebendigen Instinkt der Person Gottes selbst auf Dauer wiederbelebt werden. Das ist die Bedeutung der Jesus zugeschriebenen Worte: »Darum sage ich dir: Du bist Petrus; und auf diesen Felsen will ich meine Gemeinde bauen! . . . Dir will ich die Schlüssel zu Gottes neuer Welt geben. Was du hier auf der Erde für verbindlich erklären wirst, das wird auch vor Gott verbindlich sein; und was du für nicht verbindlich erklären wirst, das wird auch vor Gott nicht verbindlich sein« (Matthäus 16, 18-19).

Die Lehre von der Unfehlbarkeit des Papstes geht letztlich auf diesen Gedanken von der Kirche als Lehrautorität zurück. So wie jedes Volk seinen Herrscher hat, sei er Kaiser, König oder Präsident, so steht an der Spitze der Kirche der Papst als Nachfolger des Heiligen Petrus auf dem Bischofsstuhl von Rom. Die Lehre von der Unfehlbarkeit des Papstes besagt, daß, wenn der Papst sich offiziell zu Fragen des Glaubens oder der Moral äußert, Gott ihn vor Irrtum bewahrt.

Da diese Lehre so oft mißverstanden wird, müssen wir betonen, daß die Unfehlbarkeit eine Gabe ist, die strengen Einschränkungen unterworfen ist. Sie impliziert nicht, daß Gott dem Papst hilft, auf jede mögliche Frage die richtige Antwort zu wissen. Und es ist ganz entschieden nicht damit gemeint, daß die Katholiken die politischen Ansichten des Papstes zu teilen haben. Auch der Papst kann Fehler machen. Er kann der Sünde anheimfallen. Er kann sich in Fragen der Wissenschaft oder der Geschichte irren. Er kann Bücher schreiben, die

Fehler enthalten. Nur auf zwei begrenzten Gebieten, dem Glauben und der Moral, ist er unfehlbar, und auch das nur, wenn er offiziell als höchster Lehrer und Gesetzgeber der Kirche spricht und eine Lehre definiert, die für alle Mitglieder der Kirche bindend ist. Wenn er eine Frage des Glaubens oder der Moral mit aller Sorgfalt und mit jeder nur erdenklichen Hilfe von Fachberatern studiert hat und nun die Antwort der Kirche präsentiert – nur bei diesen seltenen Gelegenheiten gibt er nicht *eine* Antwort, sondern *die* Anwort. Denn bei diesen Gelegenheiten bewahrt ihn der Heilige Geist vor der Möglichkeit des Irrtums. Diese Antworten stellen die unfehlbare Lehre der Kirche dar und sind als solche für die Mitglieder der römisch-katholischen Kirche bindend.

Die Kirche als Vermittlerin der Sakramente

Die zweite zentrale Idee des römischen Katholizismus ist die von der Kirche als Vermittlerin der Sakramente. Von der Kirche als Lehrautorität erfahren die Gläubigen, was sie tun *sollen*. Ob sie es allerdings auch tun *können*, steht auf einem ganz anderen Blatt. Hier setzen die Sakramente an.

Die Sakramente sind ebenso wichtig wie die Lehre. Christus rief seine Anhänger zu einem Leben auf, das an Nächstenliebe und Dienst an den Mitmenschen weit über das Mittelmaß hinausgeht. Ein solches Leben ist sicher nicht leicht. Die Katholiken legen Wert auf die Feststellung, daß wir unsere wirkliche Lage erst dann richtig einschätzen, wenn wir uns darüber klar werden, daß ein solches Leben ohne Hilfe nicht möglich ist. Denn das Leben, das Christus für uns vorschwebte, ist insofern übernatürlich, als die Richtung, in die wir uns dabei bewegen müssen, derjenigen, in die unsere natürlichen Instinkte uns ziehen, genau entgegengesetzt ist. Aus eigener Kraft *kann* der Mensch sich nicht über seine Natur erheben. Ebensogut könnte man von einem Elefanten verlangen, seine Handlungen nach der Vernunft auszurichten. Ohne Hilfe geht es also nicht. Die Kirche als Gottes Vertreterin auf Erden ist die Instanz, die diese Hilfe vermittelt, und zwar mit Hilfe der Sakramente.

Seit dem zwölften Jahrhundert ist die Zahl der Sakramente in der römisch-katholischen Kirche auf sieben festgesetzt. Sie entsprechen in auffälliger Weise den großen Ereignissen und Bedürfnissen des menschlichen Lebens. Die Menschen werden geboren, wachsen heran, heiraten oder widmen sich einer Lebensaufgabe und sterben. Unterwegs müssen sie in die Gesellschaft wieder eingegliedert werden, wenn sie gestrauchelt sind, und sie müssen essen. Die Sakramente stellen jeweils das spirituelle Gegenstück zu diesen natürlichen Ereignissen dar. So wie das Kind durch die Geburt in die natürliche Welt gelangt, so stellt die *Taufe* (indem sie Gottes erste besondere Gnade in seine Seele einpflanzt) es an seinen Platz in der übernatürlichen Seinsordnung. Wenn das Kind das Alter der Vernunft erreicht und zu reifer Überlegung und verantwortlichem Handeln ›gefestigt‹ werden muß, wird es *konfirmiert (gefirmt)*. Gewöhnlich kommt einmal der feierliche Augenblick, in dem der Erwachsene mit einem Gefährten in den *Heiligen Stand der Ehe* tritt, oder er/sie gibt sein/ihr Leben im *Heiligen Ordenssakrament* ganz an Gott hin. Am Ende des Lebens schließt die *Krankensalbung* (letzte Ölung) die irdischen Augen und breitet die Seele auf ihre letzte Reise vor.

Unterwegs müssen zwei Sakramente oft erneuert werden. Das eine ist die *Buße* (Beichte). Seiner Natur nach kann der Mensch nicht leben, ohne Irrtümern zu verfallen und vom rechten Wege abzukommen. Diese Verirrungen erfordern konkrete Schritte, durch die er in die menschliche – und göttliche – Gemeinschaft zurückgeführt wird. Die Kirche lehrt, daß, wenn wir Gott unsere Sünden in Gegenwart eines von ihm Bevollmächtigten, also eines Priesters, eingestehen, die begangene Sünde aufrichtig bereuen und ehrlich beschließen (gleichgültig, ob dieser Entschluß sich als wirksam erweist oder nicht), sie in Zukunft zu vermeiden, uns auch vergeben wird. Gottes Vergebung hängt davon ab, ob die Reue des Sünders und sein Entschluß von Herzen kommen. Der Priester hat kein unfehlbares Mittel, dies festzustellen. Wenn der/die Beichtende sich selbst oder den Priester betrügt, ist die ausgesprochene Absolution unwirksam.

Das zentrale Sakrament der Katholischen Kirche ist die *Messe*, auch als Heilige Eucharistie, Heilige Kommunion oder Herrenmahl bekannt. Das Wort Messe leitet sich aus dem lateinischen *missa* ab, was eine Form des Verbs *mittere*, ›(weg)schicken‹, ist. Die alte Liturgie enthielt zwei Entlassungsformeln, die eine für jene, die sich für das Christentum interessierten, aber noch nicht getauft waren – sie ging der Eucharistie voraus –, und die andere für die voll initiierten Christen nach der Eucharistie. Da dieses Sakrament seinen Platz zwischen diesen beiden Entlassungsformeln hatte, nannte man es zunächst *missa* und später in der Volkssprache Messe.

Das zentrale Merkmal der Messe ist der Nachvollzug des letzten

Abendmahls Christi, bei dem er seinen Jüngern Brot und Wein reichte und sagte: »Dies ist mein Blut, das für euch vergossen wird.« Es wird der katholischen Auffassung dieses Sakraments nicht gerecht, wenn man es sich als eine bloße Gedenkfeier vorstellt, bei der Priester und Kirchenvolk ihren Geist im symbolischen Gedenken an das Vorbild Christi erheben. In der Messe wird eine wirkliche Übertragung spiritueller Energie von Gott in die Seele des Menschen vollzogen. Dies gilt allgemein für alle Sakramente, trifft aber für die Messe in besonderer Weise zu. Denn die katholische Kirche lehrt, daß in Hostie und Kelch, dem geweihten Brot und Wein, der menschliche Körper und das Blut Christi wirklich gegenwärtig sind. Sie glauben, daß sein Ausspruch »Dies ist mein Leib . . . Dies ist mein Blut« in diesem Punkt wörtlich zu nehmen ist. Wenn der Priester mit diesen Worten die Wandlung vollzieht, so betrifft die Veränderung, die mit den Elementen des Mahls vorgeht, nicht nur deren Bedeutung. Die Elemente mögen danach nicht anders aussehen, und eine chemische Analyse würde keine Veränderung registrieren. Technisch gesprochen bleiben also ihre ›Akzidentien‹ unverändert, aber ihre ›Substanz‹ wird verwandelt. Man bezeichnet diese Wandlung daher auch als ›Transsubstantiation‹. Wir können sagen, daß die Eucharistie Gottes Gnade so transportiert wie ein Boot seine Passagiere, während die anderen Sakramente die Gnade transportieren wie ein Brief eine Botschaft. Wenn ein Brief einen Sinn haben soll, so ist außer Papier und Zeichen aus Tinte auch Intelligenz erforderlich; in gleicher Weise muß bei allen Sakramenten außer der Eucharistie über die sakramentalen Mittel hinaus Gottes Kraft anwesend sein. Aber in der Messe ist die spirituelle Nahrung buchstäblich in den Elementen selbst vorhanden. Für das geistige Leben der Christen ist die Eucharistie ebenso wichtig wie die Nahrungsaufnahme für den Körper. Öffne deinen Mund für das Brot des Lebens, schreibt Franz von Sales,

> und empfange voll Glauben und Liebe IHN, an den du glaubst, auf den du hoffst, den du liebst . . . Die Biene sammelt auf den Blumen Himmelstau und saugt aus ihnen die feinste Süßigkeit der Erde, verwandelt beides in Honig und trägt es in den Bienenkorb. So nimmt auch der Priester vom Altar den Heiland der Welt, den wahren Gottessohn, der wie Himmelstau von oben kam oder als Sohn der Jungfrau wie eine Blume aus unserer irdischen Menschheit hervorsproßt, und legt ihn als köstliche Speise dir in Mund und Herz. [22]

Diese persönliche Gegenwart Gottes in den Elementen der Messe unterscheidet sie ganz wesentlich von den anderen Sakramenten, beeinträchtigt aber nicht das gemeinsame Band, das sie alle vereinigt: Jedes Sakrament ist ein Mittel, durch das Gott, vermittels des mystischen Leibes Christi, in die menschliche Seele buchstäblich die übernatürliche Kraft einfließen läßt, mit deren Hilfe sie in dieser Welt so leben kann, daß sie in jener das ewige Leben erlangen wird.

Die Katholiken glauben, daß Christus in seinem letzten Vermächtnis an seine Jünger der Kirche außer der Lehrautorität ausdrücklich die sakramentale Vermittlerrolle übertragen hat. »Darum geht nun zu allen Völkern der Welt und macht die Menschen zu meinen Jüngern! Tauft sie im Namen des Vaters und des Sohnes und des Heiligen Geistes, und lehrt sie, alles zu befolgen, was ich euch aufgetragen habe. Und das sollt ihr wissen: ich bin immer bei euch, jeden Tag, bis zum Ende der Welt« (Matthäus 28, 19-20).

Die orthodoxen Ostkirchen

Die östliche orthodoxe Kirche, die heute etwa 250 Millionen Mitglieder zählt, hat sich von der römisch-katholischen Kirche im Jahre 1054 offiziell getrennt, wobei jede der anderen die Schuld an dem Bruch zuschob. Die östliche Orthodoxie umfaßt die Kirchen Albaniens, Bulgariens, Georgiens, Griechenlands, Rumäniens, Rußlands, Serbiens und vom Berge Sinai. Obwohl all diese Kirchen autark sind, stehen sie miteinander in mehr oder weniger engem Kontakt, und ihre Mitglieder fühlen sich in erster Linie der Ostkirche und erst in zweiter Linie der jeweiligen Untergliederung zugehörig.

In den meisten Punkten steht die östliche orthodoxe Kirche der römisch-katholischen Kirche nahe – nicht umsonst bildeten sie während mehr als der Hälfte ihrer Geschichte einen einzigen Organismus. Sie zelebriert dieselben sieben Sakramente und interpretiert sie in wesentlichen Punkten nicht anders als die römische Kirche. Es gibt gewisse Differenzen bezüglich der Lehrautorität, aber auch hier ist die Grundvoraussetzung dieselbe. Überließe man ihn der privaten Interpretation eines jeden, so würde der christliche Glaube in widerstreitende Ansprüche und ein Meer von Ungewißheiten zerfallen. Es ist die Aufgabe der Kirche, dem entgegenzuwirken, und Gott gibt ihr die Mittel dazu; der Heilige Geist bewahrt ihre ursprünglichen Aussagen vor Irrtum. Das alles teilt die orthodoxe mit der römisch-katholischen Kirche. Aber es gibt zwei Unterschiede. Der erste hat mit ›Menge‹ zu tun. Die Ostkirche kennt weniger Fragen, die Einmütigkeit erfordern. Im Prinzip kommen hierfür nur solche Fragen in Betracht, die in der Schrift erwähnt werden, was darauf hinausläuft, daß die Kirche Lehren interpretieren, aber nicht begründen kann. In der Praxis hat die Kirche ihr Vorrecht zur Interpretation nur siebenmal ausgeübt, und zwar anläßlich der sieben Ökumenischen Konzile, die alle vor dem Jahre 787 abgehalten wurden. Das bedeutet, daß es nach Ansicht der Ostkirche zwar verbindliche Glaubensartikel gibt, die für jeden Christen gelten – aber nur verhältnismäßig wenige. Strenggenommen sind alle Entscheidungen, die die Ökumenischen Konzile getroffen haben, in die Glaubensbekenntnisse selbst eingegangen; darüber hinaus besteht für dogmatische Aussagen über solche Dinge wie Fegefeuer, Ablaß, die Unbefleckte Empfängnis oder die körperliche Himmelfahrt Mariens (welche die Ostkirche in der Praxis, allerdings ohne sie zum Dogma zu erheben, eingeführt hat) kein Bedarf. Die Katholiken betrachten diese Dogmen positiv, als eine Weiterentwicklung der Lehre, während die Orthodoxen sie als ›Neuerungen‹ ansehen. Verallgemeinernd kann man sagen, daß die lateinische Kirche die Entwicklung der christlichen Lehre betont, während die griechische Kirche ihre Kontinuität hervorhebt und behauptet, die Kirche habe keine *Veranlassung* gehabt, ihre Lehrautorität außerhalb der Ökumenischen Konzile auszuüben. Zu den Unterschieden gehört auch das sogenannte ›akademische Lehramt‹, denn die großen Universitätszentren von Bologna und Paris haben in der Ostkirche keine Entsprechung. Wenn wir nach einem Bild suchen, in dem die Essenz des römischen Katholizismus zusammengefaßt ist, denken wir an das Mittelalter. Sein Gegenstück für die orthodoxe Ostkirche sind die Kirchenväter.

Der zweite Punkt, in dem sich das Selbstverständnis der Ostkirche, was ihre Rolle als Lehrautorität angeht, von ihrer westlichen Schwester unterscheidet, hängt mit der Art und Weise zusammen, wie ihre Dogmen entstehen. In der römischen Kirche kommen sie letztlich vom Papst; seine Entscheidungen sind es, die der Heilige Geist vor Irrtum bewahrt. Die Ostkirche hat keinen Papst – in nichts wird der Unterschied zwischen den beiden Kirchen augenfälliger. Die Ostkirche glaubt nämlich, daß Gottes Wahrheit durch »das Gewissen der Kirche« offenbart wird, wobei damit der allgemeine Konsens der Christen gemeint ist. Dieser Konsens muß natürlich auf einen Punkt gebracht werden, und das ist der Zweck der Konzilien. Wenn die Bischöfe der gesamten Kirche sich im Ökumenischen Konzil versammeln, dann legt ihr kollektives Urteil die Wahrheit Gottes in unabänderlichen Dokumenten fest. [23] Wenn also der Heilige Geist die Konzilsversammlung vor Irrtum bewahrt, dann ist es letztlich der Geist aller Christen, der daran gehindert wird, Fehler zu machen.

Das bringt uns zu einer der Besonderheiten der Ostkirche. Da diese in mancher Hinsicht eine Mittelstellung zwischen dem römischen Katholizismus und dem Protestantismus einnimmt, ist es nicht ganz leicht, einzelne Züge zu finden, in denen sie sich deutlich unterscheidet; aber wenn wir – wie wir es bei unserer Skizze des Katholizismus getan haben – zwei Punkte auswählen müßten, dann wäre einer davon die außergewöhnliche Auffassung der Kirche als eines besonderen kollektiven Gebildes.

Allen Christen gilt die Kirche als der Mystische Leib Christi. Was für die verschiedenen Glieder des Körpers gilt, das gilt auch für die einzelnen Christen: Sie sind auf Gedeih und Verderb aufeinander angewiesen. Alle Christen akzeptieren die Lehre, daß sie »alle untereinander Glieder sind«, und bei allem Vorbehalt quantitativen Feststellungen gegenüber könnte man argumentieren, daß die Ostkirche diese Vorstellung ernster nimmt als die katholische oder protestantische Kirche. Jeder Christ und jede Christin arbeitet gemeinsam mit dem Rest der Kirche an seiner/ihrer Erlösung und strebt nicht als einzelner danach, seine Seele zu retten. Die russische Orthodoxie drückt diesen Gedanken in einem Satz aus: »Man kann alleine verdammt werden, gerettet wird man nur mit den anderen.« Doch die Orthodoxie geht noch weiter. Sie nimmt den Heiligen Paulus ernst, wenn er davon spricht, daß das ganze Universum in Erwartung der Erlösung »stöhnend in Wehen liegt.« Nicht nur ist das Schicksal des Individuums mit der gesamten Kirche verknüpft; es ist auch für die Heiligung der ganzen natürlichen und geschichtlichen Welt mitverantwortlich. Jeder Teil der Schöpfung hängt in seinem Wohl und Wehe mit davon ab, wie jedes Individuum sich verhält.

Davon abgesehen hat das erwähnte starke Gemeinschaftsgefühl zwei recht praktische Auswirkungen. Die eine haben wir schon erwähnt: Durch die Gleichsetzung der Lehrautorität der Kirche mit dem christlichen Gewissen in seiner Gesamtheit – »das Gewissen der Menschen ist das Gewissen der Kirche« – glaubt die Orthodoxie, daß die Wahrheit des Heiligen Geistes auf dem Weg über den Verstand der Christen insgesamt in die Welt ausgegossen wird. Die einzelnen Christen, Laien wie Klerus, sind Zellen im »Verstand Christi«, der durch sie kollektiv wirksam wird.

Diese Überzeugung schlägt sich auf der anderen Seite in der Struktur der Kirche nieder. Während die römische Kirche klar hierarchisch gegliedert ist, basiert die Ostkirche mehr auf den Entscheidungen ihrer Laienschaft. So haben zum Beispiel die Gemeinden mehr Einfluß auf die personelle Zusammensetzung des Klerus. Die römische Kirche mag einwenden, das führe zu einer Verwischung der Grenzen zwischen Klerus und Laienschaft; aber hier hat wiederum das starke Gemeinschaftsgefühl der Ostkirche zu der Überzeugung geführt, daß die Göttliche Führung selbst auf der niedrigsten Ebene der Fragen der kirchlichen Verwaltung weiter unter den Christen verbreitet ist, als die römische Kirche zugeben will. Die unangefochtene Domäne des Klerus ist die Verwaltung der Sakramente; aber außerhalb dieser Domäne ist die Trennungslinie zur Laienschaft hin dünn. Die Priester sind nicht an den Zölibat gebunden. Selbst das formale Oberhaupt der Ostkirche, der Patriarch von Konstantinopel, ist nicht mehr als ein »primus inter pares«, und die Laienschaft wird als »königliche Priesterschaft« bezeichnet.

Bei der Darstellung der asiatischen Religionen haben wir angedeutet, daß dort die Einheit mehr, die Individualität hingegen weniger gilt als im Westen; allen voran der Hinduismus, dessen oberstes Ziel die Verschmelzung mit dem Absoluten ist. Wenn das in etwa zutrifft, dann ist es nicht verwunderlich, daß der östlichste Zweig des Christentums den größten Wert auf den Gemeinschaftsaspekt der Kirche gelegt hat – also sowohl auf die Gleichheit ihrer Mitglieder als Teile der Kirche (im Unterschied zum Katholizismus) als auch auf ihre Solidarität (im Unterschied zum Protestantismus).[24] Es ist zudem möglich, daß die Ostkirche mit ihrer geographischen Lage am Rande Europas weniger von den modernen westlichen Einflüssen berührt wurde und infolgedessen dem frühen Christentum noch nähersteht. Wir wollen dem jedoch hier nicht weiter nachgehen, sondern uns mit dem zweiten Punkt beschäftigen, in dem sie durch ihre geographische Lage in ihrer Eigenheit beeinflußt worden sein könnte: ihrem Mystizismus, der in mancher Hinsicht Anklänge an asiatische Tendenzen zeigt.

Wie die anderen Religionen, mit denen wir uns beschäftigt haben, glaubt auch das Christentum, daß die Wirklichkeit aus zwei Bereichen zusammengesetzt ist, dem natürlichen und dem übernatürlichen. Nach dem Tod wird das menschliche Leben vollständig in die übernatürliche Sphäre übertragen. Aber schon in der gegenwärtigen Welt ist es von ihr nicht völlig isoliert. Zum einen sind die Sakramente, wie wir gesehen haben, Kanäle, durch die die übernatürliche Gnade dem Menschen in seinem jetzigen Zustand zugänglich gemacht wird.

Soweit stimmen alle Christen überein. Die Unterschiede beginnen da, wo wir uns fragen, inwieweit der Christ versuchen sollte, schon auf der Erde am übernatürlichen Leben teilzunehmen. Nach katholischer Lehre wohnt die Trinität in jeder christlichen Seele, die sich dessen aber gewöhnlich nicht bewußt ist. Durch ein Leben des Gebets und der Buße kann sie sich aber für eine besondere Gabe empfänglich machen, durch welche die Trinität ihre Gegenwart enthüllt und der Suchende in einen Zustand mystischer Ekstase erhoben wird. Aber da die Menschen kein *Recht* auf solche Zustände haben, die gänzlich von der Art ›freier‹ Gnadengaben sind, spricht sich die römische Kirche weder für noch gegen ihre Kultivierung aus. Die Ostkirche fördert das mystische Leben stärker. Schon seit frühesten Zeiten, als die Wüsten bei Antiochia und Alexandria voller nach Erleuchtung strebender Eremiten waren, nimmt der mystische Ansatz im orthodoxen Leben größeren Raum ein. Da die übernatürliche Welt die Sinnenwelt allenthalben durchdringt und tränkt, hält man es hier für einen selbstverständlichen Bestandteil eines jeden Christenlebens, die Fähigkeit zu entwickeln, die Herrlichkeit der Gegenwart Gottes direkt zu erfahren.

> Schwingt sich der Fisch empor, das Meer zu suchen,
>   Taucht der Adler, um die Luft zu suchen,
> Daß wir die wandelnden Sterne fragen,
>   ob sie dort von dir gehört haben?
> Nicht wo die kreisenden Systeme dunkeln,
>   und unser betäubter Verstand sich aufschwingt,
> Pocht, merkten wir nur auf, Der Flügelschlag
>   An unsere lehmverschlossenen Türen.
> Die Engel sind an altgewohntem Platz;
>   Drehst einen Stein du, schreckt ein Flügel auf:
> Ihr seid's, 's ist euer fremdgewordenes Antlitz,
>   Das nach dem König voller Wunder sucht.
>   (Francis Thompson, The Kingdom of God)

Die Mystik ist ein praktisches Programm auch für Laien. Das Ziel jedes
Lebens sollte die Einung mit Gott sein – die durch die Gnade bewirkte
reale Vergöttlichung, die dazu führt, daß der Mensch am Leben Gottes
teilhat; mit einem griechischen Wort wird die Lehre, daß eine solche
Teilhabe möglich sei, als *Theosis* bezeichnet. Da es uns bestimmt ist, zu
einem schöpferischen Teilhaber am Leben der Trinität – also an der
unaufhörlich zwischen Vater, Sohn und Heiligem Geist webenden
Liebe – zu werden, sollte die Bewegung auf dieses Ziel hin einen Teil
jedes christlichen Lebens ausmachen. Denn nur in dem Maße, in dem
wir zu immer mehr Teilhabe an der Trinität fortschreiten, werden wir
fähig, Gott mit ganzem Herzen, ganzer Seele und ganzem Gemüte zu
lieben, und unseren Nachbarn wie uns selbst. Die mystischen Gnaden
stehen jedermann offen, und jedem ist es aufgegeben, sein Leben in eine
Pilgerschaft zur Herrlichkeit zu verwandeln.

Protestantismus

Zu dem Bruch mit dem Katholizismus, durch den sich ein Teil der
Christenheit – die später sogenannten Protestanten – von der römischen Kirche löste, haben vielfältige, teilweise heute noch umstrittene
Faktoren beigetragen: Hier spielten politisch-wirtschaftliche Gründe
ebenso eine Rolle wie nationalistische Tendenzen, das ›Aufkeimen des
Individualismus‹ in der Renaissance und die wachsende Unzufriedenheit mit klerikalen Auswüchsen. All das kann jedoch nicht über die
Tatsache hinwegtäuschen, daß die Hauptursache für den Streit in einer
unterschiedlichen Auffassung vom Christentum lag und damit religiöser Natur war. Da unser Thema geistige Strömungen sind und nicht die
Geschichte, wollen wir auf die Ursachen der protestantischen Reformation nicht näher eingehen. Wir begnügen uns damit, das sechzehnte
Jahrhundert – Luther, Calvin, die fünfundneunzig Thesen, den Reichs-
tag zu Worms, König Heinrich VIII., den Frieden zu Augsburg – als
einen breiten Tunnel zu betrachten, in den die westliche Kirche als eine
Ganzheit einfuhr, um am anderen Ende zweigeteilt herauszukommen.
Genauer gesagt, sie kam in mehreren Teilen heraus, denn beim Protestantismus handelt es sich weniger um eine Kirche als um eine Bewegung von Kirchen.

Die tiefgreifendsten Unterschiede innerhalb des Protestantismus
heute betreffen nicht die einzelnen Kirchen; es geht um persönliche

Vorlieben, die quer zu den Kirchen verlaufen und oft in einer Person zusammentreffen: Da gibt es Fundamentalisten, Konservativ-Evangelikale, Angehörige der offiziellen Hauptströmung, Charismatiker und Sozialaktivisten. Wir können uns hier nicht mit all diesen Strömungen beschäftigen, die zum großen Teil neueren Ursprungs sind. Wir beschränken uns in unserer Darstellung (ohne noch einmal auf die wesentlichen Merkmale des protestantischen Glaubens einzugehen, die er mit der katholischen und orthodoxen Christenheit teilt – der Protestantismus ist mehr christlich als protestantisch) auf die beiden großen Dauerthemen des Protestantismus. Dies sind (1) die Rechtfertigung durch den Glauben und (2) das ›protestantische Prinzip‹.

Der Glaube

Nach protestantischer Vorstellung geht es beim Glauben nicht nur darum, daß wir von der Richtigkeit einer Überzeugung mit Sicherheit, ohne uns allerdings auf Beweise stützen zu können, durchdrungen sind. Es ist eine Reaktion der ganzen Person oder, mit Emil Brunner gesprochen, ein ganzheitlicher Akt der gesamten Persönlichkeit. Als solcher *enthält* er einen Akt innerer Zustimmung, aber er beschränkt sich nicht darauf. Um zum echten Glauben zu werden, bedarf es auch eines emotionalen Aktes der Liebe und des Vertrauens und eines Aktes willentlicher Zustimmung zur Rolle als Instrument der erlösenden Liebe Gottes. Wenn der Protestantismus davon spricht, daß die Menschen durch den Glauben gerechtfertigt – das heißt wieder in die rechte Beziehung zu ihrem Seinsgrund und ihren Mitmenschen gerückt – werden, so wird damit also ausgesagt, daß die Persönlichkeit mit all ihren Kräften, mit Denken, Fühlen und Wollen an diesem Vorgang beteiligt sein muß. Es ist ein Zeichen für die Kraft der ökumenischen Bewegung unserer Tage, daß auch römisch-katholische Theologen zunehmend zu einem ähnlichen Glaubensverständnis gelangen.

So definiert ist der Glaube ein persönliches Phänomen. Wenn jemand die ›richtigen Anschauungen‹ und ›festen Überzeugungen‹ hat, kann es immer noch sein, daß er sie aus zweiter Hand übernommen hat und sich aus bloßer Gewohnheit daran hält. Bei echtem Dienst und wahrer Liebe ist dies nicht möglich. Glaube ist die Haltung, durch die Gott – bis dahin nichts weiter als ein philosophisches oder theologisches Konstrukt – ›Gott für mich‹, *mein* Gott wird. Das ist gemeint, wenn Luther sagt, so wie jeder einmal seinen eigenen Tod sterben müsse, müsse jeder auch seinen eigenen Glauben glauben.

Wenn wir spüren wollen, welche Kraft in der protestantischen Betonung des Glaubens als Reaktion der ganzen Person liegt, müssen wir sie als leidenschaftlichen Widerstand gegen religiöse Oberflächlichkeit sehen. Luthers Protest gegen den Ablaß, durch dessen Kauf man die Zeit im Fegefeuer abzukürzen hoffte, ist nur das Symbol eines umfassenderen Protestes, der sich auf verschiedene Gebiete erstreckte. Die gewissenhafteste Einhaltung religiöser Vorschriften, das reichhaltigste Konto an guten Taten, die vollständigste Liste geglaubter Lehrsätze ist keine Garantie dafür, daß man das angestrebte Ziel auch erreicht. All das ist nicht ganz ohne Bedeutung für ein christliches Leben, bleibt aber unzulänglich, solange es nicht hilft, das Herz des Gläubigen (seine Einstellung und Haltung zum Leben) zu verwandeln. Dies ist die Bedeutung des protestantischen Schlachtrufs »Rechtfertigung allein durch den Glauben.« Er besagt nicht, daß Glaubensbekenntnisse und Sakramente unwichtig seien. Aber er betont, daß sie unzureichend sind, wenn sie nicht mit der Erfahrung der Liebe Gottes und ihrer Erwiderung durch den Menschen einhergehen. Für die guten Taten gilt das gleiche. Die protestantische Position impliziert nicht, daß gute Taten unwichtig seien. Aber sie faßt sie als Korrelate des Glaubens auf, nicht als äußeres Vorspiel. Aus wahrem Glauben quellen gute Taten wie von selbst hervor,[25] während das Gegenteil nicht unbedingt der Fall ist: Gute Taten führen nicht unbedingt zum Glauben. Sowohl Paulus als auch Luther waren zu ihrer Betonung des Glaubens weitgehend gerade deswegen getrieben worden, weil es ihnen trotz einer ansehnlichen Reihe – mit zu großer Verbissenheit ausgeführter – guter Taten nicht gelungen war, ihr Herz zu verwandeln.

Einmal mehr müssen wir die Analogie des Kindes in der Geborgenheit seines Elternhauses heranziehen, ein Bild, das in so direkter Weise einen bestimmten Aspekt menschlicher Religiosität veranschaulicht, daß wir es schon mehrmals bemüht haben. Wenn seine körperlichen Bedürfnisse erfüllt sind – oder eigentlich noch während sie erfüllt werden –, braucht das Kind vor allem das Gefühl, daß es in die Liebe und Geborgenheit seiner Eltern eingehüllt ist. Entsprechendes gilt laut Paulus, Luther und den Protestanten allgemein für das ganze Leben des Menschen. Da er vom ersten bis zum letzten Augenblick der Gefahr der Verletzung durch die ihn umgebenden Kräfte ausgesetzt ist, ist er lebenslänglich auf die Gewißheit angewiesen, daß das Grundmilieu, der

Seinsgrund, aus dem er stammt und in den er einmal zurückkehren wird, *für* und nicht gegen ihn ist. Wenn er davon so überzeugt ist, daß das Wissen in reales Empfinden übergeht, wird er von der Grundangst befreit, die ihn bisher gezwungen hat, sich den Weg zur Sicherheit freizuboxen. Das ist der Grund, weshalb – ebenso wie ein geliebtes Kind ein kooperatives Kind ist – ein Mann oder eine Frau, in dem/der die Liebe Gottes den Glauben als Erwiderung der Liebe Gottes geweckt hat, ein Mensch ist, der andere Menschen aufrichtig lieben kann. Der Schlüssel liegt im eigenen Inneren. Ist der Glaube an die Güte Gottes erst einmal vorhanden, so folgt alles Wichtige daraus von selbst. Fehlt dieser Glaube, läßt er sich durch nichts ersetzen.

Das protestantische Prinzip

Das zweite grundlegende Merkmal des Protestantismus ist als das ›protestantische Prinzip‹ bekannt geworden. Philosophisch ausgedrückt warnt es vor der Verabsolutierung des Relativen. Theologisch gesprochen warnt es vor Götzendienst.

Es geht um folgendes: Der menschliche Gehorsam gebührt Gott – soweit werden alle Religionen (mit entsprechenden Abweichungen in der Wortwahl) übereinstimmen. Gott ist jedoch jenseits von Natur und Geschichte. Nicht, daß er in ihnen nicht anwesend wäre. Aber das Göttliche kann mit keinem von beiden oder einem ihrer Teile gleichgesetzt werden, denn während die Welt endlich ist, ist Gott unendlich. Das sind Wahrheiten, die im Prinzip von allen Religionen anerkannt werden. Es sind aber gleichzeitig Wahrheiten, die man leicht vergißt, und so ist es an der Tagesordnung, daß die Menschen Gott mit etwas identifizieren, was sie sehen oder berühren oder doch wenigstens leichter in Begriffe fassen können als das Unendliche. Früher haben sie Gott mit Statuen gleichgesetzt, bis die Propheten – die damit in diesem Punkt die ersten ›Protestanten‹ waren – sich gegen diese Verwechslung erhoben und die erbärmlichen Stellvertreter als Idole brandmarkten, als »kleine Formgebilde.« Als die Menschen später aufhörten, Holz und Stein als Götter zu verehren, war damit keineswegs auch der Götzendienst beendet. Während der säkulare Staat dazu überging, den Staat, den Menschen oder den Verstand zu verabsolutieren, verfuhren die Christen mit den Dogmen, den Sakramenten, der Kirche, der Bibel oder der persönlichen religiösen Erfahrung nicht anders. Wer behauptet, der Protestantismus wolle von all dem nichts wissen und bezweifle die Beteiligung Gottes an diesen Dingen, der hat ihn gründlich mißverstanden. Allerdings sagt er klar, daß keines dieser Dinge Gott *ist*. Sie alle enthalten, da sie in die menschliche Geschichte verwickelt sind, etwas Menschliches; und da das Menschliche immer unvollkommen ist, sind auch diese Instrumente bis zu einem gewissen Grade unvollkommen. Solange sie über sich hinaus auf Gott verweisen, können sie von unschätzbarem Wert sein. Aber sobald eines von ihnen absoluten oder rückhaltlosen Gehorsam fordert – das heißt, den Anspruch erhebt, Gott zu sein –, wird es diabolisch. Denn das ist nach der Überlieferung die Definition des Teufels: Der höchste Engel, der, da er sich mit der Rolle des Zweiten nicht abfinden wollte, entschlossen war, den ersten Platz einzunehmen.

Im Namen des höchsten Gottes, der alle Begrenzungen und Entstellungen der endlichen Existenz übersteigt, muß daher jeder menschliche Anspruch auf absolute Wahrheit oder Endgültigkeit zurückgewiesen werden. Ein paar Beispiele mögen zeigen, was dieses Prinzip in der Praxis bedeutet. Die Protestanten können das Dogma der Unfehlbarkeit des Papstes nicht akzeptieren, weil dieses Meinungen für immer der Kritik entziehen würde, die, da sie durch den menschlichen Verstand gefiltert sind, nach protestantischer Ansicht nie ganz gegen die Gefahr der Unvollkommenheit und des partiellen Irrtums gefeit sind. Was in den Glaubensbekenntnissen und der offiziellen Verkündigung enthalten ist, darf in vollem Umfang und von ganzem Herzen geglaubt werden. Aber wer es von dem reinigenden Kreuzfeuer des Zweifels und der Kritik abschirmen wollte, würde etwas Endliches verabsolutieren und »ein kleines Formgebilde« in einen Rang erheben, der Gott allein vorbehalten sein sollte.

Götzendienst in diesem Sinne gibt es nicht nur in anderen Sekten oder Religionen. Er entspricht einer allgemeinen Tendenz, und die Protestanten selbst sind daher zur ständigen Selbstkritik aufgerufen. Auch der Protestantismus muß ständig reformiert werden. Sein Hauptgötze ist die Bibel. Die Protestanten glauben, daß Gott sich den Menschen vor allem durch die Bibel mitteilt. Aber wenn die Bibel auf ein Podest gestellt und jeder Kritik entzogen wird, wenn behauptet wird, jedes Wort und jeder Buchstabe sei direkt von Gott diktiert und könne daher keine historischen, wissenschaftlichen oder sonstigen Ungenauigkeiten enthalten, dann wird wieder vergessen, daß das Wort Gottes zur Welt durch das Medium des menschlichen Verstandes sprechen muß. Auch die private religiöse Erfahrung ist im Protestantismus oft zum Götzen gemacht worden. Die Betonung des Glaubens als lebendiger Erfahrung hat oft dazu geführt, daß die Gläubigen jede einigermaßen bedeutende Erfahrung unbedingt für eine Eingebung des Heiligen Geistes gehalten haben. Dabei wird übersehen, daß eine Erfahrung nie ›reiner Geist‹ sein kann. Der Geist muß sich der Form des menschlichen Gefäßes anpassen, so daß das Ganze nie unvermischt auftritt.

Mit der Vermeidung solcher Verabsolutierungen versucht der Protestantismus das erste Gebot zu erfüllen: »Neben mir gibt es für dich keine anderen Götter« (2. Mose 20, 3). Das Gebot enthält eine Verneinung, und für viele hat auch das Wort Protestant einen vorwiegend negativen Klang. Ist nicht ein Protestant ein Mensch, der gegen etwas protestiert? Wir haben gesehen, daß dies gewiß zutrifft: Protestanten, die dieses Namens würdig sind, protestieren unaufhörlich dagegen, daß etwas Geringeres als Gott die Stelle Gottes beansprucht. Aber ebensogut läßt sich das protestantische Prinzip positiv formulieren, und das sollten wir tun, wenn wir seine volle Bedeutung erfassen wollen. Es protestiert *gegen* den Götzendienst, weil es sich *für* (pro) die Souveränität Gottes im Leben des Menschen einsetzt.

Aber wie soll Gott in das Leben des Menschen gelangen? Wenn man nur betont, daß Gott mit nichts in dieser konkreten, sichtbaren Welt gleichzusetzen ist, dann verliert sich der Mensch im unendlichen Ozean Gottes. Zweifellos sind wir von Gott umgeben; aber um von uns bewußt wahrgenommen zu werden, muß das Göttliche verdichtet und gebündelt werden.

Hier kommt nach protestantischem Verständnis die Bibel ins Spiel. In ihrem Bericht über das Wirken Gottes durch Israel, Christus und die Urkirche stellt sie uns mit größter Deutlichkeit Gottes unermeßliche Güte vor Augen und zeigt uns, wie der Mensch in der Gemeinschaft Gottes ein neues Leben finden kann. In diesem Sinn ist die Bibel für die Protestanten unantastbar. Aber wir müssen sorgfältig beachten, wie dies zu verstehen ist: Sie ist unantastbar in dem Sinne, daß, wenn die Menschen diesen Bericht von Gottes Gnade mit der rechten Offenheit und Sehnsucht nach Gott lesen, Gott am äußersten Schnittpunkt zwischen dem Göttlichen und dem Menschlichen steht. Dort haben die Menschen – mehr als irgendwo sonst in der Welt von Raum und Zeit – die Aussicht, die Wahrheit über Gott und die Bedeutung, die er für ihr Leben hat, nicht nur verstandesmäßig, sondern mit ihrem ganzen Wesen zu begreifen. Keine sekundäre Deutung durch Konzilien, Völker oder Theologen kommt dem gleich. Das Wort Gottes muß zu jeder einzelnen Seele direkt sprechen. Das erklärt, weshalb der Protestantismus soviel Wert auf die Bibel als das *lebendige* Wort Gottes legt.

Ist nicht eine solche Auffassung des Christentums ganz bestimmten Gefahren ausgesetzt? Die Protestanten geben das unumwunden zu. Zunächst besteht die Gefahr, Gottes Wort mißzuverstehen. Wenn alles Menschliche unvollkommen ist, wie das Protestantische Prinzip betont, muß dann nicht notwendig jedes Gottesbild zumindest unvollkommen, vielleicht aber auch ganz verfehlt sein? Dem pflichtet der Protestantismus nicht nur bei, er betont es geradezu. Aber wenn das nun einmal so ist, ist es dann nicht viel besser, diese Tatsache zu erkennen und das Tor für die Richtigstellungen des durch andere wirkenden Heiligen Geistes zu öffnen, als dem Christentum eine eigentlich begrenzte, sich aber als endgültig ausgebende Wahrheit aufzubürden? Wie Jesus selbst sagt: »Ich hätte euch noch vieles zu sagen, doch das würde euch jetzt überfordern. Aber wenn der Geist der Wahrheit kommt, wird er euch in die ganze Wahrheit einführen« (Johannes 16, 12–13). Ein ganz wichtiger Grund, den letzten Gehorsam dem transzendenten Gott vorzubehalten, ist der, daß nur so die Zukunft offengelassen wird.

Die zweite Gefahr liegt darin, daß die Christen verschiedene Wahrheiten aus der Bibel herausfiltern. Das Beispiel der über neunhundert protestantischen Kirchen allein in den Vereinigten Staaten zeigt, wie real diese Gefahr ist, und warnt vor der Möglichkeit des Abgleitens in einen radikalen Individualismus. Auch das gibt der Protestantismus zu, macht allerdings drei Einwände.

Erstens ist die Vielfalt des Protestantismus nicht so groß, wie die vielen Kirchen glauben machen – die man ohnehin größtenteils besser als Sekten bezeichnen sollte. Die meisten sind verschwindend klein. In Wirklichkeit gehören 85 Prozent aller Protestanten zwölf verschiedenen Kirchen an. Angesichts der Glaubensfreiheit, die der Protestantismus im Prinzip bejaht, liegt das Wunder weniger in der Vielfalt als in dem Grad, in dem es gelungen ist, die Einheit zu bewahren.

Zweitens spiegeln sich in den protestantischen Gemeinschaften viel eher die jeweilige europäische Herkunft oder die verschiedenen sozialen Gruppierungen in den Vereinigten Staaten wider als unterschiedliche theologische Auffassungen.

Der dritte Punkt ist jedoch am wichtigsten. Wer sagt denn, daß Vielfalt etwas Schlechtes ist? Die Menschen sind verschieden, und auch die historischen Umstände können zu lebensbestimmenden Abweichungen führen, die man ernst nehmen muß: »Neue Umstände schaffen neue Pflichten.« Die Protestanten glauben, daß Leben und Geschichte zu fließend sind, als daß Gottes erlösendes Wort in eine einzelne Form eingeschlossen werden dürfte, sei es eine Lehre oder eine Institution. Sie sind wegen der Zersplitterung des ›Leibes‹ Christi besorgt und unternehmen Schritte, um Differenzen beizulegen, die keinen Sinn mehr machen. (Damit ist die sogenannte ökumenische Bewegung angesprochen, die heute sehr einflußreich ist.) Aber sie halten es nicht für richtig, wenn die Menschen sich zusammenkauern, nur um nicht zu frieren. Die Annehmlichkeiten der Gemeinschaft sollten nicht zu Strukturen führen, die den dynamischen Charakter von Gottes fortwährender Offenbarung einschränken. »Der Wind weht, wo es ihm gefällt« (Johannes 3,8).

Die Protestanten geben also zu, daß ihre Anschauung von Gefahren bedroht ist. Aber sie akzeptieren diese Gefahren, denn sie ziehen ihre prekäre Freiheit der Sicherheit von Lehren oder Institutionen vor, die bei aller Ausrichtung nach Gott fehlbar sind. Ihr Glaube ist es, der ihnen letztlich den Mut gibt, den Gefahren ins Auge zu sehen. Auf die Frage, wo er stehen würde, wenn die Kirche ihn exkommunizieren würde, soll Luther geantwortet haben: »Unterm Himmel.«

1 Die Angaben stammen aus dem *1989 Britannica Book of the Year* (Encyclopaedia Britannica: Chicago etc., 1989)
2 Marcus Borg, *Jesus: A New Vision* (San Francisco: Harper & Row, 1988), S. 15.
3 Lukas 4, 18.
4 William James, *Die Vielfalt religiöser Erfahrungen*, S. 63.
5 Vgl. die Kapitel »Excluded Knowledge« und »Beyond the Modern Western Mindset« in Huston Smith, *Beyond the Post-Modern Mind* (Wheaton, Il: Quest Books, 1989).
6 Matthäus 12, 28.
7 B. Alan Wallace, *Choosing Reality* (Boston: Shambhala, 1989), S. 11. Vergleiche auch Smith, *Beyond the Post-Modern Mind*, S. 60; und seine Zusammenfassung von David Bohms Ansichten zu diesem Punkt, S. 76.

8 Borg, *Jesus*, S. 61.

9 Matthäus 11, 28 nach Luther.

10 Johannes 8, 32 nach Luther.

11 *Hamlet* I, i, 158. Übersetzung von Schlegel-Tieck (Rowohlt: Hamburg, 1957).

12 Elisabeth Schüssler Fiorenza, *Zu ihrem Gedächtnis.* Eine feministisch-theologische Rekonstruktion der christlichen Ursprünge. Aus dem Amerikanischen von Christine Schaumberger (Kaiser: München, 1988), S. 189

13 E. Schillebeeckx, *Jesus. Die Geschichte von einem Lebenden.* Aus dem Niederländischen von Hugo Zulauf (Herder: Freiburg, 1992)

14 Aus *Vier Quartette*, deutsch von Nora Wydenbruck, in T. S. Eliot, *Gesammelte Gedichte* (Suhrkamp: Frankfurt, 1988), S. 329.

15 Robert Penn Warren, *Brother to Dragons*, 1953. Rev. ed. (New York: Random House, 1979).

16 Für den praktischen Gebrauch mag diese Unterscheidung stichhaltig sein; theologisch betrachtet sind der göttliche und der menschliche Aspekt des Mystischen Leibes untrennbar miteinander verbunden und spiegeln damit die doppelte Natur Christi selbst wider.

17 Das Zweite Vatikanische Konzil (1962 – 1965) hat diese Position bestätigt. »Wer nämlich ... [Gottes] im Anruf des Gewissens erkannten Willen unter dem Einfluß der Gnade in der Tat zu erfüllen trachtet, kann das ewige Heil erlangen.« (»Lumen Gentium« in Karl Rahner – Herbert Vorgrimler, *Kleines Konzilskompendium*, (Herder: Freiburg, Basel, Wien, [21]1989), S. 141.

18 I. M. Lewis, *Ecstatic Religion*, 1971. Reprint. (New York: Penguin, 1978), S. 11.

19 Josef Neuner – Heinrich Roos, *Der Glaube der Kirche in den Urkunden der Lehrverkündigung*, (Pustet: Regensburg, 1983), S. 129 f.

20 Thomas Corbishley, *Roman Catholicism* (London: Hutchinson House, 1950), S. 40.

21 Nach Luther.

22 Sales, Franz von, *Philotea* (Franz-Sales-Verlag: Eichstätt, 1990), S. 114.

23 Die römische Kirche stimmt dem zu, wobei natürlich der Papst als Bischof von Rom ebenfalls der Konzilsversammlung angehört. Nach ihrer Ansicht sind auch die Bischöfe unfehlbar, wenn sie in Ermangelung einer formalen Definition einstimmig lehren, daß ein bestimmter Lehrsatz von Gott offenbart ist und von allen geglaubt werden muß. Die Unterschiede liegen in der scharfen Trennlinie, die die römische Kirche bei der Verkündigung ihrer Lehren zwischen Klerus und Laienschaft zieht und (wie erwähnt) darin, daß in der Ostkirche nicht ein Einzelner die letzte Entscheidungsautorität hat.

24 Es wäre lohnend zu überprüfen, inwieweit diese beiden Schwerpunkte der östlichen Orthodoxie, ihr Mystizismus und ihr waches Bewußtsein für die wechselseitige Verbundenheit allen Lebens, sich in der russischen Romanliteratur, besonders bei Dostojewskij und Tolstoj, niedergeschlagen hat.

25 Jakobus spricht es deutlich aus: »Glaube ohne Taten ist tot« (Jakobus 2, 17, 20, 26).

Neuntes Kapitel

IX. Urreligionen

Dieses Buch hat sich bisher mit den hauptsächlichen historischen Religionen beschäftigt. Historische Religionen haben heilige Texte und eine kumulative Tradition, die sich langsam aufbaut und fortentwickelt. Das Christentum des Mittelalters ist ebensowenig mit dem der Apostel identisch wie der Neokonfuzianismus mit der Form des Konfuzianismus, die sein Gründer gelehrt hatte, obwohl in beiden Fällen eine starke Kontinuität zu beobachten ist.

Die historischen Religionen sind heute fast über die gesamte Erde verbreitet, stellen aber chronologisch nur die Spitze des religiösen Eisbergs dar; denn sie erstrecken sich nicht einmal über viertausend Jahre gegenüber den etwa drei Millionen Jahren, die es vorher schon Religion gegeben hat. Während dieser enormen Zeitspanne haben die Menschen ihre Religion auf wesentlich andere Weise gelebt, wodurch ihr Empfindungsleben in erheblichem Maße geprägt worden sein muß. Wir wollen bei dieser Form der Religion von Urreligion sprechen, weil sie die erste war, werden sie aber, weil es immer die Religion kleiner Gruppen war, auch als Stammesreligion und, weil die Schrift diesen Menschen unbekannt war, als mündliche Religion bezeichnen. Diese Art von Religion ist in Afrika, Australien, Südostasien, auf den Pazifischen Inseln, in Sibirien und bei den nord- und südamerikanischen Indianern noch lebendig. Ihre Anhänger werden immer weniger, aber wir widmen ihnen dennoch dieses letzte Hauptkapitel, zum einen, weil wir ihnen Anerkennung schulden, und zum anderen, weil sie schon durch ihre Andersartigkeit auf die historischen Religionen, mit denen wir uns beschäftigt haben, ein besonderes Licht werfen. Wie war – und ist in den erwähnten Gegenden – die Religion von Völkern beschaffen, die in kleinen Gemeinschaften leben, deren Wirtschaft nach wie vor auf dem direkten Ergebnis ihrer Arbeit beruht und die ohne die Schrift auskommen? Wir werden dem Thema hier nicht voll gerecht werden können und müssen auch die kontinentalen und interkontinentalen Unterschiede fast gänzlich aussparen. Trotzdem wollen wir versuchen, einen Blick auf das zu werfen, was menschliche Religiosität in ihrer ursprünglichsten Form ausmacht. Dabei geht es um mehr als nur um eine akademische Pflichtübung, denn wir können mit Gewißheit annehmen, daß Reste davon als psychische Spuren in den Tiefen des Unbewußten weiterleben. Es ist auch nicht ausgeschlossen, daß wir von ihnen lernen können, denn es mag sein, daß die Stämme Einsichten und Tugenden bewahren, die unsere verstädterten industrialisierten Kulturen auf ihrem Weg längst verloren haben.

Die australische Erfahrung

Zunächst können wir einmal das aus dem neunzehnten Jahrhundert stammende Vorurteil abstreifen, das Spätere sei automatisch auch das Bessere. Das mag für die Technik – vielleicht – zutreffen, aber nicht für die Religion. Die Geschichte lehrt zwar, daß die sozialen Rollen sich in dem Maße ausdifferenzieren, wie die Gesellschaft an Umfang und Komplexität zunimmt. So wird eine Trennungslinie zwischen Klerus und Laienstand gezogen, und das Sakrale wird zunehmend vom Weltlichen geschieden; in dieser Hinsicht ähneln höher entwickelte Gesellschaften höher entwickelten biologischen Arten mit ihren spezialisierten Gliedern und Organen. Aber bei beiden war von Anfang an Leben vorhanden, und im Fall der Religion ist es ein Fehler anzunehmen, historisch späte Ausdrucksformen seien wertvoller als frühe. Wenn Gott keiner Entwicklung unterliegt, so gilt das, wie es scheint, in allen wesentlichen Punkten auch für den *homo religiosus*. Mircea Eliade kam zu dem Schluß, daß die archaischen Völker spiritueller seien als ihre Nachfahren, weil sie mit ihrer Kleidung aus Blättern und Fellen und ihrer direkt aus den Früchten der Erde gewonnenen Nahrung von äußeren Hilfsmitteln unbelastet sind. Wie dem auch sei – jedenfalls findet sich alles, was in den historischen Religionen zur Blüte kommen sollte – beispielsweise der Monotheismus – bereits bei den Urreligionen in schwachen, aber durchaus erkennbaren Zügen vorgezeichnet.

Der gedämpfte Ton der Unterscheidungen in den Urreligionen – Unterscheidungen, die sich in den historischen Religionen zu krassen Gegensätzen entwickeln wie Himmel und Hölle oder *Samsara* und *Nirvana* – eignet sich gut als Einstieg in unser Thema. Er läßt sich an der Religion der australischen Eingeborenen (Aborigines) sehr schön demonstrieren. Australien ist der einzige Kontinent, der die neolithische Erfahrung nicht mitgemacht hat, die andernorts um 10.000 vor

Christus einsetzte und die Erfindung des Ackerbaus und technisch hochentwickelter Steinwerkzeuge mit sich brachte. Durch diese Besonderheit stehen die australischen Eingeborenen von allen lebenden Völkern den Ureinwohnern der Erde am nächsten, wenn man von einem winzigen Stamm auf den Philippinen, den Tassaday, absieht, deren Authentizität umstritten ist. Die religiöse Welt der Aborigines ist einheitlich. Wir werden sehen, daß sie in dieser Hinsicht mit anderen Urreligionen vergleichbar ist, aber die ›Altertümlichkeit‹ der Aborigines läßt die schärfsten Unterscheidungen in ihrer Welt – und diese gibt es in unterschiedlichem Maße in jeder Welt – im Verhältnis zu ihren Entsprechungen in anderen urtümlichen Kosmologien gemäßigt erscheinen.

Die Unterscheidung, an die wir hier denken, ist die zwischen dem normalen Leben der Aborigines und dem, was die Anthropologen früher ihre ›mythische Welt‹ (*le monde mythique* – Lévy-Bruhl) nannten, heute dagegen mit dem Ausdruck der Aborigines selbst ›das Träumen‹ nennen. Dieser Begriff drückt besser aus, daß es nicht *zwei* Welten, sondern eine einheitliche Welt gibt, die aber auf verschiedene Weise erlebt werden kann.

Die von den Aborigines gewöhnlich erlebte Welt wird von der Zeit bestimmt; Jahreszeiten wechseln sich ab, und Generationen kommen und gehen. Diese endlose Abfolge vollzieht sich jedoch vor einem unveränderlichen Hintergrund, der von der Zeit unberührt bleibt, denn er ist »jederzeit.« Diese Hintergrundwelt wird von legendären Gestalten bevölkert. Es sind keine Götter; bis auf die Tatsache, daß sie überlebensgroß sind, gleichen sie uns im wesentlichen. Ihr Ausnahmestatus rührt daher, daß sie die paradigmatischen Handlungen, aus denen das tägliche Leben besteht, begründet oder vielmehr eingeführt haben. Sie waren Genies, weil sie die Grundbedingungen des Lebens geformt haben – Mann und Frau, Mensch, Vogel, Fisch und dergleichen – und seine Grundaktivitäten wie Jagen, Sammeln, Krieg und Liebe. Wir sind versucht zu sagen, daß die Arunta, wenn sie auf die Jagd gehen, die Taten des ersten, archetypischen Jägers nachahmen, doch damit würden wir sie von ihrem Archetypus zu scharf abgrenzen. Es ist eher so, daß sie so vollständig die Form ihres Archetypus annehmen, daß jeder zum ›Ersten Jäger‹ *wird*; es gibt keinen Unterschied mehr. Entsprechendes gilt für alle anderen Tätigkeiten, vom Korbflechten bis zum Geschlechtsverkehr. Die Arunta fühlen sich nur solange ganz lebendig, wie sie damit beschäftigt sind, Handlungen nach dem Vorbild eines

archetypischen Helden zu vollbringen. Die Gelegenheiten, bei denen
sie dieser Vorstellung untreu werden, sind ohne jede Bedeutung, denn
die Zeit verschlingt diese Gelegenheiten auf der Stelle und läßt sie im
Nichts versinken.

Hieraus ist ersichtlich, daß es bei der Religion der Aborigines nicht
um Gottesdienst, sondern um Identifikation geht, um ›Teilhabe an‹ und
Ausagieren von archetypischen Paradigmen. Das ganze Leben der Aborigines ist, insofern es sich aus der Banalität des Alltags heraushebt und
authentisch wird, rituell. Man wendet sich nicht an mythische Wesen,
um sie günstig zu stimmen oder anzuflehen. Der Mensch ist im Prinzip
durch eine breite Grenzlinie von diesen Wesen getrennt, doch diese
läßt sich leicht auslöschen, denn sie verschwindet in dem Moment
ritueller Verschmelzung, wenn aus ›jederzeit‹ ›jetzt‹ wird. Hier gibt es
weder Priester noch Gemeinde, weder den Geistlichen als Mittler noch
passive Zuschauer. Es gibt nur das Träumen und das diesem gemäße
Verhalten.

Es gibt zahlreiche Parallelen zum Motiv des Träumens, doch nirgendwo treten seine Merkmale so klar hervor wie bei dem australischen
Prototyp. Obwohl es sich hier nur um einen geringfügigen Unterschied
handelt, ist es der einzige, den wir hier erwähnen wollen. Von nun an
wollen wir uns mit den Zügen beschäftigen, die den Urreligionen
gemeinsam sind und durch die sie sich von den historischen Religionen
als besondere Gruppe abheben. Der nächste Abschnitt beschäftigt sich
mit ihrer ›Oralität‹ (›Mündlichkeit‹) – womit eine Lebensweise bezeichnet wird, in der Worte nur gesprochen, aber nie geschrieben
werden – und mit ihrer besonderen Auffassung von Raum und Zeit.
Weitere Gemeinsamkeiten werden sich bei der Darstellung ihrer besonderen Weltsicht herausschälen.

Oralität, Raum und Zeit

Oralität

Die Urreligionen sind, wir wir gesehen haben, ursprünglich schriftlos.
Natürlich hat die Schrift bei einigen von ihnen inzwischen Einzug
gehalten, doch ändert dies wenig an unserer Untersuchung, denn das
Heilige Wissen des Stammes wird durch seine Häuptlinge gewöhnlich

vor ihren Übergriffen geschützt. Wollte man lebendige Mythen und Legenden leblosen Aufzeichnungen anvertrauen, so würde man sie einsperren, und damit wäre ihr Ende besiegelt. Für uns, die wir die Schrift für eine Errungenschaft halten, ist es nicht leicht, die instinktive Haltung der damaligen Menschen nachzuvollziehen, aber wenn wir uns darum bemühen, gelingt es uns vielleicht, zu erahnen, warum die Schrift für sie nicht nur eine Konkurrenz für das gesprochene Wort darstellte, sondern die diesem innewohnenden Werte zu zerstören drohte.

Zunächst einmal ist das gesprochene Wort wandelbarer als das geschriebene. Die Sprache gehört unabdingbar zum Leben des Sprechers und hat daher Anteil an der Vitalität dieses Lebens. Dadurch erhält sie eine Flexibilität, die sich gleichermaßen auf die Bedürfnisse des Sprechers wie des Hörers einstellt. Bekannte Themen gewinnen eine neue Lebendigkeit, wenn sie in neue Worte gekleidet werden. Rhythmus, Intonation, Pausen und Betonungen lassen sich so einsetzen, daß die Sprache in Gesang übergeht und das Geschichtenerzählen zur Kunstform wird. Darüber hinaus lassen sich Dialekt und Vortrag einsetzen, um die beschriebenen Charaktere lebendig werden zu lassen und wenn nun noch die Haltung und der Gang von Tieren nachgeahmt und ihre Stimmen imitiert werden, dann ist es nicht mehr weit bis zum Drama, zum Theater. Das Schweigen kann die Aufgabe übernehmen, die Spannung zu erhöhen und kann sogar anzeigen, daß der Erzähler seine Geschichte unterbrochen hat, um zu beten.

All dies ist sattsam bekannt, erklärt aber kaum, worin der eigentümliche Charakter der ursprünglichen Oralität der Naturvölker liegt. Denn wenn nicht Weiteres hinzukommt, werden die Verfechter der Schrift sich beeilen vorzuschlagen: »Prima, dann nehmen wir doch beides«, und genau das haben die Kulturreligionen ja auch getan. Bei ihnen stehen die Schriften neben Predigten, Chorälen, Umzügen und erbaulichen Theaterstücken. Wir verstehen die Besonderheit der ursprünglichen Oralität erst, wenn wir uns klarmachen, wie exklusiv sie ist: Für sie ist die Schrift keine Ergänzung zum gesprochenen Wort, sondern sein Feind. Denn ist sie erst einmal eingeführt, wirkt sie sich unweigerlich schädlich auf die Oralität aus, deren Wirkung sie in wichtigen Punkten aushöhlt.

Der Hauptvorteil, den die ausschließliche Verwendung des gesprochenen Wortes mit sich bringt, ist ein gutes Gedächtnis. Schriftkulturen sind vergeßlicher. Was das Gedächtnis angeht, so sagt sich der

Gebildete: »Wozu soll ich mich anstrengen, wenn ich alles, was ich brauche, irgendwo nachlesen kann?« Es ist leicht einzusehen, daß die Dinge anders lägen, wenn es keine Bibliotheken gäbe. Das Gedächtnis der Blinden zum Beispiel ist legendär; und von den Neuen Hebriden wird berichtet: »Die Erziehung der Kinder geschieht durch Zuhören und Zuschauen ... Ohne die Schrift ist das Gedächtnis perfekt, die Tradition genau ... Die tausend Mythen, die jedes Kind lernt (oft wortgetreu, und eine Geschichte kann Stunden dauern) würden eine ganze Bibliothek füllen.« Und was denken sie über uns? »Die Eingeborenen lernen schnell schreiben, wenn sie mit Weißen in Berührung kommen. Aber sie betrachten die Schrift als eine komische und nutzlose Übung. Sie sagen: ›Der Mensch kann sich doch erinnern und sprechen!‹« [1]

Um besser zu verstehen, wie das Leben ohne Schrift aussehen würde, können wir uns einmal vorstellen, unsere Vorfahren seien blinde Gedächtniskünstler vom Schlage eines Homer gewesen, die sich abends nach getaner Arbeit am Feuer versammeln. Alles, was ihre Ahnen mühsam gelernt haben, von der Heilkräuterkunde bis zur erregenden Legende, ist nun in ihrem kollektiven Geist gespeichert – und nur dort. Müßten sie das in ihren Gesprächen bewahrte Erbe nicht hüten? Müßten sie es nicht verehren und endlos neu vortragen, wobei der eine den anderen ergänzen und korrigieren würde?

Es ist wichtig zu begreifen, welche Wirkung dieses ständige, lebenspendende Seminar auf seine Teilnehmer ausübt. Alle tragen zu dem lebendigen Wissensschatz bei, während dieser ihnen seinerseits mit dem ständigen Informationsfluß antwortet, der ihrem Leben Form und Fülle gibt. Jedes Mitglied des Stammes wird so zur wandelnden Bibliothek. Daß das eine echte Alternative zu den Segnungen der Schrift sein kann, zeigt der Bericht eines der ersten Abenteurer aus Afrika: »Mein getreuer Freund und Gefährte war ein alter Mann, der weder lesen noch schreiben konnte, sich dafür aber gut in den alten Geschichten auskannte. Die alten Häuptlinge hörten ihm gebannt zu. Bei dem heutigen [kolonialen] Bildungssystem besteht die Gefahr, daß vieles davon verlorengeht.« [2] Ein anderer Afrikareisender erklärt, daß »im Unterschied zum englischen System, wo es geschehen kann, daß man sein Leben lang nicht mit Dichtung in Berührung kommt, das Stammessystem der Uraons die Dichtung als wichtiges Element beim Tanz, bei Hochzeitszeremonien und bei der Fruchtpflege einsetzt – Aktivitäten, die alle Uraons im Rahmen ihres Stammeslebens gemeinsam verrichten. Wenn wir den Faktor benennen müßten, der zum Verfall der englischen Dorfkultur geführt hat, müßten wir sagen: es war die literarische Bildung.«[3]

Die ausschließliche Oralität schützt aber nicht nur das Gedächtnis. Sie bewahrt auch vor zwei weiteren Gefahren. Die erste bedroht die Fähigkeit, das Heilige auf nichtverbalen Kanälen wahrzunehmen. Da die Schrift zum expliziten Umgang mit Inhalten befähigt, entwickeln heilige Texte oft ein solches Gewicht, daß sie schließlich als der bedeutendste, wenn nicht gar als der einzige Kanal der Offenbarung angesehen werden und alle anderen verdrängen. Schriftlose Traditionen vermeiden diesen Trugschluß. Die Unsichtbarkeit ihrer Texte, das heißt, ihrer Mythen, hält ihren Blick frei für die Suche nach anderen heiligen Zeichen, wobei die wichtigsten Beispiele die unberührte Natur und die sakrale Kunst sind. Im Mittelalter, als Europa weniger gebildet war als China, »war auch den Ungebildeten und des Lesens Unkundigen die Bedeutung von Skulpturen vertraut, die heute nur der erfahrene Archäologe deuten kann.«[4]

Da die Schrift keine Grenzen kennt, kann das Schrifttum zudem so anwachsen, daß die Menschen sich in seiner unerschöpflichen Fülle verlieren. Zweitrangiges Material schiebt sich vor das, was wirklich wichtig ist. Der Geist droht in der Flut der Informationen zu ersticken und durch immer stärkere Spezialisierung eingeengt zu werden. Das Gedächtnis ist gegen solche lähmenden Erscheinungen gefeit. Denn da es in das Leben eingebettet ist, wird es auch ständig vom Leben zur Rechenschaft gezogen, und alles Überflüssige wird schnell ausgeschieden.

Wir wollen die Vorteile der ausschließlich mündlichen Tradition mit einem Ausspruch des Anthropologen Paul Radin zusammenfassen. »Die Orientierungslosigkeit unseres ganzen psychischen Lebens und unserer ganzen Wahrnehmung der äußeren Wirklichkeit, die auf die Erfindung des Alphabets folgte – das insgesamt die Tendenz gehabt hat, das Denken in den Rang des einzigen Kriteriums jedweder Wahrheit zu erheben – ist bei den [durch die Stammeskultur geprägten] Völkern nie aufgetreten.«[5]

Ort versus Raum

Ein zweites charakteristisches Merkmal der Urreligion ist ihre feste Verknüpfung mit dem Ort. Ort ist nicht Raum. Der Raum ist abstrakt, der Ort konkret. Ein Kubikmeter Raum ist ein Kubikmeter Raum, egal wo wir ihn messen, während andererseits kein Ort dem anderen gleicht.

Viele Kulturreligionen sind mit Orten verbunden. Man denkt sofort an Judaismus und Shintoismus, die beide als Urreligionen begonnen haben. Keine Kulturreligion ist jedoch so stark mit dem Ort verknüpft wie die Stammesreligionen. Zwei Geschichten vom Onondaga-Stamm der *Hau de no sau nee* (die Sechs Nationen im Norden des Staates New York) mögen diese Aussage verdeutlichen.

Oren Lyons war der erste Onondaga, der ein College besuchte. Als er in den ersten Ferien in sein Reservat zurückkehrte, schlug sein Onkel vor, mit ihm zum Fischen auf den See hinauszufahren. Sobald sie in der Mitte des Sees waren, fing er an, ihn auszufragen. »Na, Oren«, sagte er, »jetzt bist du auf dem College gewesen. Da mußt du ja jetzt ganz schön schlau sein, wo sie dir doch so viel beigebracht haben. Ich will dir eine Frage stellen. Wer bist du?« Oren, der so eine Frage nicht erwartet hatte, stutzte. »Was meinst du damit? Wer soll ich sein? Ist doch klar, ich bin dein Neffe.« Sein Onkel war mit der Antwort nicht zufrieden und fragte noch einmal dasselbe. Nacheinander gab der Neffe zur Antwort, er sei Oren Lyons, ein Onondaga, ein Mensch, ein Mann, ein junger Mann. Alles vergebens. Als sein Onkel ihn zum Schweigen gebracht hatte und er ihn nun seinerseits bat, ihm zu sagen, wer er war, sagte der Onkel: »Siehst du das Wäldchen da drüben? Oren, du *bist* dieses Wäldchen. Und die hohe Kiefer da am anderen Ufer? Oren, du bist diese Kiefer. Und dieses Wasser, das unser Boot trägt? Du bist dieses Wasser.«[6]

Die zweite Geschichte kommt aus dem gleichen Stamm. Eine Zeremonie unter freiem Himmel, an der der Autor teilnahm, wurde mit einem fünfzehnminütigen Gebet eröffnet. Niemand hatte die Augen geschlossen; im Gegenteil, alle schienen sich aufmerksam umzusehen. Da das Gebet in der Sprache der Eingeborenen gesprochen wurde, konnte ich nichts verstehen. Als ich später fragte, wovon es handelte, erfuhr ich, das ganze Gebet habe darin bestanden, alles, was ringsum zu sehen war, zu benennen, das Belebte und ›Unbelebte‹; hierzu gehörten auch die unsichtbaren Geister der Gegend, die eingeladen wurden, sich zu der Feier zu gesellen und ihren Verlauf zu segnen.

Es wäre falsch zu glauben, die Betonung der Einzelheiten (in der zweiten Geschichte) und der angestammten Umgebung (in der ersten) bringe eine Einengung der Bewegungsfreiheit mit sich. Wenn die australischen Kurnai auf Wanderung gehen, geht die Konkretheit des

Ortes mit ihnen. Die Quellen und Bäume und Felsen, denen sie begegnen, sind nicht gegen andere, ähnliche austauschbar; jedes Objekt weckt Erinnerungen an die überlieferten Ereignisse, denen sie als ein Teil angehört haben. Die Navajos brauchen nicht einmal auszugehen, um ihren Ortssinn zu aktivieren. Sie passen ihre Wohnungen der Form der Welt an und holen diese so zu sich ins Haus. Sie benennen die Pfeiler, die ihre Dächer stützen, nach – und identifizieren sie dadurch mit – den Göttern, die den ganzen Kosmos tragen: Erde, Bergfrau, Wasserfrau und Kornfrau.

Auf den ersten Seiten seines Buchs *Das wilde Denken* zitiert Claude Lévi-Strauss einen ›Eingeborenendenker‹ mit der tiefsinnigen Bemerkung: »Alles Geheiligte hat seinen Ort«, was bedeutet, daß das Gebundensein an einen Ort – nicht an irgendeinen Ort, sondern immer unbedingt an den genauen, angestammten Platz – ein Kennzeichen des Heiligen ist. »Man könnte sogar sagen«, fährt Lévi-Strauss fort, »daß erst dadurch etwas geheiligt ist, daß es seinen Ort hat, da, wenn man das Heilige unterdrückte, und sei es nur in Gedanken, die Ordnung des Universums zerstört würde . . .«[7]

Ewige Zeit

Im Gegensatz zu den westlichen Kulturreligionen, die messianisch nach vorne schauen, wirken die Urreligionen rückwärtsgerichtet. Der Eindruck ist nicht ganz falsch, und vom westlichen – linearen – Blickwinkel aus läßt sich die Sache nicht anders darstellen. Aber die ursprüngliche Zeit ist nicht linear, ist keine gerade Linie, die von der Vergangenheit durch die Gegenwart in die Zukunft verläuft. Sie ist nicht einmal zyklisch, wie sie von den asiatischen Religionen gern gesehen wird, mit einem Kreislauf, wie ihn die Welt oder die Jahreszeiten durchlaufen. Die primäre Zeit ist atemporal, ein ewiges Jetzt. Es ist natürlich paradox, von atemporaler oder zeitloser Zeit zu reden; aber das Paradox wird entschärft, wenn wir bedenken, daß die primäre Zeit statt auf chronologischer auf kausaler Abfolge beruht; für die Urvölker bedeutet ›vergangen‹ vor allem näher an der erzeugenden Quelle der Dinge. Daß die Quelle der Gegenwart zeitlich vorausgeht, ist sekundär.

Das Wort Quelle soll hier jene Götter bezeichnen, die, sofern sie die Welt nicht tatsächlich erschaffen, sie doch zumindest geordnet und ihr eine lebensfähige Struktur gegeben haben. Diese Götter existieren natürlich weiter, aber dadurch wird das Interesse nicht auf die Gegenwart verlagert, denn die Vergangenheit wird weiterhin als das Goldene Zeitalter betrachtet. Als die göttliche Schöpfung noch nicht durch die Einwirkung der Zeit und der menschlichen Handlungen zerrüttet war, war die Welt noch so, wie sie sein sollte. Das ist nicht mehr der Fall, denn sie ist in gewisser Weise geschwächt; daher müssen Maßnahmen ergriffen werden, um den ursprünglichen Zustand wiederherzustellen. »Für den religiösen Menschen der archaischen Kulturen«, schreibt Mircea Eliade, »erneuert sich die Welt jedes Jahr; mit anderen Worten, sie gewinnt mit jedem neuen Jahr ihre ursprüngliche ›Heiligkeit‹ zurück, die sie besaß, als sie aus den Händen des Schöpfers hervorging.«[8] Man errichtet Altäre, die den ursprünglichen Zustand der Welt simulieren, und die ›Stiftungsworte‹, welche die Götter am Tag der Schöpfung sprachen, werden getreulich wiederholt. Wir können diese Riten mit Telefonmasten vergleichen, die den Zweck haben, durchhängende Kabel zu stützen. Der jährliche Sonnentanz der Prärieindianer heißt Tanz zur Welt- und Lebenserneuerung. Auch einzelne Aufgaben bedürfen der Erneuerung. So gibt es zum Beispiel auf der polynesischen Insel Tikopia ein Ritual zur Bootsreparatur. Darin wird ein Boot nicht deshalb repariert, weil es kaputt wäre, sondern aus rituellen Gründen – ›streng nach Vorschrift‹ sozusagen, das heißt so, wie die Götter die Reparatur von Booten vorgemacht haben. Das Ritual lädt diese für die Insel wichtige Handlung mit Bedeutung auf und stellt gleichzeitig den Standard wieder her, der vielleicht vernachlässigt worden ist.

Wenn wir es dabei bewenden ließen, hätten wir noch nichts Spezifisches über die ursprüngliche Sicht der Zeit gesagt, denn auch die historischen Religionen haben ihre Erneuerungsriten, wobei diese ein Teil ihres ursprünglichen Erbes sind, den sie beibehalten haben. Sie alle kennen Sonnenwendfeiern, um die Dunkelheit des Winters zu vertreiben, sowie ›Osterfeiern‹ zur Unterstützung der Wiedergeburt der Natur. In Taiwan bewirkt das taoistische *Chiao*-Fest die Erneuerung durch Rituale, die sich über einen Zyklus von sechzig Jahren erstrecken, denn so wie die Natur jedes Frühjahr neu belebt werden muß, so muß sich auch der größere Kosmos im Rhythmus einer menschlichen Lebensspanne erneuern. An diesen Riten nimmt jedermann teil. Die Vorbereitungen für eine bestimmte Phase des Zyklus können Jahre dauern, und die aufgewendeten finanziellen Mittel sind enorm.

Ein Merkmal der ursprünglichen Auffassung der Zeit, das die historischen Religionen weitgehend abgestreift haben, ist die Art, wie alle

Wesen gemäß ihrer Nähe zu ihrer göttlichen Quelle in eine Rangfolge eingeordnet werden. So werden Tiere oft wegen ihres ›ehrwürdigen Alters‹ besonders verehrt, und bei den Winnebagos schließt man aus der relativen Dummheit des Otters, daß er als letzter geschaffen wurde. Das Prinzip ist auch für den Menschen gültig; hier genießen die Pioniere oft größere Verehrung als ihre Nachfahren, die man mehr oder weniger für Epigonen hält. Bei den Urvölkern stehen die Ältesten in hohem Ansehen.

Auch die ostasiatischen Völker kennen Ehrfurcht vor den Eltern und Ahnenkult; nebenbei sei angemerkt, daß der Taoismus und sein japanischer Ableger, der Shintoismus, die beiden historischen Religionen sind, die ihren ursprünglichen Wurzeln am stärksten verhaftet geblieben sind. Von den Urreligionen läßt sich jedenfalls ohne Übertreibung sagen, daß die Götter für sie so etwas wie Ahnen sind. Die menschlichen Ahnen gelten als eine Fortsetzung der ältesten Ahnen des Stammes, und die waren Götter. Das macht sie zu einer Brücke, die die gegenwärtige Generation mit ihrem ersten und höchsten Ahnen verbindet; wieder denken wir an den Shintoismus, wo die Sonnengöttin Amaterasu als direkten Nachfahren den Kaiser und als indirekten das Volk hat. Da die Ahnen den Göttern näherstehen als die gegenwärtige Generation, glaubt man, daß sie ihre Tugenden besser bewahrten und somit den Heutigen als Verhaltensvorbilder dienen sollten. Da sie von den sich im Gefolge der Degeneration einstellenden Lebensproblemen nicht betroffen sind, glaubt man, daß der Charakter der Ahnen eine Ganzheit besitzt, die ihre Nachkommen verloren haben. Diese Annahme läßt sich vermutlich weniger durch Freuds Postulat der unbewußten Idealisierung von Elternfiguren erklären, sie entspringt vielmehr tieferen Regionen der Intuition, nämlich einer instinktiven ontologischen Erkenntnis, daß das, was sich näher an der Quelle befindet, in gewisser Weise auch besser sein muß. Wie dem auch sei, alles, was für die Ahnen gesagt wurde, gilt bis zu einem gewissen Grade auch für die älteren Mitglieder der gegenwärtigen Generation. Selbst deren Alterskindlichkeit und Naivität wird als Schritt in Richtung auf den Zustand paradiesischer Stimmigkeit vor dem Niedergang der Welt gewertet. Gegen Ende seines Lebens ließ sich Schwarzer Elch, ein Schamane vom Stamm der Oglala Sioux, oft auf alle Viere nieder, um mit kleinen Kindern zu spielen. »Wir haben vieles gemeinsam«, sagte er. »Sie kommen eben aus dem Großen Geheimnis, und ich kehre bald dorthin zurück.«

Wenn wir im folgenden im Rahmen einer Skizze der Weltsicht der Naturvölker weitere Züge der Urreligion beschreiben, die in diese Weltsicht eingebettet sind, so beschränken wir uns auch hier auf die Phänomene, die als unveränderte Konstanten der Vielfalt konkreter Kosmologien zugrunde liegen.

Die Urwelt

Als Ausgangspunkt bietet sich die Untersuchung der Frage an, in welcher Weise die Urvölker in ihre Welt eingebettet sind. Da ist zunächst einmal die Verbindung mit dem Stamm zu nennen, die so stark ist, daß die Menschen unabhängig von ihm kaum ein Identitätsgefühl haben. Das Netz der Beziehungen innerhalb des Stammes gibt ihnen psychischen Halt und lädt alle Lebensbereiche mit Energie auf. Jede Trennung von ihrem Stamm empfinden sie – körperlich und seelisch – als lebensbedrohlich. Anderen Stämmen stehen sie distanziert oder sogar feindlich gegenüber, aber die Beziehung zu ihrem eigenen ist fast wie die Beziehung eines einzelnen Körperteils zum Gesamtkörper.

Der Stamm ist wiederum in die Natur eingebettet, und auch hier ist die Verbindung so stark, daß es nicht leicht ist, die beiden voneinander zu trennen. Im Fall des Totemismus gibt es überhaupt keine Trennungslinie. Das Gegenteil des Eingebettetseins ist gegeben, wenn die Welt von Spaltung und Zersplitterung bestimmt ist, und es ist für die Urvölker bezeichnend, daß sie von diesen Erscheinungen frei sind. Am Beispiel des Totemismus läßt sich diese Aussage gut demonstrieren, denn hier sehen wir, wie die Urvölker die Trennung zwischen Mensch und Tier völlig unbeachtet lassen.

Beim Totemismus wird ein menschlicher Stamm mit einer Tiergattung zu einer sozialen und kultischen Ganzheit verbunden, die ihnen ein gemeinsames Leben gibt. Das Totemtier stellt eine besondere Bindung zwischen den menschlichen Mitgliedern seines Clans her und übernimmt gleichzeitig die Rolle ihres Gefährten, Freundes, Beschützers und Helfers, denn es ist von ihrem ›Fleisch‹. Als Gegenleistung respektieren sie es und hüten sich davor, es zu verletzen, es sei denn in höchster Not. Das Totemtier dient dem Clan als Emblem und symbolisiert gleichzeitig den Ahnen oder Helden, dessen Gedächtnis in dem Clan besonders geehrt wird. Es symbolisiert auch die Lebenskraft der Spezies, für deren Gesundheit die menschlichen Mitglieder des Totem rituell verantwortlich sind. All das entspringt der Überzeugung, daß die Menschen und die Natur derselben Ordnung angehören. Rituale zur Vermehrung der Totemspezies beruhen nicht auf dem Versuch, sich von der Natur abzusetzen und sie mit magischen Mitteln zu kontrollieren. Sie sind vielmehr Ausdruck menschlicher Bedürfnisse, insbesondere des Bedürfnisses, die normale Ordnung der Natur zu bewahren. Es sind Mittel, die Natur zu jenen Zeiten zu unterstützen, wo die Vermehrung einer bestimmten Spezies stattfinden sollte – oder wo es vielleicht ganz einfach nur regnen sollte. Es sind Kooperationsrituale. Als solche haben sie sowohl ökonomische als auch psychologische Aspekte. Einerseits sind sie Ausdruck ökonomischer Gegebenheiten und Bedürfnisse, andererseits stärken sie das Zutrauen zu den – als durch spirituelle Kräfte verursacht und gesteuert gesehenen – Naturvorgängen und erlauben es, mit gestärkter Hoffnung der Zukunft entgegenzusehen.

Nicht alle Stammesgesellschaften sind ausdrücklich totemistisch, aber alle haben die gleiche Umbekümmertheit im Umgang mit der Trennung zwischen Mensch und Tier. Vögel und andere Tiere werden oft als ›Völker‹ bezeichnet, und unter gewissen Umständen können Menschen und Tiere die Gestalt tauschen und sich in ihr Gegenstück verwandeln. Auch zwischen Tier und Pflanze ist die Grenze fließend, denn wie wir alle haben auch Pflanzen einen Geist. Dies wird in folgender Geschichte, die der Autor vom Vater eines beteiligten Studenten gehört hat, anschaulich verdeutlicht. Die philosophische Fakultät der Arizona State University wollte einmal einen Kurs im Korbflechten anbieten und bat ein Indianerreservat, einen Lehrer zur Verfügung zu stellen. Der Stamm schlug seine Webmeisterin, eine alte Frau, für die Stelle vor. Es stellte sich heraus, daß der ganze Kurs aus Exkursionen zu den Pflanzen bestand, die die Fasern für die Körbe liefern sollten. Dabei wurden die zu den Pflanzen gehörigen Mythen erzählt und Bittgesänge und -gebete gelernt. Geflochten wurde nicht.

Unsere bisherige Darstellung findet ihren logischen Abschluß, wenn wir feststellen, daß selbst die Grenze zwischen ›belebt‹ und ›unbelebt‹ durchlässig ist. Auch Felsen sind lebendig. Man glaubt, daß sie unter bestimmten Umständen sprechen können, und manchmal – wie im Fall des Ayers Rock in Australien – werden ihnen göttliche Eigenschaften zugeschrieben. Es ist leicht einzusehen, daß dieses Fehlen von Trennungslinien das Gefühl des Eingebettetseins fördert. Die Urvölker sind nicht blind für die Unterschiede in der Natur – im Gegenteil, sie sind sogar für ihre gute Beobachtungsgabe bekannt. Aber ihnen gelten Unterschiede als Brücke, nicht als Grenze. Fruchtbarkeitszyklen und die Zeremonien, die diese feiern und stützen, schaffen zwischen den Menschen und ihrer Umgebung eine kreative Harmonie, und immer sind Mythen zur Stelle, die die Symbiose bestärken. Männliches und Weibliches tragen gleichermaßen zur kosmischen Lebenskraft bei. Alle Wesen – und dazu gehören auch Himmelskörper und Naturelemente wie Wind und Regen – sind Brüder und Schwestern. Alle Dinge sind lebendig, und ein jedes hängt von allen anderen ab. Bei unserem Nachdenken über das Phänomen des Eingebettetseins gelangen wir an einen Punkt, wo die Verhältnisse sich umkehren und wir uns fragen: Sind es wirklich die Urvölker, die in die Natur eingebettet sind? Ist es nicht vielmehr die Natur, die sich auf der Suche nach sich selbst tief in die Menschen hineinsenkt, in sie einströmt, um sich von ihnen ergründen zu lassen?

Wenn wir uns von der Struktur der Welt den Aktivitäten der Menschen zuwenden, dann fällt wieder auf, wie wenig diese in ›Schubfächer‹ eingeteilt sind. Ein Beispiel: »Die Sprachen der amerikanischen Indianer kennen kein Wort für ›Kunst‹, weil für die Indianer alles Kunst ist.«[9] Ebenso ist alles in einer Weise religiös. Daher können wir, wenn wir die Urreligion studieren wollen, ein beliebiges Gebiet herausgreifen: Gemälde, Tanz, Theater, Dichtung, Lieder, Wohnung und sogar Werkzeuge oder andere Gebrauchsgegenstände, alles kann als Ausgangspunkt dienen. Wir können aber auch die täglichen Verrichtungen des jeweiligen Volkes studieren, denn auch hier gibt es keine Trennung zwischen profanen und sakralen Handlungen. Die Jagd dient zum Beispiel nicht nur dem Zweck, den Hunger des Stammes zu stillen. Für den Jäger ist sie vielmehr eine Abfolge meditativer Verrichtungen. Alle Handlungen – angefangen von der Vorbereitung durch Gebet und Reinigung über die Verfolgung der Beute bis zu der sakramentalen Art, wie das Tier erlegt und wie mit ihm weiter verfahren wird – sind von Heiligkeit durchtränkt. Ein Forscher, der zwei Jahre lang mit Schwarzer Elch zusammengelebt hat, berichtet, daß dieser erklärte: Das Jagen *ist* – Schwarzer Elch sagte, wie der Berichterstatter ausdrücklich betont, nicht ›repräsentiert‹ – die Suche nach der letzten Lebenswahrheit; das vorbereitende Gebet und die sakramentale Reinigung sind für diese Suche wesentlich. »Die sorgfältig verfolgten Spuren sind Zeichen oder Ankündigungen des Zieles, und der schließliche Kontakt oder die Identität mit der Beute ist die Verwirklichung der Wahrheit, das letzte Ziel des Lebens.«[10]

Wir haben bisher davon gesprochen, daß die Urvölker keine scharfen Grenzen innerhalb ihrer Welt kennen. Besonders aufschlußreich ist indessen, daß auch die Grenze zwischen dieser Welt und einer anderen, sie überragenden und mit ihr kontrastierenden Welt fehlt. Das Auftauchen dieser Grenze bei den historischen Religionen hat weitreichende Konsequenzen.[11]

Für Plato, der die griechische Religion philosophisch formuliert, ist der Körper ein Grab. Das Alte Testament stellt die geschaffene Welt einem heiligen, gerechten, transzendenten Gott gegenüber. Für den Hinduismus hat die Welt als *Maya* nur sehr beschränkt Realitätscharakter. Buddha vergleicht sie mit einem brennenden Haus, aus dem es zu entkommen gilt. Ein apokrypher Bericht überliefert den Ausspruch Jesu: »Die Welt ist eine Brücke; geht hinüber, aber baut kein Haus darauf.« Der Koran vergleicht sie mit Früchten, die dazu bestimmt sind, bald geerntet zu werden oder zu verdorren. In Japan nannte Meister Taishi sie eine Lüge, der nur die Wahrheit Buddhas gegenübersteht. Die Abwertung der Welt hat in den historischen Religionen Hochkonjunktur.

Urreligionen kennen solche schroffen Trennungen nicht; hier gibt es zum Beispiel nichts, was der Schöpfung *ex nihilo* (aus dem Nichts) entspräche. Die Urvölker sind, wie wir hier zu zeigen versuchen, auf einen einzigen Kosmos hin orientiert, der sie erhält wie ein lebendiger Schoß. Da sie davon ausgehen, daß er existiert, um sie zu nähren, haben sie keinen Anlaß, ihn herauszufordern, ihm zu trotzen, ihn umzugestalten oder aus ihm zu fliehen. Es ist kein Ort des Exils oder der Pilgerschaft, obwohl in ihm auch Pilgerfahrten stattfinden. Sein Raum ist nicht homogen; die Wohnung hat sozusagen mehrere Zimmer, von denen manche normalerweise unsichtbar sind. Aber sie alle bilden zusammen eine einzige Wohnstatt. Den Urvölkern geht es – wie anderen Menschen auch – um die Erhaltung der persönlichen, sozialen und kosmischen Harmonie und um die Erringung bestimmter Güter – Regen, Ernte, Kinder, Gesundheit. Dagegen kommt das vorrangige Ziel der historischen Religionen – Erlösung – bei ihnen buchstäblich nicht vor, und das Leben nach dem Tod ist eher ein schattenhaftes Halb-Dasein an einer Stelle, die in ihrem einheitlichen Lebensraum nur vage lokalisiert ist.

Das symbolische Denken

Unsere kurze Skizze der Welt der Urvölker hat uns bisher die Vorläu-
figkeit der inneren Grenzen und die Abwesenheit eines diese Welt
relativierenden transzendenten Bereichs gezeigt. All das ist jedoch nicht
viel mehr als eine Anzahl Nullen ohne eine Zahl davor, solange wir
nicht auf die göttliche Quelle zu sprechen kommen, aus der die Welt
nach der Vorstellung der Urvölker entspringt oder, in anderen Versionen, auf die göttlichen Mächte, die Ordnung aus dem Chaos schaffen.
Die Existenz solcher Gottheiten wirft die Frage auf, ob wir es bei den
Naturvölkern mit theistischen, das heißt persönlichen Gottesvorstellungen zu tun haben. Diese Frage ist nicht leicht zu beantworten und
bedarf sorgfältiger Erwägungen.

Nach einem weitverbreiteten Klischee gelten die Urreligionen als
polytheistisch. Das ist nicht ganz falsch, wenn man mit dem Wort
meint, daß das Göttliche an heiligen Orten ›gerinnt‹ und sich auf
bestimmten Gegenständen niederläßt. Aber dies ist nicht zu vergleichen mit dem kruden Polytheismus des Olymps und allgemein des
Mittelmeerraums, mit dem die Bibel zu kämpfen hatte; und es spricht
auch nicht gegen die Vorstellung einer einzigen letzten Instanz, von der
die vielen Götter nichts als ein Ausdruck oder eine Konkretisierung
sind. Wilhelm Schmidt kam in seinem zwölfbändigen Werk *Der Ursprung der Gottesidee*[12] zu dem Schluß, daß jeder damals bekannte Stamm
– das Werk erschien zwischen 1912 und 1955 – seinen höchsten Gott
hat, der durch seine Stellvertreter lebt und wirkt. So stellen die westafri-
kanischen Yoruba ihr Höchstes Wesen, Olodimave, nie mit niederen
Gottheiten *(Orisa)* auf eine Stufe, und auch die Edo verwechseln Osan-
obuwa nicht mit den *Ebo*. Gewiß geht Schmidt mit seiner Ansicht
zuweilen etwas zu weit; doch das ist unwichtig, denn es geht weniger
darum, ob die Stammeskulturen sich ausdrücklich zu einem Höchsten
Wesen bekennen, das die Götterwelt koordiniert, als darum, ob sie ein
solches Wesen *ahnen*, ob sie es benennen und personifizieren oder
nicht. Alle Anzeichen sprechen dafür. Carl Gorman, ein Künstler vom
Stamm der Navajo, sagt: »Manche Forscher, die sich mit der Religion
der Navajo beschäftigt haben, behaupten, wir hätten keinen höchsten
Gott, weil er nicht benannt wird. Das trifft nicht zu. Das Höchste
Wesen wird nicht benannt, weil es unerkennbar ist. Es ist einfach die
Unbekannte Macht. Wir verehren ihn in seiner Schöpfung, denn er ist
alles in seiner Schöpfung. Die einzelnen Formen der Schöpfung haben

etwas von seinem Geist in sich.«[13] Man kann das, wenn man will, Pan- oder Poly-Monotheismus nennen. Es bleibt die Tatsache, daß selbst, wenn die Urreligionen weniger ausschließlich die göttliche Einheit betonen und sie in manchen Fällen sogar zu verschleiern scheinen, in ihnen im Grunde nichts enthalten ist, was mit dem anthropomorphen Polytheismus der europäischen Antike vergleichbar wäre. Es ist nur einfach so, daß das Heilige, das Sakrale, das *Wakan*, wie die Sioux sagen, nicht ausschließlich – oder überhaupt bewußt – mit einem eigenen Höchsten Wesen verbunden sein muß.

Eine solche Verbindung kann sogar einen Verlust bedeuten, der darin besteht, daß das Heilige von allen Gegenständen außer dem Gott, der die Sonderstellung einnimmt, ›abgezogen‹ wird. Damit kommen wir zu dem wohl wichtigsten Merkmal der lebendigen Spiritualität der Urvölker – zu dem, was man das symbolische Denken genannt hat.[14] Dem symbolistischen Blick sind die Gegenstände der Welt transparent hinsichtlich ihrer göttlichen Quelle. Ob diese Quelle benannt wird oder nicht, die Dinge sind offen für ihr Licht. Physikalisch zeigt sich das Wasser eines Sees als getrennt existierende Gegebenheit, denn das Auge meldet nur seine Wahrnehmung der Wasserfläche als Objekt für sich. Das moderne Denken mag darüber hinaus noch feststellen, daß das Wasser aus Wasserstoff und Sauerstoff besteht, und wenn man besonders geistreich sein will, kann man ihm noch eine allegorische Bedeutung beilegen. Normalerweise erkennt das moderne Denken jedoch keine ontologische Verknüpfung zwischen materiellen Dingen und ihren metaphysischen, spirituellen Wurzeln. In dieser Hinsicht sind Urmenschen die besseren Metaphysiker, wenn auch ihre Metaphysik, wo sie sich überhaupt artikuliert – und wir haben gesehen, daß das nicht unbedingt der Fall ist –, von Natur aus mythisch geprägt ist. Als die Ethnologen erklärten, für die Algonkin gäbe es »außerhalb der Welt der Erscheinungen keinen *Manitu* [Geist]«, brachten sie damit nur ihre Unkenntnis der Tatsache zum Ausdruck, daß für den Geist der Naturvölker die Erscheinungen nie eine völlig unabhängige Existenz besitzen. Der besagte Freund von Schwarzer Elch erklärt:

> Für jemanden, der die Tradition des Roten Mannes von außen oder durch die Brille des ›Gebildeten‹ betrachtet, ist es oft schwer zu verstehen, daß kein Ding das ist, was es zu sein scheint, sondern nur der blasse Schatten einer Wirklichkeit. Das ist der Grund, weshalb jedes geschaffene Ding *Wakan*, heilig, ist

und ihm eine Kraft innewohnt, die der Erhabenheit der spirituellen Wirklichkeit entspricht, die sich in ihm ausdrückt. Der Indianer tritt der ganzen Schöpfung in Demut gegenüber, weil alle sichtbaren Dinge vor ihm geschaffen wurden und, da sie älter sind als er, Respekt verdienen.[15]

Ein Erforscher der Musicas in den Höhenregionen der kolumbianischen Anden bestätigt diese Aussage: »Alle Urmenschen sahen das ›Mehr‹ im ›Weniger‹, in dem Sinn, daß die Landschaft für sie die Reflexion einer höheren Wirklichkeit war, in welcher die physikalische Wirklichkeit ›enthalten‹ ist; sie fügten, wenn man so sagen darf, der letzteren ›eine spirituelle Dimension‹ hinzu, die der moderne Mensch nicht wahrnimmt.«[16]

Paul Radin, den wir oben schon erwähnten, teilte mit vielen Anthropologen den Ärger über die »irrtümliche Vorstellung«, die Naturvölker seien durchweg Mystiker. Er betonte, daß sich bei ihnen, wie bei uns, »zwei grundsätzlich verschiedene Temperamente finden: der Tatmensch und der Denker, der Typ, der fast ausschließlich gewissermaßen auf der motorischen Ebene lebt, und der Typ, der nach Erklärungen sucht und an irgendeiner Art des spekulativen Denkens Vergnügen findet.« Und doch, so fügte er hinzu, käme er nie auf den Gedanken, »zu leugnen, daß Mystik und Symbolismus bei ihnen häufiger Verwendung findet als bei den heutigen Westeuropäern ... Wir können erst dann hoffen, den Urmenschen zu verstehen, wenn wir den mystischen und symbolischen Gehalt begriffen haben, der den meisten seiner Handlungen innewohnt.«[17] Was er damit meinte, läßt sich an der Äußerung eines Stammesangehörigen demonstrieren, der darauf hinwies, daß die Kreise eines Spinngewebes klebrig sind, die Radien dagegen nicht. Wie er meinte, bedeutet dies, daß man im Leben steckenbleibt, wenn man von einer Seite zur anderen wandert, nicht aber, wenn man sich auf das Zentrum zubewegt.

Dieser Abschnitt wäre unvollständig, wenn wir nicht noch auf einen besonderen Persönlichkeitstyp eingingen, den Schamanen – eine in Stammesgesellschaften weitverbreitete, aber nicht unabdingbare Gestalt –, der unter Umgehung des Symbolismus die spirituellen Wirklichkeitsbereiche direkt wahrnehmen kann. Wir können uns den Schamanen als spirituelles Genie vorstellen, wobei wir unter diesem Begriff eine Person verstehen, deren Talente – sei es in der Musik (Mozart), im Theater (Shakespeare), in der Mathematik oder auf welchem Gebiet auch immer – so außergewöhnlich sind, daß sie einer anderen Größenordnung angehören. Die Schamanen, die in ihrer Jugend schweren körperlichen und emotionalen Traumata ausgesetzt werden, sind in der Lage, sich selbst zu heilen und ihr Leben durch Methoden zu reintegrieren, mittels deren sie Gewalt über parapsychische oder gar kosmische Kräfte erlangen. Diese Kräfte erlauben ihnen, mit guten wie bösen Geistern in Kontakt zu treten, wobei sie die Macht der ersteren anzapfen und notfalls gegen die letzteren kämpfen. Sie arbeiten als Heiler und scheinen darüber hinaus die übernatürliche Gabe zu besitzen, die Zukunft vorauszusagen und verlorene Gegenstände aufzufinden.

Schlußbetrachtung

Betrachtet man Urreligionen und historische Religionen, so scheint die Zeit für letztere zu arbeiten, denn obwohl heute Millionen die Lebensweise der Naturvölker fortgesetzt sehen möchten, ist es kaum wahrscheinlich, daß dies der Fall sein wird. Die ›Kultur‹ ist verführerisch, um nicht zu sagen zwingend, und wir können die noch verbliebenen Naturvölker schließlich nicht als Studienobjekte für Anthropologen und Symbole zur Erfüllung romantischer Paradiesessehnsucht unter Quarantäne stellen. Zum Abschluß dieses Kapitels wollen wir uns noch mit der Frage beschäftigen, wie die Industrienationen sich den Naturvölkern gegenüber in der wohl nur kurzen ihnen auf diesem Planeten noch verbleibenden Zeit verhalten werden.

Die historischen Religionen haben ihre ursprünglichen missionarischen Absichten gegenüber den ›Heiden‹, wie man früher verächtlich sagte, weitgehend aufgegeben. Wenn heute etwas übertrieben wird, dann eher die genau entgegengesetzte Haltung der romantischen Verklärung der Naturvölker. In ihrer Bestürzung über den erbarmungslosen Utilitarismus der technologischen Gesellschaft und über die offenbare Unfähigkeit, ihr Potential zur Zerstörung der Menschen und des Planeten im Zaum zu halten, setzen die verstädterten Menschen von heute ihre Hoffnung auf einen fundamental anderen Lebensstil, den sie bei den Naturvölkern zu finden meinen. Auch Schuldgefühle kommen auf, sobald die Nachfahren der einst Mächtigen sich mit der Art auseinandersetzen, wie ihre Vorfahren auf die Ohnmächtigen herabgeblickt, sie ausgeplündert und vernichtet haben. Ob die Dinge sich – angesichts des Wissensstandes der damaligen Eroberer und der scheinbar unwiderstehlichen Neigung der Mächtigen, ihre Macht zu mißbrauchen – auch anders hätten entwickeln können, werden wir nie erfahren. Wir wissen allerdings – und wenigstens dies spricht für uns, daß wir es heute eingestehen –, daß es Völkermord im globalen Maßstab gegeben hat.

Auf der positiven Seite ist zu vermerken, daß wir unseren Irrtum in der Einschätzung dieser Völker heute zugeben. Die Naturvölker sind weder primitiv noch unzivilisiert und schon gar nicht wild. Sie sind nicht rückständig; sie sind nur anders. Nachdem das klargestellt ist und wir auch nicht mehr auf die sogenannten ›Primitiven‹ herabsehen, wollen wir noch einmal kurz zu der momentan grassierenden Neigung zur Romantisierung dieser Völker zurückkehren, denn diese enthält einen Aspekt, der nicht immer verstanden wird.

Die Ernüchterung über die Auswüchse der modernen Gesellschaft hat also dazu geführt, daß wir die Stammesgesellschaften als etwas ganz Natürliches betrachten. Wir sehen sie als Söhne und Töchter des Himmels und der Erde, als Brüder und Schwestern von Tieren und Pflanzen, die ein naturgemäßes Leben führen, bei dem das delikate Gleichgewicht ihres Lebensraums erhalten bleibt; als freundliche Jäger, die den von uns so schmerzlich vermißten Kontakt mit Magie und Mythos noch nicht verloren haben. Von diesem Bild ausgehend nehmen wir an, daß unsere Ahnen ihnen in dieser Hinsicht ähnlich waren, und so verehren wir diese als Helden. Für diese Denkweise gibt es einen tiefen unbewußten Grund. Jedes Volk – und wir machen da keine Ausnahme – hat das Bedürfnis, über seine Ursprünge eine gute Meinung zu haben; das ist Teil eines gesunden Selbstbildes. Daher übertragen die modernen Völker, die sich nicht mehr sicher sind, daß sie von Gott geschaffen wurden, einen Teil des göttlichen Adels auf die Quelle, von der sie ihrer Meinung nach abstammen, nämlich der frühen Menschheit. Das ist die eigentliche Ursache für den ›Mythos vom edlen Wilden‹, den uns das achtzehnte Jahrhundert bescherte.

Es besteht die Hoffnung, daß wir nun bereit sind, sowohl die Vorurteile als auch die Idealisierungen hinter uns zu lassen. Wenn das so ist, dann könnte es uns gelingen, die uns noch verbleibenden Jahre planetarischer Partnerschaft in gegenseitigem Respekt zu durchleben, geleitet von dem Traum des Angehörigen einer Stammeskultur, daß »wir schließlich doch noch Brüder sein können«. Wenn uns dies gelingt, dann ist es nicht zu spät, noch manches von ihnen zu lernen. Denn wenn wir von gewissen Unzulänglichkeiten, die hier nicht zum Thema gehören, einmal absehen, können wir uns, ohne uns der romantischen Verklärung schuldig zu machen, dem früheren Beauftragten der Vereinigten Staaten für Indianerfragen, John Collier, anschließen, der über seine Schützlinge sagte:

> Sie hatten etwas, was die Welt verloren hat: die alte, vergessene Verehrung und Leidenschaft für die menschliche Persönlichkeit, gepaart mit der alten, vergessenen Verehrung und Leidenschaft für die Erde und das Netz des Lebens. Seit den Tagen vor der Steinzeit hegen sie diese Leidenschaft als zentrales, heiliges Feuer. Wir sollten uns alle die Hoffnung zu eigen machen, daß es uns einmal gelingen möge, es in uns allen wieder zum Leben zu erwecken.[18]

1 Tom Harrisson, *Savage Civilization* (New York: Alfred Knopf, 1937), S. 45, 344, 353.
2 R. St. Barbe Baker, *African Drums*, S. 145, zitiert nach Ananda K. Coomaraswamy, *The Bugbear of Literacy* (Pates Manor, Bedfont, England: Perennial Books, 1949–1979), S. 38.
3 W. G. Archer, *Journal of the Bihar and Orissa Research Society*, 29, S. 68.
4 Edward Prior und Arthur Gardner, *An Account of Medieval Figure-Sculpture in England* (Cambridge: Cambridge University Press, 1912), S. 25.
5 Paul Radin, *Primitive Man as Philosopher* (New York: Dover Publications, 1927/1957), S. 61.
6 Mündliche Mitteilung von Häuptling Oren Lyons.
7 Claude Lévi-Strauss, *Das wilde Denken* (Frankfurt: Suhrkamp ³1979), S. 21.
8 Mircea Eliade, *Das Heilige und das Profane* (Frankfurt: Suhrkamp, 1990), S. 68f.
9 Jamake Highwater, *The Primal Mind* (New York: Harper & Row, 1981), S. 13.
10 Joseph Epes Brown, *The Spiritual Legacy of the American Indian*, 1987. Reprint. (New York: Crossroad, 1989), S. 73f.
11 Dieser und der nächste Abschnitt sind in hohem Maße dem Artikel von Robert Bellah über »Religious Evolution« in seiner Aufsatzsammlung *Beyond Belief*, 1970. Reprint. (Los Angeles and Berkeley: University of California Press, 1991) verpflichtet.

12 Wilhelm Schmidt, *Der Ursrpung der Gottesidee*, 12 Bände, 1912–1954.
13 Zitiert bei Joseph Epes Brown, »Modes of Contemplation Through Action: North American Indians,« in *Main Currents in Modern Thought* 30, Nr. 2 (November/Dezember 1973), S. 58f.
14 So zum Beispiel in Frithjof Schuons Buch *The Feathered Sun* (Bloomingbon, IN: World Wisdom Books, 1990) im Kapitel »The Symbolist Mind«.
15 Aus einem Brief von Joseph Epes Brown, zitiert bei Schuon, *The Feathered Sun*, S. 47.
16 Francois Petitpierre, »The Symbolic Landscape of the Musicas«, *Studies in Comparative Religion* (Winter 1975), S. 48.
17 Paul Radin, *Primitive Man*, S. 230, 212, 208.
18 John Collier, *Indians of the Americas* (New York: New American Library, 1947). Mit leichten Änderungen aus S. 1 und 7 zusammengestellt.

Zehntes Kapitel

X. Schlussüberlegungen

Zum Schluß drängt sich vor allem die Frage auf: Was haben wir mit unserer Untersuchung erreicht? Hat sie uns etwas gebracht?

Gewiß haben wir einige Fakten hinzugelernt: was es für Arten von *Yoga* gibt, wie Buddha die Ursachen für die ›Verkehrtheit‹ des Lebens analysiert, Konfuzius' Ideal des wahren menschlichen Adels, die Bedeutung des *Yin/Yang*-Symbols, die wörtliche Bedeutung des Wortes ›Islam‹, was der Exodus für die Juden bedeutete, worin die ›gute Nachricht‹ bestand, die die Urchristen so erregte, und so weiter. All das ist sicher nicht unwichtig; die Welt wird interessanter, wenn man vieles weiß. Aber ist das alles?

Es mag sein, daß im Laufe der Lektüre neue Fragen aufgetaucht sind oder die alten wieder an Dringlichkeit gewonnen haben. Drei solche Fragen drängen sich auf, und mit ihrer Erörterung wollen wir unsere Betrachtung abschließen. Als erstes wollen wir überlegen, wie wir die Religionen, die wir haben Revue passieren lassen, in eine Gesamtgestalt, ein Muster einordnen können. Nachdem wir uns auf jede einzeln eingelassen haben, möchten wir wissen, in welcher Beziehung sie zueinander stehen. Zweitens: Haben die Religionen in ihrer Gesamtheit der Welt als Ganzes etwas zu sagen? Sprechen sie, von ihrer Verschiedenheit einmal abgesehen, in wichtigen Fragen mit einer gemeinsamen Stimme? Und drittens: Wie sollen wir uns in einer Welt verhalten, die auch auf religiösem Gebiet pluralistisch ist, wenn sie denn überhaupt religiös genannt werden kann?

Das Verhältnis der Religionen zueinander

Auf die Frage, wie die Religionen sich zueinander verhalten, bieten sich drei Antworten an. Die erste nimmt an, daß eine der Weltreligionen den anderen überlegen ist. In der heutigen Zeit, wo die Völker der Welt einander immer näherkommen, ist diese Antwort nicht mehr so oft zu hören wie früher; dennoch sollten wir sie nicht von vornherein verwerfen. Im Einleitungskapitel haben wir den Ausspruch von Arnold Toynbee zitiert, nach dem heute niemand genug weiß, um mit Sicherheit sagen zu können, ob eine Religion bedeutender ist als alle anderen – die Frage bleibt offen. Gewiß, dieses Buch hat nichts gefunden, was eine Religion über die anderen stellen würde, aber das könnte am Charakter des Buches liegen: Es geht Vergleichen prinzipiell aus dem Wege. Es ist nicht der Sinn der vergleichenden Religionswissenschaft, ein Wettrennen der Religionen um die Gunst des Lesers zu veranstalten.

Die zweite Antwort nimmt genau den entgegengesetzten Standpunkt ein: Sie ist der Ansicht, daß alle Religionen sich im Grunde sehr stark ähneln. Sie gibt zu, daß es Unterschiede gibt, hält diese aber im Vergleich zu den großen unverrückbaren Wahrheiten, in denen die Religionen einer Meinung sind, für nebensächlich.

Diese Position kommt unserer Sehnsucht nach Einheit zwischen den Menschen entgegen, erweist sich aber bei näherem Hinsehen als die problematischste von allen. Denn sobald sie über vage Verallgemeinerungen hinauszugehen versucht – »jede Religion hat ihre eigene Fassung der Goldenen Regel« oder »wir glauben doch sicher alle an irgendeine Art von irgendwas«, wie ein Unterhausmitglied einmal nach einer hitzigen Debatte über das Gebetbuch der Anglikanischen Kirche sagte –, scheitert sie an der Tatsache, daß die Religionen sich in dem unterscheiden, was sie für wesentlich und was sie für verzichtbar halten. Über dieser Frage haben sich Hinduismus und Buddhismus ebenso gespalten wie Judentum, Christentum und Islam. Als im neunzehnten Jahrhundert Alexander Campbell versuchte, die Protestanten auf der Basis ihres gemeinsamen Glaubens an die Bibel als Glaubens- und Organisationsmodell zu einen, mußte er zu seiner Überraschung feststellen, daß die Führer der einzelnen Kirchen nicht bereit waren zuzugeben, daß das von ihm vorgeschlagene Einheitsprinzip wichtiger sei als die Glaubensgrundsätze, in denen sie voneinander abwichen; die Sache endete schießlich damit, daß die Liste protestantischer Sekten um einen weiteren Namen verlängert wurde – die Campbelliten oder ›Jünger Christi‹. Der Versuch Baha Ullahs, dasselbe im Weltmaßstab zu erreichen, nahm das gleiche Ende: Baha'i, das ursprünglich aus der Hoffnung entstanden war, die großen Religionen aufgrund der von allen geteilten Glaubensgrundsätze zu einen, ist inzwischen zu einer Religion unter vielen geworden.

Da diese zweite Position von der Hoffnung genährt wird, es könnte eines Tages eine einzige Weltreligion geben, tun wir gut daran, uns an den menschlichen Faktor in der religiösen Gleichung zu erinnern. Es gibt Menschen, die eigene Anhänger haben wollen. Sie sind lieber Erster in einer kleinen als Zweiter in einer großen Gemeinschaft. Wir dürfen daher vermuten, daß, wenn es morgen nur noch eine einzige Religion gäbe, sie übermorgen schon in zwei zerfallen wäre.

Das dritte Modell zur Erklärung des Verhältnisses der Religionen zueinander vergleicht sie mit einem bunten Fenster, durch das das Sonnenlicht in verschiedene Farben zerlegt wird. Dieses Bild läßt erhebliche Unterschiede zwischen den Religionen zu, ohne jedoch ein Urteil über ihren jeweiligen Wert zu fällen. Wenn die Völker der Welt sich in ihrem Temperament unterscheiden, könnten sich diese Unterschiede sehr wohl auf die Art auswirken, wie der Geist sich ihnen zeigt; sie sähen ihn sozusagen aus verschiedenen Blickwinkeln. Damit Gott gehört und verstanden werden kann, müßte die göttliche Offenbarung in die Sprache ihrer jeweiligen Hörer gefaßt sein. Der Koran kommt dieser Anschauung sehr nahe, wenn er sagt: »Und nicht entsandten wir einen Gesandten, es sei denn mit der Sprache seines Volkes, um ihnen (unsere Offenbarung) deutlich zu machen.«[1]

Wir wollen uns nun noch mit der Frage beschäftigen, was die Weltreligionen in ihrer Gesamtheit der Welt als Ganzes zu sagen haben.

Die Weisheitstraditionen

Im Einleitungskapitel dieses Buches haben wir T. S. Eliots rhetorische Fragen erwähnt: »Wo ist das Wissen, das in der Information verlorengeht? Wo ist die Weisheit, die im Wissen verlorengeht?« Und noch früher, in einem der Motti, sind wir E. F. Schumachers Feststellung begegnet »Wir brauchen den Mut, uns bei den ›Weisheitstraditionen der Menschheit‹ umzusehen und von ihnen zu lernen.« Diese Traditionen waren das Thema dieses Buches. Welche Weisheit haben sie der Welt anzubieten?[2]

Man hat früher gewöhnlich angenommen, daß die großen Weisheitslehren die eigentliche Natur der Realität enthüllen. Doch im sechzehnten und siebzehnten Jahrhundert begann die Wissenschaft diese Annahme in Zweifel zu ziehen; denn in den Schriften wird die Wahrheit nur behauptet, während kontrollierte Experimente wissenschaftliche Hypothesen beweisen können. In diesem Punkt hat drei Jahrhunderte lang Verwirrung geherrscht; heute sehen wir, daß solche Beweise nur für die empirische Welt gelten. Die ethisch-qualitativen Aspekte der Wirklichkeit – ihre Werte, ihr Sinn und ihr Zweck – lassen sich durch die Hilfsmittel der Wissenschaft so wenig einfangen wie die See durch die Netze der Fischer.

Wo finden wir dann noch Rat in den wichtigsten Grundfragen des Lebens? Mit der Erkenntnis, daß die Wissenschaft hier nicht weiterführt, sehen wir uns vor die Notwendigkeit gestellt, noch einmal ernsthaft zu prüfen, was die Weisheitstraditionen uns vorschlagen. Nicht alles, was wir dort finden, darf als ewige Wahrheit gelten. Die moderne Wissenschaft hat ihre Kosmologien verdrängt, und auch der in ihnen zum Ausdruck kommende soziale Sittenkodex der jeweiligen Zeit – die Beziehung zwischen den Geschlechtern und Klassen und dergleichen – muß im Licht der veränderten Zeitverhältnisse und des andauernden Kampfes um mehr Gerechtigkeit hinterfragt werden. Aber wenn wir mit einem Sieb an die Religionen der Welt herangehen, um aus ihnen die Erkenntnisse herauszuziehen, die sie über die Wirklichkeit und über die angemessene Lebensweise gewonnen haben, so bemerken wir am Ende, daß diese Erkenntnisse so etwas sind wie die gefilterte Weisheit des Menschengeschlechts.

Was sind die Besonderheiten dieser Weisheit? Auf dem Gebiet der *Ethik* sprechen die Zehn Gebote eine weitgehend kulturübergreifende Sprache. Wir sollen nicht morden, stehlen, lügen und ehebrechen. Das sind gewiß Minimalforderungen (im Kapitel über das Judentum kommen sie ein wenig ausführlicher zu Wort), aber es ist besser als nichts, wie jedem sofort klar ist, der sich überlegt, wie die Welt aussehen könnte, wenn sich jeder nach ihnen richten würde.

Wenn wir von dieser ethischen Grundlage zu der Frage übergehen, wie wir als Menschen werden sollen, kommen wir zu den *Tugenden*, von denen die Weisheitstraditionen im wesentlichen drei als grundlegend identifiziert haben: Bescheidenheit, Nächstenliebe und Wahrhaftigkeit. Bescheidenheit ist nicht gleichbedeutend mit Selbsterniedrigung. Es ist die Fähigkeit des Menschen, sich in Gesellschaft von anderen als ›eins‹ zu betrachten und nicht mehr als ›einen‹. Bei der Nächstenliebe wird dieser Schuh auch dem anderen Fuß angezogen; hier wird der andere genauso wie man selbst, ohne Abstriche, als ›eins‹ betrachtet. Die Wahrhaftigkeit ihrerseits ist mehr als nur ›Die-Wahrheit-sagen‹ – es ist die höchste Form der Objektivität, die Fähigkeit, die Dinge wirklich so zu sehen, wie sie sind. Wer sein Leben danach ausrichtet, wie die Dinge sind, lebt authentisch.

Die asiatischen Religionen propagieren die gleichen Tugenden, betonen aber die Hindernisse, die ihrer Erringung im Weg stehen. Buddha identifizierte diese Hindernisse als Gier, Haß und Täuschung, die er »die drei Gifte« nannte. In dem Maße, in dem sie überwunden werden, machen sie Platz für Selbstlosigkeit (Bescheidenheit), Mitleid (Nächstenliebe) und das Erkennen der Dinge in ihrem Sosein (Wahrhaftigkeit). Das Wort Tugend hat heute einen stark moralischen Beigeschmack; in den Weisheitstraditionen wird dagegen seine Grundbedeutung betont, die mehr mit Macht oder Kraft zu tun hat; der philosophische Taoismus hat sich ein waches Gespür für diese ursprüngliche Bedeutung bewahrt. Wir meinen ihren Nachklang zu hören, wenn man, wie es [im Englischen] gelegentlich geschieht, von der Wirksamkeit eines Medikaments als von seiner *virtue*, seiner ›Tugend‹ spricht.

Bezüglich der *Vision der Wirklichkeit*, der Wiedergabe der eigentlichen Natur der Dinge in den Weisheitstraditionen, wollen wir uns auf drei Punkte beschränken.

Die Religionen versichern uns zunächst einmal, daß die ganze Wirklichkeit, wenn wir sie unverhüllt sehen könnten, uns einheitlicher erscheinen würde, als wir normalerweise vermuten. Das Leben läßt keinen Blick auf das Ganze zu. Wir bekommen nur hie und da einen Zipfel zu fassen, und der Eigennutz führt zusätzlich zu grotesken perspektivischen Verzerrungen. Den Dingen unserer näheren Umgebung messen wir übertriebene Bedeutung bei, während wir allem übrigen mit kalter Leidenschaftslosigkeit begegnen. Es ist, als wäre das Leben ein großer Gobelin, den wir von der falschen Seite betrachten, und der uns daher ein verwirrendes Labyrinth von Knoten und Fäden zeigt, die zum größten Teil chaotisch erscheinen.

Vom rein menschlichen Standpunkt aus sind die Weisheitstraditionen der am längsten durchgehaltene und ernsthafteste Versuch der Menschheit, aus dem Labyrinth auf dieser Seite des Gobelins das Muster zu erschließen, das dem Gesamtbild auf der richtigen Seite seinen Sinn verleiht. Da die Schönheit und Harmonie des Plans – der Zeichnung des Gobelins – sich aus der Beziehung der Teile zueinander ergibt, kommt jedem Teil eine Bedeutung zu, die uns, da wir immer nur Bruchstücke der Zeichnung sehen, normalerweise verborgen bleibt. Wir könnten fast sagen, daß diese Zugehörigkeit zum Ganzen – ähnlich wie bei den Teilen eines Gemäldes – das ist, worum es bei der Religion *(religio* im Sinne von Rückverbindung) eigentlich geht: Das Thema der Wiedergewinnung der Ganzheit durchzieht alle ihre Erscheinungsformen. Die Buddhisten legen zum Ausdruck der Überwindung der Dualität die Handflächen gegeneinander, und im streng nichtdualistischen Vedanta (Advaita) wird überhaupt jede Zweiheit geleugnet.

Die zweite Aussage, die die Weisheitstraditionen über die Wirklichkeit machen, ergibt sich aus der ersten. Wenn die Dinge von einem großen Plan durchzogen sind, sind sie nicht nur einheitlicher, sondern auch besser, als sie zu sein scheinen. Wir wollen, um diesen zweiten Aspekt, den Wert der Wirklichkeit, allegorisch darzustellen, die Astrophysik bemühen. Während die Astrophysik aus ihren Untersuchungen das Fazit zieht, das Universum sei _größer_, als es unseren Sinnen erscheint, so ist der Schluß, zu dem die Weisheitstraditionen gelangen, der, daß es _besser_ ist, als wir mit unseren begrenzten Fähigkeiten ahnen können. Und zwar durchaus in astronomischem Maßstab – das heißt, astronomisch gesprochen, um Lichtjahre besser. _T'ien_ und das _Tao_, _Brahman_ und _Nirvana_, Gott und Allah haben alle die Signatur des _ens perfectissimum_ – des vollkommensten Wesens. Daraus beziehen die Weisheitstraditionen ihren flammenden ontologischen Überschwang, einen Jubel über das Sein, der ohne Beispiel ist. Dieser Jubel zeigt sich in ihrer Einschätzung des menschlichen Selbst, denn so, wie die Einheit der Welt es mit sich bringt, daß ein jeder mit seinem Selbst zur Welt gehört, so folgt aus ihrem Wert, daß jeder an der erhabenen Größe der Welt teilhat. Die schiere Unermeßlichkeit des menschlichen Selbst, wie sie sich aus den Weisheitstraditionen ergibt, ist ehrfurchtgebietend. Wir denken an Atman und die Buddha-Natur, und wir erinnern uns an die Engel der Rabbis, die vor den Menschen hergehen und ausrufen: »Macht Platz für das Ebenbild Gottes!« Und Paulus versichert, daß wir durch den Anblick der »Herrlichkeit des Herrn ... mehr und mehr Anteil an seiner Herrlichkeit [bekommen]« (2. Korinther 3, 18).

Jenseits der Einheit der Dinge und ihres unschätzbaren Wertes liegt die dritte Kunde der Weisheitstraditionen. Die Wirklichkeit ist in unauslotbares Mysterium getaucht; unsere Geburt ist ebenso geheimnisvoll wie unser Leben und unser Tod. Unsere Zeit neigt dazu, jedes Mysterium für ein bloßes Geheimnis zu halten, das sich im Prinzip aufdecken läßt. Ein Mysterium ist aber jene besondere Art von Problemen, die für den menschlichen Verstand keine Lösung _haben;_ je besser wir es verstehen, desto stärker wird uns bewußt, daß es mit zusätzlichen Faktoren verknüpft ist, die sich unserem Verständnis entziehen. Es ist wie bei der Welt der Quanten: Je tiefer wir in sie eindringen, desto rätselhafter wird sie.

Die Dinge sind einheitlicher, besser und mysteriöser als sie uns erscheinen. Das ist in etwa der größte gemeinschaftliche Nenner, auf den sich die Aussagen der Weisheitstraditionen bringen lassen. Nehmen wir ihre ethischen Grundregeln und ihr Bild von den menschlichen Tugenden hinzu, so kann man sich fragen, ob je eine weisere Basis für das menschliche Verhalten entwickelt wurde. Im Herzen des religiösen Lebens finden wir eine eigentümliche Freude, die Aussicht auf ein glückliches Ende, das den unvermeidlich schmerzlichen Anfängen entsprießt, das Versprechen, daß dereinst alle menschlichen Schwierigkeiten angenommen und überwunden sein werden. Unser tägliches Leben enthält nur spärliche Hinweise auf solche Freude. Wenn sie sich einstellt, wissen wir nicht, ob wir unser Glück für die außergewöhnlichste oder die normalste Sache von der Welt halten sollen; denn bei allem, was irdisch ist, finden wir es, geben und empfangen wir es, können es aber doch nicht festhalten. Wenn uns solche Ahnungen geschenkt werden, will uns unser Glück als etwas ganz Normales erscheinen, doch im nachhinein fragen wir uns, wie es geschehen konnte, daß wir so einen paradiesischen Moment erleben durften. Als Menschen, so versichern uns die Religionen, haben wir die Chance, die kurzen Blitze des Verstehens in dauerndes Licht zu verwandeln.

Die Welt, insbesondere die moderne Welt, läßt sich indessen von dieser Sicht der Dinge nicht einfangen; dazu ist ein solcher Anspruch viel zu kühn. Was sollen wir also tun? Das ist unsere letzte Frage. Ob Religion für uns ein gutes oder ein schlechtes Wort ist; ob wir uns (wenn es alles in allem eher ein gutes Wort ist) einer bestimmten religiösen Richtung anschließen oder für alle offen sind: Wie sollen wir uns in einer von – teils religiösen, teils profanen – Ideologen hin und hergerissenen, pluralistischen Welt verhalten?

Wir hören zu.

Zuhören

Wenn eine der Weisheitstraditionen uns anlockt, hören wir ihr erst einmal zu. Nicht unkritisch, denn aus neuen Gelegenheiten erwachsen neue Pflichten, und alles Endliche ist mit gewissen Mängeln behaftet. Aber dennoch hören wir ihr erwartungsvoll zu, denn wir wissen, daß sie mehr Wahrheit enthält als wir in einem einzigen Leben begreifen können.

Aber wir hören auch auf den Glauben der anderen, auch auf den der Ungläubigen. Wir hören erstens zu, weil, wie dieses Buch eingangs bemerkt hat, unsere Zeit dies erfordert. *Eine* Kultur allein kann nicht mehr unsere Welt sein. Es ist der ganze Planet. Die Welt wird täglich kleiner, und das Verstehen wird zu dem einzigen Ort, wo der Friede heimisch werden kann. Die Aufhebung der räumlichen Entfernung, die die Wissenschaft zuwege gebracht hat, trifft uns unvorbereitet. Wer ist heute willens, die Gleichheit der Völker in ihrem Ernst zu akzeptieren? Wer hat nicht gegen eine geheime Neigung anzukämpfen, das Fremde von vornherein für weniger wertvoll zu halten? Manche von uns haben dieses blutigste aller Jahrhunderte überlebt; aber wenn seine Schrecken nicht die Todeszuckungen einer alten, sondern die Geburtswehen einer neuen Zeit sein sollen, dann muß der wissenschaftliche Fortschritt von vergleichbaren Fortschritten in den menschlichen Beziehungen begleitet sein. Wer zuhört, dient dem Frieden, einem Frieden, der sich nicht auf kirchliche oder politische Vorherrschaft gründet, sondern auf Verstehen und gegenseitige Anteilnahme. Denn Verstehen führt, zumindest auf einem Gebiet von so erhabenem innerem Wert wie die großen Glaubenssysteme der Menschheit, zu gegenseitiger Achtung; und Achtung ebnet den Weg für eine höhere Macht, die Liebe – die allein in der Lage ist, Angst, Mißtrauen und Vorurteile zu besiegen und die Mittel zu schaffen, durch die die Menschen auf dieser kleinen, aber so kostbaren Erde miteinander eins werden können.

Verstehen kann also zu Liebe führen. Aber das Gegenteil ist ebenso wahr. Liebe bringt Verstehen; beides bedingt einander. Also müssen wir zuhören, um zu verstehen – aber wir müssen auch zuhören, um die Nächstenliebe ins Spiel zu bringen, die alle Weisheitstraditionen fordern, denn man kann einen anderen nur lieben, wenn man ihn hört. Wenn wir diesen Religionen gerecht werden wollen, müssen wir uns unseren Mitmenschen mit der gleichen Intensität und Wachheit widmen, die wir uns von ihnen wünschen. Das meinte Thomas Merton, als er sagte, die Stimme Gottes sei an drei Orten vernehmbar: in der Schrift, in unserem tiefsten Selbst und in der Stimme des Fremden. Wir müssen die Großherzigkeit aufbringen, nicht nur zu nehmen, sondern auch zu geben, denn nichts ist entwürdigender, als wenn wir auf unser Gegenüber einreden, ohne ihm zuzuhören.

Wie sagte doch Jesus – gelobt sei sein Name – »Behandle die anderen so, wie du von ihnen behandelt sein möchtest.« Und wie sagte Buddha – auch sein Name sei gelobt – »Wer es nur will, kann die höchsten Höhen erreichen – aber er muß begierig sein zu lernen.« Wenn wir die anderen Religionen nicht auch zu diesen Punkten zu Wort kommen lassen, dann nur deshalb, weil sie dem nur beipflichten würden.

1 *Der Koran*, Sure 14, 4.
2 Früher arbeitete die Philosophie Hand in Hand mit der Religion; aber da die beiden in der Moderne voneinander geschieden wurden, ist der Hinweis angebracht, daß Schumacher die Philosophie bis Descartes zu den Weisheitstraditionen zählt. Vgl. seinen *A Guide for the Perplexed* (New York: Harper & Row, 1976) und mein »Western Philosophy as a Great Religion« in Alan Olson und Leroy Rouner, *Transcendence and the Sacred* (University of Notre Dame Press, 1981).

Abdruck der Zitate erfolgte mit freundlicher Genehmigung der Verlage:

Franz von Sales: Philotea (Franz-Sales-Verlag, Eichstätt), S. 424.

Henri Frankfort: Frühlicht des Geistes. Wandlungen des Weltbildes im alten Orient (W. Kohlhammer Verlag, Stuttgart), S. 336.

Frithjof Schuon: Den Islam verstehen (Scherz-Verlag, Bern), S. 292/293.

Heinrich Zimmer: Philosophie und Religion Indiens (Suhrkamp Verlag, Frankfurt), S. 65/66.

Wiliam James: Die Vielfalt religiöser Erfahrungen (Walter Verlag, Solothurn), S. 298.

Verlag Hermann Bauer · Freiburg im Breisgau

Mary S. Rain

Leben und Heilen mit der Natur

Earthway – Die Botschaft einer indischen Seherin

446 Seiten, gebunden; ISBN 3-7626-0451-7

Die Erde – nur auf ihr können wir atmen, existieren und in Gesundheit leben. Je mehr uns diese Tatsache bewußt wird, um so mehr rücken Kulturen, die stets im Einklang mit der Erde gelebt haben, in den Mittelpunkt unseres Interesses. Eine reiche Tradition haben die Indianer Nordamerikas, auch Hüter der Erde genannt. Im vorliegenden Buch überliefert die beliebte Autorin Mary S. Rain dem Leser das geheime Wissen, das ihr als letztem »Lehrling« der Schamanin und Medizinfrau No-Eyes anvertraut wurde. *Leben und Heilen mit der Natur* ist eine echte Enzyklopädie geheimen Wissens, die unser modernes Leben durch die uralte indische Weisheit bereichert und mit Sinn erfüllt. *Leben und Heilen mit der Natur* ist ein detaillierter, praktischer Führer, der unser Leben in all seinen physischen, psychischen und spirituellen Aspekten behandelt. Das Buch gibt Auskunft über:
- die Sonne, den Mond und die Planeten – und ihren Einfluß auf unseren Körper und unsere Psyche.
- Diät und Ernährung.
- Ihren persönlichen Lebensstil – erforschen Sie Ihre natürlichen Vorlieben und erfahren Sie, wie dieses Wissen Ihr Leben mit mehr Kraft und Sinn erfüllen kann.
- Naturheilmittel – wildwachsende Pflanzen und Kräuter, und wie sie zur Behandlung der verschiedenen Leiden verwendet werden können.
- »Pforten-Heilkunst« – eine klare, umfassende Darstellung der Rituale, die Sie benötigen, um diese Naturheilverfahren effektiv anwenden zu können.
Dieses faszinierende Buch vermittelt aber noch weit mehr praktisches Wissen, das Ihr Leben verändern kann. Angesichts der ökologischen Lage erhält die von Mary S. Rain übermittelte Botschaft zudem größte Eindrücklichkeit. Sie zeigt, wie wir die Erde schützen können und wie wir in ihrer natürlichen Fülle leben können. – Dieses Werk aus der indianischen Tradition schenkt uns neue Hoffnung für die Zukunft.

Verlag Hermann Bauer · Freiburg im Breisgau

Verlag Hermann Bauer · Freiburg im Breisgau

Sivananda Radha

Geheimnis Hatha-Yoga

Symbolik – Deutung – Praxis

317 Seiten mit 292 Zeichn., geb.; ISBN 3-7626-0433-9

Swami Sivananda Radha entwickelt in ihrem Buch eine besonders wirkungs-
volle Methode, durch Praxis und Reflexion des Hatha-Yoga neue Wahrneh-
mungs- und Verständnisebenen zu erleben. Sie beschreibt die Asanas, die
Körperhaltung des Yoga und interpretiert mit Hilfe von Metaphern und Symbolen deren tieferen Sinn auf der psychischen und spirituellen Ebene. Die aus
den Mythen und Überlieferungen verschiedener Kulturkreise hergeleitete
symbolische Bedeutung der Asana-Namen verhilft dazu, Verständnis für ein
Symbol und seine Allgemeingültigkeit zu entwickeln. Die Autorin gliedert die
einzelnen Yoga-Positionen in die Gruppen Säugetiere, Fische, Vögel, Pflanzen
und Strukturen. Sie empfiehlt, jede Übung mit einer Betrachtung über den
Namen der jeweiligen Stellung zu beginnen. Auf der Grundlage der Überlieferung verbindet das Buch die östliche Tradition der Yoga-Lehren mit der im
Westen entwickelten transpersonalen Psychologie. Die konsequente Anwendung der beschriebenen Übungen wird als der erste Schritt zu einer intuitiven
Einsicht in eine spirituelle Dimension dargestellt. Indem der Leser über Metaphern und Symbolen zu geistigen Bildern und Visualisationen geleitet wird, hat
er die Chance, zu tieferer Erkenntnis des Hatha-Yoga aber auch seiner selbst
und seiner Lebensaufgabe zu gelangen.

Verlag Hermann Bauer · Freiburg im Breisgau

Verlag Hermann Bauer · Freiburg im Breisgau

Sivananda Radha

Kundalini-Praxis

Verbindung mit dem inneren Selbst

356 Seiten mit 18 Farbtafeln, 15 s/w-Abbildungen und 21 Zeichnungen, gebunden; ISBN 3-7626-0445-2

Kundalini, die geheimnisvolle, gewaltige Kraft in jedem von uns, ist im Westen immer noch von Geheimnis umwittert. Mit dem vorliegenden Werk zeigt Sivananda Radha, wie wir die schlafende Kundalini-Energie erwecken können. Lange wurde dieses Wissen nur vom Guru an den Schüler weitergegeben. Wie schon in ihrem Buch *Geheimnis Hatha-Yoga* führt die Autorin auch hier den westlichen Leser Schritt für Schritt und mit großer Kompetenz in die alten Yogapraktiken des Ostens ein. Auch der Kundalini-Weg zielt auf die Befreiung von allen Begrenzungen ab, auf Erleuchtung, Selbstverwirklichung und letztlich auf die Vereinigung mit dem Höchsten. Da Kundalini jedoch eine ungeheuer starke Energie ist, ist es wichtig, wie die Autorin immer wieder betont, zunächst ein sicheres Fundament zu legen.
Die Mittel dazu: Erweiterung des Bewußtseins durch erhöhte Wahrnehmung und Kontrolle des Geistes. Aus eigener fünfunddreißigjähriger Erfahrung bietet sie fundiertes Übungsmaterial für jedes der sieben Chakras, Listen zum Brainstorming sowie Mantras an, um das Fundament für ein Aufsteigen der Kundalini-Energie vorzubereiten.
Es gibt nicht viele Bücher westlicher Autoren zu diesem Thema, die wahrhaft authentisch sind. *Kundalini-Praxis* ist eines davon.

Verlag Hermann Bauer · Freiburg im Breisgau

Verlag Hermann Bauer · Freiburg im Breisgau

Jiddu Krishnamurti

Antworten auf Fragen des Lebens

250 Seiten, kartoniert; ISBN 3-7626-0443-6

Krishnamurti, der große spirituelle Lehrer, untersucht in diesem Buch mit charakteristischer Objektivität und Einsicht in die Ausdrucksformen dessen, was wir unsere Kultur, unser Erziehungswesen, unsere Religion, Politik und Tradition nennen. Seine Betrachtungen und Untersuchungen des menschlichen Standorts in unserer Zeit gehen sehr in die Tiefe und sind doch in eine entwaffnend einfache und direkte Sprache gebracht. Das hier veröffentlichte Material stammt aus Vorträgen und Gesprächen Krishnamurtis mit Schülern, Lehrern und Eltern in Indien. Durch die klare Sichtweise und Schlichtheit der Sprache hat es aber seit seinem Erscheinen in der ganzen Welt Menschen jeglichen Alters angesprochen, die über die Dinge des Lebens nachdenken.

Steff Steffân

Die Sufi-Schule der Liebe

141 Seiten mit 15 Zeichnungen von Ingrid Schaar
gebunden; ISBN 3-7626-0449-5

In diesem neuen und im deutschen Sprachraum einzigartigen Buch faßt Steff Steffân (alias Hussein, wie er als Sufi-Lehrer genannt wird) in zahlreichen praktischen Übungen und Anweisungen zusammen, was der Leser auf dem Sufi-Weg der Herzensschulung zu beachten hat. Die über Jahrtausende im Sufismus praktizierten Methoden werden von dem erfahrenen Sufi-Lehrer hier detailliert geschildert: bestimmte Atemübungen, die Art des Gehens oder die rechte Sitz- und Fingerhaltung bei der Meditation ebenso wie die verschiedenen mentalen Techniken. Der Leser erfährt weiter, wie er sich mit Reinigung in Form von Waschungen, mit der rechten Kleidung und Nahrungsaufnahme stärker auf sein Herz einlassen kann. Das Herz wird zum zentralen Punkt der Aufmerksamkeit – sowohl als Körperorgan als auch als Mitte seelischen Empfindens. Die in diesem Buch gegebenen Anregungen werden es dem Leser erleichtern, den Weg des Herzens zu begehen.

Verlag Hermann Bauer · Freiburg im Breisgau

Die neuen Dimensionen
des Bewußtseins

esotera

seit vier Jahrzehnten das führende
Magazin für Esoterik und Grenzwis-
senschaften: Jeden Monat auf 100
Seiten aktuelle Reportagen, Hinter-
grundberichte und Interviews über
Neues Denken und Handeln
Der Wertewandel zu einem erfüllteren,
sinnvollen Leben in einer neuen Zeit.
Esoterische Lebenshilfen
Uralte und hochmoderne Methoden,
sich von innen heraus grundlegend
positiv zu verändern.
Ganzheitliche Gesundheit
Das neue, höhere Verständnis von
Krankheit und den Wegen zur Heilung
- und vieles andere

Außerdem: ständig viele aktuelle
Kurzinformationen über
Tatsachen die das Weltbild wandeln.
Sachkundige Rezensionen in den
Rubriken **Bücher, Klangraum, Film
und Video** sowie **Alternative
Angebote.** Im **KURSBUCH** viele Seiten
Kleinanzeigen über einschlägige
**Veranstaltungen, Kurse und
Seminare** in Deutschland, Österreich,
der Schweiz und im ferneren Ausland.

esotera erscheint monatlich.
Probeheft **kostenlos** bei
Ihrem Buchhändler oder direkt vom
Verlag Hermann Bauer KG.,
Postf. 167, Kronenstr. 2, 7800 Freiburg